Bernd Jochen Hilberath

Der Personbegriff der Trinitätstheologie in Rückfrage von Karl Rahner zu Tertullians „Adversus Praxean“

Innsbrucker theologische Studien

in Verbindung mit den Professoren der Theologischen Fakultät
herausgegeben von
Emerich Coreth · Walter Kern · Hans Rotter

Band 17

Bernd Jochen Hilberath

Der Personbegriff der Trinitätstheologie in Rückfrage von Karl Rahner zu Tertullians „Adversus Praxean“

1986

Tyrolia-Verlag · Innsbruck–Wien

Mitglied der Verlagsgruppe „engagement“

CIP-Kurztitelaufnahme der Deutschen Bibliothek

Hilberath, Bernd Jochen
Der Personbegriff der Trinitätstheologie in Rückfrage von Karl Rahner zu Tertullians „Adversus Praxean“ / Bernd Jochen Hilberath. – Innsbruck ; Wien : Tyrolia-Verlag, 1986
(Innsbrucker theologische Studien, Bd. 17)
ISBN 3-7022-1588-3

NE: GT

Gedruckt mit Unterstützung von:
Tiroler Landesregierung, Innsbruck
Deutsche Forschungsgemeinschaft, Bonn
Fonds zur Förderung der wissenschaftlichen Forschung, Wien

Gesamtherstellung in der Verlagsanstalt Tyrolia

Vorwort

Die vorliegende Arbeit, die der Fachbereich Katholische Theologie der Johannes-Gutenberg-Universität Mainz im Wintersemester 1984/85 als Habilitationsschrift annahm, wurde im Sommer 1984 abgeschlossen. Danach erschienene Literatur konnte nur noch in Ausnahmefällen berücksichtigt werden. Für das Überlassen unveröffentlichter Manuskripte danke ich den Autoren Logan, Rieks, Werbick und Wiesner.

Die Veröffentlichung der Ergebnisse jahrelanger Arbeit ist mir eine willkommene Gelegenheit, all jenen Dank zu sagen, die ein Stück des Weges mitgegangen sind. An erster Stelle nenne ich Prof. Theodor Schneider, mit dem ich zwölf Jahre als Assistent zusammenarbeiten durfte, wodurch die Entwicklung meines theologischen Arbeitens wesentlich geprägt wurde. In den entscheidenden Phasen hat er die Arbeit großzügig gefördert. Prof. Theofried Baumeister danke ich für die Betreuung des patristischen Teils und die Erstellung des Zweitgutachtens. Manche Anregung verdanke ich auch den gemeinsamen Oberseminaren mit meinem Doktorvater Prof. Josef Schmitz. Mein Freund und Kollege Prof. Hans Reinhard Seeliger war mir ein treuer Wegbegleiter. Den Mitarbeitern des Dogmatischen Seminars Gisela Baum, Magda Seeliger, Johannes Kohl und Alois Moos danke ich für ihre Unterstützung bei mancher zeitraubenden Kleinarbeit, Frau Iris Theobald und Christiana Bohn für das Schreiben des Manuskripts, Brigitte Lob und Christoph Rüdesheim für die Hilfe beim Korrekturlesen, Frau Elisabeth Corazza für das Erstellen des Personenregisters, schließlich Prof. Walter Kern für seinen engagierten Einsatz bei der Veröffentlichung der Arbeit in den „Innsbrucker theologischen Studien".

Ein Dankeswort eigener Art gilt den Missionsbenediktinern vom Jakobsberg bei Bingen, die mir über Jahre hin eine stille Studierstube zur Verfügung stellten und mich an ihrer Gemeinschaft teilhaben ließen. In anderer Weise trug mich die Gemeinschaft mit meiner Frau Theresia und unseren vier Kindern, auch wenn ich nicht zu Hause war.

Der Untersuchung „Der Personbegriff der Trinitätstheologie in Rückfrage von Karl Rahner zu Tertullians ‚Adversus Praxean'" wurde der „Karl-Rahner-Preis für theologische Forschung" des Jahres 1986 verliehen. Auch dafür sage ich Dank.

Ingelheim, am Dreifaltigkeitssonntag 1986

Bernd Jochen Hilberath

Inhaltsverzeichnis

Einführung

In der gegenwärtigen theologischen Diskussion hat die Lehre von dem dreieinen Gott ihren Stellenwert als das unterscheidend Christliche zurückgewonnen.[1] Nach der vom II. Vatikanischen Konzil offiziell initiierten Selbstbesinnung auf das Wesen der Kirche, auf das Verhältnis der christlichen Kirchen und kirchlichen Gemeinschaften zueinander wie zu den nichtchristlichen Religionen zeichnete sich alsbald die Gottesfrage als die entscheidende religiöse Herausforderung der Neuzeit ab. Die in dieser Situation aufgegebene Rückbesinnung auf den christlichen Gott als den Vater Jesu Christi hatte zunächst eine Fülle von christologischen Entwürfen zur Folge, die in unterschiedlicher Intensität die Notwendigkeit einer Verankerung der Christologie in der Pneumatologie und schließlich der Trinitätstheologie deutlich machten. Fast ausnahmslos finden sich die Theologen in der These wieder: „Mit einem Wort: Verlust der Trinitätslehre schließt den Verlust der biblischen Heilslehre ein."[2]

Illustrierung und Bewahrheitung dieses Satzes erfordern mehr als das Wiederaufgreifen von Einzelfragen des Traktats De Trinitate, und sie erlauben bisher noch nicht die abschließende Präsentation eines erneuerten Gesamtentwurfs, obwohl Ansätze in dieser Richtung vorgelegt wurden.[3] Als vorrangig erscheint die Klärung der Perspektive, der Methode und des begrifflichen Instrumentariums. In seiner Bilanz der Trinitätstheologie im 20. Jahrhundert registrierte Breuning drei fundamentale Diskussionsfelder: Als im Kontext der verschiedenen spirituellen und theologischen Bewegungen unseres Jahrhunderts das Problem einer ‚abstrakten', für den christlichen Glaubensvollzug irrelevant gewordenen Trinitätslehre offenbar wurde, ergaben sich die Fragen nach der Stellung dieses ‚Traktats', nach dem Verhältnis von heilsgeschichtlicher und immanenter Trinität und nach der Angemessenheit der Begrifflichkeit, besonders des Personbegriffs.[4] Dieser Befund ist durchaus typisch für das gegenwärtige Stadium theologischer Reflexion besonders in der systematischen Theologie: An scheinbar bloß formalen und methodischen Fragen entscheidet sich, ob Theologie heute ihre Aufgabe – Reflexion auf den Glaubensvollzug der Kirche als Kritik und Impuls – wirksam erfüllen kann. Insofern verwundert es nicht, daß gerade im Kernstück christlicher Glaubenslehre die genannten Fragen dominieren. Genausowenig dürfte es verwundern, daß von Karl Rahner entscheidende Anstöße auch in dieser Hinsicht ausgingen[5], markiert dies doch prä-

---

1 Vgl. die Situationsberichte von Ruh, bes. 187f, und Schütz.

2 P. Brunner, Die ökumenische Bedeutung der Confessio Augustana, in: Katholische Anerkennung des Augsburgischen Bekenntnisses? (ÖkPer 9). Hg. H. Meyer–H. Schütte–H.-J. Mund. Frankfurt 1977, 122.

3 Vgl. Schütz 311. Kasper (6) erschien erst ein Jahr nach diesen ergänzenden Bemerkungen. Noch vor kurzem konstatiert Lies 314: „Allerdings gibt es . . . ein Bemühen um Trinität. Der Traktat über den Dreifaltigen Gott und dessen Bedeutung scheinen allerdings weithin in Vergessenheit geraten zu sein."

4 Vgl. Breuning (2). 5 Vgl. Rahner (11).

zise den theologiegeschichtlichen Ort eines (Neu-)Scholastikers, der im Rückgriff auf die biblischen und vor allem patristischen Quellen und in Auseinandersetzung mit den geistigen Strömungen seiner Zeit den harten, unfruchtbar gewordenen Boden der Schultheologie aufbricht, der neue Perspektiven aufreißt, indem er die alten Probleme nur konsequent weiterdenkt.

Die vorliegende Untersuchung bewegt sich in diesem Aufgabenfeld und möchte einen Beitrag leisten zur Problematik des trinitätstheologischen Personbegriffs, dessen Ergänzung bzw. Ersetzung durch den Begriff der „distinkten Subsistenzweise" Rahner in dem systematischen Beitrag zur heilsgeschichtlichen Dogmatik „Mysterium salutis" vorgeschlagen hatte.[6] Fast fünfzehn Jahre später konstatierte Ch. Schütz im Ergänzungsband zu diesem Werk: „Über ein rein hypothetisches oder Vorschlagsstadium ist dieser Gedanke in der Zwischenzeit kaum hinausgekommen. In mancher Hinsicht ist es eher zu einer Verschärfung der Positionen gekommen, wobei nicht selten – vor allem bei ablehnenden Standpunkten – das je eigene Verständnis von Person ungeklärt bleibt."[7]

Der erste Teil dieser Arbeit widmet sich jener umstrittenen Initiative Rahners. Sein erstes Kapitel untersucht Hintergrund und Absicht seiner terminologischen Alternative. Hieraus resultiert die Notwendigkeit, den Zusammenhang von Terminologie und trinitätstheologischem Grundaxiom herauszustellen. Das bekannte Axiom Rahners lautet: „Die ‚ökonomische' Trinität ist die ‚immanente' Trinität und umgekehrt."[8] Je nachdem, in welcher Richtung bzw. mit welcher Akzentuierung dieser Grundsatz gelesen wird, ergeben sich unterschiedliche, ja im Hinblick auf die Brauchbarkeit des Personbegriffs in der Trinitätstheologie gegensätzliche Konsequenzen: Soll die These unterstreichen, die *ökonomische* Trinität sei bereits die immanente Trinität, ließe sich folgern, daß die bei der Beschreibung der heilsgeschichtlichen Offenbarungswirklichkeit sich anbietende ‚personale' Terminologie in analoger Weise auch in der Darstellung der immanenten Trinität Verwendung finden könnte. Soll die These dagegen betonen, mit der *immanenten* Trinität sei auch die ökonomische Trinität gegeben, könnte es als möglich erscheinen, auch bei der Darstellung der heilsgeschichtlichen Offenbarung ohne (inter)personale Kategorien auszukommen. Rahners Position ist durch seinen transzendentaltheologischen Ansatz bestimmt. Dieser setzt zwar die heilsgeschichtlichen ‚Daten' als gegeben voraus, entwickelt aber in der Reflexion auf die Bedingung ihrer Annahme bei dem Adressaten der Offenbarung die Theologie des „dreifaltigen" Gottes aus dem Begriff der Selbstmitteilung heraus: Der anthropologischen Grundstruktur (Selbstvollzug des Menschen im Erkennen und Wollen) entspricht die Selbstoffenbarung Gottes in Wort und Geist. Dieses Konzept kann auf den Begriff der Person verzichten, was Rahners pastoralem Anliegen hinsichtlich der Trinitätslehre entgegenkommt, denn das Reden von drei heilsgeschichtlichen Gegebenheits- und drei innergöttlichen distinkten Subsistenzweisen unterläuft die im durchschnittlichen Glaubensbewußtsein von Rahner wahrgenommene Gefahr des tritheistischen Mißverständnisses. Im zweiten Kapitel geht es darum, das Problemfeld im Kontext der

---

6 Vgl. ebd. 389–393. 7 Schütz 311. 8 Rahner (11) 328.

bisherigen Rahner-Diskussion abzustecken, die dem Rahnerschen Reflexionsniveau unangemessenen Kritiken zurückzuweisen und die wirklich weiterführenden Anfragen aufzunehmen. Eine Zwischenbilanz macht deutlich, daß die These von der Unvereinbarkeit des „modernen" und des „klassischen" Personbegriffs, die hinter Rahners terminologischer Initiative steht, Fragen in zwei Richtungen provoziert: Besagt der klassische trinitätstheologische Begriff nichts anderes als Hypostase im Sinne von „distinkter Subsistenzweise"? Steht der moderne Personbegriff so sehr im Zeichen des Selbstandes und Selbstbewußtseins, daß Relation – wenn überhaupt – nur als sekundäre Bestimmung hinzutritt?

Die im zweiten Teil der Arbeit vorgebrachten Anmerkungen zum Problemstand erschüttern die Selbstverständlichkeit dieser doppelten Annahme und legen eine differenzierende Analyse nahe. Diesem Anliegen wird die als Antithese skizzierte Position von Lynch nicht gerecht, die den heutigen, durch das Moment des Selbstbewußtseins bestimmten Personbegriff auch bereits im Hintergrund der konziliaren Entscheidungen von Konstantinopel (381) und Chalzedon (451) finden will.

Welcher Weg dagegen beschritten werden müßte und welcher Beitrag dazu hier geleistet werden soll, machen einige historische Sondierungen deutlich. Für die Problematik des trinitätstheologischen Personbegriffs erweist sich das Verhältnis von Selbstand und Relation als die zentrale Sachfrage. Während im modernen Persondenken – entgegen der Annahme Rahners – das relationale Moment eine nicht zu übersehende, wenn auch im Hinblick auf die Konstitution von Personsein unterschiedlich bewertete Rolle spielt, dominiert in der klassischen Trinitätstheologie unter dem Einfluß der Persondefinition des Boethius, die auch durch das ‚personalistische' Konzept des Richard von St. Victor nicht entscheidend erschüttert werden konnte, das Moment des individuellen Selbstandes. Dieses Personverständnis ist eingebettet in ein Substanzdenken, aber auch noch in verschiedenen Entwürfen neuzeitlicher Subjektivitätsphilosophie greifbar.

Die vorliegende Arbeit beschreitet ~~in ihrem dritten Teil~~ nicht den direkten Weg, durch Aufgreifen gegenwärtiger anthropologischer Positionen und ihres Personverständnisses sowie im Rahmen einer sich abzeichnenden relational-personalen Ontologie ein Plädoyer für die Beibehaltung des Personbegriffs in der Trinitätstheologie zu entwickeln. Es kommt ihr vielmehr darauf an, diese ‚neue' Möglichkeit als eine genuin christliche und in den Anfängen der Trinitätstheologie bereitliegende aufzuzeigen. Diese Problemkonstellation legte den Versuch nahe, bei Tertullian, dem ersten systematischen Trinitätstheologen der lateinischen Kirche, der auch als erster das Wort „persona" systematisch verwendete, in die Lehre zu gehen: Welche Elemente kennzeichnen die Struktur des Personbegriffs noch vor der reservierten Haltung Augustins, der weithin als der Vater der westlichen Trinitätstheologie gilt, und noch vor der Festlegung durch Boethius? Der Rückgang auf den ersten nordafrikanischen Theologen wurde zusätzlich motiviert durch die Behauptung Rahners, mit seinem trinitätstheologischen Entwurf weniger der spezifisch westlich-lateinischen als vielmehr der östlich-griechischen, voraugustinischen, ja biblischen Tradition zu folgen. Was die trinitätstheologische Begrifflichkeit betrifft, scheint der entscheidende theologiegeschichtliche Einschnitt jedoch nicht mit Augustin, sondern mit dem Konzil von Nizäa erfolgt zu sein. Das zunächst defensiv-negativ ausgerichtete „gezeugt, *nicht* geschaffen" eröffnete über das positive Gegenstück des ὁμοούσιος eine ontologische Perspektive, die zunächst von der Gleichheit der göttlichen Personen und dann zunehmend von der Einheit des göttlichen Wesens geprägt war. Es drängte sich also der Eindruck auf, daß dem vornizänischen Denkhorizont größere Aufmerksamkeit zu widmen sei als dem bereits von Nizäa geleiteten ‚griechischen' Denken etwa der Kappadozier und daß das ‚Voraugustinische' erst durch das ‚Vornizänische' seinen interessanten Aspekt gewinnt. Ein weiterer Anreiz zur Wahl dieses theologiegeschichtlichen Paradigmas ergab sich aus der Beobachtung, daß es in der Forschung immer noch üblich ist, Tertullians Trinitätstheologie und ihre Begrifflichkeit an Nizäa und der postnizänischen Trinitätslehre zu messen. Warum also nicht der Frage nachgehen, ob Tertullians Konzeption nicht einen Weg für uns heute darstellt?[9] Dabei interessiert letztlich freilich nicht der konkrete Theologe, sondern die Geburtsstunde der lateinischen Trinitätstheologie und der systematisch-theologischen Reflexion überhaupt.[10] Es ist also ein historisches ‚Fallbeispiel' zu untersuchen, um dadurch einen Beitrag zu der zuvor erarbeiteten Problemstellung zu leisten. Nach einer allgemeinen Charakterisierung von Tertullians theologischer Arbeit sichtet und ordnet eine Bestandsaufnahme das problemrelevante Begriffsmaterial seiner trinitätstheologischen Hauptschrift „Adversus Praxean". Die textimmanente Analyse von Funktionen und Inhaltselementen des Begriffs „persona" wird durch textexterne Information, vor allem über mögliche Quellen von Tertullians Personbegriff, bestätigt und verdeutlicht. Die Untersuchung der in den verschiedenen Verwendungszusammenhängen zu erkennenden Elemente des Begriffs „persona" erlaubt – in Abhebung von anderen Tertullian-Interpretationen – die Rekonstruktion seiner Struktur.

Die Schlußfolgerungen im vierten Teil der Arbeit zeigen die Grenzen der Initiative von Karl Rahner auf, die als terminologische Alternative gerade dann abzuweisen ist, wenn Rahners trinitätstheologisches Grundaxiom konsequent befolgt und sein pastorales Anliegen umfassend wahrgenommen wird. Das Plädoyer für die Beibehaltung des trinitätstheologischen Personbegriffs favorisiert den bei Tertullian in Umrissen, wenn auch nicht in einer ausgereiften Konzeption vorliegenden kommunikativen Personbegriff. Dessen das Mysterium zugleich wahrende und erhellende Funktion hatte im Kontext seiner Zeit und Lebenswelt bereits Richard von St. Victor in einer bis in unsere Tage hinein vernachlässigten Trinitätsspekulation überzeugend demonstriert. Die analoge Verwendung im Rahmen einer relationalen, interpersonalen Ontologie eröffnet – gerade auch angesichts des Forschungsstandes der gegenwärtigen Anthropologie – einen adäquaten Zugang zum zentralen Geheimnis unseres Glaubens und gibt ein diesem angemessenes Begriffsinstrumentarium an die Hand.

9 Positiv wurde diese Frage beantwortet von Margerie 118.

10 Hier trifft sich die Intention mit der Moingts, der die bislang umfangreichste einschlägige Studie zur Trinitätstheologie Tertullians vorgelegt hat: Moingt (2) 8.

Was sich aus der Perspektive des vorliegenden Beitrags der theologischen Forschung an weiteren Aufgaben stellt, wird in einem Ausblick festgehalten. Dieses ‚hohe' Wort des Richard von St. Victor wird unsere Untersuchung begleiten:

„*In jenem so hohen und über alles ragenden Geheimnis der Trinität ist der Person keineswegs ohne göttliche Eingebung und das Lehramt des heiligen Geistes ihr Begriff zugeschrieben worden.*"[11]

[11] Richard von St. Victor, De Trinitate IV 5 (SC 63,238): In illo tam sublimi et supereminenti Trinitatis mysterio nomen personae nullatenus assignatum est sine instinctu divino et Spiritus sancti magisterio.

Erster Teil

Die trinitätstheologische Initiative Karl Rahners

1. Kapitel

Karl Rahners Konzept

Karl Rahner hat seinen systematischen Entwurf der Trinitätslehre in der Dogmatik „Mysterium Salutis" vorgelegt.[1] In diesen Traktat sind einige Vorarbeiten eingegangen. So stellt der 1. Abschnitt (Methode und Struktur des Traktats „De Deo Trino") eine überarbeitete Fassung der 1960 erstmals veröffentlichten „Bemerkungen zum dogmatischen Traktat ‚De Trinitate'"[2] dar. Eine noch ältere vorbereitende Studie lag in dem Aufsatz „Theos im Neuen Testament"[3] vor. Weitere Grundelemente seiner (Trinitäts-)Theologie hat Rahner skizziert in den Beiträgen „Natur und Gnade"[4] und „Zur Theologie des Symbols"[5]. Gleichzeitig mit dem zweiten Band von Mysterium Salutis erschien der achte Band der Rahnerschen „Schriften zur Theologie" mit dem programmatischen Statement zu „Theologie und Anthropologie" sowie erneuten „Bemerkungen zur Gotteslehre in der katholischen Dogmatik"[6].

Es wird hier keine vollständige Bibliographie der einschlägigen Beiträge Rahners angestrebt; zu diesem Zweck kann man auf die Dissertation von M. de França Miranda zurückgreifen, die sich eine systematische Aufarbeitung der z. T. verstreuten Aufsätze Rahners zum Ziel gesetzt hat.[7] Rahner bescheinigt seinem jüngeren Ordensbruder: Er „systematisiert in einer ausgezeichneten Weise Einsichten und Theologumena über die Trinität, die beim ‚Helden' seiner Arbeit in vielen von dessen Arbeiten disparatester Art nur verstreut zu finden sind und nicht in seine einzige, in etwa systematische Arbeit über die Trinität in ‚Mysterium Salutis' eingegangen sind"[8]. Von den nach dem Begleitwort zu dieser Doktorarbeit erschienenen

---

1 Rahner (11); Bibliographie: 398–401.

2 Rahner (5).

3 Rahner (2).

4 Rahner (7).

5 Rahner (8).

6 Rahner (13), u. a. auch veröffentlicht in dem von P. Burke herausgegebenen Sammelband, der den bezeichnenden Titel trägt „Künftige Aufgaben der Theologie" (München 1967, 31–60); bzw. (10).

7 França Miranda will in der Bibliographie 23–27 wohl alles umfassen, was für die Trinitätstheologie bzw. ihren Kontext in der Theologie Rahners überhaupt irgendwie relevant sein könnte; 27–30: wichtige Sekundärliteratur.

8 Rahner (17) 9. Ebd.: „Daß solche Einsichten und Theologumena nur so zerstreut zu finden sind, erklärt sich zwar aus der Arbeitsmethode und dem theologischen Schicksal

Rahnerschen Arbeiten sind noch die Ausführungen zu „Einzigkeit und Dreifaltigkeit Gottes im Gespräch mit dem Islam"[9] sowie die knappe Zusammenfassung „Zum Verständnis der Trinitätslehre" im Grundkurs[10] zu erwähnen.

Im Rahmen dieser Untersuchung wollen wir uns auf den – vermutlich einzigen[11] – systematisch-theologischen Traktat Rahners stützen und gelegentlich Akzente von den hier aufgeführten programmatischen Titeln her setzen. Rahner ist mit Recht der Auffassung, daß die von França Miranda vorgebrachten Einwände „sich ja nicht gegen die Grundkonzeption dieser Trinitätslehre richten, sondern die Aufmerksamkeit darauf lenken, daß nicht selten in und außerhalb dieser Trinitätslehre Gedanken und Lehrstücke vorgetragen werden, die noch unvollständig und isoliert und noch nicht in die Grundkonzeption dieser Trinitätslehre deutlich integriert sind"[12]. Diese Beobachtungen França Mirandas und seine äußerst knapp vorgetragene Kritik[13] fallen für unsere Arbeit kaum ins Gewicht.

Was hier für die Rahnersche Trinitätstheologie im allgemeinen festgestellt wurde, gilt ganz sicher für seine Sicht des trinitätstheologischen Personbegriffs: Der systematische Entwurf von Mysterium Salutis greift frühere bzw. gleichzeitig veröffentlichte Ausführungen[14] auf, spätere Beiträge[15] fügen dem nichts entscheidend

---

(wenn man so sagen darf) ihres Verfassers. Hält man sie aber für bedenkenswert, dann kann man es für gut und nützlich erachten, wenn die ‚membra disiecta' einer solchen Trinitätslehre gesammelt und in ein einigermaßen geschlossenes und systematisiertes corpus vereinigt werden. Das hat França geleistet und darin scheint die eigentliche Stärke seines Buches zu liegen. Der Verfasser dieses Begleitwortes kann França dafür nur danken, weil er selbst in seinem Alter das nicht mehr selbst leisten konnte . . ." Kommt hier außer dem bekannten Rahnerschen understatement auch eine gewisse Distanz zu (diesem Versuch) einer Systematisierung zum Ausdruck? Hätte Rahner überhaupt eine „Synthese" leisten wollen? (Rahner [19] stellt die überarbeitete Fassung des Begleitwortes dar.)

9 Rahner (21).

10 Rahner (20) 139–142. – Eine vermutlich vom Bearbeiter K. H. Neufeld stammende Fußnote zu dem wieder abgedruckten Begleitwort zu Mirandas Dissertation – vgl. (19) 320[1] – führt außer den von mir genannten Beiträgen Rahners noch als „knappe Zusammenfassung" die Artikel Rahner (15) und (16) an. Auch Neufeld ist der Ansicht, daß Rahner das Thema „ausführlich und zusammenhängend" in MySal behandelt hat. – Zu den mit H. de Lavalette signierten Seiten des Art. Trinität (I) in LThK[2] 3, 543–546 als Rahner-Text vgl. Rahner (5) 103[1].

11 Als systematisch können Rahners frühe erkenntnistheoretische Arbeit (4) und seine Offenbarungsphilosophie (oder sollte man mit H. Fries, Die Katholische Religionsphilosophie der Gegenwart. Der Einfluß Max Schelers auf ihre Formen und Gestalten. Eine problemgeschichtliche Studie. Heidelberg 1949, 253–260 eher von „Offenbarungstheologie" sprechen?) (9) bezeichnet werden. Seine ebenfalls frühen, in Schriften zur Theologie, Bd. XI, Einsiedeln, 1973 zusammengestellten Arbeiten („Frühe Bußgeschichte in Einzeluntersuchungen") stellen einen ersten Schritt in Richtung eines dogmatischen Traktats dar.

12 Rahner (17) 10.

13 Vgl. die jeweiligen abschließenden Beobachtungen am Ende der Kapitel (63–66. 102–108.146–149.bes.175–179.212–214) und die Schlußfolgerung 215–220.

14 Vgl. Rahner (5) 106[6].119–121.131–133; (13) 47–49.

15 Vgl. Rahner (15) 1018–1020 bzw. 349–351; (19) 323f; (21) 135–139.145–147; (20) 139f.

anderes hinzu. Ich kann mich folglich in meiner Erörterung auf Rahners Hauptbeitrag stützen und brauche die übrigen Arbeiten nur insoweit heranzuziehen, als sie Veranlassung geben, mögliche Ergänzungen und Korrekturen zu notieren.[16]

1. Der Vorschlag zur Terminologie

Rahner versteht seine Initiative als Alternative. Der von ihm favorisierte Begriff der „distinkten Subsistenzweise" will nichts sein „als eine Erklärung des in der Trinitätslehre gemeinten Personbegriffs, und zwar eine durch die thomanische Definition von ‚Person' legitimierte"; durch seine „*Mit*verwendung" soll „nicht die Verwendung des Personbegriffes abgeschafft", sondern zur Überwindung des Vorurteils beigetragen werden, „es sei klar und selbstverständlich, was mit ‚Person' und vor allem mit ‚Person' in der Trinitätslehre gemeint sei" (393). Der theologiegeschichtliche Ort unseres Autors, der gekennzeichnet ist durch das durchgängige Bemühen, sterile schultheologische Positionen von innen heraus durch konsequentes Weiterfragen zu überwinden, gibt auch in diesem Fall zwei Stadien der Erarbeitung vor: Darstellung der Aporetik des Personbegriffs in der bisherigen Trinitätstheologie – Erörterung der Möglichkeit und konkrete Erprobung einer anderen Begrifflichkeit.

a) ὑπόστασις/persona – Sinn und Funktion der herkömmlichen Begriffe

Rahner ist der Überzeugung, daß der Personbegriff „in der amtlichen Kirchenlehre an sich nichts sagt, was nicht mit ‚Hypostase' auch schon gesagt ist" (365). Sie spricht aber von drei „Subsistenzen" („Hypostasen"), „insofern (und nur insofern!) man diese ‚drei' in ihrer Verschiedenheit sehen und dennoch als solche unter einen Begriff bringen kann" (364). Rahner führt als Belege den Brief des römischen Bischofs Dionysius an den gleichnamigen Bischof in Alexandrien aus dem Jahre 262 an, wo von „τρεῖς ὑποστάσεις" die Rede ist, sowie die Lateransynode unter Papst Martin (649), die die Formulierung „in tribus subsistentiis consubstantialibus" verwendet[17]. Der Sinn dieser Terminologie muß aus ihrem Kontext erschlossen werden, da sie „in den kirchlichen Verlautbarungen selbst nicht weiter erläutert . . ., also als in sich selbst verständlich vorausgesetzt" wird, ohne „einen allgemeinen, gleichen, an der Erfahrung jederzeit verifizierbaren Sinn [zu] haben" (350). Unter dieser hermeneutischen Voraussetzung ist „das theologische Verständnis . . . also verwiesen einerseits an die konkreten drei, mit denen der Mensch in seiner Heilserfahrung zu tun hat, anderseits an das Verständnis der einen selben Gottheit (göttliches ‚Wesen'), die er von den drei bekennt" (364f). Die Berechtigung dieses Ansatzes in der Erfahrung bringt Rahner in seinem Grundaxiom systematisch auf den Begriff: „Die ökonomische Trinität ist die immanente Trinität und umgekehrt."[18] Daraus folgert er, daß man, „wenn man nicht nur die Worte selbst wie-

[16] Die in diesem Kapitel ohne Verfassernamen notierten Seitenangaben beziehen sich daher immer auf Rahner (11).

[17] Vgl. DS 112 und 501. [18] Siehe S. 12.

derholen will [genauer müßte Rahner wohl an dieser Stelle formulieren: wenn man diese drei in ihrer Verschiedenheit auf den Begriff bringen will], zunächst (‚ökonomisch') von den drei konkreten Gegebenheitsweisen und (‚immanent') von drei relativen konkreten Existenzweisen des einen und selben Gottes sprechen [kann], wobei der zweite Ausdruck für sein Verständnis auf den ersten zurückweist und zu ihm ausdrücklich hinzufügt, daß die ‚immanente', aktuelle Möglichkeit dieser dreifachen Gegebenheitsweise trotz der freien, in ungeschuldeter Gnade ergehenden trinitarischen Selbstmitteilung Gottes in Gott immer von Ewigkeit gegeben ist, somit notwendig und ‚wesentlich' zu ihm gehört" (365).

Hypostase und folglich *Person* heißt also in trinitätstheologischem Kontext: konkrete Gegebenheits- und relative konkrete Existenzweise. Letztere kann auch (mit K.Barth) „Seinsweise" genannt werden, wenn beachtet wird, daß dabei „*formalissime* das gemeint ist, was die Hypostase *im Unterschied zum Wesen Gottes* aussagen will", so daß Existenz- bzw. Seinsweise dem entsprächen, was „die Kappadozier" τρόποι τῆς ὑπάρξεως genannt hätten (365[26]). Zum Beweis für die inhaltliche Gleichsetzung von Hypostase und Person stützt sich Rahner *zum einen* auf die synonyme Verwendung der Begriffe, wobei die herangezogenen Belegstellen (365) allerdings allesamt nur den Begriff „persona" verwenden. Die behauptete Äquivalenz kann sich also höchstens auf die Verwendung der Termini im gleichen Kontext stützen. Rahner scheint selbst auf die in dieser Behauptung implizierte Problematik bzw. Ungenauigkeit aufmerksam geworden zu sein, wie sich aus einer seiner jüngsten Äußerungen zum Thema ergibt: „In der kirchenamtlichen Lehre über die Trinität werden zwar ‚Person' und ‚Hypostase' (Subsistenz) gleichsinnig gebraucht, wenn man davon absieht, daß die Hypostase einer Person die Subsistenz einer geistigen Natur (die es in Gott nur einzig gibt) meint. Dennoch sind diese beiden Begriffe in ihrer geschichtlichen Herkunft und auch in ihrer Verwendung einerseits vorwiegend in der lateinischen Theologie und anderseits vorwiegend in der griechischen Patristik und auch in der der Formulierung der Trinitätslehre nachfolgenden Geschichte nicht einfach synonym, haben mindestens deutlich bemerkbare Nuancierungen, durch die sie gegenseitig voneinander abgehoben sind."[19] Schon in dem zwei Jahre nach Mysterium Salutis II erschienenen Lexikonartikel hatte Rahner angemerkt, daß „die Griechen selten πρόσωπον [das in theologischem Kontext zu einem Äquivalent für persona entwickelt wurde], meist aber ὑπόστασις sagen", und diese Beobachtung im Blick auf sein Anliegen ausgewertet: „Sollen diese Aussagen in diesen Zusammenhängen auch denselben Sinn haben, so haben sie ihn doch nicht von ihrer Herkunft und Geschichte her. Sie haben ihn auch nicht ganz und haben ihn in der geschichtlichen Weiterentwicklung auch nicht ganz behalten."[20]

Zum zweiten beruft sich Rahner auf die lehramtlichen Aussagen, wonach es „in Gott nur *eine* Macht, *einen* Willen, ein einziges Bei-sich-selbst-sein, ein einziges Handeln, eine einzige Seligkeit usw." gibt[21]. Diesen Beweis führt er nach dem

19 Rahner (21) 137f. 20 Rahner (15) 1018 bzw. 349.
21 Rahner 366 (die amtlichen Belege: 366[20]).

Hinweis auf die synonyme Verwendung der Termini mit einem Hinweis auf die Selbstverständlichkeit des uns geläufigen Personbegriffs ein: „Außerdem ist klar, daß das Bewußtseinhafte, das wir heute und schon lange fast unwillkürlich mit dem Begriff verbinden, in diesen Begriff hier nicht hineingehört (insofern er das Formale dieses Begriffs in Unterscheidung vom *Wesen* Gottes besagt). Sonst müßte das ‚Drei' nämlich auch von diesem ‚Bewußtseinhaften' ausgesagt werden" (365f). Genau diese systematische These hat Rahner wohl den historischen Befund differenzierter darstellen lassen. „Jedenfalls" – so fährt er im Vortrag von 1977 fort – „hat doch der Begriff der Hypostase jene Entwicklung und Annäherung des Personbegriffs an ein modernes Verständnis von Subjektivität nicht mitgemacht"[22].

Schon hier wollen wir die Frage notieren, ob Rahners Formalisierung des trinitätstheologischen Personbegriffs tatsächlich von der amtlichen Tradition gedeckt ist.[23] Offenkundig wird zunächst nur seine Sorge, eine unbedachte Verwendung des Personbegriffs gefährde zumindest den christlichen Monotheismus. Auf der Ebene der herangezogenen lehramtlichen Texte läßt sich die Funktion des Personbegriffs tatsächlich pauschal als Versuch bestimmen, die Unterschiedenheit in dem einen Gott so auszusagen, daß nicht zugleich drei Götter behauptet werden. Nun wehren die Formulierungen aber nicht nur einen Tritheismus ab, sondern auch die modalistische Häresie. Sicher ist in den (364f) genannten Texten die unzerstörte Einheit immer mitausgesagt, sicher ist aber auch mit dem Begriff Hypostase (Person) nicht nur das Unterscheiden als solches benannt, sondern das Unterschiedene mitbezeichnet.[24] So präzisiert das Symbolum „Clemens trinitas":

> „Nam tres nominantes personas unam esse substantiam catholica atque apostolica profitemur voce. Itaque Pater et Filius et Spiritus Sanctus, et ‚tres unum sunt' [vgl. 1 Joh 5,7]. Tres, nec confusi, nec divisi, sed et distincte coniuncte et coniuncti distincti; uniti substantia, sed discreti nominibus, coniuncti natura, distincti personis, aequales divinitate, consimiles maiestate, concordes trinitate, participes claritate. Qui ita unum sunt, ut tres quoque esse non dubitemus; ita tres sunt, ut separari a se non posse fateamur."[25]

Rahner begnügt sich freilich nicht mit dem Verweilen auf der Ebene des bloßen Wortlautes der lehramtlichen Texte. Seinen hermeneutischen Grundsatz, „daß sich der Sinn der verwendeten Begriffe in einer zunächst wenigstens genügenden Weise aus dem ganzen Kontext ergibt" (350), konkretisiert er dahingehend, daß die Funk-

22 Rahner (21) 138.

23 Die Stellen, die 349 aufgeführt werden, werden zum größten Teil 364f.366[28] wieder aufgegriffen und analysiert.

24 Was Rahner (vgl. 386!) keineswegs übersieht.

25 DS 73. – Nach beiden Seiten, der tritheistischen wie der modalistischen, hin argumentieren auch folgende von Rahner zitierte lehramtliche Texte: DS 75.173.800.1330. Das Konzil von Florenz übernimmt im Dekret für die Jakobiten nicht nur das Anselmsche Axiom „omniaque sunt unum, ubi non obviat relationis oppositio" (DS 1330), sondern wendet sich auch zur anderen Seite hin: „Hinc damnat Sabellium personas confundentem et ipsarum distinctionem realem penitus auferentem" (DS 1332); Rahner zitiert nur DS 1330. Schließlich erwähnt er selbst die Verurteilung bzw. Ermahnung der Unitarier „qui hactenus asseruerunt, dogmatizarunt vel crediderunt, Deum omnipotentem non esse trinum in personis et incomposita omnino indivisaque unitate substantiae et unum unamet simplici divinitatis essentia" (DS 1880).

tion der trinitätstheologischen Grundbegriffe nicht als ontische, sondern lediglich als logische Erklärung des Sachverhalts zu bestimmen ist. Eine *logische* Erklärung „erklärt, indem sie präzisiert, sie sagt aber nicht zur Erklärung des einen einen anderen Sachverhalt aus"; wogegen eine *ontische* Erklärung „einen *anderen* als den zu erklärenden Sachverhalt aussagt": Sie „stützt sich nicht auf das zu Erklärende, sondern steht in sich selber" (351). Nach dem Durchgang durch die Grundaussagen der kirchenamtlichen Trinitätslehre ergibt sich für Rahner im systematischen Teil seines Traktats kein Zweifel mehr, daß es sich nur um eine logische Erklärung handelt, die allein im Rückgriff auf die ursprüngliche Glaubenserfahrung recht verstanden werden kann. Hatte er schon vor der Erörterung der kirchenamtlichen Lehre die Behauptung aufgestellt: „Mit ‚Person' und ‚Wesen' ist *nur* in einer anderen verbalen Form dasselbe gesagt wie in der ursprünglicheren Erfahrung und Glaubensaussage" (350), so gilt jetzt „auf jeden Fall: Wenn die Rede von den drei Personen richtig – gegen den sonstigen Sprachgebrauch – verstanden werden soll, ist immer wieder auf die ursprüngliche heilsgeschichtliche Erfahrung zurückzugehen: Wir erfahren den Geist, und zwar als Gott (der nur einer ist), den Sohn, und zwar als Gott, den Vater, und zwar als Gott. Die Generalisierung: »Es werden ‚drei' ‚Personen' erfahren«, ist *nach*träglich dazu, ist (*mindestens* zunächst) eine logische Erklärung (keine neue zusätzliche Erkenntnis gegenüber dieser ursprünglichen Erfahrung), die nur der Abwehr eines modalistischen Mißverständnisses dieser ursprünglichen Erfahrung dient" (386).

Im Hinblick auf die späteren Erörterungen zum relationalen Personbegriff ist schon hier zu bemerken, daß für Rahner auch der Begriff der *relatio* „mindestens zunächst einmal eine *logische* und nicht eine ontologische Erklärung ist . . . , daß dieser Begriff also nicht ein für sich allein Verständliches an die Grundaussage der Trinität heranträgt, um diese durch einen ontologisch früheren Begriff verständlicher zu machen, sondern daß dieselbe Wahrheit (der eine selbe Gott ist in Vater, Sohn, Geist gegeben, und doch sind die drei Worte nicht einfach bloß Bezeichnungen des einen selben) nur gegen Mißdeutungen tritheistischer oder modalistischer Art durch eine Formulierung geschützt werden soll, die durch die andere, frühere von innen her aus sich entlassen wird" (361f). Persona und relatio haben also nach Rahner in trinitätstheologischem Zusammenhang primär keine positive, sondern eher eine negative und abwehrende Funktion.[26]

Hier soll als weitere Anfrage zunächst nur die Frage notiert werden, ob nicht ein gefüllter Begriff von Person und Relation, noch genauer: ein relationales Verständnis von Person gerade heute diese abwehrende und schützende Funktion übernehmen kann, zumindest dann, wenn die Gefahr eines unchristlichen Monotheismus ebenso gebannt werden soll wie die eines ‚heidnischen' Tritheismus.

b) „Person" – die Aporetik des Begriffs

Rahners Sorge gilt offenbar vornehmlich der zuletzt genannten Tendenz, die sich aus dem von ihm skizzierten modernen Personbegriff ergibt und den trinitätstheo-

---

26 Vgl. bezüglich des Begriffes „relatio" die Erörterung 362–364!

logischen Begriff aporetisch werden läßt, obschon er durchaus auch die ‚monotheistische' Verkürzung kennt und anspricht: „Es ist eben dauernd das Dilemma zu vermeiden: Entweder ist im durchschnittlichen religiösen Bewußtsein die Abwesenheit der Trinität zugunsten eines starren, unvermittelten bloßen Monotheismus vorhanden, oder wo man sich anstrengt, die Wahrheit der Trinität zu realisieren, entsteht im religiösen Bewußtsein ein Tritheismus, der nur verbal durch das (natürlich nie geleugnete) Bekenntnis zur Einheit Gottes überwunden wird" (342[43]).

Rahner diagnostiziert „nicht so sehr in der abstrakten Theologie der Schule als im durchschnittlichen Verständnis des normalen Christen" die echte Gefahr eines „vulgären (unausgesprochenen, aber ‚subkutan' sehr massiven) Tritheismus, der dort, wo man überhaupt die Trinität denkt, die viel größere Gefahr ist als ein sabellianischer Modalismus" (342f). Noch drastischer fällt das Bild des normalen Christen in einer Äußerung der letzten Zeit aus: „Was soll sich ein Durchschnittschrist unter drei Personen in Gott vorstellen? Ich fürchte, er stellt sich eine Häresie als Glaubenssatz vor."[27]

Die Sorge angesichts möglicher, ja tatsächlicher Mißverständnisse und selbst die Infragestellung der Brauchbarkeit des Personbegriffs ist seit dessen erster Verwendung in trinitätstheologischem (und christologischem) Zusammenhang präsent.[28] Nach Rahner resultiert die Aporie hauptsächlich aus dem modernen, gegenwärtigen Verständnis von Person: „Wenn *wir heute* von Person im Plural reden, denken wir vom heutigen Verständnis des Wortes her fast zwangsläufig an mehrere geistige Aktzentren, geistige Subjektivitäten und Freiheiten. Drei solche gibt es aber in Gott nicht. . . Es gibt keine drei Bewußtseine, sondern das eine Bewußtsein subsistiert in dreifacher Weise. . . Die ‚Subsistenz' ist also als solche selbst nicht ‚persönlich', wenn unter ‚persönlich' das verstanden wird, was vom modernen Begriff der Person her uns geläufig ist" (387). Die Gefahr des Mißverstehens verstärke sich noch dadurch, daß sie „meist erst viel zu spät durch ausdrückliche Korrekturen zu beheben versucht wird", da „im üblichen Gang der gelehrten Trinitätstraktate *zunächst* am Eingang des Traktats ein Begriff von ‚Person' aus der Erfahrung und Philosophie und unabhängig von der Trinitätslehre der Offenbarung und von deren Geschichte entwickelt wird, dieser dann auf Gott angewandt und auf diese Weise bewiesen wird, daß es drei *solcher* Personen in Gott gibt" (343). Wenn, wie Rahner durchgehend unterstellt, im modernen Personbegriff die Elemente Selbstbewußtsein, Aktzentrum usw. dominieren bzw. mit diesem Begriff identisch sind, dann führen die nachträglichen Korrekturen tatsächlich zu dem Eindruck: „Wenn man ehrlich ist, fragt man sich dann doch am Schluß etwas beklommen,

27 Rahner (23) 369.

28 Hier möge ein pauschaler Hinweis auf die von Kasper (6) 349 angeführten Paradebeispiele (Hieronymus, Augustin, Anselm, ja selbst Thomas von Aquin und erst recht Calvin) genügen. Dieser Sachverhalt ist Rahner nicht unbekannt, wie aus 385[25] hervorgeht, wo er seine Option für den „bei Thomas als den (im Vergleich zu Boethius, Richard von St. Viktor) noch am besten in der Trinitätstheologie verwendbaren" Personbegriff trifft: „subsistens distinctum in natura rationali". Zur Problematik dieser theologiegeschichtlichen Position s. das 2. Kapitel.

warum man das, was von der Drei-‚Persönlichkeit' Gottes am Ende übrigbleibt, eigentlich ‚Person' nennt, wenn doch von diesen drei Personen gerade das ferngehalten werden muß, was man sich am Anfang unter Person gedacht hatte" (343).

Ob der ‚amtliche' Begriff[29] von vornherein verwendet oder ob dieser erst im Verlauf der Darstellung herangezogen wird, – der aporetischen Situation ist nicht zu entkommen. Denn selbst eine bloß logische Erklärung des in der ursprünglichen Heilserfahrung Gemeinten wird, da sie auf jeden Fall eine Erklärung darstellt, aufklärend sein müssen. Das läßt sich aber durch eine auf den Raum der Kirche oder gar nur den trinitätstheologischen Traktat beschränkte Verwendung des Begriffs nicht erreichen. Wie oben nachgewiesen, hat dieser trinitätstheologische Begriff „ein Wesen, wie es sonst Begriffen (außer in etwa dem der ‚Individualität' oder der ‚Unterschiedenheit') nicht zukommt: Er versucht, das absolut Einmalige nochmals zu generalisieren. Wenn wir sagen ‚In Gott sind drei Personen, Gott subsistiert in drei Personen', dann wird das generalisiert und zusammengezählt, was gerade nicht zusammengezählt werden kann, weil das allein wirklich Gemeinsame von Vater, Sohn, Geist gerade die eine einzige Gottheit ist und ein wirklich übergeordneter Gesichtspunkt, unter dem die drei *als* Vater, Sohn und Geist zusammengezählt werden könnten, nicht existiert."[30] Mehr noch: Rahner beantwortet unsere oben vorgebrachte Anfrage, ob denn der Personbegriff nicht auch die so Unterschiedenen charakterisiere, negativ. Dabei beruft er sich vermutlich auf Thomas von Aquin; für die zitierten lehramtlichen Texte müßte das erst im einzelnen nachgewiesen werden! Rahners Argument lautet: Weil „ ‚Person' als konkreter Begriff im Unterschied von ‚personalitas' (‚subsistentia', ‚subsistentialitas') nicht formal den Unterschied als solchen, sondern die Unterschiedenen bezeichnet" (386), bringt er uns in Schwierigkeiten. Da im Kontext von der Funktion des Begriffs „*in* der Trinitätslehre" (385) die Rede ist, scheint diese Kritik nicht nur den modernen, sondern den trinitätstheologischen Gebrauch von Person selbst zu meinen.

Eine rein binnenkirchliche Sprachregelung (auf der Linie des Thomas) würde jedenfalls der „eigengesetzlichen modernen Begriffsgeschichte im Person-Verständnis" (387) nicht Rechnung tragen, und dies bildet die Hauptschwierigkeit: „Während früher ‚Person' in recto nur die distinkte Subsistenz aussagte und die ‚natura rationalis' nur in obliquo mitbezeichnete (entsprechend dem griechisch-sachhaften Denken), ist durch die ‚anthropozentrische Wende' der Neuzeit im profanen Personbegriff das Geistig-Subjektive das in recto Verstandene geworden" (388). Das kann nicht dadurch behoben werden, „daß der Begriff ‚Person' so definiert wird, daß er – auf Gott angewendet – diese distinkte ‚Persönlichkeit' nicht einschließt. ‚Person' soll ja gerade verständlich machen, was hier gemeint ist, nicht von der gemeinten Sache her modifiziert werden, wenn auch eine gewisse *Wechsel*wirkung zwischen dem ‚von außen' an die Sache – um sie zu bestimmen – herangebrachten Begriff und der gemeinten Sache nie vermeidbar ist" (388).

29 „Sei es ‚Person' oder sonst ein Wort" (343). Rahner erwägt allerdings diese Möglichkeit, von vornherein mit dem Personenbegriff zu arbeiten, nicht ernsthaft, wie aus den weiteren Ausführungen deutlich wird.

30 385f. Rahner beruft sich auf den thomanischen Personbegriff (s. Anm. 28).

Ich habe hier Rahner auch deshalb ausführlich zu Wort kommen lassen, um seine einseitige Grundtendenz aufzuzeigen: Der trinitätstheologische Personbegriff, einst die korrekte logische Erklärung der ursprünglichen Erfahrung, habe seine erklärende Funktion im heutigen Verstehenshorizont eingebüßt. Eine Korrektur des modernen Begriffs wird gar nicht in Erwägung gezogen, weil die Geschichte des Begriffs „nicht autonom und autark von der Kirche *allein* gesteuert wird“[31].

Diese Einstellung erscheint verwunderlich, wenn man die folgenden hermeneutischen Gesichtspunkte berücksichtigt:

(1) Die Exegese hat überzeugend aufgewiesen, daß z.B. die christologischen Hoheitstitel primär von der „Sache“, d.h. hier dem „Geschick Jesu“, her interpretiert werden müssen; was für die Auslegung der Heiligen Schrift gilt, sollte auch Maßstab für die spätere kirchliche Lehrbildung sein.

(2) Die Aufnahme von Begriffen und Fachtermini ging in der Alten Kirche tatsächlich nicht ohne erhebliche Korrekturen vor sich; der Personbegriff bildet da keine Ausnahme.

(3) Letztlich liefert die zu interpretierende „Sache“ den entscheidenden hermeneutischen Schlüssel zum Verständnis der Begrifflichkeit und daher auch den Maßstab zu ihrer Korrektur. Das schließt ein, daß sich der ‚klassische‘ Personbegriff im Blick auf die gemeinte Sache korrigieren lassen muß.

(4) Diese Korrektur kann auch inspiriert sein durch die möglicherweise „autonome“ außerkirchliche und außertheologische Begriffsentwicklung, die sich ihrerseits den Anregungen wie der Kritik nicht verschließen darf, geht es doch schließlich um das Begreifen der – wenigstens ein Stück weit – gemeinsamen Sache, nämlich der Aufklärung des Verständnisses von Personsein überhaupt.

c) „Distinkte Subsistenzweise“ – eine neue Präzisierung

Seinen Vorschlag, von drei „distinkten Subsistenzweisen“ des einen Gottes zu reden, hat Rahner auf zwei Wegen und in mehreren Anläufen vorbereitet: Hand in Hand mit dem Aufdecken der aporetischen Situation gehen seine Erwägungen bezüglich der Legitimität, Möglichkeit, ja der gewissen Notwendigkeit einer anderen Begrifflichkeit.

Zunächst weist Rahner zwar die Meinung K. Barths zurück, „daß das Wort ‚Person‘ ungeeignet sei zur Aussage der gemeinten Wirklichkeit und in der kirchlichen Terminologie durch ein anderes, weniger mißverständliches Wort ersetzt werden solle“; nicht nur, daß das Wort „nun einmal da“ und „durch den Gebrauch von mehr als anderthalbtausend Jahren“ sanktioniert sei, vielmehr: „ein wirklich besseres, allgemein verständliches und weniger leicht Mißverständnissen ausgesetztes Wort ist nicht da“ (343). An dieser ersten Stelle – im Abschnitt über „Methode und Struktur des Traktats ‚De Deo Trino‘ “ (318–347) – begnügt Rahner sich noch

31 388. Vgl. 353: „Die Theologie kann zwar von *ihrem* Personbegriff solche Bedeutungswandlungen theoretisch durch eine ‚definitorische‘ Festlegung fernhalten. Aber die Kirche ist faktisch nicht die souveräne Herrin und Lenkerin einer solchen Begriffsgeschichte.“

mit dem Wunsch: Zwar „wird man wohl bei diesem Wort bleiben müssen", aber auch „dann braucht man so wenig wie die Offenbarungsgeschichte selbst in einem solchen Traktat gleich am Anfang mit dem Begriff der ‚Person' zu arbeiten" (343f).

Beim Abwägen von „Sinn und Grenzen der verwendeten Begrifflichkeit"[32] erörtert er *dann* jedoch im Anschluß an seine hermeneutischen Präambula (logische und/oder ontische Erklärung) „die Frage nach der Ersetzbarkeit des ‚Person'-Begriffs": „Die genannten Begriffe sind zur Aussage des Dogmas nicht einfach grundsätzlich unersetzlich, ... das heißt ‚an sich' auch nicht für die Zukunft der dogmatischen Aussage", da eine nur logische Erklärung „es *apriori* nicht unmöglich" macht, „daß *diese* Art von Erklärung auch mit anderen Begriffen geschieht". Andere Begriffe können allerdings „nicht willkürlich erfunden werden und *so* die bisherigen ersetzen, denn sie sollen ja *dieselbe* bleibende Wirklichkeit betreffen" (353).

Ist nun einmal die oben skizzierte aporetische Situation gegeben, so „ist es der Theologie als solcher nicht verwehrt, sondern ihr vielleicht sogar als Pflicht geboten, darüber nachzudenken, ob das Wort ‚Person' in jedem Fall konkret wirklich unersetzlich sei" (354), selbst wenn noch „das Lehramt der Kirche – mit gutem Recht – diesen Begriff (das Wort) in einer autoritativen Festlegung der Terminologie für ein *gemeinsames* Bekenntnis offenhält" (353f). Die Theologie „muß sagen, was *hier* damit gemeint sei und was nicht", und „es kann darum sein, daß sie diese abgrenzende Erklärung selbst unter einem Wort zusammenfaßt, das nicht selbst ‚Person' heißt und in seinem richtigen, hier brauchbaren Sinn vielleicht besser und einfacher verständlich und so kerygmatisch besser verwendbar ist als das Wort ‚Person'" (354). Die „systematische Zusammenfassung der kirchenamtlichen Lehre" (354–366) schließt Rahner mit dem Hinweis, daß im „systematischen Entwurf einer Theologie der Trinität" (369–397) weiter zu bedenken sei, was sich aus dem Grundsinn der Begriffe „Hypostasis" und „Person" ergibt „hinsichtlich der angemessenen Weise, Vater, Sohn und Geist als solche verschiedene unter *ein* Wort und *einen* Begriff (als ‚conceptus vagus') zu bringen" (366).

Im Zuge des systematischen Entwurfs verschärft Rahner die aporetische Situation so sehr, daß eine andere Begrifflichkeit mindestens als Ergänzung und Korrektur unumgänglich erscheint. Er unterstreicht, daß das Wort „Personen" in Gott nicht „mehrere geistige Aktzentren, geistige Subjektivitäten und Freiheiten" besagen will. „Das, was wir die ‚drei Personen' in Gott nennen, ist selbstverständlich in Gott bewußt . . . Aber es gibt keine drei Bewußtseine . . ." (387). Unter Hinweis auf die Bedenken Lonergans hatte Rahner bereits bei der Erörterung der kirchenamtlichen Begriffe präzisiert:

> „Natürlich kann und muß man sagen, daß der Vater, der Sohn und der Geist Selbstbewußtsein und je das Bewußthaben der beiden anderen ‚Personen' besitzen. Aber eben dieses Selbstbewußtsein (als subjektives, nicht als dessen Gegenständlichkeit verstanden) ist gegeben durch das göttliche Wesen, ist *als eines* den göttlichen Personen gemeinsam, ist also *ein*

---

32 So ist – nach den kurzen, für Rahner bezeichnenden und wichtigen Gedanken „über Trinität als absolutes Mysterium" (349) – gleich der 2. Unterabschnitt (349–354) der Darlegung der „Grundzüge der kirchenamtlichen Lehre" (348–368) überschrieben.

Moment der konkreten Person (so daß sie definiert werden mag als ‚subiectum distinctum in natura rationali'), nicht aber *konstitutives* Moment am ‚Personsein' als solchem im Unterschied zu ‚Wesen' (Natur), wenn es auch herangezogen werden muß, um den Unterschied einer ‚Hypostase' mit Selbstbewußtsein von einer untermenschlichen (dinglichen) ‚Hypostase' deutlich zu machen" (366[28]).

Hieran knüpft Rahner wieder an: „Die ‚Distinktheit' der Personen wird nicht durch eine Distinktheit von Bewußtseinssubjektivitäten konstituiert, noch schließt sie eine solche ein" (387), denn diese Unterschiedenheit „ist nicht von drei Subjektivitäten her bewußt, sondern die Bewußtheit dieser Distinktheit in einem einzigen realen Bewußtsein" (388).

Im weiteren Verlauf wird zu klären sein, ob Rahner nicht das Personsein zu sehr eingrenzt auf das Moment, durch das die Verschiedenheit der Personen voneinander konstituiert wird; man mag es das ‚formale' Moment des seinerseits dann allerdings auf alle „Personen" zutreffenden klassischen Personbegriffs nennen. Aber dadurch wird nicht ausgeschlossen, daß das göttliche Wesen, das zwar den Personen in Gott gemeinsam ist, doch, als das ‚materiale' Begriffsmoment, für jede derselben, wie sie mit den Namen Vater, Sohn und Heiliger Geist bezeichnet werden, *auch* konstitutiv ist.

Im nächsten Schritt prüft Rahner nun „die Möglichkeit anderer theologischer Aussageweisen" (389–392). Jetzt geht es nicht mehr um die formale, methodische bzw. dogmenhermeneutische Möglichkeit, sondern um die inhaltliche Erörterung und faktische Bewährung einer anderen Begrifflichkeit. Da es für Rahner „*konkret* kaum denkbar [ist], daß die Begriffe ‚essentia' und ‚substantia' in ihrer formalsten Bedeutung einmal durch bessere ersetzt werden könnten" (353), beschränkt er sich auf einen Alternativvorschlag zu dem Begriff der Person, der durch den ‚formaleren' Ausdruck der „distinkten Subsistenzweise" ersetzt werden könne. Mit „distinkter Subsistenzweise" soll der Sinn des trinitätstheologischen Personbegriffs, der ja mit dem der Hypostase synonym verwendet wurde, von seiner Funktion her bestimmt werden. Diese dient der Unterscheidung der ‚Form', bezeichnet also einen ‚formalen' Unterschied, das mit ihm Gemeinte ist „formalissime" (365[26]) zu verstehen. Sind mit dem vorgeschlagenen Ausdruck Sinn und Funktion des in den amtlichen Texten verwendeten Personbegriffs korrekt erfaßt, dann erscheint er in der Tat als der weniger mißverständliche Terminus. Rahner versucht, die Einführung eines alternativen Terminus sowohl vor der Theologiegeschichte wie angesichts der menschlichen Selbsterfahrung zu rechtfertigen.

Zuerst kommt er möglichen Einwänden durch eine Art Traditionsbeweis zuvor: Der Begriff der Subsistenzweise „sagt ja zunächst einfach (wenn wir von ‚Weise' noch absehen) dasselbe wie die Umschreibung von Person bei Thomas: subsistens distinctum (in natura rationali), und dasselbe wie die griechische Begrifflichkeit"[33]. Bezüglich des Begriffselements „Weise" weist Rahner den Gedanken an

---

33 389f. – Für den thomanischen Begriff beruft sich Rahner an dieser Stelle (390[31]) auf Barth 375ff.380f.385f u. ö. Die Breite dieser Belege und ihre unterschiedlichen Wendungen hat

eine nachträgliche „Modalität"[34] ab. In diesem Zusammenhang wehrt er sich gegen eine Einordnung seiner Position in die „spezifisch lateinische Konzeption der Trinität im Unterschied zu einer östlichen": 1. „Die konkrete Gottheit ist notwendig in diesen Subsistenzweisen, es kann keine Gottheit gedacht werden, die als reale diesen Weisen (außer in einer bloß gedanklichen Abstraktion) vorausläge." 2. „Diese ‚distinkten Subsistenzweisen' sind relativ und in einer bestimmten ‚τάξις' zueinander (Vater – Sohn – Geist) zu sehen: Die erste Subsistenzweise konstituiert von vornherein Gott als Vater . . ." (391).

Selbstverständlich dürfe man auch „dieses Wort [‚Weise'] nicht unter die Herrschaft einer bestimmten Kategorie eines endlichen Seienden (‚modus') stellen", da es wie alle in der klassischen Trinitätslehre verwendeten Begriffe „analog verwendet" wird und „jenseits der Kategorientafel zu verstehen" ist. Bleibt so zwar der gleiche Vorbehalt wie gegenüber dem (in der traditionellen kirchenamtlichen Lehre und Theologie verwendeten) Personbegriff bestehen, daß „das Konkrete und die absolute, einmalige Konkretheit . . . zum abstrakten Begriff gemacht [wird], der der abstrakteste von der geringsten Einheit ist", ist diese „Mißlichkeit" in Kauf zu nehmen, weil man sich heute eine bloße Wiederholung bzw. ein Stehenbleiben „bei der Rede von Vater, Sohn, Geist und dem einen Gott" nicht erlauben „kann und darf" und weil der Begriff „Weise" schon „von sich aus den Blick auf die Möglichkeit" eröffnet, daß „die ‚Dreipersönlichkeit' die Einheit desselben Gottes mitbesagt", wogegen diese Perspektive an den Personbegriff *von außen* herangetragen werden muß, weil das Reden von „ ‚drei Personen' . . . in sich gar nichts von der Einheit dieser drei Personen [sagt]" (390f). Unser geläufiger Personbegriff vermag also nach Rahner weder das im thomanischen Begriff noch enthaltene Moment der Weise noch die Einheit der göttlichen Personen als eine ursprüngliche zum Ausdruck zu bringen.

An zweiter Stelle steht der Rekurs auf die menschliche Selbsterfahrung: „Was Subsistieren ist, kann man sich letztlich nur an dem Punkt des eigenen Daseins klarmachen, wo einem das konkrete, irreduktible, unverwechselbare und unvertretbare Erste und Letzte dieser Erfahrung begegnet. Dieses–da ist das Subsistierende" (390). Das hier Gemeinte kann nach Rahners Überzeugung von „uns heute" mit dem Personbegriff „in recto" gerade *nicht* bezeichnet werden:

> „Dieses konkrete reale So-und-nicht-anders-Dasein, in dem für die Erfahrung ein erstes *und* letztes Datum gegeben ist, hat in der Trinität (für uns und so an sich) freilich die Eigentümlichkeit, daß es hier jeweils (Vater – Sohn – Geist) a. auf ein anderes solches, obzwar bleibend unterschiedenes, hinweist und es mitbringt und b. der *So*-Daseiende derselbe Gott

---

Bantle 22 übersehen, wenn er – nur MySal II 385[25] beachtend – behauptet: „Diese Definition findet sich nirgend bei dem Aquinaten; sie findet sich aber in fast wörtlicher Übereinstimmung bei Lonergan, dessen Schulbuch ‚De Deo trino' Rahner bei der Ausarbeitung seiner im Mysterium Salutis Bd. II erschienenen Arbeit bekannt war und von ihm herangezogen wurde." – Wieweit die Berufung auf Thomas als korrekt angesehen werden kann, soll bei der Differenzierung der Problemstellung in Teil II erörtert werden. Dort ist dann auch der Ort, das 390[34] bezüglich der griechischen Begrifflichkeit Behauptete zu erörtern.

34 339. Zum Verdacht eines „ökonomischen Sabellianismus" (ebd.) siehe hier S. 36f.

ist, der in einem anderen So-und-nicht-anders-Dasein begegnet und ist. Der in einem solchen So-und-nicht-anders-Sein begegnet und ist, muß daher mit einem ‚nomen proprium' bezeichnet werden, und dennoch schließt im radikalen *Unterschied* zu unserer sonstigen Erfahrung dieses ‚nomen proprium' nicht aus, daß, was uns so begegnet, in strenger Identität dieses ‚Was' auch noch im anderen So-und-nicht-anders begegnen (und sein) kann und begegnet" (390[35]).

Nun gibt Rahner seinem in dieser Hinsicht kritischen Interpreten França Miranda[35] „natürlich" zu, daß „ ‚distinkte Subsistenzweise' in ihrer abstrakten Formalität für sich allein nicht sehr hilfreich [ist], um das christliche religiöse Leben, besonders im Gebet, verständlich zu machen"[36]. Das durchschnittliche Glaubensbewußtsein kann freilich nicht als Maßstab herangezogen werden, zumal es sich durch einen verkürzten (absoluten, starren) Monotheismus und mehr noch durch einen latenten Tritheismus in den Augen Rahners verdächtig gemacht hat. Daher beruft sich der Theologe auf die Funktion bzw. den theoretischen Status des Personbegriffs in der klassischen Trinitätstheologie: „Wenn die traditionelle Lehre der Kirche und der Theologie von ‚Personen' spricht, also das, was *reinen* Unterschied gegenüber der ‚numerisch' einen Wesenheit des einen Gottes besagt, noch einmal in einen ‚Allgemeinbegriff' zusammenfaßt von einer Art, wie er sonst nirgends vorkommt, dann ist im Blick auf diesen traditionell legitimen Sprachgebrauch doch auch der Begriff: ‚Subsistenzweise' berechtigt."[37]

Unsere Auseinandersetzung mit K.Rahner muß sich also an dieser *These* orientieren: „Der eine Gott subsistiert in drei distinkten Subsistenzweisen. ‚Distinkte Subsistenzweise' wäre dann der erklärende Begriff zwar nicht für Person, die das unterscheidend Subsistierende besagt, aber für die ‚Personalitas', die die konkrete, je verschieden begegnende Wirklichkeit Gottes zu gerade diesem *so* Begegnenden macht, wobei dieses So-Begegnen immer als Gott an und für sich selbst Eignendes zu denken ist. Die einzelne ‚Person' (in Gott) wäre dann – Gott als in der bestimmten, distinkten Subsistenzweise existierend und begegnend" (389).

d) „Der eine Gott in drei distinkten Subsistenzweisen"

Rahners Argumentationsgang läßt sich in folgende Thesen[38] aufschlüsseln:

(1) Wenn man von dem trinitätstheologischen Begriff der Person „ein modernes Verständnis von Subjektivität" ausschließt, „dann sagt er einfach nicht mehr als ‚distinctum subiectum' ".

(2) Die entsprechende Umformulierung „einiger trinitarischer Grundaussagen" mit Hilfe des Begriffs „distinkte Subsistenzweise" zeigt, daß die sich ergebenden Formulierungen „genau so viel sagen wie die . . . , die das Wort ‚Person' verwenden".

---

35 Vgl. França Miranda 176–179 „Unsere religiöse Haltung im Verhältnis zur Trinität und der Rahnersche Begriff der ‚trinitarischen Person' " und die Schlußbemerkungen 217f und 219f.

36 Rahner (17) 12. 37 Ebd.

38 Vgl. 391–393. Sofern nicht anders vermerkt, finden sich die folgenden Zitate auf diesen Seiten.

(3) Da „ ‚distinkte Subsistenzweisen' nichts anderes sagt als drei distinkte ‚subsistentialitates' ", ist der vorgeschlagene Begriff aus der Sicht der lateinischen klassischen Trinitätstheologie einwandfrei, und mit Blick auf die in der griechischen Tradition vorherrschende Terminologie kann gesagt werden, daß „drei Subsistenzweisen" die Rede von den „drei Hypostasen" lediglich „etwas moderner formuliert"[39].

(4) Der Begriff läßt sich „durch die thomanische Definition von ‚Person' legitimieren".

(5) Gegenüber dem Wort ‚Person(alität)' hat das Wort ‚Subsistenzweise' „den Vorteil, daß es nicht so leicht wie ‚drei Personen' die Multiplikation des Wesens und der Subjektivität insinuiert".

(6) Es ist „kein Schaden" (angesichts des latenten Tritheismus sogar ein Nutzen), daß der favorisierte Begriff „die Einheit und Einzigkeit Gottes deutlicher unterstreicht". *Wenn* wir also „die auf jeden Fall gegebene Verschiedenheit des jeweiligen Personseins der drei Personen (die in Wahrheit so groß ist, daß sie nur *ganz locker* analog einen Personbegriff, *gleichmäßig* angewandt auf die ‚drei Personen', erlaubt)"[40] nicht unterschlagen dürfen und die *so* Unterschiedenen doch auf einen Begriff bringen müssen – „wo und insoweit man die heilsökonomische Rede von Vater, Sohn, Geist formalisieren und ihre Einheit explizit aussagen muß"[41] –, *dann* auf einen solchen Begriff, der das Fassen der Einheit nicht verbaut. Das kann erreicht werden, „wenn von *drei* Subsistenzweisen, aber eben -‚*weisen*' gesprochen wird".

(7) Die neue Formulierung soll den „klassischen" Begriff nicht ersetzen, sondern zur Vermeidung von Mißverständnissen „*mit*verwendet" werden.

Bereits ausgesprochene Bedenken aufgreifend, ergänzend und fortführend lassen sich im Hinblick auf den Fortgang der Untersuchung folgende kritische Anfragen anmelden:

(1) Rahner gibt selbst zu, daß „natürlich" auch gegenüber dem von ihm favorisierten Begriff „alle jene Vorbehalte gelten, die in der Trinitätslehre gegen den Begriff ‚Person' beruhigt anzumelden sind"[42]. Es scheint, als ergebe sich für die terminologische Alternative kein Vorteil außer dem, daß der Begriff der „distinkten Subsistenzweise" näher an der ursprünglichen Erfahrung und an der ursprünglichen Glaubenssprache ist, zumindest dann, wenn man ihn mit „konkreter Gegebenheitsweise" bezüglich der „ökonomischen" Trinität und mit „relativer konkreter Existenzweise" im Hinblick auf die „immanente" Trinität übersetzen darf. Freilich tritt der Begriff der „Gegebenheitsweise" völlig zurück hinter dem terminus techni-

---

39 Rahner (21) 138.

40 333. (Gegenüber der ersten Fassung in Schriften IV 120 wurden hier die entscheidenden Worte eigens hervorgehoben.)

41 Rahner (15) 1019 bzw. 350.

42 Rahner (17) 12. In der überarbeiteten Fassung Rahner (19) 323f heißt es: „Mit der vorgeschlagenen Formulierung ‚distinkte Subsistenzweise' allein ist natürlich nur ein formales Abstraktum gesetzt"; „ihm gegenüber gelten natürlich auch weiterhin alle jene Vorbehalte . . .".

cus der „distinkten Subsistenzweise", der im Sinne Rahners als die (nur) logische und im Vergleich mit dem Personbegriff „exaktere" Explikation anzusehen ist. Läßt sich mit einem solchen „terminus formalissimus" wirklich die „ursprüngliche Heilserfahrung" angemessen und erschöpfend zur Sprache bringen?

(2) Kann sich Rahner für ein solches Begreifen tatsächlich auf „die traditionelle Lehre der Kirche und der Theologie"[43] stützen? Handelt es sich nicht doch um eine bestimmte Sicht der westlichen Tradition, wenn der Thomasinterpret behauptet, daß auch der Begriff der Person ein solcher „sehr formalistischer Begriff" sei, „sobald man von ihm ein modernes Verständnis von Subjektivität (als *Moment* der ‚personalitas', der ‚Subsistenz') fernhält, das mit der Dreiheit der Personen auch multipliziert würde" (391)?

(3) Einmal vorausgesetzt, „distinkte Subsistenzweise" decke den trinitätstheologischen Personbegriff vollkommen oder mindestens ausreichend ab, wird nicht diese Korrektheit durch eine völlige Blutleere erkauft? Ist es nicht abwegig zu erwarten, der Begriff sei „vielleicht besser und einfacher verständlich und so kerygmatisch besser verwendbar" (354)?

(4) Ist der von Rahner behauptete „Unterschied zu unserer sonstigen Erfahrung" wirklich so radikal anzusetzen, daß wir uns dem Geheimnis des dreieinigen Gottes nicht von einem (nicht absolut, sondern relational verstandenen!) Personbegriff nähern dürfen?

2. *Grundaxiom und Hauptanliegen des Rahnerschen Entwurfs*

In den bisher analysierten Texten ist in verschiedenen Zusammenhängen bereits deutlich geworden, wie sehr Rahners terminologische Initiative auf einer methodologischen Grundentscheidung basiert, welche selbst wiederum als konsequente Umsetzung des pastoralen Anliegens seiner Theologie bezeichnet werden muß. Die so ineinander verschlungenen Motive, deren Verknüpfung in der Diskussion der Rahnerschen Initiative nicht immer die nötige Aufmerksamkeit geschenkt wurde, sollen jetzt in je zwei Schritten auseinandergelegt werden, wobei ich mich wiederum in erster Linie an dem systematischen Entwurf von Mysterium Salutis orientiere.

a) Die Grundthese und ihre Implikationen

„Grundthese" bzw. „(Grund-)Axiom" nennt Rahner seinen Satz: „Die ‚ökonomische' Trinität *ist* die immanente Trinität und umgekehrt."[44]

Die Schreibweise in den frühen Bemerkungen zum dogmatischen Traktat „De Trinitate" setzt durch Apostrophierung bzw. Kursivdruck bereits die entscheidenden Akzente zum Verständnis dieses Grundsatzes.[45] Angesichts der unsachgemä-

---

43 Rahner (17) 12. 44 Rahner (5) 115.

45 In MySal II 328 ist zunächst die ganze These durch Kursivdruck hervorgehoben und sowohl die „ökonomische" als auch die „immanente" Trinität in Anführungszeichen

ßen und unheilvollen Trennung der Traktate „De Deo Uno“ und „De Deo Trino“ in der herkömmlichen Theologie der Schule[46] insistiert der kritische Thomasschüler auf der Heilsbedeutung des göttlichen Mysteriums, die sowohl in der Ausgestaltung des Trinitätstraktats wie in der „dauernden Perichorese zwischen den Traktaten“ (327) immer wieder deutlich werden muß. Aus dieser Grundeinsicht heraus akzentuiert Rahner, daß bereits die sogenannte ökonomische Trinität die immanente Trinität *ist.*[47]

In den komprimierten Formulierungen des Grundkurses „zum Verständnis der Trinitätslehre“ schließt Rahner die Begründung seiner These unmittelbar an das „ist“ an: „weil in der Selbstmitteilung Gottes an seine Schöpfung durch Gnade und Inkarnation wirklich Gott sich selbst so gibt und erscheint, wie er an sich ist“. „In der Heilsgeschichte kollektiver und individueller Art erscheinen in Unmittelbarkeit zu uns nicht irgendwelche gottvertretenden numinosen Mächte, sondern es erscheint und ist in Wahrheit der eine Gott selbst gegeben, der in seiner absoluten Einmaligkeit, Unverwechselbarkeit und in einer letzten Unvertretbarkeit da ankommt, wo wir selber sind und wo wir ihn, eben diesen Gott selber, streng als ihn selbst empfangen.“[48] Der Schluß des Abschnitts präsentiert in unübertrefflicher Weise die Funktion der Trinitätslehre in einer Form, die man die „Kurzformel“ der Rahnerschen Spiritualität, seines Glaubens wie seiner Theologie, nennen könnte: „Nur durch sie [die Trinitätslehre] kann der schlichte Satz voll Unbegreiflichkeit und Selbstverständlichkeit zumal radikal ernstgenommen und ohne Abstriche aufrechterhalten werden, daß nämlich Gott selbst als das bleibende heilige Geheimnis, als der unumfaßbare Grund des transzendierenden Daseins des Menschen nicht nur der Gott unendlicher Ferne ist, sondern der Gott absoluter Nähe in wahrer Selbstmitteilung sein will und so in der geistigen Tiefe unserer Existenz wie auch in der

---

gesetzt. Auf derselben Seite stößt man dann auch auf die gleiche Schreibweise wie in den „Bemerkungen“.

46 Diese Tradition beginnt mit Thomas von Aquin, der (noch nicht im Sentenzenkommentar, sondern erst) in seiner Summa Theologiae zuerst die Frage nach dem göttlichen Wesen und danach die Unterschiedenheit der Personen behandelt. Zu diesem historischen wie sachlichen Problem vgl. die instruktive Studie von Otto (2). Sie kommt zu dem Ergebnis, „daß eine ideengeschichtliche Verbindung besteht zwischen der frühscholastischen Auseinandersetzung über die Urbildlichkeit des *einen* Gottes hinsichtlich der Welt einerseits und der Lehre vom Deus unus bei Thomas von Aquin andererseits“ (26). – Zur historischen Entwicklung die Hinweise von Grillmeier (3) 657–661 (im Abschnitt „Gennadius – Fulgentius und die theologischen Topoi der Frühscholastik“). – Zum Problem bei Thomas vgl. auch Chenu 363f; zu beachten ist immerhin, daß Thomas in der Sth nicht „De Deo uno“ handelt, sondern „De una essentia divina“, die immer schon die der drei göttlichen Personen ist; wenn Thomas dann vom essentialen zum notionalen Erkennen übergeht, stellt er sich auf die Basis der Offenbarungsgeschichte. – Im gleichen Sinn äußert sich Congar (1) 173f unter Berufung auf neuere Arbeiten kritisch gegenüber dem Rahnerschen Vorwurf an die Adresse des Thomas.

47 Das „ist“ wird hervorgehoben auch in Rahner (15) 1016 bzw. 348; (20) 141; (21) 139. Vgl. Lavalette 544: „Gott hat sich in der absoluten Selbstmitteilung an die Kreatur so sehr mitgeteilt, daß die ‚immanente‘ Dreifaltigkeit die ‚ökonomische‘ wird und darum umgekehrt die von uns erfahrene ‚ökonomische‘ die ‚immanente‘ schon *ist.*“

48 Rahner (20) 141 (Hervorhebung von mir).

Konkretheit unserer leibhaftigen Geschichte gegeben ist."[49] Sofort springen die Adjektive und adverbialen Wendungen ins Auge, zumal wenn sie in Oppositionen gruppiert werden: schlicht – voll; radikal ernst – ohne Abstriche; bleibend heilig, unumfaßbar, unendlich – absolut, wahr, geistig/leibhaft. Die geistliche Tiefe dieser Sprache dispensiert freilich nicht von der Analyse und der Kritik des Ausdrucks dieses absoluten Geheimnisses in der wissenschaftlichen Terminologie eines trinitätstheologischen Traktats.

Entsprechend seinem theologiegeschichtlichen Ort sucht Rahner die Schultheologen geradezu zu beschwören, diesen „schlichten Satz voll Unbegreiflichkeit und Selbstverständlichkeit zumal" anzunehmen.[50] Diese Einsicht setzt das Verständnis von Gnade (gratia increata) als Selbstmitteilung Gottes im Sohn und Geist voraus, die nicht bloß „appropriierte" Beziehungen schafft und deren Kausalität als personale bzw. „quasi-formale" einzustufen ist.[51] Die Inkarnation als „zumindest . . . *eine* heilsökonomische Wirklichkeit, die nicht bloß einer bestimmten göttlichen Person appropriiert wird, sondern ihr eigentümlich ist" (329), steht für Rahner als „Fall eines umfassenderen Verhältnisses" (329–336), das das „Ist" des Grundaxioms bestätigt: „Gott verhält sich zu uns dreifaltig, und ebendies dreifaltige (freie und ungeschuldete) Verhalten zu uns *ist* nicht nur ein Abbild oder eine Analogie zur inneren Trinität, sondern ist diese selbst, wenn auch als frei und gnadenhaft mitgeteilte" (337). Daraus resultiert die folgende Variante der Grundthese: „Diese drei Selbstmitteilungen sind die Selbstmitteilung des einen Gottes in der dreifach relativen Weise, in der Gott subsistiert" (337).

Die Kurzformel dieser Theologie kann also noch einmal in den Begriff der Selbstmitteilung zusammengedrängt werden, der für Rahner den „Schlüsselbegriff" für die Theologie überhaupt[52] darstellt. Durch diesen Begriff der Selbstmitteilung

49 Ebd. 142.

50 Zu diesem Zweck scheut Rahner auch vor aggressiven Formulierungen nicht zurück; vgl. etwa 329[19]: „Man kann diesem Satz nicht entgehen mit dem schulschlaudummen Hinweis . . ."; s. auch 396 (mit Anm. 45 zu Lonergan).

51 „Nicht-appropriierte Beziehungen einer einzelnen Person sind möglich, wenn es sich nicht um eine effiziente Ursächlichkeit, sondern um eine quasi-formale Selbstmitteilung Gottes handelt . . ." (367). Vgl. die generalisierende Aussage: „Es braucht hier ja nicht weiter aufgewiesen zu werden, daß alle eigentlichen strengen Heilsmysterien und so eben das Heil selbst immer in einer Selbstmitteilung Gottes in einer Art quasiformaler Kausalität (im Gegensatz zur effizienten Verursachung einer von Gott verschiedenen Wirklichkeit ex nihilo sui et subiecti) bestehen: In der hypostatischen Union, in der ungeschaffenen Gnade . . ., in der quasiformalen Ursächlichkeit, die die göttliche Wesenheit hinsichtlich des Geistes des Menschen in der Visio beata ausübt (als quasi-species impressa)" (Rahner [8] 303[21]). – Es ist hier nicht erforderlich, auf alle einschlägigen Arbeiten Rahners zur Gnadentheologie hinzuweisen. Das Rahner-Register verzeichnet Aussagen zur „quasi-formalen Kausalität" unter dem Stichwort „Gnade". Wichtig außer den von Rahner 328[17] genannten Titeln vor allem: Rahner (7), bes. 220f; (12) 593–609, bes. 599–601; und aus dem Schrifttum der letzten Jahre: Rahner (18) 306–319, bes. 311–314; (20) 83–96; (22), bes. 311–314.

52 Wenigstens insofern die Theologie „die vielfältigen bildhaften Aussagen der Offenbarung über das Verhältnis von Gott und Welt begrifflich artikulieren will" (Rahner [14] 523 bzw. 37). Aber was sollte sie darüber hinaus noch bedenken?

wird zugleich die Funktion der von einigen Kritikern unter die Lupe genommenen Wendung des Grundaxioms „und umgekehrt“ deutlich. Wir haben es in der heilsgeschichtlichen Erfahrung wahrhaft mit dem dreifaltigen Gott selbst zu tun, doch erschöpft sich das Gottsein Gottes nicht in diesem ökonomischen Gegebensein. Es handelt sich nicht um „tote“ Identität[53], sondern um ein durchaus einseitiges Begründungsverhältnis: Die ökonomische Trinität ist die immanente, weil der eine Gott „an und für sich“ in dreifacher relativer Weise subsistiert, weil die immanente Trinität gewissermaßen die *transzendente* Möglichkeitsbedingung der ökonomischen Trinität darstellt[54], so wie auf seiten des Menschen der Selbstvollzug in Wahrheit und Liebe die *transzendentale*, von Gott gesetzte Möglichkeitsbedingung der heilsgeschichtlichen Erfahrung bildet. Das Grundaxiom muß also einmal ‚von rechts nach links‘ im Sinne einer erkenntnistheoretischen bzw. erfahrungstheologischen und zum andern ‚von links nach rechts‘ als ontologische ‚Prämisse‘ gelesen werden, wobei – ganz im klassischen Sinne – die Gegenläufigkeit von ratio cognoscendi und ratio essendi zu beachten ist.

Dieser Ansatz enthält die Grundelemente, die im Zuge der systematischen Durchführung lediglich noch entfaltet werden. Wir stoßen dabei auf einige für das Thema dieser Untersuchung relevante Bemerkungen. Was Rahner über die „methodische Bedeutung der behaupteten Grundthese“ (340–344) ausführt, betrifft auch die Terminologie. „Man kann [erfahrungstheologisch] von der heilsökonomisch durch das Wort im Geist vermittelten Selbstgegebenheit Gottes (des Vaters) ausgehen und zeigen, daß diese Unterschiedlichkeit ‚Gottes für uns‘ die ‚Gottes an sich‘ ist, und kann dann [ohne von vornherein mit dem Personbegriff zu arbeiten] einfach erklären, daß diese Dreifaltigkeit in sich Drei-‚Persönlichkeit‘ genannt werde und darum bei dem Begriff der ‚Person‘ von vornherein nur das gedacht werden dürfe, was sich (nach dem Zeugnis der Schrift und so [!]) von diesem Ansatz her für seinen Inhalt ergebe“ (344).

---

53 Vgl. 371. – Schachten (1) 21 definiert die vorliegende „symmetrische Relation“ als „intensionale Identität . . ., die einen Sachverhalt beschreibt, der beide Verhältnisse als völlig übereinstimmend und invariant erweist . . ., ohne beide [die ökonomische und die immanente Trinität] ontologisch zu identifizieren“. Die von R. Carnap inspirierte Formel von der „intensionalen Identität“ hat Schachten vielleicht schon bei Rosenthal vorgefunden; dort 142[45] ebenfalls bereits der Hinweis auf das Wörterbuch von G. Klaus – M. Buhr.

54 Mit Rahners Worten formuliert: „Man darf folgenden Zusammenhang nicht übersehen: Ist die Trinität als ‚immanente‘ notwendig, und Gott absolut ‚einfach‘ und in Freiheit sich faktisch selbstmitteilend in ‚ökonomischer‘ Trinität, die die ‚immanente‘ *ist,* dann ist die ‚immanente‘ Trinität die notwendige Bedingung der Möglichkeit der freien Selbstmitteilung Gottes“ (384[21]). – Diese Formulierung macht deutlich, daß das, was ich „transzendente“ Möglichkeitsbedingung genannt habe, selbst wiederum eine in transzendentaler Reflexion erschlossene conditio sine qua non darstellt. Wir rühren hier an den neuralgischen Punkt (nicht nur) der Rahnerschen Theologie, die die „anthropologisch gewendete“ Theologie doch aus der Perspektive einer theologischen Anthropologie entwickeln muß. Eine solche Theologie „von unten“ setzt das „von oben“ als transzendental erschlossene Ermöglichung immer schon voraus (vgl. 382[18]). Daher: „der dreifaltige Gott als transzendenter Urgrund der Heilsgeschichte“!

Sicher finden wir in der Bibel nicht den trinitätstheologischen terminus technicus „Person"[55]; können wir aber „einfach" von der Selbstgegebenheit Gottes aus die Redeweise von „drei konkreten Gegebenheitsweisen" entwickeln und dieses heilsgeschichtliche ‚Datum' beim Überstieg auf die Ebene der immanenten Trinität durch die Rede von „drei relativen konkreten Existenzweisen" festhalten (vgl. 365)? Freilich, Rahner tut das nicht „einfach", sondern unternimmt die „Anstrengung des Begriffs"[56]: Es muß nicht nur „*genauer* gesagt werden, *was* eigentlich diese ‚ökonomische' Trinität sei, die die ‚immanente' sein soll", die biblische, heilsgeschichtliche Erfahrung muß vielmehr „so formuliert (also auf einen systematischen Begriff gebracht) werden, daß sie unserer Absicht, die ‚immanente Trinität', die hier das eigentliche Thema ist, theologisch auszusagen, unmittelbar dienen kann" (370f). Die Absichtserklärung läßt an Deutlichkeit nichts zu wünschen übrig: Für die „ratio cognoscendi" genügt als Ausgangsdatum die dreifache Gegebenheitsweise; die weitere Entfaltung (das Auf-den-systematischen-Begriff-Bringen) und der ‚Überstieg' zur immanenten Trinität wird von vornherein von dieser her bestimmt. Da es *in Gott* nur *ein* Bewußtsein, ein Aktzentrum usw. gibt, also der (moderne) Begriff der Person höchstens auf den *einen* Gott, „der sich als ‚Person' (im heutigen Sinn des Wortes!) gibt" (375), anwendbar wäre[57], wird auch im Reden von der ökonomischen Trinität dieser Begriff konstant vermieden. Ist aber für die Darstellung der heilsgeschichtlichen Trinität der Begriff entbehrlich, dann kann – entsprechend dem Grundaxiom! – bei der „Gründung der ‚ökonomischen' Trinität in der ‚immanenten' " „bewußt von der expliziten Verwendung des Begriffs ‚Person' abgesehen" werden, zumal ja die immanente Trinität nichts anderes ist als die ökonomische unter Absehung von ihrer freien Selbstmitteilung (383[20]).

Rahner bevorzugt bei der Darstellung der Selbstmitteilung Gottes in bezug auf die innergöttlichen Adressaten dieser Selbstmitteilung des Vaters die neutrale Aussageweise: das Ausgesagte, das Mitgeteilte, das Empfangene. Wenn von dem Ausgesagten und dem Empfangenen die Rede ist, ist damit „*das* Mitgeteilte, insofern es in Unterschiedenheit vom Mitteilenden subsistiert"[58], gemeint. Die innergöttlichen

---

55 Vgl. Lohse.

56 Rahner (20) 5. Mit dieser Intention seines Arbeitens hängt wohl auch der zunächst verblüffende Untertitel des Grundkurses „Einführung in den Begriff des Christentums" zusammen.

57 Dies hat vor Rahner Barth 378 mit aller Schärfe herausgestellt; für ihn gehört der Personbegriff „anderswohin, nämlich in die eigentliche Gotteslehre [!], und zwar als eine *Folgerung* aus der Trinitätslehre". Barth zufolge reicht zur begründeten Beibehaltung des klassischen Begriffs weder der Pietätsgrund noch der technische Grund (daß es einen anderen, besseren Begriff nicht gebe) aus. Was auf dem Spiel steht, ist nämlich nichts Geringeres als das Gottsein d. h. das Herrsein Gottes: „Gerade aus dem trinitarischen Verständnis des in der Schrift offenbarten Gottes folgt nämlich, daß dieser eine Gott nicht nur als unpersönliche Herrschaft, d. h. als Macht, sondern als der Herr, also nicht nur als absoluter Geist, sondern als Person zu verstehen ist, d. h. aber als *in sich und für sich* seiendes Ich mit einem ihm eigenen Denken und Wollen. *So begegnet er uns in seiner Offenbarung.* So ist er dreimal Gott als Vater, Sohn und Geist" (ebd.; Hervorhebung von mir).

58 384[23]. – Barth 383 arbeitet mit dem Ternar Offenbarer, Offenbarung, Offenbarsein als

Verhältnisse müssen dabei als relative bzw. relationale verstanden werden, ohne daß der Begriff der Relationalität eingesetzt werden kann, „um scheinbare logische Widersprüche in der Trinitätslehre aufzulösen" – er „ergibt sich einfach aus der Selbigkeit des ‚Wesens' " (384). „Die Berufung auf die reine Relationalität der Personen will diese Schwierigkeit nicht positiv lösen (es würde ja auch sonst das Mysterium der Trinität rationalistisch aufgelöst). Diese Berufung will nur *negativ und abwehrend zeigen*, daß die genannte Grundschwierigkeit, die von dem Prinzip der Identität zweier Größen untereinander bei Identität mit einer dritten herkommt, in diesem Fall nicht als unüberwindlich nachgewiesen werden kann" (362).

Der in Rahners Traktat folgende Abschnitt zur Aporetik des Personbegriffs erscheint in der Perspektive der systematischen Erarbeitung wie eine Bestätigung des beharrlichen Verzichts auf diesen Begriff.[59] Wird das Grundaxiom ‚von rechts nach links' d.h. als erkenntnistheoretisches gelesen – und einen anderen Weg zur Annäherung an das unaussprechliche Geheimnis gibt es nicht –, kann auf der Ebene der immanenten Trinität nicht mit anderen Begriffen operiert werden. Daß aber auf der Ebene der Heilsgeschichte schon die personale Redeweise zu vermeiden ist, ergibt sich aus der (umgekehrten) Lesart des Axioms als ontologisches: Wenn aufgrund der Einheit des göttlichen Wesens die ‚neutrale' Redeweise die personale einschränken, korrigieren und dominieren muß, kann sich Gott (als Gott!) in seiner Selbstmitteilung nicht grundsätzlich anders offenbaren, als er „an sich und in sich" ist.

Es geht also um folgende Gedankenschritte:

(1) Rahner macht in der Auseinandersetzung mit der Schultheologie „radikal

---

„Übersetzung" der neutestamentlichen Namen Vater, Sohn, Geist; er betont wie Rahner den formalen Charakter des Unterschiedenseins: „Wohlverstanden: nicht aus den inhaltlichen Verschiedenheiten dieser und ähnlicher Begriffsternare sind die realen Seinsweisen in Gott ablesbar. Denn Alles, was hier inhaltlich verschieden ist, muß als in seiner Verschiedenheit in der Einheit des göttlichen Wesens wieder aufgehoben gedacht werden. Wohl aber sind sie ablesbar aus den *regelmäßig wiederkehrenden Verhältnissen der jeweils drei Begriffe untereinander . . .*" (384).

59 Für Barth wäre die aporetische Lage „hoffnungslos, wenn es hier darauf ankäme zu sagen, was in der Trinitätslehre nun eigentlich ‚Person' heißt"; erleichtert und differenzierend zugleich bezieht er Position: „Es kommt zum Glück nicht darauf an. Aber allerdings: die Schwierigkeiten, in die man sich in bezug auf diesen nun einmal klassisch gewordenen Begriff verwickelt sieht, sind doch nur ein Symptom für die Schwierigkeit der Frage überhaupt, die hier so oder so zu beantworten ist" (375). – Aus der jüngeren Sekundärliteratur vgl. die kritische Darstellung von Theis, der unterstreicht, „daß der Satz über die Seinsweisen das notwendige spekulative Korrelat des Satzes über die Einheit Gottes ist", „Seinsweise also die *Selbigkeit im Anderssein* bezeichnet" (272). Barth hat bekanntlich bereits vor Rahner die Ersetzung des trinitätstheologischen Personbegriffs durch den Terminus „Seinsweise" vorgeschlagen (vgl. 379f u. ö.). Rahner hält demgegenüber den Ausdruck „distinkte Subsistenzweise" „für besser, unverfänglicher und dem traditionellen theologisch-kirchlichen Sprachgebrauch näherstehend" (389). Uns interessiert hier das Barth und Rahner verbindende Anliegen bezüglich der trinitätstheologischen Terminologie; ein ausführlicher Vergleich der beiden Positionen müßte das die jeweilige Begrifflichkeit bestimmende System berücksichtigen, was hier nur für die Rahnersche Trinitätstheologie geleistet werden kann.

ernst" mit dem *Ausgang von der ökonomischen Trinität* und transformiert das Grundaxiom in entsprechende sprachlogische Regeln.

„Es gibt eine Prädikation heilsgeschichtlicher Art, die von nur einer göttlichen Person geschehen kann. Ist dies aber *einmal* der Fall, dann ist auf jeden Fall der Satz *falsch*: Es gibt nichts Heilsgeschichtliches, nichts ‚Ökonomisches', was nicht in gleicher Weise vom dreifaltigen Gott als ganzem und von *jeder* Person im einzelnen und für sich gesagt werden kann; *falsch* ist somit auch umgekehrt der Satz: In einer Lehre von der Trinität (als der Aussage von den göttlichen Personen im allgemeinen und im einzelnen) kann es nur Aussagen geben, die Innergöttliches betreffen. Sicher richtig ist der Satz: Trinitätslehre und Ökonomielehre (Trinitätslehre und Heilslehre) lassen sich nicht adäquat unterscheiden."[60]

Das gilt dann auch für die trinitätstheologischen Grundbegriffe „Wesen" und „Person": „Soweit es sich also um den *dogmatisch* notwendigen Inhalt der beiden Begriffe handelt, ist nichts in sie einzutragen, als was sich von *daher* ergibt – also im Grunde von unserem Grundaxiom herleiten läßt –, daß die ‚ökonomische' Trinität quoad nos das Ersterkannte und Erstgeoffenbarte ist und diese die ‚immanente' ist, von der also – dogmatisch verpflichtend – nur gewußt wird, was von jener geoffenbart ist" (352).

(2) Rahner macht genauso radikal ernst mit dem *christlichen Monotheismus*[61], so daß er von vornherein auf den Gebrauch des Personbegriffs verzichtet, der ja zur Manifestation eines latenten Tritheismus hin tendiere, und arbeitet bei der Beschreibung und dem Begreifen der ökonomischen Trinität a priori mit dem Terminus „Gegebenheitsweise".

(3) Wenn man den Kontext der schultheologischen Auseinandersetzung nicht aus dem Auge verliert, kann man Rahner *nicht* im Ernst einer *modalistischen* Tendenz zeihen. Man müßte sonst etwa die folgende eindeutige Aussage Rahners gegen ihre Intention interpretieren:

„Ist aber nach dem Zeugnis des Glaubens die ökonomische Selbstmitteilung Gottes wirklich real dreifaltig, ist zunächst also einmal ein *ökonomischer* Sabellianismus falsch und sind anderseits diese vermittelnden Daseinsweisen Gottes bei uns keine kreatürlichen Zwischenwesen . . . , dann muß diese reale Vermitteltheit göttlicher Art in der Dimension der Ökonomie auch eine reale Vermitteltheit in Gottes eigenem inneren Leben *sein*. . . Sabellianismus oder Modalismus wäre dieser Satz nur, wenn dieser Satz die ‚Modalität' des Verhältnisses . . . nicht die Weise sein ließe, wie Gott ‚an sich' ist, sondern wenn Gott selbst von diesem Verhalten so unberührt gedacht würde, daß diese ‚Verschiedenheit' (wie bei der Schöpfung und dem natürlichen Verhalten Gottes zur Welt) keinen Unterschied in Gott selbst eintrüge, dieser vielmehr nur auf seiten der Kreatur wäre." (339f; vgl. 352.)

---

60 329. – Vgl. auch die im Kontext der Aussagen zur „Sohnschaft des Sohnes und seinem Verhältnis zu dem absolut ursprungslosen Gott" stehende Formulierung, daß „nur in einer kurzen Andeutung der Aporetik der kirchlichen Lehraussagen der *wirklich erste* offenbarungsgeschichtliche Ansatzpunkt für ein ursprüngliches Verständnis der Aussage vom ‚immanenten' Sohn des Vaters bezeichnet werden sollte. Auch hier wird deutlich, daß das Verständnis der ‚immanenten' Trinität von dem der ‚ökonomischen' herkommen muß" (359).

61 Nach Barth geht es dabei nicht um „irgendeine Erkenntnis irgendeiner Einheit irgendeines Gottes", sondern darum, daß wir „eben mit der Trinitätslehre . . . den Boden des christlichen Monotheismus [betreten]" (373f).

(4) Dennoch darf die alte Sachfrage „Quid tres?“ auch und gerade nach dem Auf-den-Begriff-Bringen nochmals wiederholt werden: „*Was für welche* drei nun?“ Wenn wir das unter (3) Gesagte ernst nehmen, trifft die von Theis an Barths Konzeption gerichtete Anfrage: „Nimmt er also die Dreiheit ganz so ernst, wie er das zumindest methodisch postuliert?“[62] Rahner ebensowenig wie die Frage, die sich Augustin, der (oft so apostrophierte) Vater der lateinischen Trinitätslehre, gefallen lassen muß: „Das Prinzip der Einheit der göttlichen Wesenheit ist durch und durch vollkommen bewahrt. Die Schwierigkeit erhebt sich, wenn wir fragen, ob die reale Verschiedenheit der drei Personen in gleicher Weise gewahrt wird. Hat sich Augustin in seinem Bemühen, den Arianismus zu bekämpfen, dem Sabellianismus genähert?“[63] Die an Rahner zu richtende Frage muß lauten: Gelingt es ihm, den behaupteten „Unterschied in Gott selbst“ so ins Wort zu fassen, d.h. die in Gott Unterschiedenen so zur Sprache zu bringen, daß dadurch nicht nur der latente Tritheismus, sondern auch die *Gefahr* des modalistischen Mißverständnisses vermieden wird? Kann dies eine aus dem Begriff der Selbstmitteilung gewonnene neutrale Aussageweise garantieren? Welche Auswirkungen hat das letztlich doch primäre Anliegen Rahners, die *Einheit* Gottes, die ihm zufolge der Personbegriff nicht ursprünglich mitauszusagen vermag, festzuhalten?

Bevor im folgenden Punkt b die Option Rahners für die Akzentuierung des einen Wesens Gottes von seiner pastoralen Motivation her erhellt wird, sind im Hinblick auf den Fortgang unserer Untersuchung unter der Überschrift „Die Grundthese und ihre Implikationen“ einige kritische Hinweise *zur theologiegeschichtlichen Einordnung* am Platze. Die diesbezüglichen Behauptungen Rahners liefern uns ein zusätzliches Motiv für den Rückgang auf die Anfänge der systematischen lateinischen Trinitätstheologie in Tertullians Traktat „Adversus Praxean“.

Rahner beharrt darauf, daß Subsistenz*weise* „keine spezifisch lateinische Konzeption der Trinität im Unterschied zu einer östlichen impliziert“ (391). Sein Ausgangspunkt liegt nicht in dem einen Wesen Gottes, auch nicht in der „subsistentia absoluta“, woraus womöglich gar eine „quaternitas“ resultiert (vgl. 355), sondern in der ersten Subsistenzweise: Sie „konstituiert von vornherein Gott als Vater, als ursprungloses Prinzip der göttlichen Selbstmitteilung und Selbstvermittlung, so daß kein ‚Gott‘ hinter dieser ersten Subsistenzweise gedacht werden darf, der dieser distinkten Subsistenz vorausginge und sie erst noch anzunehmen hätte“ (391). Rahner will „keine spezifisch lateinische“, auf jeden Fall keine „augustinisch-abendländische Trinitätskonzeption“ (324) vorlegen, sondern eine, die „voraugustinisch“ (373), „biblisch und griechisch“[64] orientiert ist. Es geht ihm um die Überwindung der Aufteilung in die Traktate „De Deo Uno“ und „De Deo Trino“ wie um die Befreiung der Trinitätstheologie aus ihrer ‚splendid isolation‘, um die „Trinität als

---

62 Theis 273. 63 Ferrer 265.

64 324. – Auf die Schrift als Zeugnis der ursprünglichen Heilserfahrung rekurriert Rahner immer wieder; im Zusammenhang mit der psychologischen Trinitätslehre zieht er „Schrift und voraugustinische Tradition“ (394) zum Vergleich heran.

Heilswirklichkeit und gnadenhafte Erfahrung" (340 u.ö.), um das Ernstnehmen des trinitätstheologischen Grundaxioms!

In diesem Zusammenhang äußert sich Rahner durchaus differenziert über das Verhältnis von östlicher und westlicher Trinitätstheologie und deren – nach Congar – „von Th. de Régnon entdeckten, leider aber übersteigerten und damit simplifizierten Unterschied, wonach die Lateiner von der einen Natur, die Griechen von den Hypostasen ausgehen"[65].

In einer Anmerkung gibt Rahner zu bedenken: „Hier ist freilich zu gestehen, daß die griechische Theologie in ihrem Höhepunkt (bei den Kappadoziern) trotz ihres ‚heilsökonomischen', auf die Welt hin gerichteten Ansatzes in der Trinitätslehre fast noch formalistischer wirkt als die Trinitätstheologie bei Augustinus. Wie ist dies zu erklären? Empfanden die Griechen die Trinität doch so selbstverständlich ‚heilsökonomisch', daß sie mit Recht ihre *ganze* Theologie als Lehre von der Trinität empfinden konnten . . . Müßte man von da aus nicht sagen: Das Abendland übernimmt von den Griechen den formalen Teil der Trinitätstheologie als *die* (ganze) Trinitätstheologie (weil die eigene Heilslehre nur noch das dogmatisch unvermeidliche Minimum an Trinitätstheologie beibehält) und ist von *daher* (im Unterschied zu den Griechen) gezwungen, diese fast mathematisch formalisierte Trinitätstheologie inhaltlich aufzufüllen und anschaulicher zu machen durch eben das, was schon Augustin als ‚psychologische' Trinitätstheologie entwickelt hat?" (325[13])

Rahner zeigt sich auch reserviert gegenüber der „Tendenz, in der Trinitätslehre bei Thomas zu viele heilsökonomische Aspekte sehen zu wollen"[66], also Thomas zu sehr in die Nähe der griechischen Theologen zu rücken. (Rahner scheint das übrigens gar nicht stutzig zu machen, daß sein Kronzeuge für die terminologische Initiative sich möglicherweise kaum an dem trinitätstheologischen Grundaxiom orientiert!)

Unbezweifelbar stellt Augustin nach Rahners Ansicht den entscheidenden Wendepunkt in der Geschichte der Trinitätstheologie dar. Wie begründet Rahner nun seine Option für einen „griechischen" und „voraugustinischen" Ansatz in der Trinitätslehre? Zunächst einmal weist er Augustins „psychologische Trinitätslehre" unter wissenschaftstheoretischem Aspekt eindeutig in ihre Schranken (vgl. 393–396). Dann will er sogar das doch im allgemeinen dem Anselm von Canterbury zugeschriebene Axiom „In Deo omnia sunt unum, ubi non obviat relationis oppositio" auf den Kirchenvater zurückführen in dem Sinn, daß „man mit einer theologischen Tradition erst seit Augustinus einfach als selbstverständlich voraussetzt, daß *jede* der göttlichen Personen, je für sich, ein eigenes hypostatisches Verhältnis zu einer bestimmten Weltwirklichkeit eingehen und so ‚erscheinen' könne"[67]. Nun findet sich bei Augustin tatsächlich kein Beleg für eine solche Behauptung[68]; jedoch

65 Congar (6) 371 (mit Verweis auf Th. de Régnon, Études de théologie positive sur la Trinité. Bd. 1. Paris 1892, 335–340.428–435).

66 344f[46] (inklusive Hinweise auf 324[12]).

67 Rahner (8) 292f; vgl. (13) 48.

68 Lafont 219[23]. Lafont kritisiert generell die ungenügende historische Analyse Rahners. – Dieser negative Befund darf nicht übersehen lassen, daß sich das von Anselm maßgeblich formulierte und vom Konzil von Florenz bestätigte trinitarische Grundgesetz außer bei Gregor von Nazianz auch schon bei Augustin findet. Kasper (6) 341[95] führt De civitate Dei XI 10 an (CCL 48,330,1–332,83). Anders E. Hill (1) 71. Daß auch bei den nachau-

kann man den Eindruck haben, daß einige ‚Augustinianer' allzu eifrig sind in ihrem Bemühen, Augustin einen heilsgeschichtlichen Ausgangspunkt für seine Trinitätstheologie zuzuschreiben.[69] Jedenfalls schließt die Erkenntnis, daß die „Kontinuität zwischen der ‚Ökonomie' und der ‚Theologie' . . . ein allgemeiner Grundzug seiner [sc. Augustins] Trinitätstheologie [ist]"[70], die andere nicht aus, wonach wir bei Augustin und der östlichen Tradition „vor zwei theologischen Konstruktionen des gleichen Mysteriums [stehen]; jede von ihnen hat ihre innere Stimmigkeit, *aber sie gehen von verschiedenen Gesichtswinkeln aus*"[71]. Danach ist aber nun Augustins Theologie von der Priorität des Deus-Trinitas bestimmt, und „selbst seine Reflexion über die ‚Sendungen' des Wortes und des Geistes hat nicht zu einer Erwägung der Ökonomie geführt"[72].

Dennoch treffen sich der augustinische und der Rahnersche Ansatz in der ‚apologetischen' Ausrichtung: Augustin geht es um „die vollkommene Wesensgleichheit der drei Personen"[73], er „besteht auf der Einheit der Substanz und somit auf der Gleichheit in der Substanz"[74]; Rahner will sicherstellen, daß wir es in der heilsgeschichtlichen Erfahrung *tatsächlich* mit dem *einen* Gott zu tun haben. Augustin steht dem Personbegriff sehr reserviert gegenüber, Rahner will ihn letztlich gar ersetzen. Wird der heilsgeschichtliche Ansatz von Rahner wirklich durchgehalten, oder bleibt der Theologe – was die Terminologie betrifft – im Bannkreis der westlichen und auch der östlichen, weil eben postnizänischen Theologie, deren gemeinsames „Übermaß an Klarheit" (Régnon) in dem Begriff der absoluten Subsistenz, in dem Konzept des „auch ohne die Wortoffenbarung erkennbaren Deus monopersonalis"[75] zutage tritt? Reicht die Rede von „drei distinkten Subsistenzweisen" aus, um die von Rahner deutlich ausgesprochene Zurückweisung der „subsistentia absoluta" (355) überzeugend zu leisten? Die heilsgeschichtliche Erfahrung und das trinitätstheologische Grundaxiom treten völlig zurück, wenn Rahner die Einführung des Begriffs der distinkten Subsistenzweise wie folgt rechtfertigt: „Was Subsistieren ist, kann man sich letztlich nur an dem Punkt des eigenen Daseins klarmachen, wo einem das konkrete, irreduktible, unverwechselbare und unvertretbare Erste und

---

gustinischen Theologen es keineswegs eine „ausgemachte Sache" ist, daß jede der drei göttlichen Personen hätte Mensch werden können, betont Lachenschmid 249.

69 Vgl. E. Hill (1) 67–71. An der späteren Aufteilung der Traktate sei Augustin schuldlos (68), die Bücher I–IV von De Trinitate hätten die ökonomische Trinität zum Ausgangspunkt (69f). Augustins Position ist nur recht zu verstehen von seinem Bemühen her, die problematischen Konsequenzen der vornizänischen ökonomischen Trinitätslehre zu vermeiden (vgl. E. Hill [3] 284–286). – Hill argumentiert durchaus differenziert und gibt zu, daß die Zielangaben Augustins in De Trinitate nicht von ungefähr zu Mißverständnissen Anlaß geben (vgl. bes. 279f). – Leider nimmt Schmaus (1) zum Verhältnis von ökonomischem Ausgangspunkt und psychologischer Trinitätstheologie nicht Stellung. Wie sehr dennoch Augustins Ansatz nachgewirkt hat, beweist ein Blick auf die auch von Rahner häufig zitierten Symbola der Konzilien von Toledo; vgl. dazu Madoz, bes. 464f.468f.470.472f.

70 Congar (6) 90. – Zum Ineinander von Ökonomie und Immanenz bei Augustin vgl. auch Pietri.

71 Congar (6) 385 (Hervorhebung von mir).

72 Ebd. 381. 73 Ebd. 385. 74 Ebd. 89. 75 Mühlen (3) 40.

Letzte dieser Erfahrung begegnet. Dieses-da ist das Subsistierende. Von daher bestätigt sich nochmals unser Grundaxiom: Ohne die heilsgeschichtliche Erfahrung von Geist-Sohn-Vater [in dieser Reihenfolge!] ließe sich letztlich unter ihrem distinkten Subsistieren als der eine Gott nichts denken" (390). Im Fortgang der Untersuchung wird zu prüfen sein, ob nicht Rahner selbst (zusammen mit Barth) in die „von Augustin begründete und durch Anselm von Canterbury in extremer Weise verstärkte essentialistische Tradition" des lateinischen Westens einzureihen ist, der daneben „auch eine mehr ‚personalistische' Tradition [kennt]"[76], die bis in unsere Tage hinein vernachlässigt worden ist.

b) Der pastorale Impetus und die Grenzen des Entwurfs

Daß K. Rahner Mitautor des „Handbuchs der Pastoraltheologie"[77] und Mitherausgeber eines theologischen „Lexikons für die Praxis"[78] ist, kann den Kenner nicht wundern. Die transzendentale Methode der anthropologisch gewendeten Theologie hat nicht nur ihren Sitz im Leben der jüngeren Theologiegeschichte, sie ist auch wesentlich mit dem Impetus des Seelsorgers Karl Rahner verknüpft. Offenbarung darf nicht als etwas bloß von außen Kommendes, dem Menschen einfach Vorgesetztes erscheinen; der Mensch ist Hörer des möglicherweise in der Geschichte ergehenden Wortes Gottes, er ist „immer schon" der Adressat der aus freiem Entschluß ergehenden Selbstmitteilung des einen Gottes in Wort und Geist. Das Geheimnis der Trinität kann nur als Heilsmysterium aufgrund der ursprünglichen Heilserfahrung verstanden werden: Trinität, Inkarnation und Gnade – diese drei machen das eine christliche Heilsgeheimnis aus.

In diese Fundamente sind die einschlägigen trinitätstheologischen Optionen eingebettet: Trinität soll wieder „etwas in der normalen Frömmigkeit des Christen", etwas „für den Katechismus des Kopfes und des Herzens" bedeuten (312. 320); dem latenten starren Monotheismus bzw. dem „subkutanen" Tritheismus im durchschnittlichen christlichen Glaubensbewußtsein gilt es zu begegnen, es muß verhindert werden, daß sich der Christ eine Häresie vorstellt, wenn er von den drei Personen in Gott hört.

Dies will Rahner mit Hilfe seines Grundaxioms und letztlich auch der terminologischen Initiative erreichen. Methodisch bedeutet die behauptete Grundthese – so das Resümee am Ende des 1. Abschnitts seines Entwurfs[79] –, daß wir „zunächst in

---

76 Kasper (6) 363; vgl. die früheren einschlägigen Äußerungen in: Kasper (3) 307–309, (5) 168[89. 90].

77 Handbuch der Pastoraltheologie. Praktische Theologie der Kirche in ihrer Gegenwart. 5 Bde. in 6. Hg. K. Rahner u. a. Freiburg 1964–1972.

78 Sacramentum mundi. Theologisches Lexikon für die Praxis. 4 Bde. Hg. K. Rahner – A. Darlap. Freiburg 1967–1969.

79 Vgl. 340–344 („Methodische Bedeutung der behaupteten Grundthese"); in diesem wie in den beiden folgenden Punkten („Neue Verhältnisbestimmung zwischen den Traktaten ‚De Deo Uno' und ‚De Deo Trino'" [344f] und „Der Geheimnischarakter der Trinitätswirklichkeit und Trinitätslehre" [345–347]) zieht Rahner die Konsequenzen aus seinen Überlegungen zu „Methode und Struktur des Traktats ‚De Deo Trino'".

diesem Traktat unbefangen den Zugang zur Trinitätslehre bei der heils- und glaubensgeschichtlichen Erfahrung Jesu und seines Geistes in uns suchen. Darin *ist* schon die immanente Trinität selbst gegeben. . . Das darf der Traktat De Trinitate nie aus dem Blick verlieren. Von hier her, von diesem existentiellsten Interesse des Heils her, lebt er, empfängt er seinen Antrieb, und hierin findet er den wirklichen Verständigungszugang. . . Man könnte geradezu sagen: Je weniger eine Trinitätslehre sich scheut, heilsökonomisch zu sein, um so mehr hat sie Aussicht, von der immanenten Trinität das Eigentliche zu sagen und dieses Eigentliche einem theoretischen und existentiellen Glaubensverständnis auch wirklich nahezubringen" (340f). – Was die Terminologie betrifft, könnte . . . „eine solche Geltendmachung der Einheit von immanenter und ökonomischer Trinitätslehre auch eine Gefahr bannen, die (trotz allem, was man vielleicht gegen diese Behauptung sagen mag) die echte Gefahr in der Trinitätslehre geblieben ist, nicht so sehr in der abstrakten Theologie der Schule als im durchschnittlichen Verständnis des normalen Christen: einen vulgären (unausgesprochenen, aber ‚subkutan' sehr massiven) Tritheismus, der dort, wo man überhaupt die Trinität denkt, die viel größere Gefahr ist als ein sabellianischer Modalismus" (342f).

In der Diagnose legt sich Rahner eindeutig fest, in der Therapie erhöht er allmählich die Dosis (des Gegen-Gifts?). „Ein wirklich besseres, allgemein verständliches und weniger leicht Mißverständnissen ausgesetztes Wort ist nicht da. So wird man wohl bei diesem Wort bleiben müssen . . ." (343f) – ohne gleich von Anfang an damit arbeiten zu sollen, lautet das zuerst verordnete Rezept. Nach dem Durchstieg durch den Sinn der kirchenamtlich verwendeten Begrifflichkeit wird „es der Theologie als solcher nicht verwehrt, sondern ihr vielleicht sogar als Pflicht geboten, darüber nachzudenken, ob das Wort ‚Person' in jedem Fall konkret wirklich unersetzlich sei" (354). In den systematischen Erwägungen erweist sich schließlich der Begriff der „distinkten Subsistenzweise" als geeigneter, um „die Aussage . . . , die die kirchenamtliche Lehre mit Hilfe des Personbegriffs macht" (385), sachgemäß auf den Begriff zu bringen. Der Personbegriff zeigt sich ja als „für das Glaubenswissen um Vater, Sohn, Geist als den einen Gott nicht *absolut* konstitutiv" (385), für eine bloß logische Erklärung „ist immer wieder auf die ursprüngliche heilsgeschichtliche Erfahrung zurückzugehen" (386). Angesichts der von ihm gemachten Einwände gibt sich Rahner am Ende zu bescheiden, wenn er lediglich für eine „*Mit*verwendung" des – „durch die thomanische Definition von ‚Person' doch legitimierten" – Begriffs der „distinkten Subsistenzweise" plädiert. Immerhin hält er seine Alternative „für besser, unverfänglicher und dem traditionellen theologisch-kirchlichen Sprachgebrauch näherstehend" (389) als Barths Vorschlag. Dieser wollte mit dem Begriff „Seinsweise" das mit Person Gemeinte „nicht absolut aber *relativ* besser, einfacher und deutlicher . . . sagen" und behauptet: „Es handelt sich also nicht um die Einführung eines neuen Begriffs, sondern darum, einen bei der Analyse des Personbegriffs von jeher und zwar mit höchstem Nachdruck gebrauchten Hilfsbegriff in den Mittelpunkt zu rücken."[80] Faktisch – in dieser Hinsicht sieht

80 Barth 379.

Galot wohl richtig – tendiert Rahner in der Ausarbeitung seiner Trinitätstheologie zur Eliminierung des Personbegriffs.[81] So ist die genannte „Bescheidenheit" wohl vor allem pastoral motiviert, wie der Beitrag zum „Theologischen Lexikon für die Praxis" zu erkennen gibt:

„Nun soll damit nicht gesagt werden, daß man die Formel von dem ‚einen Gott in drei Personen' abschaffen solle. Der einzelne Prediger ist dazu nicht befugt, und es bleibt fraglich, ob das Lehramt in der heutigen Situation eine andere amtliche (also allgemeinverständliche, verpflichtende und für einen solchen Verpflichtungsgrad geeignete) Formel zu schaffen imstande ist, die besser wäre als die bisherige. Aber der Prediger muß das Problem sehen und muß ihm nach Kräften zu begegnen suchen. Dazu aber ist notwendig, daß ihm einige sprachliche Ausweichmöglichkeiten [!] zur Verfügung stehen, durch die er von der klassischen Formel loskommen kann, ohne jeden Augenblick neu ‚improvisieren' zu müssen. – Die wichtigste Weise, um mit dem genannten Problem fertig zu werden, ist natürlich, in einem (individuell und kollektiv) heilsgeschichtlichen Kontext von Vater, Sohn, Geist zu sprechen mit dem Bewußtsein, in dieser Verschiedenheit von dem einen Gott zu reden. Aber man wird *zum Beispiel* auch statt von drei Personen von drei distinkten Gegebenheitsweisen (ökonomisch) und drei verschiedenen Subsistenzweisen (immanent) des einen Gottes sprechen können. Man könnte aus dem Wort ‚Weise' die Relationalität der ‚Personen' zueinander heraushören, durch die (als gegenläufige) der Unterschied in Gott konstituiert wird."[82]

Aus Rahners pastoralem Impetus und seiner theologischen Methode (und sicher auch von seinem theologischen Ort, dessen Ausdruck sie sind, her) ergeben sich auch die *Grenzen* seines systematischen Entwurfs. „Systematisch" heißt dabei für Rahner „etwas sehr Einfaches: Nachdem . . . sehr ausführlich und geduldig *gehört* wurde, was Schrift, Dogmengeschichte und kirchenamtliche Lehre über die Trinität sagen, soll nochmals kurz *gesagt* werden, was man gehört hat" (369). Dabei werden weder das so Gehörte noch die extensiven schultheologischen Subtilitäten bloß wiederholt, sondern die dringlich erscheinenden Fragen thematisiert. Es habe mit Verachtung früherer Theologien nichts zu tun, wenn „die Freiheit der expliziten Thematik" in Anspruch genommen und „weniger metaphysisch subtil zu sein" versucht wird.[83] Die Forderung, das über die ökonomische Trinität Gehörte auf den Begriff zu bringen, sieht sich mit einer für die Rahnersche Theologie überhaupt geltenden, grundlegenden Schwierigkeit konfrontiert: Wenn es für eine transzendental verfahrende, anthropologisch gewendete Theologie notwendig ist, vor der eigentlichen materialen Dogmatik eine „formale und fundamentale Theologie"[84] zu

---

81 Vgl. Galot 73[13].

82 Rahner (15) 1019 bzw. 350; vgl. auch (16) 1029–1031 bzw. 358–360 („Die Trinität in der heutigen Verkündigung"): „Damit ist natürlich nicht gesagt, daß der Prediger dem Wort von ‚drei Personen' in Gott gänzlich aus dem Wege gehen dürfe. Es ist eine kirchenamtliche Formulierung, die in ihrer Sprachregelung zu respektieren ist, auf die hinzuweisen nicht vermieden werden darf. Aber es wäre eben doch gefährlich, wollte man nur in einer stereotypen Wiederholung diese Redeweise mit dem Bewußtsein verwenden, das Gemeinte ‚so' am kürzesten und zugleich klarsten und unmißverständlichsten gesagt zu haben. Man darf nicht vergessen, daß die dem Laien geläufigen Glaubensbekenntnisse das Wort von dem einen Gott in drei Personen und in einem Wesen nicht enthalten, sondern Vater, Sohn und Geist bekennen" (1029f bzw. 359).

83 370, vgl. 369f.346.

84 Vgl. den programmatischen allerersten Beitrag der Schriften zur Theologie: Rahner (3)

entwickeln, die die Bedingungen der Möglichkeit, das von der Offenbarung als Selbstmitteilung Gottes „immer schon" Vorausgesetzte, zu rekonstruieren hat, bleiben die biblischen und historischen Daten letztlich als bloßes Ausgangsmaterial zurück. Bezüglich des trinitätstheologischen Traktats potenziert sich die genannte Schwierigkeit, insofern das – durch die „positive Theologie" eruierte – Vorverständnis von heilsökonomischer Trinität „erst wirklich genau entfaltet [wird] in der Christologie und Gnadenlehre", es kann „hier nicht einfach vorausgesetzt werden. Es kann aber auch ***bibeltheologisch*** hier nicht wirklich entfaltet werden" (371). Für eine solche transzendentale Theologie ist der ebenso „kühne" wie „problematische" Versuch, mit einem „***kurzen*** systematischen Begriff" zu operieren, unvermeidlich. Der Begriff der ökonomischen Trinität wird also so reduziert, daß er als Vorverständnis zur angemessenen Erfassung der immanenten Trinität dienen kann (371). Im abschließenden „Hinweis auf die Eigentümlichkeiten des vorgelegten Traktats" (396f) wird folgerichtig bekräftigt: „Was also hier schon vorgetragen wurde, ist nichts (und will nicht mehr sein) als eine gewisse formale Antizipation der Christologie und Pneumatologie (Gnadenlehre) . . ." (397). Aus dem Grundaxiom ergibt sich ja: Es „*sind* Christologie und Gnadenlehre, streng genommen, Trinitätslehre, die zwei Kapitel dieser Lehre über die beiden göttlichen Ausgänge bzw. Sendungen (‚immanent' und ‚ökonomisch')." Und es „wird dann wirklich die eigentliche Trinitätslehre in der Christologie und Pneumatologie vorgetragen".

Wir dürfen den Rahnerschen Schlußsatz unerörtert stehen lassen: „Man wird aber nicht sagen können, daß das, was von einer biblisch-offenbarungsmäßigen und kerygmatischen Notwendigkeit her hätte gesagt werden müssen über die Trinität, in den ‚systematischen' Erörterungen dieser hier versuchten Dogmatik fehle" (397). Wir müssen aber die auf Seite 39f angemeldete Anfrage mit Nachdruck wiederholen, ob die Begrifflichkeit des formalen und fundamentalen Vorentwurfs einer Trinitätstheologie die ursprüngliche Heilserfahrung so zur Sprache zu bringen vermag, daß ein angemessenes Verständnis der personalen Selbstmitteilung Gottes im Sohn und im Geist und deren Voraussetzung im innertrinitarischen interpersonalen ‚Relationsgefüge' eröffnet wird.

3. Zusammenfassung

Karl Rahner will dem (gläubigen) Menschen von heute die Trinität wieder als Heilsgeheimnis, als das *eine* Geheimnis des christlichen Glaubens nahebringen. Deshalb möchte er konsequent nach dem trinitätstheologischen Grundaxiom verfahren, daß die ökonomische Trinität bereits die immanente Trinität *ist*, weshalb Christologie und Pneumatologie die eigentliche Trinitätslehre *sind*. Sein formaler und fundamentaler Vorentwurf will die ökonomische Trinität so auf den Begriff bringen, daß dem Verstehen ein Zugang zur immanenten Trinität eröffnet wird und zugleich die

---

(der erste Hauptteil trägt den Titel: Formale und Fundamentale Theologie; im zweiten folgt dann die materiale Dogmatik); vgl. auch Rahner (6).

sachlichen und vor allem terminologischen Schwierigkeiten des üblichen Schultraktats vermieden werden. Damit die Trinitätslehre nicht von vornherein mißverstanden wird, ist die Rede von den „drei Personen" möglichst zu vermeiden, mindestens aber durch die Formel von den „drei distinkten Subsistenzweisen" gegenüber Fehlinterpretationen zu schützen. Der Begriff der „Subsistenz*weise*" baut das Vorurteil ab, als gäbe es in Gott drei verschiedene Bewußtseine (im Sinne des modernen, neuzeitlichen Personbegriffs), und akzentuiert das Prinzip der Einheit in Gott.

Die kritischen Anfragen lassen sich im Zusammenhang so darstellen:

– Gibt Rahner den *„amtlichen" und „klassischen" trinitätstheologischen Personbegriff* exakt wieder, wenn er ihn auf das formale Element des Unterscheidens reduziert, und hat er wirklich recht, wenn er behauptet, daß die im Begriff liegende Tendenz zur Bezeichnung der so Unterschiedenen bereits auf die schiefe Bahn führt?

– Ist die Einordnung in die *theologiegeschichtliche Tradition* nicht – trotz mancher differenzierter Urteile – zu oberflächlich, so daß für eine Erneuerung der Trinitätstheologie eine genauere ‚relecture' dringend geboten erscheint?

– Nimmt Rahner die „Dreiheit" genauso ernst wie die „Einheit" in Gott? Sind starrer Monotheismus und sabellianischer Modalismus nicht ebenso gegebene (oder noch größere) Gefahren für ein Verstehen des christlichen Gottesglaubens (heute)? Welche Konsequenzen sind also aus dem *Grundaxiom* für die trinitätstheologische *Terminologie* zu ziehen?

– Wirkt sich der spezifische *wissenschaftstheoretische Status* eines formalen und fundamentalen Vorentwurfs der eigentlichen, in Christologie und Pneumatologie zu explizierenden Trinitätslehre nicht – wenigstens in terminologischer Hinsicht – als ein das heutige Verständnis geradezu erschwerendes Vorverständnis aus?

– Wird die *ursprüngliche Heilserfahrung* mit einem solchen „terminus formalissimus" wie „distinkte Subsistenzweise" angemessen wiedergegeben, zumal wenn dabei die neutrale Aussageweise den Akzent trägt?

– Warum wird die *Wechselwirkung* von „profanem" und „kirchenamtlichem" Personbegriff nicht als positive Möglichkeit gegenseitiger Befruchtung und Korrektur in den Blick genommen? Ergäbe sich von daher nicht die Möglichkeit eines gefüllteren Begriffs von Person (wie von Relation)? Ist nicht heute ein relationales Verständnis von Person als weitere Ausprägung des Personverständnisses (neben der individualistischen Sicht) vorgegeben, woran die christliche Theologie korrigierend und vertiefend anknüpfen könnte?

2. *Kapitel*

Hinweise aus der Diskussion über Rahners Vorschlag

Die im Zuge der kritischen Analyse schon hier und da erwähnten Kritiker sollen jetzt ausführlicher und in größerer Zahl zu Wort kommen. Dabei geht es nicht um eine erschöpfende Darstellung, sondern um ausgewählte Beiträge, die die terminologische Initiative Rahners aufnehmen, zurückweisen oder Wege zur weiteren Auseinandersetzung eröffnen. Die von Rahner vorgeschlagene Begrifflichkeit hat sich (wenn auch vielleicht auf problematische oder inkonsequente Weise) als aufs engste mit seinem trinitätstheologischen Grundaxiom verbunden gezeigt; daher ist zuerst auf die Grundthese, die überwiegend Zustimmung fand, einzugehen und danach die Kontroverse um die Terminologie nachzuzeichnen.

1. *Absicherung und Korrektur des Grundaxioms*

Rundweg Ablehnung hat die in Frage stehende Grundthese von keiner Seite erfahren, sieht man einmal von dem Beitrag Guérard des Lauriers ab, der sich durch Fehlinterpretationen selbst disqualifiziert.[1] Im übrigen wird Rahners Entwurf überwiegend als aufschlußreich und konstruktiv charakterisiert.[2] Die ernstzunehmenden Einwände betreffen einerseits die Originalität und theologiegeschichtliche Einordnung des Ansatzes, anderseits – unter stärker inhaltlichem Aspekt gesehen – den Sinn des Grundaxioms (besonders der Schlußwendung „und umgekehrt") und seinen Zusammenhang mit der trinitätstheologischen Begrifflichkeit.

a) Zu Originalität und Rezeption des „Grundaxioms"

In Mysterium Salutis II sei „das berühmte Grundaxiom" wiederaufgenommen und weiterentwickelt worden[3]; auf dieser Grundthese baue „der eigenständigste heutige

---

1 Vgl. Lauriers, bes. 87–90. Diese harte Zurückweisung des Rahner-Kritikers soll nicht vertuschen, daß die transzendentale Methode der Rahnerschen Theologie kritikbedürftig ist; dabei greift aber zu kurz, wer behauptet, daß „der Irrtum, der in der Identifikation von immanenter und ökonomischer Trinität besteht, von dem Subjektivismus, den Rahner als absolutes Prinzip aufrichtet, herkommt" (89), so daß der Mensch zum Maß aller Dinge werde (vgl. 93). Hier hat der Kritiker schon bei der Wiedergabe des Axioms das „und umgekehrt" unterschlagen (vgl. 87 mit dem Originalzitat in Anm. 26) und die Betonung des kursiv gedruckten „ist" als Behauptung von „absoluter Bedeutung" (ebd.) einseitig interpretiert.

2 Vgl. das – vorhergehende Ausstellungen nicht aufhebende – abschließende Urteil von W. J. Hill 179: „At any rate, Rahner's achievement here is constructive, of high originality, and profoundly illuminating."

3 Vgl. Sesboüe 418.

Beitrag zur Trinitätstheologie" auf, behauptete jüngst *Y. Congar*[4]. Auch für *E. Gutwenger* ist Rahner „noch immer ‚ein Löwe, der gut brüllt' und der in der Energie des Gedankens den meisten jüngeren Semestern um einiges voraus ist"; diese captatio benevolentiae hat jedoch die Feststellung im Gefolge: „Rahner begründet umständlich seinen Standpunkt und rennt . . . offene Türen ein, weil sein Grundprinzip doch schon längst von den meisten modernen Theologen vertreten wird"[5]. *W. Breuning* sieht entsprechende Ansätze schon bei M. Schmaus; die Gotteslehre von Mysterium Salutis habe sich dann den von Rahner auf die Formel gebrachten Ansatz „als methodische Grundlage zu eigen gemacht"[6].

Nun behauptet Rahner keineswegs, das Grundaxiom erfunden zu haben; anderseits scheint es ihm nicht überflüssig, es auch in neueren Veröffentlichungen zu akzentuieren.[7] Die Übernahme der Grundformel durch führende zeitgenössische Theologen[8] garantiert ja noch nicht die entsprechende Durcharbeitung des trinitätstheologischen Traktats.[9]

„Es geht ja keineswegs nur darum, die immanente und die heilsökonomische Trinität in engere und deutlichere Beziehung zu setzen, die doch diesen beiden Größen gegenüber nachträglich bleiben müßte; vielmehr zielt das Bemühen auf die Herausstellung einer ursprünglichen und vorgängigen Einheit und Identität dieser beiden Größen, der gegenüber immanente und heilsökonomische Trinität je für sich nur Aspekte, Entfaltungen und Verdeutlichungen eben dieser grundlegenden Einheit auf Gott und den Menschen hin sind. . . In der Verdeutlichung der *einen* Trinitätslehre aber . . . lassen sich in bezug auf das Ansichsein Gottes gewiß noch weitere Schritte tun. . . Das alles in Anschlag gebracht, darf für das künftige Bemühen um diese Frage erhofft werden, daß es endgültig jenes Mißverständnis zu zerstreuen vermag, als sei eine ‚spekulative immanente' Trinitätslehre zwar in unserer Zeit noch denkbar, aber eben letztlich doch ein völlig müßiges und irrelevantes Unternehmen . . ."[10]

Nicht bloß Umsetzung auf pastoraler, katechetischer und religionspädagogi-

---

4 Vgl. Congar (6) 331. Congar schätzt die Leistung Rahners, ohne kritische Anfragen zurückzuhalten; vgl. dazu den persönlichen Beitrag Congar (3).

5 Gutwenger 328.

6 Breuning (2) 31.

7 Vgl. Rahner (21) 139: „Ich weiß nicht genau, seit wann und von wem dieses theologische Axiom erstmals formuliert worden ist. Aber es scheint sich doch heute in der Theologie durchzusetzen oder ist mindestens ein Theologoumenon, das nicht von vornherein als heterodox verworfen werden kann, sondern getrost in theologische Überlegungen eingesetzt werden darf." Vgl. auch (17) 12f bzw. (19) 324f.

8 E. Schweizer (2) 70 nennt Jüngel, Küng, Moltmann, Schillebeeckx. Auch Congar (6) 333 spricht von „weiter Zustimmung" und ruft in Erinnerung, daß schon K. Barth diese Position vertreten habe. Schließlich macht Kasper (6) 333 darauf aufmerksam: Das Axiom entspricht „heute... einem breiten Konsens in der Theologie der verschiedensten Kirchen", und es nimmt zugleich „in kritisch gereinigter Form auch den Ertrag der Auseinandersetzung mit Hegel und Schleiermacher auf".

9 Vermutlich führten entsprechende einschlägige Beobachtungen Martensen 686 zu dem Urteil: „Es handelt sich hier um eine Idee, die heute noch nicht in die katholische Theologie und Exegese eingedrungen ist."

10 Rahner (19) 324f.

scher Ebene[11], sondern systematisch-theologische Klärung erscheint notwendig.[12] Diese Feststellung gilt auch gegenüber Rahners Durchführung dieses „gemeinen" Ansatzes, schon allein deshalb, weil der Beitrag in Mysterium Salutis II nicht „den ganzen Rahner" vollständig expliziert und der Autor „durchweg sparsam ist mit epistemologischen Präzisionen"[13]. In diesem Zusammenhang muß die Verwendung des Grundaxioms bei Theologen wie Schoonenberg und Moltmann (auf die wir im Verlauf der Arbeit noch zu sprechen kommen) kritisch analysiert werden, wenn sie zur Erhellung des Rahnerschen Ansatzes herangezogen werden.

b) Zur theologiegeschichtlichen Einordnung

Rahners Einschätzung der theologiegeschichtlichen Situation gab bereits Anlaß zu einer kritischen Beleuchtung. *B. de Margerie* dehnt die oben zitierte Feststellung Gutwengers auf „die gesamte augustinische und thomistische Tradition" aus; Rahner scheine es entgangen zu sein, „daß der hl. Augustin ein Prinzip aufgestellt hatte, dessen Konsequenzen allesamt von einer Deduktion weit entfernt sind und das die fundamentale Achse einer neuen Synthese zwischen den Manifestationen nach außen und dem innersten Leben der unteilbaren Trinität konstituieren könnte"[14]. *F. Bourassa* möchte sich auf Augustin als Kronzeugen stützen in seinem Plädoyer für einen Traktat „De Deo Uno et Trino" vor der (übrigen) heilsgeschichtlichen Theologie.[15] Ein solcher Versuch kann sich letztlich nur auf der Ebene einer „formalen und fundamentalen Theologie" ansiedeln, woraus sich zwei für unseren Zusammenhang wichtige Erkenntnisse ergeben: 1) Augustin kann nicht pauschal für eine wohl erst mit Anselm und Thomas anhebende Tendenz in der Trinitätstheologie verantwortlich gemacht werden. 2) Dennoch behält die Berufung auf eine entsprechende voraugustinische Tradition ihren Sinn, eine Tradition, die nicht von der Gleichheit der göttlichen Personen, sondern von der τάξις der οἰκονομία ausgeht. Die hier zum zweiten Mal angesprochene Konfrontation mit Augustin erfordert einen Exkurs zum trinitätstheologischen Ansatz des „Vaters" der lateinischen Trinitätslehre.

---

11 Fuchs 8–10 versucht, das Grundaxiom in einem Modell zu veranschaulichen.

12 Dazu gehört auch die Aufarbeitung lehramtlicher Positionen; vgl. den Hinweis von Hochstaffl 153 auf die negative Theologie des IV. Laterankonzils, das den Areopagiten mit Maximus Confessor korrigiert und „scharf zwischen der Dreieinigkeit Gottes an und für sich und dem heilsökonomischen Hervortreten Gottes [unterscheidet]".

13 Lafont 214.

14 Margerie 16 mit Berufung auf Augustin, De Trin. IV 20,29 (CCL 50,199–201). – Die Polemik gegenüber der Schultheologie stieß auch W. J. Hill 175f auf. Von „Antithomismus" spricht Marinelli 342 (unter Berufung auf den Artikel von Guérard des Lauriers); Rahner sei nicht bloß historisch nicht objektiv, er liefere nicht bloß eine Karikatur der Schultheologie bzw. der Scholastik, er falle auch weit hinter Thomas von Aquin zurück, der bereits alle Einwände Rahners betreffs der These, jede göttliche Person könne eine hypostatische Union eingehen, berücksichtigt habe, ohne in Rahners Doppeldeutigkeiten stecken zu bleiben (vgl. die Schlußfolgerungen 341–343).

15 Bourassa (1).

Exkurs: Zur Beurteilung des trinitätstheologischen Ansatzes Augustins in der jüngeren Forschung

Die *erste* Aufgabe, die sich hier der Augustin-Forschung stellt, ist die Klärung des Verhältnisses von biblisch-heilsgeschichtlichem Ausgangspunkt und systematischem Entwurf einer psychologischen Trinitätslehre. Dabei muß besonders auf die Intention des augustinischen Traktats geachtet werden, denn immerhin setzt Augustin nicht nur biblisch-heilsgeschichtlich ein, auch seine Erläuterung des „filioque" in den letzten Büchern von De Trinitate ist ökonomisch bestimmt. „Augustinus gründet also seine Theologie des ewigen Hervorgangs des Geistes vom Vater und vom Sohn . . . auf die Ökonomie."[16]

Zu diesen Beobachtungen steht die andere Einsicht Congars – „Selbst seine Reflexion über die ‚Sendungen' des Wortes und des Geistes hat nicht zu einer Erwägung der Ökonomie geführt"[17] – in einer Spannung, die nach dem Fluchtpunkt der augustinischen Perspektive fragen läßt. Diesen hat *A. Schindler* in seinem abwägenden, vor voreiligen Synthesen warnenden Urteil zu markieren versucht: „Aber diese, die ‚ökonomische' Seite seiner Trinitätslehre, ist schwächer ausgebildet als die ‚immanente' und als die ‚kosmologische' oder ‚ontologische': Wie . . . gezeigt, findet er in seiner Frühzeit praktisch bei den Neuplatonikern die christliche Trinität wieder, und dies wirkt sich bis in die späte Zeit so aus, daß der Zugang zur Trinität weniger über die Heilsgeschichte als über das menschliche Innere . . . oder über die dreifache Bestimmtheit alles Seienden gefunden wird: . . . Sofern Schöpfung und innere Erkenntnis bzw. Erleuchtung bei Augustin auch geschichtlich gedacht sind, ist dieser Aspekt selbstverständlich nicht dem ‚ökonomischen' entgegengesetzt. . . Das seit Hegel auch in der Theologie in Gang gekommene Bestreben, den Begriff und das Sein Gottes mit der Geschichte vermittelt zu denken, hat besonders im 20. Jh. zu oft wiederholter Kritik an Augustins ‚entgeschichtlichter' Trinitätslehre geführt (. . . im Bereich der katholischen *Dogmatik* vor allem Karl Rahner, bes. MySal 2,317–397), was im Blick auf die Geschichte dieses Dogmas *vor* Augustin *auch historisch* nicht ganz falsch ist. Die Diastase, die hier spürbar wird, ist ein Gegenstück zu jenen Synthesen des augustinischen Denkens, . . . die jedoch die *Intentionen* Augustins nicht verdecken dürfen."[18]

Die *zweite* hier interessierende Frage betrifft das Verhältnis Augustins zur griechischen Theologie.[19] *F. Bourassa* sieht die augustinische Theologie „in vollkommener Kontinuität mit der griechischen Theologie", von der sie sich nicht darin unterscheide, daß sie sich von der Ökonomie entferne, „sondern eher im Gegenteil darin, daß sie diese Theologie vielleicht besser thematisiert hat". Was Augustin von seinen Vorgängern vor allem abhebe, „das ist die Nachforschung des intellectus fidei bezüglich der Trinität in ihr selber, gemäß der Analogie des Bildes Gottes im Menschen, und daher [!] im Innern der Ökonomia"[20]. Das Lob Bourassas gilt der inneren Dynamik des augustinischen Werkes, nicht jedoch dem schriftfremden Ausgang von der Einheit der Natur.[21] Insofern weicht auch Bourassa nicht von dem in der Forschung vorherrschenden Konsens ab, daß Augustin als der Vater der spezifisch westlichen,

16 Congar (6) 382f. Zur „ökonomischen" Konzeption in anderen Schriften Augustins vgl. Verhees (1); Noronha Galvâo.

17 Congar (6) 381.

18 Schindler (1) 687. – Daß theologiegeschichtliche Vergleiche in diesem Zusammenhang erhellend wirken können, hat Cavadini gezeigt: Im Zentrum des Alkuinschen Traktats „De fide sanctae et individuae Trinitatis" steht die Christologie als Soteriologie, diese wird nicht mehr der Trinitätslehre subordiniert (zum Beweis der Homousie und der Notwendigkeit des Glaubens als Ausgangspunkt wie bei Augustin), vielmehr hat die trinitarische Exposition „eine *logische* Priorität, insofern sie als fundamentale Prämisse für das theologische Unternehmen dient, aber sie ist nicht mehr länger sein zentraler Brennpunkt" (18).

19 Zum Stand der quellenkritischen Untersuchungen vgl. Altaner.

20 Bourassa (2) 716; vgl. den 2. Teil dieses Beitrags.

21 Bourassa (1) 278.

lateinischen Trinitätstheologie anzusehen ist. *M.Schmaus* warnt zwar vor einer schematischen Anwendung der Klassifizierung „griechisch-lateinisch", ist in seinem Urteil aber eindeutig: „Wenn man Augustinus geschichtlich einreihen will, dann muß man ihn der lateinischen Auffassung zuweisen und zugleich als deren Höhepunkt bezeichnen."[22] Nach *L.Scheffczyk* beginnt mit Augustin „die Trinitätstheologie im höheren Sinne", wobei sich „der abendländische Charakter seiner Konzeption . . . an seinem Ausgang von der Einheit Gottes [zeige] und an dem Bestreben, diese Einheit Gottes im Sein, in der Qualität und in den Wirkungen eindeutig zum Ausdruck zu bringen"[23]. Das abschließende Urteil ist überaus deutlich: Augustin hat „die alte abendländische Betrachtungsweise, in der die Dreiheit auch als die in der Heilsgeschichte zu erkennende Offenbarungsform des einen Gottes verstanden wurde, in seiner Trinitätslehre eliminiert (obgleich er mit ihr in seiner Geschichtstheologie vertraut war)"[24]. Nach anfänglicher Skepsis stimmt auch *J.Barbel*[25] der hier getroffenen Beurteilung zu, die *T.R.Martland*[26] durch einen Vergleich der augustinischen Methodologie mit der der Kappadozier bestätigt. *Congar*, dessen differenzierende Stellungnahme bereits deutlich wurde, zeigt auch die theologiegeschichtlichen Hintergründe der Position Augustins auf: „Der Arianismus und Nizäa haben den Blick auf die Einheit und Wesensgleichheit der Drei gerichtet. Bei Augustinus konnte diese Tendenz, die durch den weiterdauernden Einfluß des Arianismus gerechtfertigt war, noch verstärkt werden durch vorhergehende neuplatonische Gedanken, die mit seinen tiefsten existentiellen Schritten zusammenhingen."[27]

Rahner kann sich also mit Recht auf eine voraugustinische Tradition berufen, die für ihn zugleich die griechische ist. Hierin erhält er zunächst Schützenhilfe von Y.Congar, der auf O.du Roys Präzisierung der theologiegeschichtlichen These Th.de Régnons rekurriert und den (neu)platonischen Ursprung des augustinischen Ansatzes herausgestellt hat. Danach gehen die griechischen Väter von einer Drei-Einigkeit aus, „die mit ihrer ökonomischen Offenbarung zusammenhängt", Augustinus von dem „einen *Deus-Trinitas*, der unabhängig von der Inkarnation und der Heilsordnung statisch gedacht wird"[28]. Damit wenden sich die beiden Forscher zugleich gegen die Behauptung, „die Kappadozier hätten die ökonomische Sicht der Vornizäner aufgegeben und einen Primat des Wesens grundgelegt"[29].

Nun hatte aber schon Rahner selbst, wie bereits notiert, bemerkt, wie formalistisch sich die Trinitätstheologie der Kappadozier ausnehme, und dafür entsprechende Gründe namhaft gemacht. Die gemachten Beobachtungen sprechen dafür, daß *G.Lafont* recht gesehen hat, wenn er die „Wasserscheide" nicht zwischen Ost und West, sondern zwischen vor- und nachnizänischer Theologie lokalisiert.[30] Dann ergibt sich, daß Rahner einerseits (nämlich bezüglich des Grundaxioms) in der vornizänischen, anderseits (bezüglich der Rede von den distinkten Subsistenzweisen) in der griechischen, jetzt freilich genauer als postnizänisch qualifizierten Tradition (der Kappadozier bzw. des Gregor von Nyssa mit der Rede von den τρόποι τῆς ὑπάρξεως) steht.[31] Für die Theologie nach Nizäa ist nun charakteristisch,

---

22 Schmaus (3) XXIX.
23 Scheffczyk (1) 202.
24 Ebd. 204.
25 Barbel (3) 85.
26 Vgl. Martland.
27 Congar (6) 380f.
28 Ebd. 380. Congar bezieht sich auf O. du Roy (s. bes. 450–458).
29 Congar (6) 380[17].
30 Das gesamte Konzept seines Buches (Peut-on connaitre Dieu en Jésus-Christ?) basiert auf dieser These.
31 Zum folgenden vgl. Lafont 190–197.

was Lafont die Verdoppelung („redoublement“) der Sprache nennt: Sie muß in zwei Sprachspielen („Typen“) reden, von „Gott in sich“ und vom „Modus der immanenten Operation, die vom Vater ausgeht“; es handelt sich um die Proprietät der Hypostasen und deren irreversible Ordnung. Rahner verwende – behauptet Lafont – praktisch die beiden postnizänischen Sprachmöglichkeiten, wenn er abstrakt von „personalitas“ und konkret von den „Personen“ entsprechend ihrer τάξις rede, aber er bemerke dies nicht und sehe sich so in der „griechischen“ Tradition. Das Grundaxiom müsse also über das ὁμοούσιος nachdenken, da sonst die Ebene der göttlichen Freiheit und Transzendenz nicht erreicht werde. Lafont adaptiert die von Rahner an das Chalcedonense gerichtete Anfrage – „Chalzedon, Ende oder Anfang?“[32] – auf das Nicaenum und formuliert sie zugleich in bezeichnender Weise um: „Schließlich ist die Frage nicht mehr: Nizäa, Ende oder Ausgangspunkt?, sondern: Nizäa, Ausgangspunkt oder Etappe?“[33]

Für den Fortgang der Untersuchung ist damit ein wichtiger Hinweis gegeben: Die postnizänische Tradition muß in ihrer Intention ernstgenommen werden, das ὁμοούσιος stellt einen Meilenstein auf dem Weg der theologischen Reflexion dar; zugleich aber gilt es, die vornizänische Perspektive wieder aufzunehmen, d.h. nicht die ungenügend ausgearbeiteten, eben noch vornizänischen Positionen sind aufzugreifen, wohl aber die entsprechenden Intentionen.[34] Im weiteren Verlauf der Problemexposition muß diese Arbeitsanweisung noch präzisiert werden.

c) Der Sinn von „. . . und umgekehrt“ im Grundaxiom

A. Ziegenaus hat im Kontext seiner Untersuchungen zu Marius Victorinus darauf hingewiesen, daß die beiden Richtungen, in denen das Grundaxiom gelesen werden kann, nicht streng identisch sind. Mit der Betonung der ewigen Zeugung des Logos und der Ablehnung der rein ökonomischen Trias des Marcell habe die nachnizänische Theologie die Grenzlinien gezogen. „So kann Rahners Satz nur so interpretiert werden, daß die hypostatischen Funktionen der immanenten, der schöpfungs- und heilsgeschichtlichen Trias gleichgeschaltet verstanden werden müssen.“[35] Was gewahrt werden soll, wird später in die Frage gekleidet: „Ist die immanente Trinität nicht eher die Voraussetzung für die Göttlichkeit und damit für die Freiheit Gottes in seinem Heilshandeln?“[36] Zu klären ist also der Sinn des „und umgekehrt“! *Congar* möchte Rahners Idee übernehmen, „fügt aber zwei Bemerkungen hinzu, die ihren absoluten Charakter stark einschränken“[37]. „Engagiert und offenbart Gott in seiner Selbstmitteilung sein *ganzes* Mysterium?“ „In der ökonomischen Trinität enthüllt sich die immanente Trinität. Enthüllt sie sich aber ganz?“[38] Am Beispiel der „Weiterführung“ der Rahnerschen These durch P. Schoo-

---

32 Rahner (1). 33 Lafont 22.
34 Ebd. 21f. Der Kritik Lafonts schließt sich Serenthà an (bes. 127f).
35 Ziegenaus (1) 349. 36 Ebd. 371[17].
37 Congar (6) 333. (C. 334[7] beruft sich u. a. auf Lafont.)
38 Ebd. 334 bzw. 337.

nenberg[39] demonstriert Congar die Problematik des „umgekehrt“, „insofern man damit von der Erkenntnis zur Ontologie übergeht“[40]. Man darf also „nicht einfachhin die Wechselseitigkeit dieses Verhältnisses behaupten“, zu der „eine rein logische Entwicklung“[41] gelangen kann. Den problematischen Schritt tut Schoonenberg, wenn er – unter Wahrung der formalen Orthodoxie, aber „außerhalb einer ganzen Reflexionstradition . . . , die auf den inspirierten Offenbarungszeugnissen beruht“[42] – sich bezüglich der immanenten Trinität „zu einem Apophatismus – zu der Unmöglichkeit, etwas zu bejahen oder zu verneinen“[43], bekennt. „Was kann eine Kommunikation der drei Personen noch sein, wenn sie nicht vorerst drei Personen *sind*?“[44] Rahner habe dies nicht übersehen!

Gilt also Congars erstes Warnzeichen der Gefahr, sich mit Aussagen über die ökonomische Trinität zu begnügen, so sein zweites der Verkennung des kenotischen Charakters der göttlichen Selbstmitteilung: „Die unendliche, göttliche Weise, in der die von uns ausgesagten Vollkommenheiten verwirklicht sind, entgeht uns! Dies muß uns zurückhaltend machen, wenn wir sagen ‚und umgekehrt‘.“[45]

Beachtet man die Akzentuierung des „*ist*“, kann nicht ernsthaft in Frage gestellt werden, ob das „und umgekehrt“ der Rahnerschen Grundthese eine Identifizierung in dem Sinn anziele, daß die immanente Trinität „nichts anderes“ sei als die ökonomische; letztere *ist* vielmehr der dreieinige Gott in seiner *Selbst*mitteilung, erstere ist die transzendentale Möglichkeitsbedingung! So kann höchstens gefragt werden, ob es Rahner in der Durchführung gelungen ist, sein Grundaxiom entsprechend durchzuhalten. Hat er die wirkliche Identität, d.h. das „Gegebensein“ des dreieinigen Gottes in seiner Selbstmitteilung ernst genug genommen? Die formallogischen Begriffsklärungen helfen da nicht viel weiter[46]; am ehesten können wir das Problem von einer weiteren „Fortführung“ der Rahnerschen These her aufnehmen.

J. Moltmann hat schon 1972 in „Der gekreuzigte Gott“ das Axiom zustimmend aufgenommen.[47] Er hat es dabei aber einer erheblichen Transformation unterzogen, worauf Sesboüe ausdrücklich hinweist.[48] In seiner unter dem Titel „Trinität und Reich Gottes“ erschienenen Gotteslehre präzisiert er 1980:

„Die These von der fundamentalen *Identität* der immanenten und der ökonomischen Trinität bleibt freilich mißverständlich, solange man an der Unterscheidung festhält, weil sie dann nach Auflösung der einen in die andere klingt. Was mit ihr eigentlich ausgedrückt werden soll, ist die *Wechselwirkung* zwischen dem Wesen und der Offenbarung, dem Innen und Außen des dreieinigen Gottes. Die ökonomische Trinität offenbart nicht nur die immanente Trinität, sondern wirkt auch auf diese zurück.“ Auf den neuralgischen Punkt zugespitzt heißt das nach Moltmann: „Am Kreuz *schafft* Gott Heil nach außen für seine ganze Schöp-

39 Vgl. Schoonenberg (3). Zu Sch., Ein Gott der Menschen (Einsiedeln 1969) vgl. die Rez. von Garcia-Murga (dort weitere Rez.).

40 Congar (6) 335.

41 Ebd. 334.

42 Ebd. 336.

43 Ebd. 335.

44 Ebd. 336.

45 Ebd. 337.

46 Vgl. Rosenthal; zu Rahner speziell 140.142.

47 Moltmann (1) 227.

48 Sesboüe 418². S. betont, Rahner halte fest an der immanenten Trinität als Fundament der ökonomischen, in der sie sich selbst aus freier Gnade mitteile.

fung und *erleidet* zugleich das Unheil der ganzen Welt nach innen an sich selbst. Den *opera trinitatis ad extra* entsprechen von der Schöpfung der Welt an *passiones trinitatis ad intra.* Anders wäre Gott als Liebe gar nicht zu verstehen."[49]

Wir brauchen hier nicht auf die Problematik von Moltmanns Theologie und ihres Standortes zwischen der Scylla der Freiheit Gottes und der Charybdis seiner wahren Selbstmitteilung einzugehen[50], sondern verfolgen nur den für unsere Untersuchung relevanten Problemstrang.

Nach *E. Jüngel* gilt es, um der Freiheit Gottes willen an der „distinctio rationis" zwischen ökonomischer und immanenter Trinität festzuhalten.[51] Für ihn ist weiterhin das Grundaxiom „unerläßliche Grundlage einer das trinitarische Dogma besser verstehenden Umgestaltung der Trinitätslehre"[52]; dessen Sinn „leuchtet ein, wenn man mit biblischer Urteilskraft den Satz ‚Gott lebt' im Sinne des Satzes ‚Gott ist Liebe' auffaßt, wofür der Tod Jesu den Grund abgibt"[53]. Kritisch fragt Jüngel an: „Kann die Einheit von ‚immanenter' und ‚ökonomischer' Trinität christologisch ohne die Dialektik von Gesetz und Evangelium gedacht werden? Entsteht ohne die Berücksichtigung dessen, daß Christus *unter dem Gesetz* lebte und durch das Gesetz als Verfluchter zugunsten der Sünder starb, nicht trotz aller ‚heilsgeschichtlichen' Orientierung eine die Geschichte Jesu Christi um ihr Ärgernis bringende und insofern dann doch nur formale Identifizierung von ‚ökonomischer' und ‚immanenter' Trinität?"[54] Man müsse nicht beide Seiten „als ein *Paradox* zusammendenken"[55], denn Selbstbezogenheit und Selbstlosigkeit (Gottes) *entsprechen* sich in der Liebe, sie *widersprechen* sich *nicht*. „Von dieser Einsicht aus ist Karl Rahners These uneingeschränkt zuzustimmen: . . . Der Satz ist richtig, weil sich in Jesu Gottverlassenheit und Tod (Mk 15,34–37) Gott selbst ereignet. Was die Passionsgeschichte erzählt, bringt die Trinitätslehre auf den Begriff."[56]

Inwieweit aber hat Rahner selbst „diese Einsicht", von der Jüngel spricht, realisiert? Lafonts grundsätzliche Bedenken angesichts der transzendentaltheologischen Methode veranlassen ihn zu der Kritik, Rahner habe die Freiheit Gottes nur bezüglich des *Faktums*, nicht aber bezüglich der *modi* der Selbstmitteilung aufrechterhalten.[57] Er übersieht, daß dieses auch als so geschehenes unableitbares Faktum ja gerade in der Frage nach den Bedingungen seiner Möglichkeit vorausgesetzt wird. Allerdings muß man fragen, ob Rahner selbst nicht zu früh einem Apophatismus verfällt (dem Lafont selbst wehren will[58]), wenn er sich im Blick auf die immanente Trinität mit einer „modalen" Sprechweise „begnügt".

---

49 Moltmann (2) 177.

50 Eine Zusammenfassung in Moltmann (3). Vgl. „Diskussion über ‚Der gekreuzigte Gott'" und die Rez. zu M.s Trinitätslehre, z. B. von Ritschl, Blaser, Galot (2), O'Donnell, Blancy; ferner: J. Niewiadomski, Die Zweideutigkeit von Gott und Welt in J. Moltmanns Theologien (ITS 9). Innsbruck 1982.

51 Jüngel (1) 364.

52 Ebd. 355.

53 Ebd. 358.

54 Ebd. 360.

55 Jüngel (2) 506.

56 Ebd. 506f.

57 Vgl. Lafont 212–228, bes. 222–227.

58 Ebd. 64–66.103f.

Damit stellt sich erneut die Frage nach dem Zusammenhang von „Grundaxiom“ und trinitätstheologischer Begrifflichkeit.

Congar versichert allerdings nicht nur: „In diesen Bemerkungen liegt nichts, was dem Axiom Rahners *widerspräche.*“[59] Er gesteht darüber hinaus auch zu, daß bezüglich der Verwendung des Personbegriffs zwischen immanenter und ökonomischer Trinität unterschieden werden müsse: „Wir sind verpflichtet, unsere Sprache zu präzisieren, weil wir in der immanenten Trinität die absolute Wesensgleichheit der ‚Personen‘ zu respektieren haben. Darum sprechen sowohl Rahner als auch Schoonenberg in bezug auf die Ökonomie personal, in bezug auf die ewige Trinität modal.“[60] *Schoonenberg* forderte sogar, Rahner könnte bezüglich der immanenten Trinität „in seiner Kritik am Begriff ‚Person‘ oder sogar der ‚Hypostase‘ . . . noch konsequenter sein . . .“[61]. In seiner jüngsten Stellungnahme „Zur Trinitätstheologie Karl Rahners“[62] hat Schoonenberg seine Kritik und damit seine eigene Position präzisiert. Dieser Beitrag hat soviel Gewicht, daß er im Schlußteil der vorliegenden Untersuchung bei der abschließenden Beurteilung der Rahnerschen Alternative und der Schoonenbergschen „Modifikation“ eigens gewürdigt wird.

Vorläufig ist festzuhalten, daß bei Rahner auch im Bereich der ökonomischen Trinität von einer personalen Redeweise nur im eingeschränkten Sinn die Rede sein kann. Das Grundaxiom ernst nehmen, heißt aber wohl auch, trotz der notwendigen via negationis an der personalen Redeform festhalten. Diesen Weg hat Rahner sich verbaut, indem er schon auf dem Feld der ökonomischen Trinität mit der Formel von den „Gegebenheitsweisen“ operiert.

d) Zusammenfassung

Bevor im folgenden die Kritik an Rahners terminologischer Initiative im Interesse einer weiteren Präzisierung der Problemstellung zu Wort kommt, fassen wir Anliegen und Mißverständlichkeit des Rahnerschen Grundaxioms noch einmal zusammen, wie sie Kasper[63] im Rückblick auf die einschlägige Diskussion artikuliert:

1. „Das . . . Axiom hatte bei K.Rahner ursprünglich den Sinn, die Funktionslosigkeit der Lehre von der immanenten Trinität zu überwinden. . . In diesem Sinn ist das Axiom richtig, legitim, ja notwendig.“

2. „Die Gleichsetzung von immanenter und ökonomischer Trinität . . . ist freilich vieldeutig und mancherlei Mißdeutungen fähig.“

– „Ein Mißverständnis wäre es sicher, wenn durch diese Gleichsetzung die heilsgeschichtliche Trinität ihrer geschichtlichen Eigenwirklichkeit beraubt . . . würde . . .“

– „Naheliegender ist gegenwärtig freilich eher das entgegengesetzte Mißverständnis, als solle durch diese Gleichsetzung die immanente Trinität in die ökonomische aufgelöst werden . . .“

---

59 Congar (6) 337.

60 Ebd. 336[10].

61 Schoonenberg (1) 71.

62 Vgl. Schoonenberg (4).

63 Kasper (6) 333–337: „Die Einheit von immanenter und ökonomischer Trinität“. Die folgenden Zitate: 335–337.

– „Schließlich und vollends stellt es ein Mißverständnis des Axioms dar, wenn man es zum Vorwand nimmt, um die Lehre von der immanenten Trinität mehr oder weniger beiseite zu schieben . . ."
3. Die Identität darf also nicht tautologisch verstanden werden, weshalb die Formel auch präziser lauten könnte: „In der heilsgeschichtlichen Selbstmitteilung ist die innertrinitarische Selbstmitteilung in einer neuen Weise in der Welt präsent . . ."
4. Schließlich: „Dieses Axiom setzt die Kenntnis der immanenten Trinität voraus und will sie sachgemäß interpretieren und konkretisieren."

Diesen letzten Abschnitt haben wir so zu verstehen, daß die immanente Trinität nicht Ergebnis theologischer Schlußfolgerung, sondern ursprüngliche Wortoffenbarung darstellt. Mit dem gnädig-freien und kenotischen Charakter der ökonomischen Trinität muß zugleich der apophatische Charakter der immanenten Trinität betont werden. Das führt uns zum Leitproblem zurück: Was leistet der Personbegriff für eine sachgemäße Interpretation und Konkretion der ursprünglichen Offenbarung?

2. *Kontroversen um die terminologische Initiative Rahners*

Die Analyse der terminologischen Initiative Rahners hat ergeben, daß dem Zusammenhang von trinitätstheologischem Grundaxiom und trinitätstheologischer Begrifflichkeit fundamentale Bedeutung zukommt. Dieses Ergebnis wurde durch den Blick auf die Rezeption des Rahnerschen Vorschlags (vgl. besonders Punkt c) bestätigt. Den damit erreichten Problemstand hat *Torrance* zutreffend beschrieben:

> „Hat er [Rahner] dann nicht ernstlich sein Grundaxiom verletzt, daß die ‚immanente' Trinität die ‚ökonomische' Trinität ist und umgekehrt? Unter der Voraussetzung, daß es Formen und Bilder sind, in denen wir über die personalen Beziehungen zwischen den geschöpflichen menschlichen Seienden sprechen und die wir legitimerweise nicht in Gott hineinlesen können, würden nichtsdestoweniger die grundsätzlichen Verbindungslinien in der christlichen Theologie gekappt, könnten wir nicht von Vater, Sohn und Heiligem Geist als ‚Personen' sowohl in der ‚immanenten' Trinität als auch in der ‚ökonomischen' Trinität sprechen. Wenn wir ‚Person' nicht gebrauchen können, um von den innertrinitarischen Relationen zwischen Vater, Sohn und Heiligem Geist zu sprechen, dann können wir es auch nicht gebrauchen, um von den realen personalen Distinktionen innerhalb der Ökonomie der Selbstmitteilung Gottes an uns in der Heilsgeschichte zu sprechen, ohne zwischen Gottes Selbstoffenbarung und seine Selbstmitteilung einen Keil zu treiben."[64]

Die in seinen Augen fatalen Konsequenzen für das christliche Reden von Gott hat Moltmann in den Vorwurf des idealistischen Modalismus und Monosubjektivismus gefaßt. An dieser Stelle wird das Gespräch mit den Rahnerkritikern nun fortgeführt. Danach soll die Kritik an den einzelnen Denkschritten Rahners zu Wort kommen.

---

[64] Torrance 346. Im gleichen Sinne Bracken (1) 257–260.

a) „Idealistischer Modalismus“

Nach *H. Ott* besagt das trinitätstheologische Grundaxiom, daß Gott uns so in der Heilsgeschichte begegnen kann, weil er „zuvor in sich selber“ schon so ist. Rede man von einer einzigen göttlichen Person im modernen Sinn des Wortes, müsse die „Persönlichkeit“ Gottes als „Über-Personalität“ charakterisiert werden; so werde eine modalistische Konzeption vermieden. Entscheidend sei aber, daß das Grundaxiom aus dem Wesen des Personalen begründet werde, d.h. nicht mehr abstrakt trinitätstheologisch, sondern bewußt in personalen Kategorien.[65] In dieser Beziehung gehe Rahner einen entscheidenden Schritt über Barth hinaus, indem er den Adressaten der Selbstoffenbarung Gottes schon in den Ansatz der Trinitätstheologie mit hineinnehme; es bleibe allerdings ein spekulativer Rest, insofern Rahner noch nicht von der faktischen Existenz her denke.[66]

Demgegenüber sieht *Moltmann* keine Veranlassung, Rahner den Vorwurf des Modalismus zu ersparen, dessen Konsequenzen für den christlichen Gottesbegriff er schonungslos offenlegen will: „Der *idealistische Modalismus* Rahners führt von der Trinitätslehre wieder zurück zum *christlichen Monotheismus* des ‚einen einzigen Wesens, der Einzigkeit eines einen Bewußtseins und einer einzigen Freiheit Gottes‘, der in der innersten Mitte des Daseins ‚eines einzelnen Menschen‘ präsent ist.“[67] Rahner überführe „die klassische Trinitätslehre in die Reflexionstrinität des absoluten Subjektes“[68], für ihn sei „das eine, einzige Gott-Subjekt der Vater“[69]. Dann aber erscheine die Grundthese in einem „besonderen Licht“:

> „Der Selbstmitteilungsprozeß ist das Wesen Gottes, und das göttliche Wesen besteht in dem trinitarischen Selbstmitteilungsprozeß. Gewiß betont Rahner die ‚absolute Ungeschuldetheit der Selbstmitteilung Gottes‘, ebenso wie Barth die freie Gnade der Herrschaftsoffenbarung Gottes hervorhebt. Allein wenn die Herrschaft Gottes Gottes Wesen ist und Gottes Wesen seine eigene Selbstmitteilung ist, dann droht mit der Preisgabe der trinitarischen Unterschiedenheit Gottes auch der Verlust der Unterscheidung von Gott und Welt. Im Heiligen Geist, der in der ‚innersten Mitte des Daseins eines einzelnen Menschen‘ erfahren wird, transzendieren Menschen ins unerschöpfliche Geheimnis Gottes selbst.“[70]

Moltmann nennt diese Konzeption „die mystische Variante der idealistischen Lehre von der ‚trinitarischen‘ Reflexionsstruktur des absoluten Subjektes“ und fragt abschließend: „Gibt es wirklich eine ‚größere Gefahr‘ als diesen ‚Modalismus‘?“[71] In der Perspektive von Moltmanns Kritik verschwindet der von Ott markierte Abstand zwischen den Positionen Rahners und Barths:

> „Wie für Barth Gottes Selbstoffenbarung, so kann auch für Rahner Gottes Selbstmitteilung nur von einem einzigen identischen Subjekt vollzogen werden. Es ist unausweichlich, daß Rahner um der Identität des sich selbst mitteilenden göttlichen Subjektes willen die interperso-

---

65 Ott 358; s. auch das 8. Kap. „Die Über-Personalität des persönlichen Gottes“ (165–184) und § 55 „Recht und Grenzen der transzendental-existentialen Interpretation der Trinitätslehre bei Karl Rahner“ (340–348).

66 Vgl. ebd. 346–348 die abschließende Kritik.

67 Moltmann (2) 165.

68 Ebd. 164.

69 Ebd. 165.

70 Ebd.

71 Ebd. 165f.

nalen Relationen des drei-einigen Gottes preisgeben muß. Damit fällt freilich auch der urbildliche Charakter des drei-einigen Gottes für die personale Gemeinschaft der Menschen in Kirche und Gesellschaft dahin. Dem sich unter dreifaltigem Aspekt selbst mitteilenden Gott entspricht der sich selbst zur Verfügung stellende, sich selbst transzendierende, dabei aber in sich gekehrte, einsame Mensch."[72]

Rahner spreche also in Mysterium Salutis gerade nicht von dem „dreifaltigen Gott als transzendentem Urgrund der Heilsgeschichte", sondern von diesem „als dem transzendenten Urgrund seiner eigenen ‚Selbstmitteilung' "[73].

Diese fundamentale Kritik an Rahners trinitätstheologischem Ansatz und seiner Terminologie läuft auf einen Angriff gegen die in der theologischen Tradition dominierende Konzeption der Gotteslehre und deren Begrifflichkeit hinaus. Einen Ausweg aus dieser Problemsituation verspricht der Versuch, mit einem neuen, jedenfalls anderen Kategoriensystem zu arbeiten. Bevor wir die entsprechende in der Auseinandersetzung mit Rahner lautgewordene Forderung näher betrachten, verfolgen wir zunächst die Kritik an den einzelnen Arbeitsschritten, die jener Forderung Nachdruck verleihen.

b) Zur Berufung auf den klassischen Personbegriff

F.X.Bantle hat die terminologischen Erwägungen Rahners einer äußerst scharfen, bisweilen lehrmeisterlich klingenden Kritik unterzogen. Zunächst fragt er mit Recht an, ob Rahner bezüglich der Begrifflichkeit die entsprechenden Konsequenzen aus seinem Grundaxiom gezogen habe. Dann jedoch behauptet er: „Durch die Erklärung, sie [die göttlichen Personen] seien im Rahmen des Heilsgeschehens vorhandene Gegebenheitsweisen des sich selbst mitteilenden Gottes und *dies sei ihre Immanenz*, hat er [Rahner] die Trinität und damit die göttlichen Personen gewissermaßen aus der Transzendenz in das Diesseits der Geschichte versetzt. Von hierher gesehen ist der Sinn des Axioms . . . *eindeutig* so bestimmt: Eine jenseits der Heilsökonomie liegende Immanenz der Trinität gibt es nicht."[74]

Mit dieser scharfen Kritik hat Bantle den Bogen erheblich überspannt. Rahner behauptet keineswegs, daß die in der Heilsgeschichte zu erkennenden drei Gegebenheitsweisen mit den innertrinitarisch zu unterscheidenden drei distinkten Subsistenzweisen so identisch seien, daß es eine „jenseits der Heilsökonomie liegende Immanenz" nicht geben könne. Welchen Sinn hätte dann die Unterscheidung zwischen ökonomischen „Gegebenheitsweisen" und immanenten „Subsistenzweisen"? Der Kritiker unterschlägt einfach das „und umgekehrt" des Rahnerschen Grundaxioms bzw. will die von Rahner selbst gegebenen ‚Lesehilfen' nicht wahrnehmen.

---

72 Ebd. 173. 73 Ebd.

74 Bantle 15. Bantle rekurriert ($15^{11 \cdot 12}$) auf Scheffczyk (2) 166. Moltmann (2) 165^{55} beruft sich auf die Interpretation Bantles. – Zu welch krassen Pauschalurteilen eine ungeprüfte Übernahme der Kritik Bantles führen kann, ist an der Bemerkung Ziegenaus'(2) 158 zu ersehen: „Die eigentliche Schwierigkeit Rahners scheint in einer mißglückten Trinitätslehre zu liegen." (Anm. 32 verweist auf Bantles Untersuchung.)

Bantle stützt seine eigene Position durch Hinweise auf den Befund der Heiligen Schrift (1) und die klassische Trinitätstheologie, wobei er besonders auf die Definition des Boethius rekurriert (2) und Rahner eine Fehlinterpretation des thomanischen Personbegriffs (3) vorwirft. Diese Argumente gilt es, soweit es für den Fortgang der Untersuchung dienlich ist, zu prüfen.

Zu (1): Für Bantle ist die von ihm in Anspruch genommene dogmatische Tradition durch den Schriftbefund gedeckt. Der von ihm geführte „Schriftbeweis"[75] läuft freilich auf eine dogmatische ‚Eisegese' hinaus. Man kann doch nicht im Ernst behaupten, das von Boethius auf den Begriff gebrachte Personverständnis finde sich bereits in der Bibel. Die Bemühungen des Boethius galten der Rechtfertigung und Klärung des *kirchenamtlichen* Sprachgebrauchs, und zwar konkret in bezug auf die christologische Problematik; von einem Rekurs auf die Sprache der Bibel kann dabei nicht die Rede sein.

Anhaltspunkte für eine differenzierte Schriftinterpretation und eine sich daraus ableitende Kritik an Rahners Position lassen sich eher beim Studium des von *X.Pikaza* vorgelegten Forschungsberichts[76] gewinnen. Hier wird einmal deutlich, daß eine Entpersonalisierung dem biblischen Zeugnis nicht entspricht, wie Pikaza kritisch gegen Rahner, der wie Barth eine „nicht-personalistische" Perspektive entwickele[77], einwendet. Erkennbar wird auch, daß personales Denken zugleich heißt „interpersonal denken". Letzteres zielt auf eine Reflexion der „Dialektik der interpersonalen Begegnung"[78], die Identität als interpersonale Communio statt als mathematische Identifikation begreift[79]. Damit ist die Aufgabe gestellt, einen analogen Personbegriff zu entwickeln[80] und dabei seine „größte Stärke" zu nutzen, die in seiner Ambiguität liegt, welche sich einer präzisen begrifflichen Definition widersetzt[81]. So betont *L.B.Porter* in seinem Vergleich der Rahnerschen und Barthschen Position, linguistisch lasse sich nachweisen, „daß nicht eine Bedeutung des Wortes ‚Person' jemals ganz diese anderen begleitenden Bedeutungen ersetzt oder verdunkelt hat"[82].

Zu (2): Bantle sieht den von der Schrift gedeckten Personbegriff der klassischen Trinitätstheologie (Gregor von Nazianz, Gregor von Nyssa, Leontius von Byzanz, Boethius und Thomas von Aquin), der eine Gleichsetzung von Hypostase und „heilsökonomischer ‚Gegebenheitsweise' "[83] verbiete, ohne auf seine mögliche Ambiguität und analoge Verwendung zu achten, ganz „im Lichte der Definition des Boethius": „1. Das Personsein verleiht den göttlichen Personen Subjektcharakter. – 2. Die Konzeption der göttlichen Personen bei Boethius impliziert mit innerer Notwendigkeit drei Selbstbewußtseine. – 3. Der Personcharakter kommt Vater, Sohn und Heiligem Geist zu, insofern sie Träger der einen göttlichen Natur sind. – 4. Der Personbegriff ist hier alles andere als eine Kategorie im Horizont der Heilsökonomie."[84]

Da wir auf die Definition des Boethius wegen ihrer immensen Wirkungsgeschichte in der mittelalterlichen Theologie noch ausführlich eingehen müssen, mögen hier die folgenden Gegenfragen genügen: Hat Bantle überhaupt die Problematik von Boethius' Definition erkannt? Können wir so selbstverständlich von „drei Ichen" des einen göttlichen Bewußtseins

75 Bantle 15–18.

76 Pikaza (2), bes. Abschnitt 18 (La Trinidad en la Biblia. Visión de los dogmaticos: 282–291) und Abschnitt 19 (Hacia una nueva formulación dogmatica de la Trinidad: 291–298).

77 Ebd. 292.

78 Ebd. 287 unter Berufung auf Mühlen gegen Barth.

79 Ebd. 287f im Anschluß an Hodgson.

80 Ebd. 296 (wieder unter Berufung auf Mühlen).

81 Vgl. Porter 540.

82 Ebd. 541.

83 Bantle 18.

84 Ebd. 21 (hier gekürzt).

sprechen? Darf man im Sinne einer wirklichen Problemerörterung die Entgegensetzung von „klassischem" und „modernem" Personbegriff so kurzatmig[85] behandeln?

Zu (3): Schließlich will Bantle Rahner auch seinen Kronzeugen Thomas von Aquin nehmen. Da wir auch auf den Aquinaten im Rahmen des theologiegeschichtlichen Abrisses eingehen müssen, begnügen wir uns an dieser Stelle wiederum mit Hinweisen zu Bantles Argumentationsstil. Die Persondefinition ‚subsistens distinctum in natura rationali' finde sich „so nirgendwo bei dem Aquinaten; sie findet sich aber in fast wörtlicher Übereinstimmung bei Lonergan . . ." „In Wirklichkeit" habe sich Thomas die Definition des Boethius „voll zu eigen gemacht", diesen gerade auch in der Akzentuierung der ‚subsistentia' „in seiner Aussageabsicht verstanden und die Mehrschichtigkeit der Aussage erkannt"[86].

Zur Klarstellung sei gesagt, daß Rahner sich zunächst einmal auf Hinweise in der kirchlichen Dogmatik *Barths* beruft.[87] Danach hat auch Thomas „die eigentliche, innerhalb der Grenzen des Möglichen liegende Erklärung dessen, um was es denn gehe bei den Dreien in der Dreieinigkeit, . . . gerade *nicht* in Form einer Interpretation des Personbegriffs, sondern an Hand des Begriffs der *Relationen* gegeben!"[88] Denn Thomas müsse, „sachlich korrekt, aber für seinen [boethianischen] Personbegriff nun doch sehr bedrohlich feststellen, die *personae* der Trinität seien *res subsistentes in* (nämlich in der einen) *divina natura*", welche „nichts anderes [sind] als *relationes*, innergöttliche Beziehungen"[89]. Daher komme Thomas zu der Definition der persona als *„relatio ut res subsistens in natura divina"*, wofür sich Barth auf Summa theologiae I 30, 1c und 40, 1–2 beruft.[90]

Für seine Behauptung, daß die ratio personalitatis bei Thomas „relatio subsistens oder subsistens distinctum relatione" meine, je nachdem ob der relatio konstitutive oder distinktive Bedeutung zukomme[91], nennt *Lafont* keine Belege. Indes hatte bereits *A.Kröger* für die Bestimmung des thomistischen Personbegriffs „distinctum subsistens in natura intellectuali" sich auf De pot. 9, 4c bezogen[92]. Neuerdings nennt *Kasper* noch folgende Fundorte: I Sent. 23, 1, 3; de pot. 2, 5 ad 4; 9, 5 ad 23; Sth I 30, 4 ad 2; Comp.theol. I 47.[93]

---

85 Auf nicht einmal zwei Seiten: ebd. 22–24!

86 Ebd. 22.

87 390[33]: „Vgl. Barths Analyse des Personbegriffs aaO. 375ff 380f u. ö."

88 Barth 377.

89 Ebd. 376.

90 Die Texte lauten *Sth I 30, 1c:* Plures esse personas in divinis, sequitur ex praemissis. Ostensum est enim supra quod hoc nomen persona significat in divinis relationem, ut *rem subsistentem in natura divina.* Supra autem habitum est quod sunt plures relationes reales in divinis. Unde sequitur quod sint plures res subsistentes in divina natura. Et hoc est esse plures personas in divinis. *Sth I 40, 2 ad 1:* Personae sunt ipsae *relationes subsistentes;* ebd. 2 ad 2: *personae divinae* non distinguuntur in esse *in quo subsistunt.*

91 Lafont 150f.

92 Kröger 14. Kröger bildet „natura intellectualis" als Genus-Begriff zu „natura divina" und „natura humana". Die Stelle lautet: oportet quod persona divina significet *subsistens distinctum in natura divina,* sicut persona humana significat subsistens distinctum in natura humana . . . Unde sequitur quod idem sit relatio et *distinctum in natura divina subsistens.* Patet ergo quod persona communiter sumpta, significat substantiam individuam rationalis naturae; persona vero divina formali significatione significat *distinctum subsistens in natura divina.*

93 Kasper (6) 350[139] nennt diese Stellen: *I Sent. 23, 1, 3:* Si autem accipiatur persona humana, significat hoc quod est subsistens in tali natura, et distinctum tali distinctione qualis competit naturae humanae, scilicet per naturam determinatam. Et sic loquimur hic de significatione „personae", prout dicitur persona divina; et secundum hoc significabit hoc quod est *distinctum existens in natura divina.* Et quia „persona" significat quid *distinctum, existens in natura aliqua,* ideo constat quod significat relationem, inquantum ipsa relatio est ad ipsum relatum, et inquantum ipsum relatum est *subsistens in tali*

„Subsistens in natura intellectuali" und „subsistens distinctum in natura divina" (De pot. 9, 4c) sind also wortwörtliche Formulierungen des Thomas, die übrigen Stellen bieten zumindest „ähnliche Formeln"[94].

Wir kommen um die Feststellung nicht herum, daß Bantle insgesamt zu oberflächlich und zumindest in seiner Thomas-Interpretation nachlässig gearbeitet hat und daß er im Blick auf Rahner falsche Behauptungen aufstellt. Hat er Rahners Anliegen überhaupt verstanden? In erster Linie scheint es ihm um eine Rechtfertigung der Tradition zu gehen, die freilich so pauschal ausfällt, daß damit Rahner nicht schon widerlegt ist. Gegenüber seiner theologischen Methode sind einige

---

natura. De pot. 2, 5 ad 4: licet omnipotentia absolute considerata non sit propria Patris, tamen prout cointelligitur ei determinatus *modus existendi* sive determinata relatio, propria fit Patri; sicut hoc quod dicitur Deus Pater, Patri proprium est, quamvis Deus sit tribus commune. *De pot. 9, 5 ad 23:* licet tota et perfecta divinitas sit in qualibet trium personarum secundum *modum existendi;* tamen ad perfectionem divinitatis pertinet ut sint *plures modi existendi in divinis. Sth I 30, 4 ad 2:* licet persona sit incommunicabilis, tamen *ipse modus existendi* incommunicabiliter potest esse pluribus communis. *Comp. theol. I 47:* Ipse ergo Spiritus sanctus, quo nobis insinuatur divinus amor, non est aliquid accidentale in Deo, sed est *res subsistens in essentia divina,* sicut Pater et Filius.

94 Kasper (6) 350. – Außer den bei Kasper genannten Stellen kann man für die Bedeutung von persona im Sinne von „Subsistenz-, Existenzweise" noch auf folgende Texte hinweisen: *De pot. 9, 2 ad 2:* hoc autem nomen persona [significat] solum *naturam rationalem sub tali modo existendi; ad 5:* et hoc modo *individuum* ponitur in definitione personae ad designandum *individualem modum essendi; ad 6:* prima vero substantia significat eam ut *individualiter subsistentem* . . . Sic ergo persona continetur quidem in genere substantiae, licet non ut species, sed ut *specialem modum existendi* determinans.
De pot. 9, 3c: persona . . . significat *quamdam naturam cum quodam modo existendi.* Natura autem quam persona in sua significatione includit, est omnium naturarum dignissima, scilicet natura intellectualis secundum genus suum. Similiter etiam *modus existendi quem importat persona* est dignissimus, ut scilicet *aliquid sit per se existens.* Cum ergo omne quod est dignissimum in creaturis, Deo sit attribuendum, convenienter nomen personae Deo attribui potest, sicut et alia nomina quae proprie dicuntur de Deo.
De pot. 9, 3 ad 1: Sic ergo licet personare ad modum larvati hominis a quo impositum fuit nomen personae, Deo non conveniat, tamen illud quod significatur per nomen, scilicet *subsistens in natura intellectuali,* competit Deo; et propter hoc nomen personae proprie sumitur in divinis.
De pot. 9, 5c: Numerus ergo relationum est numerus *rerum subsistentium in divina natura. Res autem subsistentes in divina natura sunt divinae personae.*
De pot. 9, 6 ad 3: nomen personae *non designat hoc solum quod est subsistere,* quod videtur ad essentiam pertinere, *sed etiam hoc quod est distinctum esse* et incommunicabile, quod est propter proprietates relativas in divinis; *ad 6:* „Ad sextum dicendum, quod *hoc nomen persona significat subsistentem in natura divina,* cum distinctione et incommunicabilitate; hoc autem nomen *Deus* significat habentem divinam naturam nihil importans de distinctione vel incommunicabilitate; ideo non est simile.
Bantle 22[58] selbst gesteht zu, daß Lonergan und Rahner „von Sth I q.31c und Scg IV c.48 her inspiriert gewesen sein" könnten. Die erste Angabe meint wohl folgende Stelle: *Sth I 31, 2c:* Unde convenienter dicere possumus quod Filius est alius a Patre, quia scilicet est *aliud suppositum divinae naturae, sicut est alia persona* et alia hypostasis. *Scg IV c.48:* Creari enim est fieri quoddam. Quum autem fieri terminetur ad esse simpliciter, ejus est fieri quod habet *esse subsistens,* et hujusmodi est individuum completum in genere substantiae; quod quidem *in natura intellectuali dicitur persona* aut etiam hypostasis.

ernsthafte Bedenken vorzubringen: Inwieweit ist der Personbegriff wirklich „absolut konstitutiv“[95]? Was würde dies für das Verhältnis von Schrift und (dogmatischer) Tradition bedeuten? Auf die Problematik des von Bantle geführten „Schriftbeweises“ wurde hingewiesen. Wir werden einschneidende Stationen der Entwicklung des trinitätstheologischen Personbegriffs beleuchten, um zu stärker differenzierenden Aussagen zu kommen.

c) Zu Rahners Einschätzung des modernen Personbegriffs

Die Problematik des von Rahner zurückgewiesenen neuzeitlichen Personbegriffs wird auch von seinen Kritikern erkannt. So unterstützt etwa *G.Hasenhüttl* in seiner jüngsten einschlägigen Veröffentlichung den Barthschen und Rahnerschen Protest gegen einen Tritheismus, der sich – „aufgrund des gewandelten Personbegriffs der Neuzeit“ – auch bei dem „an Hegel gebildeten“ A.Günther einstelle.[96] Genausogut kann man aber fragen, ob Rahner nicht eben nur *eine* typische Ausprägung des „modernen“ Personbegriffs vor Augen hat. So weist *W.Breuning* 1970 am Ende seiner Bilanz hierauf hin:

> „Der sogenannte Personalismus versteht unter Person doch mehr und anderes als ‚selbstbewußtes Aktzentrum‘! Die Relation zum Du wird zum Konstitutiv zumindest der aktuierten Person. . . Und schließlich wird die Du- und Wir-Bezogenheit des Menschen letztlich getragen von der Konstitution auf das Du Gottes hin, das sich ihm zur Gemeinschaft schenkt. Liegt hier – im Geschehen der Person – nicht auch ein wesentlicher Ansatzpunkt für die gläubige Annahme der trinitarischen Selbstmitteilung Gottes? Gewiß, niemand leugnet heute die Dienlichkeit dieses [personalen] Denkens für das Verständnis des Verhältnisses von Gott und Mensch überhaupt. Aber in die Trinitätstheologie im engeren Sinn hat es noch keine allgemein-gebilligte Aufnahme gefunden.“ Ja es seien „noch nicht viele Theologen, die überhaupt die Kategorie des Ich-Du-Verhältnisses ausdrücklich auf Gott angewandt haben“.[97]

Bleibt nicht Rahner selbst in der von Hasenhüttl genannten Hegelschen Perspektive?[98] Hier setzte die Kritik *Moltmanns* ein, der zwar Hegel nicht im direkten Zusammenhang mit Rahner erwähnt, aber Fichte und Hegel für die „Reflexion der *absoluten Subjektivität Gottes*“ namhaft macht[99] und das Resultat wie folgt beschreibt:

> „Gott, als Subjekt mit vollkommener Vernunft und freiem Willen gedacht, ist in der Tat das Urbild des freien, vernünftigen, souveränen, über sich selbst verfügenden Menschen. Darum wurde dieser Begriff Gottes in der bürgerlichen Welt des 19. und 20. Jahrhunderts weitergebildet zum Begriff der ‚*absoluten Persönlichkeit*‘ und in schlichterer Wendung zur Vorstellung von dem ‚*persönlichen Gott*‘. Ausgangspunkt und Ziel für diesen neuzeitlichen Gottesbegriff war und ist das Verständnis des Menschen als Subjekt und die Betonung der Subjektivität aller seiner Erkenntnisse und Beziehungen.“[100]

Für Moltmann ist nun klar, „daß und wie Rahner die klassische Trinitätslehre in die Reflexionstrinität des absoluten Subjektes überführt“[101]. Er favorisiert frei-

---

95 Bantle 12. 96 Hasenhüttl 93. 97 Breuning (2) 33f.

98 Von einem entsprechenden Einfluß – „sei es bejahend, sei es distanzierend“ – spricht auch Schachten (1) 20 (mit Hinweis auf MySal II 317f und bes. 319).

99 Moltmann (2) 30. 100 Ebd. 31. 101 Ebd. 164.

lich in ebenso einseitiger und exklusiver Weise eine bestimmte Ausprägung des neuzeitlichen Persondenkens:

„Was Rahner ‚unseren Sprachgebrauch profaner Art von Person' nennt, hat mit dem personalen Denken der Neuzeit nichts gemein. Was er beschreibt, ist vielmehr extremer Individualismus: Jeder ist ein sich selbst besitzendes Aktzentrum. Der philosophische Personalismus von Hölderlin, Feuerbach, Buber, Ebner, Rosenstock und anderen war aber gerade zur Überwindung dieses possessiven Individualismus angetreten: Das Ich ist nur vom Du her und also relational zu verstehen. Ohne Sozialität keine Personalität! Was Rahner in den ‚Sprachgebrauch profaner Art' hineinliest, ist die durch Eigentum bestimmte Verfügungsfreiheit des Individuums, nicht die durch Gemeinschaft eröffnete soziale Freiheit der Person." Kurzum: „Dies [ist] doch gerade nicht der moderne Personbegriff, sondern seine individualistische Reduktion."[102]

Für die Trinitätstheologie insgesamt heißt dies, daß die Konzeption Gottes als „absolutes Subjekt", die ihrerseits die Auffassung Gottes als „höchste Substanz" ablöste, überwunden werden muß in dem Begriff des „dreieinigen [nicht: dreifaltigen[103]] Gottes", in einer Gotteslehre, die „Trinität und Reich Gottes" zusammendenkt und in eine „trinitarische Freiheitslehre" ausmündet[104].

In die gleiche Richtung argumentiert *Kasper:* Nach ihm „haben Barth und Rahner den modernen Personbegriff nur scheinbar als unbrauchbar zurückgewiesen, in Wirklichkeit haben sie ihn in hohem Maße rezipiert. Gerade weil sie Gott nicht mehr antik-mittelalterlich als absolute Substanz, sondern als absolutes Subjekt denken, ist für sie kein Platz für drei Subjekte, sondern nur für drei Seinsweisen bzw. distinkte Subsistenzweisen. Besser gesagt: Weil Barth und Rahner den neuzeitlichen Subjekt- und Personbegriff übernehmen, kommen

---

102 Ebd. 162f. – Diese Kritik Moltmanns kann als berechtigte Anfrage an Rahner so stehen bleiben. Im Interesse einer differenzierenden Auseinandersetzung muß freilich unterstrichen werden, daß Rahner den Begriff der „absoluten Subsistenz" ausdrücklich ablehnt (vgl. 355). Zu diesem Begriff Mühlen (3) 39–43.54!

103 Vgl. Moltmann (2) 163: „Rahner bevorzugt gegenüber dem üblichen Ausdruck der *Dreieinigkeit* die Redewendung von der *Dreifaltigkeit,* um die Subjektivität des ‚Einen' Gottes zu betonen, der sich zu uns ‚dreifaltig' verhält. Die Redewendung ist nicht nur modalistisch, sondern auch eine schlechte deutsche Übersetzung der *trinitas.*"

104 Ebd. 25–35 („Auf dem Wege zum dreieinigen Gott") und 207–239 („Das Reich der Freiheit"). – Für eine soziale Trinitätslehre als „Erkennungszeichen des Christentums und der zentralen Theologie einer klassenlosen Gesellschaft" sprach sich jüngst aus orthodoxer Sicht Osthathios 99 aus. Im Vorwort zur deutschen Ausgabe preist J. Moltmann die Vorteile einer sozialen Trinitätslehre wie die einer trinitarischen Soziallehre. Osthathios selbst gibt sich ganz entschieden: „Es ist kein Tritheismus, wenn man sagt, daß Gott in sich selbst eine Kernfamilie darstelle, denn die Familie Gottes ist eine ontologische Singularität . . . Aber weil keine Analogie in der geschaffenen Ordnung die ganze Tiefe des Geheimnisses der Trinität deutlich machen kann, hat auch das Beispiel der Kernfamilie einen Mangel: die Vorstellung, daß der Vater älter und der Sohn jünger ist; aber solch eine arianische Über- und Unterordnung kennt die orthodoxe Lehre nicht." (100) Im Blick auf das eigentliche Anliegen des Buches heißt es: „Das Ideal der klassenlosen Gesellschaft der Trinität wird in der Geschichte nicht erreicht werden können; aber es kann als Leitbild ständig bewußt gehalten werden . . ." (ebd.). – Zu der im angelsächsischen Raum geführten Diskussion um die soziale Analogie vgl. die Übersicht von Bracken (1). Neuerdings hat Bracken (2) die Diskussion im Kontext der Prozeß-Philosophie weitergeführt. – Einen differenzierten trinitätstheologischen Entwurf im Rahmen des Prozeßdenkens hat Pittenger vorgelegt.

sie zu ihren mehr oder weniger negativen Folgerungen bezüglich der drei Personen. Diese Folgerung ist nun aber weder von der traditionellen Trinitätslehre her zwingend noch vom modernen Personbegriff her notwendig."[105]

Kasper hat hier zunächst den von Barth und Rahner namhaft gemachten „neuzeitlichen" Personbegriff im Blick und deutet zugleich an, daß es sich hierbei nur um *eine* Ausprägung desselben handelt. Im Unterschied zu Moltmann sieht er nämlich den „extremen Individualismus" „schon bei Fichte und Hegel überwunden"[106]. „Vollends" sei nach dem modernen Personalismus deutlich geworden, „daß es Personalität konkret nur in Inter-Personalität, Subjektivität nur in Inter-Subjektivität gibt"[107]. Auch wenn berücksichtigt wird, daß „personalistische Kategorien *nur in analoger Weise* auf die Trinität angewendet werden", darf und muß man sagen: „In Gott und zwischen den göttlichen Personen ist nicht trotz, sondern wegen ihrer unendlich größeren Einheit zugleich unendlich mehr Interrelationalität und Interpersonalität als im zwischenpersonalen Verhältnis von Menschen."[108]

Mit seiner These, daß Rahners Folgerung „weder von der traditionellen Trinitätslehre her zwingend noch vom modernen Personbegriff her notwendig" sei, hat Kasper die beiden Richtungen anvisiert, die im Fortgang dieser Untersuchung zu verfolgen sind: Stimmt Rahners Sicht der „klassischen" Trinitätslehre und ihrer Begrifflichkeit? Welche Möglichkeiten für die theologische Sprache eröffnet eine differenzierende Aufarbeitung des „modernen" Personverständnisses? Mit seiner Zurückweisung der Rede von „drei Aktzentren" bleibt Rahner „ganz der Neuscholastik verhaftet". Jedoch „bleibt nichts anderes, als zu sagen: Wir haben es in der Trinität mit drei Subjekten zu tun, die sich gegenseitig bewußt sind kraft eines und desselben Bewußtseins, das von den drei Subjekten in jeweils unterschiedlicher Weise ‚besessen' wird"[109].

d) Zur katechetischen Brauchbarkeit der Alternative

Zumindest mit seiner terminologischen Initiative ist es Rahner also offenbar nicht gelungen, die für das Glaubensleben in weiten Bereichen unfruchtbar gewordene Tradition der Schule aufzubrechen. Nach dem bisher Gesagten kann sich die Kritik an der katechetischen Verwendungsmöglichkeit des alternativen Terminus an zwei Punkten entzünden: an der mit dem Begriff „distinkte Subsistenzweise" auf die Spitze getriebenen Formalisierung wie an der Beobachtung, daß sich im zeitgenössischen Personverständnis noch ganz andere als die von Rahner namhaft gemachten Elemente finden, die ihrerseits eine Anwendung des Personbegriffs in der Rede vom Geheimnis des dreieinigen Gottes durchaus als möglich erscheinen lassen.

Daß die terminologische Alternative Rahners nichts zur Aktualisierung der theologischen Sprache beitrage, sondern im Gegenteil den Graben zur gegenwärti-

---

105 Kasper (6) 351 (unter Berufung auf H. U. von Balthasar und – kritisch differenzierend – W. Pannenberg und J. Moltmann: Anm. 140).

106 Vgl. ebd. 352f.

107 Ebd. 353.

108 Ebd. 353f.

109 Ebd. 352.

gen Kultur nur noch vertiefe, ist die Überzeugung von *J.Galot.*[110] Darüber hinaus stellt auch für ihn der Modalismus, den der Begriff „Weise" hervorrufe, die größere Gefahr dar.[111] Schließlich schwäche die Rede von Seins- oder Subsistenzweisen „in ungebührlicher Weise den dem Vater, dem Sohn und dem Geist eigenen Wert, der durch das Wort ‚Person' unterstrichen wird"[112]. Das Dogma betone ja die Einheit der drei Personen in der einen Natur, so daß Rahners Sorge nicht übertrieben werden dürfe. Jedenfalls: „Um die Einheit der Natur zu unterstreichen, ist man da im Recht, die Bejahung von drei Personen zurückzuziehen?"[113] Vom Florentinum sei das Axiom „omnia sunt unum, ubi non obviat relationis oppositio" gerade verwendet worden, um zu zeigen: „Hae tres personae sunt unus Deus."[114] Galots Bilanz lautet folglich: Die vorgeschlagenen Alternativen erscheinen „zu schwach, um den Vater, den Sohn und den Geist zu bezeichnen, und sie bringen die Gefahr einer modalistischen Interpretation mit sich. Sie sind weniger aussagekräftig und weniger zugänglich, formalistischer und abstrakter als der Begriff der Person. Es ist wohl vielmehr dieser Personbegriff, der eine Wiederaufwertung verdiente, denn er erlaubt der Theologie, eine Sprache zu sprechen, die im zeitgenössischen Denken starke Resonanz findet."[115]

Auch *H.J.Lauter* macht eine Verlustrechnung für die Rahnersche Terminologie auf: „Wenn man bedenkt, daß im modernen, philosophischen und vorphilosophischen Selbstverständnis des Menschen die personale Liebe den höchsten Wert darstellt, wird man deren Ausfall in Gott nicht hinnehmen können. Vielmehr wird man umgekehrt daran festhalten müssen: Für den höchsten geschöpflichen Wert muß es in Gott ein Analogon geben, nicht im abgeschwächten, sondern im eminenten Sinne, das heißt aber in höchster, unendlicher Intensität der Wirklichkeit."[116]

B.de Margerie stimmt in seinen kritischen Ausstellungen voll mit Galot überein: „Kurz, den Personbegriff zu ersetzen ist unmöglich; heute das trinitarische Dogma ohne ihn zum Ausdruck zu bringen ist ebenso undenkbar. Es ist jedoch ebenso unerläßlich, ihn zu erklären, wie es unmöglich ist, ihn zu ersetzen. Tatsächlich haben die Theologen seit fünfzehn Jahrhunderten nicht aufgehört, ihn zu erklären."[117] *L.B.Porter* nennt in seinem abschließenden Plädoyer drei Gründe für die Beibehaltung des Personbegriffs: Schriftgemäßheit, apologetischer Wert, Korrespondenz von theologischer Sprache und Sprache und Erfahrung von Gottesdienst, Recht, Gesellschaft und Psychologie.[118]

Die Kritik an der katechetischen Unbrauchbarkeit des alternativen Terminus darf es sich also nicht zu einfach machen. Der Vorwurf, zu einer „distinkten Subsistenzweise" könne man nicht beten, muß sich vor einer Unterbietung des Rahner-

---

110 Galot (1) ist an der christologischen Frage interessiert; indem er sich von den Positionen Barths und Rahners absetzt, skizziert er selbstverständlich deren trinitätstheologische Sprachkritik.

111 Vgl. ebd. 75f.

112 Ebd. 76.

113 Ebd.

114 Vgl. ebd. 77 (und Anm. 22).

115 Ebd.

116 Lauter (1) 61.

117 Margerie 299.

118 Porter 547f.

schen Reflexionsniveaus hüten. Auf jeden Fall sind die verschiedenen Sprachebenen, die religiöse und die reflektierende theologische, auseinanderzuhalten. Was hier auf dem Spiel steht, hat *Kasper*, der selbst einen ähnlichen Vorwurf erhoben hat[119], deutlich markiert:

„Die Möglichkeit oder Unmöglichkeit der Rezeption des neuzeitlichen Personbegriffs in der Trinitätslehre ist eine bis heute umstrittene Frage, in der es offensichtlich um weit mehr geht als um ein innertheologisches Glasperlenspiel, um mehr auch als um eine pastorale Strategie semantischer Anpassung an die gewandelte Situation. Es geht in dieser Frage um die rechte Erfassung des Zentrums und der Grundstruktur der christlichen Botschaft im Kontext neuzeitlichen Denkens. Es geht um die christliche Antwort auf die durch den Theismus heraufgeführte Situation des Atheismus. Es geht vor allem darum, wie sich der Mensch als das Bild Gottes vom trinitarischen Gott her in Anknüpfung und Widerspruch zum Geist der Neuzeit in der rechten Weise verstehen kann."[120]

Die pastoral motivierte Kritik weist also zurück auf die Ebene theologischen Denkens und fachtheologischer Sprache, auf der zunächst einmal die angesprochenen Probleme aufzuarbeiten sind. Aus diesem Grund muß sie die Forderung nach einem neuen ‚Kategoriensystem' theologischen Denkens und Sprechens unterstützen.

e) Die Forderung nach einem neuen Kategoriensystem

H.J.Lauter sieht die Trinitätslehre vor einer „doppelten Aporetik": „In der einen Perspektive wird zwar die Einheit Gottes begrifflich gewahrt, dafür aber die Interpersonalität der Liebe, die gegenseitige Hingabe von Vater und Sohn im Heiligen Geist, geopfert. In der anderen Perspektive wird in Gott das Urbild der menschlich-interpersonalen Liebe gesehen, dafür aber die begriffliche Einheit des Wesens preisgegeben."[121] Läßt sich das so beschriebene Dilemma mit dem „Denkmodell der ‚Komplementarität' "[122] auflösen? Nach Lauter wird „in solchem komplementären Denken und Reden von Gott . . . nicht etwa die Ebene rationalen Denkens verlassen und die Logik verächtlich beiseitegeschoben, vielmehr werden die Linien logischen Denkens gewissermaßen ins Unendliche verlängert zur ‚coincidentia oppositorum' in das göttliche Mysterium hinein. Nur ein solches Denken macht wirklich ernst mit dem Geheimnischarakter Gottes."[123]

Die angezielte Lösung kann freilich nicht darin bestehen, zwei unterschiedliche „Sprachspiele" einfach zu einer „coincidentia oppositorum" zusammenzustellen. Die vorliegende Untersuchung verfolgt jedenfalls die Frage, ob es nicht möglich ist, in ein und derselben Perspektive Gott als „Urbild der menschlich-interpersonalen Liebe" zu sehen und zugleich die „Einheit des Wesens" auf den Begriff zu bringen. Den Ausgangspunkt teilt sie mit Lauter, dem Rahners Beurteilung der „Entwicklung des Personbegriffs in der neuzeitlichen Philosophie . . . zu einseitig und nega-

119 Vgl. Kasper (5) 158: „Kann man denn zu einem solchen Begriffsgötzen noch beten?"
120 Kasper (6) 348.
121 Lauter (1) 61.
122 Ebd. unter Berufung auf Ratzinger (1) 135f.
123 Ebd. 62.

tiv ist"[124]. Die Lösungsrichtung weist auf eine Überwindung traditioneller, klassischer Kategorien: „Der Personalismus hat das Wesen der Person nicht nur in der Substantialität, sondern ‚als Leben in Beziehung, vor allem in der tätigen Beziehung von Du und Ich' zu verstehen versucht. Die Person verwirklicht ihr Wesen in ‚dialogischer Existenz', durch gegenseitige Liebe. Dieser Person-Begriff führt aber nicht notwendig von der Trinitätslehre weg, sondern kann – in analoger und komplementärer Anwendung – viel zu deren Vertiefung und Verlebendigung beitragen."[125]

Bei diesem Unternehmen ist eine beim Betrachten der Theologie- und Dogmengeschichte immer wieder zu machende Beobachtung zu beherzigen: Man darf sich nicht „in denselben intellektuellen Perspektiven" wie der jeweilige Gegner ansiedeln (aus Angst vor einem Tritheismus könnte man in einen Monotheismus absoluter Art zurückfallen); „zweifelsohne ist es notwendig, daß der Theologe sowohl seine eigenen Kategorien als auch die seines Widerparts übersteigt"[126].

Die Aufgabe lautet nicht, eine Komplementarität zweier Sprachspiele anzustreben, sondern ein neues Kategoriensystem zu suchen, in dem die Probleme beider Perspektiven, die Lauter nennt, aus einer neuen einzigen Perspektive heraus formuliert und gelöst werden können. Das kann nach *Lafont* freilich bedeuten: „Vielleicht sogar (aber hier antizipiere ich ein Pauschalurteil über die gesamte nachnizänische Tradition) muß man, um dem Begriff der Person Rechnung zu tragen, das alleinige Register der Metaphysik überschreiten."[127] Mit Verweis auf Ratzinger plädiert auch *Kasper* für eine Überschreitung traditioneller Kategorien: „Weder antike Substanz noch neuzeitliches Subjekt sind das Letzte, sondern die Relation als Urkategorie des Wirklichen."[128]

3. *Zwischenbilanz*

Nach der Analyse der einschlägigen Rahnerkritik stellt sich die Problemlage, die im ersten Teil dieser Untersuchung erarbeitet wurde, so dar: Rahner hat offenbar jeweils *eine* bestimmte Ausprägung des lehramtlichen wie des neuzeitlichen Personbegriffs vor Augen, wenn er zu der Überzeugung gelangt, der „klassische" und der „moderne" Begriff der Person hätten so wenig gemeinsam, daß er auf die Verwendung dieses Begriffs in der Trinitätstheologie verzichten solle. Die Auseinandersetzung mit Rahners terminologischer Initiative erfordert folglich *Nachforschungen in zwei Richtungen*: 1. Ist Rahners historische Analyse korrekt, und kann seine Berufung auf die traditionelle, klassische bzw. offizielle Sprachregelung als legitim angesehen werden? 2. Ist Rahners Kennzeichnung des modernen Personbegriffs korrekt, so daß seine Rede von drei distinkten Subsistenzweisen, die den Verzicht auf personale Kategorien einschließt, sowohl von der Sache (der Trinitätstheologie wie des

124 Ebd.
125 Ebd. – Lauter zitiert Halder.
126 Lafont 66.
127 Ebd.
128 Kasper (6) 354.

Personverständnisses überhaupt) her wie unter pastoralem Gesichtspunkt verantwortet werden kann?

Die in der Rahnerkritik vorgebrachten Hinweise rechtfertigen eine Infragestellung der terminologischen Initiative, machen jedoch keineswegs eine intensivere Auseinandersetzung überflüssig. Das gilt besonders für die von Bantle vorgetragene Kritik an Rahners Berufung auf die theologische Tradition, die insgesamt als unbefriedigend erschien. An dieser Stelle wird die Untersuchung im zweiten Teil dieser Arbeit zunächst vorangetrieben. Sie überprüft im 1. Kapitel die von Rahner beigebrachten Belege, die beweisen sollen, daß in den klassischen, offiziellen Formulierungen „persona" synonym mit ὑπόστασις gebraucht werde und nichts anderes bedeute als „distinkte Subsistenzweise". In einem Exkurs wird die Untersuchung von Lynch vorgestellt, die geradezu die Antithese zu Rahners Position darstellt. Der Autor behauptet nämlich, daß in den entscheidenden konziliaren Formulierungen zur Christologie (in Chalzedon 451) und zur Trinitätslehre (in Konstantinopel 553 und vermutlich schon 381/382) ὑπόστασις bzw. persona in einem Sinn verwendet werden, der dem heutigen Personverständnis entspricht. So stehen sich zwei Positionen diametral gegenüber: Die eine betont in dem lehramtlich verwendeten Personbegriff das Moment der „unterschiedenen Gegebenheitsweisen", die andere akzentuiert das Moment des Selbstandes. Diese Konfrontation provoziert geradezu die Nachfrage, welches Element den in der Geschichte der Trinitätstheologie verwendeten Personbegriff bestimmt; falls sich gar – gelegentlich oder durchgängig – beide Momente finden lassen, ist zu fragen, in welchem Verhältnis sie zueinander stehen. Das wird die Aufgabe des 2. Kapitels sein.

Durch dieses Vorgehen greifen wir zugleich den in der Rahnerkritik von mehreren Autoren angedeuteten *Lösungsweg* auf, der auf eine Überwindung des Begriffregisters der klassischen Metaphysik und ein Operieren mit einem ‚neuen' Kategoriensystem hinausläuft. Diese Möglichkeit wurde eröffnet durch die neuere philosophische Anthropologie; deshalb wird im 3. Kapitel der diesbezügliche Problemstand an Hand des von Theunissen vorgelegten Forschungsberichts skizziert. Dies wird ausdrücklich unter der genannten systematisch-theologischen Leitfrage nach dem Verhältnis von Selbstand und Relation als möglichen konstitutiven Elementen des ‚modernen' Personbegriffs geschehen.

Zweiter Teil

Historische Rückfragen zum Personbegriff in systematischer Absicht

Die soeben markierten Arbeitsschritte gelten der Verdeutlichung des Problemstandes nach den beiden genannten Fragerichtungen. Es versteht sich von selbst, daß dabei nur die für unser Thema wichtigsten Informationen gegeben werden können, eine ‚erschöpfende' Behandlung ließe sich nur im Rahmen eines umfangreichen Forschungsprojektes realisieren. Da die Ausführungen der gängigen dogmatischen Handbücher[1] für unseren Zweck nicht ausreichen, anderseits die Spezialuntersuchungen meist nicht im deutschen Sprachraum angefertigt wurden und in sich wiederum umfangreich und differenziert sind, legt sich das Zusammenstellen von Grundinformationen als Mittelweg nahe. Die Perspektive wird von dem systematisch-theologischen Interesse vorgegeben.

1. Kapitel

„Persona" in den lehramtlichen Texten

Während K.Rahner für sein Verständnis des modernen bzw. heutigen Personbegriffs keine Belege beibringt, untermauert er seine These hinsichtlich der klassischen Begrifflichkeit in der Art der Schule durch Belegstellen aus dem ‚Denzinger'. Die Anfrage an den begriffsgeschichtlichen Befund soll durch eine Analyse der in „Mysterium Salutis" von Rahner herangezogenen lehramtlichen Texte präzisiert werden.

An fünf Stellen seines Entwurfs beruft sich Rahner für seine terminologische Initiative auf offizielle kirchliche Texte, wobei die Reihenfolge seinen Gedankengang und die Zahl der Belegstellen seine Intention deutlich widerspiegeln.

Zunächst nennt er einfach, aber bereits in einer gewissen Kommentierung die trinitätstheologischen Grundbegriffe: „einerseits ‚persona' (‚subsistentia': DS 501), anderseits ‚substantia', ‚essentia', ‚natura' (und dementsprechend ‚divinitas' usw.,

1 Durch diese Feststellung sollen die älteren dogmengeschichtlichen Handbücher und Monographien nicht desavouiert werden. Anderseits gibt es noch keinen Grillmeier der Trinitätstheologie; die entsprechenden Bände im Handbuch der Dogmengeschichte sind noch nicht erschienen. Wichtige Hinweise bei Scheffczyk (1) und Auer (1), bes. Abschnitt 3: Um ein theologisches Verständnis des mysterium trinitatis (229–355). Die einschlägigen fremdsprachigen Titel sind in den Anmerkungen dieses Kapitels zu finden.

auch ‚summa res‘: DS 804), welche drei Begriffe in diesem Zusammenhang nicht weiter unterschieden werden (vgl. DS 73, 75, 112, 176, 188, 501, 525ff, 530f, 800, 803f, 1330, 1880 usw.)“[2]. Es springt sofort ins Auge, daß für ‚persona‘ nur ein einziger Beleg genannt wird, nämlich canon 1 des Laterankonzils von 649, der freilich „unum Deum in tribus *subsistentiis* consubstantialibus“ formuliert, so daß schon hier klar wird: Für Rahner bedeutet hier persona dasselbe wie subsistentia. Weiterhin ist aufschlußreich, daß der zitierte canon mit allem Nachdruck (und acht Substantiven![3]) die Einheit der Trinität betont, weswegen er in der zweiten Belegreihe wiederum auftaucht und mit den meisten der dort zusammengestellten Belege in der vierten Gruppe erneut erscheint.[4]

Nach diesem Präludium finden wir die drei nächsten Beleggruppen in dem Abschnitt „Der Grundsinn der Begriffe ‚Hypostasis‘ und ‚Person‘ in der kirchenamtlichen Lehre“[5]. Die *zweite* Gruppe nennt neben DS 501 das erste Kapitel aus dem Brief des römischen Bischofs Dionysius an seinen bischöflichen Namensvetter in Alexandrien (DS 112), um zu demonstrieren: „Insofern (und nur insofern!) man diese ‚drei‘ in ihrer Verschiedenheit sehen und dennoch als solche unter einen Begriff bringen kann, spricht die Kirchenlehre von drei ‚Subsistenzen‘ (‚Hypostasen‘).“[6] Rahner setzt also, wie seine anschließenden Erläuterungen zeigen, „τρεῖς ὑποστάσεις“ (DS 112) und „in tribus subsistentiis“ (DS 501) gleich. Beide Begriffe sind eine Notlösung, da man mit einem Begriff benennen muß („insofern und nur insofern!“), was eigentlich nicht univok ausgesagt werden kann; beide Begriffe werden wiederum nur in ihrer Funktion an der ‚Oberfläche‘ des Textes gesehen, denn die Kirchenlehre „unternimmt dabei keinen Versuch, selbst zu sagen, und zwar unabhängig von diesem Zusammenhang, was eine ‚Hypostase‘, ‚Subsistenz‘ sei“[7]. In Rahners oben bereits markierter systematischer Perspektive spielt es dann offenbar keine Rolle, daß ὑπόστασις in diesem Text gerade nicht die Funktion erfüllt, die Rahner dem Begriff zuweisen möchte. Der römische Bischof Dionysius verurteilt darin nämlich jene, welche die göttliche Monarchie tritheistisch zersetzen, indem sie, den Sabellianismus durch das entgegengesetzte Extrem austreibend, von drei Kräften und drei Hypostasen reden.

Durch die Belege der *dritten* Gruppe möchte Rahner seine eingangs behauptete Gleichsetzung von persona und subsistentia (jetzt soll ja auch gelten: subsistentia = ὑπόστασις), untermauern: „Diese drei ‚Hypostasen‘ (‚Subsistenzen‘) werden

---

2 Rahner (11) 349.

3 Vgl. DS 501: naturam, substantiam, virtutem, potentiam, regnum, imperium, voluntatem, operationem.

4 Die Begriffe für das göttliche „Wesen“ nicht weiter zu unterscheiden, ist selbstverständlich nur aus einer bestimmten systematischen Perspektive heraus. Die Problematik der trinitätstheologischen Begrifflichkeit mahnt in historischer wie systematischer Hinsicht zur Vorsicht: Sicher können unterschiedliche Begriffe in unterschiedlichen Kontexten die gleiche Funktion erfüllen; aber verschiedene Begriffe können *im Hinblick* auf dieselbe Sache, zumal wenn sie – wie z. B. in DS 501 – im gleichen Kontext verwendet werden, unterschiedliche Aspekte derselben Wirklichkeit beleuchten.

5 Rahner (11) 364–366. 6 Ebd. 364. 7 Ebd.

auch als ‚Personen' bezeichnet."[8] Ein Vergleich der Belegstellen ergibt: Fast durchweg lassen die angeführten Symbola und Glaubenserklärungen eine Argumentation in vier Schritten erkennen. Zunächst wird erklärt: Wir verehren nicht drei Götter, sondern den einen (trinitarischen) Gott. In einem zweiten Absatz werden Unterschiedenheit und Einheit benannt mit den Begriffen persona bzw. substantia, natura, essentia usw. Dann folgt der Versuch, das Verhältnis von Einheit und Unterschiedenheit näher zu beschreiben, was durchweg in antithetischer Konstruktion erfolgt. Durch ita, quia, ergo, quia – ut (konsekutiv) oder durch die Aufnahme des zentralen Stichwortes „haec sancta Trinitas" bzw. „hae tres personae" wird die jeweilige Schlußthese eingeleitet.

Alle Texte sind nachnizänisch und spiegeln das theologische Ringen um die Verteidigung und Klärung des christlichen Gottesglaubens. Man kann von theologisch befrachteten Symbola reden – jedenfalls wird immer wieder auch in der Sprache deutlich, daß die fundamentale Redeform die des Bekennens (vgl. die Verben credere, praedicare, fateri, enuntiare) bzw. der „Erzählung" (vgl. DS 528: „Haec est sanctae Trinitatis relata narratio") ist. Dieses ‚Sprachspiel des Glaubens' sowie die Wechselwirkung von Bekenntnis und theologischer Argumentation warnt davor, in den Texten klar definierte Begriffe zu suchen, so daß man folgern könnte: „A bedeutet dasselbe wie B." Lediglich aus einer bestimmten systematischen Perspektive heraus kann Rahner behaupten, daß der Begriff „persona" den Platz einnimmt und damit vermutlich auch die Funktion übernimmt, die in anderen Texten (genannt werden DS 112 und 501) ὑπόστασις bzw. subsistentia innehaben. Rahner unterlaufen hier allemal Ungenauigkeiten, insofern als an der angegebenen Stelle DS 176 „persona" nicht auftaucht und DS 525ff präziser DS 528f heißen muß (in DS 527 wird der Heilige Geist als „tertia in Trinitate persona" bezeichnet). Bemerkenswert erscheint mir, daß Rahner DS 532 nicht erwähnt, wo der Zusammenhang von nomen und persona anklingt und der relationale Charakter von persona deutlich angesprochen wird: „Relatio quippe ipsa vocabuli personalis personas separari vetat, quas etiam, dum non simul nominat, simul insinuat. Nemo autem audire potest unumquodque istorum nominum, in quo non intelligere cogatur et alterum. Cum igitur haec tria sint unum et unum tria, est tamen unicuique personae manens sua proprietas." Die Schlußwendung läßt zumindest offen, ob mit persona nichts anderes als ὑπόστασις/subsistentia (im Rahnerschen Sinne) gemeint ist. Deutlicher ist der Konnex von Person und Name, der auch in DS 73 und DS 528 vorliegt und dem wir im dritten Teil der Arbeit unsere Aufmerksamkeit zuwenden müssen. Außer mit nomen wird persona sonst mit keinem Begriff (sieht man von dem Zahlwort „tres" ab) parallelisiert, also auch nicht mit ὑπόστασις (hypostasis) oder subsistentia.

Der dritte Argumentationsschritt versucht das Verhältnis von Einheit und Unterschiedenheit so zu beschreiben, daß eine coniunctio ohne confusio und eine distinctio ohne separatio festzuhalten ist. Daraus ergibt sich keine Definition des verwendeten Personbegriffs, er scheint eher im Sinne einer narratio als einer argu-

[8] Ebd. 365.

mentatio verwendet zu sein (wobei narratio und argumentatio hier die Redeform bezeichnen sollen, ohne daß behauptet würde, in einer Erzählung, zumal in einer narrativen Theologie, dürfe und könne nicht argumentiert werden). Die Betonung der aequalitas der göttlichen Personen läßt das typisch westliche Interesse in der Trinitätslehre erkennen, wie es uns von Augustin her bekannt ist. So dominiert denn in den Texten trotz der Äquivalenz der Aussagen bezüglich der Einheit und der Unterschiedenheit die Akzentuierung des ersten Momentes, was durch Kontext und Frontstellung der Aussagen bestätigt wird. Das gilt für die augustinisch inspirierten Symbola, das „Quicumque“ (das sogenannte Athanasianum)[9] und das von Toledo XI[10], ebenso wie für die entschieden westlichen[11] Erklärungen z.B. gegen den Tritheismus joachimitischer Prägung[12] und das Dekret für die Jakobiten mit dem berühmten Axiom von der Opposition der Relationen. Eine Berufung auf diese Stellen kann Rahners Intention, eine Trinitätstheologie voraugustinischer, eher östlicher (und damit eventuell auch vornizänisch inspirierter) Art vorzulegen, zumindest was sein terminologisches Anliegen betrifft, kaum dienlich sein.

Exkurs: Die Konzilien von Toledo

Das eben formulierte Urteil soll hier durch einige Beobachtungen zu den Glaubensbekenntnissen der Konzilien von Toledo bestätigt werden, die im Rahmen der Entwicklung der westlichen Trinitätslehre ein eigenes Gewicht haben. Der unlängst erschienene 2. Band der neuen von W.Brandmüller herausgegebenen Konziliengeschichte, der sich mit den im Zeitraum der alten Kirche auf der Iberischen Halbinsel abgehaltenen Synoden beschäftigt[13] und der sich auf

9 Vgl. J. N. D. Kelly, The Athanasian Creed. London 1964.

10 Vgl. Madoz, bes. 464–473, wo Augustin als erster unter den theologischen Gewährsmännern genannt wird.

11 Das gilt besonders für das von Michael Paläologus unterzeichnete Glaubensbekenntnis, das auf dem II. Konzil von Lyon 1274 verlesen wurde. Dessen erster Teil entspricht fast wörtlich dem Glaubensbekenntnis, das Leo IX. 1053 an den Patriarchen Petrus von Antiochien gesandt hatte und das selbst durch einen noch älteren Text inspiriert ist, der gegenüber Arianern, Nestorianern und Eutychianern „nachdrücklich die Einheit und Wesensgleichheit der göttlichen Personen [betonte]“ – so Wolter – Holstein 182. Das von Leo IX. auf dieser Grundlage verfaßte Bekenntnis schloß mit einer ausdrücklichen Herausstellung der Einheit Gottes, deren überladene Formulierung „Die heilige und unteilbare Dreifaltigkeit meint nicht drei Götter, sondern einen einzigen Gott in drei Personen und in einer Natur oder Wesenheit“ nach Wolter – Holstein „durch Clemens IV. in glücklicher Weise zu zwei nüchternen und festgefügten Zeilen verdichtet“ wurde: „Wir glauben, daß diese heilige Dreifaltigkeit nicht eine Dreiheit von Göttern ist, sondern ein einziger, allmächtiger, ewiger, unsichtbarer und unveränderlicher Gott“ (183f; vgl. DS 853). Den Text dieses Bekenntnisses, den Papst Clemens IV. ihm am 4. März 1267 übersandt hatte, hatte der Kaiser „schlicht und einfach, ohne Änderung oder ernsthafte Diskussion . . . übernommen“, er wurde auch vom Konzil „weder diskutiert noch . . . promulgiert“ (180).

12 Vgl. Foreville 341: „Die Trinitätslehre des Joachim von Fiore – die sich aus dem Porretanismus herleitet – wurde ausführlich dargelegt und ausdrücklich verdammt (c.2). Sie grenzte an eine Art von Tritheismus, indem die Einheit ‚weder wahr noch eigentümlich‘, sondern irgendwie kollektiv oder analog ist. Die Amalrichanhänger hingegen lehrten eine Art von Pantheismus.“

13 Orlandis – Ramos-Lissón. Im Exkurs die Seitenzahlen.

die älteren Forschungen stützt, ermöglicht eine Zusammenstellung der wichtigsten Daten. Dieser Exkurs versteht sich als eine Art Vorstudie zu künftigen Einzeluntersuchungen[14]; die vorliegende Untersuchung selbst verfolgt die Problematik von Rahners Position auf einem anderen Weg.

Orlandis – Ramos-Lissón bewerten die Bedeutung der Konzilien von Toledo im Rahmen der abendländischen Trinitätslehre so: „Die unter den westgotisch-katholischen Königen abgehaltenen hispanischen Konzilien stellen in der Geschichte der Theologie ein bedeutendes und völlig eigenständiges Kapitel dar. Die Normen des Ordo de celebrando concilio, denen zufolge die ersten drei Tage jeder Synode Kolloquien über das Mysterium der Heiligen Dreifaltigkeit und andere religiöse und disziplinäre Themen gewidmet sein mußten, gaben Anlaß dazu, daß manche dieser Konzilien einen stark lehrhaften Charakter annahmen und einige ihre eigenen, in der Geschichte der Glaubensformeln bedeutenden Glaubensbekenntnisse formulierten" (341).

Ein Überblick (vgl. 341–343) zeigt, daß fünf der Konzilien (V, VII, IX, X, XIV; es sind sechs, wenn man Toledo II hinzunimmt, welches die Verfasser in ihrer Zusammenfassung nicht erwähnen; vgl. aber 61–65) „weder neue Glaubensformeln verfaßten noch das Glaubensbekenntnis von Nicäa und Konstantinopel in ihre Akten einschlossen" (343). Letzteres taten ausdrücklich fünf Konzilien (VIII, XII, XIII, XV, XVII), fünf weitere – abgesehen von dem umstrittenen Konzil I (vgl. 39–41.46–49) –, nämlich III, IV, VI, XI und XVI, haben ihr eigenes Symbolum formuliert, welches in den Akten des XI. und XVI. Konzils sogar als unabhängiger Teil und nicht bloß als einer der ersten Kanones aufgeführt ist.

Was die *inhaltliche* Struktur angeht, ist von Anfang an die „traditionelle" *doppelte Frontstellung* (gegen Arianismus auf der einen, gegen Sabellianismus auf der anderen Seite) zu erkennen sowie *die typisch westliche Akzentuierung der Einheit der Trinität*, welche anfangs freilich – wie bei Augustin – an der Gleichheit aufgrund der substantiellen Einheit von Vater, Sohn und Geist interessiert war (vgl. zu Toledo I [im Jahre 400]: 48; zu III [589]: 105–108).

Das Symbol des IV. Konzils (633) „spiegelt den Einfluß des Quicumque wider und formuliert klar und mit bewundernswerter Strenge die Grundlagen der spanischen Theologie bezüglich der Trinitätslehre und Christologie, aus denen sich die späteren Symbole entwickelten" (149), das des VI. Konzils (638) „schloß als Bindeglied zwischen den Symbolen des IV. und des XI. [das IX. im Original ist ein Druckfehler] Konzils . . . eine umfassende Erklärung des Verhältnisses zwischen den göttlichen Personen ein – unter Anwendung der Formulierung *Filioque* . . . Und das Konzil präzisierte, daß, während die ganze Trinität *causa efficiens* für die Inkarnation war, das gemeinsame Werk, zu dem alle drei göttlichen Personen zusammenwirkten, nur die Person des Wortes Fleisch annahm und sich mit der Menschheit in Jesus verband" (181.182).

Obwohl das XI. Konzil (675) nur als Provinzialsynode abgehalten wurde, war die von ihm verfaßte Glaubensformel „für die Geschichte der Formulierung des katholischen Dogmas von außergewöhnlicher Bedeutung" (342). Orlandis – Ramos-Lissón betonen besonders die glückliche Formulierung für „die ewige Zeugung des Sohnes – die Grundlage der katholischen Lehre von den innertrinitarischen Relationen – . . .: *sempiternus ergo Pater, sempiternus Filius; quod si semper Pater fuit, semper habuit Filium cui Pater esset*" sowie „die Forderung nach terminologischer Klarheit" in der Präzisierung des „ ‚*non triplex sed Trinitas*' durch ‚nec recte dici potest ut in uno Deo sit Trinitas, sed unus Deus Trinitas' " (235). Sie fahren fort: „Das Konzil bemühte sich, das Geheimnis der Dreifaltigkeit genau auszudrücken, nämlich auf welche Weise sich die Einheit des göttlichen Wesens mit der Dreifaltigkeit der Personen [sic!] vereinen lasse. Die entsprechenden Bezeichnungen, Vater, Sohn und Heiliger Geist, waren den göttlichen Personen vorbehalten. Jede von ihnen im besonderen ist Gott; trotzdem sind es

[14] Die Analyse der trinitarischen Formulierungen ist bei Orlandis – Ramos-Lissón nicht sehr breit angelegt. Leider zitieren die Autoren nicht immer nach dem Urtext; vor allem aber ist zu bedauern, daß die Symbola im Anhang nicht abgedruckt sind – gerade hier wäre eine Synopse aufschlußreich.

nicht drei Götter, sondern ein einziger Gott. *Haec ergo Sancta Trinitas* – schließt das Symbol – *quae unus et verus est Deus, nec recedit a numero nec capitur numero;* denn im göttlichen Wesen kann nichts anderes als Einheit [!] herrschen. Das Konzil von Florenz sollte später die endgültige Formulierung dieser Lehre vornehmen: (In Deo) omnia sunt unum, ubi non obstat [sic!] relationis oppositio.“ (235f)

Den Abschluß der Entwicklung bildet dann das Symbol von Toledo XVI (693). Es „ist vom Standpunkt der Lehre . . . besonders wichtig“ (342) und „führte wichtige Präzisierungen ein, die einen beachtlichen Fortschritt gegenüber den früheren Formeln bedeuten. Indem das Symbol von Toledo XVI den Glauben an die Trinität verkündete, entfaltete es diesen Glauben in bezug auf jede der göttlichen Personen: an den Vater – *qui est fons et origo divinitatis* – und an den Sohn, auf den mit Bezug auf den Vater der Begriff der vollkommenen *imago Dei* Aufwendung fand, in Worten, die der Theologie des Ambrosius entnommen waren. Die Partikel Filioque drückt die Herkunft des Heiligen Geistes aus. Um die Unterscheidung der drei Personen genau zu treffen, bediente sich das Konzil von Toledo der augustinischen Formulierung von der Untrennbarkeit des Wesens und der Unverwechselbarkeit der Personen, mit dem Ziel, den Sabellianismus und den Arianismus auszuschließen, beides Häresien, die in Spanien beträchtlichen Widerhall gefunden hatten. Die Theologie Augustins in Verbindung mit der Lehre der vorangegangenen Symbole inspirierte auch die Darlegung der persönlichen Proprietäten. Was die Beziehungen zwischen den göttlichen Personen betraf, so führte das XVI. Konzil von Toledo mit der Anwendung der Begriffe *donator* und *donum* in der gegenseitigen Beziehung zwischen dem Vater und dem Heiligen Geist eine Neuerung ein – eines der originalen Elemente des Symbols, das nicht im XI. Toletanum zu finden ist und das die Väter des XVI. [XII. stellt wiederum einen Druckfehler dar] Konzils von Toledo Augustins De Trinitate entnahmen.“ (304f)

Die an den drei ersten Gruppen von Belegstellen festgestellte Tendenz ist auch bei den in der *vierten* Gruppe aufgeführten Texten zu beobachten, die bestätigen sollen, daß es in Gott nur *ein* Selbstbewußtsein gebe, „nur *eine* Macht, *einen* Willen, ein einziges Bei-sich-selbst-sein, ein einziges Handeln, eine einzige Seligkeit usw.“[15]. Diese Gruppe enthält genau doppelt so viele Denzingerstellen, nämlich 18 gegenüber 9, wenn man die unzutreffende Angabe DS 176 streicht. Die einschlägigen Aussagen liegen auf der Linie der aus der dritten Gruppe bekannten Texte, stammen z.T. sogar aus demselben Dokument. Verwunderlich ist, daß Rahner nicht auf die drei Texte aufmerksam macht, in denen wie im erneut zitierten Lateranense von 649 (DS 501) persona und subsistentia parallelisiert werden:

DS 421: Constantinopolitanum II (553): in tribus subsistentiis sive personis
DS 441: Fides Pelagii papae (557): tres personas sive tres subsistentias
DS 546: Concilium Romanum (680): Trinitatem vero personarum sive subsistentiarum

In unserem Zusammenhang ist interessant, daß diese Texte entweder im Osten entstanden (DS 421) bzw. ursprünglich in griechisch verfaßt (früher vermutet für DS 546) sind oder im Blick auf die östliche Kirche und Theologie formulieren (DS 441.144). Hierbei wurde den Lateinern eine gewisse Zweibegrifflichkeit abverlangt. Angesichts eines langen Ringens zwischen Ost und West um die angemessene Terminologie, das mindestens ebenso von Mißverständnissen wie von Sprachregelungen oder Tolerierung des jeweils anderen Sprachgebrauchs gekennzeichnet ist, wäre es kaum zu verantworten, aus der hier vorliegenden Parallelisierung der Begriffe

15 Rahner (11) 366; die Belegstellen in Anm. 28.

Schlüsse nach der Art des „nichts anderes als“ zu ziehen. Die Lateiner können unter gegebenen Umständen auch subsistentia sagen, zumal ihr im Griechischen mit πρόσωπον wiederzugebendes persona oft des Sabellianismus verdächtigt wurde. Es ist aber zu klären, ob persona „zuhause“ nichts anderes meinte als subsistentia, das als Übersetzung für ὑπόστασις angeboten wurde. Die Warnung vor voreiligen oder zumindest pauschalen Schlußfolgerungen gilt auch in umgekehrter Richtung: Aus der Parallelisierung von persona und hypostasis/substantia läßt sich nicht ohne weiteres ableiten, ὑπόστασις meine nichts anderes als persona bzw. auf jeden Fall all das, was persona (welches persona?) auch bezeichne; das soll im folgenden Exkurs an der Position Lynchs verdeutlicht werden.

Der Vollständigkeit halber sei noch auf die *fünfte* Rahnersche Beleggruppe hingewiesen. Daß es heißen muß: „Der eine Gott subsistiert in drei distinkten Subsistenzweisen“ und „natürlich *nicht*: ist distinkt in drei Subsistenzweisen“[16], unterstreicht Rahner mit dem Verweis auf die Verurteilung von Äußerungen der Synode von Pistoia durch Pius VI. im Jahre 1794 und das Breve Pius' IX. an den Kölner Erzbischof vom 15. 6. 1857 bezüglich der Irrtümer Anton Günthers, wobei die zweite Stelle (DS 2830) die erste (DS 2697) wörtlich zitiert (DS 2828 sprach allerdings schon „de unitate divinae substantiae in tribus distinctis sempiternisque Personis“).

Diese Beobachtungen bestätigen, was in der Rahnerkritik allenthalben hervorgehoben wird, daß nämlich eine Unausgewogenheit besteht zwischen Rahners systematischen Erwägungen (hier konkret: zur Hermeneutik) und seiner Handhabung der exegetischen und historischen Methoden. Im Grunde ist dem Systematiker Rahner ja auch nur ein Bezugspunkt wichtig: die „Persondefinition“ des Thomas von Aquin. Wie wir im ersten Teil zeigten, gibt es an der Legitimität dieser Berufung auf das „distinctum subsistens in natura intellectuali“ keinen Zweifel. Es stimmt zwar: Die terminologische Initiative Rahners steht und fällt nicht mit dem historischen Beweis; sie kann allein für sich akzeptiert oder mißbilligt werden von dem Kriterium einer dem heutigen Verstehenshorizont angemessenen Verkündigung bzw. intellektuellen Rechtfertigung des christlichen Gottesglaubens her. Dennoch hat aufgrund der geschichtlichen Struktur des christlichen Glaubens und der christlichen Theologie die Tradition ein erhebliches Gewicht, und die Beweislast würde für Rahner im Falle einer völligen Innovation (was schon ein Grenzfall wäre) erheblich anwachsen.

Die vorliegende Untersuchung möchte zu der Problematik des trinitätstheologischen Personbegriffs einen systematisch-theologischen Beitrag leisten, der bewußt auf die Anfangsphase der westlich-lateinischen Trinitätstheologie zurückgeht, um so Anregungen für die gegenwärtige Diskussion zu gewinnen. Deshalb wird hier auf eine genauere Untersuchung der Geschichte des Wortes persona nicht verzichtet.

Zunächst folgt noch der angekündigte Exkurs zu J. J. Lynch, dessen Position sich als Antithese zu Rahners begriffsgeschichtlicher These versteht. Damit wird die

---

16 Ebd. 392[36].

Ausgangsperspektive für die anstehenden Präzisierungen des Problemstandes erweitert.

Exkurs: Die Antithese von J. J. Lynch

J.J.Lynch will in seiner Dissertation „Πρόσωπον and the dogma of the Trinity. A study of the background of conciliar use of the word in the writings of Cyrill of Alexandria and Leontius of Byzantium“ (New York 1974)[17] die von Rahner und anderen modernen Autoren (z.B. von J.W.Robinson; vgl. 124–132) vertretene Auffassung von der Unvereinbarkeit des modernen und des klassischen trinitätstheologischen (und christologischen) Personbegriffs widerlegen. Als autoritative lehramtliche Texte wählt er die Formulierungen der Konzilien von Chalzedon (451) und Konstantinopel II (553) aus, in denen nachweislich erstmals die Begriffe πρόσωπον und ὑπόστασις parallel verwendet werden (was aufgrund des bischöflichen Briefes von 382 [vgl. COD 25–30] auch für den Sprachgebrauch von Konstantinopel I [381] vermutet werden kann). Die Interpretation des hypostasis/subsistentia/persona durch die von Lynch kritisierten Autoren im Sinn von „Präsentationsweise“ oder „distinkte Subsistenzweise“ resultiert nach Lynch aus deren einseitiger Orientierung am Begriff ὑπόστασις. Während also Rahner persona als Äquivalent von Hypostase versteht, will Lynch im umgekehrten Verfahren zeigen, daß ὑπόστασις – bei bleibenden unterschiedlichen Nuancierungen und Akzentsetzungen – von πρόσωπον her durchaus als selbständiges Individuum, ja als Person im modernen Sinn zu verstehen ist: Wenn die Konzilsväter 553 πρόσωπον gebrauchten, schloß dieses Wort auch das Moment der Rationalität ein, das Boethius eine Generation zuvor in seine Definition aufnahm; wenn schon nicht ὑπόστασις, so vermittelt auf jeden Fall πρόσωπον das Verständnis von Rationalität und Selbstbewußtsein (so in der abschließenden „conclusion“ 272–284).

Der Haupttitel der Dissertation, in dem nur πρόσωπον verwendet wird, macht also die Frage des Verfassers deutlich: Meinen die Konzilien „mit ihrem unbezweifelbaren Sprechen von drei Personen in Gott oder einer Person in Christus“ ein πρόσωπον im Sinne von Person als „Bewußtseinszentrum“ oder einer „individuellen Substanz rationaler Natur“? Sind die Christen, die die Definition der ökumenischen Konzilien für ihren Glauben als normativ erachten, verpflichtet, Vater, Sohn und Geist als Personen zu verstehen in dem Sinn, in dem (wie vage auch immer) das Wort meist, z.B. bei Thomas von Aquin und M.J.Scheeben, verstanden wird? (Vgl. 11; dieser „vage“ Sinn wird nicht näher erläutert, so daß man ihn mit der Bedeutung identifizieren muß, die der Autor den Texten der genannten Konzilien unterlegt.) Da auch Lynch selbstverständlich zugibt, daß die lehramtlichen Texte selbst keine Definition des Begriffs liefern, muß er für seine These einen indirekten Beweis suchen. Wie der Untertitel verrät, sucht er diesen in den Schriften des Cyrill und des Leontius als der maßgeblichen Theologen im Hintergrund der entsprechenden Konzilien.

Nachdem Lynch im 1.Kapitel (1–12) seine Auswahl näher begründet hat, untersucht er in den beiden folgenden Kapiteln den Gebrauch von πρόσωπον bei den antiken Autoren von Homer bis Plotin (13–47) sowie in der jüdisch-christlichen Literatur vor der nestorianischen Kontroverse (48–122). Das 3.Kapitel führt zur Konstatierung einer Ambivalenz, die auch angesichts des Synodalbriefes von 382 bestehen bleibt und die Interpretation von πρόσωπα

17 Im Exkurs werden die Seitenzahlen angegeben. – Das Anliegen und die These Lynchs kommen auch zum Ausdruck in dem leichter zugänglichen Aufsatz Lynch (2); dessen Ergebnis (738) lautet: „Gregor hatte bewußt damit begonnen, *prosōpon* in einer Weise zu gebrauchen, die *ex professo* eine individuelle und konkrete Existenz bezeichnet und implizit das weitere Kennzeichen der Rationalität einschließt. Was nachzuweisen bleibt, um die Beweisführung für die Ungenauigkeit in den Forderungen von Pringle-Pattison, Robinson und Baillie zu vollenden, ist, ob die, die die Definition von Chalzedon und Konstantinopel II (wie auch, höchstwahrscheinlich, Konstantinopel I) verfaßt haben, gewohnt waren, *prosōpon* theologisch zu gebrauchen, wie das Gregor in *Ad Graecos* und anderen, trinitarischen wie christologischen, Schriften tut.“

als „ ‚bleibende und objektive Weisen', durch die Gott erkannt wird" („ ‚permanent and objective modes' by which God is known": 276) durch die modernen Autoren, insofern sie sich auf ὑπόστασις stützen, ermöglicht. Es gibt aber neben den Beschreibungen Christi als ein πρόσωπον, wodurch man den Vater erkennt oder wodurch er sich selbst als den Sohn offenbart, auch – etwa bei Athanasius – die Identifizierung Christi mit dem πρόσωπον des ewigen Sohnes Gottes, woraus sich der Begriff des „Selbst" als eine plausible Übersetzung ergibt (vgl. 77–81.83f; zusammenfassend 121). Damit ist die zuerst genannte Übersetzung als die dominierende noch nicht aufgegeben, aber angezeigt, daß πρόσωπον doch für eine weitere Entwicklung offen war. Diese verläuft nun für Lynch bei seinen Kronzeugen in eine eindeutige Richtung. Gleich zu Beginn des 4. Kapitels, das eine ausführliche Studie (123–219) der Schriften des Cyrill von Alexandrien darstellt, präsentiert der Autor seine These: Für Cyrill wurde der Begriff πρόσωπον, der in einer ersten Phase vorwiegend noch Erscheinung als Präsentationsweise bezeichnete, in einer zweiten durch die Konjunktion ἤγουν mit ὑπόστασις parallelisiert und in einer dritten dann allein zur Bezeichnung der Einheit in Christus im Sinne der Idiomenkommunikation verwendet wurde, zu einem Begriff, der das umschrieb, was wir „Person" nennen (vgl. 124). Cyrill, der zu seiner Zeit und mehr als ein Jahrhundert danach als der Lehrer der Kirche par excellence galt, hat nicht nur Chalzedon, sondern auch Konstantinopel II entscheidend beeinflußt. Der von ihm wesentlich mitgeprägte Begriff wurde in der Trinitäts- wie Inkarnationstheologie im gleichen Sinn verwendet; auch bei Leontius und Justinian lassen sich keinerlei Anzeichen für einen unterschiedlichen Gebrauch erkennen. Der entscheidende Umbruch für Cyrill und damit für die folgende lehramtliche Entwicklung vollzieht sich in der Auseinandersetzung mit Nestorius. Während in den Briefen an Nestorius πρόσωπον noch „Präsentationsweise" meinte, also weniger substantiell gedacht war als ὑπόστασις und daher mit diesem nicht gleichsinnig vorgestellt wird, verwendet Cyrill nach Ephesus (431) beide Begriffe in genau dem gleichen Sinn (vgl. 182–188), ja nach Lynch vollzieht sich innerhalb von zehn Monaten (zwischen ep. 4 und ep. 17) der Bedeutungswandel von „Art der Präsentation" zu „Subjekt" im Sinne von Hypostase (vgl. 203f). Das πρόσωπον von Chalzedon basiert nach Lynch auf dem persona im Tomus Leonis; dadurch werde die noch mögliche Bedeutung von „Präsentationsweise" endgültig verabschiedet, was ja voll und ganz der Entwicklung der Cyrillschen Terminologie entspreche. *Zusammengefaßt*: Cyrill kennt und entwickelt neben den Bedeutungen von Gesicht, Maske und „Art der Präsentation" den Begriff von πρόσωπον als Subjekt von Prädikaten, ausgezeichnet durch Willen und rationale (geistige) Kommunikation – und diese vierte Bedeutung hat schon in Chalzedon inhaltlich den gleichen Sinn wie unser heutiges Wort „Person" (vgl. 218).

Genauso eindeutig ist für Lynch der Befund, was das II. Konzil von Konstantinopel angeht, das in seinem ersten Anathem die Austauschbarkeit von christologischer und trinitätstheologischer Begrifflichkeit behauptet (vgl. 2 und 228); Lynch hält es für möglich, daß schon die Parallelisierung von πρόσωπον und ὑπόστασις in Chalzedon von den Debatten der Jahre 381/382 beeinflußt war (vgl. 211f). Die Einwirkung nicht nur des Cyrill, sondern jetzt auch des Leontius erlauben eine Interpretation der Texte im Sinn der Dissertationsthese. Daß Leontius das Wort in unserem heutigen Sinn von „Person" benutzt hat, ergibt sich für Lynch aus der Hervorhebung des πρόσωπον gegenüber dem schon stark die Einheit betonenden ὑπόστασις und aus der Gleichsetzung mit dem „Sohn" (vgl. 268). Als Subjekt der Idiomenkommunikation meint πρόσωπον mehr als ὑπόστασις, wenn auch Rationalität und Selbstbewußtsein noch nicht konnotiert wurden. Für Lynch steht es aber außer Frage, daß sowohl Leontius als auch Justinian in der Nachfolge des Cyrill, des Chalcedonense und Theodorets die theologische „Idee" der „Person" als ein eigenes, unabhängiges, unterschiedenes Subjekt kannten (vgl. 271).

Als *Ergebnis* seiner Untersuchung hält Lynch fest, daß die Behauptung Rahners und anderer Autoren zwar verständlich ist, wenn man berücksichtigt, daß sie ihre ganze Aufmerksamkeit dem Begriff ὑπόστασις schenken, daß sie aber nichtsdestoweniger an der ganzen Wahrheit vorbeizielt. Schon in ihrer Ausdeutung des Hypostasebegriffs gerieten sie in Schwierigkeiten, wie Lynch aus der Auseinandersetzung Rahners mit Lonergan bezüglich des Selbstbewußtseins glaubt folgern zu müssen. Für Lynch stellt die von ihm herauspräparierte Bedeutung von πρόσωπον auf dem Konzil von 553 eine Begriffsklärung und eindeutige Sprachregelung, ja eine klare Glaubensregel dar, die adäquat wiedergibt, was das NT bezeugt. Wie das ὁμοούσιος von Nizäa festhält, daß Vater und Sohn (als sprechende und angesprochene Subjekte nach dem NT) die gleiche Substanz besitzen, so wird in den folgenden zwei Jahrhunderten herausgestellt, daß sie gleichzeitig verschiedene πρόσωπα und ὑποστάσεις sind. Erst die christologischen Debatten haben die Bedeutung von πρόσωπον als personales Subjekt eindeutig gemacht, und auf der Basis von Chalzedon konnten dann die Organisatoren und Väter des Konzils von 553 πρόσωπον im Sinn unseres Personbegriffs gebrauchen, der auch die Rationalität implizierte[18], wie das eben bei Boethius bereits realisiert war (so die abschließende „conclusion").

Halten wir im Hinblick auf unsere Auseinandersetzung mit Rahner nochmals fest, was Lynch bereits am Ende seines Cyrill-Kapitels (219) als Antithese formuliert: Was ὑπόστασις betrifft, haben die modernen Theologen weitgehend recht; daß aber das Lehramt kein personales Konzept für die Drei in Gott lehre, könne – wie die vorliegende Untersuchung des πρόσωπον für das Konzil von Konstantinopel II erstmals gezeigt habe – nicht behauptet werden.

Wie Bantle im Blick vor allem auf die westliche, so nimmt Lynch im Blick auf die östliche Trinitätstheologie eine Rahner diametral entgegengesetzte Position ein. Daß beide Kritiker ihre Interpretation als reine Antithese präsentieren, läßt Verdacht schöpfen und fordert weitere Arbeitshypothesen als hermeneutisches Vorurteil heraus. Rahner wie Lynch/Bantle gehen von einer systematischen Vorentscheidung aus: Der in den lehramtlichen Texten verwendete Personbegriff darf nicht im modernen Sinn, bzw. er muß genau in diesem Sinn verstanden werden. Während aber Rahner die Schwierigkeiten seiner Position reflektiert und sie systematisch und pastoral zu rechtfertigen sucht, kümmert sich Bantle gar nicht um den Tritheismusvorwurf, dem er sich aussetzt und den er – systematisch-theologisch – entkräften muß. Lynch seinerseits sieht sich mitten im Problem der Unterscheidung von Trinitarianismus und Tritheismus, wie er zu Beginn seiner „conclusion" (272f) eingesteht. Aber er will in seiner Untersuchung nicht entscheiden, was orthodoxe Antwort sei oder ob nach einem Kompromiß auszuschauen wäre.

Lynch konstatiert einen sicher beachtenswerten Befund, entzieht sich aber der systematisch-theologischen Auseinandersetzung. Diese muß davon ausgehen, daß nicht nur im Westen, sondern auch im Osten das Problem der göttlichen Einheit dominiert oder jedenfalls nie aus den Augen verloren wurde. Vom Beginn der kirchlichen Lehrbildung an ging es um die angemessene sprachliche und begriffliche Fassung des gemeinchristlichen Monotheismus. Dabei hatten die Begriffe persona wie ὑπόστασις die Funktion, die Momente sowohl des unterschiedenen Selbstandes wie der die Gemeinsamkeit des göttlichen Wesens wahrenden Relation auszudrücken. Sicher sind die Akzente bei dieser „Anstrengung des Begriffs" unterschiedlich gesetzt worden; gerade dies gilt es aber im Detail nachzuzeichnen und

18 Anders Hammerschmidt (6) 219: „Hypostasis galt als allgemeine Wesenheit zusammen mit den Akzidentien, die für sich und mit eigener Subsistenz besteht. Prosopon war der Hypostasis gleichgesetzt und, das ist ganz besonders bemerkenswert, wurde auch für Individuen ohne das Merkmal der rationalitas verwendet (wenn sich auch die Tendenz feststellen läßt, Prosopon nur von vernunftbegabten Lebewesen auszusagen)."

systematisch-theologisch auszuwerten. Daß die Dissertation von Lynch diesen Anforderungen nicht gerecht wird, sollen die folgenden Hinweise belegen.

(1) *In methodischer Hinsicht* ist es ebenso problematisch, die Interpretation der einschlägigen Konzilstexte von ihrem „background“ her festlegen zu wollen, wie es hermeneutisch bedenklich ist, in den Formulierungen den Abschluß eines terminologischen Klärungsprozesses und die Statuierung einer ein für allemal verbindlichen „Glaubensregel“ zu sehen. – In diesem Zusammenhang läßt die wiederholte Ausrichtung auf die Definition des Boethius aufhorchen: Geht es (unbewußt) darum, Boethius zum Maßstab zu nehmen? (Eine Tendenz, die wir bereits bei Bantle beobachten konnten!) Zumindest für die ideengeschichtliche Verwandtschaft zwischen Leontius und Boethius könnte sich Lynch auf Otto berufen, dessen einschlägige Arbeit[19] er nicht zu kennen scheint. Welch fatale Konsequenzen Boethius' Definition nicht nur für die Trinitätslehre, sondern auch schon im Bereich der Christologie, für den sie entwickelt wurde, im Gefolge hatte, ist im 2. Abschnitt dieses Kapitels aufzuzeigen. – Das Wechselverhältnis von trinitätstheologischer und christologischer Begrifflichkeit bedarf eingehenderer Beleuchtung: Die Identität des Subjektes („das πρόσωπον ist der Sohn“) garantiert keine völlige Gleichsinnigkeit, die durch die unterschiedliche Funktion des Begriffs in trinitätstheologischem bzw. christologischem Kontext eher unwahrscheinlich wird; wenn hier nach Lynch Leontius und Justinian keine Differenz erkennen lassen, dispensiert dieser Befund nicht von einer systematischen Aufarbeitung des Analogieproblems. Daß πρόσωπον den „Sohn“ bezeichnet, rechtfertigt ja noch nicht die Behauptung einer inhaltlichen Identität. Einmal darf hier die Tatsache der Entwicklung der theologischen Begrifflichkeit über das Neue Testament hinaus nicht übersehen werden; zum anderen ist unter dieser Voraussetzung zu bezweifeln, daß der Begriff, zumindest auf der Ebene der immanenten Trinität, einfachhin univok verwendet werden darf.[20]

(2) Einige Detailbehauptungen bezüglich der *Formel von Chalzedon* müssen von den Untersuchungen Halleux'[21] her geprüft werden, so besonders der Einfluß des leonischen persona. Nach A.de Halleux ging es in Chalzedon nicht darum, die Orthodoxie des Cyrill bzw. der cyrillschen Theologie an Leo zu messen, sondern umgekehrt. Die formelle Äquivokation darf nicht darüber hinwegtäuschen, daß es inhaltlich gesehen um eine Präzisierung von persona durch ὑπόστασις ging: persona meint nicht nur πρόσωπον als (bloße) Präsentationsweise, sondern „Seinsgrund“. Es ging aber nach Halleux nicht darum zu klären, ob die Hypostase eine Person, womöglich im modernen Sinn des Wortes, sei. Ist mit dem persona = ὑπόστασις von Chalzedon zunächst nicht mehr als eine antimodalistische Aussage

19 Otto (4), bes. 171–180 („Die Problemstellung des Boethius“).

20 Welche Schwierigkeiten die Anwendung des Hypostase- bzw. Personbegriffs auf die immanente Trinität mit sich bringt, zeigt Rougier am Beispiel des „verschleierten Tritheismus“ der Kappadozier, die ein Auflösen der göttlichen Einheit durch „die Theorie von der Einheit der Aktion der drei göttlichen Hypostasen“ zu vermeiden suchen (vgl. 185).

21 Halleux, bes. 167f.

getroffen[22], dann ist über die inhaltliche Füllung, den möglichen Bedeutungsreichtum und die denkbare Polyfunktionalität der Begriffe noch nichts ausgemacht; Rahner wie Lynch (und Bantle) hätten keinen Grund zu ihren weitreichenden Aussagen.

(3) Sowohl Rahner wie Lynch glauben eine synonyme Verwendung von ὑπόστασις und persona/πρόσωπον zu erkennen; allerdings identifizieren sie diese gemeinsame Bedeutung jeweils von einem entgegengesetzten Ausgangspunkt her: Hypostase als Daseinsweise bei Rahner, persona/πρόσωπον als unabhängiges, unterschiedenes Subjekt bei Lynch. Diese Konfrontation erfordert einige Bemerkungen zum *Verhältnis der Begriffe* πρόσωπον und ὑπόστασις[23]. Die Hauptbedeutung von ὑπόστασις als „Grundlage“ ist „weniger vom alltäglichen oder gar biblischen als vom zuerst bezeugten technisch-wissenschaftlichen Sinn her zu verstehen“, wobei „immer . . . der Kontext zu berücksichtigen [ist]“[24]. In der allgemeineren Bedeutung von „hinter den Erscheinungen liegende Wirklichkeit“ nähert sich der Begriff im außerphilosophischen Bereich immer mehr dem der οὐσία: das, „was ist und besteht“[25]. Im philosophischen Sprachgebrauch steht Hypostase der bloßen Erscheinung wie dem bloßen Gedankending gegenüber; sie meint „das in den Dingen konkret existierende Sein und [ist] als solches Grundlage der Eigentümlichkeiten“[26]. Entscheidend hat dann der Neuplatonismus auf die Begriffsentwicklung eingewirkt: „Hypostase als Verwirklichung des Urprinzips wird auf die geistige Welt übertragen und mit der Stufung allen Seins verbunden“, bei Proklos bezeichnet sie dann „nicht nur das Sein, sofern es von einem höheren Sein ausgeht und es kundtut, sondern auch soweit es durch sich selbst subsistiert, in sich selbst Leben und Kraft besitzt, das geistige Individuum“[27]. In den trinitätstheologischen Auseinandersetzungen des 4. Jahrhunderts wurden die Unterscheidung von οὐσία und ὑπόστασις auf der einen und die Synonymität von πρόσωπον/persona und ὑπόστασις auf der anderen Seite abgeklärt. Über den Ursprung der klassischen Formel „μία οὐσία, τρεῖς ὑποστάσεις“ ist in der Forschung keine völlige

---

22 Auch nach Bavel lag die Betonung in der Formel von Chalzedon darauf, daß der Unterschied der beiden Naturen „in ein und demselben Jesus Christus zusammenfließt, nicht nur in seiner äußeren Manifestation *(prósopon)*, sondern auch in seinem eigentlichen (tieferen) Wesen *(hypóstasis)*“ (201). Die Begriffe wurden „eher in populärer philosophischer Art“ gebraucht, und mit Halleux bedauert van Bavel die „Ungenauigkeit“, die darin besteht, daß „nicht gesagt wird, daß diese Wesenheit als Person im modernen Sinn des Wortes verstanden werden muß“, so daß „auf dem Konzil selbst . . . die größte Mehrdeutigkeit stehen geblieben [ist], nämlich die des Begriffs Hypostase (Wesenheit)“ (202).

23 Ich stütze mich hierbei weitgehend auf Studer (4). Was die Begriffsgeschichte von ὑπόστασις angeht, hält Studer (vgl. die Literaturhinweise 1259) m. E. mit Recht die Arbeiten von Michel und vor allem von Erdin für überholt. Das gleiche gilt sicher auch für die Untersuchung von C. Braun. – Für die Begriffsgeschichte ist maßgebend immer noch der Beitrag von Dörrie (1). – Zum profanen wie biblischen und frühchristlichen Sprachgebrauch vgl. Köster.

24 Studer (4) 1255.

25 Ebd.

26 Ebd. 1256.

27 Ebd.

Übereinstimmung erzielt worden.[28] Wichtig für unseren Zusammenhang ist die Akzentverschiebung, die sich in der maßgebenden Arbeit der Kappadozier vollzog.[29] Die dynamische Sicht der Hypostasen von ihren Hervorgängen und ihrer Gegenwart in der Welt her wich im Zuge der antimodalistischen Tendenzen einer mehr statischen Betrachtungsweise, um „die reale Verschiedenheit der Hypostasen zu betonen bzw. von ihrer Dreiheit auszugehen"[30]. Dabei setzte sich nun auch die Gleichsetzung von ὑπόστασις und πρόσωπον durch, die nach Studer „keineswegs aus der Luft gegriffen [war]; denn sowohl ‚Hypostase' wie πρόσωπον besagen irgendwie Kundgabe der Wirklichkeit. Aber anders als das lateinische ‚persona', das vor allem unter dem Einfluß der Rechtssprache schon früh ein Einzelwesen bezeichnen konnte, hatte πρόσωπον lange den Sinn von etwas bloß Äußerlichem bewahrt. Es mußte darum als wahrhaft existierendes Sein weiterbestimmt werden. Nur so konnte es an die Stelle von ‚Hypostase' treten. Wieweit dabei auch mit einem lateinischen Einfluß zu rechnen ist, ist schwer zu sagen."[31] Die Angleichung von trinitätstheologischem und christologischem Sprachgebrauch erfolgte nach Studer nur sehr langsam, Chalzedon stellte da lediglich den Anfang dar, der in dem Bemühen der beiden Leontii einen gewissen Abschluß fand und bei Maximus Confessor[32] und Johannes von Damaskus[33] weitere Präzisierungen erfuhr. Dabei erhielt

---

28 Nach Simonetti (3) 173–175 kommt weder eine von Hadot und Studer vermutete, homöusianische Quelle (die τρεῖς οὐσίαι verlangte) noch eine streng nizänische (die nur μία ὑπόστασις zuließe) in Frage; wahrscheinlich ist der Ursprung im heidnischen Neuplatonismus, näherhin bei Porphyrios zu suchen. Vgl. neuerdings auch Abramowski 44–47, die sich mit den wichtigsten Hypothesen auseinandersetzt und zu folgendem Urteil neigt: „Ich sehe keinen Hinderungsgrund, die von Victorinus benutzte Quelle oder Quellen als auch dem Verfasser der meletianischen Erklärung bekannt anzunehmen . . . Auch wenn mit Recht betont wird, daß die homöusianischen Quellen die neunicänische Formel nicht brächten, so bereiten doch die Diskussionen der Homöusianer die Formel mit ihrer begrifflichen Differenzierung vor" (46).

29 Zu den Kappadoziern vgl. neben den bei Studer zitierten Werken: Dörries, Verheers (2), Hübner (2), Harkianakis, Bellini, Ton, Meijering, Mpukes, Stead (4), Esper. – Für die grundlegende Intention vgl. Hübner (1) und Bailleux (1). An früheren Arbeiten sind zu nennen Tixeront und Rougier. Für eine eingehende Untersuchung zu Athanasius wären heranzuziehen Laminski, Backes und Strohm.

30 Studer (4) 1257.

31 Ebd. 1257f.

32 Vgl. hierzu besonders die einschlägige Arbeit von Balthasar (1), wonach der Hypostasebegriff des Maximus schwierig zu definieren ist („Terminologisches": 205–225); er entspricht einerseits πρόσωπον, anderseits dem Sinngehalt von Bestehen/Existenz. Gerade in der christologischen Anwendung (vgl. „Die synthetische Person": 225–245) zeigt sich die Problematik des Hypostasebegriffs als „Konvergenz der Begriffe Existenz und Person" (237), die seine „große Zweideutigkeit" (240) ausmacht; mit „Person" übersetzt v. Balthasar das „καθ' ἑαυτόν", mit Existenz den Begriff der ὕπαρξις. Wenn man an der Konvergenz der Begriffe festhält, ist eine statische Lösung nicht möglich, sondern „nur noch eine Art von dynamischer Beziehung der menschlichen Natur Christi zur Gottheit" (242). „Zwei letzte Auffassungen der Person stoßen hart aufeinander" (254) in der Auseinandersetzung mit dem Monotheletismus des Pyrrhus (vgl. 251–255): Das Verständnis von Person als irrationale Größe jenseits alles Naturhaften, deren absolute Spontaneität und Selbständigkeit durch Negation zu wahren ist, und das von Person als

die Hypostase eine doppelte Funktion zugesprochen: Einerseits ist sie „ein bestimmtes Seiendes, wie πρόσωπον (Person) der Träger der charakterisierenden Eigentümlichkeiten"[34], anderseits erforderte die christologische Verwendung die Funktion des Für-sich-Seins.

Wichtig scheinen mir die „Schlußerwägungen" Studers zu sein:

„Es ist unverkennbar, wie sich in der ganzen Entwicklung des Begriffes ‚Hypostase' sowohl bei den Philosophen wie den Theologen der Spätantike die stoische Grundvorstellung von Konkretion und Manifestation durchhält. . . In der Trinitätslehre tritt zuerst der Aspekt der Realisierung gegenüber dem der unterscheidenden Kundgabe zwar zurück, und das Umgekehrte ist für die Christologie der Fall. Doch bei den frühbyzantinischen Theologen werden beide Aspekte zu einer Synthese vereint. – Es ist beachtlich, wie die christliche Geschichte des Begriffes von einer beständigen Interferenz von Schrift und Dogma einerseits und von traditionellen und neuen philosophischen Auffassungen andererseits beherrscht wird. Ein klassisches Beispiel spätantiker Hermeneutik."[35]

Dieses Resümee ist im Blick auf den Fortgang der Untersuchung deshalb interessant, weil es festhält, daß ὑπόστασις erst in der nachnizänischen und nachchal-

---

Verwirklichung, als Leben einer Vernunftnatur, als ursprüngliches Wirkzentrum der Natur selber im Rahmen eines dynamischen Seinsverständnisses. Balthasar erkennt durchaus Mängel in der Position des Maximus, aber auch die Vorwegnahme mancher Einsichten des Thomas von Aquin (vgl. 23f), so „daß das moderne Personproblem auf seinen Grundlagen weiterbauen kann, ohne sie abbrechen zu müssen" (255[253]). Freilich führt uns Maximus' Reflexion „keineswegs ins Gebiet des Existentiellen im modernen Sinne" (203), die hypostatische Union ist nicht durch Bewußtseinseinheit bestimmt; „wir werden daher mit dem Begriff der Person sorgsam umzugehen haben" (204; vgl. den gesamten Abschnitt „Die Fragestellung": 193–205). So werden zwar erste Schritte in Richtung einer Ontologie der Geschöpflichkeit getan, indem sich die Unterscheidung von Wesen und Existenz andeutet; noch aber bedeuten εἶναι und οὐσία und die neuen Begriffe – „Worte der Umgangssprache mit verschwommenen Umrissen" (15) – ὑπόστασις und ὕπαρξις ungefähr dasselbe; im Wort „Hypostasis" zeigt sich „die dunkle Verbindung zwischen Dasein und Person" (16). Das eigentliche Problem der Hypostase ist die Synthesis, so daß die Christologie zum Sonderfall, zum höchsten Fall und damit zum Schlüssel für die Lösung aller auftauchenden Probleme wird (vgl. 17–27). – Ich sehe mich durch diese Beobachtungen in meiner Reserve gegenüber Rahners These wie gegenüber der von Lynch vorgetragenen Antithese bestätigt; aus der Tatsache, daß „Maximus . . . in den Schwierigkeiten der Christologie bei der Trinitätslehre seine Zuflucht [nimmt]" (200), folgt ja noch keineswegs, daß die hier zuerst festgelegten Begriffe auch inhaltlich schon ausgeschöpft waren, sondern lediglich, daß der Bekenner im Logos als dem Verbindenden die Gemeinsamkeit hinter der oberflächlichen Verschiedenheit erkannt hatte. – Eine neuerliche Auseinandersetzung mit Maximus Confessor könnte ausgehen von dem Beitrag Doucets.

33 Vgl. die einschlägige Monographie von Bilz und die Untersuchungen zur Methode von Studer und Richter.

34 Studer (4) 1258.

35 Ebd. 1259. – Zur Entwicklung nach Chalzedon und bei Leontius von Byzanz vgl. jetzt die einschlägige Arbeit von Stickelberger 79–106 (§ 4 Begriffsgeschichtliches zu Physis, Ousia, Hypostasis, Enhypostaton). – Einzelne Phasen dieses hermeneutischen Prozesses hat Hammerschmidt in einer Reihe von Aufsätzen untersucht, deren chronologisch „richtige Reihenfolge" der Autor selbst in (6) 202 angegeben hat. Vgl. außerdem die einschlägigen Passagen bei Prestige 157–196; Kelly (1), bes. Kap. V, IX und X; Pelikan 211–225; Durrant 87–111 (= Appendix C: οὐσία and ὑπόστασις in the Greek Fathers).

zedonischen Phase der Trinitätstheologie unter dem Einfluß der christologischen Begriffsentwicklung stärker die Momente der Realisierung, des Selbstandes und schließlich der Individualität akzentuiert, während sich die in der Anfangsphase vorherrschende Bedeutung von „unterscheidender Kundgabe" durchaus noch im Rahmen eines relationalen, interpersonalen Verstehenshorizontes hält.

(4) In seiner jüngsten Äußerung zum „Personbegriff in der frühen kirchenamtlichen Trinitätslehre" betont Studer besonders den *negativen Charakter des dogmatischen Personbegriffs.*[36] Nachdem er den „Zick-Zack-Kurs"[37] zwischen Nizäa und der Synode von Alexandrien (362) verfolgt hat, zeigt er, wie die Weise der Kappadozier, „die reale Verschiedenheit von Vater, Sohn und Geist mit den Begriffen von ὑπόστασις und πρόσωπον zu umschreiben, auf dem Konzil von Konstantinopel 381 wenigstens von Seite der Ostkirchen ihre offizielle Anerkennung erhielt"[38], allerdings nicht im Glaubenssymbol, sondern im Synodalschreiben von 382[39]. Unsere Kritik an Lynchs methodischem Vorgehen wird durch Studers Beurteilung des Textes entscheidend gestützt:

> „Für das volle Verständnis dieses reichskirchlichen Dokuments sind vorab folgende Tatsachen gut im Auge zu behalten. Erstens handelt es sich darin um eine Reinterpretation des nizänischen Glaubens. Diese besteht jedoch nicht in erster Linie in einer neuen Auslegung des nizänischen ὁμοούσιος, das im übrigen auch von der Trinität ausgesagt wird. Sie ist vielmehr darin zu sehen, daß die anti-arianische Definition der Gleichheit und der Gleichewigkeit von Vater und Sohn (und Geist) von Nizäa durch die Ablehnung des Sabellianismus ausgeglichen wird. Damit wird klar bestätigt, daß der dogmatische Person-Begriff hauptsächlich als Ablehnung der sabellianischen (marcellianischen) Abschwächung der Verschiedenheit von Vater, Sohn und Geist zu verstehen ist, also als eine im Grunde sehr negative, ausschließende Erklärung des wahren Taufglaubens. – Ferner verdient die ausdrückliche Gleichsetzung von Hypostase und Person beachtet zu werden. . . Im übrigen ist diese sprachliche Übereinstimmung im Grunde keine Überraschung. Tatsächlich beinhalten sowohl ὑπόστασις wie πρόσωπον zwei Gesichtspunkte: Festigkeit und Erscheinung. Während nämlich mit der Hypostase sowohl Konsistenz wie Eigenart bezeichnet werden, schließt Person, allerdings im Lateinischen mehr als im Griechischen, Wirklichkeit (*res*) und Aussehen (Maske) zugleich in sich. Selbst wenn die Übersetzung von ὑπόστασις durch *substantia* und jene von πρόσωπον (im griechisch abgeschwächten Sinn) durch *persona* (mit den realistisch-juridischen Nuancen) Schwierigkeiten machen mußte, haben die beiden Begriffe sprachgeschichtlich gesehen die genannten Züge gemeinsam."[40]

Für Studer führt der Versuch, „zur Erklärung des Konzilstextes, der auf weitere Erklärung des Person-Begriffes weitgehend verzichtet, die Schriften jener Theologen [heranzuziehen], die am meisten bei der Vorbereitung der Konzilsdefinition beteiligt waren, . . . nicht viel weiter", so daß „wir uns mit der Feststellung des ausgesprochen negativen Charakters des dogmatischen Person-Begriffs zufrieden geben. Es wird wohl positiv gesagt, daß die Eigenart des Vaters darin besteht, daß er das göttliche Sein nicht bekommt, sondern in ursprünglicher Weise mit ihm identisch ist, daß die Eigenart des Sohnes bedeutet, daß er das Sein seit Ewigkeit vom Vater erhält, und daß die Eigenart des Geistes darin zu sehen ist, daß er das Sein auch vom Vater, wenn auch anders (Basilius), d.h. durch den Sohn (Gregor von Nyssa) erlangt. Aber dabei liegt der Ton auf dem *nicht*-gleichen, verschiedenen Seinsempfang, also auf einer negativen, ziemlich abstrakten Bestimmung. Das gilt besonders vom Begriff der Hypostase, etwas

---

36 Studer (5) (dort auch weitere hier noch nicht vermerkte Literatur!).
37 Ed. 165.
38 Ebd. 167.
39 Ebd.
40 Ebd. 168f.

weniger vom Begriff der *persona*, in dem die verschiedene Funktion und in etwa auch das Dialogische durchschimmert."[41]

Auch Ritter hatte deutlich formuliert: „In dieser, von den Kappadokiern wenn schon nicht erarbeiteten, so doch wenigstens durchgesetzten Formel: μία οὐσία, τρεῖς ὑποστάσεις ist der Hypostasenbegriff auf den Bedeutungsgehalt ‚Realisierung' zurückgenommen, was freilich auch dem philosophischen Wortgehalt, zumal in seiner neuplatonischen Prägung entgegenkam: Ein Göttliches realisiert sich in drei Ausprägungen."[42]

Studers Schlußfolgerung lautet, nachdem er auch den trinitarischen Personbegriff Augustins untersucht hat:

> „Mit dem Person-Begriff wurde also im Grunde nur festgehalten, daß der Vater der Vater, der Sohn der Sohn und der Geist der Geist ist, und daß man die darin implizierte Verschiedenheit nicht als eine solche von Namen und auch nicht als solche von Kräften, die nach erfüllter Wirksamkeit wieder ganz in Gott aufgehen, auffassen darf. Gewiß wird das Eigene, das Charakteristische von Vater, Sohn und Geist darin gesehen, daß sie das göttliche Sein nicht in gleicher Weise besitzen oder empfangen. Aber diese Bestimmung bleibt doch sehr abstrakt. Von da aus gesehen besteht im Grunde keine Schwierigkeit, den Person-Begriff durch eventuell aussagekräftigere Begriffe zu ersetzen, wenn dies pastoral und auch ökumenisch tragbar sein sollte."[43]

(5) Ob die Angleichung der trinitätstheologischen und christologischen Begrifflichkeit wirklich im Sinne von Lynch interpretiert werden darf, erscheint mir aus den beiden jetzt mehrfach angeklungenen Gründen heraus fraglich: Die Analogie des Begriffs muß zumindest auf der Ebene der immanenten Trinität beachtet werden; das Fehlen des Moments der Rationalität im πρόσωπον-Begriff des II. Konzils von Konstantinopel[44] mahnt zur *Vorsicht beim Vergleich des klassischen und unseres modernen Personbegriffs*. Dieser zweite Einwand wird bestätigt durch die einschlägigen Ausführungen auf der patristischen Sitzung des vom Centre de Recherches de Psychologie Comparative zum Thema „Problèmes de la Personne" 1960 in Paris veranstalteten Kolloquiums.[45] J.Daniélou resümiert am Ende seines Beitrags, daß „da, wo wir heute von der menschlichen Person reden würden, die griechischen Väter viel lieber von menschlicher Natur reden", so daß wir zwar korrespondierende Erfahrungen, aber noch nicht das entsprechende Wort finden.[46] In der Diskussion unterstreicht P.Hadot, daß die frühe christliche Anthropologie, wenn sie auf der Würde der Person insistierte, immer eher die menschliche „Natur" als die Person im Blick hatte[47], und Daniélou betonte, daß die Idee des Ich „selbst im Christentum sehr modern" sei.[48] Der anthropologische Begriff wurde also erst allmählich entwickelt: „Es ist frappierend zu sehen, daß der Begriff der Person sich zuerst auf der Ebene der lebendigen gottmenschlichen Begegnung ausgearbeitet hatte, daß er dann sich ein wenig zu verlieren scheint in der Abstraktion auf das Wesen in der Trinitätstheologie der Väter."[49]

Diese wenigen Bemerkungen im Anschluß an die „Antithese" von Lynch ver-

41 Ebd. 169f.
42 Ritter (3) 333.
43 Studer (5) 177.
44 S. Anm. 18.
45 Problèmes de la Personne 113–153.
46 Daniélou (4) 120.
47 Hadot (1) 150.
48 Daniélou (4) 150.
49 Ebd. 147.

folgten ein zweifaches Ziel: Einmal sollten sie die Aufgabenfelder für künftige Detailuntersuchungen markieren; zu nennen sind hier vor allem die Wechselwirkung zwischen Trinitätstheologie und Christologie[50] sowie die Wechselbeziehung zwischen lateinischer und griechischer Terminologie[51]. Zum zweiten wurde erkennbar, aus welchen Gründen sich das systematisch-theologische Interesse der vorliegenden Untersuchung auf die Anfänge der trinitätstheologischen Begriffsbildung richtet: Welche Funktionen und welche inhaltlichen Elemente bestimmen den in der Trinitätstheologie verwendeten Personbegriff vor den lehramtlichen Festlegungen durch die altkirchlichen Konzilien? Wie ist der prägende Verstehenshorizont zu charakterisieren vor der Annäherung oder gar Identifizierung von persona und ὑπόστασις, die ja vor allem in den christologischen Überlegungen im Anschluß an Chalzedon vorgenommen wurde und von daher auf die trinitätstheologische Terminologie zurückwirkte? Trifft die von Rahner und nun auch von Studer behauptete vorwiegend negativ-defensive Funktion des dogmatischen Personbegriffs auch für diese Anfangsphase zu? In welcher Beziehung steht der in den ersten systematisch-theologischen Abhandlungen zur Trinitätslehre aufgegriffene Personbegriff zu seiner Verwendung in ‚anthropologischen' Zusammenhängen der Umgangssprache wie der einschlägigen Fachsprachen?

Rückgang auf die Anfänge der systematischen Trinitätstheologie heißt nun im Rahmen dieser Untersuchung zur Problematik des trinitätstheologischen Personbegriffs Rückgang auf die Anfänge der lateinischen Tradition. Auf diese Überlieferung beruft sich Rahner vornehmlich; die von Lynch vorgenommene Erklärung der chalzedonensischen Formulierung „εἰς ἓν πρόσωπον καὶ μίαν ὑπόστασιν" (DS 302) mit Hilfe des von Papst Leo verwendeten „in unam coeunte personam" (DS 293) sowie die von Lynch wie von Bantle vorgenommene Bewertung des Personbegriffs aus der Perspektive der boethianischen Definition zeigen, daß die Terminologie der griechisch-östlichen Theologie zur Verteidigung des systematischen Vorverständnisses von der lateinischen Begrifflichkeit her bestimmt wird. Die lateinische Tradition bildet den Problemhintergrund für Rahners terminologische Initiative wie für die Antithesen seiner Kritiker. Daß sich das Problem des Verhältnisses von „klassischem" und „modernem" Personbegriff offenbar nur in diesem Überlieferungszusammenhang stellt, bestätigt die von systematisch-theologischen Vorurteilen unbelastete grundsätzliche Bemerkung E. Bunds: „Der Begriff der Person im

50 Zur christologischen Begrifflichkeit wären neben der Arbeit von Richard, der von der entscheidenden Vorarbeit in der Trinitätslehre ausgeht (5.269), vor allem die Forschungen Grillmeiers zu konsultieren. Daneben erscheint die Arbeit Offermanns' (1) als wertlos sowohl für die Sichtung des sprachlichen Materials wie erst recht wegen der unwissenschaftlichen, tendenziösen Methode; vgl. die Rezension von Kessler – Pesch und die „Widerlegung" der Verfasserin: Offermanns (2).

51 Weitere Untersuchungen: Studer (3), bes. 184–188 (zu πρόσωπον – persona); ferner Segovia, bes. 437–452; Congar (4); zu Michel (2) vgl. Anm. 23; Michel (1) 351–383 (487–515 behandeln Scholastik und Neuzeit) wurde z. T., ohne Hinweis, übernommen von Buda. – Rieks 2 konstatiert lapidar: „Die mannigfachen Interdependenzen zwischen lateinischer und griechischer Christologie und Trinitätslehre während dieser Jahrhunderte sind gerade auch aus solchen terminologischen Gründen schwer zu überblicken."

modernen Sinne ist eine Schöpfung der lateinischen Sprache, für den es im klassischen Griechisch keine genaue Entsprechung gibt."[52]

Die folgenden Analysen gelten der Entwicklung dieser lateinischen Tradition, so wie sie an entscheidenden Stationen in der Geschichte der Trinitätstheologie aufgegriffen wurde. Die historischen Analysen lassen sich dabei von der systematischen Frage leiten, ob Selbstand und Relation als konstitutive Elemente des Personbegriffs fungieren und wie gegebenenfalls ihr Verhältnis zueinander zu bestimmen ist. Nach einem Blick auf die moderne Entwicklung des Personbegriffs ist dann die Präzisierung der Problemstellung soweit vorangetrieben, daß die Auswahl des im dritten Teil zu untersuchenden historischen „Fallbeispiels", nämlich die Anfänge der systematischen lateinisch-westlichen Trinitätstheologie, wie sie in Tertullians Traktat „Adversus Praxean" vorliegen, abschließend begründet werden kann.

2. Kapitel *„Person" in der theologischen Sprache des Westens*

Zuerst ist ein Blick auf die Geschichte des profanen Persona-Begriffes zu werfen: als Voraussetzung für die Frage, welche seiner Elemente und Konnotationen mit der Aufnahme des Wortes in die christlich-theologische Sprache Eingang gefunden haben könnten.

1. Zur Geschichte des profanen Begriffes[53]

a) Zur Etymologie

Die in der mittelalterlichen Philosophie gelegentlich anzutreffende, von systematischem Interesse bestimmte Herleitung des Wortes persona von „per se una"[54] muß als ebenso unhaltbar aufgegeben werden wie die bei Gellius im 2. Jahrhundert n. Chr. überlieferte antike Volksetymologie, die von „personare = durchtönen" ausging, eine auch in neuerer Zeit noch vorgetragene Hypothese[55], die die Urbedeutung von persona als Theatermaske vor Augen hat[56], aber wohl schon wegen des

52 Bund 657.

53 Vgl. die im Literaturverzeichnis genannten einschlägigen Lexikaartikel.

54 Nach Dowdall 232 wurde die etymologische Erklärung „persona eo quod per se una est", die nicht vor Mitte des 5. Jh. auftaucht, von Placidius vorgeschlagen.

55 Z. B. von Skutsch; vgl. dazu Altheim 35; Müller – Halder (1) 1115 bzw. 381 sprechen von einer „etymologisch nicht gesicherten" Ableitung. – Weitere Literatur bei Fuhrmann (1) 85[4].

56 So auch noch Ratzinger (1) 141: „Ähnlich steht es mit dem lateinischen persona: das ‚Tönen hindurch'; wieder drückt das ‚per = hindurch-zu' Bezogenheit, diesmal als Sprachlichkeit aus."

schwer erklärbaren Wechsels von ŏ nach ō kaum in Frage kommt.[57] Schon F. Skutsch u. a. brachten das Wort mit dem etruskischen „phersu" in Verbindung, das in der Wandmalerei der Tomba degli Auguri bei Tarquinia (um 520 v. Chr.) als Beischrift zu einer zweimal dargestellten männlichen Figur entdeckt wurde.[58] Ungeklärt ist nach R. Rieks Ausführungen im „Historischen Wörterbuch der Philosophie" noch „die sprachgeschichtliche Verbindung von lat. ‚persona' oder auch etruskisch ‚phersu' mit dem sachlich gleichbedeutenden griechischen τὸ πρόσωπον = ‚Maske' "[59]. Hier hat zuletzt O. Szemerényi eine Klärung versucht.[60] Er hält die von Skutsch vertretene Position, die persona mit phersu, aber nicht mit πρόσωπον in Verbindung bringen will, für unmöglich, da einerseits ganz klar die römische Maske einfach die griechische ist und anderseits der behauptete Konnex von persona und phersu ein „Wunder" darstelle, das schnellstens in Vergessenheit geraten sollte[61]. Für ihn drängt sich die freilich nicht direkte, sondern durch das Etruskische vermittelte Verbindung von persona und πρόσωπον geradezu auf[62].

b) Das Bedeutungsspektrum des klassischen römischen Begriffs

R. Rieks geht davon aus, daß persona als terminus technicus des Theaters in die Sprachgeschichte Eingang gefunden hat. Auch in der Sprache der Grammatiker ist die Urbedeutung („Maske", „Rolle") noch zu erkennen, wie die klassisch gewordene Definition Varros erkennen läßt. Von hier aus konnte persona auch auf der Bühne des privaten und gesellschaftlichen Lebens im Sinn von Rolle oder Maske verwendet werden. Umstritten ist in der Forschung, ob dem Wort in dieser Sprachwelt bereits vor dem Eintritt des Christentums die Bedeutung „ein bestimmtes Individuum" zugewachsen war. Diese müßte dann in der gehobenen Umgangssprache und möglicherweise in der Sprache des Rechts wie der Rhetoriker oder gar Philosophen (beachte den Hinweis auf Cicero[63]) anzutreffen sein.

A. Harnack hatte anfänglich die These vertreten, daß Tertullian die Begriffe substantia und persona aus der Sprache der Jurisprudenz übernommen habe, sich dann aber unter dem Eindruck der Gegenargumente *S. Schlossmanns*[64] korrigiert[65]. Nach dem zuletzt genannten Forscher hat persona erst viel später den Status eines

57 Nach Rheinfelder 21 ist „der Wechsel von ŏ nach ō durchaus nichts Ungewöhnliches", so daß „also nicht der Vokal ŏ – ō, sondern die Gestalt des Wortes... die verlockende Herleitung von *persŏnare* als unrichtig kennzeichnen" müsse. Zur Geschichte dieser etymologischen These vgl. ebd. 18–21; zu weiteren Hypothesen: 21–24; zur Ableitung vom etruskischen phersu bei Skutsch: 24–26.

58 So Rieks 1.

59 Ebd.

60 Vgl. Szemerényi 307–312.

61 Ebd. 311.

62 Ebd. 312.

63 Rieks 2.

64 Schlossmann (2), bes. 119–124.

65 Harnack (2) 577[2]: „Obgleich mich Schlossmann in seiner gründlichen Untersuchung nicht davon überzeugt hat, daß Tertullian kein Jurist gewesen ist, und obschon ich nach wie vor in seinen runden, aber nur formalistisch durchdachten Dogmen juristischen Geist sehe, so muß ich doch einräumen, daß die Begriffe substantia und persona in der Trinitätslehre und Christologie bei ihm dem juristischen Sprachgebrauch wahrscheinlich nicht entnommen sind."

juristischen Fachterminus erlangt. Was Tertullian betrifft, muß der genaue Sachverhalt später ausführlich geklärt werden; hier genügt der Hinweis, daß sich die Argumentation Schlossmanns für die Priorität der Theologie hinsichtlich der genannten Ausprägung des Personbegriffs als „(selbständiges, verantwortliches) Individuum" „heute allgemein durchgesetzt" hat[66].

Was die Sprache der Philosophen angeht, hatte die engagierte Philosophiehistorikerin *C. J. de Vogel* angefragt, ob es denn wahr sei, daß der Begriff der Personalität den Griechen wirklich unbekannt war, so daß dieser erst im christlichen Kontext entwickelt und erstmals von Boethius formell definiert wurde.[67] Nach den Ergebnissen[68] ihrer ausführlichen Untersuchung findet sich die erste formelle Definition schon sieben Jahrhunderte vor Boethius, und seit dem ersten Jahrhundert unserer Zeitrechnung ist persona praktisch synonym mit „Mensch" oder „individueller Mensch" – „genau so, wie wir das Wort ziemlich häufig heutzutage gebrauchen". Daher wurde auch in der theologischen Diskussion des vierten Jahrhunderts „der eher metaphysisch-philosophische Begriff der Hypostasis" dem πρόσωπον aus der Theatersprache vorgezogen, während das lat. persona ohne weiteres als adäquat angesehen wurde. In der Definition des Boethius schließlich handelt es sich um einen metaphorischen, in entsprechenden lateinischen Termini ausgedrückten Begriff – „hier ist nichts besonders Christliches in ihm"[69].

Im Hinblick auf die spätere Untersuchung des „Fallbeispiels" Tertullian ist festzuhalten: Bezüglich des Verhältnisses von antikem und christlichem Personbegriff muß unterschieden werden zwischen einem (entscheidenden) christlichen Einfluß auf die Entwicklung des Begriffs und einer echten Innovation. Die Unterscheidungen de Vogels zwischen Person und Persönlichkeit sowie zwischen Begriff und „Sache" sind zu überprüfen: Wird persona „ohne weiteres" zum Äquivalent für ὑπόστασις, und streift das Wort dabei seine Herkunft aus dem Bereich des Theaters, der Grammatik und der „Bühne des Lebens" völlig ab?[70] Schließlich ist an alle genannten Positionen, zumal wenn sie sich antithetisch gegeneinander stellen, die Frage nach dem „erkenntnisleitenden Interesse" zu richten. Diese Anfrage zielt auf eine Warnung vor der Rückprojektion späterer oder gar moderner Begriffsinhalte in die anfänglichen Bedeutungsvarianten des Begriffs. Das gilt besonders angesichts der Positionen, nach denen persona im klassischen Latein neben Maske und Larve im eigentlichen Sinn und davon abgeleitet Darsteller, dargestellte Rolle, „Person", auch Charakter, auf der „Bühne des Lebens", nicht nur „die Aufgabe", sondern

---

66 Rieks 4[6]. 67 Vgl. Vogel 20. 68 Ebd. 59f; die Zitate: 60.

69 Ähnlich einbahnig sah die Entwicklung auch Hirzel 52: „Je mehr man in persona und πρόσωπον ein für sich bestehendes Wesen empfand, desto mehr mußten sie sich darbieten in dem Streite, den christliche Dogmatiker über die göttlichen Wesen, über deren Einheit und Verschiedenheit führten." Nicht nur Tertullian war (Römer und) Jurist – wie es mit Berufung auf die 4. Auflage von Harnacks Lehrbuch heißt –, sondern auch „die ekklesiastischen Schriftsteller der Griechen brauchten ebenso πρόσωπον im vollen juristischen Sinne des Wortes zur Bezeichnung der göttlichen Personen."

70 Zum Sonderproblem der „juristischen Person" vgl. Philipsborn.

„das Wesentliche (Ureigenste) im Menschen“[71] bedeutet. Diesen von *H. Rheinfelder* behaupteten Begriffsinhalt, der dem der „Person in abstracto“ in *Georges'* Wörterbuch entspricht[72], bezeichnete jüngst *M. Fuhrmann* expressis verbis als „Rückprojektionen eines Personbegriffs, der sich erst in nachrömischer Zeit (in der christlichen Tradition, in der neuzeitlichen Philosophie) entwickelt hat“, denn „Rheinfelders spekulative Darlegungen zielen ohne jeden Vorbehalt auf die absolute Person à la Kant“[73].

Angesichts der durch deutlich greifbare Vorverständnisse belasteten Meinungsbilder im Bereich der einschlägigen Forschung erscheint mir *Fuhrmanns* Analyse am überzeugendsten. Er skizziert die Entwicklung wie folgt: Maske → Rolle, Figur, Charakter (zunächst im Theater, dann auch in der Literatur) → Rolle, Charakter im Leben. Diese übertragene Bedeutung von persona findet Verwendung in einigen typischen Lebensbereichen, in „ ‚Systemen', die dem Theater darin ähneln, daß auch in ihnen ein bestimmtes ‚Ensemble' mit je spezifischen Rollen agiert: [es handelt sich] um das Gerichtswesen mit den stereotypen Rollen des Klägers (Anklägers), Beklagten (Angeklagten), Richters usw., um den Staat mit seiner von der Verfassung vorgeschriebenen Beamtenhierarchie (Konsul, Prätor usw.), um die Gesellschaft mit ihren Ständen, Berufen, Charaktertypen, schließlich um die Familie mit ihren konstanten verwandtschaftlichen Relationen“[74]. Die Untersuchung führt zur These: „Wie immer man persona in diesen und ähnlichen Zusammenhängen übersetzen mag: gemeint ist stets der Träger einer sozialen Rolle, nicht die absolute Person, das Individuum.“[75] Persona kann dann auch – gewissermaßen diachron – die „Rolle, die jemand im Laufe seines Lebens konstituiert hat, ... [das] Image“ bezeichnen und in der abgeblaßten Verwendung von „ich für meine Person“ vorkommen. Rekurriert man auf den *fachwissenschaftlichen* Gebrauch des Wortes, so ergibt sich folgendes Bild: 1. „In der Grammatik hat persona somit einen präzise definierten Sinn; das Wort dient dort als Terminus technicus.“[76] 2. In der Rhetorik fand „πρόσωπον – persona in dem gänzlich farblosen Sinn eines menschlichen Individuums Aufnahme: nicht als fachwissenschaftlicher Terminus technicus, sondern als (didaktisch bedingte) abstrakte Orientierungsmarke ... Bei einigen Einteilungen der rhetorischen Theorie könnte man immerhin die allgemeinsprachliche Bedeutung persona = Rolle heraushören; jedenfalls muß hier mit einer wechselseitigen Beeinflussung von Fachdisziplin und allgemeinem Sprachgebrauch gerechnet werden“[77]. 3. Im römischen Recht wird persona „als allgemeine Bezeichnung für beliebige menschliche Individuen – auch für Sklaven – verwendet“, wobei zu beachten ist, daß die Juristen wie die Rhetoren ihre Kategorien „nicht so sehr als streng definierte, der Rechtsfindung und -anwendung dienende Termini technici, sondern hauptsächlich zu klassifikatorischen und didaktischen Zwecken“ verwen-

71 Rheinfelder 17; er versucht, die in den Wörterbüchern aufgeführten Bedeutungen in einen Stammbaum einzutragen.

72 K. E. Georges, Ausführliches lateinisch-deutsches Wörterbuch. Bd. 2. Basel ^{9}1958, 1642.

73 Fuhrmann (1) 84.85.

74 Ebd. 88.

75 Ebd. 91.

76 Ebd. 94.

77 Ebd. 95.

deten[78]. An der Position des Juristen Gaius erhärtet Fuhrmann seine These („Gaius hatte ein hierarchisches Gefüge vor Augen, bei dem es eigentlich nur auf die untergeordneten Positionen ankam – über die ‚absolute Person' wußte er nichts zu sagen"[79]), und er erläutert dann an Ciceros De officiis, wieso persona ein typisch römischer Rollenbegriff ist.

Aus diesen Analysen ergeben sich im Hinblick auf die weitere Untersuchung folgende Hinweise: 1. Es gilt darauf zu achten, inwieweit die Einführung des Wortes persona in die trinitätstheologische Sprache die Elemente des „typisch römischen Rollenbegriffs" miteinbringt. 2. Dabei ist vor allem der Sprache der Rhetoren und der Grammatiker Aufmerksamkeit zu schenken. 3. In den Ausführungen Fuhrmanns wird darüber hinaus die Bedeutung der Umgangssprache erkennbar, die abschließend eigens herausgestellt werden soll.

c) Zum umgangssprachlichen Gebrauch

Auf die Relevanz der Umgangssprache hat vor Fuhrmann bereits *M. Nédoncelle* nachdrücklich hingewiesen.[80] Dieser faßt das Ergebnis seiner Untersuchung über die Verwendung von πρόσωπον und persona in der klassischen Antike so zusammen[81]: Persona, jünger als πρόσωπον, überflügelte dieses in seiner Entwicklung und konnte schon kurz vor der christlichen Ära – viel häufiger als πρόσωπον – die Idee der menschlichen Individualität ausdrücken, freilich auf eine ganz einfache und empirische Art: „Vom Theater ging man ins Leben über, ohne daß man der Vermittlung durch die Jurisprudenz bedurft hätte, wo die technische Entwicklung des Begriffs später stattfindet"[82]. In der klassischen Sprache bewahrte dabei der Begriff die Zweideutigkeit der szenischen Metaphorik, so auch bei Cicero; für die meisten Zeitgenossen des Seneca aber bedeutete persona weder die subjektive Intimität noch die Maske, die sie verdeckt, sondern einfach das gesonderte menschliche Sein, das man anrufen, aufzählen, statistisch erfassen und pragmatisch beschreiben kann. Nédoncelle warnt ausdrücklich den Dogmengeschichtler, diese populäre Bedeutung zu vergessen oder zu verkennen und nur den fachwissenschaftlichen Verwendungen seine Aufmerksamkeit zu schenken, selbst wenn Jurisprudenz und Philosophie den Wörtern bis zum 3. Jahrhundert schon eine gewisse Prägung gegeben haben.

Die Bedeutung der Umgangssprache (konkret: des Vulgärlateins) tritt auch in der weiteren Entwicklungsgeschichte des profanen Wortes zutage, wie sie Rheinfelder skizziert hat: „Was das Wort *persona* anlangt, so wird sich erweisen, daß eine Reihe seiner Bedeutungen nur in der *Umgangssprache* sich gebildet haben, daß aber andere insofern als gelehrte Bedeutungen anzusprechen sind, als sich die *Theologie*, die *Philosophie*, die *Jurisprudenz* des Wortes bemächtigt und es mit einem besonderen, eigentümlichen Sinn erfüllt, bzw. einen schon in der Anlage vorhandenen Sinn aufgegriffen und wie durch Gesetz, θέσει, zum technischen Ausdruck für einen

---

78 Ebd. 96. 79 Ebd. 97.

80 Vgl. Nédoncelle (1). Zur Entwicklung des Denkens von M. Nédoncelle vgl. Jerphagnon; Lefèvre (2).

81 Nédoncelle (1) 298f. 82 Ebd. 298.

bestimmten Begriff gemacht haben. Es entstand ein *Terminus technicus*, und teils ist er ein solcher geblieben, teils aber auch ist er Gemeingut der ganzen Sprache geworden."[83]

Bei der Untersuchung des mittelalterlichen Sprachgebrauchs fragt Rheinfelder zunächst, „ob und wie lange sich die *im Altertum entwickelten Bedeutungen* erhalten haben, dann aber, welche *neuen Bedeutungen* das Wort im Laufe des *Mittelalters* etwa angenommen hat. Denn auch für alle *späteren* Bedeutungen und Schattierungen von *persona* und seinen Ableitungen ist das Mittelalter die ausschlaggebende Zeit"[84].

d) Zum Verhältnis von Selbstand und Relation

Die systematisch-theologische Leitfrage der vorliegenden Untersuchung ist nun auch an die Entwicklungsgeschichte des profanen Wortes bzw. Begriffs (insofern davon die Rede sein kann) zu richten. Aufgrund der bisherigen Beobachtungen lautet die Frage konkret, wie sich das individuelle und soziale Element zueinander verhalten. Die Analyse Rheinfelders kommt zu folgenden Ergebnissen: Während persona aus der Theatersprache verschwindet, verzweigen sich die „auf die Bühne des Lebens" übertragenen Bedeutungen „um so vielfältiger"[85]. Der Forscher nimmt seine bereits für das Altertum entwickelte Dreiteilung zu Hilfe und findet so folgende Bedeutungen:[86]
1. Betrachtende Gruppe: Menschentum, Mensch als Mensch;
2. Wägende Gruppe: das Gewertete im Menschen, Mensch nach seinem Werte (bes. persona als geistlicher Würdenträger);
3. Zählende Gruppe: Gegenstandsein, Mensch als Gegenstand.
In der dritten Gruppe behandelt Rheinfelder neben dem umgangssprachlichen Gebrauch die juristische Sprache und die des christlichen Dogmas. Dieser letzte Abschnitt seiner Untersuchung[87] geht ausführlich auf die Position Tertullians ein, erwähnt die teilweise ängstliche Haltung der folgenden Jahrhunderte und spricht für die Zeit nach Augustin von der „Präzisierung der Lehre mit Hilfe des erarbeiteten Fachausdrucks" sowie der „Präzisierung des Fachausdruckes selbst", welche er in dem Aufkommen des philosophischen Terminus sieht. Während der philosophische Gebrauch auf Fachkreise beschränkt bleibt, wurde die „Personenlehre der Theologie", d. h. die „einfache Lehre, wie sie, als Geheimnis, schon verbreitet war, bevor sich die Philosophie mit ihr beschäftigte"[88], in Dichtung und Betrachtung aufgenommen, wobei sogar „von dem dogmatischen Wort *persona neue Wörter* gebildet bzw. schon bekannte Ableitungen theologisch umgedeutet werden"[89].

Der Befund und die damit verbundene Auswertung sind angesichts der von Fuhrmann ausgesprochenen Warnung vor einer Rückprojektion zu befragen, wo denn nun konkret persona (Person) „das Wesentliche (Ureigenste) im Menschen" bezeichnet. Es ist jedenfalls auffallend, daß Rheinfelder der Bedeutung „Rolle" in

---

83 Rheinfelder 29. 84 Ebd. 29f. 85 Ebd. 41.
86 Ich folge den Zwischenüberschriften des Abschnitts B (ebd. 41–183).
87 Ebd. 159–183. 88 Ebd. 172. 89 Ebd. 176.

der nachklassischen Zeit keine Aufmerksamkeit mehr widmet. Eine differenzierende Perspektive eröffnet der Blick auf die Herausbildung des deutschen Wortes „Person“, der *J. Wiesner* eine Reihe instruktiver Studien gewidmet hat.[90] Obwohl er sich – besonders in seinem ersten Beitrag von 1968 – an Rheinfelder orientiert, sieht er doch die Bedeutung des Christentums vor allem in der Fernwirkung, d. h. die Ansätze konnten sich erst in der Neuzeit voll entwickeln: „Diese geistesgeschichtlichen Entwicklungen im Bereich der philosophischen Anthropologie lassen sich begriffsgeschichtlich und sogar wortgeschichtlich im Deutschen fassen, wo das Lehnwort ‚Person‘ von einem ursprünglich theologischen Kunstbegriff zu einer Bezeichnung für den Menschen wird . . . In diesem Begriff zentriert sich gewissermaßen die abendländische geistesgeschichtliche Entwicklung, die vom allgemein-apersonalen zum individuell-personalen Menschenbild führte“[91]. Wenn Wiesner auch das Herz des Personbegriffs in der Bedeutung von Persönlichkeit, konstituiert durch Individualität und Freiheit, sieht, so macht er diese im individuellen wie im sozialen Bereich fest. „Rolle“, der Rheinfelder in der nachklassischen Zeit keine Aufmerksamkeit mehr schenkt, wird somit zur zweiten Komponente des Personbegriffs: „Alle diese hier aufgezeigten Wortinhalte sind schon im klassischen Latein enthalten. Sie berühren sich natürlich und verflechten sich miteinander, und eine strenge Scheidung wird nicht immer möglich sein. Für unseren Zusammenhang wichtig ist, daß alle diese Teilbedeutungen eines umfassenderen Begriffskomplexes systematische Fragestellungen, die die menschliche Existenz betreffen, reflektieren. Mit der inhaltlichen Implikation von ‚der Rolle‘ – allgemeiner gesprochen: der Funktion – ist die soziale Dimension des Person-Begriffs deutlich aufgewiesen; mit dem Begriffsanteil ‚das Wesentliche‘, das ‚Spezifisch-Charakterliche‘ ist die singulare, individuelle Komponente erfaßt. Aus beiden, einander überschneidenden semantischen Bereichen gehen im Laufe der europäischen Kultur-, Begriffs- und Sprachgeschichte dann die weiteren Bedeutungsschichten hervor.“[92]

Die Beobachtungen Wiesners haben die spätere Entwicklungsgeschichte des Wortes „Person“ mit ihren Anfängen im klassischen persona verknüpft und aus ihrer Perspektive Fuhrmanns Charakterisierung von persona als „typisch römischen Rollenbegriff“ unterstrichen. Vor allem ist deutlich geworden, daß sich der Bedeutungskomplex „Individuum“ erst im Laufe der abendländischen Geistesgeschichte herausgebildet hat, was nach dem Zusammenhang von individueller und sozialer Komponente fragen läßt. Ist persona als Rolle im Kontext von Interaktion zu sehen, so gehört die Relation als Beziehung zu anderen Rollen und Rollenträgern zum ursprünglichen Begriff. Damit wäre die Person von ihrer Herkunft her in eine interpersonale Struktur eingeordnet; gerade vom Ursprung aus der Theatersprache her könnte man diese Struktur auch als eine kommunikative bezeichnen.

Die weitere Untersuchung wird der Frage nachzugehen haben, ob nicht gerade in dieser sozialen, ‚interaktionären‘, interpersonalen und kommunikativen Struktur des Wortes persona die Anknüpfungspunkte für die Entwicklung des trinitätstheologischen Personbegriffs zu suchen sind. Dabei ist die in der Forschungsgeschichte

---

90 Vgl. vor allem Wiesner (5). 91 Ebd. 20. 92 Ebd. 11f.

dominierende Blickrichtung auf den juristischen und/oder philosophischen Personbegriff zu erweitern, insofern vorab der Umgangssprache sowie der Sprache der Rhetoren und Grammatiker die Aufmerksamkeit zu gelten hat. Was die Geschichte des trinitätstheologischen Personbegriffs betrifft, bestätigt sich in der von Fuhrmann eröffneten Perspektive, daß unsere Untersuchung hinter Boethius zurückgehen muß, bei dem sich „von dem einst vorherrschenden Begriff ‚Rolle' . . . keine Spur mehr zu finden [scheint]"[93]. Wir werden auch hinter Augustin zurückgeführt, von dem Fuhrmann interessanterweise behauptet, er „hätte die Bedeutung persona = Rolle, wäre sie ihm bekannt gewesen, gut in sein Gedankengebäude einfügen können"[94]. Die folgenden Analysen werden die These zu prüfen haben. Wohin uns die Untersuchung zurückführen kann, deutet Fuhrmann selbst in seiner Beobachtung an, die tertullianische Konstruktion der göttlichen Monarchia „lege die Annahme nahe, daß der Kirchenschriftsteller mit persona auf den römischen Rollenbegriff hat hinweisen wollen"[95]. Person als Rolle – könnte das nicht eine Konzeption sein bzw. zu einer solchen entwickelt werden, die das Verhältnis von Selbstand und Relation neu bestimmen, die internen Schwierigkeiten der trinitätstheologischen Terminologie wenigstens mindern und die Kluft zwischen dem sogenannten klassischen und dem sogenannten modernen Begriff aufzufüllen vermöchte?

2. *Die Entfaltung des klassischen theologischen Begriffs*

a) Die Anfänge

Was die Entstehung der christlichen Trinitätslehre anbetrifft, „steht die dogmengeschichtliche Forschung mit ihrem Bemühen, in dem Gewirr sich überschneidender frühchristlicher Überlieferungen bereits feste gedankliche Grundrisse zu erkennen, angesichts der überaus spröden Quellenlage . . . vor nahezu unlösbaren Aufgaben" – so die Bilanz in K. Beyschlags 1982 erschienenem dogmengeschichtlichen Überblick[96]. Eine einigermaßen zuverlässige Orientierungsmarke stellt die Arbeit von G. Kretschmar[97] dar, der in Frontstellung zu Loofs' These von der sukzessiven, „ökonomischen" Entfaltung der göttlichen Einheit über eine „Binität" zur Offenbarungstrinität hin die personale Vorstellung der Trinität auf das jüdisch-apokalyptische Modell der „Parakletgestalten" zurückführt. Freilich bedarf auch diese Hypothese „gewisser Korrekturen"[98], und generell gilt: „Alle solchen Konzepte sind gewiß scharfsinnig durchdacht und fassen je für sich auch richtige Beobachtungen zusammen. Allein sie sind zugleich belastet durch ihre Konzeptgebundenheit sowie die hochgradige Indirektheit ihrer Beweisführung, zu der die Quellenlage in diesem

93 Fuhrmann (1) 102.
94 Ebd. 103.
95 Ebd. 104.
96 Beyschlag 74.
97 Kretschmar (1); s. hierzu die Rezensionen: Breuning (1) und Andresen (1).
98 Andresen (2) 1.

Falle zwingt."[99] Die grundlegenden methodischen Bemerkungen Andresens können wegweisend sein:

„Im Hinblick auf den rationalen Charakter der Trinitäts*lehre* ist in erster Linie nach der Herkunft des trinitarischen Person*begriffes* zu fragen. So wichtig die Frage nach der religionsgeschichtlichen Herkunft der trinitarischen Personvorstellung auch sein mag, so wenig eignet sich das Bild dreier Personen für die Deduktion eines abstrakten Trinitätsbegriffes. Kretschmar spricht deshalb auch wohl von einer ‚Entmythologisierung' der trinitarischen Vorstellungen in den dogmatischen Entscheidungen von 325 und 381. Wenn er aber solchen Entmythologisierungsprozeß den Konzilien und ihren Debatten zuweisen sollte, dann wären die ehrwürdigen Väter sicher überfordert. Was sich auf diesen Konzilien als dogmatische Entscheidungen manifestierte, war in Wirklichkeit das Ergebnis einer theologiegeschichtlichen Entwicklung, die sich in diesem amythischen Sinne um die Deduktion eines trinitarischen Personbegriffs bemüht hatte. Sie zu verfolgen, bleibt eine wichtige dogmengeschichtliche Aufgabe."[100]

Die vorliegende Untersuchung richtet ihre Aufmerksamkeit auf Herkunft, Funktion und inhaltliche Struktur des Personbegriffs in den Anfängen der systematischen lateinisch-westlichen Trinitätstheologie bei Tertullian: Während im Osten erstmals Origenes ὑπόστασις in trinitätstheologischem Zusammenhang verwendet, bedient sich im Westen Hippolyt des Ausdrucks πρόσωπον, und von Tertullian wird erstmals persona „systematisch" eingesetzt. Der Initiative des nordafrikanischen Theologen war offenbar keine weitreichende Wirkungsgeschichte beschieden: Persona blieb ein Wort der Umgangssprache und konnte von den „Nachfolgern" Tertullians durchaus aus dieser aufgenommen worden sein.

In den Spuren Tertullians wandelt noch *Novatian*, „der erste lateinische Schriftsteller der römischen Kirche"[101] und der erste, der einen – wohl von Hieronymus[102] – mit „De Trinitate" überschriebenen Traktat verfaßt hat. Während sich das Wort „trinitas" im Text selbst nicht findet, verwendet Novatian den Ausdruck „persona" in verschiedenen, uns inzwischen geläufigen Bedeutungen: Neben Rolle oder Maske, Rang oder Stellung und Einzelwesen stellt es, „auf Christus

99 Beyschlag 75f. Als weitere, z. T. weniger bekannte Beiträge zur Entstehung der Trinitätslehre sind zu nennen: Daniélou (1); die Arbeiten von Barbel; Stead (2) und die Stellungnahme von Pape.

100 Andresen (2) 1. – Was die Forschung in dem Jahrzehnt nach dieser Äußerung geleistet hat, dokumentiert Venanzi. Auf eine weitere, bei uns wenig bekannte kommentierte Bibliographie sei hingewiesen: Anläßlich ihres zehnjährigen Bestehens hat die Zeitschrift Estudios Trinitarios eine Sondernummer – 11 (1977) 131–507 (= H.2/3) – einer Bibliografía Trinitaria gewidmet mit den Rubriken: NT, Patristik, kath., orthodoxe und protestantische Theologie; die für uns hier zunächst wichtige Bibliografía Trinitaria Patristica (307–331) hat Hamman zusammengestellt.

101 Weyer 27; zur Frage der Abhängigkeit vgl. hier 27f. – Dem Verhältnis von Novatian und Tertullian ist Kriebel nachgegangen; vgl. dazu die Rezension von Koch (1), die bestätigt, daß die „literarische Abhängigkeit von adv. Prax. ... nicht mehr bezweifelt werden [sollte]" (229). – In der Forschung der letzten Jahre hat Novatian breitere Aufmerksamkeit gefunden; vgl. Miroux; Vogt (1); die Arbeiten von Simone; Harman; Novaziano, La Trinità. Introduzione, testo critico, traduzione, commento, glossario e indici a cura di V. Loi. Torino 1975. – Ältere Arbeiten sind verzeichnet bei Grillmeier (4) 257[83].

102 Weyer 20.

angewandt, ... einmal seine ‚persona' der ‚persona patris' und der ‚persona angeli' gegenüber, an zwei Stellen geht es um die Verbindung von Gottheit und Menschheit in Christus ..., dreimal besagt es, daß der Sohn vom Vater verschieden, und zwar ihm untergeordnet ist"[103]. Nach H. Weyer liegt hier „die für die Folgezeit wichtigste Beziehung, denn trotz des zunächst subordinatianischen Zusammenhanges – wie auch der Belastung durch den Modalismus (persona = prosopon ...) und anderer Schwierigkeiten, wie im Osten der Synonymie von ‚ousia' und ‚hypostasis' bis zur kappadokischen Formel – wurde es in langer Klärung zum Terminus für das trinitarische Geheimnis"[104].

Im Rahmen der vorliegenden Untersuchung ist festzuhalten, daß bei Novatian also noch der altrömische Rollenbegriff sichtbar wird, dem Weyer aufgrund seiner Ausrichtung auf die „Folgezeit" keine Aufmerksamkeit schenkt. Der „zunächst subordinatianische Zusammenhang" ist auch ein interpersonaler Zusammenhang, nämlich das Zusammenspiel der Rollen des Vaters (persona Patris) und des Sohnes (persona filii) in Absetzung von der Rolle des Engels (persona angeli). Diese Auslegung wird gestützt durch die Tatsache, daß Novatian zur Bezeichnung der Eigenständigkeit der Personen das Wort substantia verwendet, „das bei Hippolyt fehlt, bei Tertullian durch persona ersetzt wird"[105]. Unser dritter Teil wird zeigen, daß Novatian gerade in dieser Verwendung des Persona-Begriffs von Tertullian beeinflußt ist. Dabei wird das Verhältnis von substantia und persona in Tertullians Trinitätstheologie ebenso zu prüfen sein wie das von Eigenstand und Beziehung (Rolle) in dem dort gebrauchten Persona-Begriff.

b) Die ersten größeren Entwürfe (Hilarius, Ambrosius)

„Daß die abendländische Trinitätslehre mit Novatians Werk de trinitate zu einem gewissen Abschluß gelangt war, bis sie von Augustin weitergeführt wurde"[106], ist ein Pauschalurteil, das wichtige Zwischenglieder übergeht. Als erstes wäre auf *Hilarius von Poitiers* (+ 367) aufmerksam zu machen, der während seiner Verbannung in Kleinasien (356–361) seine zwölf Bücher gegen die Arianer schrieb, die später

---

103 Ebd. 118f[70]. Für die erste Bedeutung nennt der Kommentar keine Belegstelle; es muß sich um Novatian, De trinitate 104 (Weyer 126) handeln. Die beiden christologischen Stellen sind De trinitate 97 (Weyer 118) und 121 (Weyer 142), wobei die Formulierung „Verbindung von Gottheit und Menschheit" eher eine Rückprojektion der chalzedonischen Problematik darstellt. Die drei „subordinatianischen" Stellen sind De trinitate 145.148.187 (Weyer 166.170.200); in diese Gruppe gehört auch die Stelle De trinitate 146 (Weyer 166), die Weyer ebenso wie De trinitate 104 nur im Register (213) aufführt.

104 Ebd.

105 Auer (1) 191.

106 H. Koch (1) 230; Koch versieht seine generelle Zustimmung zu Kriebel mit folgender Einschränkung: „Doch scheint mir Kriebel manchmal etwas zuviel ‚Entwicklung' [von Tertullian zu Novatian] zu entdecken" (ebd.). Nach Barbel (3) 64 geht Novatian „in keinem Punkt über den Entwicklungsstand der damaligen abendländischen Trinitätslehre hinaus"; nach Auer (1) 191 gibt er „für seine Zeit ... wohl die bedeutendste Trinitätsdarstellung, die wir besitzen". – Zum Zusammenhang von Trinitätslehre und Christologie bei Novatian vgl. jetzt Grillmeier (4) 257–259.

(wenigstens seit Cassiodor) ‚De trinitate' genannt wurden.[107] Genauer gesagt kämpft Hilarius auch an der zweiten Front, nämlich gegen den Sabellianismus, so daß er seine Position in der Mitte zwischen beiden Extremen bestimmen muß.[108] Zugleich ist es die Stellung zwischen Ost und West, die seiner Trinitätslehre besondere Beachtung verschafft: Er „übernimmt umfangreiches Material mit zentralen Aussagen für seine Trinitätslehre" vom Osten, bleibt aber „in seiner Denkform und bei seinem theologischen Ansatz . . . dem westlichen Denken verhaftet" und modifiziert und bereichert so beide Traditionsströme.[109]

Aus der Tatsache, daß Hilarius persona nirgends erläutert, schließt Smulders, daß es sich um einen geläufigen und präzisen Begriff zu handeln scheine.[110] Allerdings ist eine interessante Unterscheidung anzubringen: „In seinen exegetischen Arbeiten gebraucht Hilarius dieses Wort oft in dem szenischen und juridischen Sinn, wonach der Schauspieler die Rolle eines anderen spielt."[111] „In den dogmatischen Büchern dagegen wird dasselbe Wort einheitlich und konstant zur Bezeichnung unterschiedener Subjekte verwendet, um zu unterstreichen, daß der Vater und der Sohn andere [einer und ein anderer] sind und doch eins in der Natur."[112]

Hilarius kennt also noch den altrömischen Rollenbegriff, und die deutliche Absetzung der Bedeutung „Subjekt" hat apologetisch-defensiven (gegen den Sabellianismus gerichteten) – mit Studer gesprochen: dogmatisch-negativen – Charakter. „Aus Furcht, mißverstanden worden zu sein, bemerkt Hilarius, daß die Bestimmungen der Termini Vater und Sohn nicht im Sinn des Theaters zu verstehen sind, wie wenn ein und dieselbe Person Namen und Rolle wechselt; niemals hingegen sucht er diesen theologischen Sinn des Wortes Person zu rechtfertigen oder zu erklären."[113] Der defensiv-negative Charakter wird noch unterstrichen durch die Beobachtung, daß Hilarius weder den Heiligen Geist persona nennt noch diesen Ausdruck in der Christologie verwendet; immer handelt es sich um die Bezeichnung des Verhältnisses bzw. der Unterscheidung von Vater und Sohn, „niemals indessen ist es die Frage nach zwei oder drei Personen, und man begegnet bei ihm nicht dieser Kurz-Formel ‚duae personae in una natura' "[114].

---

107 Auer (1) 201. Auf die Bedeutung des Hilarius für „die Lösung der Äquivokationen bezüglich der Homoousie" hatte bereits Rougier 147–153 hingewiesen. Als Edition steht bisher nur die des Migne zur Verfügung.

108 Grillmeier (4) 580. Außer der hier (580[1]) verzeichneten Literatur, die nicht ausschließlich die Christologie im Blick hat, vgl. aus jüngster Zeit noch Newlands und Doignon. An einschlägigen Monographien liegen vor: A. Beck, Die Trinitätslehre; Smulders. „Trinitätslehre und Christologie" gehören bei Hilarius aufs engste zusammen, betont Löffler 29.

109 Löffler 31.

110 Smulders 214. – Antweiler 57f zählt in seiner Einleitung nur die Stellen auf, an denen persona „eigenständiges Wesen mit Denken und Wollen" (IV 26 [PL 10,116C]; IV 40 [123B.126A]; V 5 [132B]; V 24 [145B]; V 38 [155C]), „insbesondere zur Unterscheidung von Vater und Sohn" (III 23 [91C]; IV 16 [109B]; IV 21 [112C]; IV 23 [114A]; IV 24 [114B]; IV 30 [119B]; IV 35 [122A]; IV 40 [126A]; IV 42 [128B]; V 10 [135B]; V 16 [138B]; V 38 [155C]; VII 39 [232B]; IX 14 [292B]), bedeutet.

111 Smulders 287. 112 Ebd. 288. 113 Ebd. 114 Ebd. 289.

Daß Hilarius auf einen feststehenden, von allen anerkannten Wortsinn rekurriere – diese Schlußfolgerung[115] halte ich allerdings nicht für zwingend. Smulders verdeutlicht ja selbst, daß die Wendungen „personarum distinctio", „personarum discretio" bzw. „persona altera" gewohnheitsgemäß den Sinn der Ausdrücke „ne ipse idem sit unus et solus" bzw. „alius et alius" bestimmen und daß sie gegen die Formeln „una persona", „personae unio" bzw. einfach „unio" in Opposition stehen, wobei „ ‚unio' für ihn fast der technische Ausdruck zur Bezeichnung aller Formen von Sabellianismus ist"[116]. Von daher darf wohl auch in „subsistens", das Hilarius oft in der Nachbarschaft von persona oder sogar als Synonym verwendet[117], nicht mehr hineingelesen werden, zumal das Substantiv „subsistentia" sich in seinem Traktat De trinitate nicht findet[118]. Nach Smulders kann freilich persona mit „res sibi subsistens" wie folgt umschrieben werden: „Res, d. h. etwas Wahres und Wirkliches; sibi, d. h. in sich existierend wie eine vollkommene und vollständige Sache; subsistens, d. h. Existenz haben, wie es der Substanz zukommt."[119]

Wir können also auch für Hilarius *festhalten*, daß er den altrömischen Rollenbegriff noch kennt. Wegen des drohenden sabellianischen Mißverständnisses lehnt er seinen Gebrauch im Sinn der Theatersprache (derselbe Rollenträger kann verschiedene Rollen spielen) ab; die theologische Verwendung des Begriffs verbleibt im Zeichen dieser Abwehr, so daß er auf die ‚Rollen' von Vater, Sohn und Geist in der Heilsgeschichte nicht angewendet und von daher auch nicht theologisch gefüllt und weiterbestimmt wird. Was den Bereich der „immanenten" Trinität angeht, hat Hilarius aber offenbar das Wechselverhältnis oder gar gegenseitige Bedingungsverhältnis von Selbstand und Relation gesehen: „Jeder der göttlichen Personen gebührt selber das Sein in sich und für sich, obwohl sie auch in der andern ist, ein Verhältnis, wie es sich außer Gott nicht denken läßt; nur bei diesem ist das *esse* und *inesse*, d. h. als Person für sich und doch in einem andern sein, identisch."[120] Weitere Einzeluntersuchungen werden zu prüfen haben, ob C. Brauns Urteil in unangemessener Weise systematisiert und ob die damit gegebene Spannung zwischen der Sprache im Bereich der „ökonomischen" Trinität und der Redeweise bezüglich der „immanenten" Trinität stehenbleiben muß.

Bei *Ambrosius von Mailand* (+ 397) treffen wir die Tradition gewordene Formel „una substantia – tres personae" an. Seine eigene trinitätstheologische Position erarbeitet er sich in den acht Jahren der Auseinandersetzung mit dem Arianismus (nach 378), wobei er sich – ebenfalls „zwischen Ost und West" stehend – auf Hilarius, Athanasius, die Kappadozier und Didymus stützt.[121] Bezeichnend für seine Mittelstellung ist die Parallelisierung des Substanz- und Naturbegriffs. Während substantia bei ihm „eine letzte, zugrundeliegende, jede Individualität aus-

115 Ebd. 288.
116 Ebd.
117 Ebd.
118 Antweiler 58.
119 Smulders 215.
120 C. Braun 37.
121 Herrmann 197–199. Als Quellen für die Trinitätstheologie des Ambrosius kommen folgende Werke in Betracht: De fide libri V ad Gratianum Augustum (CSEL 78 Faller); De Spiritu Sancto libri III ad Gratianum Augustum (CSEL 79,1–222 Faller); De incarnationis dominicale sacramento (CSEL 79,223–281 Faller).

schließende Einheit, für die Beharrlichkeit, Massivität und Schwere als charakteristisch gilt", meint, besagt natura in Analogie zum griechischen φύσις „eine Einheit, die verschiedenen konkreten Ausprägungen zugrunde liegt (τὸ κοινόν), und ist so als Gattungsbegriff zu verstehen . . . Da er aber den Substanz- und Naturbegriff weitgehend parallelisiert, löst sich der eigentliche, engere Bedeutungsinhalt von substantia in dem weiteren von natura immer wieder auf. Das heißt aber: der morgenländische Sprachgebrauch (natura) setzt sich gegenüber dem abendländischen (substantia) durch. Damit entsteht in dem trinitarischen Denken unseres Kirchenvaters eine für ihn charakteristische Weitung: Einheit und Dreiheit müssen in ihrem ewigen Zueinander verstanden werden. Es gibt deshalb kein Zurückführen der Trinität auf die Einheit mehr, noch ein Begreifen der Dreifaltigkeit auf Kosten der einheitlichen Substanz."[122]

In dem neuplatonisch inspirierten voluntaristischen Substanz-Naturbegriff ist der spezifische Beitrag des Ambrosius zur Trinitätslehre zu sehen, die so „in der Mitte zwischen kappadozischer und abendländischer Tradition steht"[123]. Diese Position bietet einen interessanten Ansatz für den Versuch, eher in den Kategorien des östlichen, griechischen Denkens bzw. voraugustinisch und in gewissem (!) Sinn vornizänisch eine Trinitätstheologie für heute zu entwickeln. „Die Schöpfungslehre, von der aus Ambrosius die ontologische Differenzierung der beiden Substanzen, Gott und Kreatur, vornimmt, durchbricht auf breiter Front das rein substantielle Denken . . . Indem Ambrosius die totale Freiheit Gottes proklamiert, gewinnt er eine neue Anschauung des göttlichen Seins. Die ontologische Betrachtung führt zur aktualistischen."[124] Das heißt dann, daß „die Einheit der göttlichen Personen . . . durch den voluntaristisch geprägten Substanzbegriff zur Einheit des Tuns, der inseparabilis operatio trinitatis" wird[125].

In der Diskussion mit Herrmann bzw. in der Diskussion der Sache wäre zu klären, ob es sinnvoll ist, „ontologisch" und „aktualistisch" in Opposition zu stellen. Jedenfalls ergibt sich keine Schwierigkeit, „voluntaristisch geprägten Substanzbegriff" und göttliche Einheit als Gemeinsamkeit und Einheit des Tuns, also als Interaktion und Interpersonalität zusammenzudenken. Leider entwickelt aber Ambrosius die Einheit nur vom Substanzbegriff, nicht auch von einem relationalen Personbegriff her. Vielleicht verhindert auch das Schwanken zwischen „substantia" und „natura" einen solchen Zugriff.

So aber stehen bei Ambrosius das von der Substanz her entwickelte Konzept der göttlichen Einheit und die konkrete Fassung des Personbegriffs in einer erheblichen Spannung, die ihn „zu einer noch tritheistischer klingenden Lösung als seine kappadozischen Quellen" führt.[126] „Der ambrosianische *Persona*begriff . . . meint reine, unverwechselbare Individualität und konkrete Existenz."[127] Sicher ist der Mailänder Bischof zu dieser dezidierten Begriffsbestimmung aufgrund seiner Erfahrungen gekommen. Anfänglich stand er diesem Terminus mißtrauisch gegenüber: Einerseits befürchtet er – wie Hilarius – eine sabellianische (Fehl-) Interpretation,

122 Ebd. 202f.
123 Ebd. 217.
124 Ebd. 203.
125 Ebd. 204.
126 Ebd. 217.
127 Ebd. 204.

anderseits „macht der mehrdeutige Begriffsinhalt von ‚persona' (Maske, Rolle) Ambrosius unsicher und führt manchmal zu einer fast generischen Auslegung"[128]. Von seinem Grundansatz her – „das göttliche Sein ist aber nur greifbar in seinen konkreten Existenzen Vater, Sohn und heiliger Geist"[129] – kann er sich schließlich für die zitierte Begriffsbedeutung entscheiden.

Im Hinblick auf unsere weitere Untersuchung ist festzuhalten, daß auf der einen Seite der Sabellianismus die Ausarbeitung eines trinitätstheologischen ‚Rollenbegriffs' verhindert hat, während auf der anderen Seite angesichts der arianischen oder arianisierenden Tendenzen die göttliche Einheit einseitig vom Substanzbegriff her gedacht wurde. In einem subordinatianisch konzipierten ‚Rollenspiel' ließ sich persona im Sinn von Rolle noch denken; die Betonung der Gleichheit und Gleichrangigkeit der göttlichen Personen führte entweder zu einer tritheistisch anmutenden Trinitätslehre oder zur Reservierung des Personbegriffs für den einen Gott.[130]

c) Augustins Reserve und die Dominanz des Einheitsdenkens

Die bisherige Übersicht hat die *Koordinaten*, an denen sich die Entwicklung der Trinitätslehre und ihrer Begrifflichkeit zu orientieren hatte, deutlich markiert. Gegenüber dem Arianismus galt es, die Gemeinsamkeit von Vater und Sohn (und Geist) als Gleichheit der „Personen" in der Einheit des göttlichen „Wesens" zu behaupten. Die freiwillige, gehorsame Unterordnung des Sohnes in der Heilsgeschichte durfte nicht als wesensmäßiger Subordinationismus ausgelegt werden; die Akzentuierung der drei „Personen" durfte nicht zu einem Tritheismus führen, der womöglich noch das immer wieder anzutreffende Konkurrenzmodell bei der Darstellung des Schöpfer-Geschöpf-Verhältnisses[131] in die innergöttlichen Verhältnisse eintrug. Auf der anderen Seite galt es, gegenüber dem Sabellianismus alle modalistischen Tendenzen bei der Konzipierung der göttlichen Monarchia zu vermeiden und die Unterschiedenheit der „Personen" festzuhalten. Theoretisch konnte die damit gestellte Aufgabe von zwei Seiten her angegangen werden: Von der Unterscheidung der Personen her war die Einheit des göttlichen Wesens zu erreichen; von dieser Einheit ausgehend war die Unterschiedenheit herauszustellen. Faktisch charakterisieren diese zwei Zugangsweisen die unterschiedlichen Ansätze der Trinitätstheologie im Osten bzw. im Westen, wenn auch vor einer starren Anwendung dieses Einteilungsschemas gewarnt werden muß. Die Kommunikation zwischen östlichem und westlichem Trinitätsdenken wurde zusätzlich durch die terminologischen

128 Ebd. 129 Ebd. 203.

130 Vielleicht hat die gelegentlich anzutreffende „fast generische Auslegung" Herrmann zu dem Urteil verleitet: „Der ambrosianische *Persona*begriff steht in abendländischem Denkzusammenhang" (ebd. 204). Das Schema „östlich-westlich" muß offenbar differenziert angewendet werden. In seiner dogmengeschichtlichen Auswertung räumt Herrmann das unmißverständlich ein: „Die orientalischen Traditionen verschließen Ambrosius den Blick auf die Eigenheit der abendländischen. Er steht ihnen oft verständnislos gegenüber und wittert in ihnen im Gefolge seiner Vorbilder den Sabellianismus. So spielen auch die abendländischen trinitarischen Entscheide bei ihm keine Rolle." (217)

131 Vgl. die Charakterisierung der Position des Apollinaris durch Kasper (3) 248–252.

Unklarheiten erschwert: Der Osten witterte in der Rede von „drei Personen" die Gefahr des Modalismus, da persona und πρόσωπον wegen ihrer Herkunft aus der Theatersprache und ihrer entsprechenden Verwendung bei den Sabellianern die Wahrnehmung der wirklichen Unterschiedenheit der Personen schwierig gestalteten; im Westen schöpfte man Verdacht wegen des tritheistischen Klangs der Formel „τρεῖς ὑποστάσεις", da man üblicherweise nicht nur οὐσία, sondern auch ὑπόστασις mit substantia übersetzte. Vor Augustin sprach Hieronymus seine Schwierigkeiten mit der unterschiedlichen Begrifflichkeit offen aus; sein Diktum, „bei der Rede von drei Hypostasen sei Gift unter dem Honig verborgen", wird immer wieder zitiert[132]. Marius Victorinus, der bei einer umfassenden Augustin-Interpretation unter geistesgeschichtlichem Aspekt zu beachten wäre[133], verwendet in seinen trinitätstheologischen Ausführungen persona überhaupt nicht.[134]

Augustin[135] wird zunächst in der Auseinandersetzung mit dem fortwirkenden Arianismus dazu geführt, die Gleichrangigkeit und Gleichheit der göttlichen Personen herauszustellen. Dabei steht er der Verwendung des Wortes persona äußerst

---

132 Kasper (6) 349; wörtlich heißt es bei Hieronymus, ep. XV 4: „non negamus, sed mihi credite, venenum sub melle latet" (CSEL 54,66,15 Hilberg). Zum Bittgesuch des Hieronymus an Papst Damasus (vgl. ep. XVI [CSEL 54,68f]) und zur „Aussöhnung" der westlichen und östlichen Terminologie vgl. Rougier 164–170. Michel (1) 362[3] weist auf die Beobachtung Bardys hin, daß Hieronymus in seiner Übersetzung von Didymus' De Spiritu Sancto „die Wörter *substantia, essentia, natura* ohne Unterschied gebraucht, wenn er von der einzigen göttlichen Wesenheit spricht oder drei Personen getrennt betrachtet, während der Terminus *persona,* der an das griechische ὑπόστασις denken lassen konnte, sorgfältig vermieden wird" (G. Bardy, Didyme l'Aveugle. Paris 1910, 73f). – Zur Übersetzung des ὁμοούσιος bei Hieronymus vgl. Nautin.

133 Vgl. Ziegenaus (1) und den Beitrag von Beierwaltes (2). Beierwaltes (1) 2 grundsätzlich zum Verständnis der christlichen Theologie als einer philosophisch geprägten Theologie: „Jenseits einer rigiden Vorstellung von Platonismus und Christentum als intransigenter ‚Konfessionen' ist geradezu eindeutig zu zeigen, daß christliche Theologie ohne die für ihre eigentümliche, neue Gestalt wesentlichen Philosopheme nicht *sie selbst* sein könnte, sofern sie implizit oder explizit Reflexion auf den Glauben sein möchte. Daß eine *rein formale* Übernahme von Philosophemen ein hermeneutisch unwahrscheinlicher, schwerlich zu begründender Vorgang ist – unter Umständen trotz profilierender und apologetischer Abwehr seitens der Theologie –, macht nicht nur eine Reflexion auf Trinität und creatio klar." Daß Marius Victorinus auch für die Begriffsgeschichte von Interesse ist, soll hier nicht bestritten werden; dabei ist freilich die begrenzte Wirkungsgeschichte zu beachten; vgl. Ghellinck (2) 85–88. – Eine interessante Detailstudie zum Verhältnis Marius Victorinus – Augustin liegt mit Hadot (2) vor.

134 Moingt (2) 512.617; Marius Victorinus verwendet – ähnlich wie Tertullian – den Begriff forma zur Übersetzung der griechischen Begriffe: „ὕπαρξις enim cum forma quod est esse. – Quoniam autem rursus et forma est esse, et ipsa substantia est, sed hoc ὑπόστασις dicitur. Iam enim formatum esse subsistentia est" (Adv. Arium II 4 [SC 68,406,23f; 408,44–46 Henry]).

135 Außer der im Kapitel I genannten Literatur, die gelegentlich auch auf die Problematik der Terminologie zu sprechen kommt: *a) Grundsätzliches:* Schmaus (1), (3), (4); Roy. *b) Zur Begrifflichkeit:* Boigelot; Cuttat; Blázquez; Ferrer; Trapé; Strohm. *c) Zum Text von De Trinitate:* Glorie; Bonnardière (bezieht sich auf CCL); E. Hill (2). *d) Zur Einführung:* Berardino, bes. 351f.403–405.

reserviert gegenüber, er übernimmt die kirchenoffizielle Formel „una substantia, tres personae", aber sie wird bei ihm zu einer „Leerformel". Für den Kirchenvater hat persona keinerlei relationalen, sondern „absoluten" Charakter, d. h. es eignet sich eigentlich nur als Ausdruck für den einen „Deus Trinitas". Das entspricht der geistesgeschichtlichen Entwicklung Augustins, die ihn vor allem an der Einheit des göttlichen Wesens interessiert sein läßt. Auf der anderen Seite entwickelt er eine erstaunliche Relationenlehre, an die Thomas von Aquin mit seinem Begriff „relatio subsistens" anknüpfen konnte.

Diese zwei Pole des augustinischen Denkens und seiner Terminologie sollen zunächst beleuchtet werden, bevor wir aus unserem systematisch-theologischen, auf das Verhältnis von Selbstand und Relation gerichteten Interesse heraus noch einmal die faktische Verwendung des Wortes persona in den Blick nehmen und bewerten.

Der von Studer diagnostizierte negative Charakter des dogmatischen Personbegriffs in der frühen kirchenamtlichen Trinitätslehre tritt bei Augustin deutlich zutage.[136] Der Kirchenvater nimmt zwar eine hervorragende Mittlerstellung ein, insofern einerseits die katholische Tradition in einem weiten Maße von ihm zusammengefaßt wurde und anderseits die späteren kirchenamtlichen Dokumente, die von drei Personen sprechen, weitgehend von ihm abhängen[137]. Während nun aber z. B. das Symbolum Quicumque und die Synoden von Toledo[138] den Begriff persona auch tatsächlich verwendeten, zeigt Augustin hier große *Reserve*. Diese besteht nicht im Zusammenhang mit der christologischen Problematik, wo er nach einer gewissen Entwicklungsphase keinerlei Schwierigkeiten hat, mit ‚una persona' die Subjekteinheit in Christus und damit die alte Formel ‚unus et ipse' wiederzugeben.[139] Anders als Hieronymus hat er keine Probleme damit, „die Äquivalenz des griechischen Begriffes Hypostase und des lateinischen Begriffes Person anzunehmen"[140].

Im Blick auf die Gotteslehre erweist sich Augustin als höchst sensibel für die Problematik theologischer Rede angesichts der Unaussprechlichkeit des göttlichen Geheimnisses[141], und er gibt sich große Mühe, besonders im 7. Buch seines theologischen Hauptwerkes ‚De Trinitate', das sich mit der traditionellen Formel – ein Wesen, drei Personen – auseinandersetzt, „zu zeigen, wie man *ad certam regulam,* in einer präzisen und sicheren Weise, darüber sprechen darf"[142]. Das Problem spitzt sich in der Frage zu, „warum die Verschiedenheit von Vater, Sohn und Geist, an die ein Christ selbstverständlich zu glauben hat, mit jenen Begriffen, d. h. im Lateinischen, das ihn letztlich allein interessiert, mit *Persona* ausgedrückt werden soll"[143].

Hören wir Augustin selbst: „Was bleibt also übrig als zuzugeben, daß diese Formeln unter dem Zwange, [über die Dreieinigkeit] zu reden, geschaffen wurden?

---

136 Studer (5) 170–177 (Lit.).

137 Ebd. 170.

138 Zum Quicumque vgl. die Bemerkungen von Fortman 158–161; zu den Symbola von Toledo vgl. oben S. 70–72.

139 Studer (5) 173.

140 Ebd. 171.

141 Ich verweise noch auf Mondin.

142 Studer (5) 171.

143 Ebd.

Gegenüber den Angriffen und Mißverständnissen der Häretiker bedurfte es ja eines umfassenden Gesprächs . . . Es erhob sich die Frage, was denn diese drei seien. Man sagte: drei Substanzen beziehungsweise Personen und wollte mit diesen Ausdrükken nicht eine Verschiedenheit behaupten, sondern eine Einheit ablehnen."[144] Prägnanter kann der negative Charakter des Begriffs nicht zum Ausdruck gebracht werden. Da also gegen die Sabellianer die Formel „tria quaedam" nicht genügt, muß man – da die Rede von „tres essentiae" und „tres substantiae" nicht in Frage kommt – von „tres personae" reden. Der Personbegriff müßte eigentlich – es geht ja nicht um die positive Behauptung der Verschiedenheit – als relativer verwendet werden; hier jedoch legt sich das Sprachgefühl des Kirchenvaters quer, für den „die *persona Patris* nichts anderes [ist] als der Vater selbst, wie dies auch die *substantia* ist. Die *persona* des Vaters wird darum eigentlich *ad se* ausgesagt, nicht im Hinblick auf den Sohn oder auf den Geist. Folglich müßte man im Grunde genommen, wie man bei *Deus, bonus, magnus* usw. nicht von *tres dii, tres boni, tres magni* usw. redet, auch im Fall von *persona* nicht *tres personae*, sondern *una persona* sagen"[145]. Wiederum münden die Überlegungen in die resignierende, den negativen Charakter des trinitätstheologischen Begriffs unterstreichende Feststellung: „Warum also nennen wir nicht diese drei zusammen eine Person, wie wir von einem Wesen und von einem Gott sprechen, sondern heißen sie drei Personen, wo wir doch nicht von drei Göttern oder drei Wesen reden, warum anders, als weil wir wünschen, daß uns zur Bezeichnung der Dreieinigkeit doch wenigstens irgendein Wort zur Verfügung steht, damit wir nicht ganz schweigen müssen, wenn man uns fragt: Was sind denn das für drei, wo wir bekennen, daß es drei sind?"[146]

Den Status des augustinischen Persona-Begriffs hat A.Trapé treffend in zwei Thesen zusammengefaßt: „Der Terminus *persona* also, im Plural gebraucht, entspringt nicht der Eigentümlichkeit, sondern der Notwendigkeit der Sprache." Er „wird in der Trinitätslehre nicht im eigentlichen Sinn, sondern in einem angepaßten Sinn verwendet"[147]. Persona wird von Augustin nicht im Bezug auf andere personae, sondern im Bezug auf sich selbst („ad se") gesehen. Der Kirchenvater kennt also offenbar von seinem Sprachgefühl her nur einen „absoluten" Sinn von persona, wie schon Schmaus in seiner einschlägigen Untersuchung herausgestellt hat:

„Was den Terminus Person anlangt, so lehnt Augustinus dessen relativen Charakter aus einem sprachlichen Grund ab. Man kann nicht den Vater als Person des Sohnes bezeichnen,

144 Augustin, De Trinitate 7, 4, 9: Quid igitur restat? An ut fateamur loquendi necessitate parta haec vocabula cum opus esset copiosa disputatione adversus insidias vel errores haereticorum? . . . Quaesivit quid tria diceret et dixit substantias sive personas, quibus nominibus non diversitatem intelligi voluit sed singularitatem noluit (CCL 50,259, 118–120.131–133 Mountain).

145 Studer 172.

146 Augustin, De Trinitate 7, 6, 11: Cur ergo non haec tria simul unam personam dicimus sicut *unam essentiam* et unum deum, sed dicimus *tres personas,* cum tres deos aut tres essentias non dicamus, nisi quia volumus vel unum aliquod vocabulum servire huic significationi qua intellegitur trinitas ne omnino taceremus interrogati quid tres, cum tres esse fateremur? (CCL 50,262,28–33).

147 Trapé 584.

wie man den Freund als den Freund eines anderen bezeichnet. Augustinus ist der Ansicht, daß der sprachliche Ausdruck für Relationen keine andere Form haben kann. Ist Person kein relativer Begriff, dann ist es ein absoluter. Der Schriftsteller betont die vollständige Identität von Wesen und Person. Entscheidend ist, daß er Personsein und Sein für identisch erklärt wie Wesen und gut sein und groß *sein* . . . Wohl behauptet Augustinus so die Substanzialität der Personen, spannt aber zugleich die Identität von Person und Substanz so hoch, daß die Relativität der Person verloren geht und auch für subsistente Relationen kein Platz mehr bleibt."[148]

Nach Studer läßt sich diese Einstellung „wohl am besten damit erklären, daß für Augustinus *persona* ein Einheitsprinzip ist. Das gilt sowohl von seinem exegetischen Gebrauch, der der ursprünglichere gewesen sein mag, wie von der mehr philosophischen Verwendung, die eher den Eindruck einer nachträglichen Bestätigung macht."[149] Angesichts der gängigen Feststellung, daß Augustin vom Subjekt her denke, daß er gewissermaßen die anthropologische Wende der Neuzeit vorwegnehme, gilt es zur Kenntnis zu nehmen, wie wenig er „in einer . . . ‚persönlichen' Weise, im modernen Sinn des Wortes, sich über die drei göttlichen Personen äußert"[150]. Bei den von ihm herangezogenen Vergleichen handelt es sich „nicht um liebende oder gar partnerschaftliche Beziehungen[151]. Selbst im Vergleich zwischen der Trinität und der menschlichen Liebe stößt Augustinus nicht in den eigentlich persönlichen Bereich vor . . . Abgesehen davon, daß er darin nur ein unvollständiges Bild der Trinität sieht, weil darin die Erkenntnis fehlt, braucht er dabei auch den Personbegriff nicht. – Der Vergleich hingegen, der, wenigstens für den modernen Menschen am ‚persönlichsten' gewesen wäre, nämlich zwischen der Trinität einerseits und Mann, Frau und Kind andererseits, hat nach Augustinus wenig Aussicht, angenommen zu werden."[152] Der Vergleich mit der Familie widerspricht nach Meinung des Kirchenvaters der Heiligen Schrift und birgt die Gefahr eines tritheistischen Mißverständnisses, worin für ihn die Hauptschwierigkeit des trinitarischen Personbegriffs besteht.[153] „In dieser Linie sieht Augustinus schließlich das höchste Bild der Trinität nicht in einem Verhältnis von menschlichen Personen, sondern nur in *einer Person*, genauer nur in der geistigen Seele."[154]

Da die Unterscheidung von Vater, Sohn, Geist weder substanzieller noch bloß akzidenteller Art sein kann, sucht Augustin sie – unter verbaler Beibehaltung der Formel „tres personae" – inhaltlich in der Kategorie der Relation zu fassen.[155] In

148 Schmaus (1) 149. Daß Augustin den Personbegriff nicht relational faßt, unterstreicht auch Fortman 144.

149 Studer (5) 174. Zum Verhältnis von Philosophie und Theologie bei Augustin, näherhin von neuplatonischer Hypostasen- und christlicher Trinitätslehre vgl. Dahl 61: „Was die Art und Weise, in der Augustin mittelst der Kategorie der Relation tres personae mit una substantia vereint, betrifft, ist in der plotinischen Hypostasenlehre Entsprechendes kaum zu finden." – Vgl. weiter Wassmer und Hadot (3).

150 Studer (5) 175.

151 Das gilt übrigens auch für die Kappadozier und ihren κοινωνία-Gedanken.

152 Studer (5) 175. 153 Ebd. 176[92]. 154 Ebd. 176.

155 Zur augustinischen Auffassung der Relationen in Gott vgl. vor allem Chevalier (1) und (2); zu den möglichen Vorläufern s. Morán.

seinem theologie- und dogmengeschichtlichen Beitrag für „Mysterium Salutis" resümiert Scheffczyk:

„Mit dem Relationsbegriff gelang es Augustin zweifellos viel besser als der alexandrinischen Hypostasenlehre, die demgegenüber geradezu schwerfällig wirkt, die Personunterschiede bei ungeschmälerter Wesenseinheit festzuhalten. Als neuplatonischer Denker hatte er keine Schwierigkeit, diese hauchdünnen Unterscheidungen als objektive Realitäten zu verstehen und sie mit den Personen zu identifizieren. Aber trotzdem bleibt es auffällig [?], daß sich Augustin mit dem Personbegriff nicht befreunden konnte, weil [!] in ihm der relative Charakter nicht zum Ausdruck kommen konnte. Darin zeigt sich, daß für Augustinus die konkrete Erfassung der Dreiheit ein Problem geblieben ist und der Personbegriff ihm eigentlich nur ein leeres Wort in der Anwendung auf die Trinität war."[156]

Man ist versucht, den Grund in Augustins (vom Platonismus her geprägter) Denkform zu suchen. P. M. Strohm, der bei dieser Gelegenheit auf den ganz anderen Umgang des Athanasius mit den Texten der Heiligen Schrift wie mit Platon hinweist, erklärt sich die Fixierung auf die essentia durch die Übernahme der These von der absoluten Einfachheit Gottes, die „bei Augustin zur Grundthese seiner Gotteslehre geworden ist". So ergibt sich: „Wenn nun auch Augustin die drei göttlichen Personen als drei ‚Beziehungen' (relationes) betrachtet, so identifiziert er doch andererseits jede dieser ‚Beziehungen' und damit auch jede der drei göttlichen Personen mit der ‚essentia divina' und damit auch mit der ‚sapientia' und der ‚voluntas divina'."[157] In diesem „Widerspruch", der die Gefahr des Sabellianismus heraufbeschwört, sieht Strohm den Grund dafür, daß dieser Trinitätslehre die kirchliche Anerkennung versagt werden müsse.[158]

Die ausschlaggebende Weichenstellung hat Cuttat so markiert:

„Wenn man mit Augustinus von der metaphysisch umschriebenen Einheit Gottes *ausgeht*, das heißt von dem der menschlichen Erkenntnis zugänglichen ipsum esse bzw. esse purum, und nicht, wie die griechischen Väter, von den drei Personen, so wie sie das Neue Testament einmalig offenbart, wenn m. a. W. der Ansatz- und Ausgangspunkt der Gotteserkenntnis ein metaphysisch-natürlicher, spekulativer und nicht ein exegetisch-übernatürlicher, existentieller ist, dann besteht die Gefahr, daß der Schritt zur Dreipersönlichkeit nur noch in Form eines uneingestandenen Modalismus erfolgen kann, das heißt um den Preis einer latenten Entpersönlichung der drei Hypostasen." – „In der Tat: in dem Maße, wie er [Augustinus] nicht nur den Abgrund seiner eigenen Seele, sondern auch den Abgrund Gottes metaphysisch als reine Einheit dachte, mußte ihm die unüberholbar personale, das heißt *letztlich* tri-perso-

---

156 Scheffczyk (1) 203f. – Schon C. Braun hatte festgestellt, daß „damit noch nicht erklärt [ist], was die Person *formaliter* ausmacht, sondern ... eigentlich vom heiligen Augustin ein Begriff der Person stillschweigend vorausgesetzt und nur seine Anwendung bei Gott gezeigt wird" (45). Scharfe Kritik von einem (ganz bestimmten) „logischen" Blickwinkel aus übt Durrant 145–197, der zeigen will, daß weder die überlieferten Bedeutungen von πρόσωπον noch die von Augustin ins Spiel gebrachten Inhalte des Personbegriffs diesen als für die Gotteslehre akzeptabel erscheinen lassen.

157 Strohm 49.

158 Vgl. Strohm 53–57. Danach ist „die augustinische Trinitätslehre ... zwar durch die Synoden von Toledo im Jahre 688 ... und im Jahre 693 ... anerkannt worden – jedoch *gegen den Einspruch des römischen Bischofs!*" (53f; vgl. 57). Von den Theologen des Abendlands habe bisher nur Th. de Régnon (Etudes sur la Sainte Trinité. Paris 1892–1898) Kritik geübt und eindeutig für die Trinitätslehre des Athanasius Partei ergriffen (vgl. 57). Auf der Linie von Strohms Kritik liegt auch Durrant 186.

nale Einheit Gottes immer wieder als metaphysische Unmöglichkeit vorkommen, konnte sich somit sein Blick nie der interpersonalen Communio als der Höchstform der Unitas, nie dem Geheimnis der Inter-Subjektivität in Gott als der übermetaphysischen Vollendung aller Einheit vorbehaltslos und uneingeschränkt öffnen." – „Bedenkt man, daß Augustinus sowohl der größte Metaphysiker des christlichen Altertums wie auch der Vater des abendländischen Personalismus ist, . . . so muß der Grad seiner inneren Spannung . . . von einer kaum nachvollziehbaren Intensität gewesen sein.[159]

Absolut gebrauchter Personbegriff und Relationsdenken machen also die Spannung des augustinischen Denkens aus, die freilich für ihn aus der Perspektive des ‚Einheitsdenkens' gemildert wird. Wir werden auch hinter Augustin zurückgeführt, bei dem „die Bedeutung ‚Rolle' gänzlich erloschen ist", obwohl er sie „gut in sein Gedankengebäude hätte einfügen können"[160]. Vielleicht erhalten wir Aufschluß, wenn wir uns die Bandbreite des von Augustin verwendeten Persona-Begriffs näher vor Augen führen:

Neben der Verwendung des Wortes zur Bezeichnung von Vater, Sohn, Geist (93mal in De Trin., davon 56mal im 7. Buch) hat Chevalier noch vier weitere Gruppen zusammengestellt[161]:
(1) persona als *Rolle* eines Individuums, das an Stelle, im Namen, auf Rechnung, in Autorität oder im Auftrag spricht oder handelt, von einem anderen her ist, eine Art Dienst (41mal in De Trin., überwiegend in den exegetischen Passagen der Bücher II-IV, was auf die Tradition der prosopographischen Exegese schließen läßt);
(2) persona als *Subjekt*, insofern es eine *Funktion*, einen Titel, eine Qualität, eine Würde oder eine Aufgabe erfüllt (nur 1mal in De Trin.);
(3) persona anstelle von Mann, Frau, d.h. als „Synonym für ein konkretes, vollständiges, vernünftiges *Individuum*" (8mal in De Trin.; Chevalier sieht hier schon die Elemente von Boethius' Definition gegeben);
(4) persona in christologischem Zusammenhang zur Bezeichnung der *Einheit* der Person (11mal in De Trin.).

Es fällt sofort auf, daß neben dem einschlägigen trinitarischen Gebrauch persona am häufigsten im Sinne des altrömischen Rollenbegriffs verwendet wird. Ist es also gerechtfertigt, aus der Praxis Augustins die Möglichkeit für eine Korrektur der Theorie herauszulesen? Jedenfalls trifft die Feststellung Fuhrmanns, bei Augustin sei „die Bedeutung ‚Rolle' . . . gänzlich erloschen"[162], in dieser pauschalen Form nicht zu. Der Kirchenvater verwendet persona tatsächlich häufig in diesem Sinn, auch in den exegetischen Passagen von „De Trinitate". Offenbar ist das Wort aber in diesen Zusammenhängen in seiner Bedeutung völlig abgeblasst und zu einem grammatikalischen Hilfswort geworden; ansonsten wäre es kaum zu erklären, daß er persona nicht zu einem Leitbegriff seines systematischen Trinitätsdenkens werden ließ. Hier, im Kernstück seiner Trinitätslehre, kommt er aus den aufgezeigten Gründen „zu dem Ergebnis, daß das Wort Person keine Relation ausdrücke:

---

159 Cuttat 143f. 160 Fuhrmann (1) 102f.

161 Chevalier (1) 51–54 (mit einer Tabelle auf S. 55, die die Verwendung von persona in den trinitätstheologischen Hauptschriften Augustins dokumentiert).

162 Fuhrmann (1) 102.

... Augustin sucht also nach einer bestimmten Relation mit gleichartigen Gliedern (wie Freund, Verwandter, Nachbar) und schließt folgerichtig, daß mit ‚Person' etwas derartiges nicht gemeint sein könne; er hätte anders gefragt und wäre zu einem anderen Resultat gelangt, wenn er mit der Bedeutung ‚Rolle' (= Teil oder Funktion eines Ganzen, das aus ungleichen Elementen besteht) gerechnet hätte."[163]

Als Ergebnis dieser Recherchen ist somit festzuhalten, daß Augustin zwar noch die Bedeutung von persona als „Rolle" in einem offenbar sehr abgeblassten Sinn kennt, daß aber die „prosopologische Exegese" der ersten Bücher von De Trinitate keinen Einfluß auf die Entwicklung der systematischen Trinitätslehre in den späteren Büchern hat. So stehen bei Augustin absolut gefaßter Personbegriff und Relationenlehre unverbunden nebeneinander. Der kirchliche Sprachgebrauch, der die Formel „tres personae" vorgibt, auf der einen und das Bestreben, einem Modalismus zu entgehen, auf der anderen Seite verhindern die ausdrückliche Konzeption eines „Deus monopersonalis". Indem Augustin die Kategorie der Relation aus dem Bereich der Akzidentien des aristotelischen Kategorienschemas herausnehmen muß, um sie in der Trinitätstheologie anwenden zu können, tut er den ersten Schritt in Richtung einer vom christlichen Trinitätsdenken her inspirierten relationalen Ontologie.[164] Für die nachfolgenden Jahrhunderte bestimmend blieben jedoch die im Zeichen der Einheit Gottes stehende trinitätstheologische Perspektive sowie die „Leerformel persona", die weitere Klärungen geradezu herausforderte.[165] Insgesamt hat damit der Kirchenlehrer der Trinitätstheologie eine große Aufgabe hinterlassen: Der Personbegriff mußte positiver inhaltlich bestimmt werden, ohne daß das Konzept der göttlichen Einheit als eines ‚Relationsgefüges' verlorenging. Wie schwierig sich die Bewältigung dieser Problematik gestaltete, wird gleich offenkundig, wenn wir im nächsten Schritt die Person-Definition des Boethius und ihre Konsequenzen für die Trinitätslehre erörtern.

d) Die Problematik der Definition des Boethius

Die erste formelle Definition des Begriffs lieferte bekanntlich *Boethius*, der damit freilich ebenfalls eine Hypothek hinterließ. Seine Begriffsbestimmung wurde von den nachfolgenden Theologen oft – ausdrücklich oder stillschweigend – korrigiert oder ergänzt, wobei nicht selten von Augustinus ausgehende Inspiration, nämlich dessen Relationenlehre, am Werk war. Beide, der Bischof von Hippo wie der christliche Philosoph[166], wurden und blieben die großen Lehrer des (frühen) Mittelalters, wobei Boethius' „Art, den Trinitätsglauben mit Hilfe der aristotelischen (und neu-

163 Ebd. 103.

164 Vgl. die entsprechend positive Bewertung durch Pittenger 42f und Lafont 89.

165 Nach Moingt (2) 671f wird bei Augustin die philosophische Problemstellung sichtbar, deren Lösung in philosophischen Kategorien Boethius versuchte; in den christologischen Texten Augustins lasse sich noch keine philosophische Erklärung entdecken.

166 Zum Verhältnis von Christentum und Philosophie bei Boethius vgl. etwa Schmid; Vogel (2). Zu M. Grabmanns Diktum von Boethius als „dem letzten Römer" vgl. Maurach, der versucht, das „Klassische" an Boethius herauszuarbeiten.

platonischen) Begrifflichkeit zu erklären, ... ihn zu einem Wegbereiter der scholastischen Trinitätsspekulation und zu ihrem ersten Vertreter werden" ließ[167]. Daß Boethius gerade in seiner Trinitätsauffassung[168] von Augustin abhängig war, wie er selbst hervorhebt[169], darf dabei nicht übersehen werden. Ghellinck will sogar die Reserve gegenüber dem trinitätstheologischen Gebrauch von persona auf die Treue zu Augustin zurückzuführen. Immerhin ist auffallend, daß das Wort neunzigmal im christologischen, aber nur einmal im Trinitäts-Traktat und noch fünfmal in den übrigen Opuscula und der Consolatio Philosophiae vorkommt.[170]

Problematisierende Analyse nach M. Elsässer

Aufschlußreich ist ein Schema der von Boethius in den ersten drei Kapiteln[171] seines fünften theologischen Traktats „Contra Eutychen et Nestorium" angeführten Übersetzungen griechischer Termini[172]:

esse	–	εἶναι
essentia	–	οὐσία
individuum	–	ἄτομον
particulare	–	κατὰ μέρος
persona	–	πρόσωπον (ὑπόστασις)
subsistentia	–	οὐσίωσις (ὑπόστασις)
subsistere	–	οὐσιῶσθαι
substantia	–	ὑπόστασις
substare	–	ὑφίστασθαι
universale	–	καθόλου

167 Scheffczyk (1) 206.

168 Hauptquelle in unserem Zusammenhang sind zunächst (zum größeren Rahmen s. unten die Hinweise von Nédoncelle) die fünf theologischen Traktate, an deren Authentizität heute keine Zweifel mehr bestehen – vgl. Schurr 1–13; Fortman 161[16]; zur Authentizität des am längsten umstrittenen 4. Traktats: Chadwick. Ihre Titel:
I: Quomodo trinitas unus Deus ac non tres dii (oft als „De trinitate" zitiert)
II: Utrum pater et filius et spiritus sanctus de divinitate substantialiter praedicentur
III: Quomodo substantiae in eo quod sint bonae sint cum non sint substantialia bona
IV: De fide catholica
V: Contra Eutychen et Nestorium (später oft als „De duabus naturis et una persona" zitiert)
Text (nach Stewart – Rand) und deutsche Übersetzung der Kap. 1–3 des für unseren Zusammenhang wichtigen 5. Traktats bietet Elsässer 29–44. Zum Text und zur Wirkungsgeschichte der theologischen Traktate im Mittelalter vgl. die Beiträge im Sammelband „Boethius": J. Mair, The text of the *opuscula sacra* (206–213); M. Gibson, The *opuscula sacra* in the Middle Ages (214–234).

169 Scheffczyk (1) 206 unter Hinweis auf das Proömium von „De Trinitate" (vgl. Stewart–Rand 4,31–33). – Zum Verhältnis Boethius–Augustin vgl. jetzt auch Trapé (2).

170 Vgl. Ghellinck (2) 102.

171 Die fünf anschließenden Kapitel sind „ausschließlich an der orthodoxen, dogmatisch fixierten Theologie orientiert" und „werten die Resultate von I–III apologetisch aus" (Elsässer 29).

172 Nach Elsässer 47.

ʽΥπόστασις kann also nach Boethius im Lateinischen durch drei Begriffe (persona, subsistentia, substantia) wiedergegeben werden, die „eigentliche" Übersetzung stellt jedoch substantia dar. Mit dieser Identifizierung beginnt nach Elsässer im 3. Kapitel „der Versuch einer ontologischen Grundlegung"[173].

Zuvor hatte Boethius, dem „Sitz im Leben" seines Liber contra Eutychen et Nestorium entsprechend, den in der Formel von Chalzedon verwendeten *Begriff der natura* (φύσις) zu erklären versucht, wobei er „bereits den Ansatz zu sachlicher Inkonsequenz erkennen läßt"; daraus folgt: „Der Abschnitt, der den Beweis für das Sein zweier verschiedener Naturen in Christus als *einer* Person grundlegen soll, endet in Unklarheit"[174]. Nach Elsässer sind die zunächst angegebenen drei Naturbegriffe, die den Geltungsbereich zunehmend eingrenzen (die Dinge allgemein, die Substanzen, die körperlichen Substanzen), „klar umrissen, durch die Einführung des neuen Begriffs jedoch werden sie in ihrer Valenz für das theologische Konzept von Person zweifelhaft. Der neue Terminus läßt die bis dahin übliche Präzisierung vermissen."[175] Diese ohne Begründung von Boethius eingeführte vierte terminologische Explikation, „welche scheinbar (!) im Zusammenhang des Traktates allein als Argumentationsgrundlage zu nehmen ist"[176], will Natur „logisch . . . fassen als spezifische Differenz des einzelnen Seienden" („natura est unamquamque rem informans specifica differentia"), vermag aber „allein für sich genommen, die Wesensunterschiedenheit (die theologischem Sprachgebrauch zufolge inhaltlich, d. h. ontologisch begriffen wird) zwischen Göttlichem und Menschlichem nicht zu explizieren"[177]. Die Konsequenzen für die Christologie liegen auf der Hand: „Allerdings wäre dadurch bedingt, daß zwei unterschiedliche Naturen wie die göttliche und die menschliche auch zwei unterschiedene Personen konstituieren. . . Er [Boethius] zieht diesen Schluß selbst, betrachtet aber durch Aufnahme eines neuen Gedankengangs, welcher zwar in sich stimmig ist, aber dem hier entwickelten Argumentationsansatz konträr ist, das Problem als gelöst: . . . Das Begründungsverhältnis wird jetzt also umgekehrt: Nicht weil göttliche und menschliche Natur sich in einer Person vereinigen, ist Christus, sondern weil Christus *ist*, muß er *eine* Person sein. . . . Unausgesprochen führt Boethius somit das ganze Unterfangen, in dessen Zusammenhang die Definition der Person nötig wurde, ad absurdum."[178]

Anhand des erarbeiteten Naturbegriffs wird im 2. Kapitel Person, der die Natur zugrunde liegt und die nicht außerhalb dieser ausgesagt werden kann, definiert; freilich ist von Anfang an „der Aufweis des logischen Zusammenhangs, nicht aber die Explikation des ontologischen Sachverhalts Person intendiert. Das ‚Was' von Person, welches nach neuzeitlichem Verständnis vorab ontologisch zu eruieren wäre, wird nicht reflex. Die Übernahme des Terminus ‚persona' aus dem allgemeinen Sprachgebrauch . . . bedingt, daß für die Kenntnis des ontologisch Wesentlichen an Person eine triviale Kenntnis des Personseins bestimmend bleibt. Die sei-

173 Ebd. 67. Texte des 3. Kapitels bei Stewart – Rand 85–90.
174 Elsässer 60.
175 Ebd.
176 Ebd. 58.
177 Ebd. 59.
178 Ebd. 66f.

ende Wirklichkeit (als actualitas) von Person zu durchdenken, ist nicht Gegenstand des Traktats."[179] Aufgrund formallogischer Unterteilung des jeweiligen Oberbegriffs wird also im 2. Kapitel[180] der Personbegriff gewonnen: Im Bereich der Naturen[181] können nur Substanzen (nicht Akzidentien) Personen heißen; von diesen wiederum nur die lebendigen, mit Sinnen und Vernunft begabten – also Substanzen „naturae rationabilis"; die Substanzen sind des weiteren universal oder partikulär, Person kann jedoch nur von den Einzelnen und den Individuen ausgesagt werden – also „individua substantia". Den Ertrag dieser formalen Logik resümiert Boethius zu Beginn des 3. Kapitels: „Quocirca si persona in solis substantiis est atque in his rationabilibus substantiaque omnis natura est nec in universalibus sed in individuis constat, reperta personae est definitio: ‚naturae rationabilis individua substantia'."[182]

Was erbringt nun der in diesem Kapitel einsetzende Versuch einer ontologischen Grundlegung? „Die Verbindung der formallogisch konzipierten Definition mit dem onto-theologischen Terminus ὑπόστασις" soll ein etymologischer Exkurs erhellen. Boethius leitet persona von personare, also von der Theatersprache, her; „weil aber die Schauspieler mit den angelegten Masken individuelle Menschen ... vorstellten, ... daher haben die Lateiner auch die übrigen Menschen, die auf Grund ihrer Gestalt sicher erkannt werden konnten, Personen und die Griechen πρόσωπα genannt. Weit treffender haben jene [die Griechen] die unteilbare Subsistenz einer vernünftigen Natur mit dem Wort ὑπόστασις benannt. Wir hingegen behalten die herkömmliche Bezeichnung aus Mangel an Begriffen bei, indem wir das von ihnen als ὑπόστασις ausgesagte persona nennen. Das sprachkundigere Griechenland aber benennt mit ὑπόστασις die unteilbare Subsistenz."[183]

Πρόσωπον und persona sind also identisch mit ὑπόστασις, diese wird aber angemessener mit individua substantia bzw. individua subsistentia – dieser Begriff kommt jetzt ins Spiel – übersetzt. Ὑπόστασις/substantia behält im stoischen Den-

179 Ebd. 61.

180 Text bei Stewart – Rand 80–84.

181 „Der zugrundegelegte Naturbegriff ist jedoch nicht der in I ... als maßgeblich prätendierte, logische (Natur als spezifische Differenz), sondern der ontologische (in der kategorialen Fassung der οὐσία)" (Elsässer 62).

182 Stewart – Rand 84,1–5. Elsässer 39 übersetzt: „Wenn folglich Person nur in Substanzen und zwar in vernünftigen ist, wenn jede Substanz Natur ist und nicht im Universalen, sondern im Individuellen ihren Bestand hat, ist die Definition der Person gefunden: ‚Einer verständigen Natur unteilbare Substanz'."

183 Boethius, Contra Eutychen et Nestorium III (86,16–29): Sed quoniam personis inductis histriones individuos homines ... repraesentabant, ... idcirco ceteros quoque homines, quorum certa pro sui forma esset agnitio, et Latini personam et Graeci πρόσωπα nuncupaverunt. Longe vero illi signatius naturae rationabilis individuam subsistentiam ὑποστάσεως nomine vocaverunt, nos vero per inopiam significantium vocum translaticiam retinuimus nuncupationem, eam quam illi ὑπόστασιν dicunt personam vocantes; sed peritior Graecia sermonum ὑπόστασιν vocat individuam subsistentiam. (Übersetzung nach Elsässer 38–41.)

ken, das hier maßgebend ist, seine ontologische Valenz und wird im Neuplatonismus aus seiner Einschränkung auf das konkrete, sinnlich wahrnehmbare materielle Seiende gelöst und kann nun „auch den akthaften Hervorgang des νοῦς aus dem Einen und der Seele aus dem νοῦς [bezeichnen]. Im uneigentlichen Sinne wird sogar das Eine selbst als ὑπόστασις bezeichnet“[184]. Elsässer legt Wert auf die Feststellung, daß ὑπόστασις nicht als „verdinglichtes Objekt“, sondern „analog dem neuzeitlichen Gedanken konkreter Individualität oder konkreter Existenz zu begreifen ist“[185].

Die weitere Erläuterung der individua substantia durch subsistentia macht nun nach Elsässer „den Sinn dieses Unterfangens für den Verlauf des Traktates nicht einsichtig“[186]. Boethius kehrt ja denn auch zur Äquivalenz von ὑπόστασις – substantia zurück. Der Grund liegt wiederum in der formallogischen Einschränkung des Begriffs, der somit – anders etwa als bei Marius Victorinus, der „dem Sprachgebrauch der formalen Logik folgt“, aber substantia „primär im Sinne der neuplatonischen ὑπόστασις“ versteht[187] – gerade trinitätstheologisch unbrauchbar ist, zumindest wenn man eine philosophische Erhellung der Theologie anstrebt. ʽΥπόστασις und οὐσίωσις explizieren sich gegenseitig, „subsistentia bezeichnet das Zustandekommen der substantia“[188]. Daraus folgt: „Wenn der Übergang von ὑπόστασις zu οὐσίωσις in der angeführten Weise als Präzisierung von subsistentia gefaßt, schlüssig ist, dann ist die Persondefinition in der ursprünglichen Form falsch. Individua subsistentia wäre demzufolge nämlich nicht das konkrete Individuum (Plato oder Cicero), sondern allenfalls die ‚spezifische Platonitas‘ usw.“[189] Aber auch das Zurückkehren zur individua substantia ist für die Trinitätstheologie keine Hilfe, denn „in der vorliegenden Boethianischen Definition kann ὑπόστασις (als ontologische Wirklichkeit) *nur endliche* ὑπόστασις sein. Soll im Sinne etwa der Victorinischen Trinitätsspekulation – innerhalb welcher ὑπόστασις ja keine Subordination bedingte, sondern als subsistentia praeexistens die ternarische Struktur Gottes auslegte – ὑπόστασις als von Gott aussagbar verstanden werden, so wäre für sie der Bezug zur ersten ὑπόστασις als προυπάρχουσα konstitutiv, nicht aber der Bezug zu einer ontologisch übergeordneten ‚natura‘ . . . Durch die Einengung des Begriffs subsistentia auf seinen logischen Gehalt ist nicht nur versäumt, bezüglich der Subsistenz Gottes eine philosophisch schlüssige Aussage zu treffen, sondern es entsteht auch der Eindruck, daß Subsistenz auf das endliche Seiende beschränkt würde.“[190]

Daß Boethius’ Unternehmen in der Trinitätstheologie tatsächlich scheitert, wird am Ende des 3. Kapitels offenkundig, wenn die gewonnene Definition auf den Menschen und auf Gott (nicht mehr auf die unio hypostatica) angewendet wird: Der Mensch ist essentia-οὐσία, subsistentia-οὐσίωσις, substantia-ὑπόστασις und persona-πρόσωπον; letzteres gilt, „quoniam est rationabile individuum“[191]. Auf

184 Elsässer 67.
185 Ebd. 68.
186 Ebd. 76.
187 Vgl. ebd. 72.
188 Ebd. 71.
189 Ebd. 76.
190 Ebd. 69f.
191 Boethius, Contra Eutychen et Nestorium III (90,86f).

Gott werden nur die drei ersten Begriffe angewendet: οὐσία, weil er ist; οὐσίωσις, weil er keines anderen bedürftig subsistiert; ὑφίστασθαι, weil er Substanz ist („substat enim")[192]. Πρόσωπον wird freilich nicht auf Gott appliziert – „im Verlauf der Abhandlung wurde nämlich der Personbegriff sachlich nur auf individua substantia bezogen. Diese ist gleichbedeutend mit substantia particularis, welche die sich in Akzidentien manifestierende Individualität von Endlich-Seiendem bezeichnet"[193]. Aber auch der Beitrag von ὑφίστασθαι für das Verständnis Gottes als Person ist unklar: „Sollte die Persondefinition auch für Gott Gültigkeit haben, so müßte ὑπόστασις bzw. substantia im Zusammenhang mit natura rationabilis expliziert werden und nicht im Hinblick auf das im Sein dieser Substanz Gründende, was den Stellenwert der Akzidentien hat . . . Selbst wenn die essentia Gottes mit der natura rationabilis aus der Persondefinition identifiziert würde (was nicht geschieht!), wäre damit noch nicht klargelegt, welcher notwendige Zusammenhang zwischen ihr und ὑπόστασις (substantia) bestehen könnte."[194]

Elsässers fundamentale Kritik ist keineswegs bloß vom Standpunkt des „reinen" Philosophen her formuliert, sondern richtet sich gegen die mangelhaft durchgeführte theologische Aufgabe: „ . . . trotz der offensichtlichen Übernahme theologischer Ansätze kann nicht von einer *sachlichen* Affinität des Boethianischen Philosophierens zur christlichen Theologie die Rede sein. Vielmehr erhellt bei näherem Zusehen, daß zwischen der theologisch motivierten Intention einschlägiger Untersuchungen des Boethius und deren sachlichem Resultat eine permanente Diskrepanz besteht." Beim Vergleich mit den theologischen Werken des Marius Victorinus und des Augustinus fällt auf, daß Boethius' Denken nirgends entscheidend von der Heiligen Schrift geprägt ist. „Vielmehr soll auch in apologetischem Zusammenhang die philosophisch eruierbare Schlüssigkeit eines Gedankens und nicht die Beweiskraft biblischer Belegstellen als Kriterium für den Beweis dienen. . . . Als offizielle kirchliche Verlautbarungen sind dogmatische Sachverhalte für Boethius von verbindlicher Autorität, werden aber unter sachlicher Rücksicht nur äußerlich in den Verlauf des philosophischen Gedankens integriert."[195]

In trinitätstheologischem Zusammenhang wird dies besonders im Hinblick auf die Kategorien der relatio wie der persona deutlich: Trinität „wird als *substantiale*, jedoch nicht als relative expliziert", so daß „ ‚Personalität' im Sinne des Boethius

---

192 Ebd. (90,90). 193 Elsässer 78.

194 Ebd. Vgl. Schurr 71: „Diese Sinndeutung von Substanz ist *in einem solchen Zusammenhang* abwegig . . .; er wollte hier einfach das Wort ‚Substanz' als irgendwie übertragbar auf Gott dartun, ohne daß er beachtete, er müsse eine Begründung geben für den *trinitarischen* Terminus ‚Substanz' . . ."

195 Elsässer 19f. Maurach 389 bucht diese Einstellung auf das Konto des „Klassischen": „Diese Überlegenheit und auch Zurückhaltung im Streite der Parteien erkennt man in den theologischen Traktaten. Ihr einer Grundzug ist, daß Boethius versucht, nicht aus Offenbarung oder Glaubensüberzeugung zu disputieren, sondern allein mit Hilfe des Verstandes. Ihr anderes Wesensmerkmal ist die Systematisierung, denn die Schriften über das Problem der Trinität bilden ebenso wie die über die Freien Künste ein wohlüberlegtes Ganzes. Ein drittes Merkmal aber ist die kluge Distanz, mit der Boethius sich über das Gezeter der aufgeregten Bischöfe erhebt."

. . . nicht das wesentliche Sein Gottes [bezeichnet]"[196]. Im 3. Kapitel seines 5. Traktats „fällt die Diskussion bei Boethius hinter den Stand, der in ‚De trinitate' und ‚Utrum pater' im Anschluß an Augustins Trinitätsspekulation erreicht war, zurück"[197]; die Aufnahme von „persona" im Zuge prosopologischer Exegese und die etymologische Rückführung von „persona" auf Maske-Rolle kommen nicht zum Tragen. Für Elsässer ist im Liber contra Eutychen et Nestorium „*der christliche* Personbegriff" gerade nicht grundgelegt, und nur der äußere Eindruck einer schlüssigen Argumentation „täuscht . . . darüber hinweg, daß wesentliche Denkansätze, die einander scheinbar konklusorisch bedingen, ungeachtet ihrer terminologischen Identität sich sachlich ausschließen"[198].

Kritik aus theologischer Perspektive

Die überwiegend philosophisch orientierte Kritik Elsässers hat auch schon die von Boethius zu bewältigende theologische Aufgabe im Blick. Prägnant formuliert der Philosoph die Spannung zwischen der vorgegebenen kirchlichen Sprachregelung und der philosophischen Denkbemühung: „Umgreifende Bedingung der sich solcherart zeigenden methodischen Aporie ist die von Boethius intendierte Adaption an den kirchlichen Sprachgebrauch, d. h. seine apologetische Absicht, die dogmatischen Aussagen des Konzils von Chalcedon als wahr zu erweisen."[199]

Daß der Definitionsversuch des Boethius am Ende zur Bewältigung der *christologischen* Problematik nicht taugt, hatte bereits Tixeront zum Ausdruck gebracht: „Im Gegenteil ist es klar, daß – nimmt man die Begriffe im strengen Sinn – man nicht sieht, wieso die menschliche Natur Jesu Christi, wenn sie individuell und partikulär ist, keine Person ist oder wieso, wenn sie nicht Person ist, sie dann individuell und partikulär ist, da es ja im übrigen sicher ist, daß sie eine vernunftbegabte und substanzielle Natur ist."[200] Schurr hatte konstatiert, daß diese Kritik gleichermaßen die *trinitätstheologischen* Konsequenzen betrifft: „Die Definition von Person, *im Sinn des Boethius genommen*, kann demnach nicht als korrekt erachtet werden, denn sie fordert logisch, daß entweder die menschliche Natur in Christus bzw. die göttliche Natur in der Trinität nicht individuell ist oder daß Christus in zwei und Gott in vier Personen subsistieren."[201]

Schurr macht die Fixierung auf die etymologische Bedeutung des Terminus

---

196 Elsässer 26.

197 Ebd. – Das ist auch die Sicht von Nédoncelle (2), der im letzten Abschnitt das Ringen des Boethius mit dem Begriff der relatio in den Traktaten I und II analysiert und zu dem Ergebnis kommt: „Boethius ist eine Schaltstelle auf dem Weg, der vom hl. Augustin zu den ‚subsistenten Relationen' des hl. Thomas führt" (233). Bedauerlicherweise habe sich Boethius aber nicht aus dem schulphilosophischen Rahmen befreit und direkt vom Glauben inspirieren lassen, so daß er Substanz und Relation nicht miteinander in Verbindung brachte (vgl. 238).

198 Elsässer 26f.

199 Ebd. 27.

200 Tixeront 589.

201 Schurr 61.

substantia für Boethius' Fehlgriff verantwortlich: „... hätte er auf den philosophischen Inhalt des Wortes zurückgegriffen, den er früher herausgestellt hat, so wäre er eher zum Ziel gekommen: in Gott sind drei Hypostasen oder (vernunftbegabte) *Substanzen, d. h. (unmitteilbare) Individuen* = Personen. Allerdings ganz glatt wäre auch so die Gesamtlösung noch nicht: wegen der Gleichung ‚vernunftbegabtes Individuum = Person' verbleibt die schon vermerkte Schwierigkeit betreffs der göttlichen Subsistenz (Wesenheit), die als Einheit den drei *Individuen gegenüber*gestellt ist: sie wäre folglich nicht individuell. – *Die Antithesis von einer Subsistenz und drei Hypostasen* ist auch sonst beachtenswert. Sie ist ein *Novum in der trinitarischen Terminologie.*"[202] Obwohl nämlich Boethius die Gleichung ὑπόστασις = individua subsistentia kennt[203], ist ihm „*erstlich und hauptsächlich* ... in den Dingen die Subsistenz nicht an die Individuen bzw. Hypostasen geknüpft, sondern an das *Allgemeine*, an das *Spezifische* (ohne daß dann die Subsistenz ein existentielles Moment umschließt)"[204]. Die schon bei Rufin anzutreffende Gleichsetzung von Subsistenz und Hypostase[205] wurde vom Diakon Rusticus, der um die Mitte des 6. Jahrhunderts in Konstantinopel lebte und die griechische Terminologie besser kannte, als stillschweigende Korrektur an Boethius wieder eingesetzt: Subsistentia erhielt erneut den konkreten Sinn als Bezeichnung eines vollständigen in sich existierenden Individuums.[206]

Boethius hat also den Begriff der subsistentia nicht „mit der wünschenswerten Klarheit" in die Sprache eingeführt[207]. Dagegen hat er mit seiner berühmten Persondefinition die Momente der Substantialität, Inkommunikabilität (Individualität) und Rationalität (Intellektualität) herausgestellt.[208] „Das Verdienst des Boethius betrifft also nicht vor allem die Sache, sondern die Formulierung", insofern der Philosoph eine förmliche Definition lieferte, die das Moment der rationabilitas ausdrücklich hervorhebt. Schurr gibt aber auch zu bedenken, daß sich „wegen dieser strafferen Gestaltung und Bestimmung um so mehr der schon vermerkte Fehlschluß vordrängt: (rationabile) individuum *qua tale* est persona"[209]. Boethius ist dabei nicht von den Kappadoziern abhängig, sondern von „*der aristotelisch-porphyrianischen Philosophie* ..., welche das Individuum oder die existierende Substanz (= ὑπόστασις) faktisch und inhaltlich der Person gleichsetzte"[210]. Daß die Anwendung von Boethius' Personbegriff in der Trinitätslehre höchst problematisch wird, hat schließlich auch Nédoncelle deutlich gesagt.

Er preist zunächst den Schluß des 3. Kapitels von „Contra Eutychen et Nestorium" als einen der schönsten Texte des Boethius überhaupt wegen der großartigen Vision des göttlichen Großmuts, der dem Universum nicht nur Sein, sondern Autonomie verleiht: „Man erahnt die

202 Ebd. 72.
203 Zur Herkunft der Formel vgl. Abramowski 39f.
204 Schurr 72f; ähnlich urteilt Scheffczyk (1) 206.
205 Schurr 72. S. dazu Rufin, Historia ecclesiastica libri II (GCS 9).
206 Michel 374. S. dazu Rusticus Diaconus, Contra Acephalos Disputatio (PL 67, 1167–1254).
207 Ghellinck (2) 102.
208 Fortman 164; Michel (1) 374.
209 Schurr 67.
210 Ebd. 65.

wunderbaren Entwicklungen, die das christliche Denken und im besonderen die Metaphysik der Person von dieser Idee aus nehmen konnten."[211] Aber zugleich warnt Nédoncelle vor allzu großem Enthusiasmus, denn Boethius komme von seinem Weg ab und gelange zur Bestimmung Gottes als Substanz der Welt: „Was schockiert, ist . . . , daß Boethius in seinem schönen Gedankenflug über den göttlichen Großmut verworrenerweise von der Betrachtung der Personen zu der des Wesens übergeht."[212] Das abschließende Urteil ist eindeutig: „Die Definition der göttlichen Personen durch die Substanz oder vielmehr durch die Über-Substantialität ist ein Fehlschlag. Boethius dürfte offensichtlich zufrieden gewesen sein, die gleiche Formel auf alle Arten von Personen ausweiten zu können. . . . Aber wenn das Unternehmen bis zur Christologie einschließlich [!] gelingt, es scheitert, wenn man das trinitarische Problem angeht. Boethius bläst also zum Rückzug, da er ja den Begriff der Substanz, den er in einem gegebenen Moment auf den Vater, den Sohn und den hl. Geist hatte anwenden wollen, auf das göttliche Wesen zurückfallen ließ. Das Mindeste, was man sagen kann, ist, daß er sich auf einen ungenügenden Streifzug auf einem Gebiet beschränkte, wo es ihm an Schwierigkeiten nicht fehlte, denn die Sprachregelung der theologischen Sprache hatte sich schon in eine ganz andere Richtung fixiert."[213]

Vor kurzem hat Lutz-Bachmann den Traktat „Contra Eutychen et Nestorium" nochmals auf sein Verhältnis zu den Aussagen des Konzils von Chalzedon hin untersucht.[214] Nach seinen Beobachtungen verläßt Boethius „den strengen begrifflichen Ableitungszusammenhang seiner Argumentation und macht sich ein reichlich vages Vorverständnis dessen zu eigen, welche Natur dem Begriff der Person eigentümlich sei"[215]. Lutz-Bachmann bemüht sich zwar, den „auf den ersten Blick unverständlich unexakt wirkenden Umgang des Boethius mit seiner Persondefinition"[216] von den philosophischen Anleihen und dem theologischen Anliegen her zu erklären, meldet aber zum Schluß doch philosophische Bedenken an[217] und übernimmt im Hinblick auf die christologische „Lösung" das klare Urteil Elsässers[218]. Daß auch die trinitätstheologische Anwendung der Definitionsvorschläge nicht der Fragwürdigkeit entbehrt und im „Widerspruch zu seiner [des Boethius] Gotteslehre in ‚De Trinitate' "[219] steht, ist das Fazit auch dieser jüngsten Untersuchung.

Auswertung im Hinblick auf die systematisch-theologische Leitfrage

Die Anwendung des boethianischen Personbegriffs in der Trinitätstheologie bleibt aus folgenden Gründen problematisch:

– Boethius gewinnt die Definition der Person als „naturae rationabilis individua substantia" durch ein an der arbor porphyriana orientiertes formallogisches Ableitungsverfahren. Die Versuche einer ontologischen Fundierung führen zumindest aus philosophisch-theologischer Perspektive zu keinem konsistenten Ergebnis.

– Der in christologischem Kontext aus apologetischen Motiven entwickelte Begriff erbringt dem fast einstimmigen Urteil der Forscher zufolge keine Erklärung der chalzedonensischen Formel von den zwei Naturen in der einen Person.

---

211 Nédoncelle (2) 224. 212 Ebd. 226. 213 Ebd. 226f.

214 Zur Eingrenzung auf das angegebene Problemfeld vgl. Lutz–Bachmann 48f.67.

215 Ebd. 51. 217 Vgl. ebd. 70. 219 Ebd. 69.

216 Ebd. 58. 218 Vgl. ebd. 67f.

– Bei der Applikation der Definition auf den trinitarischen Gottesbegriff verzichtet Boethius auf den Terminus persona. Der Versuch, einen auf Gott, Engel und Mensch anwendbaren Personbegriff zu entwickeln, muß als gescheitert angesehen werden. Boethius hat zwar als erster „Person" definiert, aber nicht den Begriff der „göttlichen Person", der – nach Eislers Wörterbuch[220] – von Tertullian stammt.
– Trotz der Akzentuierung der Momente „Individualität" und „Rationalität" bleibt das Unterfangen einer „Wesensbestimmung Gottes im Horizont der Freiheit"[221] auf halbem Weg stecken. „Die Schwäche dieser sich bei Boethius findenden Definition ist, daß sie Personalität als Individualität zu verstehen scheint. Individualität ist aber eine Was-Bestimmung und noch keine Wer-Bestimmung; sie ist eine naturhafte Prägung der Person, nicht diese selbst."[222]
– Damit droht die Gefahr eines weiteren Auseinanderklaffens von heils-ökonomischer und immanent-theologischer Perspektive. „Es bestand nämlich zunehmend die *Gefahr, daß sich die abstrakten begrifflichen Formeln verselbständigten* und ihren interpretierenden Bezug auf die Geschichte Gottes durch Christus im Heiligen Geist verloren."[223]

Eine Weiterführung der Debatte müßte von dem unausgeglichenen Verhältnis der im 5. Traktat entwickelten Persondefinition zu den trinitätstheologischen Gedankengängen der beiden ersten Traktate ausgehen. Dabei könnte auch das Aufgreifen der etymologischen Herleitung persona = Maske[224] und damit das Verständnis von Person als Rolle[225] für das Sachproblem neue Anstöße geben.[226]

Dabei darf auch nicht übersehen werden, daß – wenn Nédoncelle richtig beob-

---

220 Wörterbuch der philosophischen Begriffe 393.

221 Kasper (6) 194.

222 Ebd. 342.

223 Ebd. 317f.

224 Marshall weist darauf hin, daß Boethius ungeachtet der juristischen und grammatischen Konzepte von Person die ursprüngliche Bedeutung nachdrücklich betone (472), wofür sich im ganzen Mittelalter Anspielungen finden lassen, wenn auch – vor allem in den Summen – nur beiläufig und aus zweiter Hand (vgl. die „conclusion" 478f).

225 Das im 2. Kap. des Liber contra Eutychen et Nestorium eindeutig vorliegt; vgl. Elsässer 63: „In Bezug auf ‚persona' stimmt die individuierende Funktion (nicht ontologisch gefaßt) mit der Verwendung dieses Begriffs im Sinne von charakteristischem Merkmal, Rolle, Maske (vgl. III 7–23) überein. (Die Formulierungen ‚generalis hominis nulla persona est' II 49ff und ‚quas naturas conveniat habere personam' II 8 kennzeichnen persona als Rolle)." – Moingt (2) 672 macht darauf aufmerksam, daß sich auch bei Leo d. Gr. noch Formeln finden, in denen persona als Rolle konzipiert ist.

226 Fuhrmann (1) 102 hat freilich den Eindruck, daß sich bei Boethius „von dem einst vorherrschenden Begriff ‚Rolle' . . . keine Spur mehr zu finden [scheint]", und er resümiert: „Boethius kennt somit – als Lesefrucht – die Bedeutung ‚Maske', und er leitet hieraus unmittelbar die farblose und abstrakte Bedeutung ‚Person' ab, wie sie der Rhetorik und der Sprache des Rechts seit langem geläufig war; außerdem kündigt sich in den Worten ‚(hominum), quorum certa pro sui forma esset agnitio' so etwas wie Individualität an." – C. Braun 48f bezeichnete immerhin die etymologische Ableitung als „Verbaldefinition" im Unterschied zur „Realdefinition", die die berühmte Formel darstellt.

achtet hat[227] – Boethius neben der bekannten Definition noch fünf weitere Bestimmungen von Person kennt, so daß sich sechs Varianten ergeben:
– Person als Akzidens oder Gruppe von Akzidentien beim Menschen;
– Person als Substanz selbst;
– Person (mit Berufung auf das göttliche Leben) als Vernunft, Liebe und Freiheit;
– Person als „individuelle Substanz einer vernunftbegabten Natur", entwickelt in der Christologie und prinzipiell für alle anderen Fälle gültig;
– Person als ewige Emanation der göttlichen Über-Substanz in trinitätstheologischer Applikation, welche im Versuchsstadium stehengeblieben ist;
– Person als „esse ad aliquid" im Sinn der aristotelischen Kategorie der Relation und der augustinischen Trinitätsspekulation.
Diese Bestimmungen liegen nicht alle ausdrücklich vor, bleiben z. T. diffus und unbewußt (wie die dritte) oder sind gar mißlungen (wie die fünfte). Nur die vierte hat universale Reichweite, die sechste dagegen ist auf den trinitätstheologischen Rahmen beschränkt. Die sechs Varianten lassen sich wiederum zu Gruppen zusammenfassen, die Nédoncelle auch noch chronologisch dem boethianischen Opus zuordnet: die menschliche Individualität als Akzidens (1. Def. in „In Isagogen Porphyrii"); die menschliche Individualität in der Kategorie der Substanz (2. Def. in „In Aristot. De Interpretatione"); die göttlichen Personen in der Kategorie der Relation (6. Def. im 1. und 2. Traktat); die klassische Definition, angesichts christologischer Streitigkeiten entwickelt und zögernd auf die Trinität angewendet (4. und 5. Def. im 5. Traktat); Person als vernünftiger und freier Geist unter Berufung auf ein göttliches Leben (3. Def. in der „Consolatio Philosophiae").

Die im Mittelalter wirksam gewordene Persondefinition des Boethius betont ausschließlich das Moment des individuellen Selbstandes. Da das Moment der Relation völlig vernachlässigt wird (in dieser Definition des 5. Traktats!), scheitert die Anwendung dieses Personbegriffs schon in der Christologie, gänzlich jedoch in der Trinitätslehre. Von daher wird es fraglich, ob Boethius' Definition „unersetzbar" ist und lediglich „auf der Linie der Rationalität, der Sozialität und der Spiritualität" angereichert werden muß[228]. Kasper sieht sogar die Möglichkeit einer Anwendung dieses Personbegriffs auf Gott, wenn man neben dem Moment der „Individualität im Sinn unvertauschbarer und unübertragbarer *Einmaligkeit*" das der Rationalität als „*Unendlichkeit*" interpretiert.[229]

Diese Möglichkeit sehe ich nur gegeben, wenn der Personbegriff – wie Kaspers eigener trinitätstheologischer Entwurf bestätigt – im Rahmen einer relationalen, interpersonalen Ontologie transponiert wird. Darauf hat Lutz-Bachmann in seiner jüngsten Untersuchung eindringlich hingewiesen; ihm zufolge offenbart der Personbegriff des Boethius „die Grenze aller substanzontologischen Philosophie, die Eigenart menschlicher Personalität zu begreifen"[230].

227 Nédoncelle (2) 234–237. 228 Trapé (2) 22. 229 Kasper (6) 194.
230 Lutz-Bachmann 55. Zur Seinsmetaphysik des Boethius vgl. auch L. M. de Rijk, Boèce Logicien et Philosophe. Ses positions sémantiques et sa métaphysique de l'être, in: Congresso Internazionale . . . 141–156.

Im Hinblick auf die uns vor allem interessierende trinitätstheologische Problematik können wir konstatieren, daß die bisher analysierten Positionen es alle nicht vermocht haben, eine befriedigende Lösung für das Verhältnis von Selbstand und Relation als den beiden sich abzeichnenden Wesensmomenten von Person vorzulegen. Das gelingt auch *Gilbert von Poitiers*[231] nicht, der Boethius' Definition auf die anima humana bezieht und Person als durch sich selbst eine („per se una") bestimmt: „Person läßt sich infolgedessen überhaupt nicht zu einer ihr gegenüber anderen konstitutiven Eigentümlichkeit in Beziehung setzen"[232], so daß die auf den Bereich der endlichen Personen beschränkte Definition die „wahre" Individualität auch in diesem Sektor überhaupt nicht treffen kann[233]. Auf Gott kann „persona" nur im übertragenen Sinn angewendet werden: Im Sinne Gilberts ließe sich zwar „in Analogie zur endlichen Person von Gott sagen, er sei prinziphaft ‚per se unum' und deswegen Person, jedoch wäre darin gerade nicht die Drei-Personalität, sondern die relationslose Einheit expliziert"[234]. Gilbert betont daher ebenfalls die Problematik des dogmatischen Sprachgebrauchs, die er wegen des engen Anschlusses an Boethius' trinitätstheologische Traktate auch mittels des Verständnisses der Personen als Relationen nicht auflösen kann. Zumindest nach Ansicht seiner Zeitgenossen dürfte denn auch Gilbert eher einem Tritheismus erlegen sein.[235]

3. *Mittelalterliche Korrekturen*

Eine entscheidende Korrektur der boethianischen Definition im Kontext eines neuen, personalistischen Konzepts hat erst Richard von St. Victor vorgenommen. Wir zeichnen zunächst diese Position nach und nehmen dann – gewissermaßen von Boethius und Richard her – das trinitätstheologische Personverständnis des Thomas, der Rahners Kronzeuge ist, in den Blick.

Richards Lehrer und Vorgänger[236] *Hugo von St. Victor* erörtert den Personbegriff „genau genommen überhaupt nicht"[237]; der Name Boethius fällt gar nicht im Zusammenhang mit der Trinitätslehre. Hofmeier kommt in seiner einschlägigen Monographie daher zu der Erkenntnis, die eine weitergehende Nachforschung erübrigt: „So erfahren wir nichts Näheres über den Personbegriff und seine Bedeutung in der Trinitätslehre; wie es scheint, vermeidet Hugo absichtlich jede Diskussion darüber."[238] Ich beschränke mich daher auf die Zusammenfassung von Schlette:

---

231 Commentaria in Boethium. Ich referiere die Ergebnisse, die Elsässer in seinem Anhang festgehalten hat.

232 Elsässer 80. 233 Ebd. 81. 234 Ebd. 82. 235 Vgl. Schlette 64f.

236 Die wichtigste Literatur zur Viktorinerschule, speziell zu Hugo und Richard: Schlette $55^2.56^3$ und Pikaza (1); vgl. auch Balthasar (2) 9–22 und die Monographien von Wipfler (1) und Hofmeier, außerdem Elsässer 83–86.

237 Schlette 57. Das für diesen Zusammenhang zu berücksichtigende Werk ist: Hugo von St. Victor, De sacramentis christianae fidei (PL 176,183–613).

238 Hofmeier 248.

„Innerhalb der Trinitätslehre ist *persona* für ihn nur das überkommene Wort für die Proprietäten; es wird philosophisch nicht präzisiert. Der boethianische Begriff gilt nach Hugo in vortrefflicher Weise für den Bereich des menschlichen Personseins, jedoch nur für diesen; genauer gesagt: er gilt für die geistige Seele des Menschen, die der eigentliche Mensch selbst ist, und bezieht sich auf den Doppelaspekt der Ungeteiltheit des geistigen Wesens und der Geistigkeit dieses Wesens selbst. Für Gott will Hugo die boethianische Definition nicht anwenden, weil Gottes Personsein unverstehbar und unaussagbar sei. Somit hat der Begriff *persona* bei Hugo im Grunde keine wesentliche Bedeutung; ihm kommt lediglich eine dienende Funktion in seiner traditionellen Bedeutung zu. Sein ontologischer Gehalt wird nicht formal bedacht, vielmehr *unreflektiert* hingenommen."[239]

a) Das ‚personale' Konzept des Richard von St. Victor

Im Schnittpunkt der beiden überkommenen Person-Konzeptionen (Selbstand als „per se una" und Relation) ist die Leistung Richards von St. Victor anzusiedeln. Er nimmt das Problem an der von Hugo offengelassenen Stelle auf mit der Frage, „ob die Formel des Boethius über den Bereich des Menschen hinaus auf die Trinität anwendbar sei bzw. welche Modifizierungen jener Bestimmung zu diesem Zweck möglich und notwendig seien"[240]. Die Kritik an Boethius' Definition richtet sich vor allem gegen ihren zweiten Teil, die „individua substantia", denn „Person zielt zwar auf den Bereich der Substanz . . . Trotzdem ist ein großer Unterschied zwischen dem Bedeutungsgehalt der beiden Wörter."[241] Das Personsein des Menschen umfaßt nämlich neben der Bestimmung als „animal rationale" und als „substantia rationalis" noch „eine Eigentümlichkeit . . . , die nur je einem einzigen zukommt, ihn aber nicht soweit festlegt, wie der Eigenname es tut"[242]; es handelt sich also um eine „individuelle, einzigartige, unmitteilbare Eigenschaft" („proprietas individualis, singularis, incommunicabilis").[243] Der entscheidende Unterschied liegt darin, daß Substanz ein Was, Person aber ein Wer bezeichnet; deshalb kann man in der Trinität nur von einer (gemeinsamen) Substanz und von drei Personen reden, zumal „hier die Personvielheit die Substanzeinheit nicht auflöst"[244]. Um nun zu verstehen, wie mehrere Personen in der Einheit der Substanz existieren können, muß das Verständnis von Person vertieft werden, indem die Frage nach dem Wer in zwei Unterfragen aufgeteilt wird: in die Frage nach der Seinsqualität („quale quid" als Frage nach der „qualitas rei") und die Frage nach der Herkunft („unde habeat esse" als Frage nach der „origo rei"): „Für das erste ist zu erforschen, was ein Seiendes für sich hat, was es mit andern gemein hat, was an ihm gattungshaft, arthaft, was schließlich der betreffenden Natur eigentümlich ist. Beim zweiten ist genau zu

239 Schlette 61.

240 Ebd.

241 Richard von St. Victor, De Trinitate IV 6 (SC 63,240): persona secundum substantiam dicitur . . . Nihilominus tamen multum est inter significationem unius et significationem alterius. Ich folge zumeist der Übersetzung von Balthasar (2).

242 Ebd. 242: proprietas quae non convenit nisi uni soli, nulla tamen determinate sicut in proprio nomine.

243 Vgl. ebd.

244 Richard, De trinitate IV 10 (248): esse personaliter alium et alium non scindit ubique unitatem substantiae.

untersuchen, woher das gehabte Sein stammt: aus ihm selbst oder anderswoher, und wenn anderswoher, ob die Abstammung auf diese oder jene oder noch andere Weise vor sich geht."[245]

Auf beide Fragen sucht Richard eine Antwort mit Hilfe des Ausdrucks „exsistentia", der für ihn zum „Schlüsselbegriff" wird.[246] Das Nomen „exsistentia" ist nämlich nach ihm zusammengesetzt aus dem Verbum „sistere", das sich auf die erste Frage bezieht, und der Präposition „ex", die der zweiten Betrachtungsweise zugehört. Bezieht sich das „sistere" auf eine Seinsart, die zugleich Träger von Akzidentien ist, bezeichnet es die geschaffene, ansonsten die ungeschaffene Natur.[247] Person als „incommunicabilis exsistentia" kann nun in drei Weisen gegeben sein, je nachdem, ob sich die qualitas, die origo oder beides gleichzeitig abwandelt: „Nach der bloßen Qualität der Sache wandelt sich Existenz ab, wenn mehrere Personen genau den gleichen Ursprung haben, aber jede von ihnen eine besondere, eigene Substanz besitzt"[248], was für die Engel zutrifft; „nach Qualität und Ursprung zugleich wandelt sich Existenz ab, wo mehrere Personen je eine eigentümliche Substanz und einen verschiedenen Ursprung haben"[249], was beim Menschen der Fall ist; „nach dem bloßen Ursprung wandelt sich Existenz ab, wenn mehrere Personen ein und dasselbe Sein haben, während jede verschiedener Herkunft ist"[250], was für den trinitarischen Gott angenommen werden muß.

Damit hat Richard gegenüber Boethius gezeigt, „wie Verschiedenheit der Personen ohne jede Verschiedenheit der Substanzen"[251] walten kann. Die Definition der Person als „einer vernünftigen Natur individuelle Existenz" (rationalis naturae individua exsistentia)[252] ist also umfassender als die von Boethius gegebene.[253] Um sie auf Gott anwenden zu können, ist zu berücksichtigen, daß es in Gott „eine Existenz, die mehreren gemeinsam ist, und eine Existenz, die völlig unmitteilbar

---

245 Ebd. IV 11 (250–252): Ad illam pertinet diligenter quaerere quid sibi sit, cum quibus commune, quid generale, quid speciale, quid denique proprium assignatae naturae. Ad istam considerationem pertinet subtiliter indagare hoc ipsum quod est unde habeat esse, a semetipso an aliunde; et si aliunde quam a semetipso, utrum isto modo vel illo vel alio quocumque exsistendi modo.

246 Vgl. Schlette 63.

247 Schlette (ebd. 67) weist daraufhin, daß Richard hierbei die Unterscheidung von substantia und quale quid (als zur Frage „quis?" gehörig) nicht streng durchhält.

248 Richard, De Trinitate IV 13 (256): Secundum solam rei qualitatem variatur exsistentia, quando pluribus personis est una eademque origo per omnia, singulis tamen singularis propriaque substantia.

249 Ebd.: Tam secundum rei qualitatem quam secundum eius originem variatur exsistentia, ubi singulis personis est substantia singularis et propria et origo diversa.

250 Ebd.: Secundum vero solam originem est illa varietas exsistentiae, quando pluribus personis est unum idemque et indifferens esse, inveniuntur tamen secundum originem mutuam adinvicem differentiam habere.

251 Ebd. IV 15 (260): quomodo videlicet possit esse alteritas personarum sine omni alteritate substantiarum.

252 Ebd. IV 23 (282).

253 Vgl. ebd. IV 21 (278–280).

ist"[254], gibt. Obwohl „das Grenzenlose nicht eigentlich definiert werden kann"[255], läßt sich auf diese Weise doch eine „vorteilhafte" („non inconvenienter") Definition der (völlig unmitteilbaren) göttlichen Person gewinnen: „der göttlichen Natur unmitteilbare Existenz" (divinae naturae incommunicabilis exsistentia)[256]. In diesem Begriff von Person kommt nun eine Verbindung von Selbstand und Relation zum Ausdruck, da ja Existenz im Unterschied zu Substanz „bezeichnet, daß man das Sein in sich selbst und zugleich von anderswoher hat"[257]. Indem so auch das „per se una" (Gilbert) einbezogen wird, ergibt sich „als endgültige, all-umfassende Definition"[258]: „Person ist ein durch sich selbst Existierender, nach einer bestimmten einmaligen Weise vernunftbegabter Existenz" (persona sit exsistens per se solum, iuxta singularem quemdam rationalis exsistentiae modum)[259].

Das Festhalten Richards am Personbegriff, der – im Unterschied zu Subsistenz – „in aller, auch der Ungebildeten Mund"[260] und der „in jenem so hohen und alles überragenden Geheimnis der Trinität keineswegs ohne göttliche Eingebung und das Lehramt des Heiligen Geistes zugeschrieben worden ist"[261], erklärt sich keineswegs nur aus seiner pastoralen Rücksicht und seiner Treue zu kirchlichen Sprachregelungen. Denn bevor er im 4. Buch seines Traktats sich mit dem Begriff abmüht, hat er im 3. Buch seine Sicht der Dreieinigkeit dargelegt, deren Grundthese lautet: Da Gott die Summe aller Wirklichkeit ist, muß er in drei Personen existieren. Die Fülle des Gutseins (III 2), der Seligkeit (III 3) und der Glorie (III 4f) erfordert eine Mehrheit von Personen. Vollkommenheit erreicht die Liebe in der Gemeinschaft von drei Personen. „Dort, wo er die Stellung dem Dritten, dem Heiligen Geist, im Leben der absoluten Liebe zuweist", beginnt nach Balthasar Richards „wirkliche Originalität", deren Kerngedanke sich so zusammenfassen läßt: „Aller Gegenseitigkeit der Liebe zwischen Zweien – so meint er zeigen zu können – haftet immer noch ein verborgen-egoistisches Moment an, da jeder der beiden die persönliche Liebe, die er am eigenen Lieben und am Geliebtwerden durch den anderen empfindet, diesem nicht mitteilen kann; erst wenn die zweieinige Liebe sich einem Dritten eröffnet und ihn an der Gegenseitigkeit selbstlos teilnehmen läßt, ist die Liebe vollkommene Caritas geworden."[262] Deshalb fordern nach Richard „summa felicitas" (III 12), „summa gloria" (III 13), „summa caritas" (III 14f) und „summa bonitas" (III 17–20) eine Dreieinigkeit.

---

254 Ebd. IV 16 (262): in divina procul dubio natura est exsistentia quae est pluribus communis; et est ibi exsistentia quae omnino est incommunicabilis.

255 Ebd. IV 22 (280): Procul dubio quod infinitum esse digne definiri non potest.

256 Ebd.

257 Ebd. IV 23 (284): Notatur autem, ut dictum est, nomine exsistentiae et quod habeat in seipso esse et quod habeat esse ex aliquo.

258 Elsässer 85.

259 Richard, De Trinitate IV 24 (284).

260 Ebd. IV 4 (236): in ore omnium, etiam rusticorum.

261 Ebd. IV 5 (238): In illo tam sublimi et supereminenti Trinitatis mysterio nomen personae nullatenus assignatum est sine instinctu divino et Spiritus sancti magisterio.

262 Balthasar (2) 19.

Dabei vermeidet Richard jeden tritheistischen Schein: „Er weiß, daß jede ‚Person‘ (oder wie er zu sagen pflegt, jede ‚Existenzweise‘) in Gott identisch ist mit dem göttlichen Wesen und daß sich die ‚Personen‘ durch nichts als ihre Weise des ‚Hervorgehens‘ unterscheiden. . . . Der Vater ist die reine schenkende Liebe, der Sohn ist zugleich empfangende und schenkende Liebe, der Geist (der keine weitere Person hervorgehen läßt) ist die rein empfangende Liebe. Aber alle drei sind die eine und selbe Liebe in drei Seinsweisen, die unentbehrlich sind, damit in Gott überhaupt Liebe, und zwar, wie erfordert, höchste, selbstloseste Liebe sein kann."[263]

In Richards Entwurf bündeln sich wichtige Anliegen und Konzepte der christlichen Tradition. Zum einen verbindet er die östliche und die westliche trinitätstheologische Perspektive, die griechisch-„genetische" und die lateinisch-„relationale" in seiner Onto-Theologie der Liebe.[264] Wenn Elsässer richtig sieht, ist außerdem in seiner „endgültigen, all-umfassenden Definition" „die Boethianische Begrifflichkeit sachlich in ihrer ursprünglichen ontologischen Bedeutung zum Tragen gekommen . . ., so daß sich sagen läßt, in der Richardschen Fassung des Personbegriffs sei eine Möglichkeit des Verständnisses aufgezeigt, die Boethius in der Nachfolge Augustins selbst zu Gebote gestanden hätte. Die Richard eigentümliche Leistung ist es, die über Augustin auf Victorinus und über diesen in den außerchristlichen Neuplatonismus zurückreichende Konzeption von Personalität als Relationalität interpretiert zu haben (‚ex aliquo sistere‘).‘[265] Ganz wichtig erscheint mir, daß Richard trotz seiner Suche nach „rationes necessariae" ganz aus dem Glauben heraus denkt. „Fides quaerens intellectum" heißt hier, daß das Dogma bzw. die verpflichtende Glaubenstradition „der philosophischen, theologischen und mystischen Spekulation das Maß und die Grenze"[266] vorgibt. Empirische, mitmenschliche Erfahrung und die Meditation der Heiligen Schrift sind die Quellen seiner Onto-Theologie der Liebe.[267] Richards Denken kann keineswegs als rationalistisch etikettiert werden, es ist eher „ein meditierendes und deskriptives", das mit „offenen und umschreibenden Begriffen" arbeitet[268].

Das Entscheidende im Rahmen unserer Problemstellung ist wohl, daß Richard ein Personverständnis entwickelt, welches das Schriftzeugnis mit menschlicher Erfahrung zu verbinden vermag und gerade deshalb nicht im Tritheismus endet, weil es die göttliche Drei*einigkeit* nicht von der Substanz her, sondern in (inter)personalen Kategorien denkt. Mag es auch richtig sein, daß seine „Definition" „so weit und unbestimmt wird, daß es wiederum vielfacher Distinktionen bedarf, um das Personsein von Gott, Engel und Mensch auszusagen"[269], heutige Theologie ist gut beraten, wenn sie an Richards Überlegungen anknüpft[270].

263 Ebd. 20.

264 Vgl. ebd. 19. Pikaza (1) 67 spricht sogar von einer Verbindung von „genetischer" und „moderner [!] relationaler Ontologie".

265 Elsässer 85.

266 Schlette 71; vgl. 61f.

267 Vgl. Balthasar (2) 18.20f.

268 Schlette 62.

269 Ebd. 69.

270 Beachte die Hinweise bei Balthasar (2) 19 und stellvertretend für viele die Bemerkungen von Kasper (6) 381.

Exkurs: Bonaventura

Daß Bonaventura eher auf der Linie des Richard von St. Victor liegt, ist nichts Unerwartetes. Folgende Aspekte seines Personverständnisses scheinen im Hinblick auf Thomas' Position bemerkenswert[271]:

(1) Nach Bonaventura unterscheiden sich zunächst die gängigen Person-Definitionen (Boethius', Richards, gewisser magistri) nur dem Wortlaut, nicht aber der Sache nach; er legt sich nicht auf eine bestimmte Formel fest, so daß man bei ihm eher von einer „notificatio" als von einer „definitio" sprechen kann (vgl. 846f).

(2) Bonaventura betont, ausgehend von der Wortgeschichte und dem mittelalterlichen Gebrauch das Moment der dignitas der Person, das er im Unterschied zu Alexander von Hales und in Übereinstimmung mit Albert und Thomas als etwas Ontologisches, nicht bloß Moralisches ansieht (vgl. 845.859).

(3) Person ist für ihn „eine wirkliche, für sich existierende ‚res', mit anderen Worten eine wirkliche, individuelle Substanz" (850) und zugleich ein „individuum sive incommunicabile de ratione sui nominis" (851)[272], dem die dignitas „nicht bloß akzidentell, sondern wesentlich zu[kommt]" (852) als „das die Person letztlich ontologisch konstituierende Seinsmoment" (854).

(4) Bonaventura kennt wie Richard die beiden Unterscheidungsweisen „ex origine" und „ex qualitate" (vgl. 854–856). Interessant ist, wie die Analogizität des Begriffs gefaßt wird: Von den göttlichen Personen wird das Personsein „analogice et aequaliter", im Vergleich der göttlichen und geschaffenen Personen dagegen „per prius et posterius"[273] ausgesagt, so daß Personsein eigentlich den göttlichen Personen zukommt, den nichtgöttlichen nur in abgeleiteter Weise (vgl. 857)! „Alle geschöpflichen Personen sind also Personen nur in analogem Sinn; es trifft daher der damit gemeinte Sachverhalt auf sie noch zu; sie tragen nicht bloß den Namen Person, sondern, von Gott her gesehen, auch noch irgendwie den damit gemeinten metaphysischen Sachverhalt"; sie sind darum jeweils eine „similitudo Dei"[274] (858).

(5) Obwohl Bonaventura zugesteht, daß „das Wort (und der damit gemeinte Sachverhalt) psychologisch zuerst bei den Menschen und dann erst bei den göttlichen Personen vorgefunden wird" (857f), muß das von ihm entwickelte Personverständnis im Rahmen seines „Exemplarismus oder Symbolismus" (858) gesehen werden.

Gerade die beiden letzten Punkte geben uns eine interessante Anregung für die Auseinandersetzung mit Rahners terminologischer Initiative: Sollte man angesichts der Schwierigkeiten, die der trinitätstheologische Personbegriff besitzt, statt vor dem „modernen" Verständnis von Person zurückzuweichen und im Zusammenhang der Trinitätslehre auf den Terminus zu verzichten, das Persondenken von dem Leben des dreieinigen Gottes her entwickeln und so für das zeitgenössische Reflektieren fruchtbar machen?[275] Es paßt übrigens in diesen Zusammenhang, daß die augustinische Trinitätspsychologie von dem „Augustinisten Bonaventura" nicht aufgenommen wurde[276], während sie sich bei dem „Aristoteliker Thomas von Aquin"

---

271 Ich stütze mich auf Hufnagel (2); darauf beziehen sich die im Text angegebenen Seitenzahlen.

272 Vgl. Bonaventura, Commentaria in IV libros Sententiarum I 25, 2, 1 opp. 2 (Ed. Quaracchi 1,442).

273 Ebd. I 25, 2,2 concl. 2 und 3 (445).

274 Ebd. ad 2 (445).

275 Auf die Aktualität Bonaventuras in theologischer, psychologischer und praktisch-spiritueller Hinsicht – Interpersonalität als Ansatz, Analogie und Modell – hat Szabó aufmerksam gemacht.

276 Schmaus (5) 465 betont, „daß Bonaventura gerade an einem Kernpunkt theologischer Reflexion und Erfahrung augustinische Formeln übernimmt, ohne sich die in ihnen dargestellten augustinischen Inhalte anzueignen".

(der freilich, wie die neuere Forschung herausgearbeitet hat[277], vieles aus der platonisch-augustinischen Tradition geschöpft hat) findet.

b) Die offene Position des Thomas von Aquin

Inwieweit hat nun Rahners Kronzeuge Thomas von Aquin das ‚personale' Trinitätsdenken Richards aufgegriffen? Hat er von ihm her die Persondefinition des Boethius (entscheidend) korrigiert? Hat er im Rückgriff auf die Relationenlehre Augustins die Perspektive des sich darin abzeichnenden neuen Seinsverständnisses übernommen oder gar weiter geöffnet? Mit diesen Fragen gehen wir im Horizont unseres systematisch-theologischen Interesses an die nun anstehende Thomas-Interpretation heran. Nachdem oben S. 58f. Rahners Berufung auf das „distinctum subsistens in natura intellectuali" bei Thomas vor allem von De pot. 9 her wenigstens dem Wortlaut nach gerechtfertigt werden konnte, soll jetzt an Hand der 29. Quaestio von Teil I der Summa theologiae verfolgt werden, wie Thomas die Definition des Boethius aufgreift (a.1), wie er das Verhältnis von persona, hypostasis, subsistentia und essentia bestimmt (a.2), wie nach ihm das Wort persona in der Trinitätstheologie verwendet werden kann (a.3) und ob der Personbegriff die Relation bezeichnet (a.4). Für die Interpretation der genannten Artikel ziehe ich die einschlägige Analyse Hufnagels[278] heran, deren Ergebnisse ich in drei Punkten zusammenfasse und in einem vierten fortführe.

Erstens (Sth I 29,1): Thomas will Boethius' Definition nicht historisch erklären oder rechtfertigen, sondern ihre sachliche Berechtigung aufzeigen, „er will ... wissen, was die Wahrheit ist, nicht, was andere gedacht [haben]"[279]; das kann dann auch heißen, daß er den „historischen Boethius" von der Sache her korrigiert – ein wissenschaftliches Verfahren, das Rahner seinerseits gegenüber Thomas anwendet. Die Frage nach einer angemessenen Persondefinition erhält ja ihre ganze Schärfe durch den trinitätstheologischen Kontext: „Wie kann es von den wirklich nur einmaligen göttlichen Personen eine ‚Wesensbestimmung' geben?"[280] Persona bezeichnet schon allgemein ein „quoddam singulare" (a.1,1), und alle Elemente der Definition erscheinen fragwürdig (a.1,2–5). Das „respondeo" des 1. Artikels stellt einen ersten Lösungsschritt dar, der „nicht die Richtigkeit der Boethischen Definition nachweist, sondern lediglich die Berechtigung einer besonderen Benennung der Individuen im Bereich der vernunftbegabten Substanzen"[281]. Unter den Individuen haben die im Bereich der Substanz, die „den Grund ihres jeweiligen Individuellseins in sich selbst trägt", „mit Recht einen besonderen Namen; man nennt sie

[277] Vgl. für den Bereich der thomanischen Anthropologie die Untersuchung von Schneider (1) 48–57 („Zwischen Augustinus und Aristoteles").

[278] Vgl. Hufnagel (1). Unter christologischem Aspekt hat diese und andere Texte O. Schweizer untersucht. Nach ihm erkennt Thomas die boethianische Definition des analogen Begriffs der Person „vorbehaltlos" an (107). Vgl. auch Morris.

[279] Hufnagel (1) 20; vgl. auch 8f. Daß dies für Thomas' Umgang mit den Autoritäten generell gilt, hat Schneider (1) passim ebenfalls herausgestellt.

[280] Hufnagel (1) 21. [281] Ebd. 29.

nämlich Hypostasen oder ‚erste Substanzen' "; die Individuen vernunftbegabter Natur erhalten nun nochmals „einen gewissen besonderen Namen, und dies ist eben der Name ‚Person' " (a.1 c).[282] Da für Thomas ein „ ‚echter' Name Wiedergabe wirklichen Seins ist"[283], bewegt er sich bereits hier in metaphysischem Terrain. „Person ist immer dort, wo eine vernunftbegabte Substanz den Grund ihres Individuell-Seins und ihres Tätig-Seins in sich selber hat."[284] Die Antwort auf den ersten Einwand unterstreicht, daß durch die Frage nach dem Wesen geklärt werden soll, „was eine Person als Person metaphysisch konstituiert"[285]; in der Widerlegung der weiteren Objektionen läßt Thomas aber auch seine kritische Distanz zu jeder Wesensdefinition spürbar werden[286].

Wir gelangen also zu folgendem Zwischenergebnis: „Thomas will zunächst in diesem Artikel nicht seine eigene Meinung als mit der des Boethius völlig identisch darstellen, sondern lediglich einmal diese klassische Definition erklären. Worin er Boethius zustimmt, sind zunächst nur folgende Punkte: eine Wesensbestimmung der Person ist möglich, aber keine absolut adäquate; wo Person, dort ist irgendwie eine ‚erste Substanz eines bestimmten Artwesens' und nicht bloß ein Teil dieses Artwesens. Daß damit ‚zur Wesensbeschreibung von Person' noch nicht alles gesagt ist, was gesagt werden kann, ist klar."[287]

Zweitens (Sth I 29,2): Jede Berufung auf den Wortlaut einer von Thomas gegebenen „*Wesensbestimmung*" muß sich vor einer isolierten Betrachtung einzelner Wörter hüten und hat die durch den jeweiligen Kontext bedingten Bedeutungsnuancen zu beachten.[288] Art. 2 der Quaestio 29 macht offenkundig, daß für Thomas der Personbegriff eine komplexe Größe[289] darstellt, deren verschiedene Aspekte z. B. in den Worten hypostasis, subsistentia und essentia zum Ausdruck kommen. Daß hier eine Lösung nach dem auch von Rahner in diesem Zusammenhang verwendeten Muster des „nichts anderes als" nicht in Frage kommt[290], zeigen schon die Ein-

282 „Substantia enim individuatur per seipsam . . . Unde etiam convenienter individua substantiae habent aliquod speciale nomen prae aliis; dicuntur enim hypostases vel primae substantiae. . . . Quoddam speciale nomen habent singularia rationalis naturae. Et hoc nomen est persona."

283 Hufnagel (1) 29. 284 Ebd. 31. 285 Ebd. 34. 286 Vgl. ebd. 37.

287 Ebd. 40f; auch im Verlauf der weiteren Diskussion gibt Thomas durchaus eine kritische Distanz Boethius gegenüber zu erkennen, dessen Definition er zumindest erweitert und neben der er auch andere bestehen läßt (vgl. die Hinweise ebd. 64.66.67f.70).

288 So auch ebd. 10f.

289 Ebd. 47. Siehe auch die Zusammenfassung: „Wo immer wir Person vorfinden, handelt es sich um einen metaphysischen Sachverhalt, der nur durch mehrere Begriffe zu begreifen ist; es ist stets ein bestimmtes Was und ein ebenso bestimmtes Daß" (70).

290 Inciarte lobt in höchsten Tönen die Sensibilität des Thomas für die eigentümlichen Strukturen der Sprache und schließt seine Untersuchung mit einem Seitenhieb auf K. Rahner: „Wenn schon nicht aus theologischen, so auf jeden Fall aus philosophischen Gründen wäre eine Beschäftigung mit der Trinitätslehre des Thomas v. Aquin gerade heute, gerade aus der Perspektive der Sprachphilosophie, doch lohnenswert" (269).

würfe dieses Artikels, die in zwei in kontradiktorischem Widerspruch zueinander stehende Gruppen aufgeteilt sind: Die ersten drei behaupten die Identität, die beiden letzten die Nichtidentität der vier zur Diskussion stehenden Begriffe (in beiden Argumentationsreihen wird übrigens Boethius als Autorität angerufen). Dabei geht es um mehr als nur übersetzungstechnische Regeln, Thomas hat die logisch-ontologischen Probleme vor Augen. So ergibt die Lösung des Problems eine Zuordnung unter folgenden Gesichtspunkten: Alle Begriffe sind auf die Substanz bezogen – *als* für sich existierende wird sie „subsistentia", *als* irgendeiner allgemeinen Natur unterstellte („suppositum") „res naturae" (z. B. dieser Mensch ist eine Verwirklichung der menschlichen Natur), *als* Träger von Akzidentien „hypostasis oder substantia" (im Sinn der „ersten Substanz") genannt.[291] Mit diesen drei Merkmalen ist dann die Wesensbestimmung von Person, die dem Bereich vernunftbegabter Substanzen angehört, konkreter geworden: „Person bedeutet nach Thomas logisch eine vernunftbegabte Substanz, sofern diese als Subjekt, d. i. Träger von Akten angesprochen werden kann; ontologisch aber bedeutet Person eine individuelle Verwirklichung einer vernunftbegabten Substanz, sofern diese ‚Fürsichsein', d. i. Selbstand besitzt und endlich [z. T.], sofern diese Träger von Akzidenzien ist", es ist also „nicht irgendein einzelnes ontologisches Moment, das mit dem Personsein getroffen sein will"[292].

In unserem Zusammenhang scheint mir der Hinweis angebracht, daß die oft[293] herausgestellte Ersetzung der „(individua) substantia" des Boethius bzw. die Übersetzung von ὑπόστασις (vgl. a.2 ad 2) durch „subsistentia" zwar zur Bestimmung der trinitarischen Personen hilfreich ist (vgl. a.3), aber zunächst auch nur einen Aspekt des komplexen Personbegriffs betrifft. Hufnagel war hier hellsichtig: „Genau gesehen setzt also Thomas hier Person und Subsistenz nicht ohne weiteres als bedeutungsgleich. – Ein Beispiel, wie genau Thomas zu formulieren versteht und wie genau der Wortlaut zu beachten ist! Es können also zwei Worte denselben Sachverhalt unter gewissen Umständen meinen und doch an sich, in ihrem eigentlichen Bedeutungsinhalt und -umfang sich nicht völlig gleich sein."[294] Im Blick auf Boethius verdeutlicht Thomas[295] selbst, daß (so Hufnagel) „das subsistere = das Fürsichsein und das Personsein . . . nicht so total voneinander verschieden [sind], daß sie nichts miteinander zu tun hätten; sie besagen andererseits aber auch nicht genau dasselbe"[296].

---

291 Vgl. Sth I 29, 2c: Nominatur etiam tribus nominibus significantibus rem, quae quidem sunt res naturae, subsistentia et hypostasis, secundum triplicem considerationem substantiae sic dictae. Secundum enim quod per se existit et non in alio, vocatur subsistentia; illa enim subsistere dicimus, quae non in alio, sed in se existunt. Secundum vero quod supponitur alicui naturae communi, sic dicitur res naturae; sicut hic homo est res naturae humanae. Secundum vero quod supponitur accidentibus, dicitur hypostasis vel substantia. Quod autem haec tria nomina significant communiter in toto genere substantiarum, hoc nomen persona significat in genere rationalium substantiarum. – Hierbei ist auffällig, daß Thomas das Verhältnis von persona und essentia nicht unmittelbar darlegt, sondern gegenüber den Einwänden mit einem neuen Begriff („res naturae") operiert.

292 Hufnagel (1) 46f.

293 Vgl. zuletzt Kasper (6) 342f.

294 Hufnagel (1) 50.

295 a. 2 ad 4.

296 Hufnagel (1) 51.

So gesehen hat Thomas im zweiten Artikel der Definition des Boethius, die er verdeutlichen will, nur ein Wesensmoment hinzugefügt: Nach ihm hat ein vernunftbegabtes Wesen „nicht nur Verstand und Vernunft, sondern auch die Herrschaft über seine eigene Tätigkeit, es ist auch Prinzip seines Handelns"[297].

Drittens (Sth I 29,3): Auch eingedenk des Anliegens der theologia negativa[298] vertraut Thomas auf den dritten Schritt der Analogie, die via eminentiae, welche die Anwendung des Personbegriffs auf die göttliche Wirklichkeit ermöglicht. Dabei steht Thomas durchaus auch in der Nähe zu Richard von St. Victor, wenn er das Personsein, das „das Vollkommenste bezeichnet, das wir in der gesamten Wirklichkeit finden", gerade Gott zuschreibt, „weil seine Wesenheit in sich alle Vollkommenheit vereinigt" (a.3 c).[299] Diese seine Position verteidigt der Aquinate gegen folgende Einwände: (ad 1) Das Wort ist nicht biblisch – doch findet sich seine Bedeutung in der Schrift vielfach von Gott ausgesagt; (ad 2) das Wort kann nicht in seiner ursprünglichen Verwendung (als Theatermaske) auf Gott angewendet werden – der darin angezeigte Sinn, die Würde einer bestimmten Person zum Ausdruck zu bringen, trifft auf Gott in höchstem Maße zu; (ad 3) die ὑπόστασις als Träger von Akzidentien kann im Bereich des Göttlichen nicht gegeben sein – Hypostase meint aber eigentlich das Fürsichsein (und Hieronymus wehrte sich nur gegen den Mißbrauch durch die Häretiker); (ad 4) ratio als diskursive Vernunft gibt es in Gott nicht – Vernunft kann aber auch ganz allgemein die geistige Natur meinen; so kann auch „individuum" auf Gott angewendet werden, sofern nicht die Materie als Individuationsprinzip, sondern die Unmitteilbarkeit anvisiert ist, und „substantia" als „Durch-sich-Dasein" läßt sich ebenfalls von der göttlichen Wirklichkeit aussagen.

Die Konstituentien der Person lassen sich also wie folgt zusammenfassen: „Nach der Wasseite ist es das Moment des Geistigen, nach der Daseinsseite das der Subsistenz."[300]

Viertens: Im Anschluß an die Analyse Hufnagels sind die eingangs formulierten Fragen nach dem Verhältnis des thomanischen Personverständnisses zum personalen Denken Richards wie zur Relationslehre Augustins aufzugreifen. Damit ist *die systematische Leitfrage* nach dem Verhältnis der Momente „Selbstand" und „Relation" im Personbegriff gestellt.

Nach Hufnagel ist die Lehre des Thomas „nicht radikal ‚abgeschlossen', sondern noch ‚geöffnet' für Erweiterung und Vertiefung durch spätere Untersuchung"; der Interpret entscheidet selbst die Frage nicht, „wie weit er [Thomas] schließlich die Definition des Boethius durch seine Erklärung in seinem Sinn modifiziert oder ob er sie historisch ganz richtig interpretiert hat"[301]. Daß das letztere unwahrscheinlich ist, hat Hufnagel jedoch mehrfach anklingen lassen; daß das erste zutrifft,

---

297 Ebd. 53. Die Aussage stützt sich vor allem auf Sth I 29, 1: Personae „habent dominium sui actus, et non solum aguntur, sicut alia, sed per se agunt".

298 Vgl. a.2,1 den Hinweis auf Ps.-Dionysius.

299 Persona significat id quod est perfectissimum in tota natura; eius essentia continet in se omnem perfectionem. Vgl. Hufnagel (1) 59 und die Erläuterung 59–62.

300 Hufnagel (1) 72.

301 Ebd. 70.

ergibt sich aus der Methode des Thomas und daraus, daß er auch andere Bestimmungen (z. B. dignitas als Kennzeichen von persona) gelten läßt. Schließlich erwähnt Thomas in der Antwort auf den vierten Einwand auch die Kritik Richards an der Enge des Boethius-Begriffs, die eine eigene Definition, nämlich „divinae naturae incommunicabilis existentia", für die göttlichen Personen erforderlich mache.[302] Aber Thomas geht nicht näher darauf ein; kann man aber schon deshalb ohne weitere Differenzierungen sagen, er halte an der Definition des Boethius fest?[303]

Jedenfalls hat der Aquinate den Kerngedanken des Victoriners nicht aufgegriffen: Für Thomas ist die Person deshalb das Vollkommenste in der gesamten Wirklichkeit, weil sie „ein in einer vernunftbegabten Natur gründendes Fürsichseiendes"[304] ist; die Vollkommenheit wird bei ihm nicht von der vollkommensten Liebe her entwickelt. Genau genommen kann Thomas seinen Personbegriff[305] nur auf den einen Gott anwenden. Um dem sonst unvermeidlichen Tritheismus zu entgehen, muß er deshalb im Artikel 4 der Quaestio 29 die Person als „relatio subsistens"[306] bestimmen. Das bedeutet aber nur eine nachträgliche Korrektur im äußeren Ablauf – das Wesen von Person wird keinesfalls als relationales entwickelt! Daran ändert auch die Tatsache nichts, daß Thomas im Unterschied etwa zu Anselm von Canterbury die Personen den Relationen logisch (nicht sachlich, weil die Personen mit den Relationen identisch sind) vorausgehen läßt, was „der Sache nach dem östlichen Verständnis nahe kommt, das nicht von einem Wesen, sondern von den Hypostasen ausgeht und das damit der konkret-heilsgeschichtlichen Sprach- und Denkweise der Bibel näher steht"[307]. Dabei kommt Thomas einer relationalen Bestimmung von Person sehr nahe, wenn er doch selber betont, daß persona nicht nur aufgrund der faktischen Verwendung, sondern der Bedeutung („ex significatione sua") bzw. der Übereinstimmung seiner Bedeutung („ex congruentia suae significationis")[308] für das Relative steht.[309]

Pittenger hat wohl recht gesehen, daß der Versuch, die Definition des Boethius mit der augustinischen Idee der relatio in Einklang zu bringen, Thomas ernste Probleme bereitete.[310] Nach Tavard führte der Versuch, auf der Basis der Persondefinition „subsistens distinctum in natura rationali" durch die Gleichsetzung von „Person" und „Relation" eine Balance zu schaffen, zu einer Disharmonie der

302 Vgl. Sth I 29, 3 ad 4: Quidam tamen dicunt quod definitio superius a Boethio data, non est definitio personae secundum quod personas in Deo dicimus. Propter quod Ricardus de Sancto Victore, corrigere volens hanc definitionem, dixit quod persona, secundum quod de Deo dicitur, est divinae naturae incommunicabilis existentia.

303 So Balthasar (2) 139[12].

304 a.3c: subsistens in rationali natura.

305 Selbstverständlich „excellentiori modo" (a.3c).

306 Vgl. Sth I 29, 4c: Persona divina significat relationem ut subsistentem.

307 Kasper (6) 343. Kasper bezieht sich auf Anselm von Canterbury, Monologion 43 (I 59f Schmitt).

308 Vgl. Sth I 29, 4c.

309 Vgl. die These von dem „gemäßigten Personalismus " des Thomas bei Bailleux.

310 Vgl. Pittenger 43.

beiden Betrachtungsweisen.[311] So konnte dann auch der Rückgriff auf Richard als „genial", aber in der Sache wenig hilfreich bezeichnet werden.[312] Immerhin hat man Thomas bescheinigt, daß die Richardsche „Korrektur" auf ihn einen „tiefen Eindruck" gemacht[313] und daß er Boethius' Definition „anscheinend eher korrigiert als approbiert hat"[314]. Bergeron weist zudem auf folgende wichtige Differenzierung hin: Nach Thomas gelte die Definition des Boethius nur für den Bereich der „persona in communi"; die „persona divina" werde dagegen als „relatio subsistens" bestimmt, wobei „persona" in recto sowohl die *relatio* („inquantum significatur per modum hypostasis") als auch die *essentia* („inquantum essentia idem est quod hypostasis") bezeichnet.[315]

Im Hinblick auf unsere systematisch-theologische Leitfrage ist folgender Problemstand festzuhalten:

– Daß sich Theologie keineswegs dem traditionellen oder dem herrschenden Sprachgebrauch verschreiben darf bzw. beugen muß, daß es vielmehr in der theologischen Sache begründete Sprachkritik geben kann und muß, macht Thomas bei der Beantwortung der Einwände in Sth I 29,3 deutlich.

– Thomas' offene Position ist dadurch gekennzeichnet, daß sie den engen Begriff des Individuums aufbricht: Menschliche Individuen sind Personen und stehen als solche in notwendigen Beziehungen und Offenheit zu anderen.[316]

– Offensichtlich fühlt sich Thomas in Richards Beschreibung der göttlichen Vollkommenheit nicht zuhause, so daß er sich lieber der psychologischen Analogie zuwendet.[317] Dennoch kann man in dieser Konzeption, daß „sich Gott, da er sich vollkommen erkennt, in seinem einen ewigen Wort ganz und vollständig aussagt, . . . sein Sein völlig seinem Wort mitteilt, so daß sich sein unendliches Sein im Modus des Erkennens und des ausgesagten Wortes vollzieht oder genauer: von diesen Modi als Subjekten vollzogen wird"[318], einen auch für heutiges trinitätstheologisches Denken fruchtbaren Ansatz erblicken. Einen entscheidenden Schritt hat Thomas jedenfalls vollzogen: „Hier, in der Trinitätslehre, deren entscheidender Ansatz damit gewonnen ist, durchbricht Thomas auch, was er sonst nicht tut, ganz entschieden die Vorherrschaft der aristotelischen Kategorienlehre: die göttlichen Relationen sind nicht als Relationen einer Substanz, sondern nur als relative ‚modi existendi' des einen göttlichen Seins zu denken. Der Modus des Ausgesagtseins aber ist der Modus des objektiven Seins, das also keineswegs ‚esse diminutivum' genannt werden kann."[319]

– So führt der Aquinate zwar die relatio als distinguierendes Element ein, aber er betrachtet nicht formell die Relation als Relation, d. h. als Band zwischen den Personen, sondern die Person als solche; daher ist in seiner Bestimmung der „relatio subsistens" das subsistens, nicht relatio zu unterstreichen.[320] So ist der Übergang

311 Vgl. Tavard 83.
312 Vgl. Dowdall 252f.
313 Vgl. Schmaus (2) 380.
314 Vgl. Fortman 208.
315 Sth I 29, 4c; vgl. Bergeron 157–160.
316 Vgl. Pittenger 81.
317 Vgl. Tavard 77.
318 Oeing-Hanhoff (3) 158.
319 Ebd.
320 Vgl. Lafont 123–125.

von einer Definition der Person als absoluter zu einer solchen, die die Relation impliziert, zwar begonnen, aber nicht konsequent fortgesetzt worden. Bei Thomas beginnt zwar der „Durchbruch zu einer ganz neuen Denkform, in welcher es nicht nur ganz allgemein um das Verhältnis der anima, der Subjektivität, zu dem Seienden als Seiendem geht, sondern vielmehr die *incommunicabilitas* von Person in den Blick kommt und dadurch allererst ein Verhältnis von Subjekt zu Subjekt möglich wird". Auf der anderen Seite aber kann Thomas den Menschen durchaus noch „im Horizont von unterpersonalem Seienden . . . verstehen"; erst mit Scotus „beginnt . . . auch der Versuch einer kategorialen Durchbildung" dieses neuen „Seinsverständnisses"[321].
– Thomas bleibt folglich in Kontinuität mit Boethius und – trotz seines Fortschritts über Augustin hinaus – der nachnizänischen Tradition verhaftet.[322] Als Aufgabe heutiger Theologie ergibt sich aus dieser Erkenntnis die Notwendigkeit, die Wirkungsgeschichte von Boethius' Definition zu überdenken, über die postnizänische Tradition, für die Boethius durchaus repräsentativ ist, hinauszugehen und einen Begriff der Person zu suchen, „der die Korrelativität, den irreversiblen Sinn der Reziprozität besser zur Geltung bringt"[323].

4. Auswertung

F. Ch. Baur hat in seinem „Lehrbuch der christlichen Dogmengeschichte" die scholastische Trinitätslehre scharf kritisiert:

> „Im Allgemeinen kann das Urtheil über die scholastische Behandlung dieser Lehre nur dahin gehen, dass die Scholastiker ihr zwar einen gesteigerten Charakter, aber auch einen dem kirchlichen Dogma nicht congruenten Sinn gaben. Was sie Personen nannten, sind keine Personen im kirchlichen Sinn, sondern blosse Relationen. Ihre spaltende, zerstückelnde, durch die Begriffsanalyse auflösende und in einseitige Begriffsbestimmungen sich verirrende Methode zeigt sich besonders darin, dass sie, um Gott als geistiges Wesen aufzufassen, mit Ausnahme Anselm's und Richard's, über die psychologische Unterscheidung des Erkennens und Wollens nicht hinwegkamen, und sich damit begnügten, diese beiden geistigen Tätigkeiten in einem blos coordinirten Verhältnisse neben einander zu stellen, statt die verschiedenen Beziehungen, in welchen Gott als Geist zu sich selbst steht, aus der Einheit und Totalität eines geistigen Lebensprocesses zu begreifen."[324]

Neben dem Unbehagen an der „scholastischen Methode" und der offensichtlich neuzeitlichen, hegelschen Perspektive überrascht hier der Rekurs auf den „kirchlichen Sinn" des trinitätstheologischen Personbegriffs.

---

321 Vgl. Mühlen (4) 1266. – Mit dem Personverständnis des Scotus hat sich Mühlen (1) schon früh beschäftigt. Über Raimund von Sabunde wurde 500 Jahre lang der Mantel des Schweigens u. a. deshalb gehüllt, weil er „entschlossen personalistisch" denkt, „also in einer Zeit substantialistisch-dinglich orientierter Ontologie erstaunlich unzeitgemäß" (Reinhardt 33). Schachten (2) 43 behauptet, „daß die Fortführung des von Joachim intendierten und auch für die Anthropologie entscheidenden trinitarischen Personverständnisses schon in früherer Zeit zu einem größeren Verständnis des Menschen und dessen personaler Qualität im Bereiche der Theologie und Philosophie der Christenheit hätte führen können".

322 Vgl. Lafont 137–139. 323 Ebd. 155. 324 Baur 252.

Kasper hat darauf hingewiesen, daß sich gerade Thomas von Aquin um „eine ausgewogene Synthese“ zwischen der griechischen und der lateinischen Theologie bemühe, was ihn zu der etwas euphorischen Schlußfolgerung veranlaßt: „Die westliche Tradition ist, wie vor allem Thomas von Aquin gezeigt hat, in der Lage, alle Anliegen des Ostens aufzugreifen und auf einem höheren Reflexionsniveau ‚aufzuheben‘.“[325] Aber auch Kasper muß zugeben, daß die westliche Konzeption eine Schlagseite hat, weil „sie die Vermittlung der Dreiheit in der Einheit als Erkennen und Wollen und damit als Wesensvollzüge Gottes deutet. Das bringt die Gefahr mit sich, daß die Personen als ideelle Momente am Selbstvollzug des absoluten Geistes mißverstanden werden können.“[326] Nach unseren Ergebnissen dürfte daher das Urteil Greshakes eher zutreffen, für den Thomas „doch ganz im Bann der spezifisch westlichen Trinitätslehre“ steht. „Im Gegensatz dazu ist das Personverständnis des Richard von Sanct Victor, das den Personbegriff am Dialog der Liebe exemplifiziert, gewiß mehr an der östlichen Tradition und an der Schrift orientiert als das Personverständnis des Thomas, in welchem trinitätstheologisch die eine essentia divina die verschiedenen relationes subsistentes gleichsam ‚überlagert‘.“[327]

Die Schwierigkeiten bei der Verhältnisbestimmung von Einheit und Dreiheit bzw. Relation und Person hat bereits Harnack in seinem „Lehrbuch der Dogmengeschichte“ skizziert:

> „Die kühnen Versuche, das Geheimnis, sei es durch Annäherung an den Tritheismus (Roscellin), sei es durch den Übergang zum Modalismus (Abälard) verständlicher zu machen, waren im Zeitalter Anselm's, Bernhard's und Richard's von St. Victor (gegen Gilbert) abgewiesen. Wo Augustin's Schrift de trinitate studirt und befolgt wurde, stellte sich freilich überall ein feiner Modalismus ein ... Selbst dem Lombarden wurde vorgehalten, dass er die divina essentia zu sehr verselbständige und so eine Quaternität resp. sabellianisch lehre. Im 13. Jahrhundert hatte man aus diesen Erfahrungen gelernt, das trinitarische Dogma durch ein noch grösseres Aufgebot von terminologischen Distinctionen zu schützen, als ein solches von Augustin herbeigezogen war. ... Auch musste der Thomismus nothwendig die Neigung zum Modalismus behalten, da der Gottesbegriff die Annahme von Unterschieden in Gott im Grunde nicht gestattete, sondern die Unterschiede zu Relationen herabsetzte, die selbst wiederum zu neutralisiren waren.“[328]

Folgende Beobachtungen seien festgehalten:

– Es hat sich herausgestellt, daß die Person-Definition des Boethius, soll sie für die Personen in Gott zutreffen, modifiziert werden muß.

– Die Interpretation der (individua) substantia als subsistentia ist ein erster Fortschritt. Die Spannung zwischen den beiden konstituierenden Elementen Selbstand und Relation ist damit jedoch nur angezeigt, aber keineswegs ausbalanciert. In der Perspektive J. E. v. Kuhns hat Thomas die Unterschiedenheit der Personen auf die Relationen und nicht auf die Ursprünge begründet, doch behält er „diesen höheren Standpunkt der Erkenntnis, den er in der Summa theologica einnimmt, nicht bei, sondern kehrt immer wieder zur vorstellenden Trinitätserkenntnis des hl. Anselm zurück“[329].

---

325 Kasper (6) 363.
326 Ebd. 363f.
327 Greshake (3) 82f.
328 Harnack (2) III 527f.
329 Vatter 114.

– Wie sehr hier wiederum Begrifflichkeit und trinitätstheologisches Grundaxiom miteinander verknüpft sind, zeigt die zusammenfassende Beobachtung Auers: „Je mehr Selbständigkeit den Personen zugesprochen wurde, um so mehr kam die Lehre der biblisch vorgestellten ökonomischen Trinitätsauffassung in Vergessenheit; je mehr in einem neuplatonischen Seinsverständnis und einem aristotelischen Relationsverständnis die Einheit und Einfachheit Gottes betont wurde, um so mehr trat die heilsgeschichtliche Betrachtung zurück, kam die metaphysische Sicht Gottes zum Zuge."[330]

– Bezüglich der relationes stellt sich die Frage, ob sie von den Ursprüngen her oder entschieden als Korrelationen zu fassen sind. Damit ist zugleich das Problem aufgeworfen, wieweit eine bei der menschlichen Erfahrung ansetzende Analogie gehen kann. Christliche Theologie sollte immer auch – und im Prinzip gleichzeitig – den umgekehrten Weg gehen und von ‚oben' her, d. h. von der göttlichen Lebensfülle her menschliche Erfahrung und ihre Artikulation und Reflexion herausfordern, korrigieren und so integrieren. Wenn vollkommene Liebe in Gott zu finden ist und von daher Person wesentlich relational verstanden werden muß, kann dann das Personsein des Menschen einseitig oder auch nur in erster Hinsicht unter dem Gesichtspunkt des Selbstandes in den Blick genommen werden? Kann das „per se" der Eigenständigkeit nur als „ex sese" konstituiert gedacht werden, oder meint das „ex-sistere" nicht gerade das „Von-einem-anderen-her-Sein", wobei beide Aspekte in Gott in eigenartiger (trinitarischer) und einmaliger Weise („excellentiori modo") zusammenfallen?

– Was Kasper in Richtung J. E. v. Kuhn formuliert, muß auch im Blick auf den eingangs zitierten F. Ch. Baur festgestellt werden, daß nämlich „für uns heute deutlicher ein nachidealistisch-personaler Ausgangspunkt notwendig" ist[331]. Die heutiger Trinitätstheologie gestellte Aufgabe, läßt sich dann so umreißen:

> „Dieser Tendenz [der westlichen Tradition], die letztlich in den Modalismus führt, kann man nur entgehen, wenn man bedenkt, daß der Geist, zumal der absolute Geist, konkret nur als Person subsistiert und daß gerade an diesem personalen Verständnis Gottes für den Menschen alles hängt. ... Das personale Wesen Gottes, nach dem der Mensch sucht, ist aber nach der Schrift und der frühen christlichen Tradition der Vater. ... Wir müssen ausgehen vom Vater als dem grundlosen Grund einer sich selbst verströmenden Liebe, die Sohn und Geist freisetzt und zugleich in der einen Liebe mit sich eint. Gottes souveräne Freiheit in der Liebe als Ausgangs- und Einheitspunkt der Trinität nehmen heißt also, anders als die vorherrschende lateinische Tradition, nicht vom Wesen Gottes, sondern vom Vater, der das in der Liebe bestehende Wesen Gottes ursprünglich besitzt, auszugehen. Liebe läßt sich ja nicht anders denn als personal und als interpersonal denken."[332]

---

[330] Auer (1) 219. [331] Kasper (6) 364[199]. [332] Ebd. 364.

3. Kapitel

Selbstand und Relation als konstitutive Momente des ‚modernen' Personbegriffs

Der Gang unserer Untersuchung hat die Spannung zwischen Selbstand und Relation, Sein in sich bzw. durch sich selbst und Sein zum anderen hin bzw. vom anderen her, als zentrales Problem des trinitätstheologischen Personbegriffs diagnostiziert. Die Aufbereitung des mit der terminologischen Initiative Rahners gegebenen Problemstands erfordert nun auch einen Blick auf das „moderne" Personverständnis. Ziel dieses Abschnitts ist es, die einseitige Sicht Rahners, der beim Reden von „unserem" Personverständnis ausschließlich das Moment des (individuellen) Selbstandes artikuliert, auszuweiten. Damit soll vorab geklärt werden, daß die Entwicklung eines relationalen Personbegriffs auf dem Boden der christlichen Trinitätslehre, die die vernachlässigten Ansätze ihrer Anfangsphase (wie die einschlägigen späteren Korrekturen) aufzugreifen sucht, im Kontext eines heutigen Verständnisses von Person und personalem Selbstvollzug keineswegs als Fremdkörper erscheinen muß.

Die begrenzte Absicht dieses dritten Kapitels der Problemerörterung läßt es gerechtfertigt erscheinen, das Spektrum der Personkonzeptionen in der gegenwärtigen philosophischen Diskussion im Anschluß an die von M. Theunissen vorgelegte Analyse[333] aufzuzeichnen. Die „gegenwärtige philosophische Diskussion" soll hier verstanden werden „nicht primär im Sinne einer genauen zeitlichen Festlegung, sondern so, daß darunter jene Denkbewegungen erfaßt werden, die für das Philosophieren der letzten Jahrzehnte besonders charakteristisch sind"[334]. Eine Vorbemerkung beleuchtet die sich aufdrängende Frage nach dem ideengeschichtlichen Konnex des neuzeitlichen Personverständnisses mit dem in der klassischen Theologie erarbeiteten wenigstens in einer kurzen Einstellung.

1. Vorbemerkung: Christlicher Ursprung und neuzeitliche Verwirklichung?

Die bei Theologen verbreitete These vom christlichen Ursprung des Personbegriffs bzw. der Sicht des Menschen als Individuum *und* Person blieb nicht unwidersprochen.[335] Immerhin wird auch von Philosophen die Meinung vertreten, Person sei im Grunde ein „offenbarungstheologischer Begriff"[336]. Lassen wir diese Position

333 Theunissen (2).

334 Das entspricht der Standortbestimmung von Nosbüsch 33[1].

335 Ich verweise nochmals auf Vogel.

336 So zuletzt Oeing-Hanhoff (5) 147.163–167. Möller (1) 360–367 plädiert für das Recht der Philosophie, nach dem Phänomen und dem Wesen von Person zu fragen, auch wenn

zunächst dahingestellt sein, und begnügen wir uns mit der kaum zu bestreitenden Feststellung, daß die christliche Botschaft entscheidend zum „Entdeckungszusammenhang" von Personalität gehört. M. Müller und A. Halder beschreiben diesen „geschichtlichen Erfahrungsursprung" als „die den antiken Verstehenshorizont sprengende Erfahrung eines doppelten Paradoxons: der restlosen Menschwerdung des (Gott bleibenden) Gottes und der absoluten unendlichen Bedeutung des einzelnen endlichen und endlich bleibenden Menschen in der Schicksalsgemeinschaft der Menschen überhaupt". Während im Rahmen der antiken Metaphysik der Mensch letztlich als Individuum Exemplar einer Gattung bleibt, besagt die „Frohe Botschaft": „Der absolute unendliche Gott und der endliche geschichtliche Mensch sind Partner; diese Partnerschaft der unendlichen und der geschichtlichen Freiheit konstituiert den Menschen als solchen und damit zugleich in der Schicksalsgemeinschaft mit anderen, und die Erfahrung dieser Partnerschaft mit dem unendlichen Gott hebt die eigene Endlichkeit und Gefährdetheit nicht auf, sondern läßt diese erst in aller Schärfe hervortreten; die unausweichlich antwortende Freiheit entscheidet selbst über ihre endgültige Wirklichkeit. Und so erhält der endliche Mensch als einzelner dennoch absolute Bedeutung und Würde, so sehr, daß um seines Heiles, d. h. der Wirklichkeit seiner Freiheit willen, Gott selbst Mensch wurde."[337]

Daß die ‚Kategorialisierung' dieses Durchbruchs erst mit großer Verzögerung gelang und ein weiter Weg bis zum personalen Denken zurückzulegen war[338], hing mit folgenden Konstellationen zusammen: Einerseits wurde der Begriff der Person zunächst vornehmlich im trinitätstheologischen und dann im christologischen Kontext entwickelt und weniger in der Perspektive der Schöpfungslehre (Gottebenbildlichkeit!)[339]; anderseits wußte sich das theologische Denken erst allmählich aus der Umklammerung des „Substanzdenkens" zu befreien. Das übersehen auch Müller und Halder nicht:

> „Fraglich bleibt indes, ob die klassischen Persondefinitionen der ihnen zugrunde liegenden religiösen Erfahrung und ihrer (auch in natürlich-philosophischer Reflexion aus der Erfah-

---

man sagen mag, „das Problem sei überhaupt erst von der Theologie her gesehen worden" (361), und weist darauf hin, „daß wir das, was Person eigentlich ist, nur auf Grund der Offenbarung wissen" (365). Möller hat sich immer wieder mit dem Personbegriff und seinen verschiedenen Aspekten beschäftigt: vgl. Möller (2) und (3). Meyerson betont, daß der Begriff der Person im christlichen Denken auftaucht (476) und daß die Kategorie der Person mit dem linearen Zeitdenken beginnt (479); erst im 18. Jahrhundert habe man das Individuum richtig und in vollem Umfang betrachtet, erst da habe sich unser Bild von Person abgezeichnet (vgl. 477). – Entschieden offenbarungstheologisch setzen neuerdings an: Dalferth – Jüngel; katholischerseits: Greshake (2) und (3).

337 Müller – Halder (1) 1117 bzw. 382.

338 Vgl. Grillmeier (3) 226[7].541[150].552–554.607.

339 Dem Zusammenhang von Christologie und Anthropologie hat Stockmeier Aufmerksamkeit geschenkt. Zu den Konsequenzen der „Vorherrschaft des Unitarischen" Greshake (3) 83[34]: „Pointiert läßt sich vielleicht sagen, daß sich in der Westkirche wegen der Vorherrschaft des Unitarischen das Zentrale des christlichen Glaubens: die Trinitätslehre, noch gar nicht bis zum Letzten hat auswirken können. Kein Wunder, daß die neuzeitlichen demokratischen ‚pluralistischen' Gesellschaftstheorien sich primär säkular und nicht theologisch begründet haben!"

rung des Gewissens nachzuvollziehenden) Struktur allein und vollkommen adäquat sind; ob in ihnen neben der Subsistentialität und Inkommunikabilität die anderen wesentlichen Momente der Person- und Freiheitserfahrung hinreichend zum Ausdruck kommen: das geschichtlich-aktuale Handeln und die Partnerschaft von Person und Person, in denen die Person (auch die göttliche) als solche sich zuallererst der anderen erschließt und bekundet. Die Unterscheidung zwischen einem substantialen und einem aktualen (oder existentialen) Personalismus verweist auf jenen Überlieferungsstrom, der über *Augustinus, Eckhart, Nikolaus von Kues, Pascal, Kierkegaard* u. a. bis in die Gegenwart führt und dessen ausgeprägt personales Denken weniger an den klassischen Definitionen und ihrer Begrifflichkeit orientiert ist . . ."[340]

Daß der Durchbruch des personalen Denkens in lehramtlichen Texten auf breiter Front erst durch das Zweite Vatikanische Konzil ermöglicht wurde, wird sicher zu Recht immer wieder betont.[341] Unsere Frage nach dem Verhältnis von antikem und christlichem „Persondenken" führt also von selbst in unsere Fragerichtung: Kam das christliche Personverständnis erst in der Neuzeit richtig zum Zuge? Das kann ausführlich nur im Rahmen der Diskussion um die „Legitimität der Neuzeit" (H. Blumenberg) bzw. um Recht und Unrecht der „Säkularisierung" erörtert werden.[342] Zweifellos entdeckte die anthropologische Wende der Neuzeit den entscheidenden Erfahrungshorizont, wenn auch der letzte „Begründungszusammenhang" nur in Konfrontation mit dem Evangelium, der christlichen Botschaft von Gott und Mensch, erreicht werden kann. Selbst diese letzte Aussage muß in ihrer Vielschichtigkeit gesehen werden! Henrich spricht davon, „daß das trinitarische Symbol für die Bewußtseinsgeschichte des Menschen eine komplizierte Dynamik mit ambivalenten Wirkungen entfalten konnte". Daß in der Personalität „ein Letztes, Unhintergehbares im Menschen" sich konstituiert, „kann vom Glau-

---

340 Müller – Halder (1) 1119 bzw. 383f.

341 Ich verweise hier stellvertretend auf den Beitrag von Poulat zum Kolloquium „Problèmes de la Personne". – Die im Namen des thomanisch-thomistischen Personbegriffs gegen das neue dynamische Verständnis bzw. gegen die relationale Ontologie geführte Attacke von Kröger ist verfehlt (vgl. die Rez. von J. de Vries). Reding 150–165 votierte für eine ontologische Grundlegung der existentiellen Personbetrachtung (vgl. 159) und sah die beiden Momente bzw. Personbegriffe noch als paradoxes Verhältnis: „So liegt also bei der Person das paradoxe Verhältnis vor, daß sie einerseits ontisch streng unmitteilbar, andererseits psychologisch [!] gesehen das einzige Wesen ist, das sich in schenkender Liebe frei mitteilen, in Kommunikation mit Mitmenschen treten kann" (154). – Scheffczyk (3) sprach sich jüngst für eine Erweiterung und Vertiefung des traditionellen Personbegriffs in der Weise aus, „daß er in das traditionelle ‚Selbstsein' auch das relativ neue Moment des ‚Mitseins' aufnimmt" (205). „Indem das Christentum langsam den Personbegriff entwickelte, trug es dazu bei, den Gegensatz von Leib und Seele in diesem höheren Prinzip zu übersteigen" (203). Berechtigte Enthellenisierung liefe darauf hinaus, „daß man den Neuansatz des Personalen im christlichen Verständnis verstärkt und verdeutlicht" (204).

342 Die einschlägige Diskussion wurde in den letzten Jahren von soziologischer bzw. theologischer Seite aufgearbeitet durch D. Spanknebel, Die zwei Versionen der Säkularisierungsthese. Ein Beitrag zu der religionssoziologischen Diskussion über die Entwicklung von Religion und Christentum in der Neuzeit, Diss. Marburg 1979; U. Ruh, Säkularisierung als Interpretationskategorie. Zur Bedeutung des christlichen Erbes in der modernen Geistesgeschichte (FThSt 119), Freiburg 1980; ders., Säkularisierung, in: CGG 18, Freiburg 1982, 60–100.

bensartikel der Trinität der göttlichen Person nicht ohne weiteres begründet und auch nicht bestärkt werden. ... Wenn diese Formeln nicht philosophisch interpretiert werden, und zwar so, daß sie mit einer ihrem ursprünglichen Ausdruck gegenüber gewandelten Bedeutung angeeignet werden können, so wirken sie der Selbstgewißheit von der Ursprünglichkeit des Individuellen und Personalen sogar ganz unmittelbar entgegen. ... Dem, was jeweils Person ist, muß also allererst noch nachgegangen werden, um sie verständlich zu machen ...“[343]. Henrich sieht einerseits die Wurzeln „der Reden von Selbstbewußtsein, Gewissen, Individualität, Subjektivität und vernünftiger Verantwortlichkeit ... in der antiken und damit der philosophischen und dann auch der juridischen Tradition“, anderseits schließt er nicht aus, „daß die christliche Glaubenslehre auch auf produktive Weise Anschluß an das Syndrom von artikulierten Erfahrungen gewinnen konnte, dem die Erfahrung der Personalität zugehört“[344], und gewinnt so seine Grundthese: „Das Symbol der Trinität kann einen Gedanken stärken, in dem Resultat und Problemlage der Begriffs- und der Lebensgeschichte von Selbstsein und Personalität am angemessensten aufgenommen worden sind. Es kann dies aber niemals aus seiner eigenen Bedeutung und Logik heraus, sondern nur dann, wenn aus Gründen, die nicht von Beginn und allzeit dem christlichen Glauben als solchem innewohnen, die Gewißheit von der Personalität des Menschen einen sicheren Ausgangspunkt bildet.“[345] Den Beitrag des Trinitätsdenkens, das „ursprünglich ein Gedanke vom Überstieg über die Personalität“ ist[346], sieht der Philosoph hierin: „Gegen die Verkürzung solcher Gewißheit stellt das Symbol die Frage nach dem Grund der personalen Selbstgenügsamkeit und zugleich die Einsicht in die Möglichkeit der Erfüllung des Subjektiven in einem kommunikativen Leben, die für eine Theorie, welche nur den Gestus des Autonomiepostulats theoretisch unbesonnen fortsetzt, notwendig unbegriffen bleiben muß. ... Die moderne, wie auch schon die antike Welt stehen zum christlichen Glauben in einer ursprünglichen und im Grunde auch unüberbrückbaren Spannung. Sie kann aber in der Perspektive auf das, was wahr ist, produktiv überbrückt werden.“[347] Eine solche Konstellation erfordert freilich nach Henrich – wenn nicht auf den trinitätstheologischen Personbegriff ganz verzichtet werden soll, was „aber am Ende doch wohl unvereinbar [ist] mit dem christlichen Glauben, daß Gottes Wesen im Heilsgeschehen offenbar geworden sei“ –, „daß für die Explikation der Trinität, welche die durch den entfalteten Personbegriff gesetzten Bedingungen voll respektieren will, wirklich keine geringeren Mittel aufgeboten werden dürfen als die es sind, die Hegels spekulative Theologie eingesetzt hat“[348].

Die zuletzt zitierten Beobachtungen und Hypothesen von seiten des Philosophen haben uns wieder an die systematisch-theologische Leitfrage unserer Untersuchung herangeführt: Ist nicht im Hinblick auf das problematische Verhältnis von Selbstand und Relation im Begriff der Person die Wechselwirkung von „klassi-

343 Henrich 612. 344 Ebd. 614. 345 Ebd. 616f. 346 Ebd. 613.

347 Ebd. 617. Mit der Kritik am aporetischen Autonomiepostulat hat Greshake (3) 75f seinen Beitrag begonnen.

348 Henrich 619.

schem“ und „modernem“ Sprachgebrauch entschieden zu fördern? Muß der Theologe vor dem „heutigen“ im Zeichen des Autonomieanspruchs stehenden Verständnis von Person zurückweichen, da doch der Philosoph selbst im „trinitarischen Symbol“ „die Frage nach dem Grund der personalen Selbstgenügsamkeit“ gestellt sowie die Einsicht in die Möglichkeit der Erfüllung des Subjektiven in einem kommunikativen „Leben“ eröffnet sieht? Lohnt es sich dann nicht, bei allem Respekt vor der „spekulativen Theologie“ Hegels auf die eigenen Ursprünge trinitätstheologischen Denkens zurückzugehen und so den Versuch einer „positiven Überbrükkung“ zu wagen?

Wenden wir unsere Aufmerksamkeit zunächst dem zu, „was wir Heutigen (seit wann? – doch wohl spätestens seit Kant) unter ‚Person‘ zu verstehen pflegen“[349]!

2. *Das Bedeutungsspektrum in der Philosophie der Gegenwart (nach M. Theunissen)*

M. Theunissen[350] geht in seinem Beitrag zu der Max Müllers „personaler Anthrologie“ gewidmeten Festschrift von der gegenwärtigen philosophischen Situation aus, in der „der christliche Personbegriff nur einer unter mehreren ist, die mit demselben Anspruch auf Geltung auftreten. Die Mannigfaltigkeit der Bedeutungen des Personbegriffs ist so verwirrend, daß man von *der* personalen Anthropologie, genau genommen, gar nicht sprechen kann.“ (461) Mit seinen „skeptischen Betrachtungen“ hat der Autor uns eine wichtige und hilfreiche Orientierung an die Hand gegeben.[351] Bevor er in einem zweiten Teil die Mehrdeutigkeit „inneranthropolo-

---

349 Fuhrmann (1) 83. – Welche Bedeutung Kant in diesem Zusammenhang zukommt, machte Fuhrmann in seiner Kritik an Rheinfelder deutlich. Gleiches gilt gegenüber Trendelenburg, der in seinem Beitrag zur Begriffsgeschichte mit Kant einsetzt. Zu Kant selbst Zeltner 335: Kant geht einen entscheidenden Schritt über Boethius hinaus. Nicht in dem animal rationale, sondern in der „*Zurechnungsfähigkeit* oder der sittlichen Verantwortlichkeit“ sieht er „die Anlage für die Persönlichkeit“. Mit Kants „Metaphysik der Sitten“ (1785) wurde nach Dowdall 253 „der moderne Gebrauch fest und definitiv etabliert“. Zu Descartes: Dowdall ebd.; Herring 1. – Ein eigenes Kapitel bildet Fichtes Ablehnung des Personbegriffs im Kontext seines „diametralen Widerspruchs“ (Stalder 528) zum christlichen Gottesbekenntnis. Nach Stalder 541 hat Fichte, der ja – wie auch Kant – nicht nur destruierte, „neue Perspektiven aufgerissen, die namentlich heutiges Denken über Gott nachhaltig zu inspirieren vermögen“.

350 Die Seitenangaben in diesem Abschnitt beziehen sich auf Theunissen (2).

351 Vgl. auch die Überblicke in dem Band: Personale Erziehung, bes. Nosbüsch; Gerner. – Ebenfalls aus der Sicht der Pädagogik bzw. auf ihre Praxis hin orientiert sind die Beiträge des Kongresses: Das Personverständnis in der Pädagogik und ihren Nachbarwissenschaften. Vgl. außerdem den Literaturbericht von Splett (2). – Weitere Literatur, auch aus der Diskussion der beiden letzten Jahrzehnte, ist notiert und aufgearbeitet bei Pannenberg (5); auf diese umfassende Studie werden wir aus systematischen Gründen erst im letzten Teil der vorliegenden Arbeit eingehen. Eigens erwähnt werden sollen die folgenden Beiträge aus der Perspektive der „analytischen“ bzw. „christlichen“ Philosophie: Williams (2); zur Auseinandersetzung mit Williams und Strawson vgl. Margolis; in diesem Zusammenhang seien auch genannt Rohls und Tugendhat (dazu G. Haeffner, in: ThPh 55 (1980) 257f). – Lotz (2); Goldbrunner; Haeffner; Auer (2). Zum dialogischen Perso-

gisch" und nicht allein aus der analogen Verwendung in der Theologie abzuleiten versucht, möchte er in einem ersten Teil „vor Augen führen, *worin* eigentlich die Mehrdeutigkeit des fraglichen Begriffs liegt" (462).

Gemeinsam ist allen Positionen die seit Kant geltende opinio communis, „daß Person und Sache entgegengesetzt sind" („jeder anderen Entgegensetzung läßt sich eine Gleichsetzung zur Seite stellen"); ebenso „gilt als ausgemacht", „daß Personalität die von Husserl gegen die ‚Naturindividualität' abgehobene ‚Individualität im geistigen Sinn' sei" (465). Wiederum Kant, nämlich der von ihm herausgestellten Zusammengehörigkeit von praktischem, theoretischem und anthropologischem Personbegriff, ist es zu verdanken, daß dreierlei in der neueren Philosophiegeschichte unwidersprochen hingenommen wird: „erstens, daß die menschliche Person durch *Freiheit* ausgezeichnet sei, zweitens, daß sie auf *Einheit* beruhe, und drittens, daß sie in einer wesentlichen Verbindung zur *Welt* stehe" (472f). In der Gleich- bzw. Entgegensetzung von Person auf der einen, Individuum, Substanz, Selbst, Ich (Subjekt) auf der anderen Seite gehen dann die Richtungen entschieden auseinander.

Wie die Übersicht (vgl. *Tabelle 1*) verdeutlicht, lassen sich im modernen Personalismus im wesentlichen drei Positionen ausmachen, die auf zwei Grundeinstellungen als „auf einen alles beherrschenden Gegensatz" (464) zurückzuführen sind. Wieder einmal scheiden sich die Geister daran, ob man die Konstitution der Person in ihrer „radikalen Relationalität", das personale Sein als „Endlichkeit in der Gestalt totaler Angewiesenheit" sieht (Grundeinstellung A, Grundposition a) oder ob man die Person in ihrem Selbstand konstituiert sein läßt (Grundeinstellung B), dessen Absolutheit in der „Losgelöstheit des Für-sich-Seins" (Grundposition b_1) oder „noch vollkommener" in der „Autarkie des Durch-und-aus-sich-Seins" (Grundposition b_2) festgemacht wird. Eine differenzierende Betrachtung nimmt wahr, daß für die erste Gruppe die Angewiesenheit eine „vornehmlich, wenn auch nicht ausschließlich *soziale*" ist, während die zweite Hauptgruppe Relationalität zugestehen kann, solange man ihr „keine *konstitutive* Bedeutung einräumt" (463).

Der behauptete „alles beherrschende Gegensatz" läßt sich verifizieren, wenn die Gleichsetzung bzw. Entgegensetzung des Personbegriffs mit bzw. zu folgenden Begriffen beachtet wird: Individuum, Substanz, Selbst, Subjekt/Ich. Gehört die Auffassung von der „*Individualität* im geistigen Sinn" zur opinio communis, so gehen die Meinungen „angesichts des naturalen, raum-zeitlich konstituierten Individuums" der jeweiligen Grundeinstellung gemäß auseinander: Die Vertreter der Grundeinstellung (A) wenden sich entschieden (z. B. Buber) gegen die Heraushebung des Individuums als eines Eigenwesens, als „Abgegrenztsein gegen die Welt und die Anderen" (Stern), als „geschlossene Form des Lebendigen" (Guardini), als „abgehoben . . . von allem, was ihm an Welt gegenübersteht" (Lersch); sie sehen einen „absoluten Gegensatz" zwischen der Person und „den ‚für sich seienden'

nalismus, der in der jüngeren theologischen Diskussion eine große Rolle spielt, vgl. den Forschungsbericht und die Literatur bei Schrey.

Tabelle 1:

Die Grundpositionen in der gegenwärtigen philosophischen Anthropologie

Opinio communis:

Person $\neq$ Sache

Person = Individualität im geistigen Sinn

3 Wesensmerkmale : Freiheit, Einheit, Weltbezug

⇓

2 Grundeinstellungen:

(A) Konstitution der Person in der *Relationalität* (Hartmann, Buber, Rosenzweig, Löwith, Binswanger, z. T. Husserl u. Macmurray)

(B) Konstitution der Person im *Selbstand* (als Absolutum) (Stern, Scheler, Hildebrand, Guardini, Lersch)

⇓

3 Grundpositionen:

(a) Personalität als radikale Relationalität

Absolutheit der Person als
(b_1) Für-sich-Sein
(b_2) Durch-und-aus-sich-Sein

Individuen" (Löwith), dem „isolated individual" (Macmurray), dem „Individuum als atomarem Element oder als Exemplar unter Exemplaren" (Marcel) (466f).

Der aus der Grundeinstellung A resultierende Protest „gegen die *Substanzialisierung* der personalen Wirklichkeit" (z. B. bei Hartmann und Ebner) richtet sich „gegen eine lange Tradition des Denkens", die unter Einfluß der Boethius-Definition auch die Theologie beherrscht hat und in der von der Neuscholastik beeinflußten Philosophie auch gegenwärtig noch anzutreffen ist, etwa in D. v. Hildebrands Kennzeichnung der Person als „kompleter Substanz" im Sinne „eines nicht ergänzungsfähigen ‚für sich Seienden'". Über das „Für-sich-Sein" hinaus auf das „Durch-und-aus-sich-Sein" greifen die einschlägigen Formeln bei Lersch und die

Zusammenstellung der Personkategorien Individualität, Substanzialität und Kausalität durch Stern. (467f)

Die Zuordnung der Begriffe Person und *Selbst* steht nicht im Zeichen radikaler verbaler Entgegensetzung, doch in der Sache treten die beiden Grundhaltungen offen zutage. Wer – wie Rosenzweig – das Selbst aus dem Singular der Einsamkeit, die Persönlichkeit aber aus dem Plural der Gemeinschaft versteht, wird beide Begriffe sauber auseinanderhalten; wer – wie Buber – Selbstsein als „In-Beziehung-Sein" konzipiert, kann beide identifizieren; eine dritte Variante bietet Binswanger, für den personales Sein Sozialität im Modus der Selbstentfremdung und „liebendes Miteinandersein" nicht dasselbe wie „personales Mitsein" bedeutet (469). Die Vertreter der Grundeinstellung B dagegen treten übereinstimmend für eine Identifizierung der beiden Größen ein: Für Stern ist personale Kausalität „Selbstanfang", „Autotelie" und „Selbstbestimmung"; Guardini interpretiert Personalität als „Selbstgehörigkeit" und Lersch als die vollendete Gestalt des „individuellen Selbstseins" (468f).

In der Identifizierung (Stern) bzw. der kontradiktorischen Entgegensetzung (Buber) von Person und *Subjekt* treffen wir dieselben Grundpositionen wieder. Das gilt auch für die Kontroverse Hartmanns mit Scheler: Hartmanns Gleichsetzung von Person und *Ich* richtet sich gegen die Selbstgenügsamkeit des personalen Seins als „absolutes Sein", dessen Absolutheit nach Scheler von der Relativität des Ich, das wesensmäßig in Beziehung zum Du und zur Außenwelt steht, unbeeinträchtigt bleiben soll (472). Nach Theunissen „geht der aufgezeigte Widerstreit so tief, daß er selbst noch die allgemein anerkannten Personbestimmungen ‚Welt', ‚Einheit' und ‚Freiheit' ins Zwielicht setzt". Die *Weltbezogenheit* kann „genauso wie die Sozialität als beiläufiges oder als konstitutives Moment des personalen Seins verstanden werden" (474). Entsprechend steht die Person der Welt als ganzer gegenüber (Grundpositionen b, vertreten von Scheler, Guardini u. a.), oder sie ordnet sich in die Welt als Umwelt ein (Grundposition a, etwa bei Husserl und Hartmann). Aus der Sicht der zuletzt genannten Position erscheint *Einheit* der Person „allein im Geschehen der lebenslangen und unabschließlichen Selbstidentifikation", also als „dynamische" Einheit (vgl. Hartmann), und ihre *Freiheit* als „die dialogische Verantwortlichkeit . . . , deren letzte Instanz der Andere ist" (nach Buber). Die Vertreter des absoluten Standpunktes sprechen dagegen von „Seinseinheit" und meinen das „Aktzentrum", das unabhängig von allen Akten in sich ruht (Scheler), oder sie reden – stärker von dem Für-sich-Sein ausgehend – von der substanzialen Einheit des für sich Seienden (Stern); Freiheit wird zur Aufgipfelung des Durch-und-aus-sich-Seins und bestimmt als „Eigenständigkeit des Seins und Anfangsmächtigkeit des Handelns" (Guardini), als „Autonomie" (Stern mit Kant) oder gar (Kant radikalisierend) als Auszeichnung der Person als einer „Totalität, die sich selbst genügt" (Scheler). (475f)

Im zweiten Teil seines Beitrags versuchte Theunissen, die Mehrdeutigkeit des Begriffs „rein inneranthropologisch" abzuleiten, und er rekurrierte zu diesem Zweck auf die umgangssprachliche Verwendung von „Person" bzw. „persönlich".[352] Zunächst führt dieser Ansatz nicht weiter: „Auch in der alltäglichen Rede werden die beiden Bedeutungen der Personalität als Glied- und Partnerschaft vom umfassenden Sinn der Relationalität zusammengehalten. Wir verwenden das Wort ‚Person' jedoch gleichermaßen zur Bezeichnung des weder dialogisch noch gesellschaftlich bezogenen Individuums in seiner raum-zeitlichen Vereinzelung." (478) Doch kann „der allgemeine Sprachgebrauch einen Hinweis auf die Richtung geben, in der die Lösung zu suchen ist. Wir werden auf diesen Fingerzeig aufmerksam, wenn wir die Stellung des jeweils als Person Angesprochenen zum Sprechenden prüfen."(479) Darin offenbart sich nämlich eine „Dreidimensionalität" (480) folgender Art: (1) „Mich selbst spreche ich offenbar immer nur *in Beziehung auf Andere* als Person an", auch „wenn ich mich dabei als abstraktes Individuum oder als autonomes Selbst vorstelle" (479). (2) „Aus der *Innen*perspektive der Beziehung" heraus sehe ich die Person des Anderen „in ihrer wesenhaften Relationalität"; „das gilt vornehmlich von der dialogisch, aber grundsätzlich auch von der gesellschaftlich konstituierten Person". (3) „Demgegenüber müssen die Anderen in der *Außen*perspektive gegeben sein, damit sie als abstraktpersonale Individuen angesprochen werden können."(480)

Für die Entwicklung unserer Problemstellung erscheint es mir nun hochinteressant, daß „diese Dreidimensionalität des Sprechens von Personen erinnert an den *theatralischen Ursprung des Personbegriffs*" (480):

> „Erkennt man nicht in jener Außenperspektive den Aspekt wieder, in dem die Schauspieler den Zuschauern gegeben sind? Deckt sich nicht die Innenperspektive mit der Sicht, in der sich die Schauspieler gegenseitig erleben? Und wird nicht auch dies, daß ich mich selbst nur im Blick auf Andere eine Person nenne, aus der Situation des Schauspielers verständlich? Ist es doch der Schauspieler, der in einer ausgezeichneten, ihn wesentlich charakterisierenden Weise sich selbst im Bilde der Anderen sieht, in dem Bilde, das sich sowohl die Zuschauer wie die Mitspielenden von ihm machen." (480f)

Der Versuch einer „Ableitung dieser bis zum Widerspruch auseinandertretenden Mannigfaltigkeit aus dem historischen Ursprung des Wortes persona" will freilich methodisch abgesichert sein: Es geht um mehr als Exemplifizierung oder Illustration, es geht um „die tatsächliche Herkunft auch und insbesondere aller philosophischen Bedeutungen von ‚Person' aus der theatralischen Urbedeutung dieses Wortes", also um „ein Stück Wesensphänomenologie", allerdings in einem – „durch das Medium der Geschichte" – „eigentümlich gebrochenen Modus" (481). Es handelt sich also darum, ausfindig zu machen, „welche Seite der Sache selbst jeweils das Rechtsfundament für die Okkupation von ‚persona' durch eine der sich widerstreitenden Erfahrungen vom Menschen abgibt". „Die Bedingung der Möglichkeit dieser Einheit von Gegensätzlichem ist die Vielseitigkeit oder Vielschichtigkeit des Phänomens ‚Schauspieler'"; eine Rangordnung unter den verschiedenen Personbegriffen gründet sich allein auf den „Grad der Nähe des Personbegriffs, auf

352 Zur Differenz und Gemeinsamkeit beider Begriffe und ihrer Verwendung in seiner Untersuchung vgl. 477[99].

den sich ein anthropologischer Entwurf stützt, zu der anfänglich mit ‚persona' gemeinten Sache". (482)[353]

Theunissen entwickelt also die im ersten Teil seiner Untersuchung vorgestellten drei Grundpositionen aus „*den verschiedenen Aspekten des Schauspieler-Phänomens*" (483). Konkret müssen es dann drei Gesichtspunkte sein; es sind dies: *Rolle*, Rollen*träger*, „*Selbst*bewußtsein des sich weder bloß als Rolle noch bloß als Rollenträger verstehenden Schauspielers" (486). Die beiden ersten Ableitungen ergeben sich ohne große Umwege:

(1) „Das In-der-Rolle-Sein des Schauspielers ist das Modell, an dem das In-Beziehung-Sein der Person ursprünglich abgelesen wurde" (483). Daß das Rollenspielen vom Theater bald auch auf „die Bühne des Lebens" übertragen wurde, haben wir ja bei der Analyse des profanen Sprachgebrauchs verfolgen können.[354] Theunissen verweist in diesem Zusammenhang auf den grammatikalischen Personbegriff, der „älter als der philosophische, theologische und juristische" ist; er „liegt insofern auf derselben Ursprungsebene wie der theatralische, als die von ihm fixierte Situation nur die verallgemeinerte Schauspielszene ist" (484[107]). Auf die Relevanz dieser Beobachtung für die Analyse der Anfänge des trinitätstheologischen Personbegriffs werden wir im Zusammenhang mit der ‚prosopologischen Exegese' im dritten Teil der Untersuchung zurückkommen. Nicht nur die Dialogizität, auch die Gesellschaftlichkeit folgt – im Ganzen des Schauspiels gesehen – dem theatralischen Vorbild. Wichtig ist aber vor allem, „daß in der hier beschriebenen Sicht Rolle und persona schlechthin identisch sind" (484), denn nur so kann aus dem Phänomen der Rolle die Personalität als radikale Relationalität, also die Grundposition a erschlossen werden. „In der Besinnung auf diesen historischen Ursprung definieren denn auch Löwith, Binswanger und einige Soziologen, vornehmlich angelsächsischer Herkunft, die Person ausdrücklich als Rolle" (483).

(2) In der Betrachtung des Schauspielers als Rollen*träger* „gründet die Kennzeichnung des für sich seienden Individuums durch den Personbegriff", also die Grundposition b_1. Abstrahiert von der Rolle, blieb „am Entstehungsort dieses Begriffs das leere Substrat" übrig. Theunissen vermag sogar die Spannung zwischen geistiger und natürlicher Individualität in dem „dialektischen Verhältnis von Rollen- und Trägerindividualität" wiederzuerkennen: „Die *darzustellende* Individualität ist geistig"; als dem Schauspieler vorgegeben ist dagegen „die *darstellende* Individualität . . . etwas Natürliches". (484)

(3) Für das Verständnis von Personalität als autarkes Durch-und-aus-sich-Sein (Grundposition b_2) scheint das „Anschauungsfundament" ebenfalls in dem Substrat der Rolle vorzuliegen: „Die Idee der personalen Autarkie wäre danach aus der Vergegenwärtigung der Selbstgenügsamkeit hervorgegangen, die in der Unabhän-

---

353 Theunissen weist auch auf „die grundsätzliche Grenze jedes anthropologischen Personbegriffs" hin. Nach ihm „stellt die Situation des Schauspielers in gewissem Maße selber die condition humaine dar"; aber „die ‚Anthropologie des Schauspielers' (Helmuth Plessner) ist nicht die Anthropologie schlechthin" (482).

354 Siehe oben S.

gigkeit des schauspielernden Individuums von seinen Rollen besteht". Doch zieht Theunissen vor, sie „direkter aus der theatralischen Situation abzuleiten". (485) Dabei kann angesetzt werden bei der Priorität der Rolle vor dem in ihr auftretenden Individuum, was dem „wortgeschichtlichen Vorrang des relationistischen Personbegriffs vor dem substanzialistischen" (486) entspricht. Erst das Heraustreten aus der Innen- in die Außenperspektive läßt das Substrat der Rolle in den Blick kommen. Diese Beobachtungen führen zu der Schlußfolgerung:

> „Wenn das Für-sich-Sein des Individuums primär im Außenaspekt des Zuschauers aufleuchtet und wenn sich das Bewußtsein der totalen Relationalität dem Innenaspekt zuordnet, in welchem sich die Schauspieler gegenseitig sehen, so ist zu vermuten, daß die Vorstellung von der Autarkie der Person ihr phänomenales Fundament im *Selbst*bewußtsein des sich weder bloß als Rolle noch bloß als Rollenträger verstehenden Schauspielers hat. Von sich als für sich seiendem Individuum unterscheidet sich der dergestalt seiner selbst bewußte Schauspieler, sofern sein Selbstbewußtsein das Bewußtsein seiner aktuellen Tätigkeit auf der Bühne ist, und von seiner Rolle hebt er sich ab, sofern er derjenige ist, der sie spielt. Um seine Rolle aber spielen zu können, muß er ihr *überlegen* sein. . . . Erst diese Souveränität in der Beherrschung der Rolle schafft die Distanz, die zum Spiel genauso wesentlich gehört wie die Identifikation. Und sie ist es, die vermutlich die Inanspruchnahme des Wortes persona auch für die Erfahrung der Autarkie des Menschseins motiviert hat." (486f)

Daß die dritte Grundposition im „Strukturzusammenhang" von persona tatsächlich hier ihren entscheidenden Anknüpfungspunkt gefunden hat, bestätigt sich, wenn man, der wesensphänomenologischen Methode Theunissens entsprechend, Phänomen und geschichtliche Bedingtheit in ihrer wechselseitigen Verschränkung betrachtet: „Die Bedeutung des für sich seienden Individuums und der sozialen Rolle – im übertragenen Sinne des Amtes und der gesellschaftlichen Aufgabe – hatte das Wort persona schon in der vorchristlichen Antike. Dagegen hat erst das Christentum mit dem Begriff der Person die Vorstellung eines Selbst verbunden, das vermöge seiner Autarkie absolut ist." (487) Die Spannung zur Auffassung von Fuhrmann und vor allem zu Henrich verringert sich, wenn man berücksichtigt, daß für Theunissen „der *christliche Begriff*, gemäß dem hohen Grad seiner historischen Vermitteltheit, im Vergleich mit der primären Stellung des relationistischen und der sekundären Position des substanzialistischen Begriffs nur als *tertiäre Bestimmung* gelten kann" (489). Aus der Kritik Theunissens an der bis in die Neuscholastik hinein dominierenden Substanzialisierung der Personalität schließe ich, daß auch er den Durchbruch der christlichen Erfahrung spät ansetzt und als weitere „Bewußtseinsvoraussetzung" (487) die spezifisch neuzeitliche geistesgeschichtliche Konstellation einbezieht. Zumindest gilt das in dem Sinn, daß der christliche Begriff erst in Reaktion gegen die absolute Autarkie des neuzeitlichen Personverständnisses sein Profil erhielt. Dem steht keineswegs entgegen, daß der neuzeitliche Personbegriff „gar bloß einen defizienten Modus" darstellt, weil er „die Absolutheit der Autarkie aus ihrer, christlich gesehen, wesentlichen Einheit mit der Endlichkeit der Relationalität herauslöst und ihr damit eine Wendung gibt, die kaum noch etwas von seiner Herkunft erkennen läßt". Zugleich aber bleibt wahr, daß „christliche Denker wie der frühe Scheler und Guardini" erst wieder „die Autarkie in ihren Zusammenhang mit der (notwendig und oft gewaltsam genug depotenzierten) Relationalität redintegriert haben". Max Müller, dem der Festschriftbeitrag gewidmet ist, schließlich „hat, wiewohl er die Einheit weniger ausdrücklich als Scheler und Guardini sozial akzentuiert, diesen Redintegrationsprozeß vollendet und so den christlichen Personbegriff gleichsam aus der Entfremdung in den Ursprung heimgeholt". (489)

Der hier anvisierte christliche Personbegriff ist nicht der trinitätstheologische (es geht ja um eine „inneranthropologische" Ableitung und damit um eine ähnliche Perspektive, wie sie Fuhrmann und Henrich einnehmen), sondern der aus der christlichen Selbsterfahrung, zu der freilich die Gotteserfahrung wesentlich hinzugehört, gewonnene „Begriff der Personalität als Einheit von Endlichkeit [= In-der-Welt-Sein] und Absolutheit [= Über-die-Welt-hinaus-Sein]" (488). Dieser Begriff bleibt tertiär, und die Bezeichnung der christlichen Grunderfahrung als ‚personaler' bedient sich eines Wortes, das „hierfür einerseits zu reich, andererseits zu arm" ist. „Es ist zu reich: denn es hat zu viele und zu verschiedene Bedeutungen, als daß es für eine bestimmte Erfahrung in Anspruch genommen werden dürfte. Es ist zu arm: denn sein Gehalt reicht nicht hinaus über die Welt, die das Schauspiel darstellt, und folglich nicht hinein in den überweltlichen Grund der ‚Absolutheit' des Menschen. So erhebt sich die zwiefache Frage, ob der Personbegriff die christliche Erfahrung vom Menschen *eindeutig* und ob er sie *hinreichend* definiert." (489f)

Es erhebt sich aber auch die Frage, ob der Anteil der spezifisch christlichen Gotteserfahrung als Erfahrung des dreieinen Gottes an der Ausbildung des anthropologischen Begriffs im Christentum von Theunissen genügend berücksichtigt ist.[355] Die möglicherweise „vermittelnde" Stellung des christologischen Personbegriffs müßte in einer umfassenden wie eingehenden Analyse beachtet werden.[356] Damit stimme ich keineswegs Guggenbergers These zu, daß „die Ableitung des Wortes πρόσωπον in der Bedeutung von Person nur aus der Theatersprache . . . zu eng sein [dürfte]"[357]. Der Kontext läßt vermuten, daß Guggenberger an dieser Stelle Person mit Rolle identifiziert. Mir dagegen scheint der Versuch Theunissens, alle drei anthropologischen Grundpositionen aus der ursprünglichen theatralischen Bedeutungsvielfalt von persona abzuleiten, höchst anregend.

3. *Auswertung*

Rahners terminologische Initiative ist von zwei Voraussetzungen ausgegangen: Persona bedeute in den klassischen lehramtlichen Texten „dasselbe" wie ὑπόστασις, und dieses meine im Grunde „nichts anderes als" unterschiedene Gegebenheitsweise; das moderne Personverständnis stehe so sehr im Zeichen von Selbstand, Selbstbewußtsein und (aus sich selbst begründeter) Freiheit des Individuums, daß seine Anwendung in der Trinitätstheologie mit Notwendigkeit die Gefahr eines

355 Vgl. nochmals die Intention von Greshake (3).

356 Vgl. die Ansätze in den einschlägigen Arbeiten von Stockmeier.

357 Guggenberger 311. (Gegen diese von Rheinfelder, auf den sich Theunissen häufig stützt, vorgetragene Meinung beruft sich Guggenberger auf Lohse 771.)

tritheistischen Mißverständnisses heraufführe. Rahner schlug deshalb als Ergänzung und schließlich als Alternative zu dem trinitätstheologischen Personbegriff die Verwendung des Terminus „distinkte Subsistenzweise" vor, den er gegen ein (von ihm im Vergleich zu dem tritheistischen als weniger aktuell eingeschätztes) modalistisches Mißverstehen abzuschirmen versucht. Die von Bantle und Lynch vertretene Gegenposition vermeint, das „moderne" Personverständnis bereits hinter den konziliaren und theologischen Formeln der alten Kirche ausmachen zu können, ohne sich über die Problematik des damit akut werdenden Tritheismus Rechenschaft zu geben.

Beide Standpunkte verabsolutieren in ihrem trinitätstheologischen Personbegriff jeweils ein Moment, entweder das der Selbständigkeit oder das der Beziehung. Der Blick in die Geschichte der Trinitätslehre konnte demgegenüber nachweisen, daß beide Momente im Spiel sind, wenn auch bei den einzelnen Schriftstellern und Texten die Akzente jeweils unterschiedlich gesetzt werden. Vor dem Hintergrund des profanen Wortes persona, das als „typisch römischer Rollenbegriff" zu bezeichnen ist, ist die Erwartung naheliegend, daß sich die beginnende trinitätstheologische Reflexion der Elemente dieses Begriffs bedient und sie im Hinblick auf die „Rollen" von Vater, Sohn und Geist in der Heilsgeschichte wie im Bedenken der innertrinitarischen Beziehungen fortentwickelt. Unser theologiegeschichtlicher Durchblick entdeckte freilich, daß dieser Rollenbegriff, der in seinen Momenten des Rollenträgers und der Rolle beide Aspekte, Selbstand und Beziehung, einschloß, bald in Vergessenheit geriet und spätestens bei Augustin nicht mehr systembildend wurde. Die durch das ὁμοούσιος geprägte nachnizänische Atmosphäre theologischen Denkens ließ eine Trinitätslehre heranreifen, die, ausgehend von der Gleichheit der göttlichen Personen, immer stärker aus der Perspektive des einen göttlichen Wesens entwickelt wurde. Trotz des Ausgangs von den „Personen" der Heilsgeschichte vermochte es offenbar auch die östliche Trinitätstheologie nicht, die Einheit des göttlichen Wesens von der Interaktion und der Interrelation der Personen her zu denken. Im Westen beherrschte die Persondefinition des Boethius so sehr die Szene, daß bis auf wenige Ausnahmen (Richard von St. Victor) das personale Denken keine Chance erhielt. So blieben auch bei Thomas von Aquin die Boethius-Definition und die von Augustin inaugurierte Relationslehre unausgeglichen nebeneinanderstehen. Diese Feststellung betrifft weniger die getroffene Sprachregelung als das hinter den unterschiedlichen Ansätzen bei Thomas und Richard stehende Seinsverständnis, das als „Substanzdenken" bzw. „relationale Ontologie" charakterisiert werden kann.

Rahner kann sich also mit Recht auf seinen Kronzeugen Thomas von Aquin berufen, sowohl was den Wortlaut („distinctum subsistens in natura rationali/intellectuali") als auch was das Verständnis („relatio subsistens") des Personbegriffs anbetrifft. Freilich verblaßt in dieser Perspektive der Begriff der Person; er scheint da, wo das Moment des Selbstandes noch mitgedacht wird, eher auf den einen „Deus-Trinitas" zuzutreffen als auf die konkreten Personen der Trinität. Mit dieser Tendenz hin zum „Deus monopersonalis" ist aber auch das Rahnersche Grundaxiom in Frage gestellt, zumindest was seine erkenntnistheologische Lesart anbetrifft, daß nämlich in der ökonomischen Trinität die immanente Trinität bereits gegeben ist und erkannt werden kann (ohne daß sie sich darin erschöpfend aussagt und damit die Unterscheidung zwischen Ökonomie und Immanenz überhaupt hinfällig wird). Es bestätigt sich somit der Eindruck, daß Rahner die heilsgeschichtliche Dreieinigkeit von der innergöttlichen Dreifaltigkeit her denkt und daß er die Selbstoffenbarung des dreifaltigen Gottes ihrerseits von dem Selbstvollzug des menschlichen Empfängers dieser Selbstmitteilung her konzipiert. Dieser Adressat wird als sich selbst vollziehendes Individuum angesetzt, so daß die Absetzung Rahners von der psychologischen Trinitätsspekulation Augustins nicht recht zu überzeugen vermag. Rahner bleibt letztlich der Schultheologie, deren Sterilität er mit seinem trinitätstheologischen Grundaxiom überwinden wollte, ebenso verhaftet wie dem von ihm charakterisierten modernen Personbegriff, den er als trinitätstheologisch unbrauchbar abweist.

Die Analysen des 3. Abschnitts machten indes die notwendigen Korrekturen an diesem Charakterbild des sogenannten modernen Personbegriffs deutlich. Das unter spezifisch neuzeitlichen Bedingungen entwickelte Verständnis der Person als eines absolut autarken Subjektes stellt eine defiziente Ausprägung dar gegenüber der christlichen Auffassung, die freilich selbst erst auf dem II. Vatikanischen Konzil in offiziellen Texten voll zum Durchbruch kam. In der gegenwärtigen (philosophisch-)anthropologischen Diskussion ringen zwei Grundeinstellungen bezüglich des Personbegriffs miteinander, die jeweils mehr oder weniger dezidiert eines der beiden Begriffsmomente favorisieren: Personsein als radikale Relationalität bzw. Personsein als absolutes Für-sich- oder/und Durch-und-aus-sich-Sein. Die Person wird dann entweder durch Relationalität oder durch absoluten Selbstand konstituiert.

Der Protest gegen die Substanzialisierung und „Versubjektivierung“ des Personbegriffs, der in der ersten Grundposition zum Ausdruck kommt, erhob sich jedoch nicht erst in unserem Jahrhundert, im Zeitalter des „dialogischen Denkens“ und des „Personalismus“.[358] Die Kritik an der „abendländischen Idee des Individuums“ läßt sich zurückverfolgen bis auf Hegel, der im Verlauf unserer Untersuchung immer wieder als Orientierungsmarke genannt wurde. Moltmanns Kritik an dem Hegelschen Gott-Denken aus der Perspektive der absoluten Subjektivität muß erheblich differenziert und korrigiert werden, wenn zutrifft, was Werbick vor kurzem herausgestellt hat: „Subjektsein heißt bei Hegel: im Anderen bei mir selbst sein. ... Der Mensch ist Subjekt, wenn das Andere seiner selbst bzw. die Anderen ihn so bestimmen, daß er darin zugleich seine Selbstbestimmung (Selbstauslegung) vollziehen kann – das ist eine Utopie von Subjektivität, die vor Gott, dem schlechthin Anderen, ihre Wahrheit hat.“[359] Die in der Neuzeit dominierenden

---

[358] Zu den Wurzeln dieses Denkens vgl. den Abriß bei Anzenbacher (1) 22–32.

[359] Werbick (1) 135f. Mit diesem Zitat soll weder „der ganze Hegel“ noch seine Trinitätsspekulation erfaßt sein; einiges dazu wird in Teil IV noch zu sagen sein. – Nach Oeing-Hanhoff (5) erfordert Person als offenbarungstheologischer Begriff eine neue Ontologie, die in der Tradition vorbereitet sei; Rahner finde jedoch weder im trinitarischen Person-

Aspekte von Selbstbewußtsein und Autonomie („Aktzentrum") lassen sich durchaus als durch andere bzw. den Anderen vermittelt denken. Theunissen hat überzeugend dargetan, wie sich die Momente von Einheit, Freiheit und Weltbezug sowohl in einer radikal relationalen wie in einer absoluten Perspektive formulieren lassen. Auf der anderen Seite übertreibt doch Moltmann sehr, wenn er den neuzeitlichen Personbegriff schlechthin mit einem relationalen Personverständnis identifiziert. Denn die erst in unserem Jahrhundert auf breiter Front erfolgte Entdeckung des dialogischen Prinzips stellte tatsächlich einen „Umbruch des Denkens"[360] dar. Daß dieser Umbruch selbst wiederum auch aus religiösen und christlichen Quellen gespeist ist, wenn auch vielleicht am wenigsten von der Trinitätslehre her, verbietet geradezu eine Kapitulation vor dem vermeintlichen oder tatsächlichen (umgangssprachlichen) Gebrauch. Theologische Neu- bzw. Rückbesinnung und theologische Sprachkritik sollten hier eher Hand in Hand gehen.

Relation und Selbstand erweisen sich zumindest seit dem Aufziehen des christlichen Erfahrungshorizontes als die beiden dominierenden Momente des Personverständnisses. Was jeweils als konstitutiv angesehen und wie ihr wechselseitiges Verhältnis bestimmt wird, ist im Einzelfall aus der inhaltlichen Struktur des verwendeten Begriffs und seiner Funktion im Kontext zu ermitteln. Erst danach könnte gefragt werden, ob sich so etwas wie eine sich durchhaltende Grundstruktur, eventuell nur in einem Bereich der Theologie, unter den ephemeren Akzentuierungen ausmachen läßt.[361]

---

begriff noch in der vorhegelschen Tradition einen Anhaltspunkt für seine terminologische Position (vgl. 162 mit Anm. 71).

360 Vgl. Th. Steinbüchel, Der Umbruch des Denkens. Die Frage nach der christlichen Existenz, erläutert an Ferdinand Ebners Menschendeutung. Darmstadt 1966 (Nachdruck der Ausgabe Regensburg 1936). – Nicht uninteressant erscheint mir in diesem Zusammenhang der Hinweis auf Wittgenstein, der in seinem „Tractatus" das Subjekt („ich"), in seinem Spätwerk (den „Philosophischen Untersuchungen") aber den Anderen als Bezugssystem des Verstehens ansetzte; wie differenziert die Dinge im einzelnen zu sehen sind, zeigt jedoch, daß bei Wittgenstein (Selbst-)Verständigung schon immer in der Tiefengrammatik der Sprache vorgegeben ist und also nicht dialogische (Selbst-)Verständigung bedeutet: vgl. Riesenhuber 380–383.

361 Vgl. Schillebeeckx 510–516.

Dritter Teil

Der Personbegriff in der Trinitätstheologie Tertullians

1. Kapitel

Prolegomena zu Tertullian

1. Unser Interesse an Tertullians Konzeption

Die Analysen des Ersten und Zweiten Teils haben zutage gefördert, daß sich die Problematik des trinitätstheologischen Personbegriffs in der Frage nach dem Verhältnis von Selbstand und Relation konzentriert. Parallel dazu erwuchs das Interesse, daraufhin die trinitätstheologische Konzeption Tertullians zu befragen: Was ist das theologische Konzept Tertullians? Welche anthropologischen Modelle zieht er heran? Für die Wahl Tertullians als theologischen Gesprächspartners gibt es folgende Gründe:

Rahners Anspruch, eher von der östlichen (griechischen) bzw. voraugustinischen Trinitätstheologie auszugehen, lenkte unser Interesse auf die vornizänische Theologie. Sicher darf der Einschnitt des Nizänums in seiner unmittelbaren Wirkung nicht überzeichnet werden: Das ὁμοούσιος hatte zunächst eine eindeutig defensive Funktion in der (gegenüber Arius unmißverständlichen) Unterstreichung des „gezeugt, nicht geschaffen". Wie Studer demonstrierte, behielt der in Nizäa noch gar nicht verwendete Personbegriff bis ins 6. Jahrhundert hinein seinen negativen Charakter. Dennoch bedeutete das ὁμοούσιος eine entscheidende Weichenstellung: Der Ausgang von der Gleichheit, später der Einheit der göttlichen Personen verschob den Akzent von der οἰκονομία auf die θεολογία; die Inkarnation bildete den Ausgangspunkt der Christologie und Gotteslehre, nicht mehr Kreuz und Auferstehung; die Einheit in der Substanz wurde zum ausschlaggebenden Datum der Orthodoxie.[1] Der Bruch im trinitätstheologischen Denken, den Rahner vor Augen hat, kann also mit einem gewissen Recht im Zeichen des ersten ökumenischen Konzils gesehen werden.

Wer auch nach Nizäa von den ökonomischen ‚Gegebenheitsweisen' Gottes ausgehen will, kann nicht apriori bei der Gleichheit der göttlichen Personen oder gar bei ihrer Einheit ansetzen, sondern muß diese von der Heilsgeschichte her entwickeln und – hinter dem Vorzeichen des trinitätstheologischen Grundaxioms – innertrinitarisch begründen. Der Rückgriff auf die vornizänische Tradition und speziell auf Tertullian muß möglicherweise von dem bzw. einem bestimmten Konzept der Einheit in der „Substanz", die sich in unserer bisherigen Erörterung wiederholt als wunder Punkt präsentierte, abrücken.

1 Dieser Gesichtspunkt wurde zum Ausgangsdatum der Arbeit von Lafont; vgl. dort 17.21f.23.105.

Tertullian ist der erste lateinische Theologe; er hat „eine neue theologische Sprache geschaffen und mit ihr die spezifisch christliche Trinitätslehre grundgelegt"[2]. Die Motivation, die vornizänische theologische Situation und die Anfänge der systematischen Trinitätstheologie in Tertullians „Adversus Praxean" aufzunehmen, wurde bestärkt durch die Beobachtung, daß dieser Kirchenschriftsteller wie die gesamte vornizänische Tradition in der Forschung immer wieder am Symbolum von 325 gemessen wird. In der Regel wird bei diesem Vergleich das Zurückbleiben Tertullians hinter der Theologie (und Orthodoxie) des Nizänums konstatiert. Auch Congar behauptet in seinem jüngsten großen Werk über den Heiligen Geist: „Tertullian hat noch nicht die Sicherheit des Konzils von Nizäa."[3]

Kann sich die trinitätstheologische Reflexion angesichts des „schwerwiegenden Perspektivenwechsels"[4] im Gefolge von Nizäa-Konstantinopel damit begnügen, Tertullian lediglich theologiegeschichtliche Gerechtigkeit widerfahren zu lassen und ihn vor anachronistischen Urteilen in Schutz zu nehmen, wie es durchweg in der einschlägigen Literatur geschieht?[5] Was war denn der Preis für die behauptete Sicherheit der konziliaren Sprachregelung? Kasper hat in seiner Trinitätstheologie die Perspektive umgekehrt: „Dem Konzil fehlen offensichtlich die begrifflichen Möglichkeiten, um die Einheit des Wesens und die Unterscheidung der Personen adäquat auszudrücken. An dieser Stelle drängt Nikaia über sich hinaus."[6] Das legt eine Rückbesinnung auf Tertullian (nicht eine Rückkehr[7] zu ihm) als ersten Schritt einer systematisch-theologischen Reflexion nahe: „Die klaren Unterscheidungen des Tertullian konnten sich aber erst nach langen und schwierigen Klärungsprozessen durchsetzen."[8]

Inwiefern Tertullian zumindest im Hinblick auf seine Trinitätslehre als systematischer Theologe bezeichnet werden kann, muß eine Analyse seines Traktats „Adversus Praxean" erweisen; zur Rechtfertigung einer entsprechenden Studie genügt die Tatsache, daß er als erster lateinischer Kirchenschriftsteller eine einschlägige trinitätstheologische Abhandlung vorlegt. Daß die vorliegende Untersuchung auf die Anfänge der lateinischen Trinitätstheologie zurückgreift, ergibt sich aus unseren Beobachtungen zur Geschichte des Personbegriffs. Das Bedeutungsspektrum von persona als typisch römischem Rollenbegriff bietet hilfreiche Ansätze für die Beschreibung des trinitarischen Geheimnisses, die in der Geschichte der Trinitätstheologie spätestens seit Augustin unberücksichtigt blieben. Diese Erkenntnis weckte das Interesse an der Frage, aus welchen Zusammenhängen heraus und mit welchen Konnotationen Tertullian, der als erster persona systematisch in seiner

---

2 Kasper (6) 311. 3 Congar (6) 339. 4 Kasper (6) 318.

5 Ich verweise stellvertretend – die einschlägigen Arbeiten zu Tertullian kommen ausführlich zur Sprache – auf Barbel (3) 34f: „Sicher ist, daß wir alle die Tendenz haben, die Vornizäner am nizänischen Maßstab zu messen, und daß dieses Vorgehen diesen Männern nicht ganz gerecht wird."

6 Kasper (6) 315.

7 Auch Lafont 23 will nicht einfach zur vornizänischen Theologie zurückkehren; aufgegriffen werden sollen die Intuitionen, nicht das Ungenügen dieser Theorien.

8 Kasper (6) 315.

Trinitätstheologie verwendet, dieses Wort aufgreift und gegebenenfalls weiterentwickelt oder neu bestimmt.

Die Zahl der Arbeiten über Tertullian ist längst Legion geworden, wie vor fast sechzig Jahren bereits konstatiert wurde.[9] Was die Erforschung der Trinitätstheologie Tertullians und ihrer Terminologie angeht, bewegen wir uns hier auf den von Moingt vorgezeichneten Wegen. In seiner Rezension zu Brauns bahnbrechender Arbeit hob er das Erfassen der logischen Struktur eines Gedankens als einen wichtigen Schritt hervor[10]; in seiner eigenen Arbeit versuchte er „die Strukturen seiner [von Tertullians] Sprache"[11] zu erheben. Genau hierin macht er dann auch die bleibende Leistung Tertullians fest: „Was ist also das Erbe, das Tertullian der Nachwelt vermacht? Es ist im wesentlichen eine Sprache. Nicht nur die Anzahl von Wörtern, sondern ein mittels begrifflicher Verbindungen aufgebauter Diskurs, der die Wörter in rationalen, geschlossenen und klaren Strukturen zusammenfügt."[12] Das klingt minimalistisch, wenn man Sprache vordergründig – gleichwohl im Sinne einer langen Tradition – rein instrumental versteht. Sprache meint hier allgemein die Erschließung des In-der-Welt-Seins, das Aufschließen der Strukturen des Seins; nur in der Sprache ist Wirklichkeit für den Menschen *da*. In spezifischer Weise gilt das dann auch für das ‚Begreifen' des mysterium trinitatis. Nicht von ungefähr erweisen sich die Hauptprobleme gegenwärtiger Trinitätstheologie als Probleme der Begrifflichkeit, der Sprache.[13]

Indessen zeigt gerade Moingts umfangreiche Studie zu Tertullians Trinitätstheologie und ihrer Begrifflichkeit, welche Potenzen hier noch auszuschöpfen sind. Auch dieser jüngste Interpret mißt den vornizänischen Theologen Tertullian am „dogmatischen" Sprachgebrauch[14] bzw. an der Formel des Boethius[15] oder gar an Rahners Position[16]. Ist Tertullians „Adversus Praxean" tatsächlich lediglich in apologetischer Hinsicht ausreichend, theologisch aber „vielleicht" ungenügend?[17] Wird nicht in dieser Perspektive eine andere, vielleicht sogar auch heute adäquatere Sprachmöglichkeit ausgeblendet, zumal wenn diese in ihrer Orthodoxie vor der bleibend-gültigen Intention von Nizäa bestehen kann?

Moingt fragt nach Tertullians Personbegriff in Absetzung von dem „unsrigen" im Sinne von „Selbstbewußtsein" und dem „der Theologen" im Sinn der „Subsistenz" oder der „Proprietät der Existenz"[18]. Bei dieser Fragestellung wird das relationale Element des Personbegriffs, mit dem man doch bei persona aufgrund des ‚theatralischen' Ursprungs des Wortes rechnen sollte, völlig vernachlässigt. Demgegenüber muß gefragt werden, ob persona bei Tertullian nur die Funktion hat, die in Gott Unterschiedenen als solche zu bezeichnen, ohne etwas über die Beziehung der

---

9 Vgl. Teeuwen 1. 10 Vgl. Moingt (1) 259. 11 Moingt (2) 689. 12 Ebd. 673.

13 Sprachkritik ist zugleich Sachkritik. So formuliert Inciarte, „daß der Hauptzweck der sogen. Trinitätsspekulation darin besteht, ganz nüchtern festzustellen, ob der Sprachgebrauch autoritativer Texte – seien sie biblischer, konziliarer oder sonstiger Art – korrekt ist" (264). Vgl. Lafont 126f.132.

14 Vgl. Moingt (2) 626f; ähnliches gilt unter Umständen für den Vergleich der Christologie Tertullians mit der Formel von Chalzedon (vgl. ebd. 639–647).

15 Ebd. 631.645.672. 16 Ebd. 644. 17 Ebd. 906.908.932. 18 Ebd. 671.

so Unterschiedenen auszusagen. Das wäre höchst verwunderlich, denn Tertullian müßte sich doch gegenüber den Monarchianern als der wahre Verteidiger des christlichen Monotheismus erweisen! Wie faßt der Kirchenvater also die göttliche Einheit? Konzipiert er diese vom Substanzbegriff her oder im Ausgang von den in der Heilsgeschichte geoffenbarten göttlichen „Personen"? Wieweit hat er seinen Persona-Begriff in dieser Richtung entwickelt? Läßt die Struktur des Terminus eine Zuordnung der Elemente von Selbstand und Relation erkennen? Ist diese Begriffsstruktur ausgearbeitet, oder läßt sie sich wenigstens rekonstruieren?

Im Unterschied zu Moingt fragen wir also nicht, ob in Tertullians persona der „Selbstand" der zu unterscheidenden Personen hinreichend auf den Begriff gebracht ist, sondern ob der aus „Adversus Praxean" zu rekonstruierende Personbegriff die Elemente „Selbstand" und „Relation" enthält und zu welcher Struktur er sie anordnet.

2. *Tertullian: allgemeine theologische Standortbestimmung*

Unsere in Stufen voranschreitende Interpretation, die textimmanent einsetzen will, darf nicht in Unkenntnis des Forschungsstandes vonstatten gehen; anderseits sind diese Vor-Urteile durchaus als hypothetisch anzusetzen, d. h., sie können eine heuristische Funktion einnehmen, sollen aber die Auslegung nicht vorentscheiden.

Die anhaltende Konjunktur der Tertullianliteratur[19] dokumentiert, daß die Forschungen bezüglich der Persönlichkeit und der Theologie dieses Kirchenschriftstellers noch keineswegs als abgeschlossen gelten können. Die jüngste Gesamtdarstellung von Barnes aus dem Jahre 1971 wollte in ihrem 1. Teil das konventionelle Tertullianbild demontieren[20] und ist ihrerseits auf z. T. erheblichen Widerspruch gestoßen[21]. Bei unserer Analyse werden wir uns vor allem mit Moingt[22] auseinandersetzen müssen und dabei die Erkenntnisse von Fredouille[23] und die jüngste Abhandlung von Kouri[24] berücksichtigen.

---

19 Vgl. dazu die Chronica Tertullianea und den Literaturbericht von Sider (3).

20 Vgl. Barnes (1) und (2). Ältere Gesamtdarstellungen liegen schon Jahrzehnte zurück: Monceau; Labriolle (2) und (3).

21 Besonders durch R. Braun (3): „Un nouveau Tertullien"! Der Streit geht vor allem um folgende Fragen: War Tertullian Priester? War er der Sohn eines centurio proconsularis? Ist er identisch mit dem gleichnamigen Juristen? Außerdem schlägt Barnes (1) 55 eine neue Chronologie der Werke Tertullians vor. – Positiver, wenn auch nicht in allem überzeugend, äußert sich Petitmengin, der seiner Besprechung den Titel gab: Tertullianus redivivus. Nach ihm muß vor allem die Beurteilung der Verwurzelung Tertullians in der heidnischen Antike retuschiert und ergänzt und die Eigenpersönlichkeit – so anregend die Einreihung unter die Sophisten des 2. Jh. sei – neben der historischen und literarischen auch in der theologischen Perspektive gesehen werden (vgl. 185).

22 Vgl. bes. Moingt (2). Einleitung (10–23) und Schluß (1078–1091) bilden die beiden Teile des unter gleichem Titel erschienenen Aufsatzes Moingt (3). Einem Hauptproblem ist nochmals Moingt (4) nachgegangen.

23 Vgl. Fredouille (2). In seiner Rezension zu Moingt forderte Fredouille (1) eine stärkere Berücksichtigung der Verwurzelung der Theologie.

24 Vgl. Kouri.

Damit ist bereits angedeutet, daß es in diesem Kapitel nicht um eine umfassende monographische Darstellung geht, vielmehr werden die Daten erhoben und festgehalten, die für das systematisch-theologische Untersuchungsziel als relevant erachtet werden.

a) Zum Verhältnis von Tradition und Innovation

Daß „Tertullian, unermüdlich thätig im Kampfe für Wahrheit und Recht, . . . als der eigentliche Schöpfer der *lateinischen Kirchensprache*" anzusehen ist – dieses Urteil Harnacks[25] ist in der neueren Forschung vielfach differenziert, aber (noch) nicht völlig revidiert worden.[26] Quasten hält Harnacks These für übertrieben, da sie „dem tiefen und dauerhaften Einfluß der ältesten Bibelübersetzungen nicht gerecht wird"[27]. Durch die Forschungen von Teeuwen[28] und vor allem der Schrijnen-Schüler[29] wurde „eine ausgewogene Würdigung der sprachschöpferischen Leistung Tertullians auf dem Hintergrund der sogenannten ‚Gruppensprache' der Christen als ihrer Voraussetzung"[30] möglich. Das Besondere der christlichen „Gruppensprache" muß wohl auf das Gebiet des Vokabulars (und einige stilistische Eigenarten) beschränkt werden; morphologische und syntaktische Ausdifferenzierungen konnten nicht überzeugend nachgewiesen werden. Vokabular und semantischer Befund lassen es dennoch als gerechtfertigt erscheinen, von einem „christlichen Latein" oder von einem „Latein der Christen" als „Spezialsprache" zu reden.[31] Wir werden bei der Analyse des Personbegriffs auf diesen Zusammenhang zu achten haben und der sprachlichen wie theologischen Herkunft Tertullians nachgehen müssen. Dabei wird vor allem die These Andresens zu überprüfen sein, daß Tertullian den trinitäts-

---

25 Harnack (1) 667.

26 Nach Bardenhewer 384 hatte Tertullian keinen Vorgänger; übertrieben sei auch die Einschätzung Harnacks, daß Tertullian der Vater des abendländischen Christentums sowie der orthodoxen Trinitätslehre und Christologie sei. Für H. Koch (2) 839 ist Tertullian „der Begründer der lateinischen Kirchensprache" wie „in gewissem Sinne aber auch *der Vater der abendländischen Theologie*". Freilich bemüht sich Koch um eine differenzierte Sicht des Verhältnisses von Tradition und Innovation. So habe Tertullian „eine Fülle militärischer und rechtlicher Vorstellungen und Bilder" in den kirchlichen Sprachgebrauch eingeführt und „mit christlichem Inhalt ausgestattet", wobei er aus den lateinischen Bibelübersetzungen, dem üblichen kirchlichen Sprachgebrauch und dem griechischen Christentum schöpfte (vgl. 838). Gerlitz 155 urteilt ganz auf der ursprünglichen Linie Harnacks: Tertullian sei „der exakte Jurist und Schöpfer der theologischen Terminologie".

27 Quasten 249. Tertullian gilt aber auch für Quasten – von Augustin abgesehen – als „der bedeutendste und originellste kirchliche Autor lateinischer Sprache" (247); auf dieses Urteil beruft sich Hallman 374. Auch für Altaner – Stuiber 148 gilt Tertullian als „einer der originellsten und bis auf Augustin der individuellste aller lateinischen Kirchenschriftsteller . . . Ihn als Schöpfer der christlichen Latinität zu bezeichnen, geht jedoch zu weit."

28 Vgl. Teeuwen.

29 Vgl. den Forschungsbericht von Santidrian.

30 Opelt 4[2]; die wichtigsten Arbeiten sind hier 4f [2-5] verzeichnet.

31 So die Zusammenfassung bei Santidrian 99.

theologischen Personbegriff „einer älteren exegetischen Tradition verdankt", nämlich der „prosopographischen Exegese"[32]. Andresen korrigiert damit die von Harnack in der überarbeiteten Fassung seines „Lehrbuchs der Dogmengeschichte" vertretene Auffassung, Tertullian habe das Wort persona der lateinischen Bibel entnommen.[33]

Bezieht man das Urteil Harnacks, der die gesamte christliche Literatur im Blick hat, also auf die schriftstellerische – „Was vor ihm vorhanden war . . . , ist kaum Product einer Litteratur zu nennen"[34] – und systematisch-theologische Leistung, wird man ihm eine gewisse Berechtigung nicht absprechen dürfen. Opelt verweist im Kontext der lateinischen Literatur auf „das stolze Corpus" der 31 erhaltenen Schriften, in denen viele theologische Themen „zum ersten Mal in lateinischer Sprache erörtert werden" und „auch die Exegese der Heiligen Schrift in lateinischer Sprache . . . in literarischer Form zum ersten Mal [begegnet]" – „unabhängig davon, wie man das leidige Rätsel lösen will, das die Beziehung des Dialogs Octavius zu Ad nationes und Apologeticum aufgibt"[35]. Für Holl ist Tertullian „nicht der tiefste, aber als Schriftsteller der interessanteste unter den Vorkämpfern der Kirche . . . Während die alten christlichen Schriftsteller der Form ihrer Schriften nicht viel Aufmerksamkeit schenkten . . . , so hat er gewußt, daß es immer auch darauf ankommt, wie eine Wahrheit ausgesprochen wird"[36]. Durch die Forschungen der Nijmegener Schule (Schrijnen, Mohrmann) ist Tertullian zwar als Schöpfer des christlichen Latein schlechthin entthront worden[37], doch zugleich wurden sein Beitrag zur Etablierung dieser „Gruppensprache" auf dem literarischen Gebiet und seine Pionierleistung zur Entwicklung des Latein als theologischer Fachsprache neu gewürdigt.[38] „Tertullian . . . übernimmt das revolutionäre und barbarische Latein des christlichen Volkes, erneuert es, bereichert es und pflanzt es dem Stamm der lateinischen literarischen Tradition ein."[39] So lautet das Resümee Santidrians: Tertullian „*ist nicht der Schöpfer* des christlichen Latein"; er führt dieses in die literarische Welt ein und wird als „Förderer [patrocinador] ersten Grades" zum „*Schöpfer des Theologenlateins als organisierter Sprache*"[40]. In diesem Sinn gilt auch für unsere Hauptgewährsleute, R. Braun und J. Moingt, daß Tertullian „der erste christliche

---

[32] Andresen (1) 87.

[33] Wie bereits erwähnt, hat Harnack (2) I 576f[2] aufgrund der Einwendungen Schlossmanns seine ursprüngliche Auffassung von der juristischen Herkunft des Begriffs korrigiert; in einer weiteren längeren Fußnote in II 298–300[1] – „um der Wichtigkeit der Sache willen sei es gestattet, hier auf Tertullian zurückzukommen" (298) – hat er dann behauptet: „Das Wort ‚persona' bot dem Tertullian die lateinische Bibel" (299).

[34] Harnack (1) 667.

[35] Opelt 4. So schon H. Koch (2) 837: „Wie immer man über das zeitliche Verhältnis von Tertullian und Minucius Felix urteilen mag: . . . bleibt Tertullian auf alle Fälle der *erste*, der der christlichen Gedankenwelt, die bis dahin nur in griechischem Gewande aufgetreten war, die *lateinische Sprache* dienstbar gemacht hat." Weitere Literaturangaben bei Opelt 4[1]. Kouri IX will gar mit Campenhausen daran festhalten, daß Tertullian „am Beginn der ganzen lateinischen Kirchengeschichte" stehe; vgl. H. v. Campenhausen, Lateinische Kirchenväter (UB 50). Stuttgart [2]1965, 12.

[36] Holl 1. [37] Santidrian 106. [38] Ebd. 108–115. [39] Ebd. 111.

[40] Ebd. 113f; vgl. den Schlußsatz 115.

Schriftsteller lateinischer Sprache ist, der erste vor allem, der in den Ausdruck des Dogmas ein reiches philosophisches Vokabular eingeführt hat"[41]. Die schöpferische Leistung muß dabei nicht in lexikalischen Innovationen bestehen, sie kann (sogar ohne diese) in der „Organisation eines neuen Diskurses"[42] gesehen werden.

Vor einer Überschätzung der theologiegeschichtlichen Leistung Tertullians können die Hinweise Bardenhewers warnen, daß der Apologet im Grunde nur die regula fidei verteidigen wollte und ihm eine geringe Wirkungsgeschichte beschieden war.[43] Nun ist es Aufgabe eines jeden christlichen Theologen, das Bekenntnis der Kirche zu verteidigen, abzusichern und zu begründen; um die jeweils eigene theologische Leistung zu erfassen und zu würdigen, muß man einen Blick in die „Handwerksstube" des einzelnen Autors werfen. Nach Harnack hat sich in der alten Kirche zur Zeit von Irenäus und Tertullian eine bedeutende Umorientierung vollzogen, die ich als dogmatischen Perspektivenwechsel bezeichnen möchte: Nicht mehr das überlieferte Glaubensbekenntnis, sondern dessen jeweils bestimmte Interpretation gilt als Norm des Glaubens.[44] Tertullian ist hier „dem Irenäus . . . in allen Stücken gefolgt. Auch er hat das (römische) Taufbekenntnis interpretiert, mit solcher Interpretation als regula fidei vorgestellt und auf diese die Qualitäten des Bekenntnisses . . . übertragen."[45] Wir brauchen an dieser Stelle nicht auf die in der liberalen protestantischen Dogmen- und Kirchengeschichtsschreibung mit den genannten Beobachtungen verbundenen Interpretationszusammenhänge (vgl. die These vom „Frühkatholizismus") einzugehen[46]; es genügt die Feststellung, daß der theologiegeschichtliche Ort Tertullians eine bloße Weitergabe der überlieferten Glaubensregel nicht erlaubte und wir von daher mit innovatorischen Elementen in seiner Interpretationsarbeit rechnen müssen.

Die mit Irenäus beginnende neue Phase der Theologiegeschichte unterscheidet sich von der der Apologeten[47]; dennoch ist neben der Nähe zu dem Bischof von Lyon, dem Tertullian vor allem in seiner antignostischen Polemik einiges verdankt[48], im Einzelfall auch das Erbe der früheren Theologengeneration, besonders

---

41 Moingt (1) 248.

42 So ebd. 251 in differenzierender Stellungnahme zu R. Braun.

43 Bardenhewer 386.

44 Vgl. Harnack (2) I 360f.

45 Ebd. 363f. – Auf den Inhalt der Glaubensregel werden wir bei der Untersuchung der Texte einzugehen haben.

46 Bray ist dieses hermeneutische bzw. fundamentaldogmatische Problem so wichtig, daß er seiner Skizzierung der Ausfaltung des „patristischen Dogmas" einen einschlägigen Abschnitt („Dogmatism" = 43–49) vorausschickt.

47 Roberts 59. Ich begnüge mich für die theologische Tradition Tertullians mit Hinweisen aus dem einschlägigen Kapitel bei Roberts (44–62), den Moingt ebensowenig herangezogen hat wie die Studie von Kriebel (vgl. Moingt [2] 35f). Soweit diese Zusammenhänge für unsere systematisch-theologische Untersuchung relevant sind, werden sie an Ort und Stelle aufgehellt. – Zu Tertullian als Apologeten vgl. die umfängliche Studie von Lortz; auf die Stellung Tertullians zur heidnischen Philosophie ist noch eigens einzugehen.

48 Vgl. Roberts 58–61. Nach 61f kennt Tertullian auch Klemens von Alexandrien, macht aber nur wenig Gebrauch von dessen Schriften.

in der Logoslehre, zu berücksichtigen[49]. Das wechselseitige Verhältnis von Tradition und Innovation kommt in den Worten von R. Klein treffend zum Ausdruck: „Mit den meisten seiner Gedanken steht der Apologet auf den Schultern seiner griechischen Vorgänger, und doch macht er aus allem etwas Neues und Eigenes, das den Stempel seiner kraftvollen und leidenschaftlichen Persönlichkeit trägt."[50] Die neue theologiegeschichtliche Phase könnte kurz charakterisiert werden als der Verlust der Selbstverständlichkeit herkömmlicher Glaubensinhalte und theologischer Modelle. Der Tertullian-Interpretation ist somit aufgegeben, jeweils zu sondieren, in welchem Maße die innovatorischen Leistungen dieses Theologen durch die innerkirchlichen und vor allem durch die häretischen Strömungen seiner Zeit motiviert sind.

Daß der von Tertullian erarbeiteten trinitätstheologischen und christologischen Terminologie keine unmittelbare Wirkungsgeschichte beschieden war, wurde bereits im zweiten Teil dieser Arbeit sichtbar.[51] Wenn z. B. Ambrosius, Augustin oder Leo d. Gr. aus der Tradition der Kirche schöpfen, lassen sie keine direkte Verbindung zu Tertullian erkennen.[52] Das schließt nicht aus, daß im Einzelfall konkrete Bezugspunkte herauspräpariert werden können, kurzfristig gesehen war aber der Einfluß „besonders im Osten, wo die lateinische Theologie allgemein unbekannt war", gering, so daß Tertullian in keinem Fall zum „Vorläufer des Athanasius und der Kappadokier" ernannt werden kann[53].

---

49 Roberts 52 zufolge formuliert Athenagoras klarer als Justin, ja als alle anderen Apologeten die ewige Unterscheidung von Gott und seinem Logos; auch von der nicht ganz so befriedigenden, weil ganz auf die Schöpfung ausgerichteten Logoslehre des Tatian ist Tertullian stark beeinflußt (53f).

50 R. Klein 26. Vgl. Kellner (1) XLII: Tertullian „hat so gut wie jeder andere als Katechumene sich müssen belehren lassen und auch die wenigen theologischen Schriftsteller, die es seinerzeit gab, soweit sie ihm erreichbar waren, gelesen, Hermas, Justin und Irenäus, aber er war ein Mann, der seine eigenen Wege ging und sich andern überlegen fühlte". Das abschließende Urteil Kellners unterstreicht dann aber die Verdienste des Kirchenschriftstellers mehr als deutlich (vgl. XLV).

51 Vgl. oben S. 92. Die „Weiterführung" der mit Novatian (in der Nachfolge Tertullians) „zu einem gewissen Abschluß" gekommenen abendländischen Trinitätslehre durch Augustin (vgl. H. Koch [1] 230 im Anschluß an Kriebel 102) muß also durchaus nicht direkte und kontinuierliche oder evolutive Fortentwicklung bedeuten.

52 Camelot 20 bleibt zu sehr an der Oberfläche: „Solche Formeln des hl. Leo oder des Symbolum ‚Quicumque' kommen in direkter Linie von Tertullian her." Camelot möchte Tertullian Gerechtigkeit widerfahren lassen und „an den unschätzbaren Dienst erinnern, den er der lateinischen Theologie geleistet hat, indem er ihr auf Anhieb eine Terminologie lieferte, die von Anfang an quasi definitiv sein wird". Man darf dabei doch wohl nicht nur auf die Begriffe persona und substantia schauen! Schon Warfield 15 hatte behauptet, daß Tertullians Begriffe nicht neu sind, wohl aber bei ihm erstmals auffallend zum Vorschein kommen. Tertullian kann also nicht als der Erfinder der Trinitätslehre apostrophiert werden, allerdings erhielten die Elemente dieser Lehre durch ihn erstmals „so etwas wie eine wissenschaftliche Anordnung" (18), so daß er von daher mit gewissem Recht ihr Urheber genannt werden kann, vergleichbar der Bedeutung Augustins für die Erbsünden- und Gnadenlehre, Anselms für die Satisfaktionstheorie und Luthers für die Lehre von der Rechtfertigung durch den Glauben (19).

53 So in der Auseinandersetzung mit M. Wiles: Bray 52.

Sicher hat der Übertritt zum Montanismus Tertullians Ansehen in der Folgezeit geschadet, obwohl er gerade als „Montanist" seine Trinitätstheologie in Prax. ausgebaut hat und seine Zugehörigkeit zu dieser Gruppe die theologischen Grundaussagen kaum berührte, wie wir noch sehen werden. Indes „hat ihm ... die lateinische Kirche trotz seines Abfalls und der bitteren Schmähungen, die er ihr nachrief, ein dankbareres Andenken bewahrt als die griechische Schwester ihrem großen Origenes"[54]. Im Osten ist Eusebius der erste und einzige, der Tertullian erwähnt; im Westen wird er seit Laktanz öfter genannt, „wobei auch häufig, im Unterschied von Laktanz, seine kirchliche Entgleisung mit warnendem Bedauern hervorgehoben wird"[55]. Die meisten Hinweise finden sich bei Hieronymus, der tradiert, daß Cyprian täglich in den Werken Tertullians gelesen habe[56], zugleich aber den Ausdruck „adversus ecclesiam texuit volumina" auch auf den ersten großen nordafrikanischen Theologen anwendet.[57] Nach H. Koch sind Spuren „fast bei allen bedeutenden Schriftstellern zu finden"[58], und P. Lehmann ist der Frage nachgegangen, ob „man es im Mittelalter von etwa 800–1500 gewagt [hat], Tertullian zu nennen und zu benutzen"[59]. Mit der gebotenen methodischen Vorsicht belegt Lehmann seine Behauptung, „daß Tertullian durchaus nicht selten im Mittelalter erwähnt worden ist"[60] und daß auch bisweilen aus seinen Werken zitiert wurde, die dann „seit dem 15. Jahrhundert in Deutschland und Italien ... verhältnismäßig oft abgeschrieben und von den Gelehrten in wachsendem Maße beachtet werden"[61]. Daß Tertullian bis in unsere Zeit hinein kein breiteres Echo gefunden hat, liegt sicher auch an den ganz unterschiedlich zu wertenden Schwierigkeiten seines Charakters, seines Denkens, seiner Sprache und seines Argumentationsstils[62]. Soweit dies für den Zweck unserer Untersuchung dienlich ist, sollen im folgenden noch einige Hinweise zur Auflösung dieser Komplexität gegeben werden.

b) Die ‚heidnische' Bildung Tertullians

Orientiert man sich an der skeptischen Einstellung Barnes' – was sich als hermeneutische Maxime für eine systematisch-theologische Untersuchung empfiehlt –, so wissen wir über „Tertullians Leben und Hintergrund"[63] recht wenig. Weder Hieronymus noch Augustin noch der Praedestinatus liefern uns authentische Informationen. Über seine Herkunft, den sozialen Kontext, das Jahr und das Motiv der Bekehrung (die Standfestigkeit der christlichen Martyrer?) ist nichts zu erfahren; es ist auch nicht mehr sicher, ob er tatsächlich Rom besucht hat.[64] Barnes ordnet den Kirchenschriftsteller in das allgemeine intellektuelle Kulturklima seiner Zeit[65] und

54 H. Koch (2) 840. 55 Ebd. 56 Ebd.

57 Liber de viris inlustribus LIII (TU XIV 1; 32,2).

58 H. Koch (2) 840. 59 P. Lehmann 231. 60 Ebd. 232. 61 Ebd. 245.

62 Vgl. Kouri IXf. Kouri IX zitiert die Feststellung Nordens, Tertullian „sei überhaupt der schwierigste Autor in lateinischer Sprache" (E. Norden, Die antike Kunstprosa vom 4. Jahrhundert v. Chr. bis in die Zeit der Renaissance. Bd. 2. Leipzig ³1918, 606).

63 Vgl. das Kapitel 6 bei Barnes (1) 57–59.

64 Ebd. 243–245. 65 Ebd. 187–210.

in die zweite sophistische Bewegung (Apuleius)[66] ein. In Karthago, wo Tertullian aufwuchs und lebte, konnte er eine gründliche Ausbildung erfahren.[67] Seine Kenntnisse der lateinischen Literatur sind von Barnes[68] und Kouri[69] eingehend untersucht worden. Für die Interpretation seines theologischen Denkens beanspruchen vor allem seine juristischen[70] und rhetorischen[71] Kenntnisse und Fähigkeiten Beachtung; wir werden in den folgenden Kapiteln den Stellenwert dieses Einflusses für das theologische ‚System' zu überprüfen haben. Noch interessanter scheinen die philosophischen Quellen zu sein: Nach Barnes kennt Tertullian Platon, freilich in der Form des mittleren Platonismus eines Albinus, und vor allem die stoischen Ideen, welche in den lateinischen intellektuellen Kreisen die Oberhand gewannen; dagegen ist der Einfluß des Aristoteles weniger evident.[72] Den – wie mir scheint – weitgehenden Konsens der Forschung faßt neuerdings Kouri wie folgt zusammen: „Ohne seine [Tertullians] Abhängigkeit von der Stoa sklavisch nennen zu wollen, kann man doch feststellen, daß er bei den meisten seiner philosophischen Argumentationen von einem Weltbild ausgeht, das mit dem Stoizismus sehr viel gemeinsam hat . . ."[73] Die immer noch diskutierte Frage, ob Tertullian – dem referierten Befund zum Trotz – ein Antiphilosoph gewesen sei, ob er gar dem Grundsatz „credo, quia absurdum" gehuldigt habe, möchte ich nach Abschluß der Einzelana-

66 Ebd. 211–232.
68 Ebd. 196–205.
67 Ebd. 194–196.
69 Kouri 12f.82–101.
70 Ebd. 13–15.72–82.
71 Auf den Einfluß des Apuleius hatte bereits H. Koch (2) 829f aufmerksam gemacht; die entschiedenste und für die weitere Forschung anregendste (vgl. Petitmengin 185) Standortbestimmung versucht Barnes mit der Einordnung in die sophistische Bewegung des 2. Jh.
72 Barnes (1) 206.
73 Kouri 102. – Schon Rauch verfolgte in seiner Diss. „den Zweck, den Einfluß der stoischen Philosophie auf die Lehrbildung Tertullians, der gegenüber den sonstigen philosophischen Einwirkungen so überwiegend ist, daß diese nur wenig in Betracht kommen können, zu erweisen und im einzelnen nachzuweisen" (5). Dieser stoische Einfluß wirkte sich nach Rauch allerdings weder auf die Trinitätslehre noch auf „Tertullians Lehre von der Einheit Gottes und seinen Eigenschaften" aus, „folgen doch . . . diese Lehren mit Notwendigkeit aus den Schriften des Alten und Neuen Testaments; sie sind also spezifisch christlich" (45). Ob dieses Urteil nicht zu „undialektisch" ist, wird unsere Interpretation zu erweisen haben. Jedenfalls kann man „die augenscheinlich von der stoischen stark beeinflußte" (ebd.) Logoslehre Tertullians nicht von seiner Trinitätslehre – und das heißt doch vor allem: von seiner Lehre über die Einheit Gottes – abtrennen. – Auch im Mittelpunkt der Diss. von Schelowski steht die Abhängigkeit Tertullians vom Stoizismus. Danach „darf man bei T. gewiß nicht von einem unbewußten Anschluß an den damals gleichsam in der Luft liegenden Stoizismus reden, sondern unser Apologet war offenbar direkt aus der stoischen Philosophie hervorgegangen . . . Seine Vorliebe für dieselbe war so groß, daß er stoische Gedanken auch da vertritt, wo sie sich mit den christlichen Anschauungen nur künstlich vereinigen ließen und er selbst nicht imstande gewesen ist, sie zu einer organischen Einheit zu verbinden" (29). Differenzierter als Rauch artikuliert Schelowski: „Indessen, bei den einfachen biblischen Anschauungen konnte T. nicht stehenbleiben, schon durch seine Gegner wurde er auf metaphysisches Gebiet gedrängt, und so sehen wir, wie auch er seine theologischen Anschauungen auf spekulativem Wege nachzuweisen sucht" (64).

lysen behandeln. Soviel kann aber mit Kouri schon vorweg gesagt werden: „Tertullian verdankt der zeitgenössischen Philosophie viel mehr, als er eingestehen möchte. Wenn man einmal die Namen zusammenstellen wollte, die entweder in den Schriften Tertullians vorkommen oder aus dem Textmaterial sicher auszumachen sind, so würde sich herausstellen, daß Tertullian überhaupt kein Philosoph von Rang entgangen ist."[74]

Selbstverständlich gilt es auch hier, das Verhältnis von Tradition und Innovation, konkret: die Begegnung von Antike und Christentum im Leben, Denken und Argumentieren Tertullians, zu beachten. Fredouille hat für diesen Zusammenhang die Überschrift gewählt: „Tertullien et la conversion de la culture antique". Als ersten Grundzug stellt er Tertullians Treue zur Klassik heraus: „Sein Respekt vor der Tradition, vor Cicero und Quintilian, grenzt manchmal an Konformismus."[75] Besonders was Sprache und Stil angeht, habe Tertullian viele Konzessionen an seine Zeit gemacht, anderseits sei seine theoretische Ästhetik „eine philosophische Ästhetik der Einfachheit und Kürze"[76], und der immer wieder als entscheidend eingestufte Einfluß des Apuleius „ist kaum wirklich bewiesen worden"[77]. Der zweite charakteristische Grundzug ist die Weite seiner Kultur, die Fredouille von seiner Bildung unterscheidet: „Ohne Zweifel ist Tertullian aufgrund seiner unvermeidlich oberflächlichen Gelehrsamkeit ein Mensch seiner Zeit. ... Aber indem er vor der Leidenschaft der Gelehrsamkeit zurückgewichen ist, hat er gleichermaßen, wie die Philosophen vor ihm, die eitle Neugier denunziert, die sich von dem einen Notwendigen abwendet. Was seine eigene Kultur anbetrifft: Sie ist weit und profund."[78] „Wenn also Tertullian ein ‚Rhetor' ist, so hat er auch die Kultur, die Cicero von dem Rhetor verlangte, namentlich in den drei Hauptdisziplinen, welche die Philosophie, das Recht und die Geschichte sind"[79], ohne selbst im eigentlichen Sinn Philosoph, Jurist oder Historiker zu sein.

Der dritte Charakterzug der profanen Kultur Tertullians kennzeichnet diese als eine wirkliche Kultur im Sinne einer Formung des Geistes. „Es genügt also in der Tat nicht, zu sagen, Tertullian habe auf die Vorgegebenheiten seiner Kultur rekurriert, um das Dogma herauszustellen, zu vertiefen oder zu verteidigen. Einige seiner intimsten Schritte, die persönlichsten, die unruhigsten – wenigstens unter denen, die sich feststellen lassen – sind nur in ihrer Einordnung in den Rahmen des antiken Denkens zu begreifen, fern jeglichen bewußten ‚Gebrauchs' ... Soviel ist wahr: Sein Glaube hat ihn nicht seiner Kultur entwurzelt, sondern sich ihr aufgepfropft und sie, im eigentlichen und ersten Sinn des Wortes, ‚bekehrt'."[80]

---

74 Kouri 103.
75 Fredouille (2) 481.
76 Ebd. 482.
77 Ebd.
78 Ebd. 482f.
79 Ebd. 483.
80 Ebd. 484.

c) Persönlichkeit und Stil

Mit der Einordnung Tertullians in die theologische Tradition und die ‚heidnische' Bildungswelt[81] haben wir die von dem Kirchenschriftsteller internalisierte Lebenswelt zu bestimmen versucht. Jetzt gilt es, den umgekehrten Weg zu gehen und die Auswirkungen der Persönlichkeit, des Charakters und Temperamentes, auf den Denk- und Argumentationsstil zu berücksichtigen, trifft doch „der bekannte Satz, daß sich im Stil der ganze Mensch widerspiegelt, . . . bei wenigen so sehr zu wie bei unserm Schriftsteller"[82]. Für Bardenhewer ist Tertullians Stil „nur der Widerschein seines schroffen und eckigen, ungestümen und exzentrischen Geistes"[83], dessen Widersprüche und Wandlungen nicht selten gebrandmarkt wurden[84]. Gegenüber den Versuchen, den Charakter Tertullians von der modernen Individual- und Tiefenpsychologie her zu würdigen, scheint indes Vorsicht am Platze zu sein, zumindest wenn „von ‚der Erfassung der geistigen Person und ihres geistigen Kerns' (Klein) oder anders gesagt ‚von der charakteriologischen Analyse der Persönlichkeit' (Nisters) alles andere abhängig"[85] gemacht wird. Wir werden mit einer psychoanalytischen Hermeneutik folglich zurückhaltender sein müssen; was wir bei der Interpretation in Rechnung zu stellen haben, ist die Kämpfernatur Tertullians: „Kampf" ist „Tertullians Lebensluft"[86], ja „seine Denkform"[87]. Anderseits darf diese Anlage nicht losgelöst von der konkreten Situation des theologischen Lehrers und engagierten Christen beurteilt werden: „Aus dem Kampfe geboren und stoßweise geschaffen sind fast alle seine Schriften"[88] – so präzisiert Koch seine Einschätzung; und nach Opelt mag „diese agonale Struktur . . . ebensosehr pragmatischen Notwendigkeiten als auch der juristischen Schulung Tertullians zu verdanken sein"[89]. Fredouille stellt in seiner Rezension zur einschlägigen Arbeit von Opelt gar die Frage, ob der Kirchenschriftsteller nicht auch „ein Polemiker wider Willen" ist[90].

Wir werden bei unserer Interpretation zunächst von dem hermeneutischen Grundsatz ausgehen, daß die Argumentation Tertullians ein kohärentes Ganzes darstellt, und erst beim eventuellen Scheitern dieser Prämisse überprüfen, ob er „häufig genug . . . diese seine Grundsätze [der Schrifterklärung] selbst mit Füßen

---

81 Zur Verwurzelung Tertullians im römischen Alltagsleben und der Spiegelung seiner Haltung in seinen Schriften vgl. Kouri 58–72. Für Einzelheiten ist zu konsultieren R. Klein 49–86. Im Zusammenhang mit dem monarchia-Gedanken und Tertullians Grundeinstellung zur Philosophie werden wir hierauf zurückkommen.

82 H. Koch (2) 829.

83 Bardenhewer 382. Vgl. Altaner–Stuiber 149: „Denn Tertullians Dialektik blendet mehr, als sie überzeugt, und das hängt mit seinem Wesen zusammen."

84 Vgl. die Literaturhinweise bei R. Klein 27³.

85 Ebd. R. Klein bezieht sich auf J. Klein und bes. Nisters. In bezug auf Nisters spricht R. Klein (unter Berufung auf Becker 213) „von Phantasie und Banalität". Entsprechend kritisch zu würdigen wäre auch der Beitrag von Guilloux.

86 H. Koch (2) 833.

87 Opelt 5.

88 H. Koch (2) 833.

89 Opelt 5f.

90 Fredouille (7) 318.

[tritt]“[91] oder „stets mehr [beweist], als zu beweisen ist und als er selbst beweisen will“[92].

Neben dem Temperament, der juristischen Schulung und der konkreten Situation bzw. in all dem ist auf das Zusammenspiel von Rhetorik und Argumentation zu achten. Die Ambivalenz der Redekunst – als Mittel zur Überzeugung oder als pure Überredung – war bereits der Antike bekannt. Es wird also zu prüfen sein, ob die sprachlichen Kniffe nicht mehr von der Sache gedeckt sind, wo Tertullian Sachargumente verschleiert, vernebelt, lächerlich macht, wo er – besonders in den beliebten antithetischen Wendungen – aus taktischen Gründen übertreibt, wo er gar schlimmstenfalls sein eigenes Anliegen ad absurdum führt.[93]

d) Der ‚einfache Glaube‘ und die Theologie

Aufgrund der Bildung und Kultur Tertullians sowie der Notwendigkeiten dieser neuen Phase theologischer Reflexion entsteht bzw. verschärft sich die in der Überschrift artikulierte „altkirchliche Geschichte eines Dauerproblems“[94], das wir bei unseren hermeneutischen Prolegomena wenigstens kurz streifen wollen. Zur Zeit Tertullians gab es mit Sicherheit in Karthago eine Gruppe von Christen, die zur gebildeten Schicht gerechnet werden muß. In diesen Kreisen suchte jüngst Schöllgen mit guten Gründen die Adressaten der verlorengegangenen Schauspielschrift in griechischer Sprache; das Ergebnis lautet: „Wenn Tertullian es für nötig hielt, der gebildeten Theaterfreunde wegen einen eigenen Traktat zu schreiben, dann wird es sich bei ihnen nicht nur um einige wenige Außenseiter innerhalb der Gemeinde handeln; d. h., die christliche Gemeinde von Karthago bestand schon um die Wende vom 2. zum 3. Jh. nicht mehr nur aus einfachen Handwerkern, Händlern u. ä. . . ., sondern zählte bereits eine wahrscheinlich nicht unbedeutende Zahl von ‚utraque lingua eruditi‘, also Gebildeten, in ihren Reihen.“[95] Zum Problem wird dieses Verhältnis von ‚einfachen‘ und ‚gebildeten‘ Christen für Tertullian angesichts der bereits im Anschluß an Harnack skizzierten veränderten Atmosphäre theologischen Denkens und kirchlichen Lehrens. Tertullians Position kann dabei nicht plakativ als progressiv oder gar progressistisch etikettiert werden; erst in der konkreten Konfrontation ist er zu seiner Einstellung ‚vorangeschritten‘. Zunächst ist „*simplicitas* für Tertullian immer ein Indiz für Wahrheit . . . , und Einfalt ist nahe bei der Weisheit . . .“[96] In der Auseinandersetzung mit den Häretikern läßt er „nichts an Wissen und Forschen über die einfache Glaubensregel hinaus zu“, und „damit ist alles Weitere, jede besondere Gnosis und Spekulation, bereits disqualifiziert“. „Aber selbstredend gibt es auch innerkirchlich ein Fragen und Forschen und auch

---

91 H. Koch (2) 833. 92 Bardenhewer 384.

93 Einzelheiten zum Stil Tertullians und weitere Literatur finden sich bei H. Koch (2) 829–833 und – für den Bereich der Polemik – bei Opelt. Sehr ausgewogen erscheinen mir Analyse und Urteil bei R. Klein.

94 Vgl. Brox. Der Geschichte des Problems hatten bereits früher nachgespürt: Lebreton (1) (zu Tertullian: 482.487f); Carpenter 302f.

95 Schöllgen 26. 96 Brox 168. Hier auch die folgenden Zitate.

ein unterschiedliches Wissen in Sachen des Glaubens, das Tertullian nicht ignorieren und auch nicht disqualifizieren kann." Wird dabei die Glaubensregel gewahrt und richtet sich die Orientierung an dem Urteil von Fachleuten aus, kann Theologie „als forschendes Fragen" freigegeben werden. Brox kennzeichnet diese Einstellung treffend als „die typische Rede in einer Kirche, die von außen und innen bedrängt wird von interpretativen Neuerungen und gefährlich anmutender Schriftauslegung", die „für die einheitliche, vermeintlich unmißverständliche Basis der gemeinsamen Glaubensregel in bestimmtem Wortlaut plädiert" und „ein erreichtes und fixiertes einfaches Durchschnitts-Niveau" verbindlich macht[97].

Da aber Tertullian selbst „kein durchschnittlicher Denker und Theologe" war, gerät er – gerade von seiner Trinitätstheologie her – in Konflikt mit den von ihm so hochgeschätzten einfachen Gläubigen. Gerade diese erweisen sich als „besonders anfällig für Häresie und Irreführung": „Das bleibt eben ständig der Nachteil an der in der alten Kirche wieder und wieder gelobten Simplicitas: Sie ist schutzlos, naiv, gefährdet. Das ist für Tertullian dann ein nicht mehr tragbares Niveau." Deshalb polemisiert er „gegen genau diese Simplicitas, als sie schwere Bedenken äußert gegen die über die Regula hinausführenden Gedanken und die neuartige Diktion seiner Trinitäts-Theologie"[98]. Indem er der „einen unaufgeklärten, allzu simplen Glauben" befriedigenden monarchianischen Häresie des Praxeas eine reflektierte – „zutreffende, zwar kompliziertere" – Theologie entgegensetzt, gerät er selbst in Häresieverdacht: „Alle Simplices, um nicht zu sagen: alle Toren und Unwissenden . . . – und sie bilden immer die Mehrzahl unter den Gläubigen – . . . fürchten sich vor der Ökonomie (Prax. III,1 [CCL 2, 1161,1f.5]: Simplices enim quique, ne dixerim imprudentes et idiotae, quae maior semper credentium pars est, . . . expavescunt ad oikonomiam)".[99] Wenn Tertullian in Prax. mit dem Begriff der trinitarischen Ökonomie gegen das Schlagwort von der göttlichen Monarchie – „wir halten die göttliche Monarchie hoch", behaupten seine Gegner von sich[100] – ankämpft, so spricht auch diese Konfliktsituation dafür, daß der Apologet nicht blindwütig polemisiert und schlichten Glauben einfach überredet; vielmehr trägt er eine reflektierte und – auf ihre Konsistenz und Kohärenz hin im Einzelfall noch zu prüfende – systematisch-theologische Position vor. Da das in diesem Abschnitt angesprochene Dauerproblem nichts von seiner Aktualität eingebüßt hat, dürfen wir vielleicht auch in dieser Beziehung von Tertullian Anregung erwarten.[101]

e) Zur Einordnung der Schrift „Adversus Praxean"

Von den meisten Autoren werden die Werke Tertullians nach ihrem literarischen Genus in drei Kategorien eingeteilt: apologetische, dogmatisch-polemische, prak-

---

97 Ebd. 169. Hier auch die beiden folgenden Zitate. 98 Ebd. 170.

99 Übersetzung hier nach Brox 170. Die mögliche Verschärfung der Konfliktsituation durch Tertullians Affinität zu den Montanisten deutet Brox 171 an.

100 Vgl. Prax. III,2 (CCL 2,1161,12): monarchiam . . . tenemus.

101 Vgl. den Schluß des Artikels von Brox 187.

tisch-aszetische Schriften.[102] Der Versuch, die literarische Produktion Tertullians in eine chronologische Ordnung zu bringen, wird wohl immer mit Wahrscheinlichkeiten und Hypothesen arbeiten müssen.[103] Neben einigen direkten geschichtlichen Angaben und Anspielungen müssen wir mit der relativen Chronologie der Schriften und dem Versuch einer Einordnung in den – nach Harnack – „in den Grundzügen feststehenden christlich-kirchlichen Entwicklungsgang"[104] unseres Theologen operieren. Die Einteilung Harnacks in zwei Hauptperioden – der für die Jahre 207/208 angenommene Bruch mit der Kirche markiert den Einschnitt – ist inzwischen in drei Phasen differenziert worden, wobei man die Übergangszeit, in der Tertullian unter den Einfluß der neuen Prophetie gerät, den Montanisten aber noch nicht angehört, als eigene Periode ansetzt. Nach Braun[105] ergibt sich dann folgendes Schema: 1. Katholische Periode (197–206) – 2. Unter montanistischem Einfluß (207–212) – 3. Bruch mit der Kirche (213–223).

Der uns hier vornehmlich interessierende Traktat „Gegen Praxeas" ist unter die dogmatisch-polemischen Schriften einzureihen und in das Jahr 213 „oder ein wenig später"[106] zu datieren. Braun bleibt auch in den der zweiten Auflage seines Buches beigegebenen Ergänzungen bei seiner Periodisierung und Datierung.[107] Die von Barnes[108] vorgeschlagene Chronologie, die alle Schriften in den Zeitraum von 196 bis 212 preßt und für Prax. die Jahre 210/211 ansetzt, arbeitet nach Braun mit „mehreren gewagten Hypothesen"[109].

Aufgrund ihres dogmatisch-*polemischen* Charakters bereitet die Praxeas-Schrift den Forschern einige Schwierigkeiten bei der weiteren Einschätzung. Für Warfield bietet die in Prax. dargelegte Trinitätstheologie „de facto grundsätzlich wenig anderes als die einfache biblische Lehre bezüglich Vater, Sohn und Heiligem Geist dar, ausgearbeitet mittels der Kategorien der Logos-Christologie"[110]. Wölfl will in seiner Arbeit zeigen, daß Adversus Praxean dem Apologeticum, das er als das unbestrittene Meisterwerk Tertullians ansieht, „sicherlich nicht nachsteht"[111], und bezeichnet das Opus als „dogmatische Hauptschrift"[112]. Der Aufbau der Schrift ist „von der Polemik gegen Praxeas bestimmt", und insofern handelt es sich nicht „um eine systematische Abhandlung über die Dreifaltigkeit", aber faktisch wird Prax. doch „zu einem ersten lateinischen Traktat über die allerheiligste Dreifaltigkeit"[113]. Moingt, unser Hauptgewährsmann, begründet seine Behauptung „Das Werk Ter-

---

102 So Bardenhewer 395–423 und Altaner – Stuiber 151–160; vgl. H. Koch (2) 823–826. Quasten 255–317 wählt die Überschriften: apologetic works – controversial treatises – disciplinary, moral and ascetical works.

103 Vgl. das abschließende Urteil von R. Braun (3) 83: „Aber verschleiern wir nicht, daß es immer bei starken Schattenzonen bleiben wird: Für die größte Zahl der Traktate wird die absolute Datierung niemals mehr als nur sehr annähernd sein können."

104 Harnack (1) 257. Harnack erörtert ausführlich (257–296) die Detailfragen.

105 R. Braun (1) 563–577.

106 Ebd. 576. Die meisten der hier notierten Datierungsvorschläge konzentrieren sich auf das Jahr 213.

107 Ebd. 720f.

108 Barnes 30–56.

109 R. Braun (1) 720; vgl. (3) 77.82f.

110 Warfield 19.

111 Wölfl 3[3].

112 Ebd. 43.

113 Bender 11f.12[2].

tullians ‚Gegen Praxeas‘ ist im strengen Sinn des Wortes der erste trinitätstheologische Traktat“[114] so: „Wenn wir ‚Traktat‘ die systematische und methodische Betrachtung eines genauen Gegenstandes nennen, ‚Theologie‘ ein schlußfolgerndes Nachdenken begrifflicher Art über die Gegenstände der Offenbarung, ‚Trinitätstheologie‘ den Versuch, den Grund selbst des trinitarischen Mysteriums auszudrükken und zu erklären, welches die Einheit in der Vielfalt und die Unterscheidung in der Identität ist – dann ist es gerechtfertigt, zu sagen, daß Tertullian der erste Autor eines trinitätstheologischen Traktates ist, und ihm den Ruhm zuzuschreiben, die Lehre, die er ererbt hat, auf die Ebene rationaler Ausdrücklichkeit erhoben zu haben.“[115]

3. Erkenntnisse für die Tertullian-Interpretation

Nicht zuletzt die Einschätzung des Traktats ‚Gegen Praxeas‘ durch Moingt bestärkt darin, bei dem hermeneutischen Grundsatz zu bleiben, die Trinitätstheologie Tertullians zunächst als konsistentes und kohärentes Ganzes zu interpretieren.

Aufgrund des polemischen Charakters dieser dogmatischen Hauptschrift und der „agonalen Struktur“ von Tertullians Denken werden wir mit Aussagen und Argumentationen rechnen müssen, die vom Temperament und der juristisch-rhetorischen Ausbildung des Kirchenschriftstellers stark geprägt sind. Hier ist zu berücksichtigen, was Kouri „ein Grundproblem der Tertullian-Interpretation“ genannt hat: „Man wird sich bei diesem Autor immer davor hüten müssen, einige Sätze aus dem Kontext zu isolieren und dann als programmatische Grundsatzerklärung zu interpretieren.“[116] Es könnte sich herausstellen: In einzelnen Fällen „wird man kaum eindeutige Aussagen machen können, und es wäre wohl auch nicht im Sinne des Autors, jeden seiner Einzelgedanken einer ausgedehnten überprüfenden Interpretation zu unterziehen“[117]. Vor demselben Hintergrund warnt Klein davor, „divergierende Meinungen über das gleiche Thema *stets* harmonisieren und erklären zu wollen“[118]. Dies berechtigt anderseits aber nicht dazu, von dem skeptischen Vorurteil auszugehen, es sei „kaum anzunehmen, daß Tertullian jemals versucht hat, in seinen Schriften absolute, logische Stringenz herzustellen; das Argumentieren aus der augenblicklichen Situation heraus ist für seine Schreibweise so entscheidend, daß man gewisse Inkonsequenzen ruhig stehen lassen darf“[119].

Eine systematisch-theologische Interpretation will nicht bloß archivieren, was ein Autor damals gesagt hat. Der Versuch, über die Zeiten hinweg ein Gespräch mit dem Autor zu führen, sollte gleichwohl an die Intention des Verfassers anknüpfen.

---

114 Moingt (2) 53.
116 Kouri 40.
118 R. Klein 27.
115 Ebd. 54f.
117 Ebd. 48.
119 Kouri 34. Kouri sieht in Tertullian vielleicht doch zu sehr den „Juristen und leidenschaftlichen Fanatiker“ (44) in seiner „rhetorischen Gewandtheit und apologetischen Brillanz“ (27), dessen Schreibweise „sehr vom Juristisch-Rhetorischen bestimmt“ ist (36); jedenfalls wäre diese Einschätzung für Prax. eigens zu verifizieren.

Es wird sich erweisen, ob die von Klein im Anschluß an Becker formulierte hermeneutische Situation auch im Fall des trinitätstheologischen Traktats „Gegen Praxeas" zutrifft: „Ferner liegt es in der eigentümlichen, antithesenreichen Beweisführung wie auch in der Ausdrucksweise des Autors, seine letzten Absichten nicht klar auszusprechen, so daß ‚der Leser die Sinnlinien von sich aus zu Ende denken muß' (Becker). Diese Gewohnheit, das eigentliche Ziel nur anzudeuten, zwingt den Interpreten geradezu, nach einem *hinter* den Worten liegenden Sinn zu forschen und deren eigentlichen Zweck herauszulösen."[120]

Beim Versuch der theologiegeschichtlichen Einordnung Tertullians ist schließlich das in diesem Kapitel mehrfach angedeutete Mit- und Ineinander von Tradition und Innovation, antiker Kultur und christlichem Geist zu beachten, nicht nur um Tertullians Position und seine Aussage historisch zu relativieren, sondern gerade auch um seine innovatorische Leistung und die bleibenden Anstöße würdigen zu können.

2. *Kapitel*

Das ‚personrelevante' Begriffsinstrumentarium von „Adversus Praxean"

Die hier zu leistende Interpretation muß sich zuerst am Text selber als adäquat erweisen.[1] Die Auswertung der Analysen erfolgt dann jeweils in Auseinandersetzung mit der einschlägigen Literatur. Hauptgesprächspartner wird dabei Moingt sein, der in seinem voluminösen Werk „Théologie trinitaire de Tertullien"[2] die bisher ausführlichsten Analysen zum trinitätstheologischen Personbegriff bei Tertullian vorgelegt hat.[3] Moingt konnte dabei auf die inzwischen in zweiter Auflage erschienene Untersuchung von Braun („Deus Christianorum")[4] zurückgreifen, deren philologische Analysen er aus der Perspektive des Theologen ergänzen, korri-

---

120 R. Klein 27 (Becker 302f u. ö.).

1 Außerhalb von „Adversus Praxean" (= Prax.) finden sich nur wenige für die Trinitätslehre relevante Stellen, wohl aber etwa 1½mal so viele Stellen, an denen „persona" in anderem Kontext verwendet wird. – Ich zitiere nach der Ausgabe des CCL; berücksichtigt wurde auch der Text des CSEL (Kroymann), auf den sich Moingt stützt, der die Stellen bei Migne anführt. Konsultiert wurde auch die kritische Ausgabe von Scarpat, der aufs neue die Codices verglichen und vor allem Codex M herangezogen hat. Zu den Codices und Editionen vgl. die Einführungen Scarpat 3–8 oder Moingt (2) 34f.

2 Moingt (2); s. o. S. 148[22].

3 Vgl. ebd. Bd. 2, Kap. VI („La personne: Visée économique") und VII („La personne: Visée métaphysique) (= 551–674). Nach Aizcorbe 39f stellen diese beiden Kapitel „die vollständigste Arbeit über den Gebrauch und die Bedeutung dieses Wortes im Denken Tertullians" dar. Aizcorbe zufolge (vgl. 38) erlaubt die Art der Darstellung zwar eine getrennte Lektüre der einschlägigen Themen, doch müssen wir im Rahmen dieser Arbeit alle relevanten Gesichtspunkte dieses Werkes berücksichtigen. Ich hoffe allerdings, durch die von mir gewählte Art der Interpretation Funktion und Struktur, Quellen und systematischen Stellenwert von Tertullians Personbegriff zumindest übersichtlicher darzustellen.

4 R. Braun (1).

gieren und vertiefen wollte[5]. Erste Ansätze einer systematischen Erforschung des trinitätstheologischen Vokabulars fanden beide in der kritischen Ausgabe, die Evans 1948 besorgte[6]. Eine fast vollständige Katalogisierung der Persona-Stellen von Prax., die Hadot für die patristische Sitzung des Kolloquiums „Problèmes de la Personne" vorbereitet hatte, wurde erst 1973 veröffentlicht.[7] Daher finden sich hierin keine Bezugnahmen auf die Arbeiten von Braun und Moingt; neben Evans ist jedoch auch Scarpat erwähnt, der 1959 eine kritische Ausgabe von Prax. mit italienischer Übersetzung, Einleitung und Kommentar ediert hat.[8] Da Scarpat nur Weniges (er kommentiert nur einige Stellen) und kaum Originelles zur Erhellung des Personbegriffs beiträgt, werde ich mich für die Auswertung vor allem an Evans, Hadot, Braun und Moingt orientieren; die übrigen Autoren kommen bei Detailfragen der Interpretation zum Zuge und werden höchstens in den Anmerkungen erwähnt, wenn sie eine Auslegung anderer übernehmen.[9]

Die Bestandsaufnahme dieses Kapitels will zunächst einen Überblick über das Vorkommen der Vokabel „persona" in Prax. geben.[10] Anders als Braun[11] und

---

5 Vgl. Moingt (1) 256: „Wir haben uns selten in Übereinstimmung mit Brauns philosophischen oder theologischen Beurteilungen gefunden." Die Analyse dürfe sich nicht auf das Vokabular allein beziehen, sondern müsse den gesamten Duktus im Auge haben; die von Braun vorgelegten philologischen Analysen seien durchaus von wissenschaftlichem Wert und nützlich für die Theologie, aber letztlich doch lediglich als Vorarbeit. – Braun hat die 2. Auflage mit ergänzenden Bemerkungen (685–724) versehen; er konstatiert das unterschiedliche methodische Vorgehen, stellt jedoch mit Befriedigung Übereinstimmung in den Resultaten, und zwar „in mehr als einem Punkt" (686), fest. Auf die Ergänzungen zum persona-Kapitel (vgl. 704f), die zur Hälfte sich auf Moingt beziehen, werden wir eingehen.

6 Evans (1); vgl. Waszink (1), auch Evans (3). E. Evans' Aufsatz „Tertullian's theological terminology", in: CQR 139 (1944/45) 56–77, war mir nicht erreichbar; er entspricht allerdings den Seiten 38–58 der Einleitung seiner Edition.

7 Hadot (1); vgl. Hadots Diskussionsbeitrag: Problèmes de la Personne 268.

8 Moingt (2) 35 hält verschiedene Texterklärungen Scarpats für zutreffend, die Einleitung dagegen für „enttäuschend", da sie, ohne Neues zu bieten, einschlägige Exposés referiert und zudem noch unkritisch alte Vorurteile bzw. Anschuldigungen Tertullian gegenüber weitergibt. Moingt geht deshalb auf Scarpat nur im Zusammenhang mit den von diesem zitierten Autoren ein.

9 Das gilt auch für Moreno de Vega, die sich bewußt nur auf philologischer, nicht auf theologischer Ebene bewegen will (vgl. 105) und sich im übrigen auf das Referieren beschränkt, wobei Grillmeier (Le Christ dans la tradition chrétienne. Paris 1973) und Scarpat die Hauptzeugen sind.

10 In den Stellenangaben zu Prax. bezeichnen die beiden ersten Ziffern Kapitel und Abschnitt nach CCL 2, die beiden hinter dem Schrägstrich Seite und Zeilen (die im CCL kapitel-, nicht seitenweise durchgezählt werden) des entsprechenden CCL-Bandes. Die Übersetzungen stammen von mir und wurden in schwierigen Fällen mit anderen Vorschlägen verglichen. Herangezogen wurde immer auch die Übersetzung von K. A. H. Kellner (Tertullians sämtliche Schriften. Aus dem Lateinischen übersetzt von Dr. K. A. H. Kellner. Bd. 2. Köln 1882, 510–558), die allerdings den Begriff „Person" öfters (sinngemäß ergänzend?) hinzufügt.

11 Vgl. R. Braun (1), Kap. II, Abs. IV: La notion d'individualité divine: *Persona* (207–242); zur Begründung seiner Methode vgl. die Introduction (7–28).

Moingt[12] versuche ich dabei nicht, die verschiedenen Verwendungen von vornherein zu katalogisieren und in die begriffsgeschichtliche Tradition einzuordnen; lediglich ihre quantitative Verteilung in den einzelnen Textpartien soll notiert werden. Vorkommen und Bedeutung der Persona-Stellen außerhalb von Prax. werden erst als Ergänzung im 3. Kapitel eingebracht. Damit soll natürlich nicht verharmlost werden, daß sich auf dieser ersten Stufe der Interpretation (!) interessante Hinweise für die beiden folgenden Kapitel ergeben. Unerläßlich erscheint mir, bei dieser Bestandsaufnahme auch die Äquivalente bzw. die vergleichbaren Formulierungen aufzulisten. Da der Begriff „persona" die Unterschiedenheit in Gott so bezeichnen soll, daß damit die Einheit Gottes nicht aufgelöst wird – dieses Grundproblem jeglicher Trinitätstheologie stellt sich für Tertullian konkret in der Auseinandersetzung mit dem Monarchianismus des Praxeas[13] –, wird unsere Aufmerksamkeit nach dem statistischen Überblick den Termini, die die Unterschiedenheit in Gott zum Ausdruck bringen, sowie den Bezeichnungen für den „wesensmäßigen" Zusammenhang der unterschiedenen „Personen" gelten[14].

1. *„Persona" in „Adversus Praxean"*

Das Wort „persona" findet sich 33mal im trinitätstheologischen Traktat Tertullians (vgl. *Tabelle 2*), etwa 100mal in seinen übrigen Schriften.[15] Offenbar hat Tertullian die Vokabel nicht erst in trinitätstheologischem Kontext aufgegriffen oder gar eigens dafür entwickelt; anderseits verlangt doch die relative Häufigkeit des Vorkommens (praktisch ein Viertel aller persona-Stellen) in Prax. besondere Aufmerksamkeit. Abweichend von Moingts Vorgehen möchte ich nicht einfach präsumieren, daß unser Autor persona „in das trinitätstheologische Vokabular in dem umgangs-

---

12 Vgl. die Überschriften und die Untergliederung der beiden einschlägigen Kapitel (s. Anm. 3).

13 Zur umstrittenen Existenz des Praxeas, seiner Identität, Herkunft und den möglichen Aufenthalten in Rom und Karthago vgl. die kritische Bibliographie und eigene Positionsbestimmung bei Moingt (2) 33. Der Bericht wäre zu ergänzen durch den Beitrag von Cantalamessa (2), der sich vor folgende Alternative gestellt sieht (vgl. 49f): Entweder ist Praxeas ein fiktiver Name für einen der römischen Modalisten, oder es handelt sich um eine von diesem zu unterscheidende historische Persönlichkeit, der dann aber Tertullian zu Unrecht den von ihm in Prax. bekämpften Modalismus anhängt; Cantalamessa neigt der zweiten Hypothese zu.

14 Auf diese Weise machen wir uns mit dem Text und seinem Argumentationsgang bekannt, so daß eine Inhaltswiedergabe überflüssig erscheint. Kellner (s. Anm. 10) 508–510 hat seiner Übersetzung eine kurze Inhaltsangabe vorangestellt.

15 Moingt (2) 553 spricht von etwa 100 Stellen (dazu 4mal personalis und 2mal personaliter). – Persona wird außerhalb von Prax. etwa 40mal *nicht* in trinitätstheologischem, *sondern* in theologischem (im weiten Sinn) Zusammenhang verwendet. Gut die Hälfte hat einen christologischen Kontext und steht vorwiegend in Adv. Marc. Für die Rekonstruktion des trinitätstheologischen Personbegriffs sind nur ganze drei Stellen interessant, an denen Tertullian – z. T. abweichend vom Wortlaut in Prax. – das AT zitiert; diese Stellen werden bei der Analyse von Prax. zur Interpretation mitherangezogen.

Tabelle 2:
Persona-Stellen in „Adversus Praxean"

III,2	per alias proximas personas administretur quas ipsa prospexerit officiales sibi	(1162,23f)
VI,1	ut secundam personam conditam	(1165,4)
VI,2	*oblectabar in persona ipsius*	(1165,12f)
VII,2	gaudentem in persona illius	(1165,11f)
VII,3	ex sua persona profitetur	(1165,13)
VII,5	ut res et persona quaedam videri possit	(1166,30f)
VII,9	illam dico personam et illi nomen Filii vindico	(1167,55)
IX,3	in persona Paracleti	(1168,18f)
XI,4	alii dabat filii personam	(1171,31)
XI,7	psalmi, qui Christi personam sustinent	(1172,50)
XI,7	Spiritum loquentem ex tertia persona	(1172,52)
XI,10	unamquamque personam in sua proprietate constituunt	(1172,68)
XII,3	secunda persona, sermo ipsius et tertia, Spiritus in sermone	(1173,3f)
XII,4	scriptura distinguit inter personas	(1173,18f)
XII,6	personae, non substantiae nomine	(1173,37f)
XIII,2	ad personam Christi	(1174,8)
XIII,6	Si enim una persona...	(1175,46)
XIV,9	de aliqua maiore persona	(1178,72)
XIV,10	*Spiritus personae eius Christus Dominus*	(1178,75f)
XIV,10	Christus personae paternae spiritus est	(1178,76f)
XIV,10	Spiritus cuius persona erat	(1178,77)
XVIII,2	ut prima persona	(1183,14)
XXI,5	utriusque personae constituit distinctionem	(1187,27)
XXII,10	non ex unius esse persona quod pluraliter dictum est	(1191,65f)
XXIII,4	Quot personae..., nisi quot et voces?	(1192,15f)
XXIII,7	et Patrem et Filium in suis quemque nominibus et personis et locis	(1192,38f)
XXIV,5	ex virtutibus, non ex personae repraesentatione	(1194,39f)
XXIV,7	duarum personarum coniunctionem	(1195,50)
XXIV,8	apparente proprietate utriusque personae	(1195,58)
XXVI,9	Nam nec semel sed ter ad singula nomina in personas singulas tinguimur	(1198,59f)
XXVII,1	in una persona utrumque distinguant	(1198,7)
XXVII,11	Videmus duplicem statum, non confusum sed coniunctum in una persona, Deum et hominem Iesum	(1199,62f)
XXXI,2	ut coram iam Deus in suis propriis nominibus et personis cognosceretur	(1204,8f)

sprachlichen Sinn, der ihm geläufig war, einführt"[16], woraus sich dann ein bestimmtes Einteilungsschema ergibt. Vielmehr soll der jeweilige Kontext bestimmen, welche Variante des „gewöhnlichen" Gebrauchs vorliegen könnte und welchen Einfluß der dogmatisch-polemische Argumentationszusammenhang auf Funktion und Struktur des Begriffs ausübt.

Achten wir zunächst – gewissermaßen in einem vorbereitenden Schritt – auf die quantitative Verteilung der Persona-Stellen in Prax.! Dabei fällt auf, daß sich diese

16 Moingt (2) 553.

in drei Textabschnitten häufen: 6mal in Kapitel VI und VII, 13mal (fast 40%) in den Kapiteln XI bis XIV und 7mal in den Kapiteln XXI bis XXV, so daß fast 80% aller Persona-Stellen in 7 von 31 Kapiteln anzutreffen sind. Dieser Befund lädt uns ein, nach einem möglichen Zusammenhang mit dem Aufbau des Traktats bzw. seiner Argumentationsstruktur zu fragen. Schon Bludau[17] hatte sich in einer Kontroverse auf die Gliederung von Prax. berufen, die er wie folgt bestimmte:
Kap. III–IX: Aufweis, „daß der persönliche Unterschied die Einheit nicht aufhebt"
Kap. X–XIX: Schriftbeweis
Kap. XX–XXVIII: Widerlegung der Gegner
Kap. XXIX–XXXI: Konsequenzen der häretischen Position

Genauer auf den Inhalt und den formalen Aufbau schauend, kommt Moingt zu folgender Einteilung in vier Abschnitte[18]:
Kap. I–X: Praestructiones
Kap. XI–XVII: Schriftbeweis I
Kap. XVIII–XXVI: Schriftbeweis II = Widerlegung der gegnerischen Schriftargumentation
Kap. XXVII–XXXI: Ergänzende Widerlegungen

Die detaillierteste Analyse hat Sider vorgelegt, der seine Beobachtungen zur äußeren Struktur des Textes durch die Aufdeckung des bei Tertullian sichtbar werdenden rhetorischen Erbes ergänzt und vertieft.[19] Demnach hat Moingt zwar die Symmetrie zwischen den ersten (Prax. I–II,2) und dem letzten Kapitel erkannt, jedoch ohne zu realisieren, „inwieweit der Traktat durch das Prinzip der symmetrischen Komposition geformt ist"[20]. Eine Beachtung des Zusammenhangs von Form und Funktion deckt auf, „daß die fundamentalen Symmetrien bei Tertullian thematischer und – gelegentlich – methodologischer Art sind"[21]. Daß der thematischen Struktur eine rhetorische zugrunde liegt[22], darf nicht zu der Annahme verleiten, die symmetrische Komposition sei lediglich ein dekoratives Stilmittel; sie ist vielmehr funktional zu verstehen[23]. Ihre flexible Handhabung macht deutlich, daß sie im Arrangement der Grundideen besteht und folglich nicht mathematisch-quantitativ gefaßt werden kann.[24] So offenbart der Aufbau von Prax.[25] nicht nur eine Parallele zwischen Einleitung und Schluß, sondern auch eine solche zwischen den Kapiteln II,3–X und XXVII–XXX: Das erste Feld („panel") beschreibt die Geburt des

---

17 Vgl. Bludau 9.

18 Vgl. Moingt (2) 226–242. In diesem Abschnitt („Composition du traité") konkretisiert Moingt seine allgemeinen Betrachtungen zur (theologischen) Methode Tertullians; vgl. 160–182 („La méthode").

19 Vgl. Sider (1) und (2). Welche Bedeutung der linguistischen Analyse bei einem Autor zukommt, der „konvertierter Rhetor" ist, hat jüngst Principe 1295 mit Blick auf Augustin herausgestellt.

20 Sider (2) 419, mit Verweis auf Moingt (2) 240.

21 Sider (2) 406.

22 Ebd. 409[1].

23 Ebd. 412.

24 Ebd. 406–408.

25 Zum folgenden ebd. 419.

Wortes aus dem Vater und sein Schöpfungswerk; das zweite die Geburt aus Maria und das Heilshandeln (Tod) im Erlösungswerk. Zudem sind beide Teile nach einem verwandten Plan gebaut, der ihre wechselseitige Zuordnung unterstreicht:

II,3–IV	Definition:	a) Basisdefinition der Trinität
		b) Definition der μοναρχία
V–VII	Generatio des Wortes und Schöpfungswerk	
VIII–X	Definition:	a) des Terminus προβολή
		b) der Begriffe Vater und Sohn
XXVII	Geburt	
XXVIII	Definition:	der Gesalbte des Vaters
XXIX–XXX	Tod	

Diese Beobachtungen zur Feinstruktur verraten den symmetrischen Aufbau des gesamten Traktats:

A I–II,2	Einleitung
B II,3–X	Definition und Beschreibung der „Natur der Trinität“ (Schöpfungswerk)
C XI–XXVI	Systematischer Überblick über die Evidenz der Schrift
D XXVII–XXX	Definition und Beschreibung der „Natur der Trinität“ (Erlösungswerk)
E XXXI	Schluß

Wie Sider in seiner monographischen Untersuchung[26] nachgewiesen hat, entspricht der Aufbau von Prax. der in der Rhetorik klassisch gewordenen Einteilung in introductio (mit den Abschnitten exordium, narratio, propositio und/oder partitio), Hauptteil (bestehend aus der die eigene Meinung beweisenden confirmatio und der den Gegner widerlegenden reprehensio) und Schluß. Der Hauptteil konnte durch eine praemunitio, die einen generellen Einwand vorweg abwehren will[27], und eine amplificatio gerahmt werden. In einigen Fällen – wie z. B. in Tertullians trinitätstheologischem Traktat – weitete sich die praemunitio so aus, daß sie bereits die Hauptargumentationslinien vorwegnahm. Prax. II,3–X dient also nicht nur der Destruktion, sondern der Stärkung der eigenen Position durch Antizipation. Das entspricht der rhetorischen Tradition nicht nur wegen des ostentativen und empha-

---

26 Sider (1) 21–40.

27 Vgl. Prax. II,2/1160,21: iam hinc praeiudicatum sit; und II,3/1160f,22.1f: salva ista praescriptione utique tamen propter instructionem et munitionem. Die Bedeutung der praescriptio, die Tertullian nicht auf eine instructio und munitio verzichten läßt, wird durch das Plazieren entsprechender Wendungen in Prax. unterstrichen: Außer in II 3, der Einleitung zur trinitätstheologischen Formel von II 4, finden wir den Begriff im

tischen Charakters der Argumentationen, sondern vor allem in ihrer Bezeichnung als praestructiones[28]. Daß die amplificatio oft in Balance steht mit den Themen der praemunitio, bestätigt die symmetrische Anordnung der Teile B und D.

In Kategorien der Rhetorik gefaßt, nimmt sich der Aufbau von Prax. so aus[29]:

A	I–II,4	*introductio*	
	I,1–3	exordium	(regt – ethisch und emotional – die Parteinahme an)
	I,4–7	narratio	(die „Fakten" der Situation)
(B)	II,1–3	partitio	(Gemeinsames u. Diskussionspunkte betreffs der regula fidei)
	II,4	propositio	(Vorlage der eigenen Position)
B	II–X	*praemunitio*	
C	XI–XXVI	Hauptteil	
	XI–XVII	*confirmatio*	
	XVIII–XXVI	*reprehensio*	
D	XXVII–XXX	*amplificatio*	
E	XXXI	*conclusio*	

Es fällt nun auf, daß 22 von 33 (also 2/3 der) Persona-Stellen im zentralen Teil, der ‚Achse', des Traktats anzutreffen sind, in welchem der positive Schriftbeweis geführt (Kapitel XI–XVII) und die Schriftargumentation der Gegner widerlegt (Kapitel XVIII-XXVI) wird; dabei dominiert in den Kapiteln XI-XIX die

---

Zusammenhang mit der Verteidigung des rechten monarchia-Verständnisses (non tamen praescribere monarchiam ideo: III,2/1161f,18.1), zu Beginn des Hauptteils als Rückbezug auf „praescriptio nostra" (XI,4/1171,33) und als Zitat einer klassischen Präskriptionsformel (Regula autem omni rei ab initio constituta in prioribus et in posteriora praescribit, utique et in pauciora: XX,3/1186,14f) an der Stelle, wo die Schriftargumentation vom AT auf das NT übergeht. – Zur juristischen Ausprägung dieses Verfahrens im sogen. Präskriptionsbeweis s. vor allem Stirnimann.

28 Das Nomen findet sich zwar nicht in Prax., zweimal erscheint dagegen die Verbform: Possum itaque non temere praestruxisse (V,7/1164,42); praestruens adversus coniecturas haereticorum (XIX,1/1184,3f). Der vergleichbare Ausdruck „praesumptiones" steht bezeichnenderweise im letzten Kapitel der praemunitio: in praesumptionibus nostris (X,8/1170,40); in Kap. XV wird die praesumptio der Gegner zurückgewiesen: ne adiuvaret adversariorum praesumptionem (XV,6/1179,34f). – Ausdrücklich von praestructiones ist die Rede in Res. und Herm.; zu diesen Stellen wie zur Aufgabe der praestructiones vgl. Moingt (2) 167–173. Hamman–Frot heben die Bedeutung des Substantivs praestructio, das von Tertullian selbst gebildet zu sein scheint, hervor; da die beiden Autoren der Bedeutung von praestructio (und praedicatio) im Sinne der „prophetischen Antizipation" nachgehen, sind ihre weiteren Ausführungen hier nicht relevant.

29 Ich stelle die Ergebnisse der Analyse von Sider (1) 21–40 zusammen. Als kleine Unstimmigkeit ist zu registrieren, daß sich die introductio (in ihren beiden letzten Teilen) und die praemunitio überlagern – ein Hinweis auf die durch die Thematik bestimmte freizügige Anwendung des rhetorischen Schemas.

Exegese alttestamentlicher Stellen, in den Kapiteln XXI–XXV handelt es sich durchweg um die Interpretation einschlägiger Verse aus dem Johannesevangelium (Kapitel XXVI bringt eine Bestätigung vom synoptischen Befund her) – also auch hier eine Parallele oder Symmetrie von Schöpfungs- und Erlösungsordnung? Weiter fällt auf, daß in der Einleitung „persona" nicht vorkommt, auch nicht in der ‚Basisdefinition' (vgl. Prax. II,4/1161,33–37). Erst im Schlußkapitel, so läßt sich vermuten, kann der Terminus – gegenüber Mißverständnissen geschützt bzw. in seiner Funktion und Struktur abgeklärt – eingesetzt werden (vgl. Prax. XXXI,2/1204,9). Von den 8 Persona-Stellen im Teil B finden sich 6 in den Kapiteln VI und VII, also im Zusammenhang mit dem Thema der Generatio des Wortes und seiner Schöpfungsmittlerschaft; auch hier handelt es sich um Exegese bzw. um auf der Schriftbasis beruhende systematische Interpretation.[30] Die Passage Prax. IX,3/1168,19, wo von der „persona paracleti" die Rede ist, kann dem mühelos zugeordnet werden, so daß nur die Stelle Prax. III,2/1162,23 übrigbleibt, die zum rahmenden Definitionsteil gehört. Es dürfte von Bedeutung sein, daß hier, wo „persona" zum ersten Mal erscheint, das Wort nicht im Kontext einer Schriftargumentation steht, sondern in analoger Verwendung zur Definition weltlicher Herrschaft, konkret: zum römischen Doppelprinzipat. Nur zweimal finden wir „persona" im Teil D, nämlich im ‚christologischen' Kapitel XXVII als amplificatio des Hauptteils.[31]

Die quantitative Verteilung der Persona-Stellen, die ganz vorläufige Hinweise für die weitere Interpretation an die Hand gibt, läßt sich also in folgender Übersicht veranschaulichen:

A	introductio:	–	
B	praemunitio:	8	(III,2; 6 in VI–VII; IX,3)
C	Hauptteil		
	– confirmatio:	13	(in XI–XIV)
	– reprehensio:	9	(XVIII,2; 7 in XXI–XXV; XXVI,9)
D	amplificatio:	2	(in XXVII)
E	conclusio:	1	

Schriftbeweis (Zitat, Exegese) und systematische Reflexion sind die Kontexte, in denen die zwei folgenden Kapitel Funktionen und Struktur von persona zu

30 Zweimal steht persona direkt in einem Schriftzitat (VI,2; VII,3), einmal im Rahmen der exegetischen Auslegung (VII,2), zweimal oder (wenn VI,1 hinzuzunehmen ist) dreimal im „theoretischen" Sinn, der über die „reine" Exegese hinausgeht, wobei VII,5 und VII,9 auf ein Schriftzitat folgen.

31 Nach Cantalamessa (1) 174 gebraucht Tertullian die Formulierung „in una persona" nicht nur in Prax. XXVII,1, sondern auch in Prax. XXVII,11 „in einem nicht eigentlich christologischen (wie in der künftigen Definition von Chalzedon), sondern im trinitarischen Sinn"; vgl. ders. (3). Entschieden widersprach dieser Deutung Simonetti (1). – Für die Position Cantalamessas sprechen folgende Gesichtspunkte: die dogmatisch-polemische Argumentation des Traktats gegen die Monarchianer, die sich auf dem Feld der

bestimmen bzw. aufzuhellen versuchen. Der Vorbereitung dieser zweiten Interpretationsstufe dienen die beiden nächsten Abschnitte: Da die Funktion des trinitätstheologischen Person-Begriffs ganz allgemein als Bezeichnung der Verschiedenheit in der Einheit bestimmt werden kann, erscheint es mir hilfreich, ja unerläßlich, auf die Textpassagen zu schauen, in denen andere Wörter, Begriffe oder Formulierungen diese Funktion übernehmen. „Funktion" meint eine Konkretisierung, die zu Einsichten in die Struktur der Begriffselemente verhilft.

2. *Bezeichnungen für die Unterschiedenen*

In diesem Abschnitt soll konstatiert und auf einer ersten Stufe analysiert werden, mit welchen Ausdrücken Tertullian in Prax. die in Gott zu unterscheidenden „Personen" bezeichnet, ohne das Wort persona zu verwenden. Nicht notiert werden dabei die Stellen, wo der Autor ‚einfach' von Pater, Filius und Spiritus Sanctus (Paracletus) redet; ebenso werden in dieser Aufstellung die biblischen nomina (Deus Dominus, Jesus Christus, sophia, ratio bzw. sermo) übergangen. Wie die introductio deutlich macht, steht ja in der Auseinandersetzung mit Praxeas bzw. mit dem ihm nachgesagten Monarchianismus genau diese biblische Redeweise zur Diskussion: Sind Pater und Filius nur Bezeichnungen für zwei unterschiedliche Status ein und desselben? Da der Rekurs auf die Schrift im Sinn einer bloßen Wiederholung der Worte in der gegebenen theologischen Situation nicht mehr genügt, sind – auf der Basis der Schrift – entsprechende klärende theologische Termini aufzugreifen bzw. zu entwickeln.

a) Versuch einer Einteilung

Die von Tertullian gewählten Wendungen (s. *Tabelle 3)*[32] erlauben eine Einteilung in fünf Kategorien, die selber jeweils weiter aufgeschlüsselt werden können. *Zunächst* – salopp, aber durchaus der polemischen Einstellung Tertullians gemäß formuliert – fordert der Apologet seinen Gegner auf, „bis drei zu zählen": Die

---

Trinitätstheologie bewegt; die Beobachtung der symmetrischen Anordnung von B und D, die für die amplificatio keineswegs eine christologische Verwendung des Begriffs insinuiert; die ausgebliebene Wirkungsgeschichte einer solchen christologischen Formel; die dogmengeschichtliche Beobachtung, daß bis ins 4. Jahrhundert (Nizäa!) hinein die Auseinandersetzung um den christlichen Gottesbegriff geführt wurde und daß die einschlägigen klassisch gewordenen Begriffe zuerst in trinitätstheologischem Kontext entwickelt wurden. – Natürlich spricht XXVII,11 in trinitätstheologischem Zusammenhang von Mensch und Gott (vgl. XXVII,14: ex carne homo, ex Spiritu Deus) in der persona Filii, während die Monarchianer nach XXVII, 1 Vater und Sohn in der persona Patris unterscheiden.

32 Ich habe meine Beobachtung anhand folgender Hilfsmittel überprüft: Index Tertullianeus; Moingt (2) Bd. IV. Es versteht sich von selbst, daß auf dieser ersten Stufe der Interpretation einschlägige trinitätstheologische Termini noch unübersetzt bleiben. In die Tabelle aufgenommene wörtliche Zitate werden im Text normalerweise nur noch in der Übersetzung geboten.

Tabelle 3:
Bezeichnungen für die Unterschiedenen

Aufzählung	Rangordnung	(Eigen-)Wirklichkeit	(Eigen-)Art	„personale“ Funktion in „interpersonaler“ Relation
a) absolut gebrauchte Zahlwörter: duo: 26 tres: 8 primus: 2 secundus: 9 tertius: 5 b) Zahlwörter in Verbindung mit Adjektiv, Partizip o. Nomen: duo: 12 tres: 1 primus: – secundus: 2 tertius: 5 c) auffallende Verbindungen: duo: ignoti, divisi (2), inseparati (2), individua, tam uniti duae: res (2), species (2), formae tres: cohaerentes	a) ohne Attribut: *gradus:* 3 b) in Verbindung mit secundus und/oder tertius: *gradus:* 3 (+1)* locus: 1 nomen: 1 c) auffallende Formulierung: per consertos et connexos gradus a Patre decurrens - - - - - - - - - - * In IX, 3 (1169,23) kann „gradum“ sinngemäß ergänzt werden.	a) „nicht nichts“: sonus: 2 vocabulum: 4 vox: 9 b) „abkünftiger Teil“: portio: 4 c) „etwas Wirkliches“: res: 5 substantiva res: 2 substantivum in re 1 substantia: 4 (+2)* *species:* 9 d) auffallend: individuus: 5 (+1)** - - - - - - - - - - * V, 3 (1164,20) meint die ratio als substantia des Sermo; VI,3 (1165,19) bezieht sich auf das Universum ** VI,3 (1165,15f) bezieht sich auf die individuae des Sermo.	a) ornatus: 3 b) *forma:* 8 (+2)* c) proprietas: 5 - - - - - - - - - - * Zwei nicht unmittelbar trinitätstheologisch relevante Stellen sind: V,1 (1163,3); XXVII,12 (1200,72)	a) membra et pignora et instrumenta monarchiae: 1 b) officialis: 1 (III,2) arbiter: 1(XII,3) vicarius: 1(XXIV,5) repraesentator: 1 (XXIV,7) c) minister: 1 (XII,3) (ad)ministrare: 7 d) auffallend: proximus zur Bezeichnung der Intimität: 2

fraglichen Größen (Vater und Sohn bzw. Vater, Sohn und Geist) sind auf jeden Fall zwei bzw. drei verschiedene. Daß 38mal von duo, dagegen nur neunmal von tres die Rede ist, zeigt die primäre Intention der Argumentation: Das rechte Verständnis des christlichen Gottesbegriffs entscheidet sich bei der Bestimmung des Verhältnisses von Vater und Sohn. Etwa gleichmäßig verteilt ist die Verwendung der Ordinalzahlen secundus (elfmal) und tertius (zehnmal), wobei beim absoluten Gebrauch wiederum secundus (neunmal) vor tertius (sechsmal; davon fünfmal in zwei aufeinanderfolgenden Sätzen, vgl. VIII,7/1168,41–44) rangiert. Mit „primus" ist nicht der Vater, sondern das Wort (sermo) bezeichnet, das „als erstes (von allem)" aus Gott (dem Vater) hervorging (vgl. VI,3/1165,15; XIX,6/1185,36). Ein einziges Mal wird der Vater als „prima persona" bezeichnet (XVIII,2/1183,14), „weil der Vater zuerst erkannt und nach dem Vater der Sohn genannt wird" (XVIII,2/1183,15f: quia Pater ante cognoscitur et post Patrem Filius nominatur).[33] „Secundus" meint, absolut und vor Nomina (nur zweimal) immer den Sohn, „tertius" bis auf eine Ausnahme immer den Geist. Daß auch der Sohn als „tertius" bezeichnet wird – „er ist *vom* Vater her gesehen der Zweite und *mit* Berücksichtigung des Geistes der Dritte" (XIII,7/1175,54f: Secundus a Patre et cum Spiritu tertius) –, verrät, daß es auf dieser Argumentationsebene zunächst bloß ums Zählen geht.

Nicht aufgenommen wurden in die Tabelle die Wendungen „duo dii" (fünfmal) bzw. „duo dii et duo domini" (sechsmal), die ja gerade – auch vom Schriftbefund her – umstritten sind. In Auseinandersetzung mit Praxeas beharrt Tertullian darauf, daß es „zwei" sind, aber nicht im Sinn von „zwei verschiedenen und einander fremden Göttern":

> „Und damit sie dennoch dies [die Rede der Schrift von ‚zwei Göttern' und ‚zwei Herren'] nicht als Skandal empfinden, haben wir den Grund angegeben, weshalb sie nicht zwei Götter und Herren genannt werden, sondern weshalb Vater und Sohn zwei [genannt werden], und das nicht aufgrund einer Trennung der Substanz, sondern der Disposition, da wir den Sohn als vom Vater ungeteilt und ungetrennt erklären und als einen anderen nicht dem Status, sondern dem Grad nach, der, obwohl er Gott und – wo von ihm die Rede ist – einziger genannt wird, dennoch also nicht [aus Gott] zwei Götter macht, sondern einen [Gott], das gerade deshalb, weil er [nur] infolge der Einheit mit dem Vater auch zur Bezeichnung ‚Gott' gelangt" (XIX,8/1185,45–52: Et tamen ne de isto scandalizentur, rationem reddimus qua Dii non duo dicantur nec Domini sed qua Pater et Filius duo, et hoc non ex separatione substantiae sed ex dispositione, cum individuum et inseparatum Filium a Patre pronuntiamus, nec statu sed gradu alium, qui etsi Deus dicatur, quando nominatur singularis, non ideo duos Deos faciat sed unum, hoc ipso quod et Deus ex unitate Patris vocari habeat. Vgl. XIII,6/1175,41–46).

Während Praxeas von „zwei [ihm] Unbekannten" redet (vgl. XXII,4/1189,18f: duos dixit ignotos) und Tertullian vorwirft, von „zwei Getrennten" zu sprechen (XXIII,7/1192,34f: Ut sic duos divisos diceremus, quomodo iactitatis), war es nach diesem „eher zu tolerieren, zwei Getrennte [in Gott] als den einen Gott als [eine Art] Wechselbalg zu verkündigen" (XXX,7/1192,35f: tolerabilius erat duos divisos quam unum Deum vertipellem praedicare).

---

33 Die Wendungen „prima (secunda, tertia) persona" wurden nicht in Tabelle 3 aufgenommen, da sie eigens analysiert werden (vgl. Tabelle 2: S. 164).

Die unter c) notierten „auffallenden Verbindungen" offenbaren das Bemühen Tertullians, bei der Rede von der Zweiheit in Gott zugleich die unzerstörte Einheit zu betonen: Die „zwei" sind ungetrennt (inseparati: vgl. XXII,2/1189,11.12), ungeteilt (individua: vgl. XXII,5/1190,31), denn sie sind „so [d. h. nach Maßgabe der dispositio trinitatis bzw. der oikonomia monarchiae] geeint" (III 3/1162,28: a duobus tam unitis), die „drei" stehen in einem [inneren] Zusammenhang (vgl. XXV,1/1195,8: tres cohaerentes). Die typisch tertullianischen Wendungen der Basisformel (vgl. II,4/1161,33–37) kehren in Verbindung mit „duae" an zwei Stellen wieder, wo der Apologet von „duae res et duas species unius et indivisae substantiae" (XIII,10/1176,75f) redet bzw. gekonnt antithetisch formuliert: „duae res sunt, sed coniunctae; . . . duae species sunt, sed indivisae; . . . duae formae sunt, sed cohaerentes" (VIII,6/1168,37–39).

Nicht mehr allein bzw. in erster Linie der Aufzählung („numerabo" steht noch an der eben zitierten Stelle XIII,10/1176,76), sondern bereits der Fixierung einer bestimmten Rangordnung dienen die Formulierungen, die ich in die *zweite Kategorie* eingeordnet habe. Diese finden sich vor allem in Verbindung mit tertius: „tertium gradum" (IV,1/1162,5; IX,3/1169,22; XXX,5/1204,26); „tertium nomen" hat für sich betrachtet noch eher aufzählenden Charakter, ist jedoch aufgrund der Verbindung mit „tertium gradum" im gleichen Satz hierher zu rechnen (vgl. XXX,5/1204,25f). Zweimal werden secundus und tertius zusammen aufgeführt: „secundum et tertium sortitis locum" (III,5/1162,35f); „tertium gradum . . . secundum [gradum]" (IX,3/1169,22f). Daß gradus sich in diesem Zusammenhang zum entscheidenden Begriff profiliert, wird durch seinen absoluten Gebrauch und die jeweilige Entgegensetzung zu status unterstrichen: Die Wendung der Basisformel „non statu sed gradu" (II,4/1161,33), die das Reden von „isti gradus" (II,4/1161,36) erlaubt, kehrt in XIX,8/1185,49f wieder: „nec statu sed gradu alium". Das Bemühen, Unterschiedenheit und Einheit im Innern zusammenzubinden, spiegelt sich in der vortrefflichen Schlußthese von Kapitel VIII: „Die Trinität, die vom Vater durch aneinandergereihte und miteinander verknüpfte Stufen herkommt, hindert so einerseits nicht [wörtlich vielleicht: schreit nicht nieder] die Monarchie und schützt anderseits den Status der Ökonomie" (VIII,7/45–47: Ita trinitas per consertos et connexos gradus a Patre decurrens et monarchiae nihil obstrepit et oikonomiae statum protegit).

Daß es sich bei dem auf der zweiten (und dritten) Stufe Sichtbarwerdenden nicht um nichts handelt, sondern – da es sich als etwas vom Ersten bzw. Ganzen herkommenden „Anteil" präsentiert – um „etwas Wirkliches", bringen die unter der *dritten Kategorie* zusammengefaßten Bezeichnungen zum Ausdruck. Was einen „Klang", eine „Stimme" hat, besitzt eine Wirklichkeit. Zwar ist der Zusammenhang von Sache und ihrer Bezeichnung nicht immer eindeutig, so daß es im Zweifelsfall besser ist, sich am „Sinn der Sache statt am Klang der Vokabel" (III,6/1162,40: ad sensum rei quam ad sonum vocabuli) zu orientieren. Tertullian besteht jedoch in der Auseinandersetzung mit Praxeas darauf, daß zumindest in den zur Debatte stehenden trinitätstheologischen Streitfragen auf die Entsprechung von „res" und „vocabulum" zu achten ist (vgl. VIII,1/1167,5: vocabulo isto et re;

VIII,2/1167,10: aliqua re et vocabulo eius) und daß daher etwas, das eine „Vokabel“ hat, nicht nichts sein kann: „Die Tatsache selbst, daß von Vater und Sohn die Rede ist, ist sie nicht Ausdruck dafür, daß hier etwas anderes in Absetzung von einem anderen ist? Denn auf jeden Fall wird alles, was genannt wird, auch sein, und was sein wird, das wird genannt werden, und die Verschiedenheit der Vokabeln kann sich nicht völlig miteinander vermengen, da es auch die Verschiedenheit der Dinge nicht tut, deren Vokabeln sie sein werden“ (IX,4/1169,25–28: Ipsum, quod Pater et Filius dicuntur, nonne aliud ab alio est? Utique enim omnia quod vocantur, hoc erunt, et quod erunt, hoc vocabuntur, et permiscere se diversitas vocabulorum non potest omnino, quia nec rerum quarum erunt vocabula).[34] Also „nimmt“ auch das Wort bei der Weltschöpfung „seine Gestalt und sein Ansehen an, seinen Klang und seine Stimme“ (VII,1/1165,1f: speciem et ornatum suum sumit, sonum et vocem). Wenn auch Praxeas unter Berufung auf gewisse „Grammatiker“ das Wort für „Schall und Rauch“ hält (vgl. VII,6/1166,33: Quid est enim, dices, sermo, nisi vox et sonus oris . . .), so kontert Tertullian: „Von Gott konnte nichts Nichtiges und Leeres ausgehen“ (VII,6/1166,35f: At ego nihil dico de Deo inane et vacuum prodire potuisse)! Der Apologet will seinen Gegner auf der Basis des Schriftzeugnisses widerlegen, indem er Schriftzitate als „Filii vox“ (XIX,5/1185,30f), als „Filii ad patrem vox“ (XXIII,3/1192,11f) bzw. als „voces Patris de Filio“ (XI,5/1171,38) und „Filii voces de Patre“ (XI,6/1171,f,44f) anführt und auf Schriftstellen verweist, in denen von der „Filii vox“ (XXI,12/1188,63) und der Stimme des Vaters als „vox eius“ (XXI,14/1188,72) bzw. „ista vox“ (XXIII,7/1192,37) geschrieben steht. Das Ziel seiner Bemühungen faßt Tertullian in den Satz: „Wieviele Personen scheinen Dir, Du völlig verdrehter Praxeas, wenn nicht soviele wie auch Stimmen?“ (XXIII,4/1192,15f: Quot personae tibi videntur, perversissime Praxea, nisi quot et voces?).[35]

Auch die Bezeichnungen dieser Kategorie haben immer wieder die Einheit der so Unterschiedenen im Blick. Die Korrespondenz, das Dialogische kommt natürlich in den bisher angeführten Fällen besonders zum Ausdruck. Daß „der zweite“ nicht Nichts, sondern etwas Wirkliches ist, hängt mit seiner Herkunft von „dem ersten“ bzw. „dem Ganzen“ zusammen. Das verdeutlichen die Wendungen von der „portio totius“ (IX,2/1168,13; XXVI,3/1196,17; XXVI,6/1197,33). Wie der Strahl der Sonne ist der (sichtbare) Sohn „portio“ des (unsichtbaren) Vaters (vgl. XIV,3/1176,17–24); er ist nicht Nichts, da er nicht aus Nichtigem und Leerem hervorgegangen ist „und nicht der Wirklichkeit entbehrte, weil er von einer so großen Wirklichkeit seinen Ausgang nahm und so große Wirklichkeiten geschaffen

[34] Tertullian fügt als Autoritätsbeweis noch Mt 5,37 hinzu (vgl. IX,4/1169,28f: Est, est, non, non; nam quod amplius est, hoc a malo est).

[35] Auch der Hinweis auf die „vox carnis et animae“ im christologischen Zusammenhang dient der Herausstellung der Wirklichkeit, die sich hier Ausdruck verschafft: „Aber dies ist die Stimme des Fleisches und der Seele, d. h. des Menschen, nicht die des Wortes noch die des Geistes, d. h. nicht die Gottes“ (XXX,2/1203,7f: Sed haec vox carnis et animae, id est hominis, non Sermonis nec Spiritus, id est non Dei).

hat“ (VII,6/1166,37f: nec carere substantia quod de tanta substantia processit et tantas substantias fecit).

Ich habe „substantia“ hier mit „Wirklichkeit“ wiedergegeben, um die Intention des (Kon-)Textes herauszuheben. Dem Begriff kommt in seinen verschiedenen Bedeutungen eine Schlüsselrolle zu. Uns interessiert er hier, weil er die (Eigen-)Wirklichkeit als abkünftige bezeichnet und somit „Unterschiedenheit *in* der Einheit“ signalisiert. Da substantia auch bei Tertullian meist zur Bezeichnung der Einheit (in der Substanz) verwendet wird, möchte ich an dieser Stelle auf die Formulierungen aufmerksam machen, in denen die Vokabel die (Eigen-) Wirklichkeit benennt: Die göttliche Vernunft (ratio) ist die Substanz des Wortes (sermo) (V,3/ 1164,20); „das, was Gott mit der Weisheit, der Vernunft und dem Wort in sich disponiert hatte, wollte er in deren eigene Wirklichkeiten und Arten herausgeben“ (VI,3/1165,13–15: Deus voluit ea quae cum sophia et ratione et sermone disposuerat intra se, in substantias et species suas edere), damit auch das Universum „in seinen Arten und Wirklichkeiten erkannt und ergriffen würde“ (VI,3/1165,19f: in suis speciebus atque substantiis cognoscerentur et tenerentur). Tertullian bejaht voll und ganz die schlußfolgernde Frage seines Gegners: „Also . . . gibst Du zu, daß das Wort, das vom Geist, von der Weisheit und der Vernunft gebildet wurde, irgendeine Wirklichkeit ist?“ (VII,5/1166,27–29: Ergo . . . das aliquam substantiam esse sermonem, spiritu et sophia et ratione constructam?). – „Was auch immer also die Substanz des Wortes gewesen sein mag“ (VII,9/1167,54f: Quaecumque ergo substantia sermonis fuit) – „es wird nicht ohne Substanz sein“ (VII,9/1167,54: sine substantia non erit).

Wie „gradus“ im Bereich der zweiten Kategorie, so nimmt „species“ im Bereich der dritten eine führende Stellung ein. Der Begriff, der nur in der ersten Hälfte von Prax. zu finden ist (zweimal in der Basisformel, fünfmal in den Kapiteln VI–VIII, je einmal in Kapitel XIII und XIV), eignet sich offenbar besonders gut zum Aufweis der „Eigenwirklichkeit“, da er einen „unterscheidenden Gesichtspunkt“[36], vielleicht auch das „Eigengepräge“ anzeigt. Species war uns im Verein mit substantia bereits zweimal vor Augen gekommen (VI,3/1165,15.19), einmal in der Aufreihung „speciem et ornatum suum sumit, sonum et vocem“ (VII,1/ 1165,1f). Hier wie in der Kombination „duas res et duas species“ (XIII,10/1176,75) legt das Wort den Akzent auf das Wirklichsein, was durch Tertullians Interpretation von Num 12,8 unterstrichen wird: „*Von Mund zu Mund werde ich mit ihm reden, in der ‚Erscheinung‘*, das ist: in Wahrheit, *und nicht im Rätsel*, das ist: nicht im Bild“ (XIV,6/1177,47f: *Os ad os loquar illi, in specie,* id est in veritate, *et non in aenigmate*, id est non in imagine). Die „species“ bringen die Wirklichkeit zur Erscheinung, weil auch sie „προβολαὶ derjenigen Substanzen sind, aus denen sie hervorgehen“ (VIII,5/1167f,28f: προβολαὶ sunt earum substantiarum ex quibus prodeunt). Als eigene Erscheinung von Wirklichkeit sind sie mit der Erscheinung ihrer Quelle (Tertullian verwendet gerade hier die Metapher von Quelle und Fluß) „duae species, sed indivisae“ (VIII,6/1168,38). Wiederum stehen wir vor dem uns bereits vertrauten Argumentationsgang. Was species – im Unterschied etwa zu res und substantia – darüber hinaus bedeuten könnte, muß die weitere Interpretation ergeben. Die antithetische Formulierung der Basisformel „drei . . . nicht der Macht, sondern der Species nach“ (II,4/1161,34: tres . . . nec potestate sed specie; vgl. II,4/1161,36) animiert jedenfalls zu einer weitergehenden Untersuchung.

---

36 Moingt (2) IV 202; unter der Überschrift „aspect distinctif“ sind drei Stellen notiert: VI,3/1165,15.19; VII,1/1165,1.

Auffallend, zumindest wenn man den Text mit unserem Verständnis von Individuum im Hinterkopf liest, ist, daß Tertullian das Adjektiv „individuus" nicht gebraucht, um ein „*in sich* Ungeteiltes" zu bezeichnen, sondern um das Ungeteiltsein der verschiedenen „Größen" in Gott auszudrücken. So wie das Wort die Vernunft und die Weisheit als „seine von ihm nicht getrennten [Kräfte] in sich hat" (VI,3/1165,15f: habentem in se individuas suas)[37], so bezeugt die Schrift das Ungeteiltsein der zwei (vgl. XXII,5/1190,31: et hoc ad testimonium individuorum duorum), gibt „die ungeteilte Zahl der zwei und drei" (XXVII,1/1198,5: individuum . . . numerum duorum et trium) der Unterscheidung bei bleibender Verbindung Ausdruck (vgl. XXVII,1/1198,3f: distinctione Patris et Filii quam manente coniunctione disponimus). An zwei Stellen wird der Sohn ausdrücklich als „individuum et inseparatum *a* Patre" bezeichnet (vgl. XVIII,3/1184,22f; XIX,8/1185,48f), eine schließlich nennt ihn charakteristischerweise „ut individuum *cum* ipso" (XXIII,4/1192,19).[38]

Von den Bezeichnungen der *vierten Kategorie*, die über das wirkliche Eigensein hinaus auch die (Eigen-)Art andeuten könnten (ich formuliere vorsichtig, da ich der späteren Interpretation nicht vorgreifen will), haben wir „ornatus" in seiner Verbindung mit „species" bereits kennengelernt (vgl. VII,1/1165,1). Deutet das Wort die Richtung an, in der ein spezifischer Sinn von „species" gesucht werden muß?[39] Möglicherweise stellt schon „species" den Übergang von der dritten zu unserer vierten Kategorie dar, „forma" ist jedenfalls unter diese einzuordnen. Auch hier wird zwar das Wirklichsein betont: Wort und Geist sind nicht bloß imaginäre „Formen" (vgl. XIV,9/1178,69: imaginaria forma); wer eine Stimme hat, besitzt auch eine „Form" (vgl. XXI,14/1188,72); auch die unsichtbaren Dinge „haben bei Gott sowohl ihre Wirklichkeit als auch ihre Form" (VII,9/1167,51f: habent apud Deum et suum corpus et suam formam).[40] In diesem Sinn zitiert Tertullian die Worte aus Jes 53,2 „*et non erat forma eius nec gloria*" (XI,8/1172,59), doch ist hier

---

37 Moingt (2) IV107: „puissances indistinctes du Sermo".

38 Das Substantiv „individuitas", das in Prax. einmal vorkommt, drückt unmißverständlich aus, daß „aufgrund des Ungeteiltseins der eine ohne den anderen weder erkannt noch geleugnet werden kann" (XXII,4/1189,20f: per individuitatem neque agnosci neque ignorari alter sine altero potest).

39 An dieser Stelle sei wenigstens hingewiesen auf den Beitrag von Kehl, der anführt, daß im antiken Sprachgebrauch die Identifikation Gewand = Person bewußt abgelehnt und „die Gewandmetapher nicht verwendet wurde, um einen ontischen, existentiellen Bezug zum Ausdruck zu bringen" (219). Auf der anderen Seite scheint mir noch nicht ausgemacht, daß man Person und Gewand (Maske) nach dem aristotelischen Schema von Substanz und Akzidens deuten muß; die Geschichte von persona (Maske → Rolle → unverwechselbarer Rollenträger) deutet in eine andere Richtung.

40 Den sicher im stoischen Sinn verwendeten Begriff „corpus" habe ich hier sinnentsprechend mit „Wirklichkeit" wiedergegeben. Zur Begründung vgl. Rauch 19–24 („Tertullians grundlegende Lehre von der Körperlichkeit alles Seienden – als unmittelbar stoischen Ursprungs") und 49f (zur „Körperlichkeit des Logos"); Schelowski 30–36 („Hauptprinzipien der stoischen Philosophie bei Tertullian – A. Der stoische Grundsatz von der Körperlichkeit alles Seins"); Spanneut 289f.299f; Moingt (2) 326–329; Braun (1) 179–194; 703 („compléments").

schon der Übergang zur Betonung der „individuellen Form" erkennbar.[41] Die „Eigenform" des Wortes (vgl. XXVII,7/1199,40) bzw. der in Gott Unterschiedenen (vgl. die Basisformel II,4/1161,34.36 und ihr Refrain VIII,6/1168,39: duae formae, sed cohaerentes) ist an den übrigen vier Stellen deutlich akzentuiert; nach Moingt, mit dessen Interpretation wir uns nach der Erhebung weiteren Materials auseinandersetzen werden, bezeichnen sie ganz präzise „die subsistierende Individualität"[42].

Daß „proprietas" zur vierten Kategorie gehört, bedarf keiner Erörterung. Die Verbindung mit den bisherigen Beobachtungen kommt in dem Vorwurf an die Adresse des Praxeas zum Ausdruck: „Du willst ja nicht, daß es [das Wort] wirklich Substanz habe aufgrund der Eigenart der Substanz, so daß es als eine gewisse Wirklichkeit und ‚Person' gesehen werden könnte und so als von Gott konstituierter Zweiter es vermöchte, zwei zu ergeben, den Vater und den Sohn, Gott und das Wort" (VII,5/1166,29–32: Non vis enim eum substantivum habere in re per substantiae proprietatem, ut res et persona quaedam videri possit et ita capiat secundus a Deo constitutus duos efficere, Patrem et Filium, Deum et sermonem). So wird jede „Person" in ihrer Eigenart konstituiert (vgl. XI,10/1172,68: unamquamque personam in sua proprietate constituunt), zur Erscheinung gebracht (vgl. XXIV,8/1195,38: apparente proprietate utriusque personae) und unterschieden (vgl. XXV,1/1195,3: Pater et Filius in sua proprietate distinguuntur). Nach Moingt drückt proprietas an den zuletzt genannten Stellen „die Tatsache des für sich und getrennt [an der Seite?] von einem anderen Existierens"[43] aus. Doch auch hier, wo der Übergang zum Begriff der „Person" greifbar wird, ist der Zusammenhang, die Einheit, nicht aus dem Blick gerückt. Denn die „Eigenheiten" (der Plural muß freilich beachtet werden!) werden aus der „Matrix" gewonnen und entfremden nicht von ihr (vgl. VIII,7/1168,44f: Nihil tamen a matrice alienatur a qua proprietates suas ducit).

Die übrigen in Prax. verwendeten Bezeichnungen für die in Gott Unterschiedenen lassen sich in eine *fünfte Kategorie* einteilen, die mit „Bezeichnungen für die ‚personale' Funktion" charakterisiert werden muß. Eher noch unpersönlich ist die Rede von den „Gliedern, Pfändern und Instrumenten" der Monarchie (vgl. III,5/1162,38: membra et pignora et instrumenta). Im gleichen Kapitel ist jedoch bereits von den „anderen eng verwandten Personen" (III,2/1162,23: alias proximas personas) die Rede, die zur Verwaltung der Monarchie als „Offiziale" (III,2/1162,24: officiales) ausgewählt werden. Diese ‚Beamten' heißen Sachverständiger (arbiter, XII,3/1173,17), Verwalter (vicarius, XXIV,5/1194,33) und Repräsentant (repraesentator, XXIV,7/1195,51f).[44] Im Zusammenhang mit „arbiter" war auch schon

41 Moingt (2) IV,94f führt die Stelle unter der Rubrik „Figure individuelle" auf.

42 Ebd. IV,96 („l'individualité subsistante"). Auch die beiden nicht in trinitätstheologischem Kontext gebrauchten Formulierungen (V,1/1163,3; XXVII,12/1200,72) können im Sinn von „eigener Form" interpretiert werden.

43 Ebd. IV,169 („le fait d'exister en soi et à part de l'autre").

44 Die Interpretation der Stelle – „Er [der Sohn] manifestierte also auch die Verbindung der beiden Personen, damit nicht der Vater für sich quasi als im Anblicksichtbar gewünscht und damit der Sohn für den Repräsentator des Vaters angesehen werde" (XXIV,7/

vom „minister" die Rede: Das „Laßt uns den Menschen machen" von Gen 1,26 interpretiert Tertullian prosopologisch in dem Sinn, daß Gott mit Sohn und Geist „wie mit Ministern und Sachverständigen aus der Einheit der Trinität heraus sprach" (XII,3/1173,17f: quasi cum ministris et arbitris ex unitate trinitatis loquebatur).[45] Die Administration der göttlichen Monarchie wird in mehr als der Hälfte der hier in Frage kommenden Fälle (7 Stellen gegenüber den bisher genannten 6) verbal – durch „(ad)ministrare" – zum Ausdruck gebracht. Viermal treffen wir auf die Vokabel in Prax. III, dem ersten Hauptkapitel der tertullianischen praemunitio: Die Monarchie wird durch die „trinitas" nicht zerstört, sondern verwaltet (III,1/1161,8: non destruatur ab illa [trinitate], sed administretur); sie ist nicht so Sache eines Einzigen, „daß er seine Monarchie nicht durch die, die er will, verwalte" (III,2/1162,20f: monarchiam suam non per quos velit administrare) bzw. „daß sie auch nicht durch andere, eng verwandte Personen, die sie sich selbst als ‚Offiziale' ausgesucht hat, verwaltet würde" (III,2/1162,23f: ut non etiam per alias proximas personas administretur quas ipsa prospexerit officiales sibi). Schließlich holt Tertullian noch weiter aus: „Wenn also auch die göttliche Monarchie durch so viele Legionen und Heere der Engel verwaltet wird, wie geschrieben steht . . . , so hat sie deshalb doch nicht aufgehört, die eines Einzigen zu sein, so daß sie aufhörte, Monarchie zu sein, weil sie durch so viele Tausendschaften von Kräften verwaltet wird" (III,4/1162,29–33: Igitur si et monarchia divina per tot legiones et exercitus angelorum administratur sicut scriptum est . . . , nec ideo unius esse desiit ut desinat monarchia esse, quia per tanta milia virtutum procuratur). Diese in den praestructiones der praemunitio vorab geklärte Terminologie kehrt an markanten Stellen im Hauptteil wieder; wir stoßen auf sie im zweiten Kapitel der confirmatio – „unter Beistand und Verwaltung des Wortes Christus" (XII,5/1173,29: in sermone Christo adsistente et administrante) –, im zweiten Kapitel der reprehensio – „da er allein

---

1195,49–52: Igitur et manifestam fecit duarum personarum coniunctionem ne Pater seorsum quasi visibilis in conspectu desideraretur et ut Filius repraesentator Patris haberetur) – ist freilich umstritten. Moingt (2) 622–624 stützt sich auf den Codex F, der das „ut" vor Filius nicht enthält, und sieht den zweiten Nebensatz ebenfalls in Abhängigkeit von „ne": Der Sohn ist der vicarius des Vaters, der diesen in seinen Worten und Taten repräsentiert, aber er ist nicht der Repräsentant der *persona* des Vaters, vielmehr offenbart er die „coniunctio personarum". Moingt interpretiert die Stelle also im Kontext der Formulierung, „daß er [der Vater] sichtbar werde im Sohn aufgrund seiner vollmächtigen Taten, nicht aufgrund der Repräsentation der Person" (XXIV,5/1194,38–40: visibilem eum in Filio fieri ex virtutibus, non ex personae repraesentatione). Für uns ist hier wichtig, daß Vater und Sohn auf jeden Fall in einem „Repräsentationsverhältnis" stehen. Moingts Interpretation verdeutlicht darüber hinaus in wünschenswerter Klarheit, daß auch in dieser Bezeichnung Eigenständigkeit und Verbundenheit der Personen zum Ausdruck kommen. – „Repraesentator" ist übrigens eine der typischen Wortschöpfungen Tertullians; vgl. H. Koch (2) 829: „Hatte schon Apuleius statt Zeitwörter gerne Hauptwörter auf *-tor* gewählt, so steigert Tertullian ihren Gebrauch ins Maßlose, wobei er noch die Endung *-ator* bevorzugt."

45 Für die Verwendung von „minister" und „arbiter" im trinitätstheologischen Zusammenhang bringt Moingt (2) IV 114 noch einige weitere Beispiele aus anderen Schriften Tertullians.

dem Werk des Vaters diente" (XIX,5/1185,34: quia solus operationi Patris ministravit) – und im Kapitel XXIV, das von der Repräsentation des Vaters in den Taten und Worten des Sohnes als seines Verwalters (vicarius) handelt, „durch den der Vater in Taten gesehen, in Worten gehört und in dem Sohn, der die Taten und Worte des Vaters ausführt, erkannt werden soll" (XXIV,5/1194,33–35: per quem Pater et videretur in factis et audiretur in verbis et cognosceretur in Filio facta et verba Patris administrante). Eine „proxima persona" des Monarchen ist also der Sohn, der „nicht seinen, sondern des Vaters Willen vollendet hat, den er von ganz nahe, ja von Anfang an kannte" (VIII,3/1167,17f: nec suam sed Patris perfecit voluntatem quam de proximo, immo de initio noverat).

Halten wir auf dieser ersten Interpretationsstufe zunächst fest, daß das Modell der „administratio monarchiae secundum rationem oikonomiae", das „personale Funktion" und „interpersonale Relation" in sich begreift, an drei markanten Stellen des trinitätstheologischen Traktats erscheint, wobei im Kontext jeweils auch das Wort „persona" begegnet, das in Prax. III,2 erstmals auftaucht und dann dreimal in Prax. XII,3–6 sowie in XXIV,5–8 verwendet wird (vgl. *Tabelle 2*). Zwar wird auch in den Kapiteln XII und XXIV ausführlich mit Hilfe der Schrift argumentiert, doch kann nun nicht mehr einfachhin gesagt werden, der trinitätstheologische Begriff „persona" ergebe sich unmittelbar aus diesem Kontext, vielmehr bleibt das „politische Modell" der Administration, mit dem zugleich der Terminus eingeführt wird, in den Argumentationen gegen Praxeas präsent.

b) Die Bedeutung von „nomen"

Besondere Aufmerksamkeit müssen wir der Verwendung von nomen schenken, das 40mal in einschlägigem Zusammenhang verwendet wird (vgl. *Tabelle 4*); in allen Partien seines Traktats operiert Tertullian mit diesem Begriffswort. Die Basisdefini-

Tabelle 4:
„nomen" in trinitätstheologischen Zusammenhängen von „Adversus Praxean"

II,4	quia unus Deus ex quo et gradus isti et formae et species in *nomine* Patris et Filii et Spiritus sancti deputantur	(1161,35-37)
IV,2	[monarchiam] in tot *nominibus* constitutam in quot Deus voluit	(1163,8f)
IV,4	ex *nominibus* Patris et Filii	(1163,24f)
VI,1	in sophiae *nomine*	(1164,47)
VII,1	in *nomine* sophiae	(1165,4)
VII,3	in *nomine* sophiae	(1165,14; 1166,21)
VII,4	et in sophiae et in rationis et in omnis divini animi et Spiritus *nomine*	(1166,25f)
VII,8	*Non sumes nomen Dei in vanum* [Ex 20,7]	(1166,46)
VII,9	Quaecumque ergo substantia sermonis fuit, illam dico personam et illi *nomen* Filii vindico et, dum Filium agnosco, secundum a Patre defendo	(1167,54-56)
VIII,5	multo magis sermo Dei qui etiam proprie *nomen* Filii accepit	(1168,32f)

XIII,3	sed et *nomen* Domini in duobus lego	(1174,16)
XIII,4	scias illam [scripturam] multo magis vero et unico Dei Filio et Domini *nomen* iure contulisse	(1174,31f)
XIII,7	redactum est iam *nomen* Dei et Domini in unionem	(1175,55f)
XIII,8	Dei *nomen* et Domini et Patri et Filio et Spiritui convenire (vgl.: et Deum et Dominum colentes et *nominantes* [1175,60f] deos et dominos *nominaremus* [1175,63]	(1175,62)
XIV,5	[Monarchianer:] Pater fuerit in filii *nomine*	(1177,32)
XIV,6	Filium suo *nomine*	(1177,42)
XVII, 1–3	Facilius existimaverunt Patrem in Filii *nomine* venisse quam Filium in Patris, dicente ipso Domino: *Ego veni in Patris mei nomine,* item ad ipsum Patrem: *Nomen tuum manifestavi hominibus,* condicente etiam scriptura: *Benedictus qui venit in nomine Domini,* utique Filius in Patris *nomine.* Sed *nomen* Patris: ... haec dicimus et in Filium competisse et in his Filium venisse et in his semper egisse et sic ea in se hominibus manifestasse. *Omnia,* inquit, *Patris mea sunt.* Cur non et *nomina?*	(1182,1-11)
XVII,4	volunt, et Christi *nomen* Patris esse	(1183,19f)
XVIII,1	hanc societatem *nominum* paternorum in Filio	(1183,1f)
XXI,15	Adeo semper Filius erat in Dei et regis et Domini omnipotentis et altissimi *nomine*	(1188,75f)
XXIII,2	*Verum, Pater, glorifica nomen tuum,* in quo erat Filius: *Ego,* inquit, *veni in Patris nomine*	(1191f,9-11)
XXIII,7	ut credant et hi et Patrem et Filium in suis quemque *nominibus* et personis et locis	(1192,38f)
XXVI,3	portionem totius intelligi voluit quae cessura erat in Filii *nomen*	(1196,17f)
XXVI,4	in *nomine* Spiritus	(1197,21)
XXVI,9	Nam nec semel sed ter ad singula *nomina* in personas singulas tinguimur	(1198,59f)
XXVIII,1	Itaque Christum facis Patrem, stultissime, qui nec ipsam vim inspicias *nominis* huius, si tamen *nomen* est Christus et non appellatio potius: unctus enim significatio. „Unctus“ autem non magis *nomen* est quam „vestitus“, quam „calceatus“, accidens *nomini* res.	(1200,1-4)
XXVIII,7f	et Iesum ipsum esse Christum, in altero quoque *nomine* Dei Filium. Nam exinde, eo iure quo utrumque *nomen* unius est, id est Dei Filius, etiam alterum sine altero eiusdem est...	(1201,31-34)
XXX,5	Spiritum sanctum, tertium *nomen* divinitatis et tertium gradum maiestatis, unius praedicatorem monarchiae sed et oikonomiae interpretatorem	(1204,25-27)
XXXI,2	Sic Deus voluit novare sacramentum, ut nove unus crederetur per Filium et Spiritum, ut coram iam Deus in suis propriis *nominibus* et personis cognosceretur qui et retro per Filium et Spiritum praedicatus non intellegebatur	(1204,7-11)

tion Prax.II,4/1161,36f schließt mit der „trinitarischen" Formel „im Namen des Vaters und des Sohnes und des heiligen Geistes". Im Zusammenhang mit der Definition der monarchia wird nomen übrigens das einzige Mal absolut, d. h. ohne Genetiv verwendet: „Sieh also zu, daß nicht vielmehr du die Monarchie zerstörst, der du ihre Disposition und Dispensation [d. h. ihre Ökonomie] umstürzest, die in so vielen Namen konstituiert ist, in wievielen Gott wollte" (IV,2/1162f,6–9: Vide ergo ne tu potius monarchiam destruas, qui dispositionem et dispensationem eius evertis in tot nominibus constitutam in quot Deus voluit). Zwei Abschnitte später kann Tertullian dann „aufgrund der Namen Vater und Sohn" (IV,4/1163,24f: ex nominibus Patris et Filii) argumentieren; in symmetrischer Entsprechung greift die conclusio die Argumentation noch einmal auf und bestätigt gegenüber den judaistischen Monarchianern (vgl. XXXI,1/1204,1) die Ökonomie des Neuen Bundes: „So wollte Gott seinen Bund[46] erneuern, auf daß er aufs neue als Einer geglaubt werde durch [die Offenbarung von] Sohn und Geist, damit Gott nun öffentlich in seinen je eigenen Namen und Personen erkannt werde, der, obwohl auch früher durch den Sohn und den Geist verkündet, nicht verstanden wurde" (XXXI,2/1204,7–11: Sic Deus voluit novare sacramentum, ut nove unus crederetur per Filium et Spiritum, ut coram iam Deus in suis propriis nominibus et personis cognosceretur qui et retro per Filium et Spiritum praedicatus non intellegebatur).

Die Einteilung der Tabelle macht deutlich, daß sich die Verwendung von nomen innerhalb dieses symmetrischen Rahmens auf fünf Schwerpunkte konzentriert: Kapitel VI–VIII (7mal); Kapitel XIII–XIV (6mal); Kapitel XVII–XVIII (9mal); Kapitel XXI–XXVI (7mal); Kapitel XXVII–XXX (7mal). Daß diese fünf Blöcke jeweils in einem Argumentationszusammenhang zu finden sind, bestätigen die dem Wort zugeordneten Genitive. In den Kapiteln VI–VIII verhandelt Tertullian bezüglich des Sohnes die Fragen „ob er ist, wer er ist, wie er ist" (VI,1/1163,2f: an sit et qui sit et quomodo sit)[47]; er beweist die (Eigen-)Wirklichkeit des Sohnes

---

46 Der Kontext empfiehlt die Übersetzung von „sacramentum" mit „Bund". Glücklich finde ich auch die von Moingt (2) 771 gewählte Übertragung „son testament"; „Testament" läßt zugleich den Bundeswillen und die Urkunde dieses neuen Bundes, das Neue Testament, anklingen. Wenn Kellner (s. Anm. 10) 557 „die Glaubenslehre" interpretiert, ist er wohl von der Wendung „secundum Christianum sacramentum" im vorhergehenden Kapitel (XXX,5/1204,30) inspiriert. Sicher erhält die doctrina bei Tertullian den Charakter von lex und disciplina, doch dürften mit dieser Übersetzung nicht alle Aspekte von sacramentum eingefangen sein. So übersetzt Kellner selbst das „oikonomiae sacramentum" von II,4/1161,31 mit „das Geheimnis der sogenannten Ökonomie" (512). Hat er etwa gespürt, daß der Begriff des sacramentum im Rahmen einer ökonomischen Trinitätslehre ganz nahe bei der Bedeutung von sacramentum als Übersetzung des griechischen μυστήριον steht? – Wölfl 39 stützt sich auf Kolping, wenn er Prax. XXXI,2 zusammenfaßt: „So umfaßt das ‚sacramentum', das nun enthüllte Geheimnis Gottes, das ganze Heilsplanen und Heilswirken Gottes. Dieses Heilswirken geschieht durch Sohn und Geist, so daß das nun enthüllte ‚sacramentum' letztlich darin besteht: in dem Geheimnis, daß Gott einen Sohn hat, durch den er das Heil wirkt, und durch den Geist." – Zur jüngsten Forschungsgeschichte: Sider (3) 239–241.

47 Daß es sich hierbei um in der Rhetorik klassisch gewordene Fragen handelt, wird uns noch beschäftigen.

mit den Hinweisen auf dessen Auftreten „unter dem Namen der Weisheit" (vgl. VI,1; VII,1.3; die ausgeweitete Fassung in VII,4) und schließt mit der These: „Was auch immer also die Substanz des Wortes gewesen ist, ich nenne jene Person und nehme für sie den Namen des Sohnes in Anspruch und verteidige, während ich den Sohn anerkenne, diesen als zweiten vom Vater her" (VII,9/1167,54–56: Quaecumque ergo substantia sermonis fuit, illam dico personam et illi nomen Filii vindico et, dum Filium agnosco, secundum a Patre defendo). Zur Untermauerung seiner Behauptung greift Tertullian auf bereits von den Apologeten verwendete Metaphern[48] zurück: „Und ich würde keine Bedenken gehabt haben, den Sohn Schößling der Wurzel, Fluß der Quelle und Strahl der Sonne zu nennen, da jeder Ursprung ein gebärender ist und alles, was aus dem Ursprung hervorgebracht wird, ein Abkömmling – umsomehr das Wort Gottes, das auch im eigentlichen Sinn den Namen des Sohnes angenommen hat" (VIII,5/1168,29–33: Nec dubitaverim Filium dicere et radicis fructicem et fontis fluvium et solis radium, quia omnis origo parens est et omne quod ex origine profertur progenies est, multo magis sermo Dei qui etiam proprie nomen Filii accepit). – Die Stellen des zweiten und dritten „Blocks" (sie gehören zum positiven Schriftbeweis, der confirmatio, bis auf die Stelle XVIII,1 die den einleitenden Satz zur reprehensio, zur Widerlegung der gegnerischen Schriftargumente darstellt, in der der vierte „Block" anzutreffen ist) finden sich in der Auseinandersetzung mit den Monarchianern, nach denen „der Vater im Namen des Sohnes [erschienen] war" (vgl. XIV,5/1177,32), die „wollen, daß auch der Name Christus einer des Vaters ist" (XVII,4/1183,19f: volunt, et Christi nomen Patris esse). Tertullian findet dagegen in der Schrift das „nomen Dei et Domini" beiden, Vater und Sohn, wie auch dem Geist zuerkannt (vgl. Prax. XIII). Sobald die trinitas in der oikonomia offenbart wurde, wurde in der Bibel „der Name ‚Gott und Herr' auf die Einheit zurückgeführt" (XIII,7/1175,55f: redactum est iam nomen Dei et Domini in unionem), damit der christliche Gottesglaube vom Polytheismus abgesetzt würde. Wiederum sind Einheit und Unterschiedenheit auseinander- und zusammenzuhalten, wie die Kapitel XVII und XVIII einschärfen: Die Monarchianer, die „leichter die Meinung vertreten konnten, der Vater sei im Namen des Sohnes gekommen, als die, der Sohn sei im Namen des Vaters gekommen" (XVII,1/1182,1f: Facilius existimaverunt Patrem in Filii nomine venisse quam Filium in Patris), haben das eindeutige Zeugnis der Schrift gegen sich, denn der Sohn ist „im Namen des Vaters" gekommen und hat dessen Namen den Menschen geoffenbart (vgl. XVII,1/1182,1–6).

---

[48] Statt viele Einzelbelege aufzuführen, verweise ich auf das einschlägige Kapitel bei Moingt (2) 975–1013 (Les prolations: 1. Explication métaphorique des prolations – 2. Histoire des images). Vgl. für das Sonnenstrahl-Gleichnis vor allem Dölger (zu Tertullian: 276–279). – Während sich diese Metapher über Justin bis auf Philon zurückverfolgen läßt (vgl. auch Weish 7,26; Hebr 1,3), wurde der Ursprung der Analogien Wurzel/Schößling und Quelle/Fluß bei Tertullian teils in gnostischen Theorien, teils in montanistischer Inspiration gesucht. In seinem Beitrag zum Oxfordkongreß 5.–10.10.1983 hat Logan überzeugend nachgewiesen, daß Tertullian nicht von gnostischen Vorbildern abhängig sein kann, daß vielmehr der Verfasser des Tractatus tripartitus Prax. VIII verwendet hat,

Tertullians ‚Anstrengung des Namens' läuft darauf hinaus, „daß auch diese sowohl den Vater als auch den Sohn in ihren jeweiligen Namen und Personen und Orten glauben" (XXIII,7/1192,38f: ut credant et hi et Patrem et Filium in suis quemque nominibus et personis et locis); der letzte Satz der reprehensio macht die letzte oder besser die erste Begründung dieses christlichen Glaubens ‚namhaft': „Denn nicht einmal, sondern dreimal werden wir bei der Nennung der einzelnen Namen auf die einzelnen Personen ‚getauft' (XXVI,9/1198,59f: Nam nec semel sed ter ad singula nomina in personas singulas tinguimur).

Jede göttliche Person hat also ihren Eigennamen, und zugleich ist sie Träger des „gemeinsamen Namens"; so hat der Sohn vom Vater alles empfangen, also auch die Namen Gottes (vgl. XVII,2f/1182,6–11), und die Schrift spricht von „dieser Gemeinschaft der väterlichen Namen im Sohn" (XVIII,1/1183,1f: hanc societatem nominum paternorum in Filio).

Der fünfte Block bestätigt den Charakter der Kapitel XXVII–XXX als amplificatio: Zunächst wird der Name „Christus" reklamiert als Bezeichnung der Wirklichkeit des Gesalbten, und dieser ist nicht der Vater, sondern der Sohn (XXVIII,1/1200,2–4), der somit der eine Träger beider Namen – Jesus und Christus – ist (XXVIII,7f/1201,31–34).[49] Die Argumentation der amplificatio und in gewissem Sinn des gesamten Hauptteils (wenn man praemunitio und amplificatio diesem einordnet) schließt mit einem – vielleicht auch für den „Montanisten" Tertullian bezeichnenden – Blick auf den ausgegossenen „heiligen Geist, den dritten Namen der Gottheit und die dritte Stufe der Majestät, den Verkünder der Monarchie eines Einzigen, aber auch Interpreten der Ökonomie" (XXX,5/1204,25–27: Spiritum sanctum, tertium nomen divinitatis et tertium gradum maiestatis, unius praedicatorem monarchiae sed et oikonomiae interpretatorem).

Die Vokabel „nomen" ist also unseren drei letzten Kategorien zuzuordnen. Daß nomen die *(Eigen-)Wirklichkeit* bezeichnet, ergibt sich aus der absoluten Formel „in tot nominibus . . . in quot Deus voluit" (IV,2/1163,8f) und dem Schriftzitat Ex 20,7 „non sumes nomen Dei in vanum" (VII,8/1166,46), das in Kapitel VII des Traktats die Brücke schlägt vom „nomen sophiae" zum „nomen Filii" (vgl. die These VII,9/1167,54f). Mit Hilfe der prosopologischen Exegese wird im Hauptteil der Name des Vaters als „nomen tuum" von dem „nomen Filii" abgesetzt, während die amplificatio bezüglich des „nomen Christi" die Kongruenz von „res" und „nomen" herausarbeitet (vgl. XXVIII,1/1200,1–5) und abschließend das „tertium nomen" des Geistes betont (vgl. XXX,5/1204,25f). Die *(Eigen-)Art* scheint mir zumindest an der Stelle anvisiert zu sein, die dem Sohn die göttliche Eigenschaft der Unsichtbarkeit „suo nomine" zuerkennt[50]; in dieser Formulierung ist zugleich die

---

um sich gegen Tertullians Kritik zu verteidigen. Der Montanismus kommt nur in Frage als Anregung zur Entwicklung der Analogien; diese selbst haben einen biblischen Hintergrund und wurden – dies ist das entscheidende Argument – von Tertullian aufgegriffen, der ja in der Regel Sachverhalte durch Rückführung auf ihren Ursprung erklärt und dabei auch „Ursprungsterminologie" benutzt.

49 Man beachte, daß nach Sider Prax. XXVIII ein „Definitionskapitel" darstellt!

50 Kellner (s. Anm. 10) 529 übersetzt treffend mit „an und für sich".

Verbundenheit zum Ausdruck gebracht, „denn wir sagen, daß auch der Sohn ‚*kraft eigenen Namens*' *insofern* unsichtbar ist, als er Wort und Geist Gottes ist, schon jetzt aufgrund der Beschaffenheit der Substanz" (XIV,6/1177,41–43: Dicimus enim et Filium suo nomine eatenus invisibilem, qua sermo et Spiritus Dei, ex substantiae condicione iam nunc). Selbst wenn substantia hier die „Substanz" des Sohnes meint (die Formulierung ließe sich auch auf die gemeinsame göttliche Substanz beziehen), muß diese als „portio totius" begriffen werden. Die Parallele dazu bildet die Formulierung von der „societas nominum paternorum in Filio" (XVIII,1/1183,1f als Rückblick auf XVII,2–3/1182f,6–19). Unübersehbar tritt der Konnex von Eigenart „suo nomine" und Herkunft bzw. Verbundenheit uns vor Augen, wo „der zweite in Gott" in bzw. unter dem Namen der Weisheit und der göttlichen Vernunft auftritt, also selbständiger Größen, die im Namen, im Auftrag Funktionen ausüben. Spätestens mit diesen Formulierungen haben wir unsere fünfte Kategorie erreicht: personale Funktion in interpersonaler Relation.

c) Erste Auswertung

Neben den Begriffen der Basisformel (gradus, species, forma), die jeweils in ihrer ‚Kategorie' eine führende Rolle spielen, waren uns auf dieser ersten Interpretationsstufe das Wort „proprietas", das – wie Moingt bestätigt – „aufgrund seiner Stellung im Traktat den Übergang herstellt zwischen diesen anderen Wörtern, die fast nicht in den Schriftbeweisen auftreten, und *persona*, das nur ausnahmsweise in den Ausführungen philosophischer Art vorkommt"[51], und die Bezeichnungen für eine „personale Funktion in interpersonaler Relation" aufgefallen. Die Bedeutung von nomen, dessen Spektrum alle drei „personalen Kategorien" aufweist, haben wir eigens hervorgehoben. Auf „die Allianz *nomen-persona*"[52] im letzten Teil des Traktats (XXIII,7/1192,38f; XXVI,9/1198,59f; XXXI,2/1204,9)[53] hat bereits Braun aufmerksam gemacht.

Die Schlußfolgerung unseres ersten Überblicks[54] bestätigt sich also: Das nächste Kapitel muß Funktion und Struktur des tertullianischen Personbegriffs im Kontext von Schriftargumentation und systematischem Diskurs aufzuhellen versuchen. Nach unserer bisherigen Bestandsaufnahme bilden überwiegend Schriftzitate und prosopologische Exegese das Umfeld des Begriffs. Braun folgerte: „Es ist wohl exakt zu sagen, daß in seinen [Tertullians] Augen die Offenbarung der drei Namen in der Schrift die Lehre von den drei ‚göttlichen Personen' garantiert. Seine theologische Konzeption der ‚Person' wurzelt also in den höchst simplen und ganz spontanen Vorstellungen, die die alltägliche Sprache dem Wort *persona* assoziieren dürfte – welches das (vor allem durch den Namen) individualisierte und sich durch Aktivität und Sprache manifestierende menschliche Wesen bezeichnet."[55] Ob die

51 Moingt (2) 549. 52 R. Braun (1) 236.

53 Eng verwandt mit diesen von Braun genannten Stellen sind die Formulierungen „illam dico *personam* et illi *nomen* Filii vindico" (VII,9/1167,55) und „Quot *personae* . . . nisi quot et *voces?*" (XXIII, 4/1192,15f).

54 Siehe oben S. 168f. 55 R. Braun (1) 236.

von Braun im Anschluß an diese These herausgearbeitete „Definition der göttlichen Person“[56] Tertullians Intention trifft, wird ebenso zu prüfen sein wie der von Moingt angesprochene Zusammenhang von exegetischer und philosophischer Argumentation: Welche Relevanz hat das „ausnahmsweise“ Vorkommen von persona in den philosophischen Exposés? Was ergibt die Korrespondenz von persona mit solchen „Wörtern, die fast nicht in den Schriftbeweisen auftreten“?

3. *Bezeichnungen für das Verhältnis der Unterschiedenen*

Unsere Bestandsaufnahme muß noch nach einer Seite hin ergänzt werden: Mit welchen Ausdrücken und Wendungen bezeichnet Tertullian in Prax. das Verhältnis der zwei bzw. drei von ihm unterschiedenen „Personen“ in Gott?

a) Tertullians Argumentation gegen Praxeas

Nähern wir uns dem Sachverhalt wieder von außen! Wie Tertullian von „duo“ und „tres“ spricht, so verwendet er die Formel „alius et alius“ und faßt das Verhältnis so, daß der „Deus unus“ nicht in „duo/tres dii“ aufgespalten wird. Praxeas bzw. die Monarchianer reden dagegen von „ipse et idem“ und sind stolz darauf, auf diese Weise die wahren Verehrer des „Deus unicus“ zu sein. *Tabelle 5* demonstriert die Gegenargumentation Tertullians und gibt uns einen ersten Aufschluß darüber, mit Hilfe welcher begrifflichen Differenzierungen das Verhältnis der Unterschiedenen präziser bestimmt werden kann.[57]

Daß in der Tabelle vorwiegend Textpassagen aus dem ersten Drittel bzw. der ersten Hälfte des Traktats berücksichtigt sind, stellt nicht das Produkt einer willkürlichen Auswahl dar, sondern spiegelt den Charakter und die Funktion dieser Kapitel, die vor allem Sider uns vor Augen geführt hat. Die introductio (Prax. I–II,4) nennt den Anlaß der Schrift, die Häresie des Praxeas (vgl. I,1/1159,3–7; II,1/1160,1f; II,3/1161,27–29), und skizziert die Diskussionspunkte: Es geht um das rechte Verständnis der regula fidei, die Tertullian in Prax. II,1/1160,4–16 referiert und von der er behauptet, daß sie „aus der Anfangszeit des Evangeliums hergekommen ist“ (II,2/1160,16f: ab initio evangelii decucurrisse). Obwohl von da aus gesehen bereits jede Neuerung (vgl. II,2/1160,19: ipsa novellitas) als illegitim auf dem Präskriptionsweg erledigt werden kann, entschließt sich Tertullian zur Disputation der Regelauslegung, die er in Prax. II,4 (der propositio) mit seiner Basisdefinition eröffnet (vgl. *Tabelle 5.1*). Der Versuch, die Unterschiedenheit von Vater, Sohn und Geist aus der Schrift zu beweisen, kann nur Aussicht auf Erfolg haben, wenn es Tertullian gelingt, zu zeigen, daß nicht die Monarchianer bzw. die in deren Bann stehenden „simplices“, die „vor der Ökonomie zurückschrecken“ (III,1/1161,5: expavescunt ad oikonomiam), die Einheit Gottes wahren, sondern er. Denn „die

56 Vgl. ebd. 237–239.

57 Die Tabelle beansprucht keine Vollständigkeit, sondern versucht die Grundpositionen und Hauptargumente so übersichtlich wie möglich darzustellen.

Tabelle 5:
Tertullian gegen Praxeas/5.1 Die regula fidei

Praxeas: ein einziger Gott,	also: ein und derselbe	Tertullian: ein Gott,	aber: einer und ein anderer
Unicum Dominum vindicat, ... ut de *unico* haeresin faciat (I,1/1159,3-5)	*Ipsum* dicit Patrem descendisse in virginem, *ipsum* ex ea natum, *ipsum* passum, denique *ipsum* esse Iesum Christum (I,1/1159,5-7). Itaque post tempus Pater natus et Pater passus, *ipse* Deus Dominus omnipotens Iesus Christus praedicatur (II,1/1160,1f).	*unicum* quidem Deum credimus, sub hac tamen *dispensatione* quam *oikonomiam dicimus, ut*	*unici* Dei sit et *Filius,* sermo ipsius qui *ex ipso* processerit, *per quem* omnia facta sunt et *sine quo* factum est nihil. *Hunc* missum *a Patre* in virginem et ex ea natum, hominem et Deum, Filium hominis et Filium Dei et cognominatum Iesum Christum. *Hunc* passum, *hunc* mortuum et sepultum secundum scripturas et resuscitatum *a Patre* et in caelo resumptum sedere *ad dexteram Patris,* venturum iudicare vivos et mortuos. *Qui* exinde miserit secundum promissionem suam *a Patre Spiritum sanctum,* Paracletum, sanctificatorem fidei eorum qui credunt *in Patrem et Filium et Spiritum sanctum* (II,1/1160,4-16)
unicum Deum non alias putat credendum	quam si *ipsum eundemque* et Patrem et Filium et Spiritum dicat (II,3/1161,28f).		
		Quasi non sic quoque *unus* sit omnia dum *ex uno* omnia per substantiae scilicet *unitatem* et nihilominus custodiatur *oikonomiae sacramentum,* quae *unitatem in trinitatem disponit,*	*tres* dirigens Patrem et Filium et Spiritum, *tres autem* non statu sed gradu, nec substantia sed forma, nec potestate sed specie,
		unius autem substantiae et *unius* status et *unius* potestatis quia *unus Deus* ex quo	et gradus isti et formae et species *in nomine Patris et Filii et Spiritus sancti* deputantur (II,4/1161,29-37).

Tabelle 5.2:
trinitas und monarchia

Praxeas: ein einziger Gott,	also: ein und derselbe	Tertullian: ein Gott,	aber: einer und ein anderer
[Simplices enim quique (III,1/1161,1)] Numerum et dispositionem trinitatis *divisionem praesumunt* unitatis,	↔	quando *unitas, ex semetipsa derivans trinitatem,* non destruatur ab illa sed *administretur* (III,1f/1161, 6-8).	
unitas irrationaliter collecta haeresin faciat	↔	et *trinitas rationaliter expensa* veritatem constituat (1161,10-12)	
„Monarchiam, inquit, tenemus" (III,2/1161,12)	↔	non tamen praescribere monarchiam ideo, quia unius sit, →	eum cuius sit aut Filium non habere aut ipsum se sibi filium fecisse aut monarchiam suam non per quos velit *administrare* (III,2/1161f,18-21)
		Atquin nullam dico dominationem ita unius sui esse, ita singularem, ita monarchiam →	ut non etiam *per alias proximas personas administretur* quas ipsa prospexerit sibi. – Si vero et Filius fuerit ei cuius monarchia sit,
		non statim dividi eam et monarchiam *esse desinere,* →	si *particeps* eius adsumatur et Filius, sed proinde illius esse principaliter a quo *communicatur* in Filium et dum illius est, proinde monarchiam esse quae a *duobus tam unitis* continetur (III,2f/1162,21-29)
			secundum et tertium *sortitis* locum, *tam consortibus* substantiae Patris (III,5/1162,35f)

		Eversio enim monarchiae illa est ... cum alia dominatio *suae condicionis* et *proprii status*, ... cum *alius deus* infertur, ... cum plures (III,6/1162,41-44)	
		Filium non aliunde deduco sed de substantia Patris, nihil facientem sine Patris voluntate, omnem a Patre consecutum potestatem, quomodo possum de fide destruere monarchiam →	quam a Patre Filio traditam in Filio servo? Hoc mihi et in tertium gradum dictum sit,
		quia Spiritum non aliunde puto →	quam a Patre per Filium (IV,1/1162,1-6).
		[Monarchia] manet in suo statu, licet trinitas inferatur (IV,2/1163,9f)	
		quia et in suo statu est →	apud Filium
		et cum suo statu restituetur →	Patri a Filio (IV,3/1163,19f).

Tabelle 5.3:
Schriftbeweis (Beispiele)

Praxeas: ein einziger Gott,	also: ein und derselbe	Tertullian: ein Gott,	aber: einer und ein anderer
Sed quia duos unum volunt esse →	ut idem Pater et Filius habeatur (V,1/1163,1f) ↔	Solus autem quia *nihil aliud extrinsecus* . . . Ceterum ne tunc quidem solus; habebat enim *secum* quam habebat *in semetipso,* →	rationem suam (V,2/1163,10-12)
		et tunc Deum ante universitatis constitutionem solum non fuisse (V,7/1164,43f)	
		[Sermo] *numquam separatus* a Patre *aut alius* a Patre (VIII,4/1167,23) inseparatos ab alterutro Patrem et Filium et Spiritum (IX,1/1168,1f)	Ecce enim dico *alium* esse Patrem et *alium* Filium et *alium* Spiritum (IX,1/1168,3f)
	cum *eundem* Patrem et Filium et Spiritum contendunt, adversus oikonomiam monarchiae adulantes ↔	– non tamen diversitate → sed distributione, nec divisione → *sed distinctione,* *quia non* sit *idem* Pater et Filius, vel →	*alium Filium a Patre* *alium* *modulo alius ab alio* (IX,1/1168,7-12)
			Pater *alius* a Filio, *alius-alius* (3mal) (vgl. IX,2/1168,15-18) *alium* a se Paracletum, a Patre *alium* Filium (vgl. IX,3/1169,22) nonne *aliud ab alio* est (IX,4/1169,25)

	Pater *idem* et Filius, ut sint *ambo unus* et *utrumque alter* (X,1/1169,2f) ↔		↔ qui ex alterutro fiunt (X,2/1169,5)
	alterum ex altero excludere dum utrumque in unum (X,6/1170,28f) ↔		↔ aliud est autem habere, aliud esse (X,3/1169,9; mehrfach)
	eundem Patrem dicis et Filium… eundem Filium et Patrem ↔		↔ apud nos *distincte* pater et filius, distincte, non divise (vgl. XI,2/1170,6.1171,9-11)
	cum ipse esset sibi Filius (XI,4/1171,31) ↔		↔ *non* posse *unum atque eundem* videri qui loquitur et de quo loquitur et ad quem loquitur (XI,4/1171,34f)
unicus et singularis ↔		↔ quomodo pluraliter loquitur (vgl. XII,1/1172,2f)	
cum *unus* et *solus* et *singularis* esset (XII,2/1172,8) ↔		↔ pluraliter pronuntiavit (XII,3/1173,13f)	
		ex unitate trinitatis loquebatur (1173,18)	*alium* autem… personae,
		non substantiae nomine, ad distinctionem, non ad divisionem (XIII,6/1173,36-38)	
		unam substantiam in tribus cohaerentibus,	tamen alium dicam…
si *unus* esset (XIII,7/1173,42f) ↔			↔ *eum* qui iubet et *eum* qui facit (XIII,7/1173,39-41)
	„Ergo quia duos et unum, inquiunt, [in scriptura] invenimus, ideo ambo *unus atque idem* et Filius et Pater (XVIII,1/1183,4-6) ↔	↔ [Scriptura] habet rationem et cum *unicum* Deum statuit	et cum *duos* Patrem et Filium ostendit et sufficit sibi (XVIII,2/1183,8f) *non Filium* negat,
		sed *alium Deum.* Ceterum *alius* a Patre Filius *non* est (XVIII,3/1183,17f)	

Tabelle 5.4:
Weitere charakteristische Argumentationen

Praxeas: ein einziger Gott,	also: ein und derselbe	Tertullian: ein Gott,	aber: einer und ein anderer
	Igitur si propterea eundem et Patrem et Filium credendum putaverunt		
ut unum Deum vindicent,	↔	salva est unio eius qui, cum sit *unus*, →	habet et Filium (XIX,7/1185,39-42).
		rationem reddimus qua Dii non duo dicantur nec Domini →	sed qua Pater et Filius duo,
		et hoc *non ex separatione substantiae sed ex dispositione,*	cum individuum et inseparatum Filium a Patre pronuntiamus,
		nec statu sed gradu alium . . ., non ideo duos Deos facit sed *unum,* hoc ipso quod et Deus *ex unitate Patris* vocari habeat (XIX,8/1185,46-52).	
	ipse/idem	↔	*alius-alius* (3mal in XXI,2) *non ipse* (3 mal in XXI,3 und 4)
			Alium autem quomodo dicamus, saepe iam edidimus: quo *alium* dicamus necesse est *non eundem . . .* non quasi inseparatum, dispositione *alium,* non divisione (XXI,2/1186,12-15).
Quodsi unus esset →	dum *idem* est et Filius et Pater (XXII,3/1189,15) ↔	sed per individuitatem →	neque agnosci neque ignorari *alter sine altero* potest (XXII,4/1189,20f)

unum Deum versipellem praedicare (XXIII,7/1192,35f).	Sed Praxeas ipsum vult Patrem de *semetipso* exisse et ad *semetipsum* abisse (XXIII,11/1193,52f)	Pater Filium quam *in semetipso* habens	tolerabilius erat duos divisos quam *etsi porrectum* ad terram (XXIII,12/1193,62f)
			tres crediti,
sic unum Deum credere, ut	Filium adnumerare ei nolis et post Filium Spiritum (XXXI,1/1204,1-3)	*unum* Deum (XXXI,1/1204,6f)	
		novare sacramentum, ut nove *unus* crederetur	per Filium et Spiritum (XXXI,2/1204,7f)

irrational zusammengebundene Einheit bringt die Häresie hervor, und die rational abgewogene Trinität konstituiert die Wahrheit" (III,1/1161,10–12: unitas irrationaliter collecta haeresin faciat et trinitas rationaliter expensa veritatem constituat). Um den an seine Adresse gerichteten Vorwurf des Di- bzw. Tritheismus vorab zu entkräften, wählt der Apologet das ihm aus der Rhetorik vertraute Mittel der dem Hauptteil vorausgehenden praemunitio, die mit der Erörterung der Begriffe „trinitas" und „monarchia" in den Kapiteln III und IV, einem Definitionsteil, beginnt (vgl. *Tabelle 5.2*) und über einen ersten Schriftbeweis zur Definition von Vater und Sohn führt (vgl. *Tabelle 5.3*): Während die Monarchianer „sich aus Gegnerschaft zur Ökonomie schmeichelnd an die Monarchie anhängen, wenn sie Vater, Sohn und Geist als denselben behaupten", nennt Tertullian „den Sohn einen anderen vom Vater [vom Vater aus gesehen bzw. im Verhältnis zum Vater], jedoch nicht aufgrund von Verschiedenheit, sondern aufgrund der Aufteilung, einen anderen nicht durch Teilung, sondern durch Unterscheidung. Denn Vater und Sohn sind nicht derselbe, oder vielmehr: sie sind in einem geringen Maß ein anderer von einem anderen" (IX,1/1168,7–12: cum eundem Patrem et Filium et Spiritum contendunt, adversus oikonomiam monarchiae adulantes – non tamen diversitate alium Filium a Patre sed distributione, nec divisione alium sed distinctione, quia non sit idem Pater et Filius, vel modulo alius ab alio). Wir haben bereits bei der Einteilung der Bezeichnungen für die Unterschiedenen bemerkt, daß unser Autor oft in einem Atemzug das rechte Maß der Unterscheidung wie der Einheit bestimmt. Auf Schritt und Tritt betont er über den ganzen Traktat hin, daß in dem *einen* Gott *einer und ein anderer* zu unterscheiden und zusammenzubinden sind, während Praxeas und seine Anhänger aus der *Einzigkeit* Gottes folgern, daß Vater und Sohn (und Geist) *ein und derselbe* seien. Schauen wir uns einige Argumentationsfiguren noch etwas genauer an!

Praxeas „meint, den einzigen Gott nicht anders glauben zu dürfen, als wenn er Vater, Sohn und Geist ein und denselben nennt" (II,3/1161,27–29: unicum Deum non alias putat credendum quam si ipsum eundemque et Patrem et Filium et Spiritum dicat), so daß der Vater selbst die Rolle des Sohnes in der Heilsgeschichte übernimmt (beachte das viermalige „ipsum" in I,1/1159,5–7). Nach *Tertullian* „glauben wir zwar den einzigen Gott, jedoch unter der Aufteilung, die wir Ökonomie nennen, so daß der einzige Vater auch einen Sohn hat, sein Wort" (II,1/1160,4–6: unicum quidem Deum credimus, sub hac tamen dispensatione quam oikonomiam dicimus, ut unici Dei sit et Filius, sermo ipsius), dessen Verhältnis zum Vater nicht durch „ipse", sondern durch die präpositionalen Wendungen „ex ipso", „per quem", „sine quo", „a Patre" (II,1/1160,6–8) angemessen bestimmt wird. Im Anschluß an die regula fidei formuliert der Apologet seine Basisformel oder Basisdefinition, die wir jetzt im vollen Wortlaut vorstellen:

„Als ob nicht auch so einer alles ist, solange aus einem alles [kommt], nämlich vermittels der Einheit der Substanz, und nichtsdestoweniger das Geheimnis der Ökonomie gewahrt wird, die die Einheit in eine Trinität auslegt, indem sie Vater, Sohn und Geist als drei einrichtet – drei jedoch nicht dem Status, sondern dem

Grad, nicht der Substanz, sondern der Form, nicht der Macht, sondern der eigenen Erscheinung nach, aber einer Substanz, eines Status, einer Macht, weil der eine Gott, aus dem diese Grade, Formen und Erscheinungen im Namen des Vaters und des Sohnes und des heiligen Geistes abgeordnet werden" (II,4/1161,29–37: Quasi non sic quoque unus sit omnia dum ex uno omnia per substantiae scilicet unitatem et nihilominus custodiatur oikonomiae sacramentum, quae unitatem in trinitatem disponit, tres dirigens Patrem et Filium et Spiritum, tres autem non statu sed gradu, nec substantia sed forma, nec potestate sed specie, unius autem substantiae et unius status et unius potestatis quia unus Deus ex quo et gradus isti et formae et species in nomine Patris et Filii et Spiritus sancti deputantur).

„Jedenfalls ist ein einziger zu glauben, aber mit seiner Ökonomie" (III,1/1161,4f: unicum quidem sed cum sua oikonomia esse credendum), und die Trinität bedeutet keine Teilung (vgl. III,1/1161,6f), „solange die Einheit, die aus sich selbst heraus die Trinität ableitet, von jener [Ökonomie] nicht zerstört, sondern verwaltet wird" (III,1/1161,7f: quando unitas, ex semetipsa derivans trinitatem, non destruatur ab illa sed administretur). Die Monarchie, die die Monarchianer so hoch halten, schließt nicht aus, daß der, dem sie in erster Linie (III,3/1162,27: principaliter) zukommt, sie durch ausgewählte, ihm nahestehende „Personen" verwalten läßt (III,3/1162,20f.23f); sie wird weder geteilt noch aufgehoben (III,3/1162,25f), da ihre Disposition und Aufteilung nicht die Aufrichtung einer konkurrierenden „anderen Herrschaft mit eigener Stellung und eigenem Status" (III,6/1162,42: alia dominatio suae condicionis et proprii status) bedeutet. Es handelt sich weder um einen Dualismus wie bei Marcion noch um einen Pluralismus wie etwa bei dem Gnostiker Valentinian (III,6/1162,43–45), sondern um „Teilhabe" und „Kommunikation" (III,3/1162,26.27), so daß es „von daher eine Monarchie ist, die *von zwei so Geeinten* in Besitz gehalten wird" (III,3/1162,28f: proinde monarchiam esse quae a duobus tam unitis continetur). Sohn und Geist erhalten den zweiten und dritten Platz „zugeteilt" und werden so an die Substanz des Vaters „angebunden" (III,5/1162,35f), d. h. sie werden von nirgendwo anders als von der Substanz des Vaters her „deduziert" (IV,1/1162,1.5f), die Einführung der Trinität beläßt die Monarchie in ihrem Status (IV,2/1163,9f). Der Sohn ist nichts Anderes, dem Vater Äußerliches, sondern „mit ihm" und (als göttliche Vernunft und göttliches Wort) „in ihm selbst" (V,2/1163,10–12), nicht ein anderer infolge von Trennung (VIII,4/1167,23), vielmehr sind Vater, Sohn und Geist „einer vom anderen ungetrennt" (IX,1/1168,1f: inseparatos ab alterutro).

Die prosopologische Exegese, die zeigt, wie „aus der Einheit der Trinität heraus" (XII,3/1173,18: ex unitate trinitatis) geredet wurde, steht gegen die monarchianische Fixierung auf die „Einzigkeit und Singularität" (XII,1/1172,2f und XII,2/1172,8). Dagegen verschlägt auch nicht die Berufung auf die Schrift, die „Recht hat, sowohl wenn sie den einzigen Gott festhält als auch wenn sie Vater und Sohn als zwei darstellt" (XVIII,2/1183,8f: Habet rationem et cum unicum Deum statuit et cum duos Patrem et Filium ostendit), „sie leugnet nämlich nicht den Sohn [als anderen], sondern [diesen] als anderen Gott" (XVIII,3/1183,17f: non Filium negat sed alium deum). Angesichts dieses Befundes „war es eher zu tolerieren, zwei

Getrennte [in Gott] als den einen Gott als Wechselbalg zu verkündigen" (XXIII,7/1192,35f: tolerabilius erat duos divisos quam unum Deum vertipellem praedicare), denn die „drei sind eines, nicht einer" (XXV,1/1195,8f: tres unum sunt, non unus). So kann Tertullian abschließend formulieren, es sei Ziel des Neuen Bundes gewesen, diese „unitas in trinitate" endgültig zu offenbaren (XXXI,2/1204,7f).

b) Versuch einer Einteilung

In die *erste Kategorie* unserer *Tabelle 6* können die Ausdrücke eingeordnet werden[58], die – analog den beiden ersten Kategorien für die Bezeichnung der Unterschiedenen – von der Zahl bestimmt sind; dieses Mal liegt freilich der Akzent auf dem *Zusammen*zählen. Die Rede von „dem einen und dem anderen" meint einen anderen nur „in geringem Maß", denn der eine geht aus dem anderen hervor, und beide bilden so eine Einheit („unum"), werden aber nicht einer („unus"; vgl. Rubrik a). Folglich ist der Sohn als anderer „kein anderer vom Vater" und niemals vom Vater getrennt, ja er ist „ungetrennt *mit* diesem" (vgl. Rubrik b). Der Zahl der Trinität eignet also kein dividierender Charakter, was immer wieder in antithetischen Formulierungen zum Ausdruck gebracht wird: nicht Teilung, sondern ‚Disposition' und Distinktion; nicht Verschiedenheit, sondern Verteilung; nicht Trennung, sondern Aufteilung (vgl. Rubrik c). Zur Bezeichnung dieses ‚Zahlenverhältnisses' verwendet Tertullian auch die substantivische Wendung „aufgrund des Ungeteiltseins", argumentiert er „aufgrund der ungeteilten Zahl" und spricht von „der Unterscheidung von Vater und Sohn, die wir bei bleibender Verbundenheit ‚disponieren'" (vgl. Rubrik d).

Die *zweite Kategorie* bilden die Begriffe der Basisformel, die in der Tabelle durch charakteristische Beispiele illustriert werden. Den Begriff der Substanz haben wir kennengelernt als Bezeichnung der „(Eigen-)Wirklichkeit" des Wortes/Sohnes. Diese substantia ist eine abkünftige, insofern „der Vater nämlich die ganze Substanz ist, der Sohn freilich eine Ableitung des Ganzen und ein Teil" (IX,2/1168,12f: Pater enim tota substantia est, Filius vero derivatio totius et portio). Die göttliche „Substanz" dehnt sich gewissermaßen aus[59] und wird auch von Sohn und Geist „in Besitz genommen"[60]. Keineswegs darf jedoch die Einheit der göttlichen Substanz auf ein juristisches oder – was die Analogien von Sonne/Strahl, Quelle/Fluß, Wurzel/Schößling nahelegen könnten – ‚materialistisches' Verständnis reduziert werden. Zumindest im Anschluß an Tertullians Auslegung von Joh 10,30 läßt sich ein ‚interpersonales' Konzept der Einheit in Erwägung ziehen: „Diese drei sind eins, nicht einer, wie geschrieben steht: *Ich und der Vater sind eins*, im Hinblick auf die Einheit der Substanz, nicht die Einzigkeit der Zahl" (XXV,1/1195,9–11: Qui tres

---

58 Tabelle 6 beansprucht keine Vollständigkeit, sondern führt jeweils charakteristische Beispiele auf, wobei die markantesten Formulierungen wörtlich zitiert und mit Stellenangaben versehen sind.

59 Vgl. Ap. XXI 12 (CCL 1,124,58): nec separatur substantia, sed extenditur.

60 Dieser Eindruck hatte bekanntlich Harnack zunächst dazu verleitet, „substantia" hier als juristische Kategorie zu bestimmen (vgl. oben S. 85[65]).

Tabelle 6:
Bezeichnungen für das Verhältnis

1. „Zusammenzählen“	a) modulo alius ab alio (IX,1/1168,11f) alter ex altero ex alterutro unum, non unus	b) numquam separatus a Patre aut alius a Patre (VIII,4/1167,23) prolatus, sed non separatus (VIII,5/1167,25f) individuus et inseparatus individuum *cum* ipso (XXIII,4/1192,19)
	c) numerum sine divisione (II,4/1161,37f) non divisio, sed dispositio nec divisio, sed distinctio non diversitas, sed distributio non separatio, sed dispositio	d) per individuitatem (XXII,4/1189,20f) per individuum numerum (XVII,1/1198,5) distinctione Patris et Filii quam manente coniunctione disponimus (XXVII,1/1198,3f)
2. Basisdefinition	a) unius substantiae	– unam substantiam in tribus cohaerentibus (XII,7/1173,39) – ad substantiae unitatem, non ad numeri singularitatem (XXV,1/1195,10f)
	b) unius status	– [monarchia] manet in suo statu (IV,2/1163,9) – trinitas … oikonomiae statum protegit (VIII,7/1168,46f)
	c) unius potestatis	– omnem … postestatem … et omnia tradita in manu eius (XVI,2/1181,7-9) – in una virtute (XXII,13/1191,88)
3. tragende Begriffe	a) sub hac tamen dispensatione quam *oikonomiam* dicimus (II,1/1160,5f) *oikonomiae* sacramentum (II,4/1161,31) secundum rationem *oikonomiae* (XIII,5/1175,38)	
	b) administratio *monarchiae* (vgl. III und IV) vim ac totum censum *monarchiae* (III, 5/1162,39) salva … *monarchiae* statu (XX,1/1186,4)	
	c) *trinitas* (s. Tabelle 7)	
4. „interpersonale“ Charakterisierungen	a) coniuncti; cohaerentes; connexi; conserti; consortes; particeps (III,3/1162,26) personarum coniunctionem (XXIV,7/1195,50)	
	b) cognominatus (VII,8/1166,44; vgl. XV,7/1180,44) societatem nominum (XVIII,1/1183,1)	
	c) ad unitatem, similitudinem, coniunctionem, dilectionem … et ad obsequium (XXII,11/1191,71f) ex auctoritate Patris et voluntate (XV,9/1180,63f) illius esse principaliter a quo *communicatur* in Filium (III,3/1162,27) monarchiam quam a Patre Filio traditam (IV,1/1162,4) solus Filius Patrem *novit* et *sinum* Patris *exposuit* et omnia apud Patrem *audivit* et *vidit* et quae *mandatus* est a Patre ea et *loquitur,* nec suam sed Patris *perfecit voluntatem* quam de proximo, immo de initio *noverat* (VIII,3/1167,14-18)	

unum sunt, non unus, quomodo dictum est: *Ego et Pater unum sumus*, ad substantiae unitatem, non ad numeri singularitatem). Auch die Wendung „eine Substanz in drei Zusammenhängenden" (XII,7/1173,39: unam substantiam in tribus cohaerentibus) hat ‚interpersonales' Kolorit, steht sie doch im Zusammenhang mit der Unterscheidung zwischen dem einen, der befiehlt, und dem anderen, der den Befehl ausführt (vgl. XII,7/1173,40–44). Eindeutig in diesem Sinn zu verstehen ist die Berufung auf den einen, bleibenden Status der Monarchie und der Ökonomie, den die Trinität „protegiert", sowie auf die eine Macht(fülle), die der Vater ganz – mit allem anderen – in die Hand des Sohnes übergibt (XVI,2/1181,7–9), so daß der Sohn seine Werke „in der einen Vollmacht" (XXII,13/1191,88: in una virtute) vollbringt.

Die in der *dritten Kategorie* zusammengefaßten tragenden Begriffe (oikonomia, monarchia, trinitas) dienen der Erläuterung der in der Basisformel umrissenen Position, sie geben das ‚Maß' der Einheit an als Verhältnisbegriffe. Den einen Gott verehren wir, „jedoch unter der ‚Maßgabe', die wir Ökonomie nennen" (II,1/1160,5f) – das entspricht dem „Geheimnis der Ökonomie" und ihrer „ratio". Hinlänglich bekannt ist uns die „administratio" der göttlichen Monarchie, die in der praemunitio (Prax. III–IV) definiert und illustriert sowie an entscheidenden Stellen des Traktats erinnert wird. Weder die Herrschaftsgewalt noch die „Zählung" bzw. das „Vermögen" (census) der Monarchie werden dadurch erschüttert, ihr Status bleibt unangetastet. Besondere Beachtung verdient der erstmals von Tertullian verwendete Begriff der „trinitas" (vgl. *Tabelle 7*). Dieser Terminus erscheint bezeichnenderweise nur in Prax. II–XII, und zwar fünfmal in den definierenden Partien der Kapitel II–IV, einmal in der Schlußsentenz des VIII. Kapitels, dem nach Sider ebenfalls Definitionscharakter zukommt, und viermal zu Beginn des positiven Schriftbeweises in den Kapiteln XI und XII. Schon dieser Befund weist „trinitas" als einen *theologischen* Begriff aus, der auf der Basis des Schriftzeugnisses gewonnen wurde; man könnte ihn als einen schriftgemäßen theologischen Reflexionsbegriff bezeichnen. Das entspricht genau der Einschätzung Tertullians, wenn er formuliert: „Alle Schriften zeigen ostentativ sowohl den Beweis als auch die Unterscheidung der Trinität; aus diesen wird auch unsere Präskription abgeleitet" (XI,4/1171,32–34: scripturae omnes et demonstrationem et distinctionem trinitatis

Tabelle 7:
„trinitas" in „Adversus Praxean"

II,4	oikonomiae sacramentum, quae unitatem in *trinitatem* disponit	(1161,31f)
III,1	numerum et dispositionem *trinitatis*	(1161,6)
	unitas, ex semetipsa derivans *trinitatem*	(1161,7)
IV,2	[monarchia] manet in suo statu, licet *trinitas* inferatur	(1163,9f)
VIII,7	Ita *trinitas* per consertos et connexos gradus a Patre decurrens et monarchiae nihil obstrepit et oikonomiae statum protegit	(1168,45-47)
XI,4	scripturae omnes et demonstrationem et distinctionem *trinitatis* ostendant a quibus et praescriptio nostra deducitur	(1171,32-34)
XI,9	distinctio *trinitatis*	(1172,63f)
XII,1	numerus ... *trinitatis*	(1172,1)
XII,3	quasi cum ministris et arbitris ex unitate *trinitatis* loquebatur	(1173,17f)

ostendunt quibus et praescriptio nostra deducitur). Die in den Prästruktionen in Anspruch genommene „Zahl und ‚Disposition' der Trinität" (III,1/1161,6: numerum et dispositionem trinitatis) entspricht dem Schriftbefund, der die „Unterscheidung der Trinität" manifestiert (XI,9/1172,63f), wobei die Zahl der Trinität keinen Skandal verursachen muß (XII,1/1172,1), denn die prosopologische Exegese zeigt, daß der Vater mit dem Sohn und mit dem Geist „wie mit Ministern und Sachverständigen aus der Einheit der Trinität heraus sprach" (XII,3/1173,17f). Als eine „rational abgewogene Trinität" (III,1/1161,11) kennzeichnet sie „die Einheit, die aus sich selbst heraus die Trinität ableitet" (III,1/1161,7). So kann Tertullian mit vollem Recht sich in der Einleitung zur Basisformel auf das „Geheimnis der Ökonomie, die die Einheit in eine Trinität auslegt" (II,4/1161,31f) berufen und in Kapitel VIII die bekannte Schlußsentenz formulieren.

Meinen Eindruck, daß bei Tertullian zumindest *auch* eine „interpersonale" Konzeption der göttlichen Einheit vorliegt, bestätigen die unter der *vierten Kategorie* erfaßten Formulierungen. Einmal spricht unser Autor ausdrücklich von der „Verbundenheit der Personen" (XXIV,7/1195,50: personarum coniunctionem), im übrigen nennt er sie Miteinanderverbundene (coniuncti), Zusammenhängende (cohaerentes), Zusammengeknüpfte (connexi), Zusammengefügte (conserti), Genossen (consortes) und Teilhaber (participes). Wegen dieser personalen Gemeinschaft werden sie mit dem gleichen Namen belegt (cognominatus), besteht eine „Gemeinschaft der Namen" (XVIII,1/1183,1: societatem nominum). Besonders aufschlußreich sind die Ausdrücke der dritten Rubrik (c), die wir Heutigen zweifelsohne in die Kategorie „interpersonal" einreihen würden. Wenn Jesus in Joh 10,30 – so argumentiert Tertullian – „die zwei männlichen Geschlechts mit einem Neutrum ‚eins' nennt, was sich nicht auf die Einzigkeit bezieht, sondern auf die Einheit, die Ähnlichkeit, die Verbundenheit, die Liebe des Vaters, der den Sohn liebt, und auf den Gehorsam des Sohnes, der den Willen des Vaters befolgt . . . , zeigt er, daß es zwei sind, die er gleichsetzt und verbindet" (XXII,11/1191,69–74: duo masculini generis unum dicit neutrali verbo, quod non pertinet ad singularitatem sed ad unitatem, ad similitudinem, ad coniunctionem, ad dilectionem Patris qui Filium diligit et ad obsequium Filii qui voluntati Patris obsequitur . . . , ostendit duos esse quos aequat et iungit). Der Sohn handelt und spricht also „aus der Autorität und dem Willen des Vaters heraus" (XV,9/1180,63f: ex auctoritate Patris et voluntate), er „kommuniziert" mit dem Vater, dem die Herrschaft „in erster Linie" zukommt (III,3/1162,27f) und der sie dem Sohn übergibt (IV,1/1162,4). Als ‚Spitzensatz' erachte ich in diesem Zusammenhang die Formulierung des Kapitels VIII: „Allein der Sohn kennt den Vater und hat das Innerste des Vaters selbst dargelegt [vgl. Joh 1,18], und alles hat er beim Vater gehört und gesehen, und was ihm aufgetragen wurde vom Vater, das hat er auch gesagt, und nicht seinen, sondern des Vaters Willen hat er vollendet, den er von ganz nahe, ja von Anfang an kannte" (VIII,3/1167,14–18: solus Filius Patrem novit et sinum Patris ipse exposuit et omnia apud Patrem audivit et vidit et quae mandatus est a Patre ea et loquitur, nec suam sed Patris perfecit voluntatem quam de proximo, immo de initio noverat).

Unschwer läßt sich der symmetrische Aufbau des Satzes erkennen, was seine „Spitzenstellung" unterstreicht:

novit exposuit audivit et vidit loquitur perfecit noverat

c) Erste zusammenfassende Auswertung: eine Interpretationshypothese

Der dritte Abschnitt unserer Bestandsaufnahme hat vollends den Beweis erbracht, daß die Stelle Prax. III,2, an der erstmals der Begriff „persona" – im Zusammenhang mit der Administration der Monarchie – erscheint, im trinitätstheologischen Traktat des Tertullian nicht isoliert dasteht. Der weiteren Untersuchung sei die Hypothese vorgegeben, daß der Begriff im eigentlichen Sinn nicht in der Bibel gefunden noch allein mit Hilfe der prosopologischen Exegese gewonnen wird. Die Ebene des Zählens wird erst verlassen, wo die Reflexion systematischen Charakter annimmt, d. h. erst dort, wo der Versuch unternommen wird, das Zeugnis der Schrift argumentativ zu rechtfertigen. Handelt es sich etwa auch bei „persona" um einen theologischen Reflexionsbegriff wie im Fall von „trinitas"?

Zur Verifikation dieser Hypothese reicht die quantitative Analyse nicht aus, auch wenn sie durch Beachtung der von der Rhetorik her vertrauten Struktur des Traktats erste Einsichten gewinnen kann. Unsere Bemühungen, durch ‚Kategorialisierung' der verschiedenen Bezeichnungen eine erste qualitative Einordnung vorzunehmen, bereiten die zweite Interpretationsstufe vor. Wir haben erkannt, daß die Formel „una substantia – tres personae", die sich in dieser ausdrücklichen Zusammenstellung in Prax. gar nicht finden läßt, nicht einfachhin im klassischen Sinn interpretiert werden darf. Um an die von Karl Rahner vertretene Position anzuknüpfen: Weder ist „substantia" so formal und abstrakt gebraucht, daß es sich nicht durch andere Formulierungen ersetzen ließe, noch erschöpft sich „persona" in der Bezeichnung einer „distinkten Subsistenzweise". Beide Begriffe lassen sich in einen interpersonalen Verstehenszusammenhang zumindest einordnen; dieses ‚Vorurteil' bildet neben der oben genannten methodischen die inhaltliche Sinnspitze der Hypothese. Auf der folgenden Interpretationsstufe sei also versucht, die Funktion des Personbegriffs im jeweiligen Kontext zu bestimmen und die dabei erkannten Elemente in ihrem strukturellen Zusammenhang darzustellen.

3. Kapitel

Die Funktionen von „persona" in „Adversus Praxean"

Entsprechend dem Vorhaben, die Verwendung und Bedeutung des Wortes persona in Prax., ‚von innen nach außen' vorangehend, zu interpretieren, versuche ich im 3. und 4. Kapitel im Anschluß an die Bestandsaufnahme nun zunächst eine immanente Analyse der einschlägigen Texte. Was für jede Textauslegung als Maxime aufzustellen ist, sollte gerade auch in der Theologie, insoweit sie eine Textwissenschaft darstellt, selbstverständlich sein. Im Blick auf Tertullian hat Warfield schon vor mehr als fünfzig Jahren betont, daß es nicht entscheidend sei, woher der Autor seine Begriffe habe, sondern wie er sie verwende.[1] Daß der Ursprung eines Begriffs seinen Gebrauch nicht präjudiziert, vermerkt auch Moingt zu Beginn seiner einschlägigen Analyse[2], ohne daraus für den Aufbau seiner Interpretation strikte Konsequenzen zu ziehen. Ich möchte jedenfalls nicht mit der Falsifikation bestimmter Interpretationshypothesen beginnen und textexterne Informationen zunächst beiseite lassen. Lediglich der Seitenblick auf andere Texte Tertullians wird gestattet, sofern dies der Klarstellung dient. Unsere Analyse bleibt also möglichst text-, unter allen Umständen aber werkimmanent. Wenn wir z. B. feststellen, daß Tertullian in einem Schriftzitat das πρόσωπον der griechischen Bibel mit persona wiedergibt, so fragen wir nach möglichen Parallelen in seinem eigenen Werk, nicht aber nach dem damals Üblichen oder Unüblichen. Ähnliches gilt für die Beschreibung seines exegetischen Verfahrens, wo wir die Stellungnahme zur Theorie und einer möglichen Vorgeschichte der prosopologischen Exegese zurückstellen. Fragen dieser Art werden auf der dritten Interpretationsstufe – im 5. Kapitel – behandelt, denn natürlich bedeutet unsere methodische Option nicht, daß die Herkunft eines Wortes oder Begriffs nichts für seine Interpretation bei einem Autor austrägt, zumal wenn es darum geht, dessen eigene Leistung gerecht zu beurteilen. Während der Untersuchung einzelner Textstellen werfe ich immer einen Blick auf die Interpretation anderer Autoren, ohne dort möglicherweise vorgegebene Interpretationsmuster, sofern sie die immanente Ebene überschreiten, zu übernehmen. In Frage kommen hier in erster Linie Braun und Moingt, während Evans, Scarpat und andere Kommentatoren lediglich routinemäßig überprüft werden. Erst im 4. Abschnitt des 4. Kapitels gehe ich ausführlich auf relevante andere Positionen ein, um meine eigene Interpretation abzusichern bzw. zu profilieren.

Die erste Stufe unserer Interpretation war so angelegt, daß sie nicht bloß das Material für die folgenden Schritte bereitstellte, sondern dieses durch Beobachtung der Argumentationsstruktur und den Versuch einer ersten Kategorialisierung bereits vorstrukturierte. Auf diesen so aufbereiteten Bestand greifen wir jetzt zurück; wir gehen also nicht die einschlägigen Textstellen noch einmal der Reihe nach durch, sondern analysieren die Funktionen von persona in den erkannten Argumentationszusammenhängen. Die quantitative Verteilung der Persona-Stellen und die Funktion der Kapitel XI–XXVI als Schriftdemonstration (confirmatio und reprehensio) legen es nahe, mit diesem Komplex zu beginnen (1) und den christologischen Kontext der amplificatio anzuschließen (2). Hat Tertullian den Begriff in der Heiligen Schrift vorgefunden?, lautet die heuristische Frage, aus der sich die Untergliederung entwickelt, wobei die Bezeichnung der jeweiligen Funktion eben ‚immanent' aus den Texten selber gewonnen werden soll.[3] Die Textstellen des

1 Warfield 40. 2 Moingt (2) 555.

3 Diese Gliederung entspricht am ehesten der Vorgehensweise von R. Braun 207–242, wie die später zu kommentierende Tabelle 8 deutlich macht. Hier – zumindest auf dieser

defensiven Argumentationskomplexes (der praemunitio) lassen sich nach dem gleichen Raster ordnen und analysieren (3). Schließlich wenden wir uns dem Schlußkapitel des Traktats zu und verfolgen die Frage, ob diese conclusio in Verbindung mit der Basisformel von Prax. II,4 und der ersten Verwendung von persona in Prax. III,2 einen Argumentationsrahmen darstellt, dem für die Auslegung besondere Relevanz zukommt (4).

1. „Persona" im Kontext des Schriftbeweises (confirmatio/reprehensio)

Wie wir im vorausgehenden Kapitel festgestellt haben, finden sich zwei Drittel aller Persona-Stellen in den Kapiteln XI–XXVI, dem Hauptteil des Traktats.

a) Verwendung im Schriftzitat

Drei dieser Stellen begegnen uns im Zusammenhang mit dem Zitat von Klgl 4,20 in Prax. XIV,10, wobei persona einmal im Schriftzitat selbst und zweimal in der unmittelbar anschließenden und durch „ergo" grammatikalisch eindeutig gekennzeichneten Erklärung steht. Der den Übersetzern einiges Kopfzerbrechen bereitende Text[4] lautet: „*Pater*, inquit, *maior me est*. Ergo facies erit Filii Pater. Nam et scriptura quid dicit? *Spiritus personae eius Christus Dominus*. Ergo si Christus personae paternae spiritus est, merito Spiritus cuius persona erat, id est Patris, eius faciem, suam, ex unitate scilicet, pronuntiavit. Mira res plane, an facies Filii Pater accipi possit, qui est caput eius: *caput* enim *Christi Deus*" (XIV,10/1178,74–80). „*Der Vater,* heißt es, *ist größer als ich* [vgl. Joh 14,28]. Also wird der Vater das Angesicht des Sohnes sein. Denn was sagt die Schrift auch? *Der Geist seiner ‚persona'* [ist] *Christus der Herr*. Wenn also Christus der Geist der väterlichen ‚persona' ist, hat der Geist mit Recht das Angesicht dessen, dessen ‚persona' er war, das ist des Vaters, als das seine verkündet, nämlich aufgrund der Einheit. Eine durch und durch wunderbare Sache, ob der Vater als Gesicht des Sohnes angenommen werden kann, er, der dessen Haupt ist, denn *das Haupt Christi ist Gott* [vgl. 1 Kor 11,3]."

Die grammatikalische Konstruktion erweist eindeutig die Funktion von persona als Begriff der Beziehung: personae eius – personae paternae – cuius persona, wobei in den beiden ersten Fällen auch noch „spiritus" und „persona" durch einen Genitiv verbunden sind. Von daher legt es sich zunächst nahe, Christus als Geist der „Person" des Vaters zu verstehen, wie anderseits der Vater als „Angesicht" des Sohnes bezeichnet wird:

Vater = Angesicht des Sohnes
Sohn = Geist der Person des Vaters.

Interpretationsstufe – zeigt sich die Stärke des philologischen Verfahrens; Moingt geht jedenfalls viel mehr von außen an Prax. heran, was freilich eine saubere Analyse der einzelnen Texte nicht ausschließt.

4 Vgl. Scarpat 231: „Die ganze Satzperiode ist außerordentlich dunkel und im Text nicht sicher."

Was die erste Gleichung besagen will, ergibt sich aus dem vorangehenden Abschnitt Prax. XIV,9: Der Vater ist das „Angesicht" des Sohnes, so wie man das „von einer höhergestellten Person'" (178,72: de aliqua maiore persona) sagt, die ihre Autorität einer niedergestellten verleiht: „Wird er nicht Angesicht des Sohnes sein namens der Autorität, die der Sohn vom Vater her erlangt?" (1178,71f: Num facies erit Filii nomine auctoritatis quam genitus a Patre consequitur?). Diese Frage beantwortet Tertullian zu Beginn von Prax. XIV,10 mit dem Hinweis auf Joh 14,28 und die mit „ergo" eingeleitete Schlußfolgerung. Da die nachfolgende Textpassage mit „nam" beginnt, will sie offenbar eine weitere Begründung liefern; sie muß folglich in der eingeschlagenen Richtung interpretiert werden.

Zunächst ließe sich daran denken, auch „persona" mit „Angesicht" zu übersetzen[5], so daß „facies" und „persona" als Wiedergabe des griechischen πρόσωπον anzusehen wären. Jedoch hat persona nie diese Bedeutung von πρόσωπον gehabt[6], Tertullians Übersetzung des „πνεῦμα πρόσωπον" von Klgl 4,20 (LXX) wäre ein Novum[7] und würde – zumindest bei den des Griechischen unkundigen Lesern – unnötige Verwirrung stiften. Wenn man dem Theologen Tertullian eine konsistente Argumentation unterstellt und die Satzkonstruktion „eius faciem – cuius persona" widerspruchsfrei auflösen will, wird man – auf der Linie der Beweisführung – eine andere Möglichkeit ins Auge fassen müssen. Diese kann nicht in der Auslegung gesehen werden, die Christus mit der Person des Vaters identifizieren möchte[8], da eine solche Gleichsetzung die Funktion von persona als Relationsbegriff übersähe. In Frage kommt also nur ein Verständnis von persona, das diesen relationalen Charakter wahrt.

---

5 So z. B. Evans (1) 150f („countenance"). Auch Scarpat 231 verweist auf die Äquivalenz von persona und facies in Korrespondenz zu πρόσωπον.
„Facies" weist ein breites Bedeutungsspektrum auf (vgl. Oxford Latin Dictionary. Hg. P. G. W. Glare. Oxford 1983,666). Als „personarum facies" bezeichnet das Wort vor allem den Menschen (aber auch Tiere) „de toto corporis habitu" bzw. „de anteriore capitis parte" (vgl. Thesaurus linguae Latinae VI, fasc. I, 44–47). In spezieller Bedeutung wird es auch gebraucht zur Bezeichnung des aspectus oder eben der facies Dei; letztere Bedeutung findet sich außer bei Tertullian, Prax. XIV, vor allem in altlateinischen Bibelübersetzungen (ebd. 49). Ich wähle die Übersetzung „Angesicht", deren Sinn im Kontext von Klgl 4,20 allerdings von Tertullians Persona-Begriff her aufzuhellen ist und nicht umgekehrt, wie im Folgenden gezeigt wird.

6 Vgl. oben S. 77–82.

7 Die altlateinische Bibelübersetzung bezieht πρόσωπον auf „uns" (den Sprecher, den Propheten) und übersetzt: „Spiritus ante faciem nostram Christus Dominus comprehensus" (Vetus Latina, Sabatier II 731; der entsprechende Faszikel der Beuroner Ausgabe liegt noch nicht vor). Dieser Übersetzung folgen viele altkirchliche Autoren (vgl. ebd.). Zur Vulgata s. Anm. 10! – Tertullian bezieht πρόσωπον an dieser Stelle nicht nur auf den *Vater,* sondern gibt dieser „facies" durch seinen Persona-Begriff einen spezifischen Sinn, eben den des Repräsentanten.

8 Zu den Autoren, die in dem Text die „persona" des Vaters ausgesprochen oder bewiesen finden, gehört auch R. Braun; vgl. dazu die überzeugende Kritik von Moingt (2) 609[1], auch den Hinweis auf Kroymann bei Evans (1) 278f.

Wir kommen weiter, indem wir die oben aufgestellten „Gleichungen" ineinssetzen:

Vater = Angesicht des Geistes der Person des Vaters
Sohn = Geist der Person des Angesichts des Sohnes

Daraus resultiert, daß mit „Person" eine Funktion des Sohnes im Hinblick auf den Vater gemeint ist: Der Vater verleiht der „Person" des Vaters Autorität (er ist ihr „Angesicht"); der Sohn verkörpert die Autorität des Vaters (er gibt dessen „Angesicht" den „Geist der Person"). Der Vater ist das Angesicht, das Haupt des Sohnes, er ist die „persona maior". Dieses Koordinatensystem erlaubt die Aussage: Der Sohn ist als „persona" der Repräsentant des Vaters als der „persona maior".

Hiermit haben wir bereits den Schritt getan von der Funktionsbestimmung des Wortes zur Skizzierung des darin erkennbaren inhaltlichen Elementes. Dieses wird im nächsten Kapitel weiterbestimmt und vom Gesamtbefund her abgesichert. Jetzt sei lediglich noch einmal unterstrichen, daß die konsequente Beobachtung der relationalen Funktion von persona zu einem stimmigen Interpretationsergebnis geführt hat. Es verwundert nicht, daß Moingt durch Beachtung des Kontextes und der theologischen Konzeption Tertullians zu dem gleichen Ergebnis gelangt.[9] In gewisser Weise erreicht auch die Übersetzung von persona mit „Mund"[10] den Gedanken der Repräsentation, auf jeden Fall wahrt sie den relationalen Charakter.

b) Verwendung im exegetischen Verfahren

Daß Tertullian den trinitätstheologischen Personbegriff der Schrift entnommen habe, läßt sich nach unserer Analyse von Prax. XIV,10 nicht mehr vertreten. Insofern handelt es sich an dieser Stelle auch nicht um ein bloßes Schriftzitat, sondern um eine gezielte Auslegung von Klgl 4,20. Tertullian wählt persona statt facies zur Übersetzung von πρόσωπον, seine systematisch-theologische Argumentation bestimmt die Exegese bzw. ‚Eisegese' des Bibelverses. In welchem Maß die Schrift dem apologetischen Interesse dienen muß, verrät die Stelle Marc. III,6,7 (CCL 1,525,29 Kroymann), wo Tertullian sogar verändernd in den Text selbst eingreift, wenn er statt der LXX-Version „πνεῦμα προσώπου ἡμῶν" ‚zitiert': „Persona spiritus nostri".[11]

In dieser Perspektive sind auch die Persona-Stellen zu betrachten, die im Zusammenhang mit Tertullians exegetischer Methode stehen. Nachdem der Apologet in seiner praemunitio den Vorwurf abgewehrt hatte, seine „ökonomische Trinitätslehre" zerstöre die Monarchie Gottes, will er nun bekräftigen (confirmatio), daß die Schrift selber die Unterscheidung von Vater und Sohn lehre: Diese sind „alius et

9 Moingt (2) 607–613.
10 So bei Kellner (s. S. 162[10]) 530, der sich auf die Übersetzung der Vulgata („spiritus oris") und die etymologische Herleitung von persona aus per-sonare beruft.
11 Moingt (2) 605–607 hat in überzeugender Weise die gegen Marcion gerichtete Argumentation herausgearbeitet und ihre Vereinbarkeit mit der in Prax. XIV,10 vertretenen Position aufgezeigt (vgl. die „Conclusion" 613–615).

alius" – unbeschadet ihrer (Aktions-)Einheit. Zu diesem Zweck greift Tertullian auf das bei den Grammatikern und in der Rhetorik übliche Verfahren zurück, durch Rollenzuteilung die verschiedenen Sprecher eines Dialogs zu bestimmen. Neunmal begegnet uns diese Argumentationsfigur in Prax. XI–XXVI; als „Schriftbelege" dienen dabei vor allem Gen 1,26f; Ps 110,1; Mt 17,5; Joh 10,30; 12,28; 14,9–11.

Gleich die erste der hier in Frage kommenden Stellen, Prax. XI,7, führt uns Vater, Sohn und Geist als mit-, zu- und übereinander sprechende Gesprächsfiguren vor: Der Heilige Geist spricht in Ps 110,1 „aus seiner Stellung als der dritten ‚persona' heraus über Vater und Sohn" (XI,7/1172,52f: ex tertia persona de Patre et Filio): „Es sprach der Herr [der Vater] zu meinem Herrn [dem Sohn]: Setze Dich zu meiner Rechten . . .!"

Auch in Jes 45,1 und 53,1f „wird [auf diese Weise] deutlich die Unterscheidung der Trinität herausgestellt" (XI,9/1172,63f: manifeste distinctio trinitatis exponitur), so daß Tertullian das Fazit ziehen kann: „Es ist nämlich er selbst, der als Geist spricht, und der Vater [ist es], den er anspricht, und der Sohn [ist es], über den er spricht. So konstituieren auch die übrigen [Schriftstellen], die bald vom Vater über den Sohn oder an den Sohn, bald vom Sohn über den Vater oder an den Vater, bald vom Geist Aussagen machen, eine jede ‚persona' in ihrer Eigenart" (XI,10/1172,64–68: Est enim ipse qui pronuntiat Spiritus et Pater ad quem pronuntiat et Filius de quo pronuntiat. Sic et cetera quae nunc a Patre de Filio vel ad Filium, nunc a Filio de Patre vel ad Patrem, nunc a Spiritu pronuntiantur, unamquamque personam in sua proprietate constituunt).

Tertullian stellt also gegenüber Praxeas fest, daß die Schrift von drei redenden „Personen" spricht. Achten wir aber darauf, daß er nicht formuliert: „Diese Redenden sind Personen"; „persona" erhält keine eigenständige Bedeutung, es dient lediglich der technischen Markierung von (drei) Redenden. Diesen Befund bestätigt insbesondere die Verwendung der grammatisch-technischen Formel „ex tertia persona", die entsprechend mit „aus seiner Stellung als dritter Gesprächsteilnehmer heraus" zu übersetzen ist. Wiederum erweist sich die Beachtung der Funktion des Wortes als unerläßlich, will man die Vokabel nicht vorschnell mit einem inhaltlichen Element füllen.

Daß von dem einen Gott also nicht im Singular, sondern „pluraliter" gesprochen werden muß (vgl. XII,1/1172,3 und XII,3/1173,13f), demonstriert Tertullian im nächsten Kapitel durch die Exegese von Gen 1,26f. Die Formulierung der Schrift „*Lasset uns* den Menschen machen nach *unserem* Bild und Gleichnis" zeigt, daß „zu ihm [dem Vater] der Sohn als zweiter Gesprächspartner gehört, sein Wort, und als dritter der Geist im Wort" (XII,3/1173,12f: adhaerebat illi Filius secunda persona, sermo ipsius et tertia, Spiritus in sermone). Auch Gen 1,27 folgt der ‚Prosopologik', wenn es dort heißt: „nach dem Bilde Gottes schuf er ihn" und nicht: „nach seinem Bilde" (ad imaginem suam); es ist also nach Tertullian unübersehbar, daß „die Schrift zwischen den ‚Gesprächspartnern' unterscheidet" (XII,4/1173,18f: scriptura distinguit inter personas).

Die gleiche Logik wendet Tertullian in Prax. XXII,10 an, wonach Joh 10,30 („Ich und der Vater sind eins") durch das „ego et Pater" zwei bezeichnet und folglich „sumus" „nicht von der ‚persona' eines einzigen handelt, weil im Plural geredet wird" (XXII,10/1191,65f: non ex unius esse persona quod pluraliter dictum est).

In seiner Argumentation gegen Praxeas geht Tertullian sogar so weit, zu behaupten, die Schrift spreche von „zwei Göttern" (vgl. Prax. XIII). Er belegt dies u. a. mit dem Hinweis auf Jes 45,14f, wo der Prophet „in Bezug auf Christus" (XIII,2/1174,8: ad personam Christi) formuliere. Auch hier wird keine Aussage über die „Person" Christi zitiert, sondern eine Schriftaussage prosopologisch (beachte die technische Formel „ad personam") in Beziehung gesetzt. Diese ‚blasse', technische Bedeutung von „persona"[12] erleichtert es dem Apologeten, die Redeweise von den „zwei Göttern" richtigzustellen: Die Zahl der Trinität muß selbstverständlich „nach Maßgabe der Ökonomie" (XIII,5/1175,38: secundum rationem oikonomiae) verstanden werden.

Es gilt also, auf die Anzahl der Gesprächspartner, der „Stimmen" zu achten, doziert Tertullian und fragt seinen Kontrahenten im Anschluß an Mt 17,5 und Joh 12,28: „Wieviele ‚Gesprächspartner' (er)scheinen dir, du völlig verdrehter Praxeas, wenn nicht soviele wie auch Stimmen?" (XXIII,4/1192,15f).

In Kapitel XXIV umreißt und belegt Tertullian abschließend nochmals seine Auffassung von der Einheit und Unterschiedenheit: In Joh 14,9–11 „macht er [der Sohn] die Verbundenheit der zwei ‚Gesprächspartner' offenkundig" (XXIV,7/1195,49f: manifestam fecit duarum personarum coniunctionem), und zugleich „erscheint die Eigenart eines jeden ‚Gesprächspartners'" (XXIV,8/1193,58: apparente proprietate utriusque personae).

Halten wir fest, daß in allen neun analysierten Textpassagen persona die Funktion hat, Vater und Sohn (und Geist) als zu unterscheidende ‚Gesprächspartner' zu kennzeichnen. Liegt gegenüber dem Befund von Prax. XIV,10 der Akzent stärker auf der unterscheidenden Funktion, so ist doch zugleich der relationale Charakter des Begriffs überdeutlich: Vater, Sohn und Geist sind Gesprächspartner, weil sie miteinander (und voneinander) reden, die „distinctio personarum" offenbart

12 Nach Scarpat 223 „wird *persona* von nun an in diese Texte Tertullians aufgenommen, die Bedeutung blieb danach definitiv in der Theologie". Beide Aussagen erscheinen mir problematisch: *Erstens* erscheint persona nicht erst an dieser Stelle; Scarpat kommentiert selbst schon die Stellen VII,3 (vgl. 198) und vor allem VII,9 (vgl. 203f), geht allerdings auf weitere Stellen vor Prax. XIII nicht ein und versieht von den nachfolgenden nur XIV,10 und XVIII,2 mit einer Bemerkung. *Zweitens* läßt sich die der nachfolgenden Theologie angeblich vererbte Definition des Begriffs, wenn man die Funktion des Wortes in XIII,2 beachtet, in keiner Weise aus dieser Stelle erheben; Scarpat supponiert hier wohl den Begriffsinhalt, den er freilich auch bei der Kommentierung von VIII,9 einfach als bekannt oder selbstverständlich vorauszusetzen scheint, da er nur nach seiner möglichen Herkunft fragt. Der S. 223 gegebene Hinweis auf XII,7 (wo persona gar nicht auftaucht) meint vermutlich die Stelle XI,7, die aber wiederum von Scarpat nicht eigens kommentiert, sondern in der kurzen Bemerkung zu VII,3 miterwähnt wird (vgl. 198) – für eine Definition in Scarpats Sinn trägt der Hinweis nichts aus, da die in diesem Kontext angegebene Bedeutung mit „offensichtlich, zweifelsohne" („apertamente, senza dubbio") wiedergegeben wird.

zugleich die „coniunctio personarum". Die Analyse der inhaltlichen Elemente darf in das hier verwendete persona nicht mehr hineinlesen, als seine Funktion im Text hergibt. Auch die Formulierung „unamquamque personam in sua proprietate constituunt" (XI,10/1172,68) erlaubt von ihrem Kontext her keine weiterreichende Interpretation, wie wir im 4. Kapitel aufzeigen werden. Selbstverständlich wollen wir die erkannten Funktionen und die ihnen entsprechenden inhaltlichen Elemente nicht völlig isoliert nebeneinander stehen lassen. Wir rechnen damit, daß bei der Verwendung des Wortes an einzelnen Stellen immer auch Obertöne mitschwingen können. Daß dies bei den hier behandelten Texten vielleicht am ehesten in der Wendung „duarum personarum coniunctionem" (XXIV,7/1195,50) der Fall ist, werden wir unter e) noch herausstellen.

c) Verwendung im umgangssprachlichen Sinn: „ein Bestimmter"

Die hier einzuordnenden sechs Persona-Stellen stehen nicht in unmittelbarem Zusammenhang mit einem Schriftzitat oder dessen prosopologischer Auslegung; sie greifen vielmehr die aus der Schrift gewonnene bzw. belegte Unterscheidung und „Zählung" auf und sprechen im umgangssprachlichen Sinn von bestimmten, zu unterscheidenden „Individuen". Keineswegs aber intendiert persona an diesen Stellen eine philosophische Bestimmung des Individuums, so daß ich die vage Übersetzung „ein Bestimmter" bewußt der möglichen, aber mißverständlichen Formulierung „ein bestimmtes Individuum" vorziehe. Die Funktion von persona besteht also auch hier darin zu unterscheiden, diesmal allerdings so, daß die Einheit der so Unterschiedenen nicht mit zum Ausdruck gebracht wird. Die erste einschlägige Stelle in der confirmatio rechtfertigt unsere Sichtweise. Wörtlich übersetzt lautet Tertullians Argument: „Wenn nämlich in den Schriften nur eine Person Gottes und des Herrn gefunden würde, wäre Christus mit Recht nicht zum Namen ‚Gott und Herr' zugelassen worden" (XIII,6/1175,46–48: Si enim una persona et Dei et Domini in scripturis inveniretur, merito Christus non esset admissus ad nomen Dei et Domini). Sinn- und sachgemäß, d. h. der Funktion von persona entsprechend, können wir den Bedingungssatz so übersetzen: „Wenn nämlich in den Schriftten nur von *einem* Gott und Herrn die Rede wäre". Wenn die Schrift von mehreren „Gesprächspartnern" handelt (pluraliter), dann redet sie eben von einem und einem anderen (alius et alius) im umgangssprachlichen Sinn. In diesem Sinn „konstituiert sie die Unterscheidung einer jeden Person" (XXI,5/1187,27: utriusque personae constituit distinctionem), unterscheidet sie „Vater und Sohn in je ihren Namen, Personen und Orten" (XXIII,7/1192,38f: et Patrem et Filium in suis quemque nominibus et personis et locis). Dem trägt die christliche Taufpraxis Rechnung: „Denn nicht einmal, sondern dreimal werden wir bei der Nennung der einzelnen Namen [zur Taufe] auf die einzelnen Personen eingetaucht" (XXVI,9/1198,59f: Nam nec semel sed ter ad singula nomina in personas singulas tinguimur).

Die umgangssprachlich übliche Redewendung „von einer höher gestellten Person" (XIV,9/1178,72: de aliqua maiore persona) ist uns bereits begegnet. Hier ist denn auch die Beziehung wieder im Spiel, wie in der letzten einschlägigen Passage, wo von der Bestimmung des Vaters „als erster Person" (XVIII,2/1183,14: ut prima persona) die Rede ist. Es geht Tertullian an dieser Stelle – wie im gesamten Traktat – nicht um eine Bestimmung der ersten Person des Vaters, sondern darum, daß der Vater als erster „vor dem Namen des Sohnes vorzustellen ist" (XVIII,2/1183,14f: ut prima persona ante Filii nomen erat proponenda).

Ist in den beiden zuletzt zitierten Texten der relationale Charakter (im ersten Fall allerdings nur von dem oben analysierten Kontext her) durchaus mitgegeben, so kann unsere anfängliche Bestimmung der Funktion dennoch aufrechterhalten werden: Persona will an den hier genannten Stellen „einen Bestimmten" von „einem anderen" unterscheiden. Haben wir oben im Zusammenhang mit der Formulierung „utriusque personae constituit distinctionem" einen möglichen weitergehenden Bedeutungsgehalt angedeutet, so sollten wir dies auch hier für die analoge Wendung „fecit duarum personarum coniunctionem" in Aussicht stellen.

d) Verwendung im ‚dramaturgischen' Sinn: der Rollenträger

Wenn wir unserer Vorgehensweise, die inhaltlichen Elemente des Begriffs aus den Funktionen des Wortes zu eruieren, treu bleiben, müssen drei weitere Persona-Stellen gesondert behandelt werden. Diese stehen zwar ebenfalls im Zusammenhang mit dem exegetischen Verfahren der Unterscheidung der „Stimmen", visieren darüberhinaus aber „einen Bestimmten" an, dem sie – und darin heben sie sich von den unter b) und c) behandelten Stellen ab – eine eigene, unverwechselbare Rolle zuschreiben. Zur Charakterisierung habe ich das Etikett ‚dramaturgisch' gewählt, insofern die Personen eines Dramas als Gesprächspartner, als bestimmte und in ihrer Rolle unverwechselbare Rollenträger in Szene gesetzt werden.[13]

Schauen wir uns die Funktion von persona näher an! Gleich im ersten Kapitel der confirmatio rekurriert Tertullian auf die Wahrhaftigkeit Gottes, den Praxeas umgekehrt in seiner Schriftauslegung als Lügner hinstelle, wenn er behaupte, daß Gott, „obwohl er sich selber Sohn wäre, einem anderen die ‚persona' des Sohnes gab" (XI,4/1171,31: cum ipse esset sibi filius, alii dabat filii personam). Die Schrift lehrt aber „die Unterscheidung der Trinität" (vgl. die Fortsetzung des Satzes [1171,32f]: quando scripturae omnes et demonstrationem et distinctionem trinitatis ostendant), wie die „voces Patris de Filio" (XI,5/1171,38) und die „Filii voces de Patre" (XI,6/1171f,44f) bezeugen. Tertullian verbindet die prosopologische Betrachtung mit der in der Grammatik üblichen Unterscheidung zwischen dem Sprecher, dem Angesprochenen und dem, über den gesprochen wird: „Aus diesen [den Schriften] wird auch unser Präskriptionsbeweis deduziert, daß nicht ein und derselbe erscheinen kann als der, der redet, über den er redet und zu dem er redet (XI,4/1171,33–35: a quibus et praescriptio nostra deducitur non posse unum atque

13 In der Literatur ist meist von einem „dramatischen" oder „quasidramatischen" Sinn die Rede; ich ziehe die Bezeichnung „dramaturgisch" vor, um dadurch den Zusammenhang von Funktion und Bedeutung (hier könnte man auch „dramatisch" sagen) ins Wort zu bringen.

eundem videri qui loquitur et de quo loquitur et ad quem loquitur). Während die Gesprächssituation auch in diesem Kontext die coniunctio von Vater und Sohn als selbstverständlich voraussetzt, liegt der Akzent bei der Verwendung von persona auf der unterscheidenden Funktion (distinctio), die im Vergleich zu den unter c) besprochenen Stellen noch ausgeprägter ist: In der (unbestrittenen) Verbindung von Vater und Sohn ist der Sohn ein anderer (alius), dessen Position und Rolle der Vater nicht einnehmen kann.

Die Verbindung von Exegese und Dramaturgie ist in dem zweiten uns hier interessierenden Text – im gleichen Kapitel nur wenige Zeilen später – unübersehbar: „Aber auch fast alle Psalmen, die die ‚persona' Christi enthalten, zeigen den Sohn als den, der zum Vater (d. h. Christus zu Gott) spricht" (XI,7/1172,49–51: Sed et omnes paene psalmi, [qui] Christi personam sustinent, Filium ad Patrem [id est Christum ad Deum] verba facientem repraesentant).[14] In diesem Sinn scheint die Übersetzung gerechtfertigt, daß es um (fast alle) Psalmen geht, die sich auf die „Person" Christi, d. h. auf seine Rolle im Heilsgeschehen (oikonomia) beziehen. Unschwer läßt sich die Funktion von persona als „unterscheidendes Herausstellen der unverwechselbaren Rolle" erkennen.[15]

Hat im Verlauf der Analyse persona zunehmend die Funktion der Unterscheidung übernommen, wobei zuletzt vor allem die Eigenständigkeit und Unvertretbarkeit der so Unterschiedenen akzentuiert wurden, so sagt die letzte hier zu behandelnde Textstelle ausdrücklich, daß es sich um eine „distinctio" im Rahmen einer „coniunctio" handelt. In Prax. XXIV will Tertullian seinen monarchianischen Gegnern beweisen, daß aus Joh 14,9 („Wer mich gesehen hat, hat den Vater gesehen") nicht der Schluß gezogen werden darf, Vater und Sohn seien identisch. Vielmehr wurde der Vater im Sohn sichtbar „aufgrund der Machttaten, nicht aufgrund der Repräsentation der ‚persona'" (XXIV,5/1194,39f: ex virtutibus, non ex personae repraesentatione). Vater und Sohn haben je ihre unverwechselbare Position und Rolle, jedoch in einer Aktionsgemeinschaft, die im Kontext der Stelle mit den charakteristischen Formulierungen „vicarius Patris" und „Filius administrans" gekennzeichnet wird: „Denn demgemäß hatte er sich als Stellvertreter des Vaters gezeigt, durch den der Vater in Taten gesehen, in Worten gehört und im Sohn, der die Taten und Worte des Vaters ausführt, erkannt werden soll" (XXIV,5/1194,32–35: Secundum haec enim vicarium se Patris ostenderat, per quem Pater et videretur in factis et audiretur in verbis et cognosceretur in Filio facta et verba Patris

---

14 Falls im Text gar kein „qui" zu ergänzen wäre, hätten wir zwei Hauptsätze vor uns, was die Parallelität von exegetischer und dramaturgischer Methode noch offensichtlicher machte. Auch Scarpat 217 hält die Einführung des qui für überflüssig. Ob allerdings sustinere hier im Sinne von exspectare/sperare verwendet wird, möchte ich trotz der von Scarpat beigebrachten Belege aus anderen Schriften Tertullians gerade wegen des Verwendungszusammenhangs von „persona" bezweifeln.

15 Die vorgelegte Interpretation ist von dem Eindruck geleitet, daß Tertullian an dieser Stelle eigene Akzente setzt. Sieht man in seiner Formulierung lediglich die allgemein verbreitete Anschauung wiedergegeben, daß es sich um Psalmen handelt, in denen Christus zum Vater spricht, ist die Stelle oben unter b einzuordnen.

administrante). Der Sohn repräsentiert also nicht die persona des Vaters, er hat seine eigene persona, seine Rolle als Stellvertreter und Minister. „Persona" scheint sich Tertullian geradezu anzubieten, um sowohl in der Offensive wie in der Defensive bestehen zu können: Gegen die Monarchianer kann er mit diesem Wort Vater und Sohn als eigenständige Rollenträger in der Ökonomie unterscheiden; gegen den Vorwurf des Ditheismus, den er sich bei seinem Vorstoß einhandelt, kann er sich mit dem gleichen Begriff verteidigen, da die Unterscheidung der Rollen und Rollenträger ein gemeinsames Rollenspiel voraussetzt.

e) Verwendung als Reflexionsbegriff

Persona wird an der zuletzt behandelten Stelle nicht einfach zur Bezeichnung irgendeiner Rolle oder eines beliebigen Rollenträgers verwendet. Vielmehr werden die Rollen mit Begriffen aus dem politischen Bereich benannt und die Rollenträger von einer Aktionsgemeinschaft aus bestimmt – berücksichtigt man den johanneischen Kontext, den Tertullian an anderen Stellen (bes. VIII,3) ausdrücklich miteinbezieht, muß man darüberhinaus von einer intimen Lebensgemeinschaft sprechen.

Von hier aus ergibt sich die Frage, ob mit den Wendungen „duarum personarum coniunctionem" und „utriusque personae distinctionem", die wir zunächst – für sich und im engeren Kontext betrachtet – im Zusammenhang mit der Funktion von persona in der prosopologischen Exegese bzw. in der umgangssprachlichen Verwendung berücksichtigt hatten, nicht Bestimmungen auf einer systematischen (philosophischen oder/und theologischen) Ebene angezielt sind. Für beide Stellen läßt sich das freilich nur behaupten unter Heranziehung anderer Texte und unter Berücksichtigung einer möglichen begrifflichen Struktur des Wortes, die hier implizit als solche oder in einer früheren Entwicklungsstufe präsent ist. Moingt, der im Vergleich zu anderen Autoren[16] zurückhaltend ist gegenüber der vorschnellen Identifizierung eines trinitätstheologischen Personbegriffs, nimmt gerade Prax. XXIV zum Ausgangspunkt, um nach der Betrachtung von persona in ökonomischer Perspektive einer möglichen metaphysischen Bedeutung nachzuspüren.[17] Es ist nicht zu verkennen, daß Tertullian in seiner Auseinandersetzung mit Praxeas nur bestehen kann, wenn er den ‚rein dramatischen' Sinn von persona als Rolle, die nicht an einen bestimmten Rollenträger gebunden ist, vertieft. Die Rollen von Vater und Sohn sind nicht austauschbar, der Vater kann nicht die Rolle des Sohnes, des Christus, übernehmen, wie das die Monarchianer behaupten. Diesem Argumentationsziel Tertullians habe ich Rechnung zu tragen versucht, indem ich persona nicht mit „Rolle" allein wiedergegeben, sondern auch durch „Rollenträger" interpretiert und

---

16 Bezüglich Evans und Braun s. unten S. 247. Daß Kellner in seiner Übersetzung „Person" auch dort verwendet, wo diesem kein „persona" im lateinischen Text entspricht, wurde bereits notiert: S. 162[10].

17 Vgl. Moingt (2) 618–627: Dieser erste Abschnitt des Kapitels „La personne: visée métaphysique" trägt die Überschrift „Représentation et réalité" und widmet sich zunächst (618–622) dem „sens dramatique", um dann (622–627) die „Présence du Père dans le Christ" nach Prax. XXIV zu analysieren.

zusätzlich darauf aufmerksam gemacht habe, daß es sich hierbei um ganz bestimmte Rollen und Rollenträger handelt, deren Bühne die Heilsgeschichte ist und deren Rollenspiel ein Aktions- und Lebensverhältnis meint. So gesehen ist die Frage nicht abwegig, ob persona diese ganz bestimmten Rollenträger nicht auch in ihrer physischen Existenz (mit)bezeichnet. Die Argumentation in Prax. XXIV,5–8 insistierte dann darauf, daß Christus nicht die „Person" des Vaters im physischen Sinn ist (vgl. XXIV,5/1194,39f: non ex personae repraesentatione; XXIV,7/1195,50–52: ne . . . ut Filius repraesentator Patris haberetur[18]), daß es sich nicht um zwei Rollen ein und desselben Rollenträgers handelt (vgl. XXIV,6/1194,40: si Patrem eundem Filium vellet), sondern um eine Verbindung von zwei auseinanderzuhaltenden, ja selbständigen Personen, um eine Aktions- und Lebensgemeinschaft, in der die Eigenart einer jeden Person zum Vorschein kommt (vgl. XXIV,7/1195,58: apparente proprietate utriusque personae). Die Auseinandersetzung mit den Gegnern verlangte Tertullian eine tiefergehende Reflexion ab, in deren Verlauf sich der Akzent von der äußeren Erscheinung der „persona" auf deren innere Wirklichkeit verlagerte. „Der quasi-dramatische Sinn von ‚Rollenträger' (‚personnage'), der zunächst in den Argumentationen über die Stimmen und die Namen aufgegriffen wird, wendet sich in den eigentlich physischen Sinn des ‚Individuums', das direkt begrifflich gefaßt wird, wenn das Wort *persona* mit Hilfe dieser anderen philosophischen Termini definiert wird. Kurz gesagt: Die Person ist das subsistierende Sein, gefaßt in seiner distinkten Unterscheidung, die sie sich selbst gibt, indem sie sich anderen entgegensetzt."[19] Den Begriff des Individuums kann man hier freilich nur verwenden, wenn er zugleich die Bedeutung beinhaltet, die das Wort (als Adjektiv) bei Tertullian hat: ungetrennt von einem anderen.[20] Unser Autor denkt nicht vom „Individuum" aus, jedenfalls verlangt die Zielsetzung seiner confirmatio, ausgehend von der in der praemunitio klargestellten göttlichen Einheit innerhalb dieser monarchia und coniunctio eine wirkliche Unterscheidung einzuführen und die so Unterschiedenen adäquat begrifflich zu fassen. Daß persona in Prax. XXIV,5–8 die Funktion eines philosophischen Terminus habe, wird man vom Konzept her nicht als sicher behaupten können, dies ließe sich nur von anderen eindeutigen Stellen her erschließen[21]; zumindest für die hier besprochenen Formulierungen ist die Warnung Moingts selber zu unterstreichen: „Aber man muß sich davor hüten, der Reflexion Tertullians all das zuzuschreiben, was sie logischerweise für uns einschließt."[22]

---

18 Der Argumentationszusammenhang und die Parallelität von Prax. XXIV,5 und XXIV,7 rechtfertigen die Auflösung der Satzkonstruktion und die sachgerechte Übersetzung Moingts; vgl. S. 176f[44].

19 Moingt (2) 627.

20 Vgl. oben S. 175.194f.

21 So führt Moingt (2) IV 149 die Persona-Stellen Prax. XXI,5 sowie XXIV,7.8 in seinem „Index de la langue trinitaire" nur in Klammern und mit der einleitenden Bemerkung an: „Diese [metaphysische] Perspektive bezieht durch Ausweitung einige andere Fälle mit ein."

22 Ebd. 627.

An einer Stelle der confirmatio scheint nun aber Tertullian „persona" in dem eben entwickelten Sinn quasi formelhaft als philosophischen Fachterminus zu gebrauchen: „Wie du aber den anderen annehmen mußt, habe ich bereits deutlich erklärt: durch den Namen der Person, nicht der Substanz, zur Unterscheidung, nicht zur Trennung" (XII,6/1173,36–38: Alium autem quomodo accipere debeas iam professus sum, personae, non substantiae nomine, ad distinctionem, non ad divisionem). Die Entgegensetzung zu substantia sowie die formelhafte Wendung „personae, non substantiae nomine" verleihen der Funktion des Begriffs an dieser Stelle ihr eigenes Gepräge. Wenn Tertullian die Einheit der Substanz in den drei Miteinanderzusammenhängenden (XII,7/1173,39: unam substantiam in tribus cohaerentibus) wahren und dennoch aufgrund des Schriftbefundes – in XII,1–5 demonstriert er vor allem im Anschluß an Gen 1,26f, daß die Schrift „zwischen den Personen unterscheidet" (XII,4/1173,19: distinguit inter personas) – die zu Unterscheidenden klar benennen, ja begrifflich fassen muß, ohne die Einheit in der Substanz aufzuheben, dann greift er zu dem Wort persona. Dieses eignet sich als Begriff (so darf man jetzt wohl sagen) dazu, innerhalb einer Einheit eine wirkliche Unterschiedenheit zu konzipieren. Unabhängig davon, welche Ambitionen man Tertullian nachweisen kann, läßt sich aufgrund des Textes die Behauptung aufstellen, daß persona hier die Funktion eines Fachterminus einnimmt, den wir ganz allgemein einen philosophischen oder auch metaphysischen Begriff nennen könnten. Ich habe für die Überschrift den Ausdruck „Reflexionsbegriff" gewählt, um in Analogie zu den vorherigen Funktionsbestimmungen den charakteristischen Ort von persona zu kennzeichnen, nämlich die Reflexion über den Schriftbefund mittels philosophischer Kategorien, die zur Ausbildung eines (schließlich dann vielleicht „theologisch" zu nennenden) Fachterminus führt.

Unsere Analyse läßt sich durch folgende Beobachtungen bestätigen. In Prax. XV geht Tertullian zum Schriftbeweis aus dem Neuen Testament über, dessen Ergebnis er thesenartig voranstellt: „Denn siehe auch in den Evangelien und Apostelbriefen entdecke ich den sichtbaren und den unsichtbaren Gott unter der offensichtlichen und die ‚Personen' betreffenden Unterscheidung der jeweiligen Beschaffenheit" (XV,1/1178,4–6: Ecce enim et in evangeliis et in apostolis visibilem et invisibilem Deum deprehendo sub manifesta et personali distinctione condicionis utriusque). Vater und Sohn haben je ihre Stimme im Gespräch, ihre Position in der Ökonomie und ihre Eigenschaft, hier konkret: Sichtbarkeit bzw. Unsichtbarkeit. Die thematische und begriffliche Nähe von Prax. XV zu Prax. XXIV ist unübersehbar: Der Vater ist von seiner Eigenschaft her unsichtbar, er wird sichtbar nur in den Taten und Worten des Sohnes, nicht aber im Sohn selbst, denn die unsichtbare „Person" des Vaters kann in der „Person" des Sohnes nicht sichtbar werden. Es ist also genau diese „personalis distinctio" des jeweiligen Eigenseins, die Vater und Sohn, Gott und Christus, unterscheidet, während ihre Aktions- und Lebensgemeinschaft sie verbindet, kraft deren dann der Vater im Wirken des Sohnes sichtbar wird und der Sohn an der Unsichtbarkeit Gottes teil hat. Letzteres hatte Tertullian im vorangehenden XIV. Kapitel in einer differenzierten Argumentation dargelegt, daß „nämlich auch der Sohn als solcher insofern unsichtbar ist, als er Wort und

Geist Gottes ist, schon jetzt aufgrund der Beschaffenheit der Substanz" (XIV,6/1177,42f: enim et Filium suo nomine eatenus invisibilem, qua sermo et spiritus Dei, ex substantiae condicione iam nunc). Aufgrund der Beschaffenheit der gemeinsamen Substanz (substantiae condicione) ist der Sohn unsichtbar, aufgrund seiner Eigenschaft als Sohn (personae nomine) wurde er schon indirekt in den alttestamentlichen Theophanien (um deren Interpretation geht es in Prax. XIV) und „in Wahrheit . . . , nicht im Bild" (XIV,6/1177,48: in veritate . . . non in imagine) dann im Neuen Bund (bei der Verklärung auf dem Berg: vgl. XIV,7/1177,52) sichtbar. Die die Substanz betreffenden Eigenschaften (condicio, proprietas) sind also von den die „Person" betreffenden zu unterscheiden.

Die Entgegensetzung persona-substantia, die formelhafte Wendung „personae, non substantiae nomine" und die Verwendung von condicio und proprietas im Kontext rechtfertigen es, von einem Reflexionsbegriff zu sprechen, der hier eine philosophisch-technische Funktion ausübt.

2. „*Persona*" *im christologischen Kontext der amplificatio*

Daß von einer „christologischen" Verwendung des Wortes/Begriffs persona in Prax. XXVII nur mit Vorsicht geredet werden kann, wurde bereits angedeutet.[23] Während Prax. XXVII,1 ganz auf der Linie der trinitätstheologischen Argumentation verbleibt, nimmt die Stelle XXVII,11 die Unterscheidung von Gott und Mensch in Jesus in den Blick und versucht eine Klärung durch analoge Anwendung der bereits erarbeiteten Begrifflichkeit. Die amplificatio bedeutet von dem ganzen Duktus des Traktats her keine Ausweitung der Ergebnisse auf ein neues, christologisches Feld, sondern ist provoziert durch einen letzten Versuch der Monarchianer, die „in einer ‚Person' beide unterscheiden, den Vater und den Sohn, indem sie sagen, der Sohn sei das Fleisch, das ist der Mensch, das ist Jesus, der Vater aber der Geist, das ist Gott, das ist Christus" (XXVII,1/1198,7–10: in una persona utrumque distinguant, Patrem et Filium, dicentes Filium carnem esse, id est hominem, id est Iesum, Patrem autem Spiritum, id est Deum, id est Christum). Tertullian vertritt dagegen die Position, die er schließlich in unmittelbarem Anschluß an Röm 1,3f so umreißt: „So lehrt auch der Apostel über jede seiner beiden Substanzen: *Der geworden ist,* sagt er, *aus dem Samen Davids* (dieser wird Mensch und des Menschen Sohn sein), *der endgültig bestimmt wurde als Sohn Gottes dem Geist nach* (dieser wird Gott und das Wort, Gottes Sohn, sein). Wir sehen einen doppelten Status, nicht vermischt, sondern verbunden in einer Person, Gott und den Menschen Jesus – [die Ausführungen] über Christus aber schiebe ich auf" (XXVII,11/1199,58–64: Sic et apostolus de utraque eius substantia docet: *Qui factus est*, inquit, *ex semine David* (hic erit homo et filius hominis), *qui definitus est Filius Dei secundum Spiritum* (hic erit Deus et sermo Dei filius). Videmus duplicem statum,

---

23 Siehe oben S. 168f[31].

non confusum sed coniunctum in una persona, Deum et hominem Iesum – de Christo autem differo).[24]

Die beiden Standpunkte lassen sich also in folgendes Schema[25] fassen:

MONARCHIANER:

eine Person < Sohn = Fleisch = Mensch = Jesus
eine Person < Vater = Geist = Gott = Christus

TERTULLIAN:

(a)

zwei Personen < Sohn = eine Person doppelter Status → siehe (b)
zwei Personen < Vater = Geist = Gott

(b)

eine Person doppelter Status < aus Davids Fleisch = Menschensohn = Mensch Jesus
eine Person doppelter Status < dem Geist gemäß = Gottes Sohn/Wort = Gott
} = Christus

(In Prax. XXVIII ergänzt Tertullian, daß der Sohn der vom Vater Gesalbte ist, daß also Jesus der Christus genannt werden muß.)

Die Verwendung von persona in Prax. XXVII entspricht der zuletzt besprochenen Funktion: Das Wort dient in der Zusammenstellung mit substantia und proprietas als Fachterminus, der „Unterscheidung innerhalb einer Einheit" markieren kann, indem er auf die Eigenschaften der Unterschiedenen blickt, die Eigenart der gemeinsamen Substanz aber nicht auflöst. Vater und Sohn sind deshalb aufgrund der gemeinsamen Substanz und deren Beschaffenheit verbunden, wegen der jeweiligen Eigenschaft ihrer Person unterschieden. Die Monarchianer verwechseln die Eigenschaften von göttlicher und menschlicher Substanz mit den Eigenschaften der Personen von Vater und Sohn. Tertullian präzisiert: Der Vater hat nur die Eigen-

24 Cantalamessa (1) 172 übersetzt: „Wir sehen eine doppelte Substanz, nicht vermischt, sondern verbunden in ein und derselben Person (der Trinität), (wir sehen, daß) Jesus ist Gott und Mensch." Ich kann mich dieser Übersetzung nicht in allem anschließen, ohne daß dadurch in Frage gestellt werden soll, daß es sich bei „una persona" um eine trinitätstheologische Bestimmung bzw. um eine Bestimmung aus trinitätstheologischer Perspektive handelt und insofern hier die christologische Formel von Chalzedon nicht vorweggenommen ist. Gegenüber der monarchianischen Identifizierung des Sohnes mit einer „Substanz" ist Tertullians Anliegen die Unterscheidung beider „status", er hat nicht – wie die Väter von Chalzedon – an zwei Fronten zu kämpfen und braucht deshalb das „in una persona" nicht im christologischen Sinn zu akzentuieren. Vgl. zum Problem Grillmeier (4) 254–257, bes. 257[82].

25 Das Schema von Cantalamessa (1) 173 ist unvollständig, so daß es seine Übersetzung gar nicht in Frage stellen kann.

schaften Gottes (er ist Geist), der Sohn hat in seiner Person als Sohn und Gesalbter des Vaters auch die Eigenschaften der Menschen. Damit wird aber auch deutlich, daß sich persona nicht von den Eigenschaften, sondern von der charakteristischen Rolle und der Beziehung her definiert. Weil es in der Heilsgeschichte (zunächst einmal) zwei unterschiedene, nicht miteinander zu identifizierende, also irreduktible Rollen, Funktionen gibt, deshalb sind Vater und Sohn wirklich verschieden im Sinne einer „distinctio personalis". Die von uns beobachtete zunehmende Akzentuierung des Eigenstandes im Begriff der „persona" bedeutet nicht, daß letztlich und im Eigentlichen „persona" sich von einer Eigenschaft im Sinne einer Natur her definiert. Vielmehr wahrt der Begriff auch in dieser Zuspitzung seinen relationalen Charakter. Die Monarchianer lösen diesen in eine reine Selbstbezüglichkeit bzw. in platte Identität auf, indem sie den Vater auch noch zum Christus machen, zu einem Gesalbten, der sich selbst salbt. Dagegen offenbart das „Geheimnis der Ökonomie" den dialogischen, relationalen Charakter einer trinitas, die eine lebendige unitas in Interpersonalität und Interaktion darstellt.

Daß wir im Anschluß an Prax. XXVII und XXVIII zu solchen systematisierenden Aussagen verleitet wurden, beweist, daß die amplificatio auf der soliden Basis der confirmatio/reprehensio aufbauen kann. Jetzt stellt sich uns die Aufgabe, die Funktion von persona in den Kapiteln der praemunitio zu untersuchen und den Fragen nachzugehen, ob Tertullian bereits hier die Konturen des Begriffs umreißt und ob der Charakter der defensiven Argumentation auf die Verwendung des Begriffs durchschlägt.

3. „Persona" im Kontext der praemunitio

Nur achtmal treffen wir persona in den ersten zehn Kapiteln des Traktats an, wobei fast alle uns inzwischen bekannten Verwendungszusammenhänge wieder auftauchen: Je zweimal erscheint das Wort in einem Schriftzitat bzw. in einer analogen Bildung, in der prosopologischen Auslegung und im Sinne eines definierenden Reflexionsbegriffs; eine Stelle scheint neben der Bedeutung von ‚Gesprächspartner' auch einen umgangssprachlichen Sinn erkennen zu lassen, eine weitere verwendet den Terminus im ‚staatsrechtlichen' Sinn (da man auch von einer offiziellen Rolle oder Funktion reden kann, habe ich diesen Text unter d in Parallele zum ‚dramaturgischen' Gebrauch eingestuft).

Ein Blick auf die Argumentationsstruktur kann die Analyse und Auswertung des Befundes erleichtern. In Prax. VI–IX kombiniert Tertullian nämlich Schriftauslegung und rhetorische Stasislehre[26], insofern er zur Beantwortung der Frage „Wie ist die Unterschiedenheit von Vater und Sohn zu konzipieren, daß die Monarchie Gottes nicht destruiert wird?" die in der Rhetorik üblich gewordenen Gesichtspunkte einer Problemerörterung (an sit?/qui sit?/quomodo sit?) anwendet und vom Schriftbefund her eine Lösung sucht. Schematisch läßt sich das so darstellen:

---

26 Sider (1) 16–20; Moingt (2) 226–242.

Prax.	Stasis	Schriftstelle	Antwort
VI	an sit?	Spr 8,22–30	ratio/sermo „in sophiae nomine" (VI,1/1164,47)
VII	qui sit?	Ps 45,2	„Quaecumque ergo substantia sermonis fuit, illam dico personam et illi nomen Filii vindico" (VII,8/1167,54f)
VIII	quomodo sit προβολή	Joh 1	„trinitas per consertos et connexos gradus a Patre decurrens" (VIII,7/1168,46)
IX	quomodo sit alius?	Joh 14,16	„in persona Paracleti non divisionem significavit sed dispositionem" (IX,3/1168,18–20)

Sechs der uns hier interessierenden Stellen stehen also im Zusammenhang mit den Fragen, ob und wer „der Zweite vom Vater aus gesehen" (vgl. VII,9/1167,56: dum Filium agnosco, secundum a Patre defendo) sei; eine hilft – indem sie den Blick auf „den dritten" hin ausweitet – bei der näheren Bestimmung des „alius", und nur Prax. III,2 steht für sich bzw. vor dieser detaillierten Erörterung, so daß wir nach dem Stellenwert dieses Textes im Abschnitt d noch einmal eigens fragen werden. Ob aus der von Sider[27] herauspräparierten Parallelität zwischen praemunitio und amplificatio weitere Schlüsse gezogen werden können, soll uns am Ende dieses 3. Abschnitts beschäftigen.

a) Verwendung im Schriftzitat

Die Frage, ob neben Gott noch ein anderer sei, beantwortet Tertullian in Prax. VI mit dem Hinweis auf die Rolle der Weisheit bei der Weltschöpfung, wie sie in Spr 8,22–30 beschrieben ist. „Denn sobald nur Gott das, was er mit der Weisheit, der Vernunft und dem Wort in sich disponiert hatte, in seine Substanzen und Arten hervortreten lassen wollte, brachte er zuerst das Wort selbst hervor, das in sich seine von ihm nicht getrennten [Fähigkeiten] trug, die Vernunft und die Weisheit, damit das All werde durch es selbst, durch das es erdacht und disponiert, ja sogar schon gemacht war, insofern es im göttlichen Sinn [lag]" (VI,3/1165,13–18: Nam, ut primum Deus voluit ea quae cum sophia et ratione et sermone disposuerat intra se, in substantias et species suas edere, ipsum primum protulit sermonem, habentem in se individuas suas, rationem et sophiam, ut per ipsum fierent universa per quem erant cogitata atque disposita, immo et facta iam quantum in Dei sensu). In Spr 8,30 sagt nun diese Weisheit (in der ‚Übersetzung' Tertullians) von sich: „Ich war mit ihm als ‚Mitausschmückende', ich war es, auf die hin er sich freute; täglich aber erfreute ich mich in Bezug auf diesen selbst" (VI,2/1165,11–13: *ego eram cum illo compingens, ego eram, ad quem gaudebat; cotidie autem oblectabar in persona ipsius).* Die Formulierung „ἐν προσώπῳ αὐτοῦ" der LXX hatte Tertullian in

[27] Siehe oben S. 166f.

einer früheren Schrift mit „in persona *eius*" wiedergegeben; dabei ermöglicht der Kontext folgende Übersetzung: „Täglich aber erfreute ich mich an seiner Stelle/in seiner Rolle, wenn er sich freute, als er den Erdkreis vollendete" (Herm. XVIII,2/ 411,11–13 Kroymann: *cotidie autem oblectabar in persona eius, quando oblectabatur, cum perfecisset orbem*). Die durch quando und cum eingeleiteten Nebensätze verlangen eine Funktionsbestimmung von persona im grammatikalisch-dramaturgischen Sinn.[28] Anders liegt der Fall in Prax. VI: Der Wechsel von eius zu ipsius und der Wegfall der erläuternden Nebensätze, vor allem aber die Wiederaufnahme des Schriftzitats in einer analogen Bildung – „Er freute sich sodann auf den hin, der sich ebenso in Bezug auf jenen freute" (VII,2/1165,11f: Ad quem deinceps gaudens proinde gaudentem in persona illius) – lassen den Schluß zu, daß mit der Formel „in persona" „ein physisches und individuelles Wesen"[29] bedeutet wird. Die Beobachtungen Moingts[30] verdeutlichend, möchte ich unterstreichen, daß hier nicht die Gleichung aufgestellt wird: persona = physisches und individuelles Sein. Mit der aus der Rhetorik vertrauten Formel „in persona", die an beiden uns hier beschäftigenden Stellen in Parallele zu „ad quem" steht[31], will der Apologet gegenüber Praxeas demonstrieren, daß nach der Schrift von „zweien" gesprochen werden muß, was nicht heißt: von „zwei Personen". Auch auf die Frage „qui sit?" lautet die Antwort nicht: die „zweite Person" nach der „ersten Person", sondern: der Sohn, der vom Vater hervorgeht (vgl. VII,1).

Der Schluß, Tertullian habe im Sinne von Prax. VI,2 und VII,2 seinen trinitätstheologischen Personbegriff in der Schrift selbst gefunden, kann nicht bestätigt werden.[32] Seine ‚Eisegese', deren Charakter durch die ‚biblische' Formulierung in VII,2 noch unterstrichen wird, verbleibt im Rahmen seiner exegetischen Methode. Insofern man hierin auch einen ‚quasidramatischen' Sinn entdecken will, gehören die beiden Stellen zu den oben unter b und d verhandelten. Im ‚Schriftzitat' hat die Formel „in persona" die Funktion, die Unterscheidung (in der Relation!) von Gott und seiner Weisheit, von Vater und erstgeborenem Sohn offenzulegen. Daß die Schrift, besser aber vielleicht: ihre Exegese, das Aufgreifen oder erste Ausbilden eines „definierenden Reflexionsbegriffs" gefördert haben könnte, wird die Analyse der in Prax. VII,4–9 fortgeführten Interpretation bzw. Argumentation zeigen: (siehe unten e).

b) Verwendung im exegetischen Verfahren

Aufgrund der formelhaften Wendung „ex/in persona" sind die Stellen Prax. VII,3 und IX,3 eindeutig im Zusammenhang mit der prosopologischen Methode der

---

28 Ich halte diese Analyse von Moingt (2) 601 für überzeugend; vgl. seine Bemerkung zu Braun 601[1]. 29 Ebd. 602. 30 Ebd. und IV 147.

31 Vielleicht kann man an dieser Stelle auch die von Dölger 277[18] gemachte Beobachtung veranschlagen, daß Tertullian den „Grundsatz der parallelen Gliederung . . . oft über die Maßen stark zur Geltung bringt".

32 Scarpat 198 interpretiert das „in persona" von VII,2 als Wendung „auf den Sohn als solchen" und verweist auf die nachfolgenden Stellen VII,3.9; XI,7.

Schriftauslegung zu interpretieren. Nachdem Tertullian in Prax. VII,2 Ps 2,7 und Ps 110,3 als Worte des Vaters, der sich an seinem Sohn freut, zitiert hatte, argumentiert er im folgenden Abschnitt von der anderen Seite her: „So bekennt auch der Sohn seinerseits den Vater, wenn er unter dem Namen der Weisheit sagt: *Der Herr begründete mich als Anfang der Wege zu seinen Werken; vor allen Hügeln aber zeugte er mich*" (VII,3/1165,13–15: Sic et Filius ex sua persona profitetur Patrem in nomine sophiae: *Dominus condidit me initium viarum in opera sua; ante omnes autem colles generavit me*). Der Sohn spricht „seinerseits", d. h. als Dialogpartner des Vaters; mit dem Zitat aus Spr 8,24f (gegenüber dem Text in Prax. VI,1/1165,4f.6f ist nur eine Veränderung vorgenommen: „condidit" steht für „creavit" und bereitet so die 1166,16f folgende Auslegung vor) wird die Reziprozität des Verhältnisses von Vater und Sohn unterstrichen:

VII,2/1165,12.13	VII,3/1165,14.15
generavi *te*	condidit *me*
genui *te*	generavit *me*

„Condere" entspricht also „gignere", so daß die Übersetzung „begründete mich" statt des üblichen „erschuf mich" gewählt wurde. Insofern dürfte auch das „creavit me" ein Erschaffen eigener Art bedeuten, so daß der Unterschied zwischen der Zeugung des Sohnes und der Erschaffung der Welt deutlich markiert und die Möglichkeit einer ewigen Relation zwischen Vater und Sohn, zumindest zwischen Gott und der Weisheit, nicht ausgeschlossen wäre.

Persona hat also auch hier die Funktion, zwischen „einem" und „einem anderen" zu unterscheiden, ohne die Einheit aufzuheben. Dieses „Quomodo alius" wird in dem einschlägigen Kapitel IX des Traktats auch für den Geist reklamiert: „Gut, daß der Herr auch in Bezug auf die ‚Person' des Parakleten dieses Wort [alius] verwendete und damit nicht Trennung, sondern Disposition bezeichnete: *Ich werde*, sagt er nämlich, *den Vater bitten, und er wird einen anderen Beistand euch senden, den Geist der Wahrheit*" (IX,3/1168f,18–21: Bene quod et Dominus usus hoc verbo in persona Paracleti non divisionem significavit sed dispositionem: *Rogabo* enim, inquit, *Patrem et alium advocatum mittet vobis, Spiritum veritatis*). Der Geist ist also vom Sohn aus gesehen „ein anderer" auf dieselbe Weise, wie der Sohn vom Vater aus gesehen „ein anderer" ist (vgl. die Fortsetzung der Argumentation 1169,21f: Sic alium a se Paracletum, quomodo et nos a Patre alium Filium).

Es handelt sich um den ‚Modus' der Disposition und der Ökonomie, der die Zahl der Trinität ‚macht'. Aufgezählt werden aber nicht drei „Personen"; bzw. die unterschiedenen „Individuen" (im doppelten Sinn der Ungeteiltheit in sich und untereinander) werden nicht mit einem bestimmten Begriff von „persona" definiert, sondern die drei werden aus der jeweiligen Gesprächssituation heraus unterschieden im Sinn des „qui loquitur, ad quem loquitur, de quo loquitur"; letzteres gilt für die persona Paracleti in Prax. IX,3.[33]

[33] Die Übersetzung Kellners (s. S. 162[10]) 520 („Glücklicherweise hat sich auch der Herr in der Person des Parakleten dieses Wortes bedient") ist vom Kontext her nicht möglich.

c) Verwendung im umgangssprachlichen Sinn: „ein Bestimmter“

Unter diese Überschrift läßt sich die Stelle Prax. VI,1 einordnen: „Vernimm daher auch die Weisheit als begründete/gezeugte zweite Person“ (1164,3f: Itaque sophiam quoque exaudi ut secundam personam conditam). Mit diesem Satz leitet Tertullian das Zitat von Spr 8,22–30 ein; der Rahmen einer bloß formalen Unterscheidung wird jedoch überschritten, insofern eine charakteristische Präposition fehlt und persona durch „secunda“ und „condita“ gleich in zweifacher Weise weiterbestimmt wird. Der Akzent der Argumentation liegt nicht auf persona, sondern auf diesen zwei Bestimmungen: Die Weisheit ist ein „Zweiter“ in Gott, und sie steht zu dem „Gott und Herrn“ in einem Begründungs- bzw. Zeugungsverhältnis. Dem entspricht die Bezeichnung des Vaters als „prima persona“ (XVIII,2/1183,14), die die Erkenntnisordnung im Blick hat: Der Vater ist der erste in der ‚personalen Unterscheidung‘ (d. h. in der Unterscheidung den Personen nach), „weil der Vater zuerst erkannt wird und nach dem Vater der Sohn genannt wird“ (1183,15f: quia Pater ante cognoscitur et post Patrem Filius nominatur). In Prax. VI,1 ist also noch nicht nach dem Inhalt eines bestimmten Personbegriffs zu forschen; vielmehr hat das Wort die Funktion, von einem feststehenden Ersten einen bestimmten, d. h. einen in einem bestimmten Verhältnis zum Ersten stehenden Zweiten zu unterscheiden.

d) Persona als Bezeichnung von Rollenträgern

Eine Stelle fällt aus dem Rahmen der bisherigen Funktionsbestimmungen heraus; wir werden ihr auch wegen ihrer Position im Traktat noch einmal gesonderte Aufmerksamkeit schenken müssen. Am ehesten ließe sich die Verwendung von persona in Prax. III,2 noch in die Kategorie „dramaturgisch“ einreihen, doch handelt es sich hier um die Bezeichnung von Rollen bzw. Funktionen auf der politischen Bühne.

Im Anschluß an die in Prax. II,4 vorgelegte Basisformel stellt sich Tertullian in den Kapiteln seiner praemunitio folgenden Aufgaben:

Prax. III: Entwicklung eines angemessenen Begriffs der „monarchia“

Prax. IV: Nachweis der Übereinstimmung dieses Begriffs mit der „dispositio“ des Vaters nach 1 Kor 15,24–28

Prax. V: Detailierung der Fragestellung und erste Antwort (Analogie der menschlichen Geistestätigkeit)

Prax. VI–IX: Beantwortung der Fragen: an sit? qui sit? quomodo sit? quomodo sit alius?

Prax. X: Widerlegung eines letzten Einwandes (Ipse se, inquiunt, Filium sibi fecit: X,1/1169,4)

Prax. III versucht dem Vorwurf, die Ökonomie der Trinität zerstöre die Monarchie Gottes durch den Hinweis auf die politische Wirklichkeit und Ordnung der Monarchie – konkret hat Tertullian den römischen Doppelprinzipat[34] vor

[34] Die staatsrechtliche Idee des Doppelprinzipats und ihre Verwirklichung sind dargelegt in

Augen – zu begegnen: „Ich jedoch . . . weiß, daß die Monarchie nichts anderes als Einzel- und Alleinherrschaft bedeutet und daß sie trotzdem deshalb, weil einer sie innehat, nicht ausschließt [im Sinn einer Präskription], daß dieser einen Sohn hat oder sich einen Sohn adoptiert hat oder seine Monarchie durch die, die er will, verwaltet. So also behaupte ich, daß keine Herrschaft so einem einzigen zu eigen ist, so singulär, in einem solchen Sinn Monarchie ist, daß sie nicht auch durch andere, eng verwandte Personen, die sie sich selbst als Offiziale ausgesucht hat, verwaltet würde" (III,2/1161f,16–24: At ego . . . monarchiam nihil aliud significare scio quam singulare et unicum imperium; non tamen praescribere monarchiam ideo, quia unius sit, eum cuius sit aut Filium non habere aut ipsum se sibi filium fecisse aut monarchiam suam non per quos velit administrare. Atquin dico dominationem ita unius sui esse, ita singularem, ita monarchiam ut non etiam per alias proximas personas administretur quas ipsa prospexerit officiales sibi). Es ist offenkundig, daß die Bedeutung von „persona" hier über „den blassen Sinn der exegeti-

---

der Studie von Kornemann, der die These vertritt, daß „der Prinzipat von seinem Schöpfer [Augustus] als Dyarchie gedacht worden ist, aber nicht, wie Mommsen glaubte, als Dyarchie von Prinzipat und Senat, sondern als eine Zweiherrschaft vermittels doppelter Besetzung der obersten Stelle, d. h. als Doppelprinzipat" (6). Der Forscher spricht von „einer Singularität in der Geschichte der Monarchie aller Zeiten und aller Länder" (33) und von „einem wichtigen Kapitel aus der interessanten Geschichte der ‚Zweiten'" (187). – Für uns ist von Belang, daß der Doppelprinzipat, der im Hinblick auf die „Regelung der Nachfolge unter dem Gesichtspunkt der vier Augen" (9) von Augustus im Sinne einer „Gehilfenstellung des Zweiten" (188) gedacht war und sich zunächst in der Form „der ungleichen oder abgestuften" Mitregentschaft präsentierte, seit Mark Aurel 161 als „gleiche Kollegialität" verwirklicht wurde. Zur Zeit Tertullians erscheint dann auch „die Vater und Sohn – Samtherrschaft, d. h. das im Hellenismus und in der gemeinsamen Regierung Tiberius–Drusus und Vespasian–Titus (hier allerdings nur als Mitregentschaft) bereits vorgezeichnete System", das „in der Folgezeit bis auf Diokletian neben der Augustus-Caesar-Form der Mitregentschaft des Sohnes einhergeht, um Dynastien in Form eines Vater-Sohn- oder eines Familienregimentes, wenn auch oft nur mit ephemerem Erfolg, aufzurichten" (192f). Die Entwicklung sah konkret so aus: „Im Unterschied vom Vater [Mark Aurel] ist dann zunächst Commodus wieder Vertreter des reinen Monarchiegedankens. Aber schon Septimius Severus greift, wie in allem, so auch hier auf Marcus zurück. Das familiäre Doppelkaisertum von Vater und leiblichem Sohn wiederholt sich bei Septimius Severus und Caracalla, ja wird seit 209 durch die Hereinnahme des Geta zu einem Triumvirat, wie man es unter Vespasian unter Fernhaltung des Domitian von der Mitregentschaft vermieden hatte. Es folgt die erste Samtherrschaft zweier Brüder, während Augustus für diesen Fall nur Mitregentschaft des Zweiten vorgesehen hatte, und bezeichnenderweise tritt gerade bei dieser ersten Brüder-Samtherrschaft der Reichsteilungsgedanke sofort hervor" (193).

Mit dem zuletzt gegebenen Hinweis wird die Problematik dieser singulären Konzeption evident, die ja gegen die „Strömung der Zeit auf Vereinheitlichung der obersten Leitung von Himmel und Erde, d. h. in der Götterwelt sowohl wie in der obersten Reichsstelle" (191f) stand. Der Gefahr der Zerstörung der Monarchie konnte nur durch einen ‚Subordinatianismus' begegnet werden, und tatsächlich „bleibt Abstufung innerhalb der Augusti . . . sowohl bei Marcus wie bei Diokletian die Parole: Der zweite Augustus bleibt unter Marcus trotz der gleichen Titulatur schon wegen des dem Ersten allein vorbehaltenen Oberpontifikats ein ‚Zweiter' im Sinne des Prinzipatsschöpfers" (192; vgl. 78–80). Tertullian dürfte also vor allem die Vater-Sohn-Herrschaft vor Augen haben (es wäre

schen Formeln"[35], die immerhin die „Person" als „conlocutor" hinstellen[36], und die noch vage umgangssprachliche Beschreibung („ein Bestimmter") hinausreicht: Das Wort bezeichnet die Administratoren, die Beamten (officiales), die in engstem Vertrauensverhältnis (proximas) zum Monarchen stehen. Damit ist das Wort zu einem Begriff geworden, der genau das erreicht, was Tertullian den stolzen Monarchianern gewissermaßen ins Stammbuch schreiben will: Unterscheidung ohne Trennung und Destruktion.

Die staatsrechtliche Konstruktion des Doppelprinzipats dient als Analogie für die Ökonomie der Trinität, deren Disposition Tertullian im folgenden IV. Kapitel anhand von 1 Kor 15,24–28 (und Ps 110,1) demonstriert, so daß er Praxeas zurufen kann: „Sieh also zu, daß nicht vielmehr du die Monarchie zerstörst, der du ihre Disposition und Dispensation [d. h. ihre Ökonomie] umstürzest, die in sovielen Namen konstituiert ist, in wievielen Gott wollte" (IV,2/1162f,6–9: Vide ergo ne tu potius monarchiam destruas, qui dispositionem et dispensationem eius evertis in tot nominibus constitutam in quot Deus voluit). „Persona" ist also hier auf der Ebene von officialis, arbiter, minister, repraesentator[37] und in Parallele zu den „Namen"[38] anzusiedeln. Obwohl sich von der Funktion – Bezeichnung des Rollen- bzw. Funktionsträgers – her bereits die Konturen einer Definition abzeichnen, ist „persona" hier noch prinzipiell durch andere Bezeichnungen ersetzbar, hat das Wort noch nicht Funktion und Inhalt eines eigenständigen Begriffs erreicht, der in (theologischer) Reflexion gewonnen und zum irreduktiblen Bestandteil des (theologischen) Begriffsinstrumentariums wurde.

e) Verwendung als definierender Reflexionsbegriff

Tertullian geht in Prax. VII dazu über, seinen Schriftbeweis bezüglich der Frage „qui sit?" in einer systematischen Reflexion auszubauen. „Doch nicht länger darüber, als ob es nicht das Wort selber sei – unter dem Namen der Weisheit, der Vernunft und des universalen göttlichen Odems und Geistes –, das Sohn Gottes geworden ist, das von diesem durch sein Aus-sich-Heraustreten gezeugt wurde. ‚Also', fragst du, ‚behauptest du, daß das Wort irgendeine Wirklichkeit ist, aus Geist und Weisheit und Vernunft aufgebaut?' Völlig richtig! Du willst ja nicht, daß

---

doch wohl allzu kühn, gar an das 209–211 regierende Triumvirat zu denken), die eine Distribution der Monarchie ohne deren Aufhebung am überzeugendsten demonstrieren konnte. Dabei ist zu beachten, daß bei der Konkurrenz zwischen dem dynastischen Vererbungsprinzip und dem Prinzip der Erwählung des bewährtesten Mannes als Nachfolger und Mitregent das Motiv der Adoption auch im zweiten Fall (der Erwählung) immer eine entscheidende Rolle spielte (vgl. 13² und 19f⁶). Außerdem blieb der Gedanke der Mitregentschaft ja lebendig; mit einigen seiner Formulierungen des Verhältnisses von Vater, Sohn und Geist erinnert Tertullian an die ursprüngliche Kennzeichnung des Mitregenten als „Socius oder consors tribuniciae potestatis" (14).

35 Moingt (2) 602.

36 Vgl. ebd. 571.

37 Siehe Tabelle 3 und die Erläuterungen zur „fünften Kategorie": oben S. 170.176–178.

38 Siehe oben S. 178–183 (mit Tabelle 4).

es wirklich Substanz habe aufgrund der Eigenart der Substanz, so daß es als eine gewisse Wirklichkeit und Person gesehen werden kann und so als von Gott konstituierter zweiter es vermag, zwei zu ergeben, den Vater und den Sohn, Gott und das Wort" (VII,4f/1166,23–32: Nec diutius de isto, quasi non ipse sit sermo et in sophiae et in rationis et in omnis divini animi et Spiritus nomine qui Filius factus est Dei, de quo prodeundo generatus est. ‚Ergo, inquis, das aliquam substantiam esse sermonem, spiritu et sophia et ratione constructam?' Plane. Non vis enim eum substantivum habere in re per substantiae proprietatem, ut res et persona quaedam videri possit et ita capiat secundus a Deo constitutus duos efficere, Patrem et Filium, Deum et sermonem).

In diesem Text unternimmt also Tertullian tatsächlich den Versuch, persona im Kontext der philosophischen Begriffe res und substantia zu bestimmen. Dazu zwingt ihn auch die Berufung seiner Gegner auf diejenigen Grammatiker, für die das Wort nur „ausgestoßene, im Hören vernehmbare Luft" (VII,6/1166,34: aer offensus intellegibilis auditu) ist. Tertullian argumentiert zunächst theologisch – „Ich aber sage, daß von Gott nichts Nichtiges und Leeres ausgehen konnte" (VII,6/1166,35f: At ego nihil dico de Deo inane et vacuum prodire potuisse) –, um dann die theologische These philosophisch unter Verwendung des Begriffs „substantia" zu untermauern: „so daß das nicht vom Nichtigen und Leeren Hervorgebrachte auch nicht der Wirklichkeit (Substanz) entbehrte, weil es von einer so großen Wirklichkeit (Substanz) seinen Ausgang nahm und so große Wirklichkeiten (Substanzen) geschaffen hat" (VII,6/1166,36–38: ut non de inani et vacuo prolatum nec carere substantia quod de tanta substantia processit et tantas substantias fecit). Nachdem dieses Argument in VII,7 noch etwas entfaltet wurde, greift Tertullian in VII,8 indirekt die Parallele Wirklichkeit (diesmal durch „res" statt „substantia") – Namen – Person wieder auf: „Eine leere und nichtige Wirklichkeit ist das Wort Gottes, das Sohn genannt wurde? Das selbst mit dem Namen ‚Gott' zubenannt wurde?" (VII,8/1166,43–45: Vacua et inanis res est sermo Dei, qui Filius dictus est? Qui ipse Deus cognominatus est?). „Es steht geschrieben: *Du sollst den Namen Gottes nicht eitel nennen* [nicht ins Leere nehmen]" (VII,8/1166,45f: Scriptum est: *Non sumes nomen Dei in vanum*).

Am Ende des Argumentationsgangs befinden wir uns wieder ganz auf philosophischem, stoischem Terrain[39]: „Aber wenn auch jene unsichtbaren Dinge, welche immer es sind, bei Gott ihren Körper [d. h. im Sinne der Stoa: ihre Wirklichkeit] und ihre Gestalt haben, durch die sie allein für Gott sichtbar sind, wird nicht umso mehr das, was aus der Wirklichkeit seiner selbst ausgeschickt wurde, nicht ohne Wirklichkeit sein?" (VII,9/1167,50–54: Sed et si invisibilia illa quaecumque sunt, habent apud Deum et suum corpus et suam formam, per quae soli Deo visibilia

[39] Scarpat 203f betont die Abhängigkeit Tertullians von den Apologeten des 2. Jahrhunderts ebenso wie seine eigenen Verdienste, vor allem aber hält er den juristischen Charakter der von Tertullian verwendeten Termini für unbestreitbar, was mir wenigstens im Zusammenhang mit Prax. VII,9 mehr als fragwürdig erscheint. Das hatte Grillmeier (1) 49[61] bereits deutlich gegenüber Harnack angemerkt.

sunt, quanto magis quod ex ipsius substantia emissum est sine substantia non erit?).

„Substantia“ und „persona“ werden also hier – entgegen der uns vertrauten trinitätstheologischen Sprachregelung – nicht einander entgegengestellt, sondern auf derselben Ebene verwendet, wie die förmliche Konklusion des Kapitels kurz und bündig definiert, indem sie auch den „Namen“ wieder aufgreift und an das Ziel der Argumentation – die unterscheidende Herausstellung des „Zweiten“ – gelangt: „Was auch immer also die Wirklichkeit (Substanz) des Wortes gewesen ist, ich nenne jene ‚Person‘ und nehme für sie den Namen des Sohnes in Anspruch und verteidige, während ich den Sohn anerkenne, diesen als Zweiten vom Vater her“ (VII,9/1167,54–56: Quaecumque ergo substantia sermonis fuit, illam dico personam et illi nomen Filii vindico et, dum Filium agnosco, secundum a Patre defendo).

4. „Persona“ im Kontext der conclusio

Bei dem Versuch, die Funktion von „persona“ in Prax. VII,5 und VII,9 zu klären, haben wir uns bereits auf das Gebiet der Inhaltsanalyse vorgewagt. Jetzt müssen wir unsere Aufmerksamkeit jedoch noch der letzten Persona-Stelle zuwenden, die aufgrund ihres Kontextes und ihrer Stellung im Traktat von besonderer Relevanz sein dürfte.

Die Schlußfolgerung Tertullians in Prax. XXXI ist aus drei Thesen aufgebaut:
(1) Negation: Die starren Monarchianer sind noch dem jüdischen Glauben verhaftet.
(2) Position: Der Neue Bund offenbart den trinitarischen Gott.
(3) „Anathem“: Die Antichristen, die dem Zeugnis Gottes nicht glauben, verlieren mit dem Sohn auch das Heil.

Die mittlere These[40] formuliert positiv den orthodoxen Glauben der Christen, daß aufgrund des Neuen Bundes „Gott nun öffentlich in seinen je eigenen Namen und Personen erkannt werde“ (XXXI,2/1204,8f: coram iam Deus in suis propriis nominibus et personis cognosceretur). Tertullian argumentiert hier auf der Basis des Neuen Testaments; insofern in die These der Ertrag seiner systematischen philosophisch-theologischen Erwägungen mit eingeht, kann man von einer bibeltheologischen oder biblisch inspirierten dogmatischen Schlußfolgerung sprechen. „Persona“ bezeichnet (gemeinsam mit bzw. ebenso wie „nomen“) Vater, Sohn und Geist je in ihrer Eigenwirklichkeit, ohne daß dadurch die Einheit Gottes zerstört wird, der ja „aufs neue als Einer geglaubt werden soll durch [die Offenbarung von] Sohn und Geist (XXXI,2/1204,8: nove unus crederetur per Filium et Spiritum).

Die Formulierung der conclusio veranlaßt uns, noch einmal einige Linien nachzuzeichnen, die in ihr zusammenlaufen; dabei wird sich erweisen, daß „persona“ aufgrund seiner Funktion in entscheidenden Textpassagen durchaus als Schlüsselbegriff von Prax. angesehen werden kann.

Die biblisch begründete Parallelisierung von „nomen“ und „persona“ in Prax.

---

40 Den vollständigen Text von Prax. XXXI,2 s. oben S. 180.

XXXI,2 nimmt ganz sicher die Schlußfolgerung der confirmatio auf, die auf den Taufbefehl und die Taufpraxis der Kirche rekurrierte (vgl. XXVI,9/1198,59f).[41] Als trinitätstheologischer Begriff kann „persona" erst fungieren, nachdem die Analogie aus dem politischen Bereich als schriftgemäß erwiesen (vgl. die spätere quasi zusammenfassende Formulierung „in suis quemque nominibus et personis et locis": XXIII,7/1192,38f) und philosophisch bzw. systematisch-theologisch (in VII,9; XII,6; XXI,5 und XXIV,5–8 jeweils im Anschluß an den exegetischen Befund) durchreflektiert worden war.

Das Fehlen von „persona" in der Basisformel kann also nicht als Option für einen Verzicht auf den Begriff ausgelegt werden; vielmehr erweist sich „persona" genau als der Terminus, der die Basisformel auf den Begriff bringt, da er Unterscheidung und Einheit zugleich festhält. Zwar erscheint das Wort nur achtmal in der praemunitio, in der Tertullian vorab seine trinitätstheologische Theorie skizziert[42], doch gerade hier sind bereits philosophische und exegetische Argumentation zusammengeführt, wie die Konklusion zur entscheidenden Frage „qui sit?" in VII,9 dokumentiert.

Die Funktion von „persona" als definierender Reflexionsbegriff ist also in den entscheidenden Schlußfolgerungen des Traktats (VII,9; XXXI,2) eindeutig zu erkennen. Die Bestimmung seiner inhaltlichen Struktur (im folgenden Kapitel) sowie seiner möglichen Vorprägung in den Tertullian zur Verfügung stehenden Traditionen (im 5. Kapitel) wird es ermöglichen, Tertullians Anteil bei der „Anstrengung des Begriffs" zu ermessen.

4. Kapitel

Inhaltselemente und Struktur von Tertullians Personbegriff

Unsere Vorgehensweise, zuerst die Funktionen von persona in Prax. zu analysieren und dann erst die inhaltlichen Elemente zu bestimmen, will nicht bedeuten, daß diese beiden Arbeitsschritte völlig unabhängig voneinander erfolgten. Die methodische Differenzierung zwischen den beiden Teilaufgaben hat sich allerdings in der

---

41 Hier ist eine für den Ansatz der Trinitätstheologie überhaupt interessante Parallele zu Basilius von Caesarea zu konstatieren. Nach Kretschmar (2) 99 (vgl. 127) ist „die Rückführung der trinitarischen Doxologie auf Mt 28,19 . . . gewiß das Fundament der Trinitätstheologie des Kappadokiers", wobei Taufbefehl und -praxis in ihrem unabdingbaren Zusammenhang gesehen werden: „Basilius sieht seine Trinitätstheologie und die von ihm verteidigte Formel letztlich in dem die Kirche gründenden Gefüge von Wort (Christi), Glaube und Taufe verankert. Hier erfolgt die entscheidende ‚Paradosis' des ‚Dogmas' der Kirche." Im übrigen charakterisiert Kretschmar den theologiegeschichtlichen Ort des Basilius mit Blick auf die universale Kirche in ähnlicher Weise, wie wir ihn für Tertullians Verhältnis zu den „simplices" und den Häretikern bestimmt hatten: „Er lebte in einer Welt des Umbruchs, in der die Kirche im Grunde erstmalig entdeckte, daß die bloße Wiederholung alter Formeln nicht ausreicht" (98).

42 Moingt (2) 270–275.

Durchführung als richtig erwiesen, insofern eine vorschnelle oder gar eine an den konkreten Verwendungszusammenhängen vorbeigehende inhaltliche Festlegung, wie sie teilweise bei anderen Autoren zu kritisieren ist, vermieden werden konnte.

Wir fragen nun 1. nach den in den Funktionen erkennbaren inhaltlichen Elementen und versuchen dann 2. die mögliche Struktur des Begriffs zu rekonstruieren. Das Ergebnis wollen wir durch einen Vergleich (3.) mit anderen tragenden Begriffen des Traktats und (4.) mit den Interpretationen anderer Autoren absichern und verdeutlichen.

1. Die in den Funktionen erkennbaren inhaltlichen Elemente

Die Tabelle 8 gibt einen Überblick über die im 3. Kapitel aufgefundenen Funktionen und inhaltlichen Konturen, deren Linien hier nachgezeichnet und ausgezogen werden sollen. Dabei fällt auf, daß die Zugehörigkeit der Texte zur praemunitio, confirmatio/reprehensio, amplificatio oder conclusio in den Kategorien a, d und e noch ins Gewicht fällt, während für die unter b und c einzuordnenden Stellen eine unkomplizierte Funktionsbeschreibung möglich ist. So arbeitet *das exegetische Verfahren* die Unterscheidung der conlocutores heraus, indem es einer grammatischen Tradition entsprechend auf die ‚Prosopologik' achtet: qui / ad quem / de quo loquitur. Nach Moingts Erhebungen wendet Tertullian diese Methode 30mal auch in anderen Schriften an, wobei die Konstruktionen mit „ad personam", „in personam" und „ex (sub) persona" typisch für die profane Exegese sind, während die Formel „in persona" eher die christliche Schriftauslegung charakterisiert.[1] Unsere Beobachtung, daß persona hierbei selbst nur eine blasse, schwache inhaltliche Bestimmung erhält – gelegentlich kommt das Wort über die Funktion eines bloßen Füllwortes nicht hinaus –, wenn es auf die „Stimmen" aufmerksam macht oder den Blick auf den alius (secundus bzw. tertius) in der Oikonomia lenkt, wird durch den Befund außerhalb des trinitätstheologischen Traktats bestätigt. Die prosopologische Exegese „gibt sich damit zufrieden, eine Rede zu ‚personalisieren', einer Stimme einen Namen zu geben . . . Sie verweist also auf eine ‚moralische' und keine physische Person. Sie befindet sich auf einer Linie, die der juristischen Imputation der Herkunft oder der Verantwortlichkeit verwandt ist."[2] Persona bedeutet nach Moingt auch in Prax. XI,10 (unamquamque personam in sua proprietate constituunt) „nicht formell die physische Individualität, die durch die Schrift aufgezeigt, aber nicht ‚konstituiert' werden kann; auch nicht die Person, insofern sie spricht, da es ebenso auch auf den, über den oder zu dem jemand spricht, angewendet wird. Es bezeichnet direkt die *Person eines Diskurses,* diejenige, der eine Rede zugeschrieben wird oder die durch eine Erklärung in Szene gesetzt erscheint oder durch ein Nomen oder durch ein einfaches Pronomen (in diesem Fall tendiert die Bedeutung dahin, rein grammatikalisch zu werden) bezeichnet wird; und es bedeutet diese Person nach der Art eines logischen und logischerweise distinkten Subjekts, indem

---

1 Moingt 585f. 2 Ebd. 586.

Tabelle 8:
Funktionen und darin erkennbare inhaltliche Elemente

Text	Funktion	inhaltliche Elemente
	a) *Schriftzitat*	
VI,2 VII,2	} Unterscheidung der conlocutores (vgl. b und c)	„Person“ als redendes und handelndes „Individuum“
XIV,10 (dreimal)	Unterscheidung des Repräsentanten (vgl. d)	Repräsentant
	b) *exegetisches Verfahren*	
VII,3 IX,3		} schwach („Füllwort“)/ alius (secundus bzw. tertius) in der Ökonomie
XI,7 (2.) XI, 10 → XII,3 XII,4 XIII,2 XXII,10 XXIII,4	} Unterscheidung der conlocutores: qui – ad quem – de quo	→ „Person“ als redendes „Individuum“, dem eine eigene Stellung zukommt } schwach („Stimmen“)
XXIV,7 XXIV,8	} Unterscheidung in der Einheit (Tendenz zu e)	„Individuum“ (ab aliis) Eigenart
	c) *umgangssprachlich*	
	Unterscheidung (durch Zählen): / Bestimmung des Verhältnisses:	
VI,1	„secundam“ / „conditam“	ein anderer, ein Bestimmter
XIII,6	„si enim una“ / „admissus ad nomen“	
XIV,9	„maiore“	
XVIII,2	„ut prima“	
XXI,5	„utriusque“ (Tendenz zu e)	
XXIII,7	„in suis quemque“	
XXVI,9	„ad singulas“	} nomen – persona } Ordnungsverhältnis
	d) *dramaturgisch*	
III,2	dispositio der monarchia	offizieller Rollenträger/Intimus
XI,4 XI,7 (1.) XXIV,5	} Unterscheidung der Rolle/ Funktion (Tendenz zu e)	} unverwechselbare Rolle Repräsentant im gemeinsamen Reden und Tun
	e) *definierend*	
VII,5 VII,9	res et persona substantia – persona – nomen	Wirklichkeit
XII,6	persona – substantia	
XXVII,1 XXVII,11	} charakteristische Rolle (vgl. d) persona – substantiae proprietates	} Eigenwirklichkeit
XXXI,2	nomen – persona (proprium)	

Die gestrichelte Linie in der Spalte „Text“ markiert die Zugehörigkeit zu praemunitio und confirmatio/reprehensio, für e auch zu amplificatio und conclusio.

es von ihrer realen Existenz von vornherein absieht."[3] Wenn ich der Verwendung von persona in Prax. XI,10 das inhaltliche Element „redendes ‚Individuum', dem eine eigene Stellung zukommt" entnehme, verbleibe ich dabei durchaus auf dem Boden des Diskurses. Mit Moingt möchte ich aber auch hervorheben, daß durch proprietas hier ein Zusammenhang angedeutet ist, der über die ‚Prosopologik' hinaus weist: Ausgehend von der ‚Präskription' des Glaubens, erreicht persona in der theologischen Reflexion „die Bedeutung von ‚physischer Person', jedoch in einem zweiten Schritt und durch Vermittlung von *proprietas*: Es ist eine besondere Figur, die die Realität und Distinktion eines existierenden Individuums hat. Das Wort bezeichnet direkt *den Ausdruck der Individualität* und indirekt ihre Realität."[4] Jetzt erklärt sich auch leicht, daß die Verwendung von persona in Prax. XXIV,7.8 in die Richtung der Kategorie e tendiert: Der Konnex mit proprietas ist in diesem späten Kapitel des Traktats so präsent und durchreflektiert (wir erinnern uns, daß hier der Schriftbefund von Kapitel XXIII systematisch ausgewertet wird), daß eine naive Unterscheidung unter dem erreichten Reflexionsniveau bliebe.

Unkompliziert gestaltet sich auch die inhaltliche Bestimmung des *im umgangssprachlichen Sinn* verwendeten Wortes, das hierbei – wie die Tabelle ausweist – zwei Funktionen erfüllt: Es unterscheidet (meist durch Verwendung von Zahlwörtern) und bestimmt in einigen Fällen auch das Verhältnis der so Unterschiedenen. Das inhaltliche Element („ein anderer", „ein Bestimmter") bleibt ähnlich blaß wie im exegetischen Verfahren, bei dem ja auch das zwischen den Unterschiedenen bestehende Ordnungsverhältnis schon angedeutet war. Wiederum fallen die beiden letzten Stellen dieser Kategorie etwas aus dem Rahmen, dieses Mal durch die Parallelisierung von nomen und persona. Moingt stellt die meisten in der Tabelle unter c und d eingeordneten Texte, wenn er die „Person" in der „ökonomischen Perspektive" analysiert, unter die Überschrift „Das Individuum, der Name und die Funktion"[5]. Dabei sieht er in der umgangssprachlichen Verwendung immer auch einen juristischen Aspekt hervortreten; in diesem Sinn findet sich persona etwa 50mal (das sind 50% aller Fälle) außerhalb von Prax.[6] Persona korrespondiert dabei mit der eher vagen Bedeutung von „homo" und „ille" und etabliert „die Identität des Individuums, von dem man spricht und das oft Objekt einer Debatte ist"[7]. Dieser – wir erinnern uns – zur damaligen Zeit gewöhnliche Gebrauch von persona im Sinn von „wirklichem und distinktem Individuum" „impliziert keinerlei philosophische Bedeutung, sondern läßt einfach auf eine Weise der konkreten Bezeichnung schließen: dieser Mensch hier, von dem ich spreche"[8]; als gemeinsamer Nenner in allen möglichen Varianten stellt sich heraus: „Die Person ist ‚ein gesonderter Fall'."[9] Der juristische Charakter schlägt überall da durch, wo von dispositio und dispensatio

---

3 Ebd. 593. 4 Ebd.

5 Ebd. 566–585. Im folgenden vergleiche ich meine Ergebnisse mit den Analysen Moingts; ich ordne dabei jedoch das Material anders an, um die Struktur des Begriffs deutlicher herausarbeiten zu können.

6 Ebd. 566. 8 Ebd. 567.

7 Ebd. 9 Ebd. 568.

(secundum rationem oikonomiae), von der administratio und dem census (monarchiae)[10] die Rede ist und die Personen jeweils den ihrer condicio entsprechenden Rang (locus, gradus)[11] zugewiesen bekommen. Deutlich tritt dieses Moment auch an den von mir unter c aufgeführten Stellen zutage: „conditam", „admissus", „de aliqua maiore persona", „ut prima persona"; in Prax. XXIII,7 taucht die typisch juristische Formel „pro temporibus et locis et personis" in leicht abgewandelter Form[12] auf.

Die Verwendung von persona an den vier Stellen, die ich unter *die Kategorie „dramaturgisch"* eingereiht habe, bleibt im Grunde auf der eben skizzierten Linie: Die „Person" ist zu erkennen (und das will Tertullian ja seinem Gegner vor Augen führen) an ihrer unverwechselbaren Stellung. Da hier besonders die charakteristische Rolle bzw. Funktion im Drama der göttlichen Heilsveranstaltung akzentuiert wird, habe ich eine eigene Kategorie und eine entsprechende Bezeichnung gewählt. Das Argumentationsziel Tertullians ist selbstverständlich, den in den Rollen real existierenden Rollenträger aufzuweisen, also gewissermaßen von der funktionellen Person aus zur physischen Person zu gelangen.[13] Insofern die Ebene der Ökonomie nicht verlassen bzw. „hinterstiegen" wird, ist auch keine metaphysische Unterscheidung (zwischen der einen Substanz und den zwei bzw. drei subsistenten Individuen) im Blickfeld. Das bestätigt die Tatsache, daß zunächst nur Sohn und Geist als Person, nämlich im Sinn der „personae officiales", erscheinen, während persona erst in Prax. XIV,9 bzw. XVIII,2 auf den Vater angewendet wird.

Hier können wir nun die fünf Stellen anfügen, wo persona in einem *Schriftzitat* bzw. in engstem Zusammenhang mit einem solchen erscheint. Unsere Analyse hat ergeben, daß die vom quantitativen Befund her sich nahelegende Vermutung, Tertullian habe seinen trinitätstheologischen Persona-Begriff in der Schrift selbst oder wenigstens im Zuge seines exegetischen Verfahrens entdeckt, sich nicht bestätigt hat. Eher liegt der Fall umgekehrt: Der Apologet ‚eisegesiert' und stellt mit persona das redende (und handelnde) „Individuum" heraus (das entspricht den Kategorien b und c bzw. Christus als den Repräsentanten des Vaters in seinem Reden und Tun (was der Kategorie d entspricht). Wenn Tertullian πρόσωπον mit persona übersetzt, hat er nicht die Bedeutung „Angesicht" im Blick (in diesen Fällen greift er zu den Ausdrücken „facies" und „conspectus"), sondern die der Manifestation: Der Sohn macht den Vater bekannt in Wort und Tat, er macht ihn sichtbar, insoweit er selber sichtbar wird (bereits in den alttestamentlichen Theophanien, „unübersehbar" dann in seiner Inkarnation). „Geprägt durch seinen römischen Juridismus"[14], zeigt Tertullian kein Interesse an einer Urbild-Abbild-Konzeption oder einer Logos-Spekulation: „Der Sohn ‚repräsentiert' den Vater, indem er die *dispositio Creatoris* offenbart, die *disciplina Creatoris* einsetzt und sanktioniert, indem er kraft väterlichen Mandats *ex auctoritate Dei* spricht und handelt."[15]

Erst die ihm von Praxeas und den starren Monarchianern aufgenötigte *systematische Reflexion* brachte Tertullian dazu, den von der prosopologischen Exegese und

10 Siehe oben S. 195 (Tabelle 6).
11 Siehe oben S. 170 (Tabelle 3).
12 Moingt (2) 572.
13 Ebd.
14 Ebd. 614.
15 Ebd.

der (juristisch gefärbten) Umgangssprache her inspirierten[16] Gebrauch von persona zur Bezeichnung der Rolle und ihres Trägers als Repräsentanten auf den Begriff zu bringen und ihn ontologisch zu fassen. In einer griffigen Formulierung könnte man sagen: Der Weg ging vom Wort über den Titel zum Begriff. Moingt hat die Stadien dieses Reflexionsgangs prägnant nachgezeichnet:

„In der Diskussion gegen Marcion hatte er [Tertullian] die Schrift kommentiert und das Wort *persona* in zwei ganz präzisen Fällen verwendet: um den Christus der Geschichte als Sohn des Schöpfers zu identifizieren und um zu entscheiden, welcher von beiden – der Sohn oder der Vater – einst auf die Erde herabstieg. Indessen werden diese beiden Punkte von Praxeas, wenn auch auf eine andere Weise, in die Argumentation einbezogen. Da die Debatte vor allem um Christus direkt ging, den er gewohnheitsgemäß *persona* nannte, kommt Tertullian von daher ganz natürlicherweise dazu, zu sagen, daß Christus die Person des Sohnes Gottes und nicht die des Vaters ist und daß es sich also um zwei verschiedene Personen handelt. Und ebenso wie er die Gewohnheit hatte, Christus durch seine Rolle als Repräsentant des Vaters zu beschreiben, so wird er auch die Unterscheidung von Vater, Sohn und Geist beweisen, indem er zeigt, daß sie in unterschiedlichen Rollen erscheinen, die durch Anreden, Stimmen, Funktionen und verschiedene Konditionen unterschieden sind. Von daher wird er schließen, wenn er von der Ebene des Schriftbeweises zur Ebene der dogmatischen Affirmation übergeht, daß diese unterschiedenen ‚Persönlichkeiten' distinkte ‚Individuen' bezeichnen. – Der Fortschritt der trinitätstheologischen Reflexion betrifft also sowohl den Umfang als auch den Inhalt des Wortes *persona*. Er besteht zum einen Teil darin, dieses Wort nicht mehr allein Christus, seiner Menschheit nach begriffen, zuzuschreiben, sondern dem *Sermo*, im formellen Sinn als göttliches Sein begriffen, und es vom Sohn auf den Vater und den Geist auszudehnen; und auf der anderen Seite darin, vom Begriff der ‚repräsentativen Persönlichkeit', der am häufigsten in den analysierten Zitaten und in der exegetischen Verwendung vorkommt, zum Begriff des ‚distinkt existierenden Individuums' überzugehen. Dieser Fortschritt, noch einmal gesagt, läßt sich nur in *Adv. Praxean* beobachten . . ."[17]

Daß Tertullian in seinem trinitätstheologischen Traktat den Schritt von der ökonomischen zur „metaphysischen" Ebene[18] geleistet hat, belegen die unter e aufgelisteten Persona-Stellen. Der systematische Gang der Reflexion läßt sich überblicken, wenn man die Zugehörigkeit der Texte zu den einzelnen Argumentationsteilen von Prax. beachtet. In der praemunitio arbeitet Tertullian das Dasein (res) des Sohnes „unter dem Namen" der Weisheit, der göttlichen Vernunft bzw. des Wortes heraus, dem eine (wie auch immer geartete: quaecumque) Wirklichkeit (substantia) zukommt, so daß dem Namen eine Realität entspricht, die Sprache also ein ontologisches Fundament besitzt. Die Einheit mit dem Vater wird in diesen praestructiones in erster Linie am politischen Modell erläutert; daß es berechtigt ist, dabei von interpersonalen Relationen zu sprechen[19], belegt die johanneische Formulierung in

16 Diese Beobachtung muß im Zusammenhang mit der Frage nach Quellen von Tertullians Personenbegriff präzisiert und aufgrund textexterner Kriterien auch korrigiert werden (vgl. das 5. Kapitel).

17 Moingt (2) 614f.

18 Wenn ich von der metaphysischen oder ontologischen Ebene spreche, schließt das nicht aus, daß auch die ‚ökonomische Ebene' in einer ontologischen Perspektive zu sehen ist. Dieser Blickwinkel ist sogar entscheidend, wenn es darum geht, eine der Trinitätstheologie adäquate Ontologie zu entwickeln, wie sich im Fortgang dieser Untersuchung noch deutlicher abzeichnen wird.

19 Siehe oben S. 195 (Tabelle 6).

Prax. VIII,3. Die Metaphern, die in dem der Frage „quomodo sit alius?" gewidmeten Kapitel VIII zur Illustration herangezogen werden, spielen eine vergleichsweise nebensächliche Rolle. Dagegen versucht Tertullian von Anfang an, den Begriff „substantia" in die Erörterungen einzubeziehen: „Der ich den Sohn nicht von irgendwoher ableite, sondern aus der Substanz des Vaters, da er nichts tut ohne den Willen des Vaters und alle Macht vom Vater erlangt hat" (IV,1/1162,1–3: qui Filium non aliunde deduco sed de substantia Patris, nihil facientem sine Patris voluntate, omnem a Patre consecutum potestatem). Der Ausweitung der monarchischen Gewalt entspricht die Ausdehnung der göttlichen, konkret: der väterlichen Substanz: „Der Vater ist nämlich die ganze Substanz, der Sohn aber eine Ableitung und ein Teil des Ganzen" (IX,2/1168,12f: Pater enim tota substantia est, Filius vero derivatio totius et portio). Einzig diese Parallelität könnte eine juristische Interpretation des Substanzbegriffs im Gefolge Harnacks nahelegen, Tertullian bleibt hier jedoch nicht stehen. Das gleichzeitige Reden von „substantia Patris" und „substantiam suam" (V,3/1164,20) erfordert eine terminologische Klärung, die mit Hilfe von „proprietas" auch erreicht wird: Wer auf die Eigenart der jeweils gemeinten Substanz achtet, wird auseinanderhalten, ob es sich um die Vater, Sohn und Geist gemeinsame göttliche Substanz handelt oder um die den einzelnen aufgrund ihrer Stellung, Rolle und Funktion – „per substantiae proprietatem" (VII,5/1166,30) – zukommende Eigenwirklichkeit. Das läßt sich am Verhältnis von Sichtbarkeit und Unsichtbarkeit Gottes wie an einem Paradebeispiel verdeutlichen: Der Vater ist unsichtbar „gemäß der Fülle seiner Macht" (XIV,3/1176,20: pro plenitudine maiestatis), zu diesem „Ganzen der Substanz" (vgl. XIV,3/1176,22: ad ipsam substantiae summam) können wir nicht aufschauen. Der Sohn dagegen ist sichtbar „gemäß dem geringen Maß der Ableitung" (XIV,3: pro modulo derivationis); wird der Sohn aber „von der Bedingung der [gemeinsamen] Substanz, insofern er Wort und Geist Gottes ist, her" betrachtet, ist er „insofern auch seinerseits unsichtbar" (vgl. XIV,6/1177,42f: Filium suo nomine eatenus invisibilem, qua sermo et spiritus Dei, ex substantiae condicione). Wenn Tertullian in seiner confirmatio also die distinkte Realität und Eigenwirklichkeit des Sohnes bekräftigen will, setzt er persona und substantia in der quasi-definitorischen Formel „personae, non substantiae nomine" einander gegenüber. Damit hat er einen weiteren Schritt zur Profilierung des Personbegriffs getan.

Der Argumentationsgang der amplificatio unterstreicht, daß der rein ‚dramaturgische' Verwendungszusammenhang des Wortes zu Mißverständnissen führen kann; konkret hat er ja die Position der Monarchianer ermöglicht, die beide Rollen – die des Vaters und die des Sohnes – in einer Person, also einem einzigen Rollenträger, festmachen. Demgegenüber hatte Tertullian in Prax. XXIV seine Auffassung in gewissem Sinn abschließend umrissen (‚definiert'), so daß wir die drei Persona-Stellen dieses Kapitels mit Recht als Bindeglied zwischen dem ‚dramaturgischen' Sinn, der sich bereits im exegetischen Verfahren zeigte, und dem schließlich festgelegten Begriffsinhalt angesetzt haben. In Prax. XXVII,11 muß Tertullian dann noch in einer anderen Richtung persona und substantia entgegensetzen, indem er an der einen Person zwei Status und Substanzen in ihrer Eigenart unterscheidet. Die christologische Gegenprobe zeigt, daß die definitionsmäßige Abgrenzung von *persona* als dem unverwechselbaren, real und distinkt existierenden Rollenträger gegenüber der durch bestimmte Eigenarten zu bestimmenden *substantia*, insofern sie nicht die Wirklichkeit, sondern den Status bezeichnet, funktioniert.[20]

In Prax. XXXI,2 ist die erarbeitete Definition eingegangen, wie wir bereits bei der Funktionsanalyse im letzten Kapitel feststellen konnten; neue Elemente werden dem Begriff nicht hinzugefügt. Wichtig ist für uns allein, daß die Kombination nomen/persona und das entscheidende Kriterium der Eigenwirklichkeit (proprium!) nochmals erscheinen. So hat die Auseinandersetzung mit Praxeas erwiesen, daß den in der Schrift und der regula fidei genannten Namen eine ontologische Realität zugrundeliegt.

2. Rekonstruktion der Begriffsstruktur

Nachdem wir die einzelnen inhaltlichen Elemente aus den Funktionen herauspräpariert haben, versuchen wir die Struktur des Begriffs zu rekonstruieren: Hat Tertullian die einzelnen Bedeutungsebenen unverbunden stehen lassen, oder läßt sich eine Ordnung der Elemente, ein gegliedertes Ganzes ausmachen?

Rekonstruktion bedeutet in diesem Fall das Nachzeichnen von Tertullians Konstruktion. Das kann auch bedeuten, nicht ausgeführte oder unvollendete „Baupläne" im Rückblick zu konstruieren. Ich unterstelle Tertullian also nach wie vor ein systematisches Denken und versuche, mein Vorurteil auf dieser zweiten Interpretationsstufe zu bestätigen; ausgehend von textexternen Informationen soll das nächste Kapitel – die dritte Stufe – das erreichte Ergebnis untermauern.

Die unter 1. versuchte Nachzeichnung des systematischen Reflexionsgangs weist eine Interpretation als unzureichend ab, die sich mit der Feststellung unterschiedlicher Funktionen und der ihnen jeweils korrespondierenden Inhaltselemente begnügt. Daß Tertullian erst in der Auseinandersetzung mit dem konkreten Gegner zu einem trinitätstheologischen Begriff von „persona" vorgestoßen ist, rechtfertigt doch eher den Schluß, daß er in den einzelnen Teilen seiner Argumentation gezielt auf die Instauration und Konstruktion des Begriffs hingearbeitet hat. Nachdem der Autor das zwar bereitliegende, aber noch unaufgeklärte Wort in der Basisformel Prax. II,4 – wie wir jetzt sagen können: bewußt – ausgespart hatte, bringt er es in seinen Prästruktionen sogleich auf zweifache Weise ins Spiel: „persona (officialis)" als *Rollenträger* in dem politischen Modell der Monarchie bzw. des Doppelprinzipats (Prax. III), das unter Hinweis auf 1 Kor 15,24–28 in Analogie zur göttlichen Herrschaftsordnung gesetzt wird (Prax. IV), und „persona" als *unterschiedenes*, redendes und handelndes *Subjekt* (qui / ad quem / de quo loquitur), wie es die Umgangssprache kennt und wie es in der Schrift zu finden ist, vor allem aber wie es die Grammatiker und Rhetoren identifizieren (Prax. V–IX). Wenn also auch das Vorkommen von persona in der praemunitio nicht einmal ein Drittel des Gesamtbe-

[20] Das Verhältnis von persona und substantia muß später noch weiter behandelt werden.

standes ausmacht, so liegen doch die beiden entscheidenden Elemente schon offen zutage: unverwechselbare Funktion (der Rolle) und Eigenwirklichkeit (des Rollenträgers). Damit bestätigt sich, daß Tertullian im ersten Teil seines Traktats bereits seine trinitätstheologische Theorie skizziert hat. Das Zusammenspiel von rhetorisch-grammatischer und exegetischer Analyse setzt sich auch im Hauptteil fort, wobei die stärker philosophisch-systematisch sich gestaltende Reflexion die Konturen des Begriffs in Abhebung von „nomen", „proprietas" und „substantia" klarer hervortreten läßt. Tertullian verleiht so dem Personbegriff „einen geschlosseneren, stärkeren Sinn, den ihm sein gewöhnlicher Gebrauch nicht beilegt: Er bezeichnet die Person als subsistierendes, individuelles, vernünftiges Sein"[21]. Das gilt dann auch ‚rückwirkend', wie wiederum Moingt bestätigt: „Diese Präzisierungen ermächtigen dazu, die gleiche Sicht der wirklichen Individualität in die Verwendungen nach exegetischem oder grammatikalischem Muster zu projizieren, wo der Sinn des Wortes sich normalerweise abschwächt. Das Zurückweisen der rein ‚dramatischen' Interpretation beweist auch, daß ihre Bedeutung nicht auf die Erscheinungen, Stimmen oder Funktionen von Vater, Sohn und Geist in der Heilsgeschichte reduziert ist, sondern daß sie versucht, deren Sein selbst zu erreichen. Das alles ist bemerkenswert und verdient Lob, wenn man bedenkt, daß das Wort gerade erst in das trinitätstheologische Vokabular Eingang gefunden hatte."[22]

Tertullian mußte die in der rein dramaturgischen Verwendung signalisierte Bedeutung hinter sich lassen, wollte er das primäre Ziel seiner confirmatio erreichen: den Nachweis der distinkten Existenz des Sohnes (und des Geistes). Doch auch in diesen Zusammenhängen klingt immer wieder das Beziehungsgefüge an, in das die so herausgestellte „Person" eingebunden ist: Ein unterscheidbarer anderer (alius) ist einer ja nur im Vergleich zu einem anderen (alius).[23] Insofern ist der Akzent lediglich verschoben gegenüber der praemunitio, in der unser Autor vor allem die unzerstörte Einheit der so Unterschiedenen herausstellen muß.

Dieses Ergebnis verdient angesichts der im ersten Teil dieser Arbeit herausgearbeiteten inhaltlichen Leitfrage besondere Hervorhebung: Für Tertullian sind im Hinblick auf den trinitätstheologischen Personbegriff Selbstand und Relation keine Alternative! Da die Person eine unvertauschbare Rolle spielt und sie eine nicht übertragbare Funktion ausübt, muß ihr Eigenwirklichkeit zukommen; diesen ihren Selbstand hat sie jedoch nur im Rahmen eines Beziehungsgefüges. Dieser Korrelation trägt auch Moingt, der ansonsten das Moment der Individualität im Personbe-

---

21 Moingt (2) 643.

22 Ebd.

23 Dieser „alius" wird nicht eo ispo als „persona" bezeichnet, der Personbegriff resultiert nicht unmittelbar aus dem exegetischen Verfahren. Jedoch wird hier der Weg zu einer „personalis distinctio" (vgl. VI,1/1178,6) eröffnet, wie Piault (2) 192 im Anschluß an Prax. IX,1–3 (= 1168f; die Angaben bei Piault 191[59] sind falsch) erläutert: „Das maskuline *alium* (und nicht *aliud*, Neutrum) macht aus ihnen unterschiedene Subjekte. Mehr: Personen – das Wort ist da: *persona*, mit all dem, was es mitbringt an Leben des Geistes für jede von ihnen, und das ebenso ihre Personennamen Vater, Sohn und Geist impliziert wie ihr Wirken in der Welt."

griff favorisiert, Rechnung, wenn er Tertullians Begriff so rekonstruiert: „Wenn man dafür eine philosophische Definition geben muß, die er selbst nicht auszuarbeiten versucht hat, kann man sagen, daß sie die Verdopplung des An-sich im Für-sich und im Für-andere, der ‚Sache' im ‚Ich' *(potestas sui)* und in der sozialen Beziehung *(arbitrium sociandi:* De Resurr. XVI), des geistigen Seins in der geistigen Erscheinung der Sprache und der Aktion ist."[24]

„Selbstand in Relation" scheint mir eine angemessene Umschreibung des von Tertullian verwendeten Personbegriffs zu sein, eine philosophische Definition, ein Auf-den-Begriff-Bringen des phänomenologischen Befundes, daß Person der unersetzbare Träger einer unverwechselbaren Rolle in einem interpersonalen und interaktionären Rollenspiel ist.

Wieweit dem Begriff der „persona" in Prax. aufgrund der Reflexionsarbeit Tertullians diese inhaltliche Struktur als ihm eigene zuzuerkennen ist, wird im nächsten Kapitel zu erörtern sein. Nach Moingt hat der Terminus die skizzierte Bedeutung „nicht aufgrund seiner eigenen *vis significandi*, [sondern] kraft seiner Assoziierbarkeit mit anderen Vokabeln oder dank den durch den Diskurs offengelegten Intentionen"[25]. Ich gehe zunächst dieser Spur nach und versuche, das erreichte Ergebnis durch einen Vergleich mit den entsprechenden Begriffen zu festigen.

3. Vergleich mit anderen tragenden Begriffen

Da Tertullian erst im Verlauf des Traktats seinen trinitätstheologischen Personbegriff entwickelt, legt es sich nahe, ihn mit den Begriffen gradus, species und forma zu vergleichen, die in der Basisformel Prax. II,4 quasi seinen Platz einnehmen. Zudem hat unsere *Tabelle 3* ergeben, daß diesen Begriffen besonderes Gewicht bei der Bezeichnung der Unterschiedenen zukommt. Ein solcher Vergleich ist freilich noch fruchtbarer, wenn wir zuvor versuchen, Tertullians Personbegriff durch die Konfrontation mit „substantia" deutlicheres Profil zu verleihen; auf einen entsprechenden Zusammenhang waren wir ja bei der Untersuchung der Funktionen des Begriffs des öfteren aufmerksam geworden.[26]

a) Das Verhältnis von persona und substantia

Wie beobachtet, wird persona nicht nur durch Absetzung von, sondern auch in Verbindung mit substantia näher bestimmt. *Tabelle 3* zeigte auf, daß das Nomen „substantia" und das Adjektiv „substantivus" zur Bezeichnung der (Eigen-)Wirklichkeit der in Gott vom Vater unterschiedenen „persona" eingesetzt werden:

---

24 Moingt (2) 645.

25 Ebd.

26 Vgl. oben S. 210f.212.219–221 und Tabelle 8e (224) mit den entsprechenden Erläuterungen.

substantia:	– aliquam substantiam esse sermonem	(VII,5/1166,27f)
(1)	– nec carere substantia	(VII,6/1166,37)
	– sine substantia non erit	(VII,9/1167,54)
	– quaecumque ergo substantia sermonis fuit	(VII,9/1167,54f)
substantivus in re:	– eum substantivum habere in re	(VII,5/1166,29f)
substantiva res:	– Quodsi Spiritus Dei, tanquam substantiva res, non erit ipse Deus, sed hactenus Deus, qua ex ipsius Dei substantia, qua et substantiva res est et ut portio aliqua totius, multo magis virtus Altissimi . . . quia nec substantiva res est . . .	(XXVI,6/1197,31–35)

Tabelle 8 hatte demgegenüber zwei ‚Spitzenzitate' notiert, in denen die Einheit in der Substanz zum Ausdruck kommt:

substantia:	– unam substantiam in tribus cohaerentibus	(XII,7/1173,39)
(2)	– ad substantiae unitatem, non ad numeri singularitatem	(XXV,1/1195,10f)

Die „persona" hat also Eigenwirklichkeit, weil sie (irgendeine) „substantia" hat; diese hat sie aber von der gemeinsamen „substantia" her, wie der Kontext von Prax. VII, wo sich alle vier genannten einschlägigen Stellen finden, bereits deutlich macht. Kann man dann noch behaupten, Tertullian kenne zwei Bedeutungen von Substanz, einmal die der πρώτη οὐσία, dann die der δεύτερα οὐσία im Sinne des Aristoteles? Welches ist sein philosophischer Begriff von „substantia", und erreicht „persona" neben diesem ebenfalls den Stellenwert eines philosophischen Begriffs? Zur Beantwortung dieser Fragen gebe ich zunächst – im Anschluß an Moingt – einen kurzen Überblick über die Forschungsgeschichte, um dann in Auseinandersetzung mit Moingt selbst eine Lösung zu versuchen.

Moingt hat in seiner „bibliographie critique" eine Übersicht über die wechselhafte Interpretationsgeschichte vorgelegt[27], die ich in *Tabelle 9* geordnet habe. Die von Harnack vertretene und später modifizierte These von dem juristischen Ursprung der Begriffe substantia und persona findet in dieser Form seit einigen Jahrzehnten kaum noch Anhänger. Die Verfechter einer philosophischen Interpretation dürfen freilich nicht übersehen, daß substantia bei Tertullian – von der Umgangssprache und der rhetorischen Bildung her – eine juristische Färbung eigen ist, die allerdings nicht dominiert und zugunsten einer philosophisch-begrifflichen Fassung zurücktritt. Wie die Tabelle ausweist, wurden die philosophischen Wurzeln des „Substanzbegriffs" von Prax. einerseits bei Aristoteles, anderseits in der Stoa gesucht:

aristotelisch:	– οὐσία πρώτη	– Stier 1899; Evans 1948
	οὐσία δεύτερα	– Stead 1963
stoisch:	– οὐσία als ὑποκείμενον	– Verhoeven 1948 (Wölfl 1960; Bender 1961)
		– Cantalamessa 1962
		– R. Braun 1962

27 Moingt (2) 36–40.

Tabelle 9:
substantia – persona in der Forschungsgeschichte (nach J. Moingt)

Autor	substantia (s)	persona (p)
Harnack (1887)	aus dem röm. Recht entliehen u. rein juristischen Sinn bewahrt: Besitz eines gemeinsamen Gutes durch mehrere Subjekte; kein philosophischer Gebrauch, der die individuelle Distinktion in der Einheit der Substanz bezeichnete s = gemeinsames Gut	p = (Rechts-)Subjekt
de Regnon (1892)	Die These von der Anleihe in der Rechtssprache stimmt, aber:	p = nicht bloß „fiction juridique“
Stier (1899)	Tertullian hat die juristischen Begriffe philosophisch durchgearbeitet: s = οὐσία πρώτη	p = Einzelsubstanz (personae officiales = Teilhaber an derselben Substanz)
Bethune-Baker (1903)	sowohl philosophischer wie auch und vor allem juristischer Gebrauch	
d'Alès (1905)	gegen Stiers „jurist. Charakter“	
Warfield (1906)	unterstreicht Stiers Position	
Schlossmann (1906)	Tertullian kannte jurist. Ausdrücke aus der Rhetorenschule, er ist „in irgendeinem Sinne“ Jurist gewesen; entscheidend aber ist für ihn der Glaube!	p = nicht juristisch
Beck (1930)		p = schon vor dem 5. Jh. mit spezifischem Sinn in die Rechtssprache eingegangen!
Prestige (1936)	steigt nicht in die Diskussion ein; Tertullians Lehre hat philosophische Basis in der Tradition der griechischen Denker	
de Ghellinck (1941)	s = z. Zt. Tertullians und später oft im juristischen Sinn gebraucht	p = von den Grammatikern her zu verstehen
Verhoeven (1948)	juristisch, aber mit philosophischem Sinn: s = ὑποκείμενον (Stoa)	
Evans (1948)	s = πρώτη οὐσία (arist.) (a single individual Being)	p = that particular kind of res which is conscious of it self
Wölfl (1960)	Tertullian ist es nicht gelungen, die Differenz von s und p zu fassen ; mischt die verschiedenen Bedeutungen von s: s = das Grundsubstrat des Einzelwesens	p = Eigenständigsein (Verweis auf Schlossman)
Bender (1961)	s = Substrat, Hypokeimenon	p = ein sprechendes Subjekt
Cantalamessa (1962)	s = οὐσία (Stoa) göttliche Substanz	p = ὑπόστασις objektive Individualität in drei Individuen konkret realisiert!
Braun (1962) (in ²1977, S.703 bestätigende Lit.-Hinweise)	s = οὐσία als ὑποκείμενον (stoisch, nicht arist.; gegen Evans)	p = ὑπόστασις individuelle Form, distinkte Existenz
Stead (1963)	s = οὐσία δεύτερα (=doch arist.!) (starke theol. Prämissen, um Teilung der göttlichen Substanz zu vermeiden)	p = nicht eigens behandelt; betont Andresens Suggestion!

Steads Auffassung versteht sich als Kontraposition zu Evans, mit dem er indes die Überzeugung von dem aristotelischen Ursprung teilt. Jedoch ist seine Sicht, wie er selbst zugesteht[28], von einigen theologischen Prämissen bestimmt: Nur die Interpretation von substantia im Sinn der δεύτερα οὐσία, also der allgemeinen, der generischen Substanz, kann nach ihm die Konsequenz vermeiden, daß bei Tertullian von einer Teilung der Substanz geredet werden muß. Andere Tertullianforscher sind inzwischen dazu übergegangen, substantia von dem stoischen Begriff des ὑποκείμενον her zu verstehen; dadurch entfernen sie sich – philosophiegeschichtlich gesehen – weiter von Evans, während sie in der Sache seiner Auffassung durchaus nahekommen. Dem historischen Zusammenhang war bereits 1940 C. Arpe nachgegangen, den Moingt überraschenderweise nicht erwähnt[29]. Bevor substantia zur Bezeichnung der ersten Kategorie des Aristoteles, der πρώτη οὐσία, verwendet wurde, hatte es bei den Stoikern die Bedeutung von körperlichem, d. h. wirklichem Sein, von Realität. Substantia als Gegenbegriff zu imago bzw. mendacium spiegelt den stoischen Gegensatz von ὑπόστασις und ἔμφασις wider und meint „Vorhandensein überhaupt", „Wirklichkeit"[30]. Von entscheidender Bedeutung für die Begriffsentwicklung und zugleich von höchstem Interesse für die Tertullian-Interpretation ist die Position Quintilians. Dieser kennt neben der traditionellen Bedeutung von substantia als „Vorhandensein überhaupt" auch die – wiederum in Parallele zu ὑπόστασις stehende – Verwendung als Bezeichnung für den Stoff/Inhalt einer Rede im Unterschied zur Form; sodann verwendet er den Begriff zur Übersetzung von σῶμα und πρᾶγμα, womit bei den griechischen Grammatikern „die ‚Sache' im Gegensatz einerseits zu dem sie bezeichnenden Namen (nomen rei, ὄνομα), andererseits zur bloßen Eigenschaft"[31] bezeichnet wurde. Daß Quintilian schließlich mit substantia auch das Wesen einer Sache (konkret: das Wesen der Rhetorik) begreift, führt Arpe auf die ursprüngliche Bedeutung von substantia als das „Zugrundeliegen" zurück, die hier auf die Betrachtung von reinen Gedankenobjekten übertragen wird.[32] In diesem Fall ist das „Zugrundeliegende" mit dem „Wesentlichen" identisch, jedoch gilt nach Arpe: „Sicher aber ist, daß nur eine Verkennung des ursprünglichen Sinnes von substantia dazu führen konnte, diesem Wort die Bedeutung ‚Wesen einer Sache' zu geben."[33] Für die Interpretation von Tertullians Sprachgebrauch ist vor allem die Verbindung von Stasis-Lehre und aristotelischen Kategorien aufschlußreich, die Quintilian herstellt: Die erste Stasis „an sit" (in Prax. VI) hieß im Griechischen στοχασμός oder περὶ οὐσίας. Dem „an sit" entspricht nun bei Quintilian die erste aristotelische Kategorie, wobei der Römer noch οὐσία mit essentia übersetzt, doch schon zur Zeit Tertullians war „die Bezeichnung der 1. Kategorie mit substantia das Übliche"[34]. In der Stasis-Lehre hatte substantia immer noch die Bedeutung von „wirklichem Vorhandensein", und als das den Akzidentien Zugrundeliegende konnte es durchaus noch im Sinn der ersten aristotelischen Kategorie als das konkrete Einzelding (τόδε τι) verstanden werden, wie das Arpe für Tertullian selbst nachweist. Allerdings förderte dann die Ableitung von substare, subesse oder subsistere „die (falsche) Vorstellung, daß die 1. aristotel. Kategorie das sei, was übrig bleibe, wenn man die anderen Kategorien, die *accidentia*, von dem einzelnen Ding abzöge"[35], sodaß substantia mit dem aristotelischen ὑποκείμενον in Verbindung gebracht wurde, nun aber nicht im Sinn eines logischen Subjekts, sondern eines ontologischen Substrats. Substantia kann als Bezeichnung der ersten Kategorie des Aristoteles jedoch nur mit „konkretes Einzelding" übersetzt werden! Courtine hat die Erkenntnisse Arpes vertieft und präzisiert, indem er nachgewiesen hat, daß substantia nicht einfachhin die wissenschaftliche Übersetzung von ὑπόστασις darstellt, sondern spezifisch römisch-lateinische Akzente trägt[36] und bewußt in einem römisch-

28 Stead (1) 52.

29 Auch nicht im Index der Eigennamen; vgl. Moingt (2) IV,260. – Arpe wird neuerdings wieder erwähnt bei Courtine 33[1]; bezüglich Tertullian referiert Courtine 76f[1] die Ergebnisse von Braun und Moingt.

30 Arpe 66f.

31 Ebd. 70.

32 Ebd. 71.

33 Ebd. 72.

34 Ebd. 74.

35 Ebd. 76 (im Original gesperrt gedruckt).

36 Courtine 69.

stoischen Horizont als „Übersetzung" für οὐσία gewählt wurde[37], demgegenüber die Übersetzung mit essentia bei Augustin ein neues – nicht nur neuplatonisches, sondern theologisches, von Ex 3,14 her inspiriertes – Seinsverständnis voraussetzt[38].

Daß substantia in der Verbindung mit persona (die persona ist bzw. hat substantia) bei Tertullian das Vorhandensein überhaupt, das Wirklichsein, bezeichnet, ergibt sich klar aus Prax. VII. Ob unser Autor in der Analyse des konkreten Individuums weiter vorangeschritten ist, läßt sich vom Text her – und auf dieser Ebene bewegen wir uns zunächst – nicht klar ausmachen. Grillmeier hat jüngst[39] darauf aufmerksam gemacht, daß die Bedeutung „Individuum" von der stoischen Analyse des ens concretum physicum her zu verstehen sei: „Ein konkret Seiendes, ein physisches Einzelding, baut sich bei den Stoikern vom Substrat, vom ὑποκείμενον her auf. Dieses Substrat wird zunächst konkretisiert durch die ‚allgemeine Beschaffenheit' (κοινὴ ποιότης) zu einem κοινῶς ποιόν. Erst die ‚besondere Beschaffenheit' (ἰδία ποιότης) macht die letzte Vollendung des Einzelwesens aus. Erst aufgrund der Eigenschaften, der ἰδιότητες, der *proprietates*, kann ein Wesen handeln und sich bewegen. Diese Eigenschaften werden auch als εἶδος (species), als μορφή (forma), als Charakter zusammengefaßt, wodurch die Individualität vollendet wird. Dieses Individuum wird als πρόσωπον, als *persona*, bezeichnet. Wir haben einige Belege dafür [Grillmeier zitiert Irenäus], daß πρόσωπον bzw. *persona* schon in dieser Bedeutung in die Theologensprache eingedrungen sind."[40] Auf den Zusammenhang von persona mit proprietas, species und forma – allerdings auch mit gradus in Gegenüberstellung zu status – wurden wir bereits aufmerksam; wir werden ihn weiter zu erhellen suchen. Den Begriff substantia verwendet Grillmeier in seiner Beschreibung nicht, dieser erscheint vielmehr als Gegenüber zu persona: „Die eine Substanz in Gott hat drei Gestalten, Formen, *species, gradus, personae,* und dies aufgrund einer stoisch verstandenen Ausgliederung der einen göttlichen Substanz. So sind in Gott drei Personen."[41]

Nun ist Grillmeier vor allem an den christologischen Fragen interessiert und geht deshalb dem trinitätstheologischen Sprachgebrauch nicht weiter nach. Hier müssen wir noch einmal nachhaken und mit Moingt den Substanzbegriff präziser zu fassen suchen: Tertullian konnte ja den Substanzbegriff in Verbindung mit persona nicht so zuspitzen, daß er schließlich von drei substantiae hätte reden müssen und ihm auf der anderen Seite die Einheit in der Substanz verlorengegangen wäre; die Substanz, die die Person ist bzw. hat, konnte für ihn nur eine abgeleitete sein.

Was bedeutet das für die Konzeption von „Person" im trinitarischen Kontext, was für den Begriff der „Einheit in der Substanz", der nach Rahner so formalisiert ist, daß er kaum wird ersetzt werden können? Von der Analyse der tertullianischen Terminologie sind Aufschlüsse für unser trinitätstheologisches Begriffsinstrumentarium zu erwarten.

Nach Moingt[42] taucht der Begriff substantia bei Tertullian etwa 400mal auf, 46mal in Prax., davon 27mal in unmittelbar trinitarischem, 11mal in christologischem Kontext. Für seine Analyse des einschlägigen Sprachgebrauchs übernimmt Moingt die von Braun herauspräparierten Kategorien: Substantia „bezeichnet häufig eine konkret und individuell existierende Realität, weniger oft die Natur oder das Wesen, sehr oft die Wirklichkeit einer Sache im Sinn von Materialität, und somit enthüllt sich der Einfluß nicht des Aristoteles, sondern der

37 Ebd. 68–86.

38 Ebd. 58–68.

39 Grillmeier (4) 250–257 (persona bei Tertullian).

40 Ebd. 253f.

41 Ebd. 254.

42 Moingt (2) 300. – Moingt untersucht den Substanzbegriff in Kapitel 1–3 des 2. Bandes (299–430). Dem Zusammenhang von Substanz und Person ist dann bei der Untersuchung von persona ein eigener Abschnitt gewidmet (636–639), wozu auch die Conclusion (668–674) zu beachten ist. Schließlich behandelt er im 3. Band die „Einzigkeit der Substanz" (854–870) sowie in einem eigenen Kapitel das Problem der Konsubstanzialität

Stoa"[43]. Entsprechend gibt Moingt seinen drei Kapiteln, die er nach dem quantitativen Vorkommen des Begriffs anordnet, die Überschriften: „Die Substanz: Das Sein und der ‚Körper'" – „Die Substanz: Das Subsistierende" – „Die Substanz: Das Gemeinsame und die Natur"[44].

Was die dominierende Bedeutung „wirkliches Vorhandensein, Realität" anbelangt, wird die Position von Braun/Moingt unterstützt durch die von mir zitierten Beiträge von Arpe und Courtine: In spezifisch römisch-stoischem Kontext verwendet Tertullian den Begriff substantia vor allem zur Bezeichnung einer konkreten, als Individuum zu identifizierenden Sache, der Realität welcher Art auch immer zukommt. Für den trinitätstheologischen Zusammenhang heißt das, daß dem Sermo, nach dessen wirklichem Vorhandensein entsprechend der ersten Stasis mit „an sit?" gefragt wird, „irgendeine Substanz" (VII,5/1166,27f: aliquam substantiam) zuerkannt wird „aufgrund der Eigenart der Substanz" (VII,5/1166,30: per substantiae proprietatem). Das Wort wird also nicht als eine bestimmte Substanz, etwa im Sinn einer Hypostase, kategorialisiert, die aufgrund ihrer „persönlichen" Eigenart existiert, vielmehr eignet ihm Realität nach der Art, die einer substanziellen Sache eigen ist; Tertullian behauptet nie, jede göttliche „Person" habe ihre eigene „Substanz".[45] Der individuelle Aspekt steht erst an zweiter Stelle, wie der in Prax. VII folgende Konsekutivsatz beweist: „so daß er [der Sermo] als eine gewisse Wirklichkeit und Person gesehen werden könnte und so als von Gott konstituierter Zweiter es vermöchte, zwei zu ergeben, den Vater und den Sohn, Gott und das Wort" (VII,5/1166,30–32: ut res et persona quaedam videri possit et ita capiat secundus a Deo constitutus duos efficere, Patrem et Filium, Deum et sermonem). Der Name des Sohnes, der dieser Wirklichkeit, die als persona bezeichnet wird, zuerkannt wird, macht aus der identifizierten Sache ein benennbares Subjekt (vgl. VII,9/1167,54–56).[46] Nach Moingt[47] erreicht Tertullian in seiner Reflexion über die Substanz nicht die Ebene der Metaphysik, auf der das Sein, das sich selbst reflektiert, als reiner Existenzakt gefaßt wird; vielmehr verbleibt der „Stoiker" auf der physischen Ebene, ja er fällt zurück in den schlechten Objektivismus einer unbegrenzten Quantität. So *hat* der Sohn zwar göttliche Substanz, aber als verliehene (derivatio et totius portio), er *ist* nicht göttliche Substanz durch sich selbst. Dieser Befund bestätigt sich bei der Analyse der zweiten Kategorie von Substanz als dem Subsistierenden. Das vermutlich von Tertullian geschaffene Adjektiv substantivus[48] meint in der ungewöhnlichen Verbindung von res substantiva (vgl.XXVI,6): „Der *Sermo* ist eine gewisse Art von Substanz, d. h. eine Sache, der es eigen ist, in und durch eine Substanz zu existieren, die zur Bestimmung hat, ihr [d. h. jener ‚Sache'] Prinzip und ihre Totalität zu sein, *aliqua res substantiae totius.*"[49] In sich, aber nicht für sich kommt dem Wort/Sohn Substanz zu, so daß im Sinne Tertullians nur der Vater „Hypostase" ist, verstanden als origo, principium, als „die fruchtbare Substanz-Quelle"[50]. Trinitätstheologisch kann so zwar von „*tres* res", aber nur von „*einer* Hypostase" geredet werden, nämlich der des Vaters, der dann auch erst in zweiter Linie als „persona" bezeichnet wird und auf den die spezifizierenden Begriffe gradus, forma, species nicht in

(933–973). Zur Aufschlüsselung der umfangreichen Analysen erweist sich der Index zum 4. Band als äußerst hilfreich (zu substantia und den abgeleiteten Adjektiven/Adverbien: 220–236).

43 Ebd. 301. Hinweis auf R. Braun: 302[1]!

44 „La substance: L'être et le ‚corps'" (299–338) – „La substance: Le subsistant" (339–377) – „La substance: Le commun et la nature" (379–430).

45 Vgl. Moingt (2) 316–318. 46 Vgl. ebd. 331–333. 47 Vgl. ebd. 333–338.

48 Das Oxford Latin Dictionary (s. S. 201[5]) führt dieses Wort nicht auf. Georges (s. S. 87[72]) 2882 nennt neben Tertullian auch den Grammatiker Priscian, der mit „substantivus" das Verbum „sum" als selbständiges Prädikat charakterisiere (Instit. grammaticae VIII 51/414,14f.) Da Priscian im Zusammenhang mit der Einteilung der personae verbi auf einen Zeitgenossen Tertullians zurückgreift (s. unten S. 267), läßt sich die Vermutung anstellen, daß Tertullian auch bezüglich dieses Begriffes von den Grammatikern beeinflußt ist.

49 Moingt (2) 362. 50 Ebd. 377.

gleicher Weise zutreffen wie für den Sohn und den Geist. Die Gemeinsamkeit und Einheit der Substanz hat Tertullian in seinem trinitätstheologischen Traktat klar ausgesprochen, die Art dieser Einheit (generisch, physisch, numerisch) kann jedoch von seinem Substanzbegriff her nicht gelöst werden.

Von daher müßte Moingt eigentlich seine Behauptung, im Unterschied zu „persona" sei „substantia" bei Tertullian ein *philosophischer Begriff*[51], revidieren. Denn der entscheidende, „physische" Inhalt des Begriffs der göttlichen Substanzeinheit[52], der in dem Satz „non aliunde deduco sed de substantia Patris" (IV,1/1162,1f) seine thesenhafte Formulierung findet, ist entscheidend von dem juristisch-politischen Modell der Herrschafts(mit)teilung inspiriert. Die Basisaussage der regula fidei, wie Tertullian sie ins Wort bringt – „unus sit omnia dum ex uno omnia per substantiae scilicet unitatem . . . tres . . . unius autem substantiae et unius status et unius potestatis" (II,4/1161,29–35) –, findet ja ihre Begründung in der Beschreibung der Ökonomie der göttlichen Monarchie nach dem staatsrechtlichen Modell des römischen Doppelprinzipats (in Prax. III). Nicht von ungefähr behandelt doch Moingt im letzten Abschnitt seines einschlägigen dritten Kapitels zum Substanzbegriff die „Handlungsgemeinschaft"[53] und behauptet selbst, daß „sie [die Gewichtigkeit der Betrachtung des Handelns] es ist, die entscheidet, ob es Einheit gibt und nicht die [Betrachtung der] Substanz"[54]. Moingt zufolge[55] erläutern sich die ‚ökonomische' Handlungsgemeinschaft und die ‚ontologische' Substanzgemeinschaft wechselseitig: Wegen der Aktionsgemeinschaft darf man keine Trennung in der Substanz behaupten, aufgrund des gleichen Ursprungs in der einen Substanz gibt es keine Trennung der Akteure; die Personengemeinschaft wird jedoch nicht mit der Substanzgemeinschaft identifiziert.

Was bedeutet das für den Gehalt sowie den Status der Begriffe substantia und persona? Moingt behauptet, daß die These „alium personae, non substantiae nomine" auf der ökonomischen Ebene verbleibe und keine metaphysische Erklärung liefere.[56] Kann man sagen, der Personbegriff sei noch nicht philosophisch durchgebildet, weil in ihm das Moment der individuellen Existenz-aus-sich-selbst-heraus noch nicht im Mittelpunkt steht? Liegt hier nicht gerade die Chance, auf der Ebene von Interaktion und Interpersonalität einen Begriff von Person zu entwerfen, in dem Selbstand und Relation sich gegenseitig bedingen? Sollte nicht im Kontext einer solchen personalen, relationalen Ontologie der Substanzbegriff neu zur Disposition stehen? Das Argumentationsgefälle in Prax. legt es jedenfalls nahe, die Substanzgemeinschaft von der Personengemeinschaft her zu konzipieren! Ist es daher zu bedauern, daß persona auf der Ebene der Perzeption verbleibt[57] und dem Begriff kein „metaphysischer" Gehalt zukommt (wird hier nicht nur an eine bestimmte Metaphysik gedacht?), der dem „philosophischen" Substanzbegriff auf der gleichen Ebene formell gegenübergestellt würde?[58]

Im Anschluß an diese Überlegungen möchte ich meine im 2. Abschnitt entwikkelte Interpretation von Tertullians Personbegriff so präzisieren:
(1) Persona fungiert in Prax. als Definitionsbegriff in einem bestimmten Kontext. Auch die Verwendung von substantia ist selbstverständlich kontextuell gebunden,

51 Vgl. ebd. 647.
52 Vgl. die ebd. 392f zusammengestellten Belegstellen und den daraus abgeleiteten Syllogismus.
53 Vgl. ebd. 418–430 („Communauté d'agir").
54 Ebd. 427.
55 Ebd. 636–639.
56 Ebd. 637.
57 Ebd. 647.
58 Ebd. 669.

so daß es mir schwerfällt, auf der Ebene des Textes diesem Begriff eine höhere philosophische Dignität zuzusprechen.
(2) Auf der philosophischen Ebene mag es sich nahelegen, persona als einen negativen Begriff zu bezeichnen, der gegenüber dem Einheitskonzept der Monarchianer die distinkte Realität der zweiten (und dritten) Person behauptet.
(3) In dem bei Tertullian unübersehbar vorliegenden (inter)personalen Kontext gewinnt persona jedoch durchaus einen positiven Gehalt. Daß die Personengemeinschaft nicht mit der Substanzgemeinschaft identifiziert wird, läßt gerade die Möglichkeit erkennbar werden, die Einheit der Personen nicht unter der Kategorie der Substanz, sondern von der Interpersonalität her zu begreifen. Hier findet wohl der Schritt vom philosophischen zu einem – im eigentlichen Sinn – theologischen Personbegriff statt.

b) Persona im Vergleich mit gradus, species, forma und proprietas

Welches Profil gewinnt das Wort persona durch den Vergleich mit den Begriffen, die in der Basisformel Prax. II,4 seine Stelle vertreten? Nach Moingt verwendet Tertullian diese Termini, wenn er als Philosoph in der „Sprache des Seins" redet, während „persona" in der phänomenologischen Beschreibung seinen Ort habe. „Das Wort [persona] bezeichnet wohl das, was in den anderen begriffen wird, es bedeutet aber nicht von sich selbst her das, was durch andere formell ausgedrückt wird."[59] Heißt das aber nicht doch, daß der Begriff durch diesen Kontext bzw. durch diese Konnotationen positiv angereichert wird? Um diese Frage zu beantworten, müssen wir zuerst einen Blick auf die äquivalenten Begriffe werfen, wobei wir durchaus Moingts Analyse folgen können, die als erste diesen Termini größere Aufmerksamkeit geschenkt hat.[60]

Die antithetischen Formulierungen innerhalb der Basisformel signalisieren, daß für die Abklärung des jeweiligen Begriffsinhalts der parallele Kontrastbegriff entscheidende Hinweise gibt. Wie Moingt analysiere ich die hier zur Untersuchung anstehenden Vokabeln nicht genau in der Reihenfolge der Basisformel (gradus-forma-species), sondern behandle species direkt nach gradus. Während Moingt für dieses Vorgehen (er entscheidet sich gar für die Reihenfolge species/gradus – forma/proprietas) systematische Gründe angibt, die er freilich durch detaillierte Analysen – auch des von der Trinitätstheologie unabhängigen Sprachgebrauchs – rechtfertigen will[61], sehe ich mich durch die Ergebnisse auf der ersten Interpretationsstufe dazu berechtigt: Wie die Kategorieneinteilung der *Tabelle 3* aufweist, gewinnen die Begriffe in der Reihenfolge gradus-species-forma (und proprietas) zunehmend an inhaltlichem Profil im Sinn einer personalen Kategorie.

Gradus begegnet uns in Prax. 7mal in trinitätstheologischen Zusammenhängen[62], wobei wir mit Moingt[63] eine dreifache Verwendung unterscheiden können:

59 Ebd. 670. (Im Original kursiv gedruckt.) 60 Ebd. 431–549.

61 Vgl. seine Vorgangsweise in den einschlägigen Kapiteln (s. Anm. 60) und die expliziten Aussagen in der Einleitung zu Kap. 5 (480f).

62 Vgl. Tabelle 3 (oben S. 170). 63 Moingt (2) 447f.

– in direkter Opposition zu status:	tres non statu, sed gradu	(II,4/1161,33)
	nec statu, sed gradu alium	(XIX,8/1185,49f)
– mit einer Ordnungszahl:	Hoc mihi et in tertium gradum dictum sit, quia Spiritum non aliunde puto quam a Patre per Filium	(IV,1/1162,5f)
	ut tertium gradum ostenderet in Paracleto	(IX,3/1169,22f)
	tertium nomen divinitatis et tertium gradum maiestatis	(XXX,5/1204,25f)
– im Plural:	unus Deus, ex quo et gradus isti et formae et species in nomine Patris et Filii et Spiritus Sancti deputantur	(II,4/1161,35–37)
	Ita trinitas per consertos et connexos gradus a Patre decurrens . . . oikonomiae statum protegit	(VIII,7/1168,45–47)

Wie ersichtlich, erscheint das Wort an entscheidenden Stellen des Argumentationsgangs: zweimal in der Basisformel (II,4); zum Abschluß der Erörterung „quomodo sit?“ im Herzstück der praemunitio (VIII,7), flankiert von den Formulierungen in Prax. IV,1 und IX,3; im zweiten Kapitel der reprehensio des Hauptteils (XIX,8); im Schlußsatz der amplificatio (XXX,5).

Daß die mit einer Ordnungszahl, nämlich tertius, verbundenen Wendungen sich auf den Geist beziehen, belegt die Funktion des Begriffs im Rahmen einer aufzählenden und abstufenden Reihung; daß nicht nur an den beiden zuerst notierten Stellen status als Gegenbegriff präsent ist (ausdrücklich ist das im unmittelbaren Kontext der Pluralwendungen der Fall), beweist seinerseits, daß die hier vorliegende Unterschiedenheit der gradus so bezeichnet werden soll, daß die Einheit des göttlichen status nicht beeinträchtigt wird. Genau darin offenbart sich die Intention der Wortwahl: Gegen Praxeas behauptet Tertullian, daß Sohn und Geist, die von Gott dem Vater ausgehen, jeweils als reale Erscheinung und distinktes Sein bezeichnet werden müssen. Die unterschiedliche Repräsentation des Göttlichen, genauer: des göttlichen status (wie der göttlichen substantia und potestas), schließt aber nicht die von Praxeas unterstellte und tatsächlich bei Valentinian vorliegende Teilung der Substanz ein. Die aufzählbaren individuellen Realitäten bilden nach Tertullian eine unteilbare organische Einheit, wie die Verdeutlichung durch die Metaphern in Prax. VIII unterstreicht.[64] Moingt hat nachgewiesen, daß die trinitätstheologische Applikation des Begriffs durch dessen logische Verwendung ermöglicht wurde.[65]

Wiederum bewahrt die Beachtung des Kontrastbegriffs (status) sowie des trinitätstheologischen Gesamthorizontes, der ‚ökonomischen Trinitätslehre‘, vor Fehlinterpretationen: Tertullian geht es nicht nur um eine durch die verschiedenen gradus gekennzeichnete zeitliche oder hierarchische Ordnung, sondern um den ontologischen Zusammenhang der Kommunikation unterschiedlicher Träger innerhalb der einen Substanz. Gradus, für sich genommen und erst recht mit einer Ordnungszahl als Attribut, legt zwar ein zeitliches und/oder hierarchisches Ver-

64 Vgl. Beitrag von Logan. 65 Moingt (2) 461–463.

ständnis nahe, und insofern Tertullian seinen Blick eindeutig auf die geschichtliche Realisierung der Ökonomie Gottes gerichtet hat, drängt sich ihm die Adaptation solcher Termini geradezu auf. Sobald wir jedoch die Ebene der Illustration durch die Metaphern (Quelle–Fluß usw.) verlassen und uns auf das eigentliche Terrain der trinitarischen Aktionsgemeinschaft begeben, verliert die aufzählende und/oder unterordnende Reihenfolge ihren Akzent. Gewiß behält der Vater als der Schöpfer den ersten Rang, dem Sohn steht als ausführendem Organ des göttlichen Weltplans der zweite Grad zu. Dieser bedeutet aber keine Abschwächung der Göttlichkeit; in Tertullians Konzept der ökonomischen Trinität bezeichnet der Kontrastbegriff status ja nicht die Natur, sondern den Ursprung.[66] Dem ursprungslosen Vater eignet so auch kein gradus im eigentlichen Sinn, der wird ihm nur in der aufzählenden Reihung zuerkannt; der Geist seinerseits macht den Grad des Sohnes als ökonomischen Rang im vollen Sinn offenbar.[67] Der technische Begriff der Stufe erhält so die Bedeutung von Rang in einem interpersonalen Zusammenhang. Diese ökonomische Disposition und Interaktion erlaubt dann auch Rückschlüsse auf die ‚immanente' Trinität, versteht doch Tertullian die oikonomia als Veräußerlichung der innergöttlichen dispositio. Wenn unser Apologet auch keine weitergehenden Erörterungen anstellt, so kann von einem Nichtwissen bezüglich der innergöttlichen Trinität oder gar von einem Widerspruch zwischen innergöttlicher Disposition und ‚ökonomischer' Offenbarung nicht die Rede sein. Tertullian übernahm also, wie Moingt überzeugend nachgewiesen hat[68], den bei den valentinianischen Gnostikern geläufigen Begriff des gradus und fügte ihn in sein trinitätstheologisches Konzept ein. Die Formulierung in Prax. VIII,7 zeigt die entscheidenden inhaltlichen Differenzen, so daß nur bei einer abstrakten, den Kontext vernachlässigenden Betrachtung des in Frage stehenden Terminus von einer „weniger glücklichen" Wortwahl gesprochen werden kann.[69] Demnach gehen also Sohn und Geist aus der Substanz des Vaters hervor, auch der Geist ist wohlgemerkt „a Patre per Filium", nicht „alius ex alio", und die Ausdehnung der göttlichen Substanz bedeutet kein wirkliches Wachsen und schon gar nicht eine progressive Vermehrung derselben. Gerade auch in der ökonomischen Perspektive entfernen sich die Personen nicht voneinander, werden die zweite und dritte nicht degradiert, sondern bleiben verbunden und bewahren in ihrer Handlungsgemeinschaft den Status der Oikonomia.

Durch diesen Befund sehe ich meine Analyse von Tertullians Personbegriff bestätigt. In dem trinitätstheologischen Begriff verbinden sich (von anderswoher gewährter) Selbstand und Relation. Dies gilt, wie eben nachdrücklich bestätigt, zumindest im Hinblick auf Sohn und Geist, schließt dann aber in notwendiger, die Potenz einzelner Begriffe übersteigender Konsequenz auch den Vater als die erste Person, die den ersten Rang innehat, mit ein. Moingt ist zuzustimmen, wenn er von einem ontologischen ordo spricht: Nicht die Herkunft der Begriffe, sondern ihre innere Prägung durch das trinitätstheologische Gesamtkonzept muß die Interpretation leiten.

---

66 Ebd. 826f. 67 Ebd. 466–469. 68 Ebd. 470–478. 69 Ebd. 473.

Diese Konzeption ist mit „Kommunikation in der Substanz", was den status und damit den Ursprung (origo) anbetrifft, hinreichend personal charakterisiert und eröffnet die Möglichkeit einer trinitarischen, personal-relationalen Ontologie. Moingt zieht diese Folgerung nicht, da er – wie sich auch weiterhin bestätigen wird – bei dem philosophischen, ontologischen Begriff der Person zu sehr an der Individualität orientiert ist; dabei liegt der Schluß so nahe, wenn er am Ende seiner präzisen Detailanalysen zusammenfaßt:

„Indessen, die aufmerksame Untersuchung, die wir unternommen haben und die ihm [dem Begriff gradus] seinen wahrhaft ontologischen Charakter (wenigsten in ganz genau bestimmten Fällen) zurückgegeben hat, legt nahe, daß im Gesamt der Trinitätstheologie Tertullians *gradus* der Begriff ist, der sich am meisten dem von ‚Relation' nähert. Es kann natürlich nicht in Frage kommen, sie [die beiden Begriffe] zu identifizieren, da ja unser Autor nicht die kleinste Anspielung auf dieses Prädikament des Relativen macht, auch nicht außerhalb dieses Gegenstandes. Aber es ist sicher, daß er sich des Begriffs *gradus* bedient als einer dynamischen Kategorie, die auf das Äußere der Sache gerichtet ist, die bestätigt werden soll, um die göttlichen Personen in ihren subsistenten Verbindungen zu bezeichnen, in ihrer – wenn man so sagen kann – Durchflutung, die sie eine in die andere übergehen läßt – *ex redundantia* –, und in ihrer Unterschiedenheit, die sie sich wechselseitig aufgrund ihrer sich entsprechenden Ordnung verleihen, kurz: in ihrem *esse ad alium* . . ."[70]

Wir wenden uns nun dem zweiten hier zur Diskussion anstehenden Begriff zu und listen die trinitätstheologische Verwendung von *species* nochmals in tabellarischer Form auf:

– nec potestate sed specie	(II,4/1161,34)
– gradus isti et formae et species	(II,4/1161,36)
– in substantias et species suas edere	(VI,3/1165,14f)
– in suis speciebus atque substantiis cognoscerentur et tenerentur	(VI,3/1165,19f)
– sermo speciem et ornatum suum sumit	(VII,1/1165,1f)
– et istae species προβολαί sunt earum substantiarum ex quibus prodeunt	(VIII,5/1167f,28f)
– duae species sunt, sed indivisae	(VIII,6/1168,38)
– duas species unius et indivisae substantiae	(XIII,10/1176,75f)
– *in specie*, id est in veritate	(XIV,6/1177,47f)

Die Bestandsaufnahme hatte ergeben, daß sich der Begriff nur in der ersten Hälfte von Prax. findet: in der Basisformel (zweimal), im Herzstück der praemunitio (fünfmal) und je einmal in Prax. XIII und XIV quasi als Anwendung der in der praemunitio erarbeiteten Begrifflichkeit. Durch die Einordnung von species in die Kategorie „(Eigen-)Wirklichkeit" wurde versucht, den beiden Aspekten des Begriffsinhalts Rechnung zu tragen, die auch Moingt[71] einleitend zur Klassifizierung anbietet: Sichtbarkeit, d. h. wirkliche Erscheinung, sowie Distinktheit und Partikularität, d.h. gesonderte, eigene Wirklichkeit innerhalb eines Zusammenhangs. Die dreimal vorliegende Kombination mit substantia im Plural legt den Akzent auf das Wirklichsein, was in abgeschwächter Form die Parallelisierung mit ornatus und in unüberhörbarer Deutlichkeit die Gleichung „in specie = in veritate" ebenfalls demonstrieren. Daß das „Eigen"-Sein (bei der Bezeichnung der Kategorie

70 Ebd. 466.
71 Ebd. 433.

bewußt in Klammern gesetzt) die Verbundenheit nicht aufhebt, zeigt die Verwendung von indivisus, einmal als Attribut zu species selbst, dann als Prädikat der substantia (im Singular).

Wie Moingt nachweist, kann der Sprachgebrauch außerhalb trinitätstheologischer Zusammenhänge diesen Befund bestätigen.[72] Mit der Verwendung von species ist bei Tertullian eine doppelte Intention verbunden: Unterscheiden und Zählen, aber nicht um zu trennen, sondern um der species die Kondition des genus, in dem sie enthalten ist, zuzusprechen; liegt der Akzent auf der subsistenten Realität, gilt es ebenfalls, Partikularität und Einheit zusammenzubinden. Der Begriff dient folglich besonders zur Unterscheidung und Aufzählung von Dingen ein und derselben Substanz als Glieder einer organischen Totalität. Die trinitarische Applikation erfolgt wie bei gradus, dessen einschlägige Verwendung jetzt doch als aufs engste verwandt erscheint, im Herzstück der praemunitio (qui sit – quomodo sit – quomodo sit alius). Wie die Dinge vor der Schöpfung ihre species im Denken Gottes hatten und im Ausgang von Gott ihre Substanzialität („auf daß sie gehalten werden" [ut tenerentur]) und ihre species („auf daß sie erkannt werden" [ut cognoscerentur]) erhalten, so erhält das Wort (sermo), das seine Substanz schon vor dem Ausgang besitzt und die ratio und den spiritus Dei in sich trägt, bei seiner „nativitas perfecta" seine species und seinen ornatus, d. h. sein besonderes Sein (Eigenwirklichkeit) und die Gestalt des Wortes (und erhält insofern erst jetzt seinen Namen!). Wie die Fortführung der Argumentation in Prax. VIII zeigt, *hat* der Sohn/Sermo nicht nur eine species, er *ist* auch eine species, die sich von der species der Substanz, die der Vater hat und aus der er hervorgeht, unterscheidet. „Während *substantia* die Realität des Seins bezeichnet, präzisiert *species* diese Feststellung, insofern es Raum gibt, um mehrere Dinge aufzuzählen, die miteinander subsistieren, indem jedem die Besonderheit der realen Existenz zuerkannt wird."[73] Wiederum beruht die Partikularität auf der Differenz im Ursprung: Als vom Vater hervorgehender erhält der Sohn seine species und ist er diese species des göttlichen Wortes. Die Begriffe species und gradus werden insofern parallel gebraucht, nur daß species das Resultat der ‚Emanation', gradus dagegen den Rang in der Ordnung des Ausgehens bezeichnet.

Was auf der ersten Interpretationsstufe als Frage stehen bleiben mußte, betraf den genauen Sinn von species in der Basisformel, speziell in der antithetischen Zusammenstellung „nec potestate sed specie". Moingt widmet diesem Kontext keine größere Aufmerksamkeit[74], ja er findet die Fixierung auf diese „Kontrastformel" als hinderlich bei der Aufhellung des „ontologischen" Status des Begriffs[75]. Species bezeichne nicht nur die spezifische Form der göttlichen Machtausübung,

72 Ebd. 433–435.441–444.

73 Ebd. 447.

74 Er behandelt potestas im Zusammenhang mit status erst im dritten Teil seiner Arbeit (vgl. ebd. 797–849, bes. 830–849). Erweist sich hier nicht doch die systematische Aufteilung der Analyse (Bd. 2: Substanzialität und Individualität – Bd. 3: Einheit und Hervorgänge) als problematisch?

75 Ebd. 436f.

„denn es gibt keinen Zusammenhang zwischen dieser Bedeutung und dem Gebrauch des Wortes in den Metaphern des 8. Kapitels"[76]. Damit wird aber der unmittelbare Kontext der Basisformel hintangestellt! Der Hinweis verwundert um so mehr, als nach unseren Beobachtungen die Metaphern lediglich der Illustration dienen und dabei der jeweilige Vergleichspunkt eindeutig zu bestimmen ist. Was Moingt über die Eigenwirklichkeit des göttlichen Wortes herausgearbeitet hat, kann ohne Abstriche stehen bleiben, jedoch läßt sich über den Gehalt dieses „Selbständigseins im Verhältnis zu bzw. in Abhängigkeit von" hinaus noch Spezifischeres ausmachen. Wenn schon die Parallele gradus-species erkannt wird[77], kann man dann die zwischen gradus/status auf der einen und species/potestas auf der anderen Seite vernachlässigen? Moingt scheint mir das Begriffspaar substantia/forma in der Basisformel allzu sehr zu favorisieren und sich damit die volle Würdigung des (inter)personalen Verstehenshorizontes zu verbauen. Der Ausgang vom Vater, die nativitas perfecta als Beginn der Verwirklichung des göttlichen Heilsplanes, verleiht dem Sohn einen eigenen Rang und ein eigenes Gepräge: Als „das Wort vom Vater" offenbart und erfüllt er den Willen des Vaters. Im Rahmen unserer *Tabelle 4* gesehen, heißt das: Auch schon die zweite und dritte Kategorie („Rangordnung" bzw. „[Eigen-]Wirklichkeit") sind in ihrer Tendenz zu den personalen Formulierungen der fünften Kategorie zu sehen. Nach Moingt selbst bezeichnet die potestas „die Macht Gottes als Schöpfer, Herr und Richter"[78], die der Sohn vom Vater empfängt, wie Tertullian in Prax. IV und XVI ausführt.[79] Es geht eben nicht nur – wenn man die trinitätstheologische Gesamtkonzeption berücksichtigt – um das Verhältnis zweier „Dinge", die sich unterscheiden, ohne ihre Einheit (Verbundenheit) aufzuheben[80], sondern um das personale Verhältnis von Vater und Sohn. Species ist nicht in Abhebung von substantia, sondern in der Kontrastformel „nec potestate sed specie" inhaltlich zu bestimmen! Warum hinter bereits Erkanntes zurückfallen, wo doch Moingt selbst von einer „Kommunikation (in) der Substanz" sprach[81]? Mir erscheint es jedenfalls eindeutig, daß in der Basisformel, die noch nicht mit dem Begriff der persona operiert, personale Kategorien verwendet, bzw. die verwendeten Begriffe in interpersonalen Zusammenhängen gebraucht werden. Persona besagt dann nicht noch einmal etwas ganz anderes, sondern vereinigt in sich als Schlüsselbegriff das, was die in der Basisformel verwendeten und später – vor allem in der praemunitio – erläuterten Begriffe intendieren.

Wir hatten bereits bei der Analyse auf der ersten Interpretationsstufe festgehalten, daß species den Übergang bildet von der Kategorie der „(Eigen-)Wirklichkeit" zu der der „(Eigen-)Art" und daß *forma* auf jeden Fall in diese vierte Kategorie der

---

76 Ebd. 444f.
77 Vgl. nochmals den Abschnitt ebd. 454–461.
78 Ebd. 436.
79 Zu beachten die Hinweise ebd. 436[3].
80 Vgl. die „Definition" von Piault (2) 201[99]: „eine verschiedene, gleichwohl verbundene Realität" (une réalité différente, quoique connexe).
81 Wäre das Ergebnis anders ausgefallen, wenn Moingt gradus vor species analysiert hätte?

Tabelle einzuordnen ist. An drei der acht trinitätstheologisch relevanten Stellen liegt freilich der Akzent auf dem Realitätscharakter der erscheinenden „Form":

- invisibilia illa . . . habent apud Deum et suum corpus et suam formam (VII,9/1167,51f)
- sermo et Spiritus nisi imaginaria forma (XIV,9/1178,69)
- Neque vocem eius [Patris] audistis unquam neque formam eius vidistis [Joh 5,37] (XXI,14/1188,72)

Die Parallelisierung von corpus (man beachte den stoischen Hintergrund) und forma bzw. von vox und forma sowie die Abwehr einer bloßen Einbildung sprechen eine eindeutige Sprache. Dem entspricht auch die im gewöhnlichen Sprachgebrauch anzutreffende Verwandtschaft von forma und figura (als Erscheinung und schließlich auch als distinkte Form einer individuellen Substanz); forma als Konfiguration des corpus, der das Äußere der Individualität darstellt, scheint die Intention der Wortwahl an den drei genannten Stellen zu treffen.[82] Hier könnte man auch am ehesten das (aus dem Gedächtnis wiedergegebene?[83]) Jesaja-Zitat in Prax. XI,8 anschließen, wenn man die Stelle nicht unter allen Umständen in weitere trinitätstheologische und christologische Zusammenhänge stellen will.

Das Anliegen der vorliegenden Untersuchung lenkt nun aber unsere Aufmerksamkeit auf die vier verbleibenden Textstellen:

- nec substantia sed forma (II,4/1161,33f)
- et gradus isti et formae et species (II,4/1161,36)
- duae formae, sed cohaerentes (VIII,6/1168,39)
- Sermo . . . perseverando scilicet in sua forma (XXVII,7/1199,38–40)

Moingt hat richtig beobachtet, daß der Übergang vom Singular zum Plural, von „(s)eine Form haben" zu „(s)eine Form sein" – ähnlich wie bei species – auf einen Sinn verweist, der den der wirklichen, wahrnehmbaren Erscheinung noch vertieft. Die Frage, ob die göttliche Substanz in (drei) „Formen" ‚ausgeteilt' werden kann[84], entpuppt sich als Variante des trinitätstheologischen Grundproblems von Einheit und Verschiedenheit. Da aufgrund des gemeinsamen Status und der gemeinsamen Substanz an eine physische Konstitution durch die forma nicht zu denken ist, bleibt – vor dem philosophischen Hintergrund des Begriffs gesehen – nur die Interpretation von forma als singuläre Sache bzw. subsistierendes Individuum. „Tres per formam" meint also die numerische Unterscheidung durch das Individuationsprinzip. Vor dem Hintergrund der theologischen Debatten mit Hermogenes und den Valentinianern zeigt sich die bedeutsame Wortwahl Tertullians, der jeden Gedanken an eine Teilung oder Zusammensetzung der Substanz ausschließen will. Folglich verwendet er statt der Adjektive triformis oder triplex das Substantiv trinitas, dem

82 Moingt (2) 481–492.
83 Kellner (s. S. 162[10]) 524[3].
84 Moingt (2) 505. – Im folgenden orientiere ich mich an Moingts Ausführungen zum philosophischen und theologiegeschichtlichen Hintergrund.

eine rein numerische Bedeutung zukommt. „Sein Gedanke ist also, daß Gott spezifisch ‚uniform' ist – eine einzige Substanz, ein einziger Status – und daß er eine ‚Trinität von Formen' ist, einzig von dem Gesichtspunkt der subsistierenden Individualität her."[85] Die trinitätstheologische Begriffsentwicklung befördert auch die sprachliche Präzisierung in der Christologie, die in Prax. XXVII zu konstatieren ist. Gegenüber Praxeas, der die Inkarnation nach dem Modell einer „transformatio" konzipiert, beharrt Tertullian auf der unveränderlichen, weil ewigen d. h. im Heilsplan bereits konstituierten, forma des sermo.

Moingts abschließender Befund lautet: „Konkret genommen, ist die Form die subsistierende Realität, begriffen in der ihr eigenen Eigenschaft und ihrer individuellen Figur; . . . abstrakt genommen, ist sie das Prinzip, aufgrund dessen ein Subsistierendes in sich ungeteilt und von allem anderen unterschieden bleibt . . . , und darin ist sie von der Substanz unterschieden: *tres non substantia sed forma*."[86] Piault hielt es für möglich, forma mit „Persönlichkeit" (personnalité) zu übersetzen, wobei er einschränkend hinzufügte: „Wenn auch das Wort zu stark ist, der Sinn zumindest, so scheint es, ist da."[87] Moingt, der Piault bescheinigt, die richtigen Intuitionen gehabt zu haben, welche freilich keine Beweise ersetzten[88], beobachtet differenzierter. Nach ihm nähert sich in der Tat forma (und nicht persona) am meisten der philosophischen Ausarbeitung des Personbegriffs bei Boethius.[89] Er stützt seine Aussage auf die Wirkungsgeschichte des Begriffs bei Marius Victorinus, der nie persona, sondern durchweg forma verwendet, und zwar wie Tertullian in zweifacher Weise: „phänomenologisch" (der Sohn als Erscheinung des Vaters) und „metaphysisch" (subsistente Realität in ihrer Intelligibilität und Erscheinung). Die unvergleichlich längeren und klareren Ausführungen des Marius Victorinus beleuchten die Intention Tertullians bei der Wahl des Begriffs quasi in einer Rückblende: Der Terminus dient als Ausdruck der Individualität.

Im Interesse unserer Analyse sind zwei Fragen zu stellen: Was meint in diesem Zusammenhang „personnalité"? Ist forma der eigentliche Personbegriff Tertullians? Beide Fragen werden bei Piault und Moingt beantwortet aus einer Perspektive heraus, die das Moment der Individualität als den entscheidenden Inhalt des Personbegriffs erachtet. Nicht von ungefähr wird Tertullians Terminologie an der späteren Unterscheidung von substantia und persona und dann wiederum einseitig an Boethius' Definition gemessen. Daß aber forma und gerade nicht persona dieses Moment der Individualität bezeichnet, erlaubt doch den Schluß, in dem Begriff sei nur *ein* Element des tertullianischen Personverständnisses repräsentiert. Dafür spricht, daß nur an einer Stelle in Prax. das relationale Element mitgenannt wird: duae formae, sed cohaerentes (VIII,6); man kann jedoch nicht von dem Kontext der anderen Termini, die eindeutiger Selbstand und Relation zusammenbinden, abstrahieren. Der vieldimensionale Personbegriff Tertullians hat dann auf Boethius nicht mehr eingewirkt; die dadurch entstandenen Aporien im trinitätstheologischen wie

85 Ebd. 507.
86 Ebd. 520.
87 Piault (2) 190[54].
88 Moingt (2) 36.
89 Vgl. die Conclusion ebd. 520f.

im christologischen Sprachgebrauch sind offenkundig. Gradus, species und forma zusammengenommen und in ihrer Beziehung zum jeweiligen Kontrastbegriff berücksichtigt, sprechen also nicht gegen die immer deutlicher sich abzeichnende Kommunikationsstruktur des Begriffs persona. Dagegen spricht auch nicht die Beobachtung Moingts[90], daß species und gradus stärker die Sache, forma (und proprietas) die Person bezeichnen. Diesen Eindruck haben wir oben schon korrigiert; er verrät die einseitige Orientierung Moingts an dem Moment der Individualität. Die Reihenfolge der Begriffe in der Basisformel und der Kontext derselben geben auch keinen Anlaß, hier von einem Übergang zu reden.

Ein abschließender Blick auf die Struktur des Begriffs *proprietas*, der in der Basisformel nicht verwendet wird, aber insgesamt in der Reihe gradus, forma, species zu betrachten ist[91], soll unsere Interpretation abstützen. Fünf Textpassagen sind in trinitätstheologischem Zusammenhang zu berücksichtigen:

- non vis enim eum substantivum habere in re per substantiae proprietatem (VII,5/1166,29f)
- nihil tamen a matrice alienatur a qua proprietates suas ducit (VIII,7/1168,44f)
- unamquamque personam in sua proprietate constituunt (XI,10/1172,68)
- apparente proprietate utriusque personae (XXIV,8/1195,58)
- Pater et Filius in sua proprietate distinguuntur (XXV,1/1195,3)

Die beiden Formulierungen aus dem Herzstück der praemunitio enthalten exakt die beiden Strukturelemente des Selbstands (Wirklichseins) und der Relation (des In-Verbindung-Bleibens), wobei schon in Prax. VII,5 persona im unmittelbaren Kontext steht. Die drei übrigen Passagen finden sich allesamt im Zusammenhang einer prosopologischen Exegese: Aufgrund der Unterscheidung der Stimmen werden die Realität und die Unverwechselbarkeit der Sprecher erschlossen. Wichtig erscheint mir, daß die Individualität und Proprietät sich im Dialog manifestieren, ja der Dialog konstituiert jede Person „in sua proprietate"! Wenn Moingt in einem abschließenden Vergleich feststellt, daß forma die individuelle Existenz „in ihrer ökonomischen Exteriorität", proprietas diese „in ihrem metaphysischen Prinzip" bezeichne[92], so gilt es zu beachten, daß nicht die Individualität als solche, sondern die im Dialog manifestierte Proprietät das Konstituens darstellt. Von der „proprietas nominum" her ist die ontologische Struktur des Personbegriffs aufzuhellen, die sich auch und gerade hier als Kommunikationsstruktur präsentiert.

4. *Vergleich mit den Interpretationen anderer Autoren*

Wir sind von der methodischen Voraussetzung ausgegangen, daß zur Bestimmung der inhaltlichen Elemente und der Struktur von Tertullians Personbegriff der Analyse im Kontext des

90 Vgl. die Einleitung zum einschlägigen Kapitel ebd. 479–481.
91 So urteilt auch Moingt (2) 532. 92 Ebd. 527.

Traktats selbst entscheidende Bedeutung zukommt. Die Interpretationshilfen, die – auf der dritten Interpretationsstufe – außerhalb von Prax. ausgemacht werden können, dürfen das bisher erreichte Ergebnis nicht mehr in Frage stellen; sie können es lediglich verdeutlichen und untermauern. Deshalb scheint es angebracht, zum Abschluß der Untersuchungen auf der zweiten Stufe der Interpretation noch einmal ausdrücklich und im Zusammenhang auf relevante Interpretationsversuche der jüngsten Forschungsgeschichte einzugehen, um durch diesen Vergleich das Spezifische meiner Interpretation herauszustellen.

Tabelle 10 gibt einen Überblick über die von anderen Autoren vorgenommene Klassifizierung der Persona-Stellen von Prax. Insofern außer Hadot alle Forscher eine Begriffsbestimmung intendieren, ist auch die Überschrift „Kategorialisierung" gerechtfertigt. Die Autoren sind in chronologischer Reihenfolge angeordnet, wobei zu beachten ist, daß der Beitrag Hadots zwar erst 1973 veröffentlicht, aber schon auf dem Kolloquium 1960 vorgelegt wurde. Obwohl Hadot auf die letztlich entscheidenden Probleme nicht näher eingeht[93], enthalten seine knappen Bemerkungen zu Tertullian einige richtungweisende Beobachtungen. Evans, Hadot und Braun verwenden vier Kategorien zur Einordnung der Persona-Stellen, wobei Hadot selber seine dritte Kategorie nicht weiter differenziert, aber faktisch hier zwei Bestimmungen anbietet. Bei Moingt finden wir schließlich alle fünf Kategorien, die sich auch in unserer Analyse als ausreichend differenziert und erschöpfend erwiesen haben. Die von mir gewählten, in der fünften Spalte zusammengestellten Benennungen geben jeweils den Verwendungszusammenhang (Schriftzitat, exegetisches Verfahren usw.) und die darin erkannten

Tabelle 10:
Kategorialisierung der Persona-Stellen von „Adversus Praxean"

	Evans (1948)		Hadot (1960/1973)		Braun (1966; ²1977)		Moingt (1966/69)		Vorschlag des Verfassers	
a	Angesicht	1	Biblisch: Mund, Gesicht	3	Schrift: „mehr als Angesicht"	5	Schriftzitat	5	Schriftzitat: Sprecher, Repräsentant	5
b	quasi-dramat.	8	prosop. Exegese	15	exeget. Verfahren („ex persona")	4	exeget. Verfahren	11	exeget. Verfahren: Sprecher, redendes Individuum	11
c	persona = homo (jurist. oder metaphysisch)	1	zwischen Individuum (im vagen Sinn) und	11	Umgangs-sprache	8	(jurist. gefärbte) Umgangs-sprache	9	Umgangs-sprache: Ein Bestimmter	7
d	–		grammat. und dramat. Sinn		–		dramatisch (Rolle, Funktion)	3	dramatur-gisch: Rollenträger	4
e	theologisch	11	–		trinitäts-theol. Definition	13	metaphy-sisch	5	Reflexions-begriff: individuelle Eigenwirkl.	6

[93] Vgl. Hadot (1). Außer einer Klassifikation der (meisten) Persona-Stellen von Prax. (126f²) finden sich nur wenige Bemerkungen zu Tertullian (125–128).

		Evans	Hadot	Braun	Moingt
III,2	proximas personas... officiales	„eher Illustration“	c	c	c*
VI,1	ut secundam personam conditam	—	b	(e)	c
VI,2	oblectabar in persona ipsius	—	a	a	a
VII,2	gaudentem in persona illius	evt. b	a	a	a
VII,3	ex sua persona	evt. b	b	b	b
VII,5	ut res et persona quaedem	e	c/d	e	e
VII,9	illam dico personam	e	c/d	e	e
IX,3	in persona paracleti	—	b	—	b
XI,4	alii dabat filii personam	evt. b	b	c	d
XI,7	psalmi qui Christi personam sustinent	b	b	b	d
XI,7	ex tertia persona	b	b	b	b
XI,10	unamquamque personam in sua proprietate constituunt	e	b	e	b
XII,3	secunda persona et tertia	e	b	(e)	b
XII,4	scriptura distinguit inter personas	—	b	(e)	b
XII,6	personae non substantiae nomine	e	d	e	e
XIII,2	ad personam Christi	b	b	b	b
XIII,6	si enim una persona	e	b	→ c/e	c
XIV,9	de aliqua maiore persona	c	—	c	c
XIV,10	spiritus personae eius Christus personae paternae spiritus est cuius persona erat	a	a	a (→ e)	a
XVIII,2	ut prima persona	e	b	(e)	c
XXI,5	utriusque personae constituit distinctionem	b	b	e	c (→ e)
XXII,10	non ex unius esse persona, quod pluraliter dictum	b	b	c (bzw. b)	b
XXIII,4	quot personae... quot et voces	—	b	c (bzw. b)	b
XXIII,7	in suis quemque nominibus et personis et locis	—	c/d	c (→ e)	c
XXIV,5	ex virtutibus, non ex personae repraesentatione	e	c/d	—	d
XXIV,7	duarum personarum coniunctionem	e	c/d	—	b (→ e)
XXIV,8	apparente prorietate utriusque personae	—	—	e	b (→ e)
XXVI,9	ad singula nomina, in personas singulas	e	c/d	e	c
XXVII,1	ut aeque in una persona utrumque distinguant	e	c/d	(e)	e
XXVII,11	duplicem statum... in una persona	e	c/d	(e)	e
XXXI,2	in suis quemque nominibus et personis	e	c/d	c (→ e)	c**

* Der Verfasser hat in diesem Fall sich für d entschieden.
** Verfasser: e!

inhaltlichen Elemente (Sprecher, Repräsentant usw.) an. Die Ziffern geben die Zahl der den jeweiligen Kategorien zugeordneten Textstellen an; erst von Moingt wurden ausnahmslos alle Stellen berücksichtigt. Um die Tabelle übersichtlich zu gestalten, habe ich die vergleichbaren Kategorien nach meinem Schema angeordnet und in der Tabelle nur meine – auch im Text so verwendete – Einteilung aufgeführt.[94]

Bei *Evans* wie Braun fällt auf, daß den beiden ersten Kategorien (a und vor allem b) wesentlich weniger Stellen zugeordnet sind als bei den übrigen Autoren; die Kategorie d fällt gar ganz aus. Was Evans „quasi-dramatische" Bedeutung nennt, betrifft Funktion und Bedeutung von persona im Rahmen der prosopologischen Exegese; leider wird darauf nicht näher eingegangen, wie der Ausfall der Kategorie d unterstreicht. Einige der hier in Frage kommenden Stellen finden sich bei ihm unter die letzte, die „theologische" Bedeutung subsumiert. Dieser eigentliche Personbegriff habe weder eine juristische noch eine modalistische Herkunft, sondern sei in Analogie zur Alltagssprache gebildet und bezeichne ein konkretes Individuum: „diese besondere Art von Wirklichkeit, die sich ihrer selbst bewußt ist"[95]. Zwar fährt die Definition fort: „ihrer eigenen Existenz und Beziehung"[96], doch wird das zuletzt genannte Element nicht strukturbildend. Tertullian verfolgt jedoch in dem Traktat gegen die Monarchianer ein doppeltes Ziel: Er will die Eigenwirklichkeit des Sohnes (und des Geistes) demonstrieren, ohne die Verbundenheit von Vater, Sohn und Geist zu zerstören. Beide Momente – Selbstand und Relation – bilden die Struktur seines Persona-Begriffs, d. h. auch das relationale Element ist im Personverständnis präsent. Neben der Vernachlässigung der dramaturgischen Verwendung wirkt sich wohl auch bei Evans ein Vorverständnis aus, das allzu eng an der Definition des Boethius (und bestimmten neuzeitlichen Akzentsetzungen) orientiert ist.

R. Braun, der explizit zwischen einer werkimmanenten und -transzendenten Analyse unterscheidet[97], schenkt ebenfalls dem exegetischen Verfahren zu wenig Aufmerksamkeit – er beschränkt seine einschlägige Untersuchung auf die Formel „ex persona" – und verlegt das Schwergewicht auf die Kategorien c und e. Obwohl er die Bedeutung von persona bei den Grammatikern und den Zusammenhang von persona und nomen nicht unerwähnt läßt[98], mißt er diesen Daten keine größere Relevanz zu, wie übrigens wiederum der Ausfall der vierten Kategorie d unter Beweis stellt. Braun richtet sein Interesse auf die Reflexionsleistung Tertullians, der sich mit einer Bestätigung seiner Position durch den alltagssprachlichen Gebrauch nicht zufrieden gegeben, sondern dem Begriff durch den Bezug zu substantia – wenn auch ohne die Präzision der späteren Theologen – seine Konturen eingezeichnet habe. Der französische Philologe betont vor allem das Moment der Individualität, das schon in den traditionellen Wendungen, die sich bei Tertullian finden, eine dominierende Rolle spiele: „ . . . stellen wir fest, daß Tertullian keinerlei Abneigung empfindet, einen Ausdruck, der für die menschliche Individualität reserviert war, in bezug auf die Gottheit anzuwenden"[99]. Nach Braun bestätigt Prax. die im Vor- und Umfeld gewonnenen Resultate, insofern in 29 von 31 Fällen (die beiden christologischen Passagen sind hier unberücksichtigt) persona „mehr oder weniger eng in Beziehung steht zum Begriff der ‚personalen Individualität im Göttlichen'"[100]. Persona werde näher bestimmt durch die Assoziation mit proprietas und distinctio als das, was charakterisiert und unterscheidet, während substantia annähert und eint. Weiter gehe die Spekulation Tertul-

---

94 Eingeklammerte Buchstaben – z. B. (e) – deuten an, daß der Autor die fragliche Textstelle am ehesten dieser Kategorie zuteilen möchte. Der Pfeil (→) bedeutet: mit Tendenz zu.

95 Evans (1) 47 („that particular kind of *res* which is conscious of itself").

96 Ebd. („of its own existence and relationship").

97 Vgl. R. Braun (1) 23–26.

98 Die Nichtberücksichtigung der judenchristlichen Theologie des Namens wurde bereits kritisch angemerkt von Studer (2) 116.

99 R. Braun (1) 210.

100 Ebd. 228^1.

lians nicht, vielmehr leite ihn bei der Bestimmung des Verhältnisses substantia-persona ein instinktives Gefühl für die Umgangssprache. Den Beitrag Tertullians zur Begriffsgeschichte sieht Braun darin, daß er das Wort persona „akklimatisiert und fixiert" und ihm einen konkreten Charakter verliehen habe.[101]

Nach meinen Analysen gehört zu dem konkreten Charakter des tertullianischen Personbegriffs unabdingbar das Element der Rolle bzw. des konkreten Rollenträgers. Das Element der individuellen Eigenwirklichkeit (distinctio) und Eigenart (proprietas) wird ja gerade im Zusammenhang der prosopologischen Exegese (Sprecher, Repräsentant) und – in diesem Kontext wie im Umfeld des sozialen Rollenspiels – im dramaturgischen Verstehenshorizont erkannt und bestimmt. Daß die kommunikative Struktur des Personbegriffs nicht aufgedeckt wird, liegt wohl an den aufgezeigten Mängeln in der Analyse der Verwendungszusammenhänge und der daraus zu eruierenden Begriffselemente.

Demgegenüber hat *Hadot* zwar entscheidende Differenzierungen ausgelassen, da er sich nicht auf eine weitergehende Analyse der bei ihm unter einer dritten Kategorie subsumierten Texte einläßt, doch zeigt schon der erste Blick auf die quantitative Verteilung der Persona-Stellen, daß bei ihm der prosopologische Verwendungszusammenhang weitaus angemessener berücksichtigt ist. Persona habe bei Tertullian keinen eigentlich juristischen Sinn, zumal die Herkunft aus diesem Milieu die Mehrzahl der theologischen Verwendungen dieses Begriffs nicht erklären könne.[102] Vielmehr habe Tertullian seine Argumente in der Schrift gefunden, wobei er auf eine bereits bestehende exegetische Tradition zurückgreifen konnte; von daher sei er zu einem generellen Gebrauch des Begriffs geleitet worden.[103] Richtungweisend scheinen mir die abschließenden Bemerkungen Hadots zu sein: „*Persona* bei Tertullian, *prosōpon* bei Hippolyt haben also unauflöslich den Sinn von grammatikalischer Person (derjenige, der spricht, zu dem und über den man spricht) und von dramaturgischer Persönlichkeit (derjenige, der eine Rolle hat und folglich eine Handlung ausführt). Diese beiden Bedeutungen sind übrigens eng miteinander verbunden, wie das bereits die antiken Grammatiker zu bemerken pflegten."[104] Hadot hält persona in diesem Sinn freilich für „ein Wort ohne wirklich begrifflichen Gehalt": „Das ist eine Art Pronomen."[105] Eine Analyse, die die unter Hadots dritter Kategorie eingeordneten Texte untersucht und die einzelnen Verwendungszusammenhänge und Elemente aufeinander bezieht, kann in den von ihm vorgezeichneten Spuren zu den Ergebnissen kommen, die wir erreicht haben. Gerade von dieser Position aus dürften keine gravierenden Einwände gegen eine Rekonstruktion von persona als kommunikativer Personbegriff vorzubringen sein.

Ein Vergleich mit der Position *Moingts*, dessen in den Detailanalysen über die Maßen ausführliche und von einem behutsam und doch entschieden systematischen Interesse geleitete Studie wir des öfteren zu Rate ziehen konnten, gibt uns die Gelegenheit, das Ergebnis unserer Untersuchung nochmals zu präzisieren. Für Moingts „Beurteilung des Personbegriffs"[106] ist seine Wertung des Zusammenhangs von „ökonomischer" und „metaphysischer Sicht"[107] entscheidend. Der Übergang von der einen zur anderen Perspektive wird markiert durch die Leitfrage: „Begnügt er [Tertullian] sich damit, es [das Wort persona] in seinem trinitätstheologischen Vokabular so zu gebrauchen, wie er sich in der Umgangssprache dessen bedient, um einen Menschen zu bezeichnen, oder macht er aus ihm eine wirkliche Seinskategorie?" Letzteres heißt aber für Moingt: „Gelingt es ihm oder versucht er, den Begriff der individuellen Existenz von dem der gemeinsamen Substanz zu abstrahieren?"[108] Die Blickrichtung wird also fixiert auf die Opposition substantia-persona und angesichts von persona auf die Definition

101 Ebd. 237–239.
102 Hadot (1) 125.
103 Ebd.
104 Ebd. 127.
105 Ebd. 127f.
106 Ich beziehe mich jetzt vor allem auf die einschlägige Zusammenfassung bei Moingt (2) 643–647 („Jugement sur le concept de ‚personne'").
107 Zu beachten noch einmal die Überschriften der beiden Kapitel: „La personne: Visée économique" und „La personne: Visée métaphysique".
108 Moingt (2) 617.

der „individua substantia (rationabilis naturae)"; nicht von ungefähr findet sich da der Hinweis auf Boethius.[109] Nach Moingt gibt nun Tertullian an den Stellen, wo er persona und substantia einander gegenüberstellt[110], dem Personbegriff „einen geschlosseneren, stärkeren Sinn, als ihn sein umgangssprachlicher Gebrauch mit sich bringt: Er bezeichnet die Person als subsistierendes, individuelles, vernünftiges Sein"[111]. Beachtenswert ist allerdings die Einschränkung, daß bei dieser Verwendung von persona der Akzent selten auf dem Subjekt, sondern meistens auf dessen Manifestation liege, obwohl natürlich das Subjekt in diesen Erscheinungen angezielt sei.[112] Anders ausgedrückt: „Die Person wird ausgesagt als solche, die *wahrgenommen* wird (perçue), nicht als solche, die *begriffen* werden (conçue) kann . . ."[113] Persona erhält also in Prax. nicht den Wert eines eigentlich theologischen Begriffs, es hat keinen eigenen philosophischen Inhalt. Für Moingt erklärt sich das daraus, daß das Wort anfangs nicht den Wert eines metaphysischen Begriffs hatte und daß es von Tertullian nicht in seine trinitätstheologischen Definitionen von philosophischer Bedeutung, in Prax. II und VIII, eingeführt werde.[114] Im Unterschied zu substantia und den die Stelle des Personbegriffs vertretenden Termini (species, forma, gradus) verbleibe persona auf der Ebene der Perzeption.[115] Diese Beobachtung hindert Moingt freilich nicht daran, „die gleiche Sicht der wirklichen Individualität in die exegetischen oder grammatikalischen Verwendungszusammenhänge zu projizieren, wo der Sinn des Wortes sich normalerweise abschwächt"[116].

Nun ist sicher richtig, daß Tertullian die Bedeutung von persona nicht auf die ‚ökonomischen' Erscheinungen reduziert, daß er also jedem Modalismus abhold ist und daß die Wortbedeutung „deren [der Erscheinungen] Sein selbst zu erreichen sucht"[117]. Doch kann dann der ontologische Begriffsinhalt allein in dem Moment der Individualität gesehen werden? Moingt stellt ja selbst fest, daß persona diese Bedeutung nicht kraft der eigenen vis significandi erreicht, sondern in Verbindung mit anderen Vokabeln und dank der Intentionen des Diskurses.[118] Der Sinngehalt von persona bestimmt sich jedoch nicht nur in Opposition zu substantia und in der Kombination mit species und forma (im Sinn der individuellen Gestalt). Sicher ist in den Verwendungszusammenhängen, die uns von einem „Reflexionsbegriff" sprechen ließen, direkt die „individuelle Eigenwirklichkeit" gemeint. Wenn es aber als unbezweifelbar gelten kann, daß Tertullian in Prax. eine doppelte Absicht verfolgt[119] – Herausstellen der wirklichen Eigenexistenz und Wahren der interaktionalen und interpersonalen Verbundenheit –, dann entspräche es den „Intentionen des Diskurses" eher, im Personbegriff beide Anliegen wiederzufinden. Meine in der Auseinandersetzung mit den anderen Autoren sehr dezidiert vorgetragene These vorsichtig präzisierend, möchte ich gerne zugeben, daß persona das kraft der eigenen vis significandi allein nicht erreicht. Wie das Moment der Individualität sich – auf philosophischem Niveau? – primär in den von Moingt herangezogenen Termini findet, so das der Kommunikabilität im Sinne der Interlokution und Interaktion in den Substantiven (Titeln), Adjektiven und vor allem Verben, die wir bei der Aufschlüsselung der „Bezeichnungen für die Unterschiedenen"[120] in die Rubrik „personale Funktion in interpersonaler Relation" eingeordnet haben. Die prosopologischen und dramaturgischen Verwendungszusammenhänge müssen also wohl stärker in ihrem Eigengewicht berücksichtigt werden. Wie die *Tabelle 10* aufweist, weiche ich nur an zwei Stellen von der Beurteilung Moingts ab, diese

109 Ebd. 645.

110 Vgl. die Untersuchungen ebd. 636–639.

111 Ebd. 643. 113 Ebd.

112 Ebd. 645. 114 Ebd. 645f.

115 Vgl. die ausdrückliche Bestätigung dieser These am Ende des einschlägigen Abschnitts ebd. 647.

116 Ebd. 643. 117 Ebd. 118 Ebd. 645.

119 Das gilt generell für die im Westen wie im Osten (Alexandrien) geführte Auseinandersetzung mit dem Monarchianismus: vgl. Pollard 339.

120 Vgl. Tabelle 3, letzte Spalten (oben S. 170).

erscheinen mir aber als entscheidend: In Prax. III,2 – einer Stelle, die Evans gar „eher eine Illustration als ein Argument"[121] nennt – sehe ich nicht nur die (möglicherweise juristisch gefärbte) umgangssprachliche Bedeutung („dieser [Mensch]"), sondern eine (soziale) Rollenbezeichnung par excellence. Aufgrund der Position dieser Textpassage im gesamten Traktat (es handelt sich um die erste, quasi einführende Verwendung von persona) messe ich dieser eine entscheidende Bedeutung für den Gesamtduktus des Diskurses bei. – Meine zweite von Moingt abweichende Kategorialisierung betrifft die letzte Persona-Stelle von Prax., und wiederum veranlaßt mich die Stellung des Textes im Gesamtkontext zu einer anderen Bewertung: In der Verbindung von nomen und persona präsentiert Tertullian im Schlußkapitel den erarbeiteten trinitätstheologischen Personbegriff, und zwar so, daß nicht nur der individuelle Eigenstand, sondern auch der ökonomische Zusammenhang zum Ausdruck gebracht werden.

Zusammengefaßt: Nicht allein kraft der eigenen vis significandi, sondern auch in Verbindung mit den anderen verwendeten Termini und entsprechend den Intentionen von Tertullians Diskurs müssen in dem Persona-Begriff von Prax. zwei inhaltliche Elemente – Selbstand und Relation – einander zugeordnet werden, und diese machen seine kommunikative Struktur aus. Dieser Begriff ist von Tertullian – darin stimme ich mit Moingt überein – nicht vollständig ausgearbeitet worden, aber er ist für eine solche Rekonstruktion offen. Das deutet übrigens Moingt in seinem Versuch einer Rekonstruktion dieses Personbegriffs selbst an.[122]

5. Kapitel

Mögliche Quellen von Tertullians Personbegriff

1. Herkunft aus der Rechtsterminologie?

Die generelle Charakterisierung der lateinischen Sprache als vom Rechtsdenken und der konkreten Jurisprudenz bestimmt sowie die Erkenntnis, daß zumindest der spätere, ‚klassische' Begriff „persona" – etwa im Verhältnis zu πρόσωπον oder ὑπόστασις – „stärker juridisch geprägt" bzw. „am juristischen Sachverhalt der konkreten Individualität orientiert"[1] ist, haben immer wieder Anlaß gegeben, die Wurzeln von Tertullians Personbegriff in seiner römischen und juristischen Bildung zu suchen[2]. Nachdem Harnack seine Position in der Auseinandersetzung mit

121 Evans (1) 199.
122 Moingt (2) 645.

1 Werbick (2) 340.342. Werbicks Charakterisierungen stehen freilich nicht in direktem Zusammenhang mit der Position Tertullians, der persona bereits als „trinitätstheologischen Leitbegriff" verwende (ebd. 339).

2 Vgl. die typische Fragestellung bei Hirzel 52: „In die Trinitätslehre hat Tertullian zuerst den Begriff ‚Person' eingeführt. Sollte es zufällig sein, daß gerade ein Römer und ein Jurist es war, der dies tat?" – Hirzel beruft sich (vgl. Anm. 1 und 2 z. St.) auf die 4. Auflage von Harnacks Lehrbuch der Dogmengeschichte, ohne die genau dort vorgenommene Revision – zumindest bezüglich substantia und persona im Kontext der Trinitätslehre – zur Kenntnis zu nehmen. – Labriolle (1) hatte noch vor Schlossmanns Beiträ-

Schlossmann revidiert hatte, plädierte die Mehrheit unter den Forschern[3] für eine philosophische Herkunft des Begriffs, und Prestige gab 1936 die Losung aus: „Die Tendenz, den seinem [Tertullians] Denken zugeschriebenen ‚juristischen‘ Charakter zu minimalisieren und seine philosophische Qualität zu betonen, muß noch weiter verstärkt werden.“[4] Dennoch fehlte es auch in der Folgezeit nicht an Versuchen, dem römischen Rechtsdenken einen dominierenden Einfluß auf Stil und Terminologie der Argumentationen Tertullians zuzuschreiben, ja sogar die Identität des „Kirchenvaters“ mit dem aus den justinianischen Digesten bekannten Juristen gleichen Beinamens[5] erneut ernsthaft in Erwägung zu ziehen. Hier ist vor allem Beck zu nennen, der Schlossmann „eine oberflächliche Überprüfung von juristischen Fachausdrücken“ bescheinigt; aufgrund seiner Unterstellungen kommt er zu dem Schluß, daß Tertullian nicht bloß „Gerichtsredner (causidicus) gewesen sei, der keine genauere juristische Bildung besaß“[6], sondern daß man in ihm einen Rechtsberater (iurisconsultus) zu sehen habe. Auch in seinen zwischen Rhetorik und Rechtsprechung deutlich unterscheidenden „Rechtsgeschichtlichen Bemerkungen zum Neudruck der Studie über Tertullian und Cyprian“[7] rückt Beck nicht von seinem Urteil ab, daß – wie besonders das Apologeticum beweise – „die zahlreichen von Tertullian gebrauchten Rechtsausdrücke, gerichtsrednerischen Argumentationen und Einzelkenntnisse in seinen nicht auf Erörterung juristischer Fachfragen abzielenden Schriften . . . jedenfalls eine nicht bloß oberflächliche Vertrautheit mit dem Recht, wie sie von bedeutenden Lehrern anspruchsvoller Rechtsschulen (Karthagos oder Roms) zur Severenzeit wohl vermittelt wurde“, zeigen[8]. Selbst wenn Tertullian aus anderen Quellen (z. B. den lateinischen Bibelübersetzungen) Rechts-

---

gen die Meinung vertreten, der juristische Einfluß auf die Moralvorstellungen Tertullians sowie in dessen Polemik und Apologetik sei unübersehbar; die Position Harnacks sah er trotz entsprechender Einwände in der bis dahin geführten Diskussion nicht erschüttert (26^1).

3 Vgl. Tabelle 9.

4 Prestige XXV. Sehr differenziert äußerte sich Lortz II 221–232 (Exkurs II: War Tertullian Jurist?), der die Frage allerdings nicht stellte, „um in der wichtigen Frage, ob bestimmte dogmatische Formulierungen Tertullians (etwa in der Trinitätslehre) auf juristischen Begriffen aufbauen, einen festen Standpunkt zu gewinnen“ (221), sondern um den Charakter Tertullians aufzuhellen, der gerade auch in den juristischen Partien „vor allem Rhetor und Polemiker“ (222) war. Lortz hält die Frage der Identität des Apologeten mit dem Juristen Tertullian für unentscheidbar – jedoch: „Zur psychischen Einstellung und praktischen Betätigung eines solchen Juristen fehlte Tertullian so gut wie alles“ (224). Auf der anderen Seite erkläre Schlossmann zu wenig, wieso sich Tertullian auch ungesucht juristische Formulierungen aufdrängten; Lortz rekurriert auf die Rhetorik und die Sophistik und erachtet ein irgendwie geartetes juristisches Studium sowie eine mögliche Advokatenpraxis als ausreichende Erklärung (226). Das abschließende Urteil lautet: „Tertullian war seiner inneren seelisch-geistigen Struktur nach Advokat, nicht Jurist“ (232).

5 Vgl. dazu Steinwenter.

6 A. Beck, Römisches Recht 4^4. (Die römischen Ziffern in den folgenden Angaben beziehen sich auf die Bemerkungen zum Neudruck.)

7 Ebd. V–XV.

8 Ebd. XI.

vorstellungen geschöpft habe, sei ihre Ausformung „durch den Geist des römischen Rechts bestimmt und weitergeführt“[9]. Die in der ersten Auflage behauptete „Identität mit dem Pandektenjuristen gleichen Namens“[10] wird auch in den Bemerkungen zum Neudruck für „nicht unmöglich“[11] gehalten, zugleich aber als Problem relativiert, da sie „für die Frage nach der Auswirkung römischen Rechtsdenkens auf Tertullians Werk nicht primäre Bedeutung“ hat[12]. Der Position Becks (und Labriolles) schließt sich – in ausdrücklicher Wendung gegen Schlossmann[13] – Stirnimann an, der die zur Debatte stehende Identität für „sehr wahrscheinlich, wenn auch nicht absolut sicher“[14] hält (und dies, obwohl er die Frage für unentscheidbar erachtet). Die drastischen Urteile Stirnimanns – „Tertullians theologisches Denken [war] von römisch-rechtlichen Vorstellungen und Elementen in geradezu bedrohlicher Weise durchsetzt“[15] sowie „Tertullian sieht alles und jedes vom juristischen Standpunkt aus“[16] – sind ganz sicher durch den konkreten Gegenstand seiner Untersuchung, die Präskription, favorisiert worden. Überhaupt fällt auf, daß bei den Verfechtern eines vorherrschenden juristischen Einflusses die Analyse der uns hier vornehmlich interessierenden dogmatischen und speziell der trinitätstheologischen Terminologie – wenn überhaupt – nur spärliche Ergebnisse liefert und lediglich zurückhaltende Urteile erlaubt. Seit den Arbeiten von Braun, Moingt, Fredouille u. a. konvergieren die Meinungen der Tertulliankenner dahin, die Quellen seiner Wortwahl und Argumentation eher in seiner philosophischen und rhetorischen Ausbildung als in einer detaillierten Rechtskenntnis und ihrer technischen Anwendung auszumachen.[17] Vor allem der umfangreiche Aufsatz von Martini[18] hat die Forschung auf die von Schlossmann vor bald 80 Jahren gewiesene Route gestellt. Interessant ist, daß unser Kronzeuge die Identität der beiden Tertulliane gerade deshalb ausschloß, weil Q. S. F. Tertullianus besonders in seiner Trinitätstheologie der wissenschaftlich-juristischen Methode und Argumentation eklatant widerspre-

9 Ebd. XV.
10 Ebd. 13–17.
11 Ebd. X.
12 Ebd. XI.
13 Vgl. Stirnimann 3f.
14 Ebd. 82.
15 Ebd. 154.
16 Ebd. 155f.
17 Einen fortlaufenden Überblick verschafft die seit 1976 in der REAug erscheinende Chronica Tertullianea. In seiner Rezension zu G. Bray, The legal concept of ratio in Tertullian, in: VigChr 31 (1977) 94–116, formuliert R. Braun den von uns eben referierten Konsens: vgl. REAug 23 (1977) 323f. S. dazu auch die Arbeit von Gaudemet sowie die entsprechende Rezension von Fredouille (4). Schließlich hat R. Braun (5) 297 erneut darauf hingewiesen, daß seit 1962 (vgl. R. Braun [1] 18 u. Anm. 3) „das ‚Harnacksche‘ Wunder eines terminologischen Panjuridismus bei Tertullian“ entzaubert worden sei. Bei dieser Gelegenheit verweist er nochmals auf die Arbeiten Fredouilles, Martinis und Gaudemets und erinnert an die hier noch nicht erwähnte Untersuchung von Finé, welche die Vorstellung von dem Juristen Tertullian als Vorurteil entlarvt und auf dessen philosophische, theologische und sprachschöpferische Kompetenz hinweist; bei der Interpretation des praeiudicare in Prax. II faßt Finé seinen Gesamteindruck zusammen: „In Wirklichkeit ist der Sprachgebrauch Tertullians, wie wir sahen, in den meisten Fällen eine Welt von dem der Juristen entfernt“ (74).
18 Vgl. auch hierzu die Rezension von R. Braun in: REAug 22 (1976) 337f.

che.[19] „Tertullians Trinitätslehre vom Standpunkte der Jurisprudenz betrachtet"[20] ist nach Schlossmann eine schlechte unter den möglichen „Scheinlösungen"[21], was an der Lösung der Einheitsfrage mittels des „unum", an dem Widerspruch im Substanzbegriff und an der Konzeption der consortes demonstriert wird[22]. In seiner im gleichen Jahr erschienenen Buchveröffentlichung[23] unterstrich Schlossmann noch einmal die These, daß persona (und substantia) niemals eine juristische Bedeutung zukam. Martini hat als Kenner des römischen Rechts unter die „Identitätsdebatte" wohl endgültig einen Schlußstrich gezogen und den Streit durch das nochmalige und ausführliche Aufdecken der (vom juristischen Standpunkt aus gesehen!) Begriffsverwirrungen und Irrtümer wie des nicht-technischen oder vulgären Gebrauchs juristischer Termini bei Tertullian negativ entschieden.[24]

Wir haben also von diesem generellen Befund her keine Veranlassung, ausgerechnet in Prax.[25] und mit Blick auf den dort verwendeten Persona-Begriff einen Einfluß aus der Terminologie des römischen Rechtsdenkens anzunehmen. Während unserer Interpretation erhielten wir darüber hinaus keinen stichhaltigen Hinweis[26], daß über die juristisch gefärbte Umgangssprache der Gebildeten entsprechende Vorstellungen in Tertullians Personverständnis eingeflossen seien. Ich möchte deshalb auch nicht von einer „halb-juristischen, halb-theologischen" Sichtweise reden, wie das Moingt – allerdings bezeichnenderweise nicht im direkten Zusammenhang mit persona – tut.[27] Die von Moingt und anderen[28] vorgeschlagene Kategorialisierung „dieser Mensch da/ein Bestimmter" rechtfertigt in keiner Weise einen solchen Rekurs. „Die konkrete Präsentation eines Individuums als solchen"[29] hat mit juristischer (Fach-)Terminologie nichts zu tun; sie ist aber auch nicht verbunden mit der Idee des Selbstbewußtseins[30], was etwa gegenüber Evans betont werden muß. Der umgangssprachliche Gebrauch kann also nicht zum Leitfaden genommen werden, um in Tertullians trinitätstheologischem Personbegriff besonders oder gar ausschließlich das Moment der Individualität herauszuarbeiten.

Beck spricht von der „staatsrechtlichen Konstruktion der Trinität", insofern Prax. II „das himmlische Regiment mit der weltlichen Monarchie [vergleicht], die, trotzdem der Herrscher Mitregenten annimmt, den Charakter der Einherrschaft nicht verliert. Der Gedanke ist offenbar nicht neu, bedeutsam wird aber auch hier

19 Vgl. Schlossmann (1).
20 So ist der einschlägige Abschnitt – ebd. 269–275 – betitelt.
21 Nach Schlossmann (1) 420 kann es für dieses Problem nur „Scheinlösungen" geben.
22 Ebd. 273–275.413f.418–422.
23 Schlossmann (2); vgl. bes. den abschließenden § 12.
24 Vgl. vor allem die abschließende Beurteilung bei Martini 119–124.
25 Unter den von Schlossmann (1) 266f[1] zusammengetragenen Stellen aus den Werken Tertullians, die „juristische Redensarten und Bilder" enthalten, findet sich keine einzige aus Prax.!
26 Das gilt auch für die oben S. 223–229 gemachten Beobachtungen.
27 Vgl. Moingt (2) 801.
28 Vgl. Tabelle 10 (oben S. 247f).
29 Kelly (1) 115.
30 Ebd.

die scharfe juristische Formulierung, die die Einheit von Vater und Sohn als Einheit des Imperiums darstellt, wo der Sohn seine Gewalt vom Vater delegiert erhält und nur Verwalter und Reichsverweser ist“[31]. Eine Anmerkung verweist darauf, daß „gerade die Zeit der Severe . . . ja die klassische Zeit der Mitregentschaft (participatio imperii) und zwar innerhalb der Familie“ war[32]. Ob aufgrund der Forschungslage überhaupt noch mit einer „scharfen juristischen Formulierung“ gerechnet werden darf, ist zu bezweifeln.[33] Viel gewichtiger für das Ergebnis unserer Untersuchung erscheint mir die Tatsache, daß gerade angesichts von Prax. III nicht von einem „individualistischen“ Personbegriff die Rede sein kann. Auch die von Beck in Prax. erkannten „zivilrechtlichen Konstruktionen der Trinitätslehre“[34] – ich halte diese Rekonstruktionen für überzogen – eröffnen viel eher die Perspektive für den kommunikativen Personbegriff, für den neben dem wirklichen Eigensein und Selbstand die Relationen, die interpersonalen Bezüge konstitutiv sind. Was die „Einheit in der Substanz“ angeht, so widerspricht Beck der Schlossmannschen Charakterisierung als „Scheinlösung“[35] mit folgendem aufschlußreichen Hinweis: „Aber Tertullian legt auf eine genaue juristische Erfassung des Zusammenhangs der Substanzen als res im Rechtssinne deshalb kein Gewicht, weil er vor allem den Blick richtet auf die tres personae als lebendige Wesenheiten. Es kommt ihm mehr auf deren persönliches Verhältnis [!] als auf die ins einzelne durchgeführte sachenrechtliche [!] Verbindung ihrer Substanzen an. Er erklärt: die tres personae bilden in bezug auf die gemeinsame Substanz ein consortium, collegium, eine Miterbengemeinschaft.“[36] Was Moingt in seiner Rezension zu Braun anmerkt, ist in Richtung der Fachjuristen wohl zu wiederholen: Die theologischen Zusammenhänge, auf die übrigens Beck stärker achtet als Schlossmann, sind in ihrem ganzen Gewicht zu wägen. Ich selbst habe bei der Analyse der Verwendung von persona zur Bezeichnung des Rollenträgers darauf hingewiesen, daß die mit Begriffen aus dem politischen Bereich gekennzeichnete Aktionsgemeinschaft von dem bei Tertullian mehrfach herangezogenen johanneischen Kontext her als intime Lebensgemeinschaft charakterisiert werden muß.[37]

Der gegenwärtige Forschungsstand bestätigt also das im 3. und 4. Kapitel gewonnene Untersuchungsergebnis: Tertullians Persona-Begriff ist nicht der juristischen Fachterminologie entlehnt; die juristischen Elemente der Umgangssprache dürfen nicht unabhängig von der systematisch-theologischen Reflexionsleistung Tertullians, die bei der Heiligen Schrift ihren Ausgang nimmt, gewertet werden. Für die Rekonstruktion seines trinitätstheologischen Personbegriffs ergab sich, daß das verwendete staatsrechtliche Modell – von „zivilrechtlichen Konstruktionen“ möchte ich nicht reden – die These von der kommunikativen Struktur rechtfertigt.

---

31 A. Beck, Römisches Recht 43f.
32 Ebd. 44².
33 Leider geht Martini auf diese Stelle (Prax. III) nicht ein.
34 A. Beck, Römisches Recht 45–49.
35 Ebd. 46².
36 Ebd. 47.
37 Vgl. oben S. 210f.

2. *Produkt der Exegese?*

Das Interesse an dieser Fragestellung wurde in der Forschungsgeschichte vor allem durch Andresens Untersuchung „Zur Entstehung und Geschichte des trinitarischen Personbegriffs"[38] geweckt, die an der bereits von Harnack selbst revidierten Position eine erneute Korrektur vornahm. Harnack hatte ja aufgrund der Einwände Schlossmanns die Quelle des Personbegriffs nicht mehr in der Juristensprache, sondern in Tertullians lateinischer Bibel ausmachen wollen.[39] Der in unserer Analyse gewonnene Eindruck, daß eine direkte Übernahme aus der Bibel auszuschließen ist[40], wird von Andresen bestätigt, dem zufolge Tertullian den Personbegriff „einer älteren exegetischen Tradition verdankt, die zunächst im Osten entwickelt wurde und christologisch bzw. trinitarisch interpretierte Schriftstellen unter der Zitationsformel: ἐκ προσώπου = ex persona zitierte. Allerdings kommt in der Geschichte dieser Zitationsformel Tertullian eine besondere Rolle zu, weil sie unter dem Einfluß seines Begriffsrealismus zu einer theologischen Aussage über die trinitarischen Personen werden konnte."[41] Hier wurde versucht, die angesprochene prosopographische bzw. prosopologische Exegese angemessen zu berücksichtigen[42], ohne wie Andresen von einem „aus der Schriftexegese unmittelbar gewonnenen trinitarischen Personbegriff"[43] zu reden. Statt dessen wurde dem Zusammenspiel von rhetorisch-grammatischer Tradition, exegetischer Analyse und systematischer Reflexion die für die Aufnahme und Ausgestaltung des Personbegriffs entscheidende Bedeutung zugemessen.[44] Im Folgenden gilt es, „den interessanten Vorschlägen C. Andresens"[45] noch einmal nachzugehen, um das eigene Urteil zu festigen.[46]

---

38 In: ZNW 52 (1961) 1–39. R. Braun (1) 212–216 lag dieser Beitrag bei der Analyse der Formel „ex persona" nicht vor; er trägt ihn in seinen Ergänzungen zur 2. Aufl. nach (vgl. ebd. 704).

39 Vgl. nochmals Harnack (2) I 576f (mit Anm. 2).

40 Vgl. oben S. 149–151.200–202.214f.

41 So schon Andresen (1) 87; die These hat Andresen (2) ausführlich belegt, vgl. hier die Einleitung (1–3).

42 Vgl. die Unterabschnitte der Kapitel 3 und 4.

43 Andresen (1) 87.

44 Vgl. oben S. 229–231.

45 Vgl. Stead (1) 58.

46 Im Rahmen unserer Arbeit ist es nicht erforderlich – über den Rahmen der prosopologischen Exegese hinaus –, auf das exegetische Instrumentarium und die hermeneutischen Prinzipien Tertullians einzugehen; neben den bereits erwähnten sind vor allem folgende Arbeiten zu konsultieren: Zimmermann; Boer; Karpp; Hanson; Kuss; O'Malley. – Wichtig erscheint mir in unserem Zusammenhang allerdings gegenüber den Intentionen, Tertullian „Fälschungen" in seiner Schriftauslegung nachzusagen (vgl. Rossi), der Hinweis auf die theologiegeschichtliche Situation Tertullians. In diesem Sinn hat vor einigen Jahren Waszink (3) herausgestellt, daß die Exegese Tertullians „juristisch" wie theologisch als korrekt anzusehen ist. (Die Rezension R. Braun [4] macht eine falsche Seitenangabe.) Die jüngste, den Forschungsstand aufbereitende Arbeit von Jansen versteht sich als ntl. Gegenstück zur Untersuchung von Geest.

Die vorliegende Interpretation ging bald dazu über, statt von „prosopographischer" Exegese von einer prosopologischen zu reden. Während M.-J. Rondeau diese von ihr in ihrer jüngsten Veröffentlichung vorgenommene Abweichung von Andresen damit begründet, daß das Wort „Prosopographie" in der wissenschaftlichen Sprache bereits in anderem Zusammenhang seinen festen Platz hat[47], wurde ich durch Tertullians Handhabung der Methode zu diesem Schritt veranlaßt: Unserem Autor dient das Verfahren als Instrument seiner systematischen, theologischen Argumentation! Ich möchte hier die Grundzüge der prosopologischen Methode weitgehend an Hand der beiden Arbeiten Rondeaus[48] zeichnen, werde aber bei der Auswertung im Hinblick auf unsere Fragestellung wieder auf Andresen zurückkommen.

Rondeau definiert die prosopologische Exegese so:

„Es handelt sich um eine literarkritische Methode, die auf die Unterscheidung und Identifizierung der Personen (πρόσωπα, personae) abzielt, die ein Autor in Texten mit dramatischem oder einfach dialogischem Charakter einführt (εἰσάγει, introducit usw.): Wer spricht? Zu wem? Die Methode erfordert nicht oder wenigstens nicht durchweg, daß der Autor das Ich des Diskurses ist, sondern lediglich sein Wortführer; auch die Identität des Sprechers wird oft mit Hilfe der technischen Formel ἐκ προσώπου/ex persona zum Ausdruck gebracht: Der Autor spricht im Namen eines solchen, läßt einen solchen sprechen. Das Kriterium dieser Identifikation ist die Angemessenheit: Der Diskurs paßt (πρέπει, ἁρμόζει, ἐφαρμόζει, οἰκείως ἔχει/convenit, competit, congruit, aptatur, coaptatur, dignum est, proprium est usw.) zu einem solchen unter Ausschluß eines Andersgearteten. Schließlich widmet der Exeget große Aufmerksamkeit jedem Sprecherwechsel (μεταβολή oder ἐναλλαγή προσώπου/mutatio oder conversio personae), umso mehr als – in den Psalmen – diese Wechsel nicht generell angezeigt sind und nur vom Inhalt des Diskurses her aufgedeckt werden können.

Unterscheidung des Autors und seiner Personen, Identifizierung des Sprechers und gegebenenfalls des Angesprochenen mit Hilfe des Angemessenheitsarguments, Unterscheidung der folgenden Sprecher – das ist zusammengefaßt der Funktionsapparat der prosopologischen Exegese."[49]

---

47 Vgl. Rondeau (2) 512. In ihrer 1979 abgeschlossenen Doktorarbeit verwendete sie noch den Ausdruck „prosopographique", der in der gedruckten Fassung Rondeau (1) durch „prosopologique" ersetzt wurde (die Begründung: ebd. II 8[7]). Inzwischen bürgert sich auch der Wortgebrauch „grammatische" Exegese für die Methode Tertullians ein: vgl. dazu die bei B. Studer angefertigten Dissertationen von Luis Viscaino und Drobner. Zur Entwicklung von Studers Ansatz hier S. 260f.

48 Rondeau (2) ist in gewissem Sinn die Zusammenfassung von Rondeau (1), der inzwischen (1982/85) in teils stark überarbeiteter Fassung publizierten Doktorthese von 1979. Rondeau beschränkt zwar ihre Analyse auf die Psalmenkommentare des 3. bis 5. Jh.s, also auf die Zeit, in der die prosopologische Exegese in ausgereifter Form vorlag und als solche reflektiert wurde; sie möchte damit auf dem Gebiet der Christologie und Ekklesiologie die Untersuchungen Andresens fortsetzen (so ausdrücklich [1] II Introduction und 34). Gleichwohl ist ihre Charakterisierung der Methode für uns von höchstem Interesse, zumal sie deren Ursprünge (vgl. ebd. II, Teil 1, Kap. 1) vor allem bei Justin darstellt und ausdrücklich auf Tertullian und den trinitätstheologischen Personbegriff eingeht.

49 Rondeau (2) 512f.

Verdeutlichen wir das Verfahren an einem Beispiel, das uns aus Prax. XI bekannt ist: Bei dem Psalmwort „Es sprach der Herr zu meinem Herrn: Setze dich zu meiner Rechten!" (Ps 110,1) unterscheidet der prosopologisch verfahrende Exeget den Autor (David) und den eigentlichen Sprecher (den Heiligen Geist), der „ex tertia persona" spricht; als der erste Sprecher wird Gott der Vater identifiziert, der Angesprochene ist sein Sohn Jesus Christus. An diesem Beispiel wird zugleich deutlich, daß sich die prosopologische Exegese in Verbindung mit der „prophetischen" Schriftauslegung und zunächst als deren Ergänzung etabliert hat.[50] Justin markiert den Übergang von der prophetischen Interpretation des Alten Testamentes zu einer literarischen Analyse im Sinn der prosopologischen Exegese.[51] Während die prophetische Methode auf die Identifizierung der fraglichen Personen ausgerichtet ist, entziffert die prosopologische Exegese die Natur und die Qualitäten der Personen.[52] Diese Beobachtung ist insofern von Interesse, als damit die Aufmerksamkeit auch auf die Qualität der interlokutionären Beziehung gelenkt und schließlich die Rekonstruktion des Personbegriffs als eines kommunikativen im Rahmen einer intimen Aktions- und Lebensgemeinschaft gerechtfertigt wird. Justin freilich verwendet das Wort πρόσωπον nie außerhalb der geprägten Formel „ἀπὸ προσώπου"[53] – Rondeau spricht gleichwohl von einer „ ‚prosopologischen' Annäherung an die Schrift"[54] –, und für das „Fortschreiten" der Methode bei Irenäus kann nur ein Beispiel angeführt werden.[55] Erst bei Tertullian läßt sich eine konsequente Anwendung des Verfahrens, das, wie wir sahen, nicht auf die Auslegung der Psalmen beschränkt ist[56], konstatieren, ja in Prax. XI erscheint die prosopologische Exegese als eine Methode „sui generis"[57], deren Relevanz für die Fassung des trinitätstheologischen Personbegriffs Andresen ja bereits überdeutlich herausgestellt hatte[58]. Der Apologet aus Karthago „trieb die Methode viel weiter voran als seine Vorgänger. Der Formel *ex persona*, die der Untersuchung des Ich der heiligen Texte korrespondierte, fügte er die Formeln *ad (in) personam* und *in persona* hinzu, um denjenigen herauszustellen, *zu dem* und *über den* man spricht. Wenn er den klassischen Schriftbefund über die Pluralität in Gott heranzieht [die Anm. verweist auf Prax. XIII,1–4], wertet er wie kein anderer vor ihm den durch gewisse Texte angebotenen Dialogcharakter aus."[59] Es ist deshalb unzureichend, die Methode Tertullians nach ihrer Herkunft aus dem Grammatikunterricht lediglich als „grammatische Exegese" zu kennzeichnen, denn die grammatikalische Methode wurde unter

50 Vgl. Rondeau (1) II, Teil 1, Kap 2, bes. 74–78.87. Die Verbindung mit der typologischen Methode stellt also nur ein erstes Stadium dar (vgl. Rondeau [1] 89–93 und [2] 527–536).
51 Rondeau (1) II 24–29.
52 So Rondeau in ihrer conclusion: ebd. 389–396.
53 Ebd. 28.
54 Ebd. 29.
55 Ebd.
56 So auch Rondeau (2) 513.
57 Ebd. 532f.
58 Vgl. auch Rondeau (1) II 30–34.71.
59 Ebd. 30.

seinen Händen zu einer theologischen. Der „geniale Schachzug“ Tertullians[60] liegt darin, daß er in gewissen Schriftstellen (Ps 110,1!) den Heiligen Geist nicht nur als einen erkennt, der Vater und Sohn als Ich und Du präsentiert, sondern als einen, der auch in seinem eigenen Namen spricht, d. h. in prosopologischer Konsequenz „als eine dritte Person“ (Prax. XI,7/1172,52: ex tertia persona).[61] Rondeau stellt sich damit hinter das Urteil Andresens, der dezidiert formuliert hatte: „Der prosopographischen Exegese war die Begründung einer dritten trinitarischen Person nur möglich, wenn sie den theologisch-metaphysischen [!] Aussagewert ihrer Prosoponformeln auch auf den heiligen Geist ausdehnte und ihn damit in das innertrinitarische Gespräch als trinitarische Person hineinzog. Dies getan zu haben, bleibt das dogmengeschichtliche Verdienst Tertullians.“[62]

Die Beobachtungen Rondeaus geben mir die Gelegenheit, meine beiden den Forschungsstand zu Quelle und Struktur von Tertullians Personbegriff differenzierenden bzw. korrigierenden Thesen zu untermauern: (1) Tertullian hat seinen trinitätstheologischen Begriff nicht unmittelbar der prosopologischen Exegese entnommen. (2) In Tertullians Personverständnis dominiert nicht das Element der Individualität, dieses bildet vielmehr mit dem Moment der Relationalität eine kommunikative Struktur.

Zu (1): Nach Rondeau „hat Andresen gezeigt, daß die prosopologische Exegese zumindest eine sehr bedeutende Quelle ist“, was besonders der „eklatante“ Fall in Prax. XI unterstreiche. Sie selbst aber will „nicht suggerieren, daß Tertullian das Wort (und den Begriff) der trinitarischen Person allein der prosopologischen Exegese entnommen hat. Die Ursprünge sind wahrscheinlich komplex.“[63] Eine entschiedene Gegenposition zu Andresen nimmt Moingt[64] ein, der den Einfluß einer prosopographischen (prosopologischen) Tradition auf Tertullians trinitätstheologischen Sprachgebrauch aus zwei Gründen für nicht erwiesen hält: Diese exegetische Methode habe als Ziel nicht die Unterscheidung der Stimmen (Sprecher); weder Justin (sechsmal) noch Irenäus (einmal) verwendeten die Formel ἀπὸ προσώπου zu diesem Zweck. Sicher könne Tertullian von einer alten Gewohnheit beeinflußt sein, was aber nicht ausreiche, um von einer „Vorgeschichte“ zu reden und diese als unmittelbare Quelle namhaft zu machen.[65] Schon Braun[66] hatte in der ersten Auflage seiner Untersuchung, die den Beitrag Andresens noch nicht berücksichtigte, seine Argumentation auf die Häufigkeit der Formel ex persona bei den Grammatikern und Rhetorikern gestützt, und selbst Studer räumt – unter Hinweis auf Braun – ein, „daß die Lateiner die prosopographische Methode im profanen

---

60 Ebd. 31.

61 Ebd. 32; Rondeau (2) 524f.

62 Andresen (2) 23.

63 Rondeau (1) II 34[42].

64 Vgl. Moingt (2) 557–561.

65 Zur Originalität von Tertullians „Exegese“ im Vergleich zu Justin und Irenäus: R. Braun, Le témoignage des Psaumes dans la polémique antimarcionite de Tertullien, in: Aug. 22 (1982) 149–163.

66 R. Braun (1) 212–216. Geest 233–238 schließt sich weitgehend R. Braun an; auch er berücksichtigt den Beitrag Andresens nicht.

Bereich schon vorher von den Griechen übernommen hatten", ohne indes davon abzurücken, „daß die christlichen lateinischen Autoren in Nachahmung der bei den Griechen bereits heimisch gewordenen Exegese das Wort persona in die Trinitätslehre aufgenommen haben"[67]. Inzwischen vertritt allerdings auch Studer die Auffassung, man müsse der Methode der Grammatiker doch größere Aufmerksamkeit widmen.[68] Auch Rondeau übersieht vorliegende Parallelen nicht, arbeitet aber sorgfältig die Unterschiede zwischen grammatikalischer und prosopologischer Personenidentifizierung heraus.[69] Wichtiger ist wohl noch ihr folgendes Urteil: „Dieser stark vorangetriebene Gebrauch einer traditionellen exegetischen Methode kann seiner [Tertullians] rhetorischen Ausbildung zugeschrieben werden. Aber die Methode selbst korrespondiert dem Einsatz in der Debatte."[70]

Zu (2): Unabhängig von der Frage weiterer Quellen will auch Andresen nicht behaupten, die Verwendung dieser exegetischen Methode sei „l'art pour l'art"; gerade er betont ja den „rationalen" Charakter des trinitätstheologischen Personbegriffs.[71] Daher darf man wohl seine These von dem „aus der Schriftexegese unmittelbar gewonnenen trinitarischen Personbegriff"[72] nicht in einem ganz engen Sinn verstehen. Das rationale Verfahren, in dem der Begriff erarbeitet wird, ist ein Zusammenspiel von Exegese und systematisch-theologischer Reflexion.[73] Den Beitrag des exegetischen Verfahrens allein kann man mit Moingt als bescheiden einstufen, insofern es weder ein Existenzurteil liefert noch reale Individuen unterscheidet, sondern lediglich eine Rede „personalisiert"[74]. In der Tat läßt sich nicht behaupten, daß Tertullians Vorgänger die These aufstellten: „Diesen Sprecher bzw. diesen Angesprochenen nenne ich jetzt eine trinitarische *Person.*"[75] Vielmehr wurden πρόσωπον bzw. persona „im Zusammenhang mit dem Begriffe des Namens gesehen und irgendwie auch als Repräsentation verstanden"[76]. Tertullian nimmt aller-

67 Studer (3) 185.

68 Studer (7) 174 nennt als zweiten externen Faktor die alexandrinische grammatikalische Exegese und behauptet jetzt entschieden, „daß *der grammatikalische Gebrauch* von persona die Exegese der trinitarischen Texte bestimmte und von daher die trinitarische Terminologie selbst bis zum Ende des patristischen Zeitalters". Vgl. jetzt auch Studer (8) 85f.

69 Vgl. Rondeau (1) II 81f; (2) 514–516; auch die Hinweise auf die bereits von Philon adaptierte heidnische Tradition (Rondeau [1] II 26); auf die stoische Homerphilologie und das dort zu findende literarische Modell der „Personbildung" (προσωποποιία) hatte Andresen 14–18 selbst aufmerksam gemacht.

70 Rondeau (1) II 34.

71 Andresen (1) 87f; (2) 1.

72 Andresen (1) 87.

73 Vgl. Rondeau (1) II 24: „par le jeu conjugué de l'exégèse et de la théologie".

74 Moingt (2) 586.

75 Diese Auffassung vertrat auch Prof. Studer in einem Gespräch.

76 Studer (3) 185. – Aufschlußreich Daniélou (4): In den Anfängen der Trinitätstheologie wurde περιγραφή noch vor πρόσωπον (und ὑπόστασις) zur Bezeichnung der Manifestation des Sohnes verwendet. Περιγραφή steht dabei synonym für „Person" wie Begrenzung, d. h. der Sohn ist der Name (die „Person") des als ursprüngliche, unendli-

dings die prosopologische Methode viel stärker in den Dienst seiner apologetischen und systematisch-theologischen Argumentation und bringt in Prax. wenigstens an einer Stelle ausdrücklich die eben formulierte These vor: „Was auch immer also die Substanz des Wortes gewesen ist, *ich nenne jene ‚Person' und nehme für sie den Namen des Sohnes in Anspruch* und verteidige, während ich den Sohn anerkenne, diesen als Zweiten vom Vater her" (VII,9/1167,54–56: Quaecumque ergo substantia sermonis fuit, *illam dico personam et illi nomen Filii vindico* et, dum Filium agnosco, secundum a Patre defendo). In welchem Sinn aber nennt Tertullian den Sohn eine „Person"? Fragen wir noch einmal nach dem konkreten Beitrag, den das von ihm verwendete exegetische Verfahren zur inhaltlichen Füllung und zur Strukturierung des Personbegriffs leisten konnte!

Durch den literarischen Kunsttrick der prosopologischen Methode läßt sich die Existenz der in Szene gesetzten Gesprächspartner nicht beweisen. Den frühchristlichen Theologen ist der Glaube an den dreieinen Gott vielmehr von der regula fidei vorgegeben, der zu beweisende Glaubenssatz ist also bereits vorausgesetzt: „Es ist die christliche Perspektive, die den Ton angibt. Sie beugt die Technik, um sie sich zu unterwerfen."[77] Grundlage dieses Verfahrens ist die „intime Korrespondenz zwischen der Methode und dem Text"[78]. Die „dem heiligen Text adaptierte"[79] und in diesem Sinn dogmatisch verwendete Methode ist dann nicht mehr bloße Exegese, sie wird vielmehr zum Instrument einer sich entwickelnden biblischen Theologie.[80] Hinter einer solchen These verbergen sich eine Menge wissenschaftstheoretischer Probleme, die hier nicht erörtert werden können.[81] Unsere Untersuchungen zu Tertullian haben jedenfalls ergeben, daß dieser die prosopologische Methode in seiner Argumentation systematisch einsetzt zur Aufdeckung der Eigenwirklichkeit wie der Relationen der erkannten Gesprächspartner. Dabei rekurriert er nicht nur auf die der modernen Bibelwissenschaft höchst suspekte Exegese einschlägiger Psalmen, sondern – gerade in seiner positiven Darlegung, der confirmatio – auf die Auslegung zentraler Passagen des Johannesevangeliums. Fungiert so das Neue Testament selbst als Berufungsinstanz, erhält das Urteil Ratzingers zusätzliches Gewicht: „Dabei sind die Einzelexegesen, die die Väter bieten, sicher zufällig und als solche überholt, aber die exegetische Gesamtrichtung, die sie einschlagen, hat die geistige Richtung der Bibel erfaßt, insofern das Grundphänomen, vor das wir in der Bibel gestellt werden, der sprechende Gott und der angesprochene Mensch ist, das Phänomen der Partnerschaft des im Wort zur Liebe gerufenen Menschen."[82] Man

---

che Gottheit unsichtbaren Vaters. Noch bei Theophilus von Antiochien meint πρόσωπον die facies Dei im Sinn der atl. Tradition; erst im 4. Jahrhundert dissoziiert man Person und Begrenzung.

77 Rondeau (2) 523.

78 Rondeau (1) II 27.

79 Rondeau (2) 517–527.

80 Rondeau (1) XII (Masch. Diss.); sie beruft sich, ohne einen Fundort anzugeben, auf H. de Lubac.

81 Vgl. die abschließenden Bemerkungen zum Eigenwert der prosopologischen Exegese Rondeau (1) conclusion.

82 Ratzinger (2) 210. – Nach Moingt (2) 252 sind die atl. Argumente Tertullians für einen

darf nach wie vor die Frage stellen, ob Tertullian seinen trinitätstheologischen Personbegriff im Zusammenhang mit diesem systematisch eingesetzten exegetischen Verfahren gefunden hat; daß er die inhaltliche Struktur des Begriffs vor allem auch in der Auslegung des Johannesevangeliums gewinnt, scheint mir unbestreitbar. Intime Nähe besteht nicht zwischen trinitätstheologischem Personbegriff und prosopologischer Exegese, sondern zwischen dem Begriff und den mittels dieser Methode exegesierten Texten. Dann läßt sich auch mit Ratzinger fortfahren: „Damit kommt aber der Kern dessen ans Licht, was Person in Wahrheit heißen darf."[83] Der trinitätstheologische Personbegriff erhält in dieser von der regula fidei geleiteten Schriftauslegung seine „Dichte"[84], wobei es sich um das „Zusammenspiel von Distinktion ohne Exteriorität und von Koinzidenz ohne Tautologie"[85] handelt. Unsere zweite eingangs genannte Interpretationshypothese ist also bestätigt: Die Aufdeckung der in Szene gesetzten Rollenträger als „dialogischer Realitäten"[86] illustriert die kommunikative Struktur von persona. Selbstand und Beziehung (der Liebe und des Gehorsams) bilden die beiden Strukturmomente. Obwohl Tertullian auch von der Einheit in der „Substanz" redet, ist sein Personbegriff nicht von der Entgegensetzung persona–substantia her zu verstehen, sondern von dem ökonomischen (auch die innergöttlichen Beziehungen einschließenden) „Rollenspiel".[87] Weder darf persona auf das Moment der Individualität reduziert, noch kann die Einheit von Vater, Sohn und Geist mit einem – womöglich noch hochformalisierten – Begriff von Substanz angemessen zum Ausdruck gebracht werden.

Tertullian hat den in Prax. entwickelten Personbegriff noch nicht in allen seinen Konsequenzen (vor allem im Hinblick auf die Pneumatologie und die theologische Anthropologie hin) durchreflektiert, doch nähert er sich unbestreitbar dem Personverständnis, das Ratzinger im Blick auf die Anfänge trinitätstheologischen Denkens bestätigt findet: „Der Personbegriff drückt von seinem Ursprung her die Idee des Dialogs aus und Gottes als des dialogischen Wesens. Er meint Gott als das Wesen, das im Worte lebt und im Wort als Ich und Du und Wir besteht. Von dieser Erkenntnis Gottes her ist dem Menschen auf eine neue Weise sein eigenes Wesen deutlich geworden."[88]

3. Rückgriff auf die Tradition der Grammatiker?

Die Differenzierung und Relativierung der These Andresens durch Rondeau, die Tatsache, daß Braun bei seiner Analyse Andresen überhaupt nicht berücksichtigt,

heutigen Exegeten inakzeptabel, und „dennoch ist seine Exegese nicht ohne objektiven Wert unter der Voraussetzung, daß man sie global zur Kenntnis nimmt und sie im Inneren der prophetischen Interpretation ansiedelt, welche niemals ihre demonstrative Kraft und ihre Notwendigkeit für den Glauben verloren hat".

83 Ratzinger (2) 210.

84 Rondeau (1) II 72 (die Äußerung bezieht sich auf Hilarius).

85 Ebd. 241.

86 Ratzinger (2) 208.

87 Vgl. die Analysen von Pollard, bes. 336f.

88 Ratzinger (2) 210.

die von Moingt geäußerten Zweifel am Bestehen einer Tradition prosopologischer Exegese sowie die jüngsten Hinweise von Studer mußten bei der Suche nach der Quelle des tertullianischen Personbegriffs auf die Fährte der Grammatiker lenken. Zwar wird man auch in diesem Fall von einer theologischen Indienstnahme einer erlernten ‚heidnischen' Tradition reden müssen, doch lassen vor allem die Untersuchungen von Sider und Fredouille, auf die bereits mehrfach hingewiesen wurde[89], auch keinen Zweifel daran, daß die konvertierte antike Tradition in Tertullian lebendig bleibt. Sicher erklärt die klassische Bildung Tertullians „nicht alles"[90], da aber von einer „ausgereiften" Exegese im eigentlichen Sinn[91] nicht vor dem 4. Jahrhundert gesprochen werden kann, legt sich die Suche nach einer einschlägigen bereits ausgebildeten Tradition nahe.

Ob man von einer „Rhetorenschule" in Karthago reden kann, ist umstritten[92]; daß Tertullian rhetorisch geschult ist und daß er die einschlägige Argumentationstechnik in Prax. einsetzt, bedarf keines weiteren Beweises mehr. Im Rahmen unserer Analyse wurde dies deutlich beim Aufdecken der Strukturen von Prax., vor allem bei der Beobachtung, daß Tertullian die Existenz und das Wesen bzw. die Qualität des Wortes (sermo) in Prax. VI–VIII nach den in der Rhetorik üblich gewordenen Gesichtspunkten einer Problemerörterung diskutiert.[93] „Sitne? quid sit? quale sit?" sind nach Quintilian[94] die von den meisten Rhetoren angenommenen drei Hauptfragen (status, στάσεις). Schließlich wird auch persona selbst als Status bzw. Kategorie in der Rede eingesetzt (etwa in der Zusammenstellung: persona–tempus–locus[95]), so daß die formelhafte Wendung „in suis quemque nominibus et personis et locis" (XXIII,7/1192,38f) von Tertullian gar nicht aus der Rechtssprache übernommen sein muß, sondern ihren Ursprung der rhetorischen Technik der (Gerichts-)Rede verdanken kann. Weiterhin machen die Lehrbücher der Rhetorik eine Unterscheidung zwischen den an erster Stelle stehenden Beweisgründen von der „Person" und jenen von den „Sachen" her[96] und kennen in dem Status der coniectura die Reihenfolge personae–causae–consilia[97]; auch in diesem Punkt ist ein Rekurs auf die juristische Fachsprache nicht zwingend, gehört doch die in der Rechtssystematik anzutreffende „Dreiteilung der Rechtsgegenstände in personae, res, actiones . . . der frühen Kaiserzeit an und ist erst in den Digesten (6. Jh. n. Chr. . . .) belegt"[98].

Für unseren Zusammenhang ist freilich von entscheidenderer Bedeutung die Verwendung des – jetzt wohl als rhetorisch zu charakterisierenden – Kunstgriffs der Prosopopoiea, die von Quintilian ausdrücklich als Erfindung und Fiktion bezeichnet wird.[99] Die Prosopopoiea muß also definiert werden als „eine nicht wirklich

---

89 Vgl. oben S. 148.155.165–167.
90 Fredouille (3).
91 Waszink (3) 17.
92 Vgl. die Kritik von Fredouille (6).
93 Siehe oben S. 213f.
94 Institutio oratoria III 6,44 (1,148,28f).
95 Ebd. III 6,25 (1,145,8–14).
96 Ebd. V 10,23–31 (1,253,31–255,18).
97 Ebd. VII 2,27 (2,24,8).
98 Rieks 1f.
99 Vgl. ebd. III 8,54 (1,173,9f); VI 1,25 (1,315,25–28); IX 1,31 (2,140,4f); IX 3,89 (2,193,15); auch den ausführlichen Abschnitt zur Funktion der Prosopopoeia: IX

gehaltene, sondern speziell für eine bestimmte Person zurechtgelegte Rede"[100]. Diese Wort- bzw. Gedankenfigur kann sich auch auf Personen beziehen, die überhaupt nicht gelebt haben oder bereits gestorben sind, ja es wurden sogar seelenlose Dinge und abstrakte Begriffe personifiziert.[101]

Die Brücke zwischen dieser rhetorischen bzw. literarischen Fiktion und dem trinitätstheologischen Beweis mit Hilfe des prosopologischen Verfahrens könnte für Tertullian die Tradition der Grammatiker gebildet haben, die die auch bei den Rhetorikern anzutreffenden formelhaften Wendungen (insbesondere „ex persona")[102] in einem der prosopologischen Exegese ganz ähnlichen Verfahren anwendeten. Die Tertullianforscher hätten bereits vor über 40 Jahren der Weichenstellung von Ghellinck folgen können, der die neue Richtung eindeutig markiert hatte: „Es ist nicht selten, daß man diesem Wort [persona] bei Tertullian einen juristischen Ursprung geben will, was Fachgelehrte des römischen Rechts bestreiten oder energisch zurückweisen. Aber man hat vielleicht nicht genügend darauf geachtet, daß die Schulbücher im Unterricht der Grammatiker, im Kapitel über die Deklination der Pronomen und die Konjugation der Verben, reich waren an Anregungen, die sich sofort dem Spürsinn aufdrängen mußten . . ."[103] Schon in einem noch früher erschienenen Beitrag, dessen Titel[104] wohl einen solchen Fund nicht vermuten ließ, hatte Ghellinck darauf aufmerksam gemacht, daß die lateinischen Grammatiker (Varro, dann später Diomedes, Donat und Priscian und schließlich alle anonymen Zusammenfassungen und Handbücher) mit persona das πρόσωπον der griechischen Grammatiker wiedergeben, denn schon im 2. Jahrhundert v. Chr. handelt der Alexandriner Dionysius Thrax von den πρόσωπα der Verben. Bei ihm findet sich bereits der „klassische Satz" über die drei Personen, dem M. Terentius Varro im 1. Jahrhundert v. Chr. die lateinische Fassung gab: „cum item personarum natura triplex esset, qui loqueretur, ad quem, de quo"[105].

Die lateinische Formenlehre zur Zeit Quintilians, die ja vor allem für unsere Betrachtung in Frage kommt[106], handelte von persona zunächst im Zusammenhang mit dem Pronomen, wo die Vokabel quasi als Füllwort diente: „Dem Pronomen werden dieselben Verhältnisse nur mit Hinzufügung von *persona* zugeschrieben,

2,29–37 (2,150,21–152,25). Ausführliche Darstellung vor allem bei Martin; weiter Lausberg (1) und (2); Eisenhut; Fuhrmann (2); schließlich Wilder.

100 Martin 176.

101 Ebd. 292f.

102 Belege bei R. Braun (1) 215[1]; vgl. auch Campos 342, der sich in seinen Ausführungen weitgehend auf Braun stützt; er nennt für die sechsmal bei Quintilian anzutreffende Formel ex persona/ex personis keine Einzelbelege.

103 Ghellinck (2) 84f.

104 Ghellinck (1) 121f.

105 M. Ter. Varro, De lingua Latina VIII 20 (8) (130,15f); in der Grammatik des Dionysius Thrax lautet der entsprechende Satz: „πρῶτον μέν, ἀφ᾽ οὗ ὁ λόγος, δεύτερον δὲ πρὸς ὃν ὁ λόγος, τρίτον δέ, περὶ οὗ ὁ λόγος": Γραμματική 15 (638,20–22).

106 Ich beziehe mich auf die Zusammenfassung von Gudemann 1803–1806. Die von H. Keil edierten Lehrbücher (Grammatici Latini), auf die Ghellinck (1) 121f[37] hinweist, sind nicht vor dem 4. Jh. anzusetzen (vgl. die einschlägigen Artikel in PRE).

wie dem Nomen“, wobei „stets drei [personae] *(ego, tu, ille)* angenommen werden“[107]. Dann können wir in dem Kapitel über das Verbum die interessante Feststellung machen, daß „die drei *personae verborum* . . . sich seltsamerweise [!] auf die wirkliche, nicht auf die grammatische Person [beziehen], indem die erste als die redende, die zweite als die angeredete und die dritte als die, von der man redet, betrachtet wird“[108]. Auch die späteren Grammatiker kennen noch den Kunstgriff der Prosopopoiea („per prosopopoieam, cum loquentes finguntur qui nulli sunt“[109]), doch haben sie auf ihrem eigentlichen Terrain die Ebene der bloßen Fiktion offenbar überschritten, und Diomedes stellt dem Satz von den drei Personen gar die Definition voran: „Persona est substantia rationalis“[110]. Wir können diesen „Fund“ – ganz abgesehen von einer hier nicht zu leistenden Analyse der Begriffsbestimmung – natürlich nicht in unserer Tertullian-Interpretation verwenden. Ganz sicher aber dürfen wir davon ausgehen, daß den Grammatikern zur Zeit Tertullians der ursprüngliche Sinn von persona als Maske vor Augen stand[111], der in der von Gellius (2. Jh. n. Chr.) überlieferten Volksetymologie[112] auch wortgeschichtlich begründet wurde. Wir treffen also hier das Verständnis von persona als Rolle und/oder Rollenträger wieder, so daß Hadot mit Recht von einem „grammatischen und dramatischen Sinn“ spricht[113]. Tertullian kann also den quasi-dramatischen Sinn von persona der Lehrtradition der Grammatiker entnommen haben, was angesichts der Unsicherheit über eine bereits zu seiner Zeit bestehende exegetische Tradition im Augenblick die begründetere Hypothese sein dürfte.[114] Ob ihm von daher auch die Annahme der drei personae als „dialogische Realitäten“ bereits vorgegeben war, muß beim gegenwärtigen Stand der Forschung offenbleiben. Wo die von der regula fidei geleitete prosopologische Exegese der grammatischen Tradition gegenüber ihre eigenen Akzente setzte, hat Rondeau im Anschluß an Andresen herausgestellt.[115] Dazu gehört vor allem die „dogmengeschichtliche Leistung“ Tertullians, bei der Auslegung bestimmter Psalmen (110,1!) die dritte grammatische Person nicht nur als „persona, de qua loquitur“, sondern in einer ihr eigenen Sprecherrolle erkannt zu haben: „Obwohl es in Erwägungen grammatikalischer Art eingebunden ist, das entscheidende Argument, das Tertullian die Feststellung erlaubte, daß der Geist mit demselben Recht wie der Vater und der Sohn eine Person ist, das ist die Tatsache, daß der Geist als dritter Sprecher dazwischenkommt, *loquentem ex tertia perso-*

107 Gudemann 1804.
108 Ebd. 1805.
109 Charisius, Institutiones grammaticae (Ars grammatica) III,V (I,284,17).
110 Ars grammatica I (I 334,20).
111 Vgl. schon Trendelenburg 10.
112 Rieks 1.
113 Hadot (1) 126[2].
114 Beachte auch den Hinweis auf Varro bei Rondeau (1)II 31[38]; (2) 516[13]. Sie zitiert Varro, De lingua Latina 8,8,20 nach der Ausgabe von T. E. Page – E. Copps – W. H. D. Rouse (Loeb. class. Library) 1938: Cum item personarum natura triplex esset, qui loqueretur, ad quem, de quo.
115 Rondeau (1) II 81f und (2) 514–516.

na"[116]. Im übrigen haben die späteren Grammatiker das starre traditionelle Schema „qui loqueretur, ad quem, de quo" selber problematisiert, so z. B. im 5./6. Jahrhundert Priscian[117]: „Denn wenn wir sagen: Die erste [Person] ist diejenige, die spricht, so kann sie nichts über sich selbst sagen, sondern [nur] über die zweite oder die dritte, und das läßt Zweifel aufkommen. In ähnlicher Weise kann, wenn wir von der zweiten sagen, daß sie diejenige sei, zu der gesprochen wird, eingesehen werden, daß auch zu der ersten und der zweiten gesprochen werden kann; denn die Rede selbst bezieht sich nicht nur auf die zweite, sondern auch auf die erste und die dritte. Auch wenn wir von der dritten sagen, sie sei die, über die gesprochen wird, findet sich das Gemeinsame der drei Personen; denn sowohl über die erste als auch über die zweite und die dritte wird gesprochen."[118] Aus diesen Gründen zieht Priscian die Definition des Apollonius, eines Zeitgenossen Tertullians (!)[119], vor: „Die erste [Person] liegt vor, wenn sie selbst, die redet, über sich spricht; die zweite, wenn über die, zu der in direkter Rede gesprochen wird; die dritte, wenn über diejenige, die weder spricht noch eine direkte Anrede empfängt."[120] Priscians kritische Reflexionen entstammen einer Zeit, in der die prosopologische Exegese zumindest im Bereich der Trinitätstheologie nicht mehr praktiziert wurde.[121] Könnte nicht auch diese Beobachtung, vor allem mit dem Hinweis auf einen Zeitgenossen Tertullians, darauf hindeuten, daß unser Apologet die Betrachtungsweise und Methode der Grammatiker selbständig, d. h. ohne Einfluß einer theologischen Vorgeschichte weiterentwickelt hat?

Daß die Hypothese über die direkte Quelle von Tertullians Personbegriff unsere These von der kommunikativen Struktur desselben weiter festigt, braucht nach den im Zusammenhang mit der prosopologischen Methode angestellten Erwägungen nicht mehr eigens begründet zu werden. „Die angewandte Methode hat ihre Bezugspunkte in der Welt des Theaters und der dramatischen Literatur. Ihr Mechanismus gründet sich auf die Beziehungen von Alterität, Instrumentalität und Superposition, die den Akteur und die von ihm gespielte Rolle, den Autor und die von ihm in Szene gesetzte Persönlichkeit vereinigten."[122] Von der Herkunft und den ursprünglichen Anwendungsfeldern (Theater, Dichtung, Rhetorik und Gram-

116 Rondeau (2) 525.

117 Vgl. P. L. Schmidt; Helm (2).

118 Institutiones grammaticae XII 13 (II 584,14–20): nam si dicamus, prima est, quae loquitur, potest nihil de se loqui, sed de secunda vel de tertia, et fit dubitatio; similiter de secunda si dicamus, ad quam loquitur, potest intellegi et ad primam et ad tertiam: nam locutio ipsa pertinet non solum ad secundam, sed etiam ad primam et ad tertiam; de tertia quoque si dicamus, de qua loquitur, commune invenitur trium personarum: nam et de prima et de secunda et de tertia loquitur.

119 Vgl. Cohn (1); Kudlien.

120 Priscian, Institutiones grammaticae XII 13 (II,584,11–14): prima est, cum ipsa, quae loquitur, de se pronuntiat; secunda, cum de ea, ad quam directo sermone loquitur; tertia, cum de ea, quae nec loquitur nec ad se directum accipit sermonem.

121 Rondeau (1) II 34 und (2) 517.

122 Rondeau (1) II 82.

matik) her erscheint im Personbegriff nicht das Moment der Individualität, sondern das der Beziehung als das dominierende und die verschiedenen Verwendungszusammenhänge verbindende. Im Unterschied zu ὑπόστασις „schimmert" in persona „die verschiedene Funktion und in etwa auch das Dialogische durch . . ."[123] Was Studer hier im Zusammenhang mit den Kappadoziern vorsichtig andeutet, trifft, wie wir bei unserer Interpretation verifizieren konnten, für Tertullian voll und ganz zu. Das räumt denn auch der Patristiker unter Hinweis auf Braun und Andresen ein: „Der ‚dialogische Aspekt' des Begriffs *persona/prosopon* erscheint in den biblischen und patristischen Texten, in denen das Wort Angesicht und Rolle bedeutet, so wie vor allem in der sog. prosopischen [sic!] Exegese, speziell in ihrer Anwendung auf Texte wie Gen 1,26 und Ps 109[110],1–3."[124]

4. *Einfluß der aktuellen Auseinandersetzung?*

Bei der Analyse auf der zweiten Interpretationsstufe konnten wir mehrfach beobachten, wie sehr Tertullians Argumentation in seiner Schrift „Gegen Praxeas" durch die Herausforderung des Gegners bestimmt wird.[125] Die aktuelle Auseinandersetzung zwang den Apologeten offenbar zur systematischen Verwendung und Entfaltung von persona. Diesem Zusammenhang ist noch einmal gesondert Aufmerksamkeit zu schenken. Zuvor ist jedoch der Frage nachzugehen, ob Tertullian den entscheidenden Anstoß für die Aufnahme von persona durch die Schriften bzw. Argumente seiner Gegner selbst erhalten hat, so daß hier die unmittelbare Quelle wäre.

a) Übernahme von den Gegnern?

In der jüngeren Forschungsgeschichte neigt vor allem R. Braun dieser Hypothese zu.[126] Die exegetische Tradition („ex persona") sowie die (in den Augen Brauns irrtümliche) Übersetzung des biblischen πρόσωπον durch persona reichten nicht aus, um den in Prax. entwickelten Personbegriff zu erklären, der erst in der Beziehung zu substantia seine Fassung erhalte. Beide Begriffe (und deren Derivate) finden sich jedoch schon vor Prax. in Val., der gegen Valentinian und seine Anhänger gerichteten Kampfschrift, ohne daß Tertullian persona und substantia – etwa in Absetzung von seinen Gegnern – bereits in direkte Beziehung setzt. Immerhin führt nach Braun das Zeugnis Tertullians zu dem Eingeständnis, „daß in der valentinianischen Gnosis seiner Zeit sich der theologische Begriff der ‚göttlichen Person' vorentworfen findet, von dem die Lehre von der Trinität Gebrauch machen mußte"[127].

123 Studer (5) 170.
124 Ebd. Anm. 47.
125 Vgl. bes. Tabelle 5 (oben S. 185.187–192).
126 Vgl. zum folgenden R. Braun (1) 223–227.230–232. Campos 343 schließt sich auch in diesem Punkt Braun an.
127 Braun (1) 225.

In Prax. selbst findet Braun eine ganze Reihe von Indizien, die „uns in die Lage versetzen zu behaupten, daß, sei es in seiner lateinischen Form, sei es in seiner griechischen Form (πρόσωπον), das Wort in den Büchern des von Tertullian bekämpften Gegners eine Rolle spielte"[128]. Die Frage, ob sich dieser Begriff des göttlichen πρόσωπον im Rahmen der valentinianischen Lehre oder im Raum der orthodoxen Kirche in die modalistische Doktrin integriert habe, hält Braun für nicht entscheidbar. Er meint indes: „Das, was man festhalten muß, ist die Tatsache, daß in der zweiten Hälfte des 2. Jahrhunderts der Begriff der ‚göttlichen Person' den verschiedenen, sogar entgegengesetzten Theologien zu einer Art Gemeingut geworden ist"[129], was Tertullian natürlich zur Vorsicht gemahnte und die Herausarbeitung des Begriffs in Prax. beförderte. Genaugenommen verdankt also auch nach Braun Tertullian den Personbegriff nicht allein dem Sprachgebrauch des Gegners; dieser gibt ihm vielmehr die Gelegenheit, „das Interesse und das Gewicht dieses orthodoxen Gebrauchs von *persona*"[130] wiederzuerkennen. Demnach läßt sich in dieser Perspektive behaupten, daß die direkte Quelle des trinitätstheologischen Personbegriffs in Prax. in dem Vokabular der bekämpften Monarchianer zu suchen ist, deren Theorie dann zum Anlaß wurde, auf die Verwendung des Begriffs „göttliche Person" in der orthodoxen Lehre zu rekurrieren und alle Mittel (z. B. exegetischer Art) zu seiner Rechtfertigung und Durchsetzung aufzuwenden, worauf nach Braun Tertullians Originalität denn auch zu beschränken sei.[131]

Moingt hat in der ihm eigenen Ausführlichkeit und Akribie die von Braun behaupteten Beziehungen und Verwandtschaften überprüft und kam zu einem noch eindeutigeren Ergebnis als bei der Suche nach einer Vorgeschichte der prosopologischen Exegese: Es gibt keine evidenten Hinweise auf einen trinitätstheologischen Gebrauch von πρόσωπον oder gar persona vor Tertullian, der diesem als Quelle und Vorbild hätte dienen können.[132] Die entsprechenden Argumente lassen sich so bündeln: 1. Wenn die (apostolischen) Väter mit dem Wort die Manifestation (πρόσωπον) Gottes bezeichnen, lassen sie keine Tendenz zu einem spekulativen Gebrauch des biblischen πρόσωπον erkennen. 2. Ob die Valentinianer πρόσωπον, persona oder ὑπόστασις gebrauchten, läßt sich nicht ausmachen. Falls sie ein personalistisches Vokabular verwendeten, hat das nicht die Aufmerksamkeit des Irenäus geweckt, der lediglich ὑπόστασις (und das nur im Singular) einsetzt, wenn er die Äonenlehre kritisiert. Tertullian war an dieser Stelle sensibler, ohne daß ihn dies schon vor Prax. auf die Idee brachte, von „göttlichen Personen" zu reden. In diesem Zusammenhang entwertet Moingt einen wichtigen Textzeugen, den Braun vorgeführt hatte.[133] 3. Ob die Schüler des Praxeas ἓν πρόσωπον behaupteten, kann nicht mit Sicherheit festgestellt werden. Läßt man die nicht beweiskräftigen späteren Zeugnisse beiseite, so ergibt sich aus Prax., daß Tertullians Gegner nicht expressis verbis die These aufstellen, es gebe nur eine göttliche Person, d. h. sie vertreten nicht formell die These von der absoluten göttlichen Individualität. 4. Was

---

128 Ebd. 230.
129 Ebd. 231.
130 Ebd. 232.
131 Ebd.
132 Vgl. zum folgenden Moingt (2) 562–566.
133 Ebd. 563[1].

schließlich Hippolyt betrifft, den Braun für den orthodoxen Gebrauch reklamiert[134], sieht Moingt keine nachweisbare Verwandtschaft; eine literarische Abhängigkeit der beiden – wobei es offenbleibt, wer von wem beeinflußt ist – ist wenig wahrscheinlich.

Als einzig möglicher Schluß bleibt demnach übrig, „daß die Einführung des einen oder anderen Wortes [πρόσωπον oder persona] in das trinitätstheologische Vokabular in direkter Weise mit der Zurückweisung des Monarchianismus verbunden ist"[135]. Die Quelle ist nicht in dem Vokabular der monarchianischen Gegner zu suchen[136], sondern in der Gewohnheit, physische Individuen personae zu nennen, sowie in der exegetischen Tradition des „ex persona". Durch Praxeas herausgefordert, spricht Tertullian von „göttlichen Personen"; „um ihn zu schlagen, rekurriert er instinktiv auf seine liebgewordene Methode"[137]. Moingt sieht nun vor allem in der zuerst genannten „Gewohnheit" die Wurzel für Tertullians Personbegriff, schließt aber auch den Einfluß der prosopologischen Exegese ausdrücklich nicht aus.[138] Daß Moingt in erster Linie an den „umgangssprachlichen Gebrauch" von persona als Quelle des trinitätstheologischen Begriffs denkt und jenen unter der Überschrift „Das Individuum, der Name und die Funktion"[139] analysiert, hängt vermutlich mit seiner Vorentscheidung zusammen, im Personbegriff vor allem das Moment der Individualität zu betonen. Darauf kommen wir zurück, wenn es gilt, die Konsequenzen für die inhaltliche Struktur des Begriffs zu ziehen. Aufgrund der Analysen in den Kapiteln 3 und 4 scheint die Hypothese Moingts plausibler als die Quellenerhebung Brauns. Es ist Moingt[140] zuzustimmen, daß die von Braun[141] herangezogenen Texte Prax. XIII,6 und VII,5 es nicht erlauben, Praxeas die Formel „una persona" zuzuschreiben. Im ersten Fall (XIII,6/1175,46f: Si enim una persona et Dei et Domini in scripturis inveniretur) behauptet Tertullian nicht, die Meinung des Gegners wiederzugeben, er konfrontiert sich vielmehr selbst mit einem möglichen Einwand. Noch eindeutiger ist die zweite Textpassage, insofern hier persona gerade nicht in der wörtlich zitierten Frage des Praxeas erscheint, sondern in Tertullians Schlußfolgerung: „‚Also', fragst du, ‚behauptest du, daß das Wort irgendeine Wirklichkeit ist, aus Geist und Weisheit und Vernunft aufgebaut?' Völlig richtig! Du willst ja nicht, daß es wirklich Substanz habe aufgrund der Eigenart der Substanz, so daß es als eine gewisse Wirklichkeit und ‚Person' gesehen werden könnte und so als von Gott konstituierter Zweiter es vermöchte, zwei zu ergeben, den Vater und den Sohn, Gott und das Wort" (VII,5/1166,27–32). Moingt bekräftigt diese Interpretation noch mit einem Hinweis auf die Logik der Auseinandersetzung: „Die Monarchianer hatten keinen Grund, die Schriften zu prüfen, um

134 R. Braun (1) 232.
135 Moingt (2) 565.
136 Nach Moingt (1) 258 schätzt Braun die „wissenschaftliche Theologie" („théologie savante") der Monarchianer viel zu hoch ein.
137 Moingt (2) 565.
138 Ebd. 585.
139 Vgl. ebd. 566–585.
140 Vgl. ebd. 638f.
141 Vgl. R. Braun (1) 230f.

zu beweisen, daß Gott eine einzige *Person* ist, eben solange, wie andere nicht die Existenz mehrerer Personen behauptet hatten."[142]

Ist damit Brauns These ausreichend widerlegt, so ist auch Moingts Rekurs auf die umgangssprachliche Gewohnheit aufgrund der bisherigen Untersuchungsergebnisse zurückzuweisen. Die Argumentation Tertullians gerade in den entscheidenden Kapiteln der praemunitio legt eher den Schluß nahe, daß ihn die Gewohnheit der Rhetoriker und besonders der Grammatiker geleitet hat. Auch die erste Verwendung von persona in Prax. III,2 kann nicht als Einwand gelten; diese Stelle ist nicht nur in den Gesamtduktus des Traktats einzuordnen, an ihr springt vor allem der Rollencharakter von persona unübersehbar ins Auge, den Tertullian nach dem Vorbild der Grammatiker aus den biblischen Texten eruiert und den er im Zuge der aktuellen Auseinandersetzung in seiner Struktur entfaltet. Die Beobachtung, daß die dem Apologeten von Praxeas bzw. den starren Monarchianern aufgedrängte systematische Reflexion Tertullian dazu brachte, den von der prosopologischen Exegese und der (juristisch gefärbten) Umgangssprache her inspirierten Gebrauch von persona zur Bezeichnung der Rolle und ihres Trägers als Repräsentanten „auf den Begriff zu bringen" und „ontologisch" zu fassen[143], muß also aufgrund der textexternen Informationen und Kriterien entsprechend korrigiert und präzisiert werden. Daß diese Einschätzung durch die ausführlichen Analysen Moingts selbst bekräftigt wird, soll im folgenden aufgezeigt werden, so daß in einer Art Rückschlußverfahren die von mir aufgestellte These über die inhaltliche Struktur des Begriffs die Hypothese über seine unmittelbare Herkunft bekräftigt.

b) Die Tertullian aufgedrängte Reflexion

Brauns Fixierung auf das Begriffspaar substantia–persona ist vermutlich geleitet von einem Vorurteil, das die Individualität für das zentrale Moment des Personbegriffs erachtet. So kommt der Forscher zu dem Urteil, daß in Prax. in 29 von 31 Fällen persona „mehr oder weniger eng in Beziehung steht zu der Bedeutung ‚personale Individualität im Göttlichen' "[144]. Auch Moingt berücksichtigt in seiner systematischen Rekonstruktion zu wenig das zweite Begriffselement, die Relationalität, obwohl doch der eigens von ihm untersuchte Zusammenhang von Person, Name und Funktion die entsprechende Perspektive eröffnen müßte. Lautete nicht die Tertullian in Prax. gestellte Aufgabe, einen trinitätstheologischen Leitbegriff zu entwickeln, der die *Unterschiedenheit in der Einheit* bezeichnen konnte? Ja zwangen ihn nicht die Vorwürfe der starren Monarchianer dazu, vor allem den Verdacht abzuwehren, seine ‚ökonomische' Trinitätslehre zerstöre die göttliche Einheit? Noch jüngst hat Ritter dezidiert herausgestellt, daß „Tertullians Problem . . . – in antimonarchianischer Frontstellung – eher die Frage der Einheit in der Dreiheit [war], weniger die der Zuordnung der drei zueinander"[145]. Ich bin freilich der

[142] Moingt (2) 639.

[143] Siehe oben S. 226f.

[144] R. Braun (1) 228[1].

[145] Ritter (4) 143.

Meinung, daß Tertullian mit Hilfe seines Personbegriffs auch die Zuordnung in der Einheit – und zwar nicht nur im Sinn einer ‚ökonomischen' Subordination, sondern auch als ‚immanente' Koordination – anvisiert und prinzipiell gelöst hat, wenn man nur bereit ist, nicht vorschnell spätere theologische Explikationen und dogmatische Formulierungen als Maßstab anzulegen, wie das auch Ritter praktiziert[146]. Zeichnen wir – in Auseinandersetzung mit den einschlägigen Beobachtungen Moingts[147] – noch einmal (mit den detaillierten Ergebnissen der zweiten Interpretationsstufe im Hinterkopf) in großen Linien nach, wie unser Apologet in der Debatte mit seinen Gegnern die Struktur von persona entwickelt, und wir werden bekräftigen können, daß er diesen seinen Begriff gar nicht den bekämpften theologischen Theorien entlehnt haben kann.

Bekanntlich unterscheidet Moingt in Tertullians Personbegriff zwischen einer ökonomischen und einer metaphysischen Perspektive; dabei erweckt er den Eindruck, daß Tertullian die erste Sichtweise in Auseinandersetzung mit Praxeas bzw. den Monarchianern entwickelt, die zweite dagegen in Absetzung von gnostischen Theorien. Gegen Praxeas kommt Tertullian auf der Basis der Schriftdemonstration der drei göttlichen Namen zu der dogmatischen Affirmation der drei Personen in Gott.[148] Der entscheidende Argumentationsschritt, zu dem die Haltung des Praxeas nötigt, besteht in dem Übergang „von der Sprache zum Sein", von nomen zu persona, denn der Name ist lediglich „das Sein, das in der Sprache und nicht direkt in sich selbst erfaßt ist"[149]. Tertullian identifiziert also keineswegs[150] nomen und res, sondern spricht dem Namen Realität zu und nennt diese z. B. mit dem Namen des Sohnes bezeichnete Wirklichkeit persona. „Durch diese Konfrontation der Namen und der Stimmen werden Gott und der *Sermo* als immer schon in einem Dialog der wechselseitigen Erkenntnis engagiert aufgewiesen, wie das der Fall ist bei wirklichen Individuen, einem Vater und einem Sohn."[151] Im Rahmen seiner ökonomischen Trinitätslehre, die freilich die immanente Disposition in Gott „immer schon" im Blick hat (vgl. Prax. XXXI), spricht Tertullian von „drei verschiedenen Namen desselben Gottes" und von „drei unterschiedenen Trägern desselben Namens"[152]. Verdeutlichend könnten wir hinzufügen: Er unterscheidet zwischen den Eigennamen und den Personen. Nicht nachvollziehen kann ich Moingts Einschätzung, daß sich in der „ökonomischen Manifestation" der Personen der juristische Aspekt von persona akzentuiere[153], es sei denn in der Bedeutung von persona als „Träger einer Rolle", als „Geschäftsträger", wie das ja auch Moingt in diesem Zusammenhang selbst feststellt.[154] Noch viel weniger einzusehen ist, daß Moingt letztlich doch auf das Moment der Individualität hinauswill, wenn er behauptet,

146 Ebd.
147 Ich untersuche also unter dieser Fragestellung nochmals die beiden einschlägigen Kapitel von Moingt (2) 551–674.
148 Ebd.615.
149 Ebd. 576.
150 Vgl. die Auseinandersetzung Moingts mit Waszink: ebd. 574[1].
151 Ebd. 577.
152 Ebd. 583.
153 Ebd.
154 Ebd. 584.

Tertullian habe den umgangssprachlichen Sinn von persona in seine Schriftauslegung eingetragen.[155] Gerade im Kontext der prosopologischen und höchstwahrscheinlich von den Grammatikern inspirierten Methode entwickelt Tertullian die Doppelstruktur des Personbegriffs, in dem Eigenwirklichkeit (Selbstand) und In-Beziehung-Stehen (Relation) sich verbinden. In diesem Sinn deute ich auch das von Moingt auf der ökonomischen Ebene registrierte Oszillieren „zwischen den beiden Momenten von ‚Persönlichkeit': derjenigen, die im Diskurs durch einen Namen oder eine Rede bezeichnet ist . . . und durch welche ein wirkliches Individuum erkannt werden muß, und der ‚Persönlichkeit', unter welcher sich unmittelbar das Individuum, das hier da ist, sein Charakter, seine persönliche Eigenart, seine Funktion, erfassen läßt"[156].

Von dieser „ökonomischen" Ausgangsbasis her darf man „die metaphysische Wurzel"[157] von Tertullians Personbegriff nicht allein in der Individualität suchen, um dann mit Moingt zu der Feststellung zu gelangen, Tertullian habe persona nicht zu einem *philosophischen* Begriff entwickelt.[158] Unsere Untersuchung hat vielmehr ergeben, daß der konvertierte Rhetor und in seiner biblischen wie systematischen Kompetenz geforderte Theologe mittels der grammatischen Exegese einen kommunikativen Personbegriff entwickelt hat, der ein, wenn auch nicht in jeder Hinsicht durchreflektierter, *theologischer* Grund- und Leitbegriff ist. Moingts Analyse der „metaphysischen Perspektive", die die Alternative „juristisch oder philosophisch"[159] überholen möchte, bestätigt im Grunde die These, die neben dem Moment der Individualität stets auch den Aspekt der Rolle, der Funktion und der Beziehung berücksichtigt. Auch da, wo der Begriff im Verlauf der Debatte vom „rein dramatischen" Sinn gereinigt wurde[160] – das ist in Prax. Tertullians Bestreben von Anfang an –, behält er seine Doppelstruktur, indem er dialogische Realitäten bezeichnet. Auch die menschliche Person wird von Tertullian im Sinn von Geschäftsträger verstanden; dieses von Moingt zusätzlich herangezogene Argument[161] verstärkt nur unsere These, und der an dieser Stelle angestellte Vergleich mit Boethius[162] bräuchte sich nicht zu scheuen, gerade das Element der Relationalität als Plus zu werten. In der Tat definiert Tertullian „persona" nicht (ich füge hinzu: in einem philosophischen System), sondern er umschreibt es (ich füge hinzu: er definiert es in einem theologischen System) als „minister".[163] Mit Recht bemerkt

155 Ebd. 590.
156 Ebd. 596.
157 Ebd. 597.
158 Vgl. ebd. 621: „Die Tatsache, daß es [‚persona'] bei unserem Autor oszilliert zwischen dem physischen Sinn von ‚Individuum' und dem quasi-dramatischen Sinn von ‚Persönlichkeit', ist Indiz dafür, daß es gerade erst in das theologische Vokabular eingetreten ist und daß es noch nicht – weil eine angemessene philosophische Reflexion fehlte – in der Bedeutung fixiert worden war, die es erhalten muß."
159 Ebd. 670.
160 Ebd. 627.
161 Ebd. 627–631 (es handelt sich nur um eine einzige Stelle in An. XL).
162 Ebd. 631.
163 Ebd. 635.

Moingt, daß „die Verbindung der Personen . . . nicht unmittelbar identifiziert [wird] mit der Verknüpfung der Substanz“[164]. Tertullian beläßt aber die interpersonale Beziehung keineswegs auf der ökonomischen Ebene, der er die Einheit der (unpersönlichen) Substanz auf der immanenten (metaphysischen?) Ebene gegenüberstellte, sondern faßt auch die Einheit der unterschiedenen Personen in einem (inter)personalen *Konzept*, wenn auch die *Terminologie* (bezüglich der Personbzw. Substanzeinheit) noch nicht ausgereift ist.

Für die von ihm so bezeichnete metaphysische Perspektive, in der persona als Individualität von substantia abgesetzt werde, zieht Moingt die Möglichkeit in Betracht, in den gnostischen Theorien der Äonen auf Tertullians Personbegriff „diesen direkten und von außen kommenden Einfluß, den wir anderswo vergebens gesucht haben“, zu finden[165]. Das Ergebnis ist jedoch in zweifacher Hinsicht eindeutig: 1. Mit Moingt erkenne ich in der vermuteten Abhängigkeit die „intellektuelle Initiative“ Tertullians[166], so daß diese häretischen Positionen nicht als direkte Quellen angesehen werden können, zumal ihr Einfluß nicht nur in Val., sondern auch gerade in Prax. nachzuweisen wäre.[167] 2. Die gnostischen Theorien waren also nur Anlaß und Kontrastfolie, um die in Prax. herausgearbeitete Doppelstruktur des Personbegriffs zu behaupten. Gegenüber den Valentinianern wie gegenüber Praxeas ist ja die Aufgabenstellung die gleiche geblieben, nämlich eine Unterscheidung ohne Zerstörung der Einheit zu konzipieren. Genau das hat Tertullian auf „metaphysischer“ – sagen wir jetzt: auf systematisch-theologischer – Ebene geleistet, wie Moingt herausstreicht: „Man versteht, daß Orthodoxe, zur Theologie erzogen durch diese Zurückweisung der Häresien, kaum darauf eingestellt sein werden, eine Zählung der göttlichen Personen zuzugeben, und durch die Reaktion dagegen riskieren werden, in eine monohypostatische Lehre zu fallen: Das ist das Mißgeschick, das Praxeas treffen wird. Je mehr jedoch die valentinianische Theologie sich übernahm und an der Versöhnung von Einheit und Pluralität scheiterte, um so mehr wurde es für die orthodoxe Theologie notwendig, eine Einheit, die Ungeteiltsein ohne Einzigkeit, und eine Pluralität, die nicht Teilung, sondern Unterscheidung sein soll, zu erfassen und diese in geeigneten Begriffen nebeneinanderzustellen: Daran wird Tertullian arbeiten.“[168]

Moingt selbst zeigt, in welchem Sinn Tertullian – angeregt (vielleicht) durch die valentinianische Bezeichnung der weiblichen Äonen als „personae secundae“[169] – den Sohn als „secunda persona“ verstehen will:

„Der Sohn ist nicht einfach ‚der Zweite‘, allein aufgrund der Tatsache, daß er neben dem Vater ist und mit ihm gezählt werden muß; er ist ‚der Zweite des Vaters‘, weil er ungeteilt in ihm begriffen ist, von dem er auf irgendeine Weise die Verlängerung ist. . . . Man muß also

164 Ebd. 638.
165 Ebd. 618.
166 Ebd. 648.
167 Beachte die differenzierende Einleitung zu dem Abschnitt „Influence subie par Tertullien“: ebd. 662.
168 Ebd. 655.
169 Ebd. 657–661.

begreifen, daß der Sohn ‚die zweite Person Gottes' ist, insofern er eine andere Sache (Wirklichkeit) und ein anderes Vermögen Gottes ist: subsistierend, denn er ist in der Substanz Gottes, unterschieden subsistierend, denn er ist darin ein begrenzter ‚Teil'. Er läßt sich erkennen als distinktes Individuum, d. h. als Person, aufgrund der Funktion, die er ausübt, denn er assistiert dem Vater in dessen Aktivitäten nach der Art eines anderen subsistierenden Vermögens; er läßt dadurch zugleich den Vater als gesonderte Person erkennen, obwohl der Vater auch das Ganze ist. Genauso ist es beim Geist im Verhältnis zum Sohn: Er ist die zweite Person des Sohnes, denn er ist eine gesonderte Wirklichkeit, eigens disponiert in der Substanz, die der Vater dem Sohn mitteilt, denn er ist in ihm und mit ihm und von ihm ausgesendet; und er läßt sich als Person erkennen in seiner Funktion als ‚Vikar' des Sohnes."[170]

Ich bedauere von daher nicht wie Moingt, daß Tertullian die Person noch nicht als Subsistenz begriffen hat[171], sondern daß er der Nachwelt zwar „eine Sprache" bzw. „einen rationalen Diskurs"[172], nicht aber seinen kommunikativen Personbegriff vererben konnte, der die Elemente der Individualität und der Relationalität zusammenband, so daß in der Nachfolge des Boethius der Aspekt der „individua substantia" dominierte, obwohl damit weder die christologischen noch die trinitätstheologischen Probleme bezüglich des Personbegriffs gelöst werden konnten.

6. Kapitel

Bestätigung und Ergebnis der Reflexionsleistung Tertullians

1. Widerlegung des Vorurteils von dem Antiphilosophen

Die Einschätzung Tertullians als eines Gegners oder gar Feindes der Philosophie wird selbst in jüngeren Veröffentlichungen ohne nähere Auseinandersetzung übernommen[1], während die neuere Tertullianforschung „den Mythos von dem Antiphilosophen Tertullian"[2] als wohl endgültig zerstört ansieht. Unter dem Eindruck von Tertullians Polemik, die in markanten Sätzen ihren Ausdruck findet[3], gelangten einige Autoren[4] zu der Auffassung, Tertullian ver-

170 Ebd. 664f.
171 Ebd. 666.
172 Ebd. 673.

1 Vgl. Kasper (4) 179: „Verständlicherweise gab es im frühen Christentum, etwa bei Tertullian, Tendenzen, dieses philosophische Denken einfach abzuweisen." – Scheffczyk (3) 197 konstatiert „selbst bei dem der Philosophie so abgeneigten Tertullian" jedoch schon einen Zug zur Hellenisierung, insofern Tertullian „etwa in der Trinitätslehre nur an einen für die Schöpfung bestimmten Ausgang der Dreiheit aus der Einheit denkt und an eine schließliche Rückkehr zur alleinigen Einheit in Gott, worin er stoischem Gedanken Raum gibt" (unter Berufung auf A. Adam, Lehrbuch der Dogmengeschichte 1. Gütersloh 1965, 167).
2 Vecchiotti 532.
3 Vgl. etwa Praescr. VII 9–11: Quid ergo Athenis et Hierosolymis? quid academiae et ecclesiae? quid haereticis et christianis? Nostra institutio de porticu Salomonis est qui et ipse tradiderat Dominum in simplicitate cordis esse quaerendum. Viderint qui Stoicum et Platonicum et dialecticum christianismum protulerunt (CCL 1,193,32–37).
4 Vgl. Moingt (2) 31: „Bibliographie critique"; neuere Literatur bei Stritzky 262[33 · 35].

fechte einen antiphilosophischen, ja antirationalistischen Standpunkt des christlichen Glaubens. So wollte man gar das Axiom „Credo quia absurdum est", wenigstens sinngemäß[5], dem Theologen aus Karthago zuschreiben. Tertullians „Paradox" wurde vor allem an dem Satz aus De carne Christi festgemacht: „Gekreuzigt wurde der Sohn Gottes; das beschämt nicht, weil man sich schämen muß. Und gestorben ist der Sohn Gottes; das ist völlig glaubwürdig, weil es eine Torheit ist. Und der begraben wurde, ist auferstanden; das ist sicher, weil es unmöglich ist."[6] Williams will dieses Paradox ernstnehmen; es sei nicht bloß rhetorischer Ausdruck, sondern dem christlichen Glauben wesensgemäß.[7] Auch Labhardt präsentiert Tertullian als einen kompromißlosen Verfechter der Heilswahrheit, der in der Nachfolge des Paulus (vgl. Kol 2,8) jeder philosophischen Spekulation eine rigorose Absage erteile und einzig die theologische Nachfrage dulde.[8] Das in Carn. formulierte Paradox solle man nicht mit Gilson[9] abmildern; Tertullian vertrete eine antiphilosophische Position in Reinform („position pure"), bei ihm finde man kaum Spuren einer christlichen Philosophie.[10] Da anderseits nicht zu übersehen ist, daß der christliche Apologet die Erkenntnisse des sensus communis zur Erhärtung des Wahrheitsanspruchs der Offenbarung in Dienst nimmt, rekurriert Labhardt zur Erklärung der antiphilosophischen Einstellung Tertullians letztendlich auf C. G. Jungs psychologische Deutung des sacrificium intellectus.[11]

Refoulé und Décarie kommt das Verdienst zu, das scharfe Urteil der genannten Autoren durch Hinweise auf den unmittelbaren Kontext der paradoxen Formulierung sowie auf die komplexe Struktur des tertullianischen Denkens als überzogen, undifferenziert und daher letztlich unzutreffend erwiesen zu haben.[12] Nach Refoulé muß zwar die Formulierung von Carn. V 4 in ihrer „Reinheit" stehen bleiben, aber die Vielzahl anderslautender, ja entgegengesetzter Äußerungen darf nicht einfach beiseite geschoben werden. Obwohl nach ihm die

---

5 Vgl. Pohlenz I 436f: „Das Abendland war der Boden für das Credo quia absurdum est, das schon Tertullian dem Sinne nach bekannte."

6 Carn. V, 4 (CCL 2,881,26–29): „Crucifixus est dei filius; non pudet, quia pudendum est. Et mortuus est dei filius, prorsus credibile est, quia ineptum est. Et sepultus resurrexit, certum est, quia impossibile est." – Diesen Satz hat Williams (1) seinem Beitrag als Motto vorangestellt. Er bescheinigt Tertullian einen „unerschrockenen Gebrauch legalistischer Rhetorik gegen seine Widersacher und eine intransigente Hinnahme paradoxer Schlußfolgerungen" (188).

7 Williams (1) 192.

8 Labhardt 164–166. – Bei der Berufung auf Kol 2,8 wäre zu berücksichtigen, daß „Philosophie" hier nicht im fachwissenschaftlichen Sinn verwendet ist, es handelt sich vielmehr um eine damals übliche Selbstbezeichnung der eigenen religiösen Lehre, „um durch Bildung und Tiefsinn zu beeindrucken" (Das Neue Testament. Hg. U. Wilckens. Hamburg 1970, 719 Anm. 1 z. St.); nach E. Schweizer (1) 104 handelt es sich allerdings „tatsächlich um Philosophie", konkret: um „einen jüdischen Pythagoreismus". Gnilka 122 differenziert: „Selbstverständlich ist Philosophie hier nicht im Sinn von Bildung und Wissenschaft gemeint, die das Wesen des Seienden erforscht und als Sitten- und Lebensverbesserin auftritt . . . Analog [zu der Verwendung von ‚Philosophie' für religiöse Lehren, wobei oft ein Zusammenhang zwischen Philosophie und Magie hergestellt wird] ist die kolossische Philosophie zu begreifen, als Zusicherung, dem Menschen mit Hilfe von sonderbaren und geheimnisvollen Sonderlehren und -praktiken Zugang zu einem ihn befreienden Heilswissen zu verschaffen."

9 Gilson 97f.

10 Labhardt 177f.

11 Ebd. 180. Zur Unhaltbarkeit dieses Vorwurfs vgl. R. Braun (2) 245f (der Name des Autors R. B. ist nicht angegeben, aber aus 231[1] zu erschließen).

12 Das ungenaue Zitieren von Carn. und die damit verbundene „offensichtlich falsche Interpretation" hatte bereits Guilloux 24[1] bemängelt.

menschliche anima in ihrer Vernunfterkenntnis durch die Sünde geschwächt ist, „versteigt sich die antiphilosophische Haltung Tertullians doch nicht in einen systematischen Antirationalismus“[13]. Während Refoulé die antimarcionitische Stoßrichtung der Lehre Tertullians vom sensus communis herausstellt, analysiert Décarie ausführlich den – ebenfalls im Zeichen der Auseinandersetzung mit Marcion stehenden – Kontext von Carn. V. Folgende Sätze gehen dem oben zitierten Text voran: „Schone die einzige Hoffnung des ganzen Erdkreises! Was zerstörst Du die notwendige Schande des Glaubens? Was auch immer Gottes unwürdig ist, mich befreit es: Gerettet bin ich, wenn ich mich meines Herrn nicht schäme: *Wer sich meiner schämt,* sagt er, *dessen werde auch ich mich schämen.* Andere Gegenstände der Beschämung finde ich nicht, die mich durch Verachtung der Schamröte als einen zum Wohl Unverschämten und glücklich Törichten erweisen.“[14] Tertullian stützt sich also auf das Schriftwort, daß Gott das der Welt Törichte auserwählt habe, um die Weisheit der Welt zu beschämen (vgl. 1 Kor 1,27), und belehrt Marcion: Gerade das in den Augen der Welt Törichte und Schändliche hat Gott selbst nicht verschmäht, sondern zur Offenbarung seiner Liebe ausersehen, und gerade in dieser von der Schrift bezeugten Torheit liegt der Beweis für die Wahrheit des Evangeliums. Für den Gott der Christen ist weder Inkarnation unmöglich (vgl. Carn. III), noch sind die mit der Fleischwerdung verbundenen natürlichen „Erniedrigungen“ seiner unwürdig (vgl. Carn. IV), schon gar nicht das Leiden des Gekreuzigten (vgl. Carn.V). Décarie kommt zu folgenden eindeutigen Schlußfolgerungen: „Erstens: Die klassische Formel *credo quia absurdum* (auch in der korrigierten Fassung: *quia ineptum*) gibt nicht das Denken Tertullians wieder. Hier ist man einem dreifachen Irrtum erlegen: Man hat eine Behauptung von ihrem Kontext isoliert; man hat die Schriftzitate vernachlässigt; man hat aus einem besonderen Fall (der Glaubwürdigkeit der Kreuzigung) die allgemeine Regel der Glaubenszustimmung gemacht: *credo* (simpliciter) *quia absurdum.* – Zweitens: Der Glaube Tertullians an die Inkarnation und die Kreuzigung beruht auf dem Wort Gottes, so wie es die Schrift uns offenbart, nicht auf deren Absurdität oder ihrer Nicht-Absurdität. ... Drittens: Unter diesen Voraussetzungen ist der ‚Anti-Rationalismus‘ von de Carne Christi derjenige des Ersten Korintherbriefes und all derer, die seine Lehren annehmen.“[15]

Wickert hat nun behauptet, Tertullian habe die paulinische Verkündigung der Freiheit – Gottes vom Menschen und des Menschen von der σάρξ und ihrer Weisheit – „verschoben ... zur Behauptung einer dem akzeptierenden Willen zugemuteten widervernünftigen Setzung“, zur „These von der blind vertrauenden, gehorsamen Hinnahme des göttlichen Lehrgesetzes“.[16] Freilich: „Es ist sonderbar, daß derselbe Mann, der den Modus der Offenbarung als ein mit dem Verstand im Streit liegendes, paradoxes Geschehen charakterisiert, zugleich den Inhalt dessen, was von Gott kommt, durch und durch rational bestimmt.“[17] Diesen „wirklichen Widerspruch“ will Wickert „aus geschichtlicher Perspektive begreiflich ... machen“[18]. „Im Nein und Ja zur Vernunft – in diesem eigentümlichen Bruch der Ratio spricht sich die Bereitschaft des antiken Menschen aus, so gut er kann und weiß mit der Offenbarung ernst zu machen.“[19] Die zitierte Einschätzung entspringt vielleicht doch zu sehr einer, mit Verlaub

13 Refoulé 44.

14 Carn. V 3f (CCL 2,881,20–26): Parce unicae spei totius orbis. Quid destruis necessarium dedecus fidei? Quodcumque deo indignum est, mihi expedit: salvus sum, si non confundar de domino meo. *Qui mei,* inquit, *confusus fuerit, confundar et ego eius.* Alias non invenio materias confusionis, quae me per contemptum ruboris probent bene impudentum et feliciter stultum.

15 Décarie 30f.

16 Wickert 162f.

17 Ebd. 165.

18 Ebd. 166.

19 Ebd. 168. – Wie wenig die Gegenüberstellung von Antithesen geeignet ist, das Denken Tertullians zu erfassen, hat Fredouille (5) angemerkt.

gesagt, „typisch reformatorischen" Perspektive. Demgegenüber hat Bauer in einer kurzen Notiz an die rhetorische Bildung Tertullians erinnert: „Wir ersehen . . ., daß sich Tertullians ganze Argumentation um die Wahrheit der caro Christi dreht. Dazu führt er zunächst das Zeugnis des Völkerapostels an, dem unser Glaube folgt, und dazu allein legt er die scheinbare stultitia dem rhetorischen Beweisgang ex impossibili für die Wahrheit des paulinischen Zeugnisses und daher dessen Inhalt zugrunde . . ."[20] Noch eindeutiger äußert sich Scaglioni – mit Bezug auf Prax. X! –, der Wert darauf legt, daß für Tertullian nicht etwas deshalb Zeugnis göttlicher Weisheit ist, weil es absurd ist, und der in seinen Schlußfolgerungen Tertullians Glaubensverständnis als „obsequium rationabile" charakterisiert.[21] Vielleicht hat Gilg doch die treffendste Formulierung zur Typisierung der Denkanstrengung Tertullians gefunden, wenn er – gewissermaßen aus umgekehrter Perspektive – schreibt: „Sofern aber angesichts seiner begrifflichen Arbeit der unerfreuliche Eindruck entstehen sollte, dass eine gewisse Virtuosität im Formalen ihn der Sache selbst, der unaussprechlichen Sache, nicht eingedenk sein lasse und ihm und uns leere Hülsen statt Geist und Herz bewegende Erkenntnis darbiete, wäre daran zu erinnern, dass doch offenbar auch ihm etwas von der erschütternden Paradoxie lebendig geworden ist, an der vorbeiredend allerdings jeder christologische Satz sich als eitel Geschwätz qualifizieren müßte –; ‚crucifixus est dei filius . . . quia impossibile est' (Carn. 5)."[22]

Jüngst hat Stritzky die Anti-Haltung Tertullians auf den – freilich für alle christliche Theologie geltenden – entscheidenden Punkt zugespitzt: „Tertullian ist trotz dieser Angriffe kein Feind der Philosophie, die er sehr wohl zum Ausdruck der Grundwahrheiten des christlichen Glaubens einzusetzen weiß, aber in dem Hauptpunkt, der Relativierung der Geschichte, setzt er ihr ein klares, wenn auch mit allen Kunstgriffen der Rhetorik gefärbtes Nein entgegen."[23]

Darf man also von einer christlichen Philosophie bei Tertullian sprechen? Es ist hier nicht der Ort, über Sinn oder Unsinn einer christlichen Philosophie zu streiten. Tertullian war gezwungen, zur Verteidigung der christlichen Offenbarungswahrheit auch auf Vernunftargumente zurückzugreifen. Seine ‚systematische' Theologie hat auf der Basis von Schrift und regula fidei ein Glaubensdenken entwickelt, das philosophische Argumentationen nicht scheute.

Die Zerstörung des Mythos von dem Antiphilosophen Tertullian resultierte vor allem aus einer angemessenen Berücksichtigung des konkreten Argumentationshintergrundes, dessen Umrisse bereits um die Jahrhundertwende Rauch und Schelowski in z. T. frappierender Übereinstimmung nachgezeichnet haben.[24] Tertullians Vorwürfe an die Adresse der Philoso-

---

20 Bauer 195; zu Wickert vgl. 193f. – Bereits Moffatt 170f, den Wickert nicht zitiert, hatte auf die Parallele zwischen Tertullians „oft falsch zitiertem" Satz und einer Formulierung in Aristoteles' Rhetorik aufmerksam gemacht.

21 Scaglioni 212 bzw. 214.

22 Gilg 44.

23 Stritzky 265. – Daß auch noch die Autoren, die Tertullians Paradox abschwächen oder vom Kontext her erhellen wollen, das Problem falsch stellen, behauptet Muñoz, der aber die Polemik gegenüber der Philosophie nicht mehr recht verständlich machen kann. Unbestritten, aber keineswegs neu ist die These, daß es Tertullian um das Wiedererkennen (recognoscere) des christlichen Gottes in dem Gott der Schöpfung gehe; vgl. die kritische Rezension von J.-C. Fredouille, in: REAug 24 (1978) 322f.

24 Vgl. Rauch, bes. Teil I; Schelowski, bes. die Einleitung und die beiden ersten Kapitel. – W. Koch 8 sieht in Tertullians Appell an die menschliche Seele, an „die Reflexion auf den Inhalt des Bewußtseins wenigstens eine Vorstufe für den Glauben, eine gewisse Apologetik des christlichen Gottesbegriffs", was für ihn jedoch in unauflöslicher Spannung zu der extremen Gegnerschaft gegenüber der hellenistischen Philosophie und dem sich darin bekundenden „Fideismus" steht. Lortz wehrt sich gegen die einseitige Beto-

phen (Verfälschung der geoffenbarten wie auch der ‚natürlichen' Wahrheit, Lebenswandel und eigensüchtige Forschungsmotive[25]) gipfeln in deren Charakterisierung als „Patriarchen der Häretiker"[26]. Als mildernde Umstände hat man dieser Polemik zugebilligt: die in Zeiten des Umbruchs stets sich einstellende „Verachtung des Alten"; die anfängliche „scheue Furcht" des Christentums vor allem Heidnischen; Tertullians Charakter; die dem Zeitgeist konforme Ablehnung der Philosophie, deren Blütezeit „längst vorbei war"; die mangelnde Kenntnis der großen Philosophen aufgrund des schlechten Handbuchbetriebs.[27] Die schroffe Einstellung Tertullians läßt sich jedoch nicht ausschließlich auf das Konto seiner rhetorischen Bildung und polemischen Taktik buchen, wie Stritzky unlängst gegenüber Fredouille[28] eingewendet hat. Durch das Aufzeigen von „Parallelen zwischen den Einwänden Tertullians gegen die Philosophie und ähnlichen Einwänden in der klassischen Dichtung, Rhetorik und sogar der Philosophie selbst . . . [laufe man] Gefahr, das Anliegen Tertullians, das im Grundsätzlichen besteht, zu verzeichnen. Denn Tertullian geht es um mehr als um rhetorisch gefärbte Polemik, deren Argumente er dem Arsenal seiner literarischen Bildung entnimmt, um den Gegner mit den eigenen Waffen zu schlagen. Er will zeigen, daß das Christentum mehr ist als eine Art Philosophie unter anderen, denn gerade das war ein Argument, dessen sich Kelsos gegen die Christen bedient hatte. Nicht umsonst bezeichnet Tertullian das Christentum als plena atque perfecta sapientia [Nat. II 2,1/CCL 1,42,10f] im Gegensatz zur mira sapientia philosophorum [Nat. II 2,1/42,2f], als sapientia quae vanissimis superstitionibus renuit [Pal. IV 10/CCL 2,746,128f], als schola caeli [An. I,6i/CCL 2 782,40] und schließlich als melior philosophia [Pal. VI 2/750,22]."[29] In ähnliche Richtung zielt der Einspruch Pizzolatos gegen Fredouilles und Siders Interpretation der Dialektik als eines bloßen (rhetorischen) Ausdrucksmittels. Sie sei vielmehr das Kennzeichen der Philosophie seit Aristoteles, gegen den Tertullian sich ebenso wende wie gegen den Mißbrauch der Dialektik in der Stoa wie bei den Häretikern. Tertullian kämpfe also gegen die Philosophie als solche, deren dialektische Methode einen totalen Gegensatz zum christlichen Suchen darstelle.[30] Mit Stritzky gesprochen geht es also „nicht allein um menschliche Vielwisserei, sondern um den Gegensatz von curiositas und fides"[31]. Dennoch: weder für Stritzky noch für Pizzolato[32] stellt der genannte Gegensatz, der zum „proprium christianum" gehört, für Tertullian ein Hindernis dar, Argumente der heidnischen Philosophen zu übernehmen, ja diese selbst als Autoritäten heranzuziehen.[33] Wie die Forschung inzwischen

---

nung der philosophiefeindlichen Haltung und warnt vor einer übereilten Beurteilung entsprechender Formulierungen (I 384–393) und der häufig gewollten paradoxen Ausdrucksweise (II 192). Ähnlich äußert sich auch H. Koch (2) 839.

25 Vgl. R. Braun (2) 236: „Das typische Charakterbild des Philosophen, so wie es sich aus seinen Schriften ergibt, ist durch drei Wesenszüge gekennzeichnet: den Hochmut, die exklusive Sorge um wohlklingende Formulierungen, den Geist der Neugierde."

26 Vgl. An. III 1 (CCL 2,785,3f); Herm. VIII 3 (CCL 1,404,14f).

27 Rauch 12f sowie Lortz I 384–393.

28 Fredouille (2) 301–357.

29 Stritzky 262.

30 Vgl. Pizzolato.

31 Stritzky 264. – Zur Auseinandersetzung des frühen Christentums mit der zeitgenössischen Philosophie vor allem auf dem Gebiet der Moral und zur paradigmatischen Stellung Tertullians in diesem Kampf vgl. die anregenden Ausführungen von Schindler (2).

32 Pizzolato 148.

33 Vgl. die Hinweise bei Weiß 294[15]. So zutreffend der Hinweis ist, bei Tertullian lasse sich das „Credo quia absurdum est" nicht ausmachen, so ungeschützt ist die Formulierung: „So gibt es bei Tertullian keine grundsätzlichen Aussagen gegen die Philosophie" (ebd.). Dies kann man nur sagen, wenn man – wie es einige Autoren vorgeschlagen haben – zwischen den Angriffen gegen die Philosophen und der kritischen Übernahme philosophischer Gedanken zugleich unterscheiden wie eine Kohärenz herstellen will; vgl. in diesem Sinn Daniélou (3) 603.

herausgearbeitet hat, muß man dem Rhetor und Apologeten aus Karthago eine breite philosophische Belesenheit bescheinigen.[34] Daß er vor allem der Stoa viel zu verdanken hat, konnten wir bereits im Verlauf unserer Interpretation anmerken[35]; daneben wurde auf aristotelische Elemente in seinem Denken aufmerksam gemacht[36], insbesondere aber gegenüber der Prädominanz des Stoizismus der platonische Einfluß unterstrichen[37]. Die Diskussion über Tertullians Stellung „zwischen Stoizismus und Platonismus“[38] wird unter den Forschern weitergehen.

Tertullians Kritik richtet sich nicht bloß gegen die Philosophen als einzelne, während er die Philosophie verschone; sein Affront gegen die Philosophie offenbart sich allerdings auch nicht als unerleuchtete Animosität oder gar pathologisches Phänomen; vielmehr geht es um die theologische Ortsbestimmung der menschlichen Vernunft als von Gott und seiner Offenbarung in Jesus Christus konkret bestimmter; nur da, wo menschliche Hybris die Vernunft verabsolutiert und zum Maßstab des Gott-Möglichen macht (und in dieser Perspektive sind „die“ Philosophen die Erzväter „der“ Häretiker), trifft sie der Bannstrahl des Apologeten. Man darf sich dem Urteil Fredouilles[39] anschließen, daß gerade in Tertullians Trinitätstheologie antike Kultur und christlicher Glaube eine tiefreichende Verbindung eingegangen sind und es sich dabei keineswegs um ein bloßes Aufrechnen der Konvergenzen bzw. Differenzen zwischen Heiliger Schrift und heidnischer Philosophie handelt.

Die Auflösung des pauschalen Vorurteils von dem Antiphilosophen Tertullian, die Nachzeichnung seiner differenzierten Stellung zur Philosophie und der Aufweis konkreter Abhängigkeiten und Referenzen (die Hinweise auf den sich abzeichnenden Konsens der Forschung erleichtern den Verzicht auf das Beibringen weiterer Einzelbelege, was den Rahmen dieser Untersuchung sprengen würde und von dem gesteckten Ziel her nicht erforderlich ist) – diese drei Ausgangsdaten ermutigen uns zu der Fragestellung, inwieweit Tertullian als ein systematischer Theologe bezeichnet werden kann. Im übernächsten Arbeitsschritt nehmen wir dann noch einmal konkret die Frage auf, welche philosophischen Elemente Tertullian in die Bestimmung von persona einbezogen haben könnte, um so zu einer abschließenden Erörterung seines trinitätstheologischen Leitbegriffs befähigt zu sein.

---

[34] Vgl. die Aufzählung bei R. Braun (2) 234.

[35] Zu den Einzelheiten wie zum Diskussionsstand ebd. 246–250. Als Standardwerk ist immer noch Spanneut zu konsultieren.

[36] Vgl. vor allem Keseling, der ein z. T. unmittelbares Studium des Aristoteles, wenigstens in Anthologien und Chrestomathien für möglich hält. Auf das Aristotelische bei Tertullian weist auch Wolfson hin, ohne den stoischen Einfluß zu leugnen (bes. 305–322); in seiner Logoslehre verwende Tertullian die platonische Theorie, jedoch in aristotelischer Interpretation (263–266).

[37] Vor allem – in betonter Wendung gegen Moingt (vgl. 524[1]) – von Vecchiotti. Die Bemerkung von Scaglioni 191[28], dessen Buch informiere viel eher über das Denken Vecchiottis als über das Tertullians, ist deutlich.

[38] Vgl. Moreschini (1) und (3). In seiner Rezension von Moreschini (1) hat R. Braun an die frappierenden Übereinstimmungen mit der Gotteslehre der Stoa und an die polemische Haltung Tertullians gegenüber dem Platonismus erinnert; in: REAug 26 (1980) 327f. Vgl. ferner Daniélou (2) III, bes. 175–191. Dörrie (2) 15[45] wies auf die Übergangssituation hin, in der sich Tertullian befand: „Tertullian dürfte unter den christlichen Autoren der letzte gewesen sein, der, selbst von der Stoa geprägt, die stoische Philosophie als den eigentlichen Widerpart des Christentums ansah“; und der Platonismus war als „die Philosophie insgesamt, die etwa vom 3. Jh. an zur herrschenden Lehre geworden war“, „von Tertullian bis zu Ps.-Dionysios (dem Areopagiten) etwas höchst Aktuelles“ (16).

[39] Vgl. die komprimierte und präzisierte Darstellung seiner Position: Fredouille (8).

2. *Ist Tertullian ein systematischer Theologe?*

Im Verlauf unserer Interpretation bestätigte sich am konkreten Material der als Hypothese aufgestellte hermeneutische Grundsatz, daß Tertullian im Rahmen von Prax. konsistent und (soweit wir schon über Prax. hinausblickten und sein Denken insgesamt vor Augen bekamen) kohärent argumentiert und daß er zumindest in seinem trinitätstheologischen Traktat eine systematisch-theologische Position vertritt. Nicht von ungefähr haben wir dabei häufig einen Seitenblick auf die Analysen von Moingt geworfen, der in der jüngeren Forschungsgeschichte am entschiedensten die systematische Reflexionsleistung Tertullians akzentuiert hat. Ein so profunder Kenner der Materie wie A. M. Ritter hat sich dazu etwas zurückhaltend geäußert; es ist aber die Frage, ob man sofort „den Abstand zu den Problemstellungen und Problemlösungen des 4. Jh.s" und die minimale „unmittelbare Wirkungsgeschichte des Nordafrikaners im Bereich der abendländischen Theologie und Kirche des 3. Jahrhunderts" als Maßstab heranziehen soll, um sogleich zu relativieren, daß „man mit ihm [Moingt] den ‚philosophischen' Rang und die Stimmigkeit von Tertullians trinitätstheologischen Versuchen sehr viel höher veranschlagen sollte als bisher üblich"[40]. Versuchen wir, den von uns gewonnenen Eindruck durch einige einschlägige Beobachtungen zu bestätigen!

Es erscheint verständlich, daß die Autoren, die mehr oder weniger ratlos vor der für sie unüberbrückbaren Spannung zwischen Tertullians antiphilosophischer Polemik und seinen konkreten Anleihen bei den Philosophen stehen blieben, dem Apologeten kaum eine systematische Denkleistung zu attestieren imstande waren; man fand dann in den Werken eine getreue Spiegelung des Charakters. So kam Lortz zu dem Eindruck: „Tertullian ist vor allem, man muß das immer wiederholen, Rhetor. Auch als Denker!" „Stets ist es mehr das Temperament, das die Sache erfaßt, als der Intellekt."[41] Dennoch geht nach Lortz, der sich hier auf K. Holl beruft, vor allem in den dogmatischen Schriften der Denker im Rhetor nicht unter, insofern Tertullian auch möglichst rational untermauern will, was er in polemischer und apologetischer Absicht behauptet.[42] Der originale, ja geniale Kopf[43] sei aber nicht einfach auf eine Formel zu bringen, er sei kein Systematiker![44] Auch in renommierten Handbüchern kann man lesen, daß Tertullian, obschon von der Philosophie beeinflußt, an einem Ausgleich zwischen Philosophie und Theologie nicht interessiert und folglich auch kein systematischer Theologe sei[45], „denn Tertullians Dialektik blendet mehr, als sie überzeugt, und das hängt mit seinem Wesen zusammen"[46].

---

40 Ritter (4) 143; vgl. Ritter (2) 696.

41 Lortz I 220.

42 Lortz II 184; Holl 274.

43 Lortz I 220.

44 Ebd. 6f.

45 Quasten 320f.

46 Altaner – Stuiber 149. – Quasten 248 legt freilich Wert auf die Feststellung, daß Tertullian kein kalter Sophist gewesen sei. – Ritter (4) 142 zitiert die „Basisformel" (Prax. II) als Beleg dafür, daß die „der ‚Verrücktheit' der Leute vom Schlage des Sabellius (bzw. ‚Praxeas') entgegengestellten Wendungen und Begriffe . . . indes in der juristisch-logischen Exaktheit ihrer Bestimmungen eher formal [blieben]".

In seinem „Versuch einer Standortbestimmung" formulierte auch noch Braun: „Bei diesem Kämpfertyp hat das Denken niemals eine kohärente und zu einer Einheit zusammengeschlossene Organisation gehabt."[47] Von einer systematischen Theologie kann auch nach Siders Urteil im jüngsten Forschungsbericht keine Rede sein; Fredouilles und seine eigenen Forschungen hätten gezeigt, daß „seine Schriften ... überall den Stempel seiner grundlegenden rhetorischen Bildung [tragen]"[48]. In dieser Perspektive ist es dann konsequent, erst Hilarius als „den ersten Theologen der ‚Trinität' im Westen"[49] zu bezeichnen.

Aber es gab auch schon lange vor Moingt andere Stimmen. Geradezu überschwenglich pries Kellner in seiner Einleitung zu den „dogmatischen Schriften" Tertullians „die Genialität des Schaffens und die Großartigkeit der Leistungen dieses seltenen Mannes"[50]. Daß Tertullian zu der Zeit, als seine dogmatischen Schriften entstanden, „auf der Höhe seiner Leistungen stand", beweisen nach Kellner folgende Indizien: die „immer häufiger werdende Anwendung von *Bibelstellen*"; die im Vergleich zu den aszetischen und apologetischen Werken „in fühlbarer Weise klarere, einfachere und leichter verständliche" Schreibart; die gediegene wissenschaftliche Handarbeit („Die Schriften dieser Periode machen den Eindruck, als wenn sie mit Sorgfalt und Benutzung einer reichhaltigen Bibliothek ausgearbeitet worden wären").[51] Demnach sei nicht zu leugnen, daß Tertullian „ein fertiges dogmatisches System hat und einer bestimmten Methode folgt"[52]; dabei bilden Schrift und Tradition (regula fidei) die Quellen der Dogmatik, die der Vernunfterkenntnis und Philosophie Raum gibt und sie zugleich begrenzt, kurzum: „Seine zahlreichen, ineinander greifenden, dogmatischen Schriften sind eine würdige Vorhalle der katholischen Dogmatik, gegründet auf richtigem und solidem Fundament, und eine angemessene Inauguration der in dem Ausbau der christlichen Theologie sich kundgebenden Geistestätigkeit."[53] Den harten Kern dieser euphemistischen Beurteilung hat Finé zutreffend herausgeschält, wenn er betont, daß Tertullian wenigstens auf Teilgebieten – und dazu zählt auf jeden Fall die Trinitätstheologie – durch „die polemische Auseinandersetzung mit den Häretikern ... gezwungen" war, „die Dinge bis zu einem gewissen Grad durchzudenken"[54]. Dabei genügte dann die Berufung auf die Schrift nicht mehr, so daß Tertullian „seine Zuflucht zu Instanzen außerhalb der Bibel, zur Philosophie" (freilich in eklektischer Auswahl) nahm und sich auf die Autorität berief, „die durch den lateinischen Begriffskomplex *fides – regula fidei – disciplina* gekennzeichnet werden kann"[55]. Letztlich sei sich freilich Tertullian seine eigene Autorität gewesen, und die Suche nach einer Richt-

---

47 Braun (2) 250.
48 Sider (3) 250.
49 Mayr (2) 75.
50 Kellner (2) 281.
51 Ebd. 277f.
52 Ebd. 280.
53 Ebd. 292.
54 Finé 233.
55 Ebd. 237. – In ähnlicher Weise hatten bereits Rauch und Schelowski den theologiegeschichtlichen Ort Tertullians bestimmt; und die „Quintessenz" der Lagebeschreibung bei R. Braun (2) 250 lautet: „Sicher ist jedenfalls, daß die Notwendigkeit, auf die Philosophie zu rekurrieren, Tertullian durch seinen Kampf gegen die Gnostiker und Häretiker auf allen Seiten, deren Lehre zu widerlegen er unternahm, auferlegt wurde."

schnur des Glaubens habe ihn in das Lager der Montanisten getrieben. Ist die darin nach Finé sich äußernde „tiefe Tragik"[56] nicht auch zu würdigen angesichts der Situation des systematischen Theologen, insofern dieser im Koordinatenkreuz von Heiligem Geist (hier sind die Größen Schrift, Tradition, sensus fidelium, Lehramt zuzuordnen) und „philosophischer Vernunft" resp. eigener Einsicht sich zu orientieren hat?

Bleiben wir bei der nüchternen Situationsbeschreibung! In der Abwehr der Häretiker hat Tertullian keineswegs bloß argumenta ad hominem oder auch nur argumenta ad hoc produziert, sondern eine rationale systematische Theologie vorgelegt.[57] Auch wenn er nicht für alle Teilbereiche eine „Systematik und . . . ausgefeilte Begriffssprache" entwickelt hat, kann die systematische Ordnung seiner Gedanken rekonstruiert werden, wenn die Interpretation sich der Aufgabe stellt, „die Grundstruktur dieser Bilder und Begrifflichkeiten aufzuspüren und miteinander in Einklang zu bringen, sie muß ordnen und begrifflich faßbar machen, ohne dabei zu verfälschen"[58]. Daß dabei immer der Glaube sich als das Primäre zeigt[59] und „die theologische ratio so eindeutig als ultima ratio seines Beweisverfahrens erscheint"[60], bedeutet, daß wir Tertullian zwar keinen „christlichen Philosophen"[61], wohl aber einen „christlichen Dogmatiker" nennen dürfen. Diese unter den französisch-sprechenden Tertullianforschern inzwischen als opinio communis geltende Einschätzung wurde unabhängig davon im angelsächsischen Raum durch die sehr forsche, in manchem holzschnittartige Studie von Ayers bestätigt.[62] Wir

---

56 Finé 238. Die Einschätzung Tertullians wird noch differenzierter ausfallen, wenn man sein Verhältnis zum Montanismus genauer in den Blick nimmt. Nach Quacquarelli ergeben sich hier tiefgehende Divergenzen, vor allem was den Ursprung der Aszese und die biblische Perspektive angeht. Im Hinblick auf unser Thema gilt: „Tertullian repräsentiert im Bereich der Orthodoxie der institutionellen und pneumatischen Kirche der ersten Jahrhunderte den Gipfel der trinitarischen Konzeption" (25; vgl. 20[10]).

57 So Daniélou (3) 602 unter ausdrücklicher Einbeziehung der Trinitätstheologie in seiner Rezension zu Finé. Ausgerechnet im Zusammenhang der mit einem juristischen Fachterminus betitelten Schrift „De praescriptione haereticorum" und wiederum mit Verweis auf die Originalität Tertullians in der Behandlung trinitätstheologischer Fragen: „Keiner unter den Vätern hat mehr philosophiert als der Verächter der Philosophie" (ebd. 605).

58 Otto (1) 11.

59 Lortz I 370[41] betont dies ausdrücklich im Hinblick auf die christologischen und trinitätstheologischen „Spekulationen", „wo er [Tertullian] so oft und in außerordentlich bezeichnender Weise die evtl. falschen Folgerungen, die man aus seinen Spekulationen über den Glaubensinhalt ziehen könnte, abschneidet, indem er betont: alle diese Erklärungen dürfen nur im Sinne des Glaubens verstanden werden."

60 Speigl (1) 176.

61 Vgl. R. Braun (2) 250f.

62 Vgl. Ayers (2). Das völlige Ignorieren nicht-englischer Literatur ist zwar befremdlich, verstärkt aber in unserem Zusammenhang den Zeugniswert; vgl. die Rezension von J.-C. Fredouille, in: REAug 26 (1980) 327. Bereits anläßlich der Vorstudie Ayers' (1) hatte Fredouille in REAug 23 (1977) 340f sein Befremden zum Ausdruck gebracht. Was den Konsens unter den französischsprechenden Forschern angeht, vgl. auch die „Bewunderung" Daniélous (2) III 280 für die Arbeiten von Braun und Moingt und seine eigenen Ausführungen zur „Methode" wie zum „System" Tertullians, besonders in dessen Tri-

standen also keineswegs mit Moingt allein da, als wir die von Otto skizzierte Aufgabe in Angriff nahmen und verfolgten, wie Tertullian in Prax. sich nicht damit begnügte, Irrtümer aufzudecken und den wahren Glauben einfach dagegenzustellen, sondern wie er versuchte, „in ein organisiertes System Schriftargumente und rationale Erklärungen und in die Sprache des Glaubens sein technisches und philosophisches Vokabular einzuführen"[63]. Wie Moingt interessiert uns an Tertullian weniger das Individuum als „das Phänomen, dessen Akteur er wurde und dessen Zeuge er bleibt, ich will sagen: die Geburt der Trinitätstheologie und auch – es ist erlaubt, das hinzufügen – der systematischen theologischen Reflexion"[64]. Wir hatten während unserer Interpretation beobachtet, wie Tertullian seine Schriftauslegung mit Hilfe der ihm von der Rhetorik her vertrauten Methode der Problemerörterung und durch systematische Anwendung der grammatischen Exegese wie durch Heranziehung philosophischer Theoreme untermauert und zu einer in ihren Grundrissen sich abzeichnenden theologischen Theorie entwickelt, wobei vor allem die Affinität zwischen rhetorischen und theologischen Elementen (vgl. Sider) und die „intime Verwandtschaft" (vgl. Rondeau) zwischen prosopologischer Methode und trinitätstheologischer „Sachfrage" deutlich wurde. Der inzwischen erreichte Stand der Untersuchung erlaubt es nun, die „Evolution der theologischen Systematik" anhand der Analyse Moingts noch einmal nachzuzeichnen, um so abschließend die Frage, ob Tertullian ein systematischer Theologe sei, mit einem nuancierten, aber deutlichen Ja zu beantworten.[65]

Zunächst ist festzuhalten, daß unser Apologet noch nicht in die Zeit gehört, in der im Westen dogmatische Fragen unabhängig von einer aktuellen Herausforderung bearbeitet wurden[66], daß er aber anderseits, was sein Bekenntnis zum trinitarischen Glauben angeht, immer „ein festes und reflektiertes Bewußtsein"[67] hatte, so daß er auf die Provokation des Praxeas bzw. der Monarchianer vorbereitet und „sein Denken für ein Werk der Verbegrifflichung reif" war[68]. Mit der fortschreitenden Glaubensreflexion benötigte der alte Glaube neue Worte, die indes wie etwa „oikonomia" die „einfachen Gläubigen" aufschreckten (vgl. Prax. III).[69] Obwohl

---

nitätstheologie (279–290 bzw. 291–294) sowie die Rezension von R. Braun, in: REAug 25 (1979) 300–302 („eine brillante Synthese, gestützt auf präzise Studien von Themen oder Werken": 300).

63 Moingt (2) 8.

64 Ebd.

65 Ich stütze mich vor allem auf Moingt (2) I („Histoire, doctrine, méthodes") und beschränke mich im übrigen auf Hinweise auf andere Autoren.

66 Die Zeit theologischer Systeme beginnt im Osten mit Origenes: vgl. Eicher (2) 76.

67 Moingt (2) 65. Auch das Bekenntnis zum Hl. Geist war von jeher integrierter Bestandteil seiner regula fidei; vgl. Moingt (2) 75–79 die Auseinandersetzung mit Restrepo-Jaramillo, Countryman und Fredouille (9).

68 Moingt (2) 66.

69 Quacquarelli 7f hat darauf aufmerksam gemacht, daß Tertullian in Prax. anders vorgeht als in seinen übrigen antihäretischen Schriften, insofern er die monarchianische Doktrin als die eines unvernünftigen Volkes einführt. Cantalamessa (2) 42 hatte bereits auf die „Anomalie" im Prolog von Prax. hingewiesen, insofern hier der Exposition der Häresie keine Beschreibung des Häretikers vorausgeschickt wird.

Tertullian eine gewisse Sympathie für die „simplices" hegte, bedeutet ihm „simplex" keinen Gegensatz zu „differenziert", und das von ihm geforderte „einfache Zeugnis" (testimonium simplex) meint „eine einfache Erfassung der Wahrheit" im Sinne eines „unumstrittenen Zeugnisses".[70] Ein solches „unumstößliches Zeugnis der ungebildeten Seele", auf das sich Tertullian in „De testimonio animae" berief[71], genügte nun[72] ebensowenig wie gegenüber den Häretikern das Pochen auf den Präskriptionsbeweis.[73] Zur Verteidigung des biblischen Zeugnisses und der überlieferten regula fidei mußte der Apologet gegenüber den Irrlehrern und der Katechet der verwirrten simplices, die sich von der ‚einfacheren' Lösung der Monarchianer angezogen fühlten, sein ganzes methodisches und rhetorisches Instrumentarium aufbieten und die Anstrengung des Begriffs auf sich nehmen. Als oberster Grundsatz gilt nach wie vor, daß nicht zu glauben ist, was nicht so überliefert wurde (vgl. Prax. XIII/1175,40f: quod non licet credi quoniam non ita traditum est), d. h. Richtschnur des Glaubens ist das in der Kirche unter Führung des Geistes, auf den sich natürlich besonders die Anhänger der „neuen Prophetie" des Montanus beriefen[74], ausgelegte Schriftzeugnis. Die exegetische Arbeit beginnt da, wo die regula fidei, das „fundamentale Prinzip seiner Hermeneutik", keine klaren Anwendungsmöglichkeiten bietet.[75] Dabei verfährt Tertullian durchaus systematisch[76]: Da, wo eine Schriftstelle umstritten ist, baut er erst einen systematischen Beweis für seine Position auf, widerlegt er also zunächst die Sacheinwände, um dann auch die Schriftauslegung der Gegner aus den Angeln zu heben.[77] Wir haben im 2.Kapitel

70 Weiß 293f.

71 Die Argumentation dieser Schrift hat vor einigen Jahren noch einmal Waszink (2) nachgezeichnet; sein Schlußurteil lautet: „Die Lösung ist, daß in dieser reinen Form die menschliche Seele in sich eine großartige Fähigkeit trägt, eine christliche zu werden; aber nach Tertullians fester Überzeugung kann die Verwirklichung nur vermittels der Taufe vonstatten gehen" (184).

72 Nach Brox 170 wurde Tertullian gerade im Zusammenhang mit der Trinitätslehre die Kluft „zwischen dem einsichtigeren, gelehrteren Schriftverständnis . . . und der *fides simplicior* der Gemeinde" bewußt. „Tertullian, der sich früher . . . auf die Simplicitas des nicht mehr weiter fragenden Glaubens eingeschworen hatte, polemisiert gegen genau diese Simplicitas, als sie schwere Bedenken äußert gegen die über die Regula hinausführenden Gedanken und die neuartige Diktion seiner Trinitäts-Theologie."

73 Vgl. noch Munier (2).

74 Ausdrücklich appelliert Tertullian daran nur an einer Stelle (Prax. XIII,5/1175,35–37), nachdem er im Prolog (Prax. I) die Verfolgung der Prophetie beklagt hatte. Mit dem Montanismus befaßte sich die Sektion „Antiquité" des Kolloquiums der „Commission Internationale d'Histoire Ecclésiastique Comparée" (Straßburg, 21.–24. 9. 1983); die für Tertullian relevanten Referate hat R. Braun in REAug 29 (1983) 331 aufgelistet, wobei mir bes. die Beiträge von Braun selber und der von Ch. Munier interessant scheinen.

75 Zum Verhältnis von Schrift und regula fidei vgl. Waszink (3) 24–26 (Zitat: 24). Zum Verhältnis von Schrift und apostolischer Tradition bei Tertullian: Munier (1); zu den entsprechenden Strukturen apostolischer Lehrüberlieferung: Eno.

76 Es sei hier an die Argumentationsstruktur der theologischen Summe des Thomas von Aquin erinnert.

77 Dieses Verfahren hat Holl 5f am Beispiel von Res. offengelegt; auf die gleiche Schrift beruft sich Karpp 25.

gesehen, daß der Aufbau von Prax. (praemunitio-confirmatio-reprehensio) genau diesem Schema entspricht. Die Vernunftargumente, zu denen Tertullian gezwungen wird, finden sich auch sonst primär in den einleitenden Kapiteln seiner Traktate, wo sie eher defensiven als explikativen Charakter haben.[78] So blieb das Mißtrauen gegenüber den Philosophen (als den Patriarchen der Häretiker) bestehen, aber die unumgänglich gewordene Annahme der Herausforderung führte über die Aufnahme der Methode als Vorbereitung der Schriftauslegung direkt auf das Gebiet der Philosophie.[79] Tertullian begnügt sich also nicht mit der bloßen Zurückweisung, er komponiert – einen theologischen bzw. dogmatischen Traktat![80] Der Apologet wird nicht zum christlichen Philosophen, aber er entpuppt sich genau als das, was ich einen systematischen Theologen nennen möchte, und dieser Einschätzung stimmt Moingt ja eigentlich zu: „Sein Räsonieren ist eher ‚theologisch' als ‚philosophisch': Er stützt sich auf die Autorität der Offenbarung, nicht auf die der Philosophen; er schreitet voran durch vernunftgemäße Ausweitung der in der Schrift gefundenen Ideen und nicht eigentlich durch begriffliche Analyse. Sein Vokabular ist reichhaltig an philosophischen Begriffen, die sich aber eher auf die ‚Physik' beziehen als auf die ‚Metaphysik' und die nicht in einer spekulativen Konstruktion zusammengefaßt sind. Er ist mehr ‚Dogmatiker' als ‚Theologe': Er ist darauf aus, die angegriffenen Wahrheiten zu verteidigen und zu demonstrieren, er versucht aber nicht wirklich eine vernünftige Explikation der Glaubenswahrheiten durch einen systematischen Appell an die Begriffe und Regeln der Philosophie aufzubauen."[81] Auch in Prax. bleibt neben den Schriftzitaten wenig Raum für eine „trinitätstheologische Theorie"[82], so daß Moingt nicht von einem „rationalen Diskurs", wohl aber von einem „vernünftigen Exposé" reden möchte, ja: „Hier trifft man wirklich, so begrenzt es auch sein mag, auf das philosophische Räsonieren, das ein Konstitutivum der Theologie ist."[83] Tertullian mußte also von der Schriftaffirmation zur dogmatischen Argumentation voranschreiten, er durfte die Dialektik und die Anstrengung des Begriffs nicht scheuen gerade im Dienste einer Dogmatik, die sich als Überlieferung versteht, als Explikation der regula fidei, wobei „beide ihre Einheit und ihren Zusammenhang in der tatsächlichen Ordnung des Heilsgeschehens,

78 Moingt (2) 167–173.

79 Ebd. 157–160. Sell hat am Beispiel von Kierkegaard und Barth nachzuweisen versucht, daß auch „die bekanntesten Advokaten einer radikalen Diskontinuität zwischen Theologie und Philosophie" sich in theologischen Dingen die Philosophie ebensowenig vom Leibe zu halten vermochten wie ehedem Tertullian (75).

80 Vgl. dazu noch einmal die Analyse bei Moingt (2) 226–242. Warum sollte man dann nicht auch (unter Berücksichtigung der gegebenen Einschränkungen) von einem Traktat der „wissenschaftlichen Theologie" sprechen (gegen Moingt [2] 167)? – Leider kann im Rahmen dieser Arbeit des Plädoyer von Beeck nicht diskutiert werden, das nach der Wende „vom Mythos zum Logos" eine neuerliche „von der Logik zur Rhetorik" (64–104) fordert. Unter Rhetorik versteht Beeck hier nicht stilistisches Arrangement, sondern das Achten auf die Aktivitäten der Sprache in konkreten Situationen, aus denen ein kognitiver Akt resultiert (102).

81 Moingt (2) 172. 82 Ebd. 270. 83 Ebd. 273f; Zitat 274.

in der οἰκονομία haben"[84]. Kurzum: Die Denk- und Arbeitsweise Tertullians entspricht derjenigen, die heutige Dogmatik als „Hermeneutik" auffaßt[85]; sie ist systematisch oder jedenfalls systemfähig, d. h. einer Rekonstruktion zugänglich[86].

Im Kontext von Prax. war es gar nicht zu erwarten, daß Tertullian „persona", seinen trinitätstheologischen Leitbegriff, zu einem *philosophischen* Begriff ausbaut, dem man nach Moingt bescheinigen müßte, er habe im Vergleich zu anderen Termini nicht eigentlich die metaphysische Ebene erreicht. Mit Recht rekurrierten wir daher bei der Untersuchung möglicher Quellen nicht auf die Philosophie, ganz abgesehen davon, daß von einem philosophischen (und theologischen) Personbegriff im vollen Sinn erst seit dem 5./6. Jahrhundert gesprochen werden kann. Was Tertullian in seinen *systematisch-theologischen* Reflexionsbegriff an philosophischen Elementen aufgenommen hat, betrifft die Bedeutung von „Individuum", die aber, wie wir sahen, nur *ein* Element seiner *Doppel*struktur ausmacht. Diesen Aspekt hat Tertullian dem sich abzeichnenden Forschungskonsens zufolge gewonnen oder übernommen aus „der Analyse des *ens concretum physicum*, wie sie bei den Stoikern gegeben ist"[87]. Es muß offenbleiben, ob wir wirklich – wie Grillmeier behauptet – genügend Belege dafür haben, „daß πρόσωπον bzw. *persona* schon in dieser Bedeutung in die Theologensprache eingedrungen sind"[88]. Zugegeben: Die terminologische Übereinstimmung zwischen der stoischen Analyse und der Argumentation in Prax. ist verblüffend, doch rechtfertigen die Formulierungen in Prax. VII,5 (1166,29–31: „Non vis enim eum substantivum habere in re per substantiae proprietatem, ut res et persona quaedam videri possit") und VII,9 (1167,54f: „Quaecumque ergo substantia sermonis fuit, illam dico personam et illi nomen Filii vindico") keine weiterreichenden Schlußfolgerungen. Das entscheidende Argument lautet: Für Tertullians trinitätstheologischen Personbegriff ist das Element der Relationalität genauso wichtig wie das der Individualität im Sinn der distinkten (Eigen-) Wirklichkeit! Weder Grillmeier[89] noch Moingt[90] können dies übersehen, auch

---

84 Hägglund (1) 40f.

85 Zu diesem Konzept vgl. exemplarisch Kaspar (1) und (2); Schneider (2). Nach Eicher (2) 77 (vgl. 81.107) kann bereits bei Origenes von Hermeneutik gesprochen werden; zu Thomas von Aquin ebd. 95.

86 Zu den Möglichkeiten und Grenzen einer Rekonstruktion von Tertullians trinitätstheologischem Diskurs nochmals Moingt (2) 1075–1077.

87 Grillmeier (4) 253.

88 Ebd. 254. Grillmeier spricht von „einigen" Belegen, nennt aber aus der Zeit vor Tertullian nur eine Stelle bei Irenäus (Adv. haer. III 11,9), wo die vier Evangelien πρόσωπα/personae des einen Evangeliums genannt werden.

89 Vgl. ebd. die Bezeichnung der vier Evangelien als konkrete, individuelle Gestalten (von „letzter Individualisierung gegenüber einem Allgemeinen" würde ich freilich nicht sprechen, da diese Generalisierung von den konkreten Verwendungszusammenhängen hier nicht gedeckt scheint) des einen Evangeliums und die analoge Anwendung dieser Begrifflichkeit auf das Verhältnis von Leib und Seele sowie die trinitarischen Verhältnisse im Sinne Tertullians: „Die eine Substanz in Gott hat drei Gestalten, Formen, *species, gradus, personae,* und dies aufgrund seiner stoisch verstandenen Ausgliederung der einen göttlichen Substanz."

90 Vgl. Moingt (2) 548f, wo dieser die Ergebnisse seiner Untersuchung zu species, gradus,

wenn keiner von beiden (Grillmeier ist ja auch vor allem am christologischen Personbegriff interessiert!) der Doppelstruktur des tertullianischen Personbegriffs Rechnung trägt.[91] Zu bedauern ist also nicht – um es noch einmal zu wiederholen –, daß Tertullians Begriff philosophisch unterentwickelt bleibt und er nicht die Höhe der späteren konziliaren bzw. theologischen Begrifflichkeit erklimmt, sondern daß diesem trinitätstheologischen Leitbegriff, der doch wenigstens in Grundzügen ausgebildet ist, keine Wirkungsgeschichte beschieden war.

3. Hypothese über die Quelle von Tertullians Personbegriff

Die Untersuchungen dieses Teils der Arbeit haben ihr Ziel erreicht: Die auf der ersten Interpretationsstufe z. T. als Hypothesen aufgestellten und auf der zweiten Stufe verifizierten bzw. neu gewonnenen Beobachtungen und Einschätzungen konnten durch Kriterien, die den unmittelbaren Kontext von Prax. übersteigen, gesichert werden. Die Hypothesen über die möglichen Quellen von Tertullians Personbegriff wurden im Gesamtkontext gegeneinander abgewogen und am Textbefund selber überprüft, wobei der Grundsatz galt, daß das, was textextern als Hypothese in Frage kommt, sich textintern bewähren muß. Zugleich wurde die Korrespondenz zwischen Quellenhypothesen und Thesen zur inhaltlichen Struktur des Begriffs offenkundig: Nur eine Hypothese, die auch der Doppelstruktur des trinitätstheologischen Leitbegriffs gerecht wurde, konnte als wahrscheinlich akzeptiert werden. Da den Antworten auf die Quellenfrage beim derzeitigen Stand der Forschung nur mehr oder weniger hohe Wahrscheinlichkeit zugebilligt werden kann, werden sie als Hypothesen apostrophiert; dem Ergebnis der inhaltlichen Analyse ist dagegen soviel Überzeugungskraft zuzuschreiben, daß es als „These" bezeichnet werden kann. Insofern sowohl die exegetische als auch die grammatische, ja sogar die juristische (wenn man dabei nur Prax. III,2 im Auge behält!) Quellenhypothese die Doppelstruktur des Begriffs bestätigen, läßt sich nicht nur grundsätzlich, sondern auch im konkreten Einzelfall behaupten, daß die schwächere Hypothese die stärkere These auf keinen Fall entkräftet.

---

forma und proprietas zusammenfaßt und zur Analyse von persona überleitet: „Diese [erste] Feststellung gibt uns die Überzeugung, daß dieses gleiche Vokabular, auf die trinitätstheologische Frage angewendet, in seinem [Tertullians] Geist ein ganzes, reiches und genaues System von Vorstellungen und Deduktionen in Erinnerung gerufen hat, das er nicht im Detail herauszustellen versuchte – so sehr war es ihm vertraut geworden – und das zu rekonstruieren sich unsere Analysen zum Ziel gesetzt haben. – Die zweite Feststellung ist die, *daß die Wahl dieses Vokabulars auf eine doppelte Intention antwortet* . . . Die eine und logisch gesehen die erste besteht darin, den Akzent auf die feste Realität und die irreduktible Pluralität der göttlichen Personen zu setzen. Die andere, die jene ausbalanciert, besteht darin, verständlich zu machen oder werden zu lassen, daß die göttliche Substanz sich in sie austeilt, ohne in sich selbst geteilt zu werden. – Denn das ist in erster Linie ein Vokabular der Differenzierung und der Unterscheidung . . . *Aber das ist auch ein Vokabular der Synthese,* die das wieder zusammensetzt, was sie auseinandergenommen hat . . . "

Wenn wir die vorgefundenen Hypothesen und die sie überprüfenden Kriterien in einem Schema anordnen, so ergibt sich folgendes Bild:

Hypothese	externes Kriterium	internes Kriterium
a) *Rechtsterminologie/* juristisch gefärbte Umgangssprache	*nicht unmöglich* (Bildungsgang)	*unwahrscheinlich* (untergeordnete Rolle; Individuum = nur *ein* Aspekt; „Rolle" in Prax. III,2)
b) *Prosopologische Exegese*	*unwahrscheinlich* (fehlende Vorgeschichte)	*sehr hohe Wahrscheinlichkeit* (Korrespondenz zwischen Methode und Problemstellung)
c) Methode der *Grammatiker*	*sehr wahrscheinlich* (Bildungsgang; vorliegende Tradition)	*sehr hohe Wahrscheinlichkeit* (Duktus der Argumentation)
d) Sprache der *Häretiker*	*höchst unwahrscheinlich* (kein eindeutiger Nachweis)	*unwahrscheinlich* (gerade die Doppelstruktur mußte gegen die Häretiker erarbeitet werden!)

Man sieht, daß beim gegenwärtigen Forschungsstand (was vor allem die externen Kriterien anbetrifft) und aufgrund der eigenen Textanalyse nur die Hypothese c, nach der Tertullian die systematische Aufnahme und Entwicklung seines Persona-Begriffs der Tradition der Grammatiker verdankt, zu übernehmen ist. Sie allein erfüllt beide Kriterien, insofern Tertullian aufgrund seines Bildungsganges mit dieser schon lange bestehenden Tradition vertraut sein mußte (externes Kriterium) und der ganze Duktus seiner Argumentation auf diesem Verfahren aufbaut und die Entwicklung des systematisch-theologischen Reflexionsbegriffs in seiner inhaltlichen Doppelstruktur ermöglicht. Als ernsthafte Konkurrentin tritt allein Hypothese b auf, die das interne Kriterium ebenso gut erfüllt und wie Hypothese c am stärksten die Kontinuität zwischen dem heidnischen Rhetor und dem christlichen Apologeten und Katecheten wahrt, was nach den allgemein anerkannten Forschungen Fredouilles ein zusätzliches Argument sein dürfte. Völlig ausscheiden muß die vierte Hypothese, da sich aus den Schriften der (valentinianischen) Gnostiker keinerlei Nachweis führen läßt, vor allem aber, weil Tertullian gerade zur Lösung des Dilemmas, in das seine Gegner sich verstrickt hatten, den Personbegriff in seiner Doppelstruktur entwickelte. Vorrangig aus internen Gründen kann der in der früheren Forschungsgeschichte favorisierten Hypothese a keine Plausibilität zuerkannt werden: Die Rechtsterminologie spielt in Prax. nur eine untergeordnete Rolle; die in der Umgangssprache vielleicht geläufige Bedeutung von persona im Sinne eines konkreten Einzelnen (Individuum) bildet nur *ein* Element des tertullianischen Begriffs, während der Aspekt der Rolle, der in der staatsrechtlichen Konstruktion von Prax. III anklingt, im Verlauf des Traktats mittels anderer Methoden, nämlich der grammatisch-prosopologischen, verifiziert wird. Vor dem Hintergrund der wie auch immer näher zu bestimmenden juristischen Bildung Tertullians kann dieser Erklärungsversuch zwar als „nicht unmöglich" eingestuft werden, doch hat er durch die definitive Verabschiedung der ‚Identitätsthese' viel an Wahrscheinlichkeit verloren.

Als wahrscheinlichste Hypothese bleibt also bestehen, daß Tertullian die Aufnahme, die systematische Verwendung und entscheidende Anregungen für die Ausarbeitung seines trinitätstheologischen Leitbegriffs der Tradition der Grammatiker verdankt.

4. These zur Struktur des Personbegriffs in „Adversus Praxean"

Persona, der altrömische Rollenbegriff, hatte über das Drama und die Grammatik Eingang in die ökonomische Trinitätslehre gefunden, wo das Wort die unverwechselbaren Rollen der „göttlichen Personen" in ihrer innergöttlichen Kommunikation wie in ihrer heilsgeschichtlichen Interaktion bezeichnet.

Vor allem mit Hilfe dieses Begriffs hat Tertullian die ihm in seiner theologiegeschichtlichen Situation gestellte Aufgabe im Ansatz und in Grundzügen zufriedenstellend gelöst. Dem „monarchiam tenemus" des Praxeas und seiner Anhänger gegenüber kam es darauf an, die reale Unterschiedenheit von Vater, Sohn und Geist so auszusagen, daß dadurch die Einheit der göttlichen Herrschaft (monarchia, dominium) nicht ausgehöhlt wurde.[92] Beiden Intentionen konnte der kommunikative Personbegriff gerecht werden; er erscheint ja im Rahmen der praemunitio, die in nuce Tertullians trinitätstheologische Theorie enthält, nicht erst bei der Erörterung des „an sit/qui sit", die in die berühmte Schlußfolgerung „Quaecumque ergo . . . " (VII,9/1167,54f) mündet, sondern gleich zu Beginn, wo der Theologe sein Konzept der Einheit Gottes als „trinitas secundum rationem oikonomiae" (vgl. III,1) verteidigt mit der These: „Atquin nullam dico dominationem ita unius sui esse, ita singularem, ita monarchiam ut non etiam per alias proximas personas administretur quas ipsa prospexerit officiales sibi" (III,2/1162,21–24). Dabei reduziert Tertullian die „ökonomische Trinität"[93] keineswegs – wie später etwa Marcell

91 Das relationale Element völlig übersehen hat aber offenbar Campos 343, dem zufolge Tertullians Vorliebe für den lateinischen Ausdruck „zu dem tieferen und metaphysischen Wert des ‚individuellen Seins' für die trinitarische *Persona*" führt. R. Braun (1) 238[3.4], auf den sich Campos durchgängig bezieht, tendiert in die gleiche Richtung; in diesem Sinn widerspricht er der Auffassung von Kriebel (52), daß in persona „durchaus die Möglichkeit von Beziehungen zu anderen Größen offengelassen werden soll", wobei sich Kriebel u. a. auf die für Tertullian völlig unmögliche Deutung von persona als facies stütze.

92 Ratzinger (2) 222 hat die prinzipielle Bedeutung dieser Aufgabe auf die Formel gebracht: „Während für die Antike die Vielheit nur als Zerfall der Einheit erscheint, gehört für christliches Glauben, das trinitarisch glaubt, von vornherein die Vielheit mit gleicher Würde in die Einheit hinein." Vgl. Ratzinger (1) 139f und Greshake (3) 85.

93 Zum Begriff der οἰκονομία, speziell bei Tertullian, vgl. neben der einschlägigen Mono-

von Ankyra[94] – auf die heilsgeschichtliche Perspektive: „Er betrachtet das Geheimnis Gottes in seiner Relation zur Welt, aber er erfaßt es auch schon in sich selbst: Das ist es, was er durch ‚Ökonomie' zu verstehen gibt: *tres dirigens Patrem et Filium et Spiritum*."[95] Auch wenn wir bei ihm noch nicht „unser" Konzept von den ewigen immanenten Hervorgängen antreffen, so versucht doch Tertullian, ausgehend von der oikonomia eine ontologische Disposition in Gott hineinzuverlegen.[96] Moingt hat überzeugend herausgearbeitet, daß in Prax. zwischen dispositio und oikonomia/dispensatio unterschieden werden muß[97]: dispositio bezeichnet das ‚ökonomische' Erscheinen des ‚physischen' Bandes von Vater und Sohn (Wort) vor aller Schöpfung[98], so daß man sagen kann: „Die Ökonomie tut nichts anderes, als die innere Disposition zu veräußerlichen."[99] Sohn *und* Geist sind also schon vor Erschaffung der Welt als Personen konstituiert, nur denkt Tertullian die Hervorgänge durchweg final, auf Schöpfung und Erlösung bezogen, d. h. er denkt die Immanenz immer im Rahmen der Ökonomie. Daß auch der Geist bereits in die innere Disposition Gottes hineingehört, wird in der Forschung immer wieder betont gegenüber allen Versuchen, Tertullian – wenigstens bis zu seiner montanistischen Zeit – zum Vertreter eines frühkirchlichen ‚Binitarismus' zu stempeln und/oder den Geist erst im Oster- bzw. Pfingstereignis konstituiert zu sehen.[100] Der Apologet aus Karthago, dem das Verdienst zukommt, aus der Tradition der Grammatiker heraus die prosopologische Exegese durch die Einbeziehung der tertia persona zu einem wirksamen Instrument trinitätstheologischer Argumentation ausgebaut zu haben, hat sein trinitarisches Credo in Prax. nicht (durch den „dritten Artikel") komplettiert, sondern ihm einen der konkreten Herausforderung angemessenen Ausdruck verschafft.

Nach Kasper hat diese „erste, noch vorläufige und ungenügende Antwort" mit

---

graphie von Verhoeven die Literaturhinweise bei Grillmeier (4) 229[12] und Congar (2) 176[69].180f[79]; auch Duchatelez und Orsy.

94 Nach Markus fand Tertullians Sprachgebrauch von oikonomia, weil durch die Gnosis diskreditiert, keinen Nachfolger. Bei Marcell beziehe sich der Begriff nicht auf die trinitarischen Personen, sondern auf die Heilsgeschichte, so daß er mit Tertullians Wortverständnis nichts zu tun habe.

95 Piault (2) 203. Vgl. die Einleitung zur Basisformel: II,4/1161,32f.

96 Moingt (2) 462f bzw. 690.

97 Vgl. die gesonderte Behandlung beider Termini ebd., Bd. 3, Kap. 4 bzw. 5.

98 Ebd. 872.

99 Ebd. 452. Nach Aizcorbe hat Tertullian seine Theologie vervollkommnet, bis er die äußere Disposition in ein inneres Band umgewandelt hat; beachte den Hinweis auf Moingt (2) 886–889.

100 Aus der jüngeren Literatur vgl. Gerlitz, bes. den Exkurs „Die binitarische Tradition im Frühchristentum (bis zum Auftreten Tertullians)" (14–19), der freilich zurückhaltend von „Spuren binitarischer Denkweise" (19) spricht. – Zu der Arbeit von Stegman vgl. die Rez. von R. Braun, in: REAug 26 (1980) 328f. – Die „Integrität" der Trinitätstheologie Tertullians verteidigten in letzter Zeit: Moreschini (2) und Simonetti (4), nach dem sich unmittelbar nach Tertullian (bei Novatian, Cyprian, Laktanz) die Affirmation des hl. Geistes als tertia persona nicht findet. So hatte auch Quacquarelli 18 die Pneumatologie von Prax. als „den Höhepunkt in der vornizänischen Systematisierung" bezeichnet.

dem Rückgriff auf das politische Modell der Monarchie[101] zwar den Vorteil, die heilsgeschichtliche Sicht ermöglicht zu haben, jedoch den Nachteil, durch den damit verbundenen Subordinatianismus in Richtung Polytheismus zu tendieren.[102] Schon Piault hat dagegen geltend gemacht, daß Tertullians Subordinatianismus kein anderer ist als „der des Evangeliums, der Liturgie und einer Gnadentheologie"[103], und Moingt hat diese „Intuition" durch eine Reihe ausführlicher Analysen bestätigt.[104] Die resolut ökonomische Perspektive[105] erlaube freilich bezüglich der göttlichen Natur kein eindeutiges Urteil über die vollkommene Identität des Wesens[106], doch scheint der Subordinatianismus auch in systematisch-theologischer Hinsicht aufgrund der Betonung der substanziellen Einheit als einer Einheit von Handeln und Sein ausgeschlossen.[107]

101 Nach Moingt (2) 930f ist Tertullians Interpretation des „oikonomiae sacramentum" (Prax. II,4/1161,31) jedoch in erster Linie eine „historische Exegese", erst an zweiter Stelle eine „politische" und dann drittens der Versuch, Zahl und Einheit miteinander zu versöhnen.

102 Kasper (6) 357. Bereits Peterson (1) hatte die Meinung vertreten, daß die staatsrechtliche Konstruktion bei Tertullian gescheitert sei, da sie nur subordinatianisch durchführbar wäre (vgl. 556–559); vgl. auch Peterson (2) 44–50; das Arbeitsbuch „Monotheismus als politisches Problem?"; Schoedel; Congar (5). – Nach Wölfl 113–116 finden sich bei Tertullian Spuren eines „wesensmäßigen Subordinatianismus", und auch für Bender 36f.54 ist die Gleichheit der Personen nicht gewahrt. Ayers (2) 57: „To be sure, there is a strain of subordinatianism in Tertullian, but it is not extreme." Nach Warfield 66.69 gibt es keinen Zweifel an Tertullians Subordinatianismus, er betreffe aber nicht ausdrücklich die „zweite Person", sondern nur das hervorgebrachte Wort, ja diese Position sei im Kern schon überwunden (vgl. 109).

103 Piault (2) 203. Daß es anachronistisch ist, den vornizänischen Theologen wenigstens pauschal Subordinatianismus vorzuwerfen, wird in der jüngeren Forschung immer häufiger betont; vgl. J. Rius Camps, Orígenes y su reflexión sobre la Trinidad, in: EstTrin 7 (1973) 259–281, 276. Grundsätzlich Marcus (1) 166: „Ebenso wie der Materialismusvorwurf entbehrt der Subordinatianismusvorwurf der Berechtigung. Er kommt zum kleinen Teil aus einer weltanschaulichen und konfessionellen Voreingenommenheit, zum größeren Teil aber aus einem interpretatorischen Versagen eines deduktiv-unhistorischen, statisch-metaphysischen Denkens vor einem Wirklichkeitsverständnis induktiv-historischer, relational-metaphysischer Art." Diese Untersuchung hat Marcus in (2) ausgeweitet.

104 Vgl. Moingt (2): Wenn es bei Tertullian einen Subordinatianismus gebe, dann sei er gerade nicht zu Beginn von Prax. III (des Monarchie-Kapitels!) festzumachen, wo die Anklagen des Praxeas abgewehrt werden (204). Weder bezüglich der Theophanien (262) noch – gegen R. Braun (1) 204 vgl. Moingt (1) 256 – im Hinblick auf die Differenzierung der Einheit durch species und gradus, wodurch ja gerade die Verbundenheit im Ursprung als Garantie für die Monarchie und die Einheit der Substanz herausgestellt werde (478), treffe der Vorwurf zu.

105 Ebd. 403f.

106 Ebd. 428f. Moingt spricht bei seiner Untersuchung der innergöttlichen Disposition von dem „ewigen Problem des ‚Subordinatianismus' " (878).

107 Ebd. 442. M. Simonetti bezeichnet die Konzeption Tertullians von der una substantia, an der die tres personae partizipieren, als „eine prophetische Antizipation der Lösung, die sich nach einem mehrere Jahrhunderte dauernden Sichabmühen als die siegreiche herausstellen wird" (zit. nach Vanzan 176).

Hier müssen wir dann aber auch auf die Grenzen des von Tertullian erarbeiteten Konzepts eingehen: Sein kommunikativer Personbegriff ist zwar prinzipiell offen für ein interpersonales Konzept der göttlichen Einheit, das ein Stück weit auch konkret wird, wo er die Einheit nicht nach dem Modell der Monarchie bzw. des römischen Doppelprinzipats erläutert, sondern vom Johannesevangelium her auslegt; jedoch vermochte er nicht, auch die Idee der substanziellen Einheit zu personalisieren. Moingt hat völlig recht (wenn er auch bezüglich der Konsequenzen nicht mit meiner Position übereinstimmt) in seiner Beurteilung, daß dogmatisch gesehen bei Tertullian kein Subordinatianismus vorliegt, daß aber die Begrifflichkeit mangelhaft bleibt „im Blick auf eine wirkliche Philosophie der Substanz“[108]. Der weitgehend von der Stoa entlehnte Begriff der Substanz gibt zwar auch Raum zur Erfassung des Geistes als eines „corpus sui generis“, bleibt aber doch stark an den ‚materialistischen‘ Hintergrund gebunden, was durch die in Prax. verwendeten „naturhaften“ Metaphern verstärkt wird.[109] Allein (und hierin stimme ich mit Moingt nicht überein): Nicht in einer metaphysischen Durcharbeitung des Substanzbegriffs und einer entsprechenden Akzentuierung des Personbegriffs in Richtung der sich selbst besitzenden Individualität und Subsistenz, sondern in einer relational-personalen Ontologie, welche die Kategorie der Substanz vom Sein der Person her gewinnt, im Personsein selber Selbstand und Relation als gleichberechtigte und sich bedingende Elemente ansetzt und von daher die Einheit in der Substanz personal bzw. interpersonal faßt, erreicht Tertullians – und der christliche (trinitätstheologische, christologische und anthropologische) – Personbegriff die ihm angemessene Perspektive. Tertullians kommunikativer Personbegriff erweist sich als Ausgangspunkt einer solchen Sichtweise, und es ist zu bedauern, daß sein Ansatz unausgeführt blieb und daß in den Auseinandersetzungen mit dem Arianismus die moralische Einheit[110] diskreditiert wurde, die dagegengesetzte Seinseinheit aber im Bannkreis des Substanzdenkens verblieb, jedenfalls lange nicht ihren genuin christlichen, relational-ontologischen Kern zu entfalten vermochte.[111] Dem Personbegriff von Prax. kommt daher keineswegs bloß eine negative, defensiv-abgrenzende Funktion zu (und das nicht nur in der einen Richtung: gegen einen starren Monotheismus bzw. Monarchianismus, sondern auch in der anderen: gegen einen die personale Einheit auflösenden Tritheismus), vielmehr bringt er positiv die unverwechselbare Eigenwirklichkeit des ‚Rollenträgers‘ in der Heilsökonomie zum Ausdruck, und er eröffnet den Blick für die Kommunikation als ontologische Grund-

108 Moingt (2) 367.

109 Es bleibt aber auch zu beachten, daß für Tertullian die Einheit der Trinität letztlich im Vater als dem Band der Einheit begründet ist, da die eine göttliche Substanz zunächst und vor allem die des Vaters ist (vgl. Kasper [6] 311).

110 Vgl. dazu noch einmal Pollard. Nach Simonetti (2) 151 kann Tertullian die Substanzeinheit nur subordinatianistisch fassen (zu beachten aber auch der in Anm. 107 zitierte jüngere Beitrag!).

111 Eine entscheidende Innovation ist wohl Augustin zu verdanken, der statt von der „una substantia“ von der „una essentia“ sprechen will und seinen Seinsbegriff von der Schrift (Ex 3,14) her gewinnt.

struktur von Personsein überhaupt. Wir dürfen uns dann auch von der Rhetorik Tertullians, in dessen aszetischen Schriften sicher ein ausgeprägtes Gesetzesdenken dominiert, nicht irreführen lassen: Sein Gott ist ein Gott, der etwas mit den Menschen zu tun haben will[112], ja er ist ein Gott der Liebe.[113]

So kann die abschließende *These* lauten:

Tertullian hat auf die trinitätstheologische Herausforderung seiner Zeit mit der Entwicklung eines kommunikativen Personbegriffs, der Selbstand und Relation gleichermaßen wahrt, geantwortet. Für die (unserem Denken immer nur in Grenzen mögliche) Lösung des trinitätstheologischen Grundproblems von Einheit und Verschiedenheit hat er einen Ansatz aufgezeigt, der in einer personal-relationalen Ontologie überzeugend ausgebaut werden könnte.

---

112 Kasper (6) 310f.

113 Vgl. Speigl (2) 247: „Die Gerechtigkeit Gottes, wie sie uns auf manchen Seiten der Bibel entgegentritt, kann als solche Schwäche Gottes verstanden werden, die Gott auf sich nimmt, weil vielleicht manchmal der Mensch die Liebe Gottes in Form seiner Gerechtigkeit braucht. Tertullian hat das dem Sinn nach so gesagt: Gott ist prinzipiell die Liebe, umständehalber ist er aber auch gerecht." – Es versteht sich von hierher, daß Tertullian kein Anhänger des (später vor allem neuplatonisch inspirierten) Theologumenons von der Unveränderlichkeit Gottes werden konnte; vgl. dazu Hallman; sein Ausblick: „Welche Richtung man auch immer beim Aufbau einer zeitgenössischen Gotteslehre einschlagen will, es ist wichtig zu notieren, daß die theologische Tradition, zumindest in diesem Fall, Alternativen anbietet" (393).

Vierter Teil

Plädoyer für den Personbegriff in der Trinitätstheologie

1. Kapitel

Kritik der trinitätstheologischen Initiative Karl Rahners

1. Die theologiegeschichtliche Einordnung

Rahner versteht seine trinitätstheologische Konzeption als Gegenentwurf zum Traktat der Schultheologie, die mit der spezifisch-lateinischen, augustinisch-abendländischen Tradition ihren Ansatz bei dem einen göttlichen Wesen nahm und dies durch die Vorschaltung des Lehrstücks „De Deo uno" auch wissenschaftstheoretisch dokumentierte.[1] Demgegenüber soll „biblisch und griechisch"[2] sowie im Sinn der voraugustinischen Tradition[3] „von dem einen, schlechthin ursprungslosen Gott, der . . . der *Vater* ist"[4], ausgegangen werden. Dabei übersieht Rahner nicht, „daß die griechische Theologie in ihrem Höhepunkt (bei den Kappadoziern) trotz ihres ‚heilsökonomischen', auf die Welt hin gerichteten Ansatzes in der Trinitätslehre fast noch formalistischer wirkt als die Trinitätstheologie bei Augustinus"[5]. In diesem Zusammenhang spricht Lafont zutreffend von dem „patristischen Paradox"[6], daß die griechischen Väter zwar noch einer vornizänischen Mentalität verhaftet sind, aber in der konkreten Auseinandersetzung doch zu einer relativen Trennung von ökonomischer und immanenter Trinität gezwungen werden, während Augustin ohne Rückgriff auf eine solche Tradition „mit Hilfe der Logik der Sprache der Relation und der geistlichen Sprache" zu einer Würdigung der Proprietäten kommt. Unabhängig davon, wie die Akzente in der Augustin-Interpretation zu setzen sind[7], wird man Rahners Ausgang von der οἰκονομία und der τάξις der „Personen" als voraugustinisch etikettieren dürfen. Lafont hat überzeugend nachgewiesen, daß die eigentliche Scheidelinie in der Geschichte der Trinitätstheologie nicht zwischen östlicher und westlicher, sondern zwischen vor- und nachnizänischer Theologie verläuft. Deshalb ist eine differenzierende Einschätzung der Kappadozier (vornizänische Mentalität – nachnizänische Argumentationsstruktur) analog auf Rahners Entwurf anzuwenden: Mit seinem trinitätstheologischen Grundaxiom steht Rahner – wenigstens der Intention nach – in der vornizänischen, mit seiner Rede von drei distinkten Subsistenzweisen zwar in der griechischen[8], freilich einer

---

1 324 (diese Seitenangaben beziehen sich wie im 1. Teil auf Rahners Beitrag in MySal II).
2 Ebd.; vgl. 391.
3 373.
4 324.
5 325[13].
6 Lafont 105.
7 Siehe die Hinweise oben S. 48f.97–104.
8 Vgl. Rahner (21) 138.

postnizänischen Tradition. Das bringt ihn dazu, sich zweier postnizänischer Sprechweisen (einmal auf der Ebene der immanenten, dann auf der der ökonomischen Trinität) zu bedienen, ohne daß ihm dies bewußt würde.[9] Darüber hinaus wird sich zeigen, daß Rahners transzendentaltheologischer Ansatz die Sprechweise bereits auf der Ebene der ökonomischen Trinität so beherrscht, daß damit sowohl der heilsgeschichtliche Ansatz wie auch der Personbegriff zum Verschwinden gebracht werden. Gerade weil Rahner selbst zugibt, „daß ‚distinkte Subsistenzweise' sehr wenig über Vater-Sohn-Geist je als solche und über ihre Einheit aussagt, also ein sehr formalistischer Begriff ist"[10], kann seine Versicherung, nicht in der lateinischen, nachnizänischen Tradition zu wurzeln, nicht überzeugen. Schließlich rekurriert er ja gerade auf die lehramtlichen Texte, in denen das Moment der Einheit den Akzent trägt[11], und seinem Kronzeugen Thomas von Aquin wird man zwar angesichts der Einbeziehung der Kategorie der relatio eine gewisse Nähe zum östlichen Denken[12] nicht absprechen, aber auch den Vorwurf nicht ersparen können, durch die Betonung der Subsistenz in seinem Begriff der Person als „relatio subsistens" der nachnizänischen Tradition treu geblieben und eher der von Boethius als der von Richard von St. Victor vorgegebenen Markierung gefolgt zu sein.[13] Schließlich wirkt auch Rahners Distanzierung von der psychologischen Trinitätslehre[14] wenig überzeugend[15], insofern sein Ansatzpunkt bei den Grundvollzügen des Adressaten der Selbstmitteilung eine gewisse Nähe zu Augustin gar nicht verleugnen kann.[16] Während Augustin durchaus auf biblischer Basis und im heilsökonomischen Rahmen gegen arianische Tendenzen die vollkommene Wesens*gleichheit* der drei Personen durchhalten will, geht Rahner zwar von der Ordnung der Personen aus, reiht sich aber, um sicherzustellen, daß wir es in der heilsgeschichtlichen Erfahrung tatsächlich mit dem *einen* Gott zu tun haben, doch wieder in die „von Augustin begründete und durch Anselm von Canterbury in extremer Weise verstärkte essentialistische Tradition"[17] des lateinischen Westens ein, deren Hauptmangel darin besteht, daß sie „die Vermittlung der Dreiheit in der Einheit als Erkennen und Wollen und damit als Wesensvollzüge Gottes deutet. Das bringt die Gefahr mit sich, daß die Personen als ideelle Momente am Selbstvollzug des absoluten Geistes mißverstanden werden können."[18] Auch nach Kasper ist Nizäa (-Kon-

9 Vgl. bes. Lafont 197–201.

10 391.

11 Vgl. oben S. 67–73.

12 Kasper (6) 343.

13 Vgl. die „Conclusion" bei Lafont 154–157.

14 393–396.

15 Im Unterschied zu Lafont 188–190 erstaunt mich der Eindruck einer positiven Einschätzung der psychologischen Trinitätslehre gerade nicht, eher halte ich Rahners eigene theologiegeschichtliche Einordnung für eine Fehleinschätzung.

16 Nach J. A. Thurmer (The analogy of the Trinity, in: SJTh 34 [1981] 509–515) verwenden die Theologen, die die psychologische Trinitätslehre ablehnen, faktisch oft diese Analogie, was für Barth ausführlich belegt wird.

17 Kasper (6) 363.

18 Ebd. 363f.

stantinopel) für diesen „schwerwiegenden Perspektivenwechsel" verantwortlich: „Die immanente Trinität verselbständigte sich gegenüber der ökonomischen und wurde heilsökonomisch mehr und mehr funktionslos."[19]

Der Verdacht einer falschen oder zumindest zu undifferenzierten Selbsteinordnung Rahners sowie das in der Forschung übliche Messen der Trinitätstheologie Tertullians an dem Paradigma von Nizäa waren die Gründe, diesen afrikanischen Theologen als ‚Fallbeispiel' zu wählen. Schon Prestige hatte Tertullian nachgesagt, daß er eher zur griechischen als zur lateinischen Theologie zu rechnen ist[20], insofern er „dichter bei östlichen Ausdrucksweisen ist als spätere lateinische Väter" und „ungleich mehr als die lateinischen Theologen griechisch im Original las"[21], so daß er „in der Tat wirklich weit davon entfernt war, in Reinkultur der Vater der lateinischen Theologie zu sein"[22].

Inwieweit Rahner trotz seiner gegenläufigen Intention aufgrund seines transzendentalen Ansatzes der von Kasper skizzierten Gefahr erlegen ist und welche Alternative eine an Tertullian anknüpfende Trinitätstheologie zu bieten hat, soll im folgenden gezeigt werden.

2. *Grundaxiom und trinitätstheologische Begrifflichkeit*

Daß eine Reihe von Kritikern das Reflexionsniveau der transzendentalen Theologie Rahners gar nicht erreicht, wurde bereits festgestellt.[23] Auf der anderen Seite zeichneten sich auch immer deutlicher die Grenzen dieses Entwurfs ab, so daß noch einmal nach dem Verhältnis von transzendentalem Ansatz und trinitätstheologischem Grundaxiom zu fragen ist, um auf dieser Basis eine Erklärung zu erhalten für die terminologische Alternative Rahners, und das heißt ja: für seine Kritik des trinitätstheologischen Personbegriffs, der dann in der bei Tertullian rekonstruierten Fassung als Alternative angeboten wird. Vorgrimler hat 1979 einige Kritiker mit einer scharfen, aber auch pauschalen Gegenkritik bedacht; seine Gegenargumente sind, was die *Intention* des Rahnerschen Ansatzes betrifft, überzeugend, bezüglich des kritisierten Ausfalls der (inter)personalen Dimension fällt die Gegenwehr dagegen schwach aus.[24] Im folgenden soll das Gespräch mit den Autoren, die als Kritiker wegen ihrer intensiven Auseinandersetzung mit Rahners transzendentaltheologischem Ansatz ernstzunehmen sind, ein differenziertes Urteil ermöglichen.

19 Ebd. 318.

20 Prestige XXV.

21 Ebd. 78.

22 Ebd. 97.

23 Siehe oben S. 45–66 (passim).

24 Vorgrimler 242.258, bes. 252f.255f. – Ich kann hier anknüpfen an meine erste Beschäftigung mit der Theologie K. Rahners im Rahmen meiner Diplomarbeit „Die Begriffe transzendental und kategorial bei Karl Rahner – untersucht im Zusammenhang mit dem Offenbarungsbegriff" (Mainz 1972); mit diesem Hinweis möchte ich zugleich zum Ausdruck bringen, wieviel ich – trotz oder gerade wegen der kritischen Auseinandersetzung – dem theologischen Denken Rahners verdanke.

a) Zu Rahners transzendentaler Methode

Um mögliche Mißverständnisse von vornherein auszuschalten und entsprechende unzulängliche Kritiken abzuweisen, muß deutlich betont werden, daß Rahners transzendentale Methode eine *theologische* Verfahrensweise darstellt; sie ist „– in vorfachphilosophischer Weise – von systematisch-theologischen Erwägungen sowie von Gesichtspunkten theologisch-pragmatischer Arbeit geleitet"[25]. Rahner geht aus „von einem formalreduktiven Begriff des Transzendentalen, der für die bloße Methode der Frage nach den alles Besondere übersteigenden allgemeinen Möglichkeitsbedingungen erkennender Subjektivität steht"[26]. Das „in sehr äußerlicher Weise"[27] angewendete Verfahren will „in drei Schritten, die sich in deutlicher Nebeneinanderordnung in Rahners Werk allerdings kaum jemals finden"[28], das im ursprünglichen Daseinsvollzug des Menschen immer schon Mitgegebene entfalten.[29] Die phänomenologische Explikation beschreibt die im ursprünglichen Erkenntnisvollzug, dem vor allem interessierenden Grundvollzug, enthaltenen Momente, deren apriorische Bedingungen in transzendentaler Reduktion, einer „metaphysischen Analytik", aufgedeckt werden, um dann in transzendentaler Deduktion den prinzipiell erfaßbaren Gegenstandsbereich zu erschließen, wobei es dann nicht mehr „um die subjektiven Ermöglichungsbedingungen eines bestimmten Aktes, sondern um die Bestimmung der allgemeinen Struktur eines Aktobjekts" geht[30]. Für eine gerechte Beurteilung des Rahnerschen Ansatzes und seiner Methode sind zwei Gesichtspunkte wichtig:

1. Das in transzendentaler Reduktion freigelegte erkenntnismetaphysische Apriori „ist weder ein zeitliches noch ein psychologisches, noch ist es erkenntnismäßig vor der aposteriorischen Erfahrung, sondern es ist in ihr", es „wird in der aposteriorischen Erfahrung miterkannt"[31].
2. Die transzendentale Deduktion kann eine reine, aus dem Aktvollzug entfaltete sein oder eine faktische, die „von der aposteriorischen Beschreibung aus[geht], . . . diese aber in die reine Deduktion ein[baut]"[32].

Kann eine transzendentale Trinitätstheologie – dies ist die in unserem Zusammenhang entscheidende Frage –, die vom Selbstvollzug des Subjekts ausgeht, sich der Anziehungskraft einer psychologischen Trinitätslehre entziehen? Insofern Rahner von dem Menschen als Adressaten der trinitarischen Selbstmitteilung Gottes ausgeht, verfehlt der Vorwurf der anthropologischen Deduktion der Trinität das Anliegen dieses Ansatzes; der Ausgangspunkt ist auf jeden Fall eine ‚trinitarische' Anthropologie. Doch stellt nicht auch diese Konzeption eine unzulässige Reduktion der aposteriorischen, heilsgeschichtlichen Erfahrung dar, so daß Rahner sein eigenes Grundaxiom nicht ernst genug nähme, wie wir bei der Analyse des ersten

[25] Greiner 134.
[26] Ebd.
[27] Ebd.
[28] Eicher (1) 56.
[29] Vgl. zum Folgenden die instruktive Übersicht ebd. 55–64.
[30] Ebd. 63.
[31] Ebd.
[32] Ebd. 64.

Teils bereits kritisch anfragten? Man muß nicht das transzendentale Verfahren als solches verwerfen, aber doch fragen, ob Rahner genügend realisiert hat, daß der Offenbarungscharakter des Absoluten und die Faktizität der Heilsgeschichte die Grenzen dieser Methode deutlich werden lassen. Greiner hat diese Anfrage auf den Punkt gebracht:

„Die in dieser Weise erfolgte Inanspruchnahme der sogenannten transzendentalen Methode hat übersehen, daß der transzendentale Schritt ... gerade nicht nur eine Methode ist, sondern die Totalität der Wirklichkeit von einer ganz bestimmten Perspektive aus zu begreifen versucht: Es ist dies der transzendentale Standpunkt der Grund-setzenden Subjektivität, die aus sich und somit von sich her bestimmt, als was das Ganze der Wirklichkeit zu sein hat. ... Wenn er [Rahner] schließlich in Umkehrung des transzendentalen Anliegens die *Bestimmung* der über sich hinausweisenden Subjektivität als eine durch das sich offenbarende Absolute letztlich zu *erfahrende* beschreibt, dann bedeutet dieser Interpretationsvorgang keine Fortführung, sondern eine *Problematisierung* des Selbstverständnisses transzendentaler Reflexion."[33]

Da Rahner „die dem transzendentalen Schritt definitiv zugehörige Problematik der Grund-setzenden Subjektivität nicht zureichend reflektiert" hat, ergibt sich, „daß sich die Subjektivitätsproblematik unversehens und gleichsam unter der Hand im Gang der theologischen Explikation einstellt: Die transzendentale Begründung der religiösen Erfahrung vermag allen unternommenen Anstrengungen zum Trotz das anthropologisch konstitutive extra-se geschichtlichen Geschehens, und damit verbunden, die Geschichtlichkeit des göttlichen Offenbarungshandelns nicht angemessen in den Blick zu bekommen."[34] Diesem durchschlagenden Argument hält auch der Hinweis Vorgrimlers nicht stand, Fischer habe „eingehend nachgewiesen, daß Rahners transzendentale Reflexion von den konkreten Daten herkommt und sie ständig voraussetzt"[35]. Zwar will Fischer den Vorwurf einer Unterdrückung der konkreten Heilsgeschichte nicht gelten lassen[36] und weist darauf hin, daß „besonders der spätere Rahner einer Trinitätsspekulation [mißtraut], die in irgendeiner Form Konstruktion aus einer *abstrakten* Betrachtung des menschlichen Geistes ist, und ... zugunsten einer transzendentalen Erhellung der konkreten, durch die transzendentale Selbsthingabe Gottes letzt-fundierten, heilsgeschichtlichen Selbsterfahrung des Menschen [optiert]"[37]; Rahner nehme also „hier [in MySal II] bewußt die Trinität zu dem schon durch Offenbarung gegebenen Ausgangspunkt seiner Überlegungen"[38]. Aber auch Fischer unterdrückt nicht seine kritischen Anfragen[39], besonders was die „analogisierende Anwendung seiner [Rahners] Geistmetaphysik auf Gott"[40] betrifft; diese entspreche doch einer psychologischen Trinitätslehre, an deren künftige Gestalt er folgende aufschlußreiche Forderung richtet: „Eine neue, konkrete Trinitätspsychologie ginge aber bewußter aus von der heilsgeschichtlichen Erfahrung des Menschen, sie bezöge m. a. W. die ‚ökonomische' Dreifaltigkeit bewußter ein."[41] Heijden, ein scharfer Rahner-Kritiker, vermutet: „Die heilsgeschichtliche Erfahrung der Trinität wird vorausgesetzt und nicht dedu-

[33] Greiner 135.
[34] Ebd. 296.
[35] Vorgrimler 253.
[36] Vgl. Fischer 326f.
[37] Ebd. 352.
[38] Ebd. 353f.
[39] Vgl. ebd. 343.
[40] Ebd. 354.
[41] Ebd. 358f.

ziert. – Dennoch scheint Rahners ganze Trinitätstheologie mit Notwendigkeit aus dem bloßen [?] Begriff der Selbstmitteilung Gottes zu folgen."[42]

Eine transzendentale Trinitätstheologie müßte auf jeden Fall die interpersonale Struktur der trinitarischen (nicht: transzendentalen, sondern: der trinitarischen, von Rahner in ihren transzendentalen und kategorialen Momenten explizierten) Offenbarung ernstnehmen.[43] Ob sie das überhaupt vermag[44], wird angesichts der konkreten Durchführung bei Rahner fragwürdig. Im nächsten Punkt soll jedenfalls aufgewiesen werden, daß Rahners terminologische Alternative erst dadurch ermöglicht wird, daß das Moment des Dialogischen und (Inter-)Personalen sich gerade infolge seines transzendentalen Ansatzes verflüchtigt.

b) Das Entschwinden des Personbegriffs

Wir haben darauf aufmerksam gemacht[45], daß bereits in der phänomenologischen Beschreibung der heilsgeschichtlichen Erfahrungsgegebenheiten die Vorentscheidung über Notwendigkeit und Brauchbarkeit des trinitätstheologischen Personbegriffs fällt. Rahner meint zwar: „Aber wenn man den ökonomischen Zugang zu dem Trinitätsgeheimnis wirklich klar und systematisch nutzte, dann braucht man so wenig wie die Offenbarungsgeschichte selbst in einem solchen Traktat *gleich am Anfang* mit dem Begriff der ‚Person' zu arbeiten."[46] Als Ausgangsbasis genüge die „dreifache Gegebenheitsweise", wobei das Grundaxiom sicherstellt, „daß diese Unterschiedlichkeit ‚Gottes für uns' die ‚Gottes an sich' ist"[47].

Dann ist es im Sinne des Grundaxioms konsequent, wenn auf der „immanenten Ebene" der Personbegriff gar nicht mehr zum Problem werden kann: Da er auf der „ökonomischen Ebene" bereits entbehrlich ist (und zwar, wie Rahner weiter zeigt, nicht nur „gleich am Anfang", sondern durchgängig), stellt sich beim Rückgang auf die Ebene „Gottes an sich" gar nicht mehr die Frage nach der Kontinuität bzw. Diskontinuität der Begrifflichkeit und nach einer möglichen analogen Ver-

---

42 Heijden 431. – Ich halte allerdings die Analyse Heijdens im Abschnitt 4 (435–442), die auf dem Begriff der „bloßen" Selbstmitteilung aufruht, für überzogen, und angesichts der letzten Aussagen (vgl. 453) wird auch die scharfe Kritik Vorgrimlers 255f[58] verständlich. Die Sachdiskussion muß sich zwischen den Positionen Heijdens, der in der Nachfolge H.U.v.Balthasars Rahner letztlich doch eine „anthropologische Reduktion" vorwerfen möchte, und Fischers, der von Rahners spirituellen Wurzeln her die Einheit und Stimmigkeit seines Denkens aufweisen will, bewegen; dabei ist dann mit Vorgrimler die Potenz der Rahnerschen Transzendental*theologie* ebenso einzubringen, wie mit Greiner und Simons (s. die folgende Anm.) nach der Leistungs- und Integrationsfähigkeit des transzendentalen Denkens *überhaupt* zu fragen ist. In diesem Sinn frage ich hier nach dem Stellenwert von Geschichte und Interpersonalität in Rahners (Trinitäts-)Theologie.

43 Das hat überzeugend Simons in seiner Kritik an Rahners Offenbarungsphilosophie aufgewiesen; vgl. auch Simons – Hecker. In theologischer Wendung hat Gerken diese Kritik aufgenommen.

44 Vgl. den Hinweis Greiners 136, der sich auf Simons beruft.

45 Siehe oben S. 43.

46 344.

47 Ebd.

wendung speziell des Personbegriffs. Die alte Sachfrage „Quid tres?" mußte in Teil I mit dem verschärfenden Unterton „Was für welche drei nun?" gegenüber dem Ausgang von den drei Gegebensheitsweisen erneut gestellt werden.[48] Deshalb wurde bei der Darstellung der Diskussion um Rahners terminologische Initiative gleich zu Beginn die Anfrage von Torrance aufgegriffen, die die Konsequenzen nach beiden Richtungen des Axioms zu bedenken gibt:

„Unter der Voraussetzung, daß es Formen und Bilder sind, in denen wir über die personalen Beziehungen zwischen den geschöpflichen menschlichen Seienden sprechen und die wir legitimerweise nicht in Gott hineinlesen können, würden nichtsdestoweniger die grundsätzlichen Verbindungslinien in der christlichen Theologie gekappt, könnten wir nicht von Vater, Sohn und Heiligem Geist als ‚Personen' sowohl in der ‚immanenten' Trinität als auch in der ‚ökonomischen' Trinität sprechen. Wenn wir ‚Person' nicht gebrauchen können, um von den innertrinitarischen Relationen zwischen Vater, Sohn und Heiligem Geist zu sprechen, dann können wir es auch nicht gebrauchen, um von den realen personalen Distinktionen innerhalb der Ökonomie der Selbstmitteilung Gottes an uns in der Heilsgeschichte zu sprechen, ohne zwischen Gottes Selbstoffenbarung und seine Selbstmitteilung einen Keil zu treiben."[49]

Jetzt gilt es der Frage nachzugehen, ob nicht in Rahners transzendentaltheologischem Ansatz *überhaupt* das Moment des Personalen zu gering veranschlagt wird; das Entschwinden des trinitätstheologischen Personbegriffs wäre dann nicht eine Konsequenz des ökonomischen Ansatzes am Beginn des Traktats, sondern Folge einer Reduktion der phänomenologischen Basis im ersten Arbeitsschritt einer transzendentalen Theologie, die dann natürlich in ihrem weiteren Gang (der transzendentalen Reduktion und Deduktion) mit diesem Begriff überhaupt nicht mehr zu operieren braucht.

Eicher hat jenseits der pauschalen Alternative „transzendentales oder personales Denken" diese Problematik des Rahnerschen Ansatzes zutreffend herausgearbeitet. Gegenüber der einschlägigen Kritik von Simons und Gerken weist er zunächst darauf hin, daß Rahner, „wie die Entfaltung seiner Anthropologie zeigen wird, diese personale Erfahrung als das zentrale Bewußtseinsgeschehen durchaus gesehen [hat], es jedoch vorgängig dazu durch die Analyse der Sinneserfahrung und der Seinserschließung ontologisch fundiert"[50]. In der näheren Untersuchung[51] kommt aber dann doch zum Vorschein, daß Rahner zwar einen differenzierten Sprachgebrauch von Person kennt, daß aber das Gesamt seiner Anthropologie nicht in dieser Perspektive einzufangen ist, insofern „der Terminus ‚Person' – mag er auch für den theologischen Rahner zentraler sein als für den philosophischen – doch nur einen Aspekt seiner Anthropologie bezeichnet, eben jenen Aspekt der Beziehungswirklichkeit, in welcher der Mensch sich freiheitlich zu sich selbst, zum mitmenschlichen Du und zum Absoluten verhält: die Analysen zur ontologischen Konstitution werden dadurch nicht ersetzt, sondern nur von außen her expliziert"[52]. Die wesent-

48 Siehe noch einmal die Zusammenfassung des Problems in vier Punkten: oben S. 35–37.
49 Torrance 346.
50 Eicher (1) 101.
51 Ebd. 356–364 (§ 40. Der Mensch als Person).
52 Ebd. 360.

liche Ausrichtung des personalen Geistes auf anderen Geist hin wird bei Rahner nicht systembildend: „Um die Person des weitern nicht von der menschlichen Gemeinschaft zu isolieren und um die Gemeinschaft von daher nicht nur als die Summe der Individuen auffassen zu müssen, führt Rahner hier – *etwas unvermittelt und axiomatisch* – den Satz ein, es sei personaler Geist auf den andern hingerichteter Geist: . . . Dieser Satz kann also nur als Hinweis auf eine Evidenz verstanden werden, auf eine Evidenz, die Rahner in den ontologischen Analysen allerdings unberücksichtigt ließ."[53] Im Zentrum der Erkenntnismetaphysik steht offensichtlich – so können wir die Beobachtungen Eichers ergänzen – ein viel engerer Begriff von Person als „freier, bei-sich-seiender Geist des Menschen"[54]. Die Interpersonalität wird nicht aus dem transzendentalen Fragevollzug selbst erhellt, „so dass das Du *von allem Anfang an* aus der denkenden Bewegung herausgenommen wird"[55].

Rahner hat also die personale Erfahrung durchaus gesehen und ontologisch zu fundieren gesucht – aber nicht im Rahmen einer dialogischen oder personalen Ontologie! Auch Fischer stimmt den Beobachtungen Eichers ausdrücklich zu, um dann darauf hinzuweisen, daß der „späte" Rahner in seinem Aufsatz „Über die Einheit von Gottes- und Nächstenliebe" (in Schriften zur Theologie VI 277–298, bes.287f) versucht habe, „seinen eigenen Ansatz von ‚Geist in Welt' um das ‚dialogische Prinzip' systematisch zu erweitern"[56]. Dabei behält Rahner allerdings nicht nur „das idealistisch gefärbte Vokabular"[57] bei; er korrigiert seinen Ansatz nicht eigentlich, sondern er „ergänzt" ihn, indem er die einschlägigen Begriffe des „idealistischen" Ansatzes „aufs äußerste *formalisiert*"[58]. Deshalb kann auch Fischer die Fragen nicht unterdrücken, ob die Rahnersche Reformulierung „wirklich den Blick auf das Entscheidend-Unterscheidende am dialogischen Bezug der Person enthält" und „ob der inhaltliche Unterschied sich nicht bis zu einem Bruch auch im Formalen auswirken muß"[59]. Obwohl Rahner schon in seiner Geistmetaphysik eine gewisse Offenheit in die angezeigte Richtung aufweist[60] und er „gerade eine idealistische Interpretation des Du ausschließen [will]"[61], kommt auch Fischer zum Schlußurteil: „Unzweifelhaft jedoch ist Rahner – trotz der vorhandenen Ansätze – nicht bis zu einer systematischen, transzendentalen Begründung des ‚dialogischen Prinzips' vorgedrungen."[62] Schließlich deutet Fischer an, daß in einer theologischen Anthropologie die Blickrichtung umgekehrt werden muß: „Eine entscheidende Überwindung des philosophischen Ansatzes von Rahner, die aber Rahner selbst keineswegs zum Gegner haben müßte, könnte wohl im Letzten nur von einem Ansatz theo-logischer Anthropologie her kommen, wo der menschliche Logos gesehen wird als durchdrungen vom innertrinitarischen Theos-Logos, dessen Selbstentäußerung (Ek-stase) nicht aus Armut, sondern aus der Fülle des Seins geschieht. Eine solche theo-logische – dia-logische Anthropo-logie könnte den Menschen freilich nur in sein letztes Geheimnis zurückführen (‚reductio in mysterium'), indem sie diesen Menschen zugleich ans *Kreuz* Jesu Christi nagelte."[63]

53 Ebd. 361f.
54 Ebd. 359.
55 Ebd. 154.
56 Fischer 194.
57 Ebd. 197.
58 Ebd. 195.
59 Ebd. 196.
60 Ebd. 199.202.
61 Ebd. 197.
62 Ebd. 199.
63 Ebd. 205.

Der Rückgriff auf die Untersuchungen der Kritiker, die sich intensiv und redlich mit Rahners theologischem Ansatz und seiner Methode auseinandergesetzt haben, bestätigt somit die Ergebnisse, zu denen die Analysen im ersten Teil dieser Arbeit gekommen sind: Letztlich und im Entscheidenden fällt die Dimension des Dialogischen, des (Inter-)Personalen in Rahners Rede von den drei ökonomischen Gegebenheitsweisen und den drei distinkten innergöttlichen Existenz- (oder: Subsistenz-)weisen aus. Angesichts dieses Befundes fällt die Gegenwehr Vorgrimlers zu schwach aus, wenn dieser mit Blick auf die Kritik von Thüsing, Pannenberg, Wiederkehr und van der Heijden an Rahners transzendentaler Christologie die Gegenfrage stellt: „In der Tat bevorzugt Rahner, um eine Vielzahl distinkter Subjekte in Gott zu vermeiden und um eine Konfusion mit dem biblischen ‚Sohn'-Problem zu umgehen, statt des Begriffes ‚Sohn' den Begriff ‚Wort'; ist dieser aber tatsächlich so gar nicht personal-dialogisch?"[64] Es läßt sich sicher darüber streiten, ob „allein von dieser [Sohnes-] Relation aus . . . eine Trinitätstheologie entwickelt werden" könne[65], wie die zitierte Rahnerkritik behauptet; es läßt sich aber nicht abstreiten, daß Rahner gerade auch die innergöttlichen Relationen personal unterbestimmt. Das liegt nicht nur in der Konsequenz des Ansatzes (der vielleicht doch, wie gleich angedeutet werden soll, einer Modifikation fähig ist), sondern hat zwei Annahmen Rahners zur Voraussetzung: 1. In der üblichen Trinitätstheologie und Frömmigkeit droht ständig die Gefahr des Tritheismus. 2. Der Sprachgebrauch von Person kann von der trinitätstheologischen Begrifflichkeit her nicht entscheidend kritisiert, korrigiert und/oder ergänzt werden. In diesem Sinn gilt als unerschütterliche Ausgangsbasis: „Selbstbewußtsein ist also kein Moment, das die göttlichen ‚Personen' voneinander unterscheidet, auch wenn jede göttliche ‚Person' als konkrete ein Selbstbewußtsein hat. Vom Personbegriff ist also hier alles sorgfältig fernzuhalten, was drei ‚Subjektivitäten' bedeuten würde. – Es gibt daher auch ‚innertrinitarisch' nicht ein gegenseitiges ‚Du'."[66] Rahner gibt zwar selbst zu, „daß der Vater, der Sohn und der Geist Selbstbewußtsein und je das ‚Bewußtsein' der anderen ‚Personen' besitzen", aber dieses Selbstbewußtsein ist nach ihm „*als eines* den göttlichen Personen gemeinsam, ist also *ein Moment* der konkreten Person . . . , nicht aber *konstitutives* Moment am ‚Personsein' als solchem"[67]. Steht Rahner nicht zu sehr im Bann des monologischen, den Selbstand des Individuums (exklusiv) akzentuierenden Personverständnisses, als daß er in diesem ‚Mitbewußtsein' und in dem doch von der oppositio relationis bestimmten Personbegriff die relational-ontologische Struktur freilegen könnte?[68]

Bevor ich Tertullians Konzeption als Alternative in Erinnerung rufe und im nächsten Kapitel die Möglichkeit einer analogen Verwendung des rekonstruierten

64 Vorgrimler 256.

65 Ebd.

66 MySal II 366 mit Anm. 29.

67 Ebd. 366[28].

68 Die „Kritik" Heijdens erreicht m. E. das anzustrebende Reflexionsniveau nicht, wenn er auf der einen Seite lediglich die Bedeutung des „Persönlichen" für unser Gottesverhältnis reklamiert (vgl. 414: „Was wir von der Offenbarung erwarten, ist schließlich die Offenbarung dieses Personseins, dieser personalen Relation Gottes zu uns"), anderseits aber selber keinen konsequent relational-dialogischen Personbegriff entfaltet (vgl. 415f:

kommunikativen Personbegriffs skizziere, möchte ich noch in einem Exkurs auf Schoonenbergs Würdigung und Weiterführung des Rahnerschen Anliegens eingehen, die dieser in seinem Beitrag zur Rahner-Festschrift von 1984 vorgelegt hat[69]; die Konsequenzen des trinitätstheologischen Grundaxioms für die in der Trinitätslehre zu verwendende Terminologie werden aus dieser Perspektive heraus nochmals deutlich in den Blick kommen.

Exkurs: P. Schoonenbergs Weiterführung von Rahners Initiative

Schoonenberg eröffnet seine Auseinandersetzung mit Rahner durch einige Bemerkungen zu dessen trinitätstheologischem Grundaxiom, die sich mit unseren Ergebnissen decken, von denen ich aber eine eigens aufgreifen möchte. Was den Zugang zur immanenten Trinität angeht, ergibt sich nämlich folgende Differenzierung: Wir erkennen die immanente Trinität nicht nur von der ökonomischen her, sondern auch umgekehrt, indem wir „die ökonomische Trinität als Trinität *Gottes* dadurch [erkennen], daß wir uns bereits von diesem Gott selbst in seiner immanenten Trinität zugesprochen wissen (im testimonium internum)" (475). Dies gilt aber nur für unsere Glaubenserkenntnis, denn: „Auf der *begrifflichen* Ebene kennen wir die immanente Trinität *nur* durch die ökonomische, *nicht* umgekehrt" (ebd.). Für eine Trinitätstheologie „von unten" (in diesem Sinn!) gilt es dann als selbstverständlich, daß wir „von der Eigenart gerade der zweiten göttlichen Person" (Rahner 331) eben *als* Person nur aufgrund der Fleischwerdung des Logos und nicht in Abstraktion davon eine Vorstellung und einen Begriff entwickeln können (475).

Die terminologische Alternative Rahners hält Schoonenberg für rechtens, insoweit sie auf die Aussagen über die immanente Trinität beschränkt werde (478), meint aber – und hier trifft er sich mit den Ergebnissen unserer Analyse –, „daß die Sache anders aussieht, wenn wir die ökonomische Trinität mitheranziehen" (ebd.). Dann kann man nämlich nicht bei der These stehen bleiben, es gebe innertrinitarisch kein gegenseitiges Du, sondern muß – „Das scheint mir eine Anwendung des Rahnerschen Grundaxioms zu sein" (479) – folgern: „Der Dialog, der aus dem Menschen Jesus [dem fleischgewordenen Logos] und aus uns heraus mit dem Vater geführt wird, ist auch innertrinitarisch" (ebd.). Diese Überzeugung liegt auch der abschließenden These Schoonenbergs zugrunde: „Die Trinität seit Christus ist die Trinität der interpersonalen Beziehungen" – „... in und seit Christus ist ein solches [interpersonales Verhältnis] in der ökonomischen *und* immanenten Trinität anwesend" (490). Bezüglich der immanenten Trinität rein in sich betrachtet teilt nun aber Schoonenberg die Bedenken Rahners, indem er mit ihm gegen Bantle einen ontologischen und nicht bloß formal-logischen Personbegriff verwenden will. Eine analoge Anwendung des Begriffs steht nämlich vor der Schwierigkeit, „daß der Personbegriff gerade deshalb und insoweit unbrauchbar ist, als er dem Nebeneinander menschlicher Personen entnommen ist", während in der Trinität Sohn und

---

„Mit ‚Person' ist dabei das gemeint, was wir in uns selbst und in unseren Mitmenschen Person nennen: Das innerste Selbst [!], das immer den Griff des Menschen übersteigt und sich nie adäquat in der ihm eigenen Kategorialität ausdrückt [!], aber das doch wirklich gekannt wird und sich in Liebe anderen Menschen schenken kann"). Die Grenzen seiner Untersuchung wie des darin beibehaltenen Personbegriffs deutet Heijden am Ende (453) selber an: „So war es hier nicht möglich, einigermaßen adäquat über jene Voraussetzungen zu reflektieren, die wir mit Rahner teilen, daß nämlich Gnade und Offenbarung formal im Personalen als solchem bestehen und bestehen müssen ... Eine derartige Konzentraton auf das Subjekt (Person im modernen Sinne) müßte aber noch einmal auf Einseitigkeiten und Über-Akzentuierungen hin untersucht werden."

69 Auch Schoonenberg (4) beschränkt sich auf Rahners systematischen Beitrag in MySal II (vgl. 473 mit Anm. 5). – Die im Text in Klammern angegebenen Seitenzahlen beziehen sich auf Schoonenbergs Beitrag.

Geist „eine Person-von-Person" sind (481). Dabei wird offenbar, daß Schoonenberg mit Rahner in der Fassung des anthropologischen Personbegriffs übereinstimmt; dieser ist so sehr im Zeichen des Subjektes konzipiert, daß die Vorschläge einer „sozialen Trinitätslehre" als Alternative nicht in Frage kommen: „Denn eine interpersonale Beziehung schließt die eigene Individualität der Person und namentlich ihr eigenes Bewußtsein und ihre eigene Freiheit nicht aus; sie schließt diese vielmehr ein" (477). Demgegenüber ist allerdings zu betonen, daß die neuere anthropologische Forschung dahin tendiert, nicht nur das „Selbst", sondern auch das „Ich" des Menschen als interpersonal vermittelt anzusehen. Dann ergäbe sich genau die Brücke zwischen dem innertrinitarischen „Person-von-Person" und einem relational-ontologisch gefaßten, kommunikativen Personverständnis! Es liefe dann auf eine Vertiefung des anthropologischen Ansatzes hinaus, wenn man mit Schoonenberg formuliert: „Der Ausgangspunkt, von dem aus ein analogisches Verständnis des trinitarischen Personverhältnisses gewonnen werden kann, ist nicht die menschliche Welt der Personen, sondern das Verhältnis zwischen Schöpfer und Geschöpf" (481), und es kommt nicht von ungefähr, daß Schoonenberg in diesem Zusammenhang auf vornizänische Autoren verweist (ebd.). Da er aber von einem im Zeichen des Subjekts stehenden Personbegriff ausgeht, kann er diesen Begriff nicht generell als brauchbar erachten, d. h. auch für die „rein" immanente Trinität, sondern entwikkelt statt dessen von dem Begriff der „Personalisierung" des Subjekts als „Selbstbestimmung" her die Möglichkeit, von „Personalität" zu reden (483–487): „Wort und Geist personalisieren sich im Christusereignis, indem sie kreatürliche Wirklichkeiten personalisieren" (485); „Wort und Geist personalisieren sich uns gegenüber" (ebd.); „in alldem personalisiert sich selbst auch der Gott, von dem Wort und Geist ausgehen, uns und ihnen gegenüber" (486). Was die immanente Trinität betrifft, will sich Schoonenberg nicht festlegen; er neigt zwar der Auffassung zu, daß „ein innertrinitarischer Dialog (Trialog!) erst durch das Christusereignis auf [tritt]" (ebd.), hält es aber auch für möglich, „das präexistente Wort und den präexistenten Geist durch Anwendung des viktorinischen Personbegriffes Person zu nennen" (ebd.). Dabei muß er dann allerdings auseinanderreißen, was doch gerade die Einheit und Sinnspitze des Personbegriffs bei Richard von St. Victor ausmacht: „Sie sind es [Person] dann gemäß ihrer Ek-sistenz, ihres ewigen Hervorgangs aus dem Vater, während dann im Christusereignis eine distinkte Sub-sistenz hinzukommt" (ebd.). Spätestens hier zeigt sich die Schwäche des auch bei Schoonenberg noch dominierenden subjektivistischen Personbegriffs[70]. Im 2. Kapitel

70 Diese Feststellung trifft in etwa auch für den Beitrag von Simonis (3) zu. Dieser möchte, um die „freie Nichtnotwendigkeit" (133) der Heilsökonomie festhalten zu können, immanente und ökonomische Trinität „begrifflich" voneinander unterscheiden. Was das „Werden" Gottes anbetrifft, präzisiert er: „Wenn wir dennoch bei der Redeweise von einem auch für Gott Neuen der ökonomischen Trinität bleiben und [es] im Folgenden inhaltlich näher zu explizieren suchen, so gilt dies also nicht einem Sichveränderthaben Gottes ‚im Laufe der Zeit', sondern dem, daß Gott als sich Offenbarender anders ist und anders sein will, als wenn er sich nicht geoffenbart hätte" (134). Dem ist prinzipiell zuzustimmen, wenn ich auch die Folgerungen hinsichtlich des Personbegriffs nicht unterschreiben möchte. Das Operieren mit einem kommunikativen Personbegriff im Bereich der immanenten Trinität muß nicht in einen Polytheismus ausarten (vgl. 135[9]); dieser Verdacht besteht nur aus einer Perspektive, die letztlich doch mit einem Personbegriff operiert, der dem Selbstand die Priorität vor der Relation einräumt, wie es in folgenden Sätzen Simonis' zum Ausdruck kommt: „Versteht man unter ‚Personsein' das eigene In-sich- und Bei-sich-Sein, welches auch erst ein wirkliches Gegenüberstehen ermöglicht, so muß man sagen, daß Gott erst und gerade durch seine Selbstoffenbarung in Jesus als der dreipersönliche ek-sistiert" (137). „Versteht man nun unter menschlichem Existieren und Personsein, daß jemand aus seinem Eigenen heraus ek-sistiert, lebt und wirkt und dies bewußt *als* sein Eigenstes verwirklicht und so erst ganz er selber wird, so muß man sagen . . ." (138). Könnte nicht gerade von der Christologie her das Verhältnis von

werde ich – ebenfalls im Rückgriff auf Richards Konzeption – die Möglichkeiten des kommunikativen Personverständnisses aufzeigen, das solche verräterische Division nicht notwendig hat und das deshalb auch auf der Ebene der immanenten Trinität nicht bei der Rede von Wort und Geist als personalisierenden Prinzipien (489) stehen bleiben bzw. darin eine Problemlösung suchen muß.

c) ‚Ökonomische Trinität' und Begrifflichkeit bei Tertullian

Es geht hier nicht um eine nochmalige Zusammenfassung der ‚ökonomischen' Trinitätslehre Tertullians und der in ihr verwendeten Begrifflichkeit, sondern um eine kurze Erinnerung an seine Alternative, insofern sie als Anstoß für die weiteren Überlegungen dienen soll.[71]

Tertullian geht in seiner trinitätstheologischen Argumentation konsequent von der heilsgeschichtlichen Erfahrung aus und behält die Orientierung am Zeugnis der heiligen Schriften, in denen die ursprüngliche Erfahrung ihren Niederschlag gefunden hat, auch da bei, wo er in eigener theologischer Anstrengung die regula fidei, welche die Schriftauslegung der Kirche fixiert und normiert, gegenüber den Monarchianern erläutert, verdeutlicht und weiterentwickelt. Wenn er an einer Stelle (vgl. Prax. V) auf die Erfahrung der menschlichen Geistestätigkeit rekurriert, so bildet diese Analogie doch keinen Angelpunkt seines Systems, und es wäre völlig verfehlt, ihn deshalb zu einem Vorläufer Augustins zu erklären. Tertullian unterscheidet auf der ökonomischen Ebene eben nicht bloß „objektive Erscheinungsweisen"[72], sondern spricht von Vater und Sohn (und Geist) als „Personen", d. h. als distinkte Existenzen, die in einer Handlungs- und Kommunikationsgemeinschaft verbunden sind. Die konkreten Auseinandersetzungen zwingen ihn zwar dazu, den Eigenstand der trinitarischen „Personen" immer wieder herauszustellen, dennoch geht das relationale Moment niemals verloren, so daß man zu Recht von einer Doppelstruktur seines Personbegriffs spricht.

Auf der anderen Seite reduziert der vornizänische Theologe die ökonomische Trinität keineswegs auf die heilsgeschichtliche Perspektive, so daß er erst die „Trinität seit Christus" in interpersonalen Kategorien beschreiben könnte; in seinem Verständnis entspricht der heilsgeschichtlichen „dispensatio" der οἰκονομία die ontologische „dispositio" in Gott selbst. Gewiß denkt Tertullian die immanente Trinität konsequent in ihrem „Aus-sein" auf die heilsgeschichtliche Selbstoffenbarung; doch selbst wenn er die „nativitas perfecta" des Sohnes erst mit dem Beginn des göttlichen Schöpfungshandelns ansetzt, liegt es ihm fern, Wort und Geist vor der Inkarnation oder (obwohl man hier vielleicht etwas zurückhaltender formulieren muß) vor der Schöpfung lediglich als „personalisierende Prinzipien" zu apostrophieren. Dem stehen eindeutig seine Berufung auf die Weisheitsspekulation und

---

Subsistenz und Ek-sistenz neu bestimmt werden, so daß Jesus Christus keinen Ausnahmefall, sondern das Paradigma für eine angemessene Fassung des theologischen Personbegriffs darstellt? In diesem Sinn müßten m. E. die abschließenden Äußerungen Simonis' (138f) neu gefaßt werden.

71 Vgl. zum folgenden die zusammenfassende Auswertung oben S. 290–294.

72 Moingt (2) 756–766.

seine Interpretation der alttestamentlichen Theophanien entgegen. Die οἰκονομία als „Veräußerlichung" der innergöttlichen Disposition – das ist Tertullians trinitätstheologisches Grundaxiom, aus dem heraus er konsequent die entsprechende Terminologie entwickelt.

Die Entwicklung eines kommunikativen Personbegriffs bzw. seiner Umrisse und Grobstruktur bewahrt Tertullian sowohl davor, in der Auseinandersetzung mit den starren Monarchianern sich in die Probleme des Tritheismus zu verstricken, wie auf der anderen Seite, eine subordinatianistische Konzeption in Kauf zu nehmen. Wie die neuere Forschung bestätigt hat, ist sein „Subordinatianismus" kein anderer als der des Neuen Testaments, das von der freiwilligen Unterwerfung des Sohnes unter den Willen des Vaters spricht, ohne daß das Fundament der göttlichen Willenseinheit gesprengt würde. In diesem Zusammenhang ist auf die hochinteressante Untersuchung von Berner hinzuweisen, der „trinitarische Gottesvorstellungen im Kontext theistischer Systembildungen" analysiert hat und zu dem Ergebnis gelangt, „daß die herkömmliche Alternative ‚Mono- und Polytheismus' ergänzt werden müßte durch eine andere terminologische Differenzierung, die auf die Zahl der Willensrichtungen Bezug nimmt"[73]. Die entscheidende Einsicht beruht darauf, daß „die Zahl der Willensrichtungen . . . unabhängig [ist] von der Zahl der Willensträger" und daß demnach die theistischen Systeme in monotheletische und polytheletische einzuteilen seien.[74] Was zunächst als Ergänzung vorgeschlagen wurde, erweist sich angesichts des phänomenologischen Befundes schließlich als primäre Interpretationskategorie: „Aus diesen Überlegungen ergibt sich die These, daß das Grundproblem theistischer Systeme nicht in der Zahl der Götter zu suchen ist und daß die Alternative ‚Monotheismus – Polytheismus' demnach auch nicht das wichtigste Unterscheidungsmerkmal ist. Vielmehr haben sich zwei Grundprobleme herausgestellt: zum einen die Koordination divergierender Willensrichtungen im Kontext eines polytheletischen Systems, zum andern die Erkennbarkeit einer einlinigen Willensrichtung im Kontext eines monotheletischen Systems. Damit ist der Ansatz eines Modells gegeben, aus dem sich neue Gesichtspunkte für die Deutung der sogenannten trinitarischen Gottesvorstellungen gewinnen lassen könnten."[75] Die entsprechende Analyse ergibt, daß sowohl die hinduistische Trimūrti „wie auch andere scheinbar trinitarische Darstellungen als eine von mehreren möglichen Lösungen des Grundlagenproblems polytheletischer Systembildungen aufzufassen sind"[76], während die christliche Trinitätsanschauung, die Berner vor allem an der Theologie des Origenes erläutert, eindeutig im Rahmen eines monotheletischen Systems entwickelt wird: „Die trinitarischen Formeln der alten Kirche, die die Wesenseinheit von Vater, Sohn und Geist festschreiben, lassen sich auch aus diesem

---

[73] Berner 98.

[74] Ebd. Im Unterschied zum Monotheletismus in der Christologie „geht es hier . . . um die Willensrichtungen innerhalb der Götterwelt, nicht um den Zusammenhang von göttlicher und menschlicher Natur" (98[31]).

[75] Ebd. 101.

[76] Ebd. 105.

Grundlagenproblem eines monotheletischen Systems verstehen; die Formulierung der ontologischen Beziehungen innerhalb der Trinität würde demnach ein sekundäres Folgeproblem darstellen ..."[77] Abschließend plädiert Berner dafür, „den Begriff ‚Trinität' so festzulegen, daß er nur auf das im Kontext monotheletischer Systembildungen auftretende Problem bezogen wird, das hier an Beispielen aus der christlichen Tradition dargestellt worden ist"[78].

Wenn die These Berners als phänomengerecht zu beurteilen ist – die Analyse der Auseinandersetzung Tertullians mit dem Monarchianismus bestätigt sie jedenfalls –, dann artet eine Trinitätstheologie nur dann in eine tritheistische Theorie aus, wenn der Rahmen des monotheletischen Systems verlassen wird. Zugleich wird deutlich: Die ontologischen Bestimmungen der innertrinitarischen Verhältnisse sind von dem Interpretament der „Willenseinheit" bzw. der „einlinigen Willensrichtung" her zu entwickeln. Hier erweist sich die Stärke der vornizänischen (und bibelnahen!) Theologie, insofern Tertullian nicht von der Wesensgleichheit oder gar der einen göttlichen Natur her denken muß, welcher Ansatz die adäquate Fassung der heilsgeschichtlichen Offenbarung in (inter)personale Kategorien weitgehend verhindert hat, sondern ansetzen kann bei der ökonomischen Erfahrung der trinitarischen „Personen" und doch Monotheist bleiben kann, indem er eine „monarchia secundum rationem oikonomiae" im Zeichen der göttlichen Willenseinheit konzipiert. In diesem Sinn müßte wohl eine biblische, eher griechisch und voraugustinisch orientierte Trinitätstheologie ansetzen. Terminologisch wäre dann die Einheit des göttlichen Wesens nicht von einem formalisierten Wesens-, Substanz- und Naturbegriff her zu entwickeln, wodurch dann eben auch die trinitarischen Unterscheidungen nur mit Hilfe eines ebenso aufs höchste formalisierten Begriffs der „distinkten Subsistenzweise" gelingen, sondern aus den interpersonalen Beziehungen (der Willens-, Aktions- und Kommunikationsgemeinschaft) selbst heraus.

Dazu hat Tertullian, wie wir in der Auseinandersetzung vor allem mit Moingt zusammenfassend feststellen konnten, sicher nur Ansätze geliefert. Bevor diese Anstöße im Schlußkapitel aufgegriffen und ein Stück weitergeführt werden, möchte ich nochmals auf Rahners pastorales Anliegen zu sprechen kommen, das wir in der Analyse des ersten Teils ja bewußt berücksichtigt haben.

3. *Theologia negativa und analogia trinitaria*

Was die trinitätstheologische Begrifflichkeit angeht, so liegt Rahner vor allem am Herzen, die Gefahr des tritheistischen Mißverständnisses im durchschnittlichen Glaubensbewußtsein zu bannen. Van der Heijden hat die Parallele zwischen Rahners Kampf gegen den Monophysitismus in der Christologie und seinem Kampf gegen den Tritheismus in der Gotteslehre aufgedeckt und gezeigt, daß auf beiden Feldern das innertrinitarische Ich-Du-Verhältnis zwischen Vater und Sohn (Logos) eliminiert werde.[79] Das Konzept der göttlichen Einheit steht so sehr im Zeichen des

[77] Ebd. 108. [78] Ebd. 110. [79] Heijden 399–442.

einen göttlichen Aktzentrums und Selbstbewußtseins, daß für inter*personale* Relationen und das daraus resultierende Verständnis einer trinitarischen Willenseinheit (drei Willensträger, eine Willensrichtung) eines trinitarischen Selbstbewußtseins kein Raum ist. Auch Tertullian kämpft für ein rechtes Verständnis der göttlichen Einheit, aber er denkt diese nicht nur als Substanzeinheit (die mit Hilfe der bekannten Metaphern illustriert wird) und schon gar nicht als Einheit des einen Subjekts, sondern – in den entscheidenden Partien seines Traktats – von der Einheit der Personen her.

Ist Rahners terminologische Initiative, die in der systematischen Durchführung auf eine Alternative hinausläuft, wirklich dem pastoralen Anliegen dienlich?[80] Wird nicht mit dem Austreiben des ‚subkutanen' Tritheismus auch jegliches Verständnis einer Einheit von Vater, Sohn und Geist verunmöglicht? Läßt sich nicht Rahner von einer bestimmten neuzeitlichen Tradition die Terminologie seiner Theo-logie diktieren, während doch eine andere Tradition, die in der gegenwärtigen anthropologischen Diskussion immer mehr an Einfluß gewinnt, Ansatzpunkte für ein gemäßeres analoges Reden von Gottes trinitarischer Selbstmitteilung bereitstellt? Vielleicht bewegt Rahner im tiefsten die Sorge der negativen Theologie, daß unser Reden von Gott das unaussprechliche Geheimnis als ‚begreiflich' suggeriert. Sicher hat die theologische Tradition den Schritt der via negationis und die je größere Unähnlichkeit in unserem analogen Reden von Gott nicht immer genügend beachtet. Aber eine durch Gottes Selbstoffenbarung ermöglichte und ermächtigte Theologie muß ja in der „reductio in mysterium" nicht völlig verstummen, sondern wird immer, wie es Rahner beispielhaft tut, den Menschen als Hörer und Sprecher des Wortes ernstnehmen. Dann ist das theologische Grundproblem die Angemessenheit der „Rede von Gott", das die Anstrengung des Begriffs nicht zu scheuen braucht und nicht vorzeitig verstummen muß. Wir müssen nicht – um den Blick auf den Kern der Diskussion zu lenken – eine völlig andere Begrifflichkeit bemühen (oder gar verstummen), wenn wir von der ‚ökonomischen' auf die ‚immanente' Ebene überwechseln, sondern dürfen die Potenz der analogen Begrifflichkeit voll ausschöpfen. In diesem Sinn hatte unsere Analyse[81] die Frage aufgeworfen, ob Rahner nicht zu früh einem Apophatismus verfällt, wie das Lafont auch den Kappadoziern vorwirft[82], und ob wir nicht in der Trinitätstheologie den Personbegriff verwenden dürfen und sogar sollen, wenn nur in der analogen Anwendung auf das göttliche Geheimnis die „je größere Unähnlichkeit" herausgearbeitet wird.

Eine solche Analogie – das soll hier noch kurz angedeutet werden – müßte freilich entschieden im Kontext einer Ontologie entwickelt werden, die „Analogie und Geschichtlichkeit"[83] miteinander vermittelt, so daß sie offen ist für das unab-

---

80 Ich finde es aufschlußreich, daß Weger in seiner für ein breiteres Publikum gedachten Einführung in die Theologie Karl Rahners dessen Trinitätstheologie kein eigenes Kapitel widmet.

81 Siehe oben S. 52.

82 Lafont 65.

83 Vgl. Puntel.

leitbare Faktum der heilsgeschichtlichen Selbsterschließung Gottes. Die gesuchte Analogie wäre dann eher als eine „analogia fidei" denn als „analogia entis" zu charakterisieren, weil sie sich von der göttlichen Selbstoffenbarung bestimmen läßt. Zugespitzt formuliert: Zu entwickeln sind eine trinitarische Ontologie und eine – dem menschlichen Begreifen zugesprochene – „analogia trinitaria". Mit den Begriffen „analogia entis" und „analogia fidei" bzw. „analogia trinitaria" sind Problemkomplexe angesprochen, die hier auch nicht annähernd aufgearbeitet werden können. Um jedoch von vornherein ein mögliches Mißverständnis auszuschalten, sei wenigstens festgehalten, wohin die Sinnspitze der hier angezeigten Begriffe zielt: Analogia entis und analogia fidei (trinitaria) müssen keine Gegensätze sein; entscheidend und in diesem Sinn auch ausschließend ist allerdings die Wahl des Ansatzes für das analoge Reden von Gott: Gehe ich aus von dem ohne Offenbarung erkannten und bekannten Seienden, oder lasse ich meine Theo-logie von der Selbstoffenbarung Gottes her bestimmt sein? Die Argumentationsrichtung wird im folgenden Kapitel noch deutlicher markiert werden, doch sollen schon hier in Auseinandersetzung mit zwei Autoren einige präzisierende Hinweise gegeben werden:

1. Den hier gemeinten Zusammenhang von Analogie, negativer Theologie und Geschichtlichkeit hat *Puntel* im Hinblick auf Thomas von Aquin so bestimmt:

„Daß der hintergründige Sinn des ‚excessus', d. h. der genannten Bewegung oder der Rede vom sich entziehenden Unendlichen an sich auch bei Thomas nur aus dem Geschehen der Zusammengehörigkeit von Mensch und Sein bzw. Gott zu ermitteln ist, wird in seinen Aussagen im Sinne der sogenannten *negativen Theologie* und an der Weise, wie er sie erörtert, d. h. ihnen einen Ort zuweist, ersichtlich. Dabei wird auch deutlich, daß ‚excessus' nicht ein Moment neben den beiden anderen ist, sondern den ursprünglichen Boden anvisiert, auf dem Affirmation und Negation erst vollzogen werden können."[84]

Damit fällt ein bezeichnendes Licht auf „die negative Theologie, die glaubt, die Größe und das letzte Selbst Gottes dadurch wahren zu können, daß sie ihn in den Bereich der Nacht distanziert", insofern sich zeigt, „daß die immanente Aporie jeder *negativen Theologie* darin liegt, daß aufgrund des Nichtbedenkens der ursprünglichen Dimension jeder Aussage und gegen ihre ausdrückliche Intention ein Gott nach Bild und Werk des Menschen vorgestellt wird"[85].

So gelangt Puntel zu dem Ergebnis, „daß das Grundproblem der Analogie nicht darin besteht, auf welche Weise ein aus den endlichen Seienden abstrahierter Name oder Begriff auf die anderen Seienden und vor allem auf Gott ‚übertragen' werden kann; eine solche Problemstellung, die die Analogielehre mindestens seit Thomas von Aquin bestimmt, reduziert alles auf eine mehr oder weniger ontische Ebene und vergißt vor allem das Wesentliche: Der Sinn eines Namens, so endlich er auch zu sein scheint, entspringt nicht der ontischen Ebene des Wahrgenommenen, sondern der un-endlichen Dimension des Seins- und Sprachgeschehens. Das Aufzeigen der Notwendigkeit einer solchen *Kehre* ist eines der Ziele dieser Arbeit."[86]

2. *Wipfler* hat in seinem Buch „Grundfragen der Trinitätsspekulation. Die Analogiefrage in der Trinitätstheologie"[87] das Problem gespürt, ohne – zumindest was den Personbegriff

---

84 Ebd. 298. 85 Ebd. 301.

86 Ebd. 302. Vgl. „Rückblick und Ausblick" 553–557. Ferner Anzenbacher (2); zur „theologischen Analogie" des Thomas hier 147–165! A. „zeigt im Rahmen dessen, was von der Hochscholastik her mit dem Namen ‚Analogie' bezeichnet wurde, eine grundlegende Ambivalenz auf, von welcher her sich ein prinzipieller Gegensatz innerhalb der abendländischen Systemgeschichte aufweisen läßt" (7).

87 Wipfler (2).

angeht – die hier geforderte „Kehre" vollzogen zu haben. Er unterscheidet innerhalb der analogia entis zwischen der analogia fidei und der analogia rationis; erstere ist als analogia theologiae „supra-analog" (d. h. „supra rationem"), letztere als analogia philosophiae „intra-analog" (d. h. „intra rationem").[88] Ziel seiner Arbeit ist, den Unterschied beider Analogiebereiche und ihrer unterschiedlichen (weil „auf andere Weise aus dem Geschöpflichen her . . . adaptierten") Begrifflichkeit herauszuarbeiten.[89] Der trinitätstheologische Personbegriff, der dem „supra-analogen Bereich" angehört, wird nun aber nicht von der Selbstoffenbarung Gottes her als relationaler, kommunikativer Begriff entfaltet, der auch die Verwendung im geschöpflichen Bereich bestimmen müßte, sondern selber entscheidend vom Geschöpflichen her gefaßt. Zwar können nach Wipfler über die göttlichen Namen „rein-rational" nur dürftige Aussagen gemacht werden, zu diesen gehört aber auf jeden Fall die Definition von persona als „unmitteilbarer Selbstand"[90]. Mit dieser Einordnung ist das Verständnis von Person bereits „von unten her" festgelegt! Die analogia entis, ja die analogia rationis dominiert die trinitätstheologische Terminologie, wenn Wipfler formuliert, daß „die intra-analoge, göttliche Wesenheit offen [ist und bleibt] für die supra-analoge Dreiheit der göttlichen Personen"[91]. Dem entspricht, daß der Autor die Persondefinition „intellectualis essentiae incommunicabilis subsistentia" für „die am wenigsten korrekturbedürftige"[92] erachtet, wobei er bezeichnenderweise das „exsistentia" der Richardschen Begriffbestimmung durch „subsistentia" ersetzt. Das ‚Von-woher' des Denkens und Theologisierens ist eindeutig markiert in der Aussage, daß „der Personbegriff auch diesen intra-analogen Bereich noch zu transzendieren [vermag], d. h., er ist auch im supra-analogen Bereich noch aussagemächtig; allerdings nur unter der Bedingung, daß er hier anders interpretiert wird als im intra-analogen Bereich"[93]. Dies ist also „ein und derselbe Personbegriff", der für die beiden Erkenntnisebenen „jeweils verschieden interpretiert werden" muß[94]: „*Die Person ist sie selbst*", sie ist bestimmt durch Seinsgewißheit, Selbstgewißheit, Selbstand sowie schlechthinnige Unmitteilbarkeit.[95] Zwar deklariert Wipfler, wenn er nun von den trinitarischen Personen handelt, in formaler Hinsicht seinen Standpunkt als „de fide"[96], und er kommt in inhaltlicher Hinsicht zu dem Ergebnis, daß die göttlichen Personen „Personen im höchsten und erfülltesten Sinn des Wortes ‚Person' [sind]"[97]. Dabei stellt er sogar die Kernthese auf: „Je radikaler das ‚*Sein zum Du*', desto erfüllter das ‚*Sich-selber-sein*'."[98] Aber das kehrt seinen Ansatz nicht um, wie der einschlägige Abschnitt „Deutung des geschöpflichen Personseins in Analogie zum trinitarischen Personsein" (163–169) belegt. So bleibt der Eindruck, daß das ganze Unternehmen seiner Untersuchung, das übrigens dem Vorurteil von der scholastischen Begriffsakrobatik neue Nahrung zuführen wird, doch auf eine Trennung der Gotteslehre in die Traktate De Deo uno / De Deo trino hinausläuft, daß die „ungebrochene", „nicht-umgekehrte" analogia entis (rationis) bestimmend bleibt und die Selbstoffenbarung Gottes als Erkenntnisgrund nicht ernst genug genommen wird.[99]

---

88 Ebd. 39–41.
89 Ebd. 42.
90 Ebd. 44.
91 Ebd. 46.
92 Ebd. 57[1]. 59–62: Wipflers Sicht der Geschichte der Boethius-Definition.
93 Ebd. 57.
94 Ebd. 59.
95 Ebd. 66f.73.
96 Vgl. ebd. 102–109. Später (149) betont W. noch einmal, daß er von der göttlichen Selbstoffenbarung ausgehen will.
97 Ebd. 155.
98 Ebd. 151.
99 Diese Bedenken werden auch durch den kurzen Aufsatz von H. Wipfler, Stagniert die Trinitätsspekulation?, in: ThGl 58 (1968) 441–446 nicht zerstreut.

Im Anschluß an Puntel und in kritischer Wendung gegen Wipfler ist also festzuhalten, daß ein Reklamieren der „theologia negativa“ und der „je größeren Unähnlichkeit“ nicht es ipso sicherstellt, daß unser Reden von dem „einen Gott in drei Personen“ seine „Grammatik“ aus der Selbstmitteilung des dreieinigen Gottes gewinnt.

Ob das trinitarische Denkmodell Hegels, das man als dialektisches der traditionellen Analogie entgegensetzen könnte, eine wirkliche Alternative darstellt, soll im folgenden Kapitel diskutiert werden.

2. Kapitel

Über analoge Verwendung des kommunikativen Personbegriffs

Der in der Auseinandersetzung mit Rahner als Alternative angebotene und bei Tertullian in einigen Grundzügen rekonstruierte kommunikative Personbegriff sowie seine analoge Verwendung in der Trinitätstheologie und von daher in der (theologischen) Anthropologie seien angesichts der sich abzeichnenden Konvergenz zwischen trinitätstheologischen Postulaten und Ergebnissen der zeitgenössischen Anthropologie noch einmal in den Blick genommen. Dabei geht es eher um Denkanstöße als um ausformulierte Theorien. Zunächst sollen die in den Analysen zu Rahner und Tertullian aufgebrochene Problematik der „klassischen Metaphysik“ und die daraus resultierende Forderung nach einer „neuen Ontologie“ im Kontext der gegenwärtigen Diskussion aufgegriffen werden. Danach werden in Fortführung der im zweiten Teil dieser Arbeit referierten Untersuchung Theunissens Tendenzen gegenwärtiger Anthropologie anhand der jüngsten einschlägigen Veröffentlichung von Pannenberg nachgezeichnet. Der Rückblick auf die lange Zeit vernachlässigte, heute aber von fast allen Seiten[1] in den Zeugenstand gerufene Trinitätsspekulation Richards von St. Victor bereitet die abschließende Erörterung der Relevanz eines kommunikativen Personbegriffs vor.

1. Die Problematik der klassischen Metaphysik und das Postulat einer neuen Ontologie

a) Zur Kritik des Substanzdenkens

Es geht im folgenden nicht um eine Disqualifizierung jeglicher Metaphysik als „(verdinglichtes) Substanzdenken“[2], sondern um die von der trinitarischen Selbst-

---

1 Eine Ausnahme bildet Schoonenberg (4) 477[8], der in Richards De Trinitate einen „deutlichen Ursprung“ einer „sozialen Trinitätslehre“ findet, die er als Alternative nicht akzeptieren kann.

2 Vgl. die Befürchtungen bei Elsässer 7.68.

offenbarung Gottes her sich als notwendig erweisende „Revolution im Seinsverständnis“[3], die keine totale Destruktion der klassischen Metaphysik beabsichtigt, sondern deren Integration in das „zeitgenössische Instrumentarium“[4]. „Die personale Wesensbestimmung Gottes greift die klassische Wesensbestimmung auf und überbietet sie zugleich. Sie denkt Gott nicht mehr im Horizont der Substanz, ... sie denkt ihn vielmehr im Horizont der Freiheit.“ „Die Ausbildung der Trinitätslehre bedeutet nämlich den Durchbruch durch ein Wirklichkeitsverständnis, das vom Primat der Substanz und des Wesens geprägt war, hin zu einem Wirklichkeitsverständnis unter dem Primat der Person und der Relation.“[5] Gleich zu Beginn unserer Rahner-Untersuchung[6] hatten wir festgestellt, daß in dessen Sicht den Begriffen persona und relatio eine negative, abwehrende Funktion zukommt, und angefragt, ob die Begriffe nicht – im Kontext einer relationalen Ontologie – positiv gefüllt werden sollten, so daß sowohl die Gefahr des Tritheismus wie auch der Verdacht des Modalismus abgewehrt werden könnten. Beim Fortgang der Analyse[7] ergab sich immer wieder die Gelegenheit, das Durchbrechen des Substanzdenkens bei einzelnen Theologen zu konstatieren: Das gilt etwa für Ambrosius, für die Herauslösung der nicht mehr bloß akzidentell verstandenen Kategorie der relatio aus dem aristotelischen Kategorienschema durch Augustin, für die Ersetzung des Begriffs der substantia durch subsistentia im Personverständnis des Thomas von Aquin[8], für Raimund von Sabundes Widerstand gegen den ‚substanzialistischen Zeitgeist‘. Obwohl mit dem Geist des Christentums das Substanzdenken prinzipiell aufgebrochen wurde, wie Ratzinger, Kasper und Greshake betonen, konnte sich das christliche Verständnis der Person lange Zeit nicht aus der Umklammerung dieses Denkens befreien.[9] Auf der anderen Seite ist nämlich auch festzuhalten, daß die Bestimmung der Person als absolute Persönlichkeit und als Individuum erst im Horizont des Christentums (und dann der neuzeitlichen Philosophie) artikuliert wurde.[10] Theunissen sprach sogar von dem wortgeschichtlichen Vorrang des relationalen vor dem substanzialistischen Personbegriff, so daß der christliche Personbegriff erst die dritte Entwicklungsstufe darstellt[11]. Auf dieser dritten Stufe könnte das Substanzdenken überwunden werden, doch hat das Persondenken im Kontext

3 Kasper (6) 197.

4 Lafont 25. L. beschreibt 262–267 die Konsequenzen für die Sprache dieser neuen Ontologie; seine Zusammenfassung: 289–291.

5 Kasper (6) 195f bzw. 377.

6 Siehe oben S. 20f.

7 Siehe oben S. 93–127.

8 Vgl. Kapser (6) 342f. Daß die Betonung der Subsistenz in der Definition der „relatio subsistens“ den Durchbruch eines genuinen relationalen Denkens verhindert, wurde bereits angemerkt. Puntel 265 weist darauf hin, daß die negative Fassung des Subsistenzbegriffs verständlich macht, „daß und warum bei Thomas die *personale Dimension* nicht zu finden ist“ und die „(inter-)personale Welt“ als die angemessene Ebene des Selbstvollzugs der „anima“ ausfällt.

9 Siehe oben S. 131f.

10 Ich verweise nochmals auf Fuhrmann, bes. 84f.

11 Siehe oben S. 140.

der Subjektivitätsphilosophie noch nicht die ursprüngliche Wortbedeutung der ersten Stufe eingefangen noch zur Ausbildung einer relationalen Ontologie geführt.

Für die altkirchliche Begriffsentwicklung war sicher entscheidend, daß die Termini persona und ὑπόστασις zwar im Zusammenhang mit der Trinitätslehre aufgegriffen, aber erst im Verlauf der christologischen Auseinandersetzungen inhaltlich bestimmt wurden und dann so in die Trinitätstheologie zurückkehrten. Dabei erwies sich dann auch das nizänische ὁμοούσιος als „ein Begriff mit Narben", wie es Breuning im jüngsten Beitrag zur Problemgeschichte formulierte.[12] Was Vogt im Hinblick auf Nestorius formuliert – „Man kann keinen Personbegriff dadurch entwickeln, daß man den Naturbegriff differenziert"[13] –, müßte wohl im Hinblick auf die altkirchliche Begriffsbildung überhaupt wie auf die Persondefinitionen im Gefolge des Boethius im besonderen noch einmal diskutiert werden. Festzuhalten bleibt, daß weder der Begriff der Person noch die Konzeption der göttlichen Einheit im Rahmen einer interpersonalen Ontologie entwickelt wurden; letztere mußte „abstrakt und inhaltsleer" bleiben[14], weil sie so formalisiert und/oder das Modell der göttlichen Wesenseinheit völlig von dem gelungener menschlicher Gemeinschaft abgehoben, also auch immanente und ökonomische Trinität radikal auseinandergehalten wurden. Wiederkehr hat die Notwendigkeit neuer Kategorien unter der Überschrift „Pneuma als dynamisches Korrektiv der Christologie" mit ausdrücklichem Rückgriff auf die vornizänische Theologie aufgezeigt:

> „Erst auf dem Hintergrund der stärker naturhaften christologischen Kategorien geriet diese pneumatologische Konstitution der Person und Wirklichkeit Christi in den Verdacht, eine abgeschwächte, ‚nur' dynamisch-aktualistische Einheit zu stiften, die hinter der seinshaften Einigung und Einheit zurückbliebe. ... So aber gerät die Einheit zunehmend auf die Ebene einer naturhaften Einheitsanalogie, wobei das personale und kommunikative Geschehen zurücktritt. ... In gleichem Maße rückte die Ordnung der heilsgeschichtlichen und der innergöttlichen Trinität auseinander. ... Die herrschende dogmatische Struktur und Terminologie absorbierte die beweglichen bibeltheologischen Kategorien bis zur Zurückdrängung in eine geschichtslose innergöttliche Trinität."[15]

Worum es also der Kritik am Substanzdenken der klassischen christlichen Philosophie und Theologie geht, soll anhand der eindeutigen Aussagen von A. Brunner[16] noch einmal im Zusammenhang verdeutlicht werden. Die Grundthese seines Buchs „Person und Begegnung" nimmt in bezeichnender Weise Abschied von der Bestimmung der Person als „Selbstand": „Das menschliche Selbst ist wesentlich Offenstand für andere und anderes, das als anderes erkannt wird, vor allem für die

12 Breuning (3) 146.

13 Vogt 264.

14 Nach Baur 106 faßten die frühen, vornizänischen Väter die Ökonomie in der Monarchie im konkreten Begriff einer lebensvollen Einheit statt in dem abstrakten einer inhaltsleeren Einheit.

15 Wiederkehr 249. Von daher ergibt sich für W. eine neue Aktualität der vornizänischen Theologie: „Der Vorwurf der Defizienz im Vergleich zu einer seins- und naturhaften Christologie trifft aber nach heutiger dogmengeschichtlicher Forschung die adoptianische und subordinatianische Christologie weitgehend zu Unrecht."

16 Brunner (2); vgl. schon Brunner (1).

Mitmenschen. Selbstsein und Mitsein sind untrennbar."[17] Dies sei in der Philosophie durch den „Ausgang vom Sachhaften statt vom Personsein" und aufgrund der „Verkennung des Mitseins"[18] lange vernachlässigt worden: „Der gesamten antiken Philosophie fehlte das ausdrückliche Bewußtsein vom menschlichen Subjekt, von seinem personhaften Wesen, was sich auch auf die Auffassung vom Göttlichen auswirkte."[19] Person und Gott wurden als Objekt, nicht als Mitsubjekt aufgefaßt: „Philosophisch am folgenreichsten war, daß übersehen wurde, daß der Personbereich der erstlich und eigentlich erkannte, dic Begrifflichkeit der unterpersönlichen Bereiche hingegen davon abgeleitet, defizienter und abkünftiger Modus davon ist."[20]

Das „unterscheidend Christliche" lag nun gerade darin, daß „die Schwierigkeit, absolutes Selbstsein und absolutes Mitsein zu vereinen, . . . von den nichtchristlichen Religionen niemals überwunden [wurde]"[21] und „nur die Selbstaussage Gottes . . . diese Schwierigkeit beheben und den Menschen nicht als Teil des Kosmos, sondern als einmalige Person in Beziehung zum absolut personhaften Gott bringen" konnte[22]. Aber in der Begegnung mit der antiken Philosophie vermochte das Christentum nicht, dieses sein Ureigenstes durchzuhalten: „Auch als man zum theologischen Verständnis des Gottesbegriffs der Heiligen Schrift einer genaueren Erhellung des Begriffs ‚Person' bedurfte, ging man von einem Begriff der ‚Substanz' aus, der von Aristoteles deutlich an den Sachen gewonnen worden war, und fügte ihm nur das Merkmal ‚vernünftig' hinzu."[23] Da „in der antiken Philosophie die Person nie ausdrücklich erkannt und behandelt" wird, führte das „bei der Übernahme des Aristotelismus durch die Scholastik zu nie verstummenden Schwierigkeiten"[24], so daß „die Rezeption der Aristotelischen wie der neuplatonischen Philosophie . . . also kein reiner Gewinn" war, „wurde doch so verhindert, daß der Bereich des Personseins, der als Folge der christlichen Offenbarung nun ausdrücklich wurde, originär und in einer ihm angemessenen Begrifflichkeit erkannt wurde"[25]. Wenn das Geheimnis Gottes in seiner Einmaligkeit nur in einer „Analogie, allerdings in höchster Spannung"[26] auszusagen ist, so kommt alles auf die entsprechende Terminologie[27] an, denn „der christliche Gottesbegriff betont beides in gleichem Maße: das göttliche Selbstsein und das Mitsein als Dreifaltigkeit"[28].

b) Zur Kritik der „absoluten Subjektivität"

Die lautgewordene Kritik an der klassischen Metaphysik richtet sich nun ebenso gegen die neuzeitliche Subjektivitätsphilosophie. Auch dieser Gesichtspunkt war in der Auseinandersetzung mit Rahner mehrfach aufgetaucht: bei der Diskussion des transzendentalen Ansatzes und der ihm „definitiv zugehörigen Problematik der Grund-setzenden Subjektivität"[29] wie vor allem bei der Berufung auf den modernen Personbegriff und der Entwicklung einer selber noch im Zeichen des Subjekts ste-

---

17 Brunner (2) 9.
18 Ebd. 93.
19 Ebd. 112.
20 Ebd. 116.
21 Brunner (1) 15.
22 Brunner (2) 117.
23 Ebd. 120.
24 Ebd. 115.
25 Ebd. 122.
26 Ebd. 141.
27 Vgl. dazu die Hinweise ebd. 142f.
28 Ebd. 135.
29 Greiner 296.

henden, vom *Begriff* der Selbstmitteilung Gottes her konzipierten transzendentalen Trinitätstheologie. Die Kritik am „essentialistischen Hauptstrang der westlichen Trinitätstheologie" betrifft bei Rahner (und Barth) ja nicht mehr den Ausgang von der klassischen Formel „una substantia – tres personae", insofern beide „Gott nicht als Substanz, sondern als Subjekt . . . denken"[30]. Vom christlichen Gottesbild her ergibt sich dagegen die „revolutionäre" These: „Weder antike Substanz noch neuzeitliches Subjekt sind das Letzte, sondern die Relation als Urkategorie des Wirklichen."[31] Brunner kann also seine Kritik an der antiken Philosophie und deren altkirchlicher und mittelalterlicher Rezeption auch im Hinblick auf den neuzeitlichen Idealismus aufrechterhalten, ja verschärfen: „Seit Descartes fehlt der ganzen Philosophie schon im Ansatz die Erkenntnis des Mitseins als wesentlicher Seite des Menschen als Person, nicht weniger wesentlich als deren Selbstsein, während es bis dahin nur unerhellt geblieben war."[32] Die innere, ‚konstitutionelle' Problematik wird in zweifacher Hinsicht markiert: „Das Verhältnis der konkreten Menschen zum absoluten Geist ist nirgendwo geklärt; verstehende Gemeinschaft wird als ontische Einheit mißverstanden."[33]

Es wurde bereits vermerkt, daß Kasper im Unterschied zu Moltmann den extremen Individualismus, der „nicht das ganze neuzeitliche Personverständnis" darstellt, schon bei Fichte und Hegel als „überwunden" ansieht.[34] Er hätte sich für diese These auf F. Wagner berufen können, dem zufolge „in Fichtes Kritik der philosophisch-endlichen Begriffe der Persönlichkeit und des Selbstbewußtseins Gottes das theologische Strukturelement der Doxologie angelegt ist", so daß seine Kritik „im Dienst einer Theologie viae negationis" steht[35]. Das Verhältnis des „Ich" zum „Anderen (seiner selbst)" motiviert die Suche nach der ursprünglichen Einheit, die für den Begriff „unbegreiflich" ist.[36] Nach Hegel kann „der ‚europäische Verstand' ein Individuum nicht als lebendige Persönlichkeit, sondern nur als erstarrte Positivität begreifen"[37], und es sei unübersehbar, daß für ihn die Selbstoffenbarung Gottes die Voraussetzung seines Denkens darstellt.[38]

In den letzten Jahren ist eine lebhafte Debatte darüber im Gang, ob und in welchem Sinn Hegel als „der Philosoph der Trinität" apostrophiert werden kann.[39] Dabei geht es auch um die Frage, ob Hegel neben der ‚ökonomischen' auch eine

30 Kasper (6) 366.
31 Ebd. 354. – Vgl. oben S. 66.
32 Brunner (2) 98.
33 Ebd. 101.
34 Kasper (6) 352f.
35 Wagner 96.
36 Ebd. 105–122.
37 Wagner 163, mit Hinweis auf G.W.F.Hegel, Theologische Jugendschriften. Hg. H.Nohl. Tübingen 1907, 341.
38 Ebd. 220. Dies betont auch Wacker 21, dessen Kritik an Hegel darauf hinausläuft, daß dieser die Trinität nach dem Modell der Dialektik („Anderer des Anderen") und unter dem Vorzeichen der Negation betrachtete, während W. – mit Lakebrink – das schon bei Aristoteles entwickelte Modell der „Analektik" („Anderer zum Anderen") favorisiert, das an der Priorität des Positiven festhält (29); eine „Metaphysik der Liebe" sei etwas anderes als die „Negation der Negation" (75–77).
39 Vgl. Koslowski (Lit: 129–131).

‚immanente' Trinität kenne.[40] Die Fachdiskussion, auf die hier nicht näher eingegangen werden kann[41], läßt eine differenzierte Beurteilung, die sowohl die Unterschiede zwischen Hegels Trinitätsspekulation und dem christlichen Trinitätsglauben wahrnimmt als auch seine Wegweisungen und Anregungen aufgreift, als sachgerecht erscheinen: Die von Oeing-Hanhoff, Moltmann und Pannenberg formulierte Ablehnung der Subjektivität als Modell der Trinität sollte nicht daran hindern, „Hegels Konzeption der Trinität . . . wegen ihrer engen Verknüpfung mit der erhellenden Kraft seiner Freiheitslehre auch zu rezipieren"[42]. Das „Brückenargument" lautet: „Wenn die menschliche Freiheitsgeschichte derart durch eine Selbstentäußerung und Selbstmitteilung Gottes ermöglicht ist, dann muß auch von hier her eine personale Differenz in Gott anerkannt werden."[43] Was Oeing-Hanhoff der Schultheologie ankreidet („So hinderte ihr Antimodernismus die Neuscholastik, sich auch ihr eigenes Erbe voll zu eigen zu machen"), wäre gerade im Hinblick auf Rahner zu bedenken:

„Zwar erkennen sich die göttlichen Personen natürlich nicht mittels eines durch das Wort ‚Ich' oder ‚ego' bezeichneten sehr leeren Begriffes, aber angesichts der in Gott gegebenen völligen Identität von Sein und Wahrheit, d. h. von Sein und bewußtem offenbaren Sein, ist es unmöglich, den real verschiedenen Seinsweisen real verschiedene Weisen bewußten Seins, also ichhaftes Bewußtsein ihrer besonderen Existenzweise, abzusprechen. . . . Wenn nämlich das göttliche Sein, die unbegreifliche Fülle lebendigster Wirklichkeit, wesentlich in sich bleibende (immanente) Selbstmitteilung ist, die sich vom Selbstdarstellen zur liebenden Selbsthingabe differenziert, so daß es in bleibender Wesensidentität in drei nur relational verschiedenen Weisen vollzogen wird, dann sind diese Weisen, in denen Gott existiert und die das göttliche unendliche Leben als dessen Träger und Subjekte vollziehen, ‚personal' gerade und genau im Sinn des modernen Personbegriffes [der hier freilich anders als bei Rahner gefaßt ist]: dialogisch so wesenhaft aufeinander bezogen, daß ihr persönliches Eigensein und Selbstbewußtsein nur in solchem Bezogensein aufeinander besteht, während sie gemeinsam ohne Vorbehalt eines je Eigenen das eine ungeteilte, aber mitteilbare göttliche Leben vollziehen, also als der eine absolut in sich ruhende Gott leben."[44]

Simon hat es als „den entscheidenden Gesichtspunkt in Hegels Gottesbegriff" bezeichnet, daß „ ‚Geist' . . . ein Verhältnis zwischen selbstbewußt als Subjektivität Existierenden und . . . ‚absoluter Geist' als der Geist [ist], in dem sie sich nicht, sich gegenseitig unter Begriffe subsumierend, *als* dieses oder jenes, sondern in ihrer absoluten ‚Einzelheit' oder als individuelle, sich der Aufschließung in prädikativen Urteilen entziehende *Personen* anerkennen. . . . Der daseiende absolute Geist ist *als solcher* Geist der Liebe, in dem allein Personen rein als solche füreinander da sind"[45]. In diesem Sinn ist Gott für Hegel nicht Person, sondern „Geist, also ein *Verhältnis* zwischen Personen", und die Menschen sind Personen, nicht weil sie unter einen Oberbegriff der Person subsumiert werden könnten, sondern „indem

40 Vgl. die Auseinandersetzung zwischen Oeing-Hanhoff (1) und Kern.
41 Vgl. (außer Koslowski: s. Anm. 39): Rassegna di teologia 24 (1983) 268–279, bes. Bof (1) und (2).
42 Oeing-Hanhoff (1) 405.
43 Ebd. 404.
44 Ebd. 400f. 45 Simon 88f.

sie Begriff im Sinne des Hegelschen Begriffs als ‚freie Macht‘ oder ‚freie Liebe‘ sind, die anderes sein lassen, was es von ihm aus sein will“, woraus folgt: „So kann für Menschen auch Gott nur in der Liebe Person sein, d. h. indem der Mensch ebenfalls Liebe zu Gott ist.“[46] Das führt ganz und gar nicht zu einem Tritheismus, insofern „ ‚Selbstbewußtsein‘ . . . nur in solch einem interpersonalen Verhältnis möglich“ ist[47], und „Geist konstituiert sich . . . nicht darin, daß Personen wie im Sinne der Abzählung zusammen sind, sondern er ist darin da, daß Personen sich wirklich anerkennend zueinander verhalten, d. h. überhaupt füreinander Personen sind“[48].

c) Das Postulat einer neuen Ontologie

Die Hegeldiskussion wird sich wohl weiter mit der Frage beschäftigen müssen, wie sich Metaphysik des Geistes und Metaphysik der Liebe zueinander verhalten[49] und was das für den trinitarischen Personbegriff bedeutet, konkret: ob die drei Personen doch nur als verschiedene *Momente* gesetzt sind.[50] In diesem Zusammenhang wird dann auch zu diskutieren sein, ob Hegel eigentlich nur eine Zweieinigkeit Gottes kenne[51], ja ob nicht seine Konzeption „zur Depotenzierung der beiden anderen göttlichen ‚Seinsweisen‘ drängt“[52]. Sicher hat die Subjektivitätsphilosophie das Substanzdenken nicht einfach als historische Epoche hinter sich gelassen, sondern dieses in sich aufgehoben, und gewiß wird ein Denken unter dem Primat der Relation nicht mit einer völligen Destruktion der überlieferten Metaphysik und nicht mit einer Preisgabe wegweisender Hegelscher Gedanken beginnen wollen; doch trotz der Bedenken Koslowskis[53] scheint es einen Weg mit Hegel über Hegel hinaus nur zu geben im Horizont einer neuen, eben relationalen und trinitarischen Ontologie. In diesem Punkt treffen sich die meisten trinitätstheologischen Entwürfe unserer Tage[54], und hierin stimmt auch Kern[55] Oeing-Hanhoff zu: „Geschieht aber Freiheit notwendig in gegenseitiger Anerkennung, ist, um Gottes Sein zu denken, die Konzeption eines relationalen Seinsbegriffes erforderlich, der Sein als ‚In-sich-Bezogensein‘ (Sich-in-Selbstmitteilung-Differenzieren) zu verstehen erlaubt – im strikten Gegensatz zum griechischen apersonalen ‚Identitätsmodell‘, demgemäß etwas um so seiender und vollkommener ist, je mehr es abgeschlossen in und bei sich selbst ist.“[56] Eine solche Ontologie, deren Zentralbegriff nicht mehr Substanz,

---

46 Ebd. 99. 47 Ebd. 89[13]. 48 Ebd. 95.

49 Vgl. Splett (1); Kern 152f.

50 Beachte die zwei von Kern 143 markierten Einschränkungen.

51 Vgl. Oeing-Hanhoff (1) 391–395; Kern 150f. Anders Simon 101f[39].

52 Pannenberg (4) 100.

53 Koslowski 120f.

54 Stellvertretend: Breuning (3) 137–139. Diese „neue Ontologie“ stellt keine totale Innovation dar; vgl. die Hinweise von Oeing-Hanhoff (5) 148–157 auf die Ansätze einer trinitarischen Ontologie bei Nikolaus von Kues und vor allem bei Thomas.

55 Kern 154.

56 Oeing-Hanhoff (1) 406.

sondern Person wäre[57], müßte – so sei im Anschluß an Puntel[58] formuliert – geschichtlich („Selbstauslegung des Seins"), relational („Sein als Verhältnis") und personal („Überstieg über die ontische Ebene") sein. Dabei wäre die Kritik der „Ich-Du-Philosophie" an der neuzeitlichen „Ich-Philosophie" selbst kritisch aufzunehmen[59] und die Möglichkeit einer „Fundamentaltheorie der menschlichen Kommunikation" „jenseits des Monologs", „jenseits der Gegenständlichkeit" sowie „jenseits der Sprachlosigkeit" zu prüfen, in deren Horizont eine erneuerte Trinitätstheologie nicht nur einzuzeichnen, sondern als Erfüllung wie Bedingung der Möglichkeit darzustellen versucht werden sollte.[60]

2. *Der Personbegriff im Kontext gegenwärtiger Anthropologie*

Pannenberg[61] geht im zweiten Teil seiner umfangreichen Anthropologie der Frage nach, ob „vielleicht die soziale Welt der Ort seiner [des Individuums] exzentrischen Bestimmung und damit auch der Ort der Konstitution seiner Identität als Subjekt und Person" ist (154). Dabei geht er aus von dem neuen Ansatz des dialogischen Personalismus – hier haben wir den direkten Anschluß an Theunissen wie an die im vorhergehenden Unterabschnitt geführte Diskussion über den neuzeitlichen Individualismus und Subjektivismus –, „dessen Tragweite sich aber erst im Rahmen der ... sozialgeschichtlichen und sozialphilosophischen Entwicklungen voll ermessen läßt" (173).

Mit Theunissen stellt Pannenberg fest, „daß die Auffassung von der Konstitution des Ich durch das Du dieses Du im Grunde nur als *ein anderes Ich* im Sinne der traditionellen Subjektphilosophie denkt und mithin nicht über deren Bereich hinausführt" (177).[62] Der dialogische Personalismus stelle somit keine „die Ichphiloso-

57 Kasper (7), bes. 220f. Vgl. Oeing-Hanhoff (5) 153–157 die Hinweise auf die Differenzierung in verschiedene Seinsbereiche und auf die leitende Ontologie des Wortes bei Thomas.

58 Siehe zu Puntel oben S. 309f.

59 Dies müßte geschehen im Anschluß an Theunissen (1).

60 Vgl. Copray; bes. 158–166 die Auseinandersetzung mit Rahner und die mit unseren Ergebnissen übereinstimmende Diagnose: „Zugleich geht Rahner ... die kommunikative Dimension der Transzendentalität des menschlichen Subjekts gelegentlich und im Ansatz [!] verloren" (163); Kimmerle, der leider (oder bezeichnenderweise?) das Christentum nur als nichttrinitarischen („patriarchalischen") Monotheismus sieht (50–55). – Schaeffler 188f fordert in Auseinandersetzung mit den Theorien der Sprachhandlung, „*den Begriff der Personalität neu zu bedenken:* Person wäre dann nicht nur als mögliches Subjekt von Urteilen und Handlungen zu begreifen, sondern primär als möglicher Adressat von Anruf und Zuruf. ... Die Personalität von Individuum und Gruppen nicht so sehr in ihrer Subjektivität (ihrer Urteils- und Handlungsfähigkeit) zu suchen als vielmehr in ihrer ‚Anrufbarkeit' und ‚Antwortbefähigung' ..."

61 Pannenberg (5). Seitenzahlen im Haupttext!

62 Copray 84–91 kommt in der Auseinandersetzung mit Theunissen zu einer positiveren Einschätzung von Bubers Philosophie. Eine philosophische und theologische Theorie der Kommunikation müßte bei einem Rückgriff auf Bubers dialogisches Prinzip die

phie im Denken überwindende Alternative" (178) dar, sondern habe nur die Richtung gewiesen, die Pannenberg im Anschluß an G. H. Meads Theorie des Selbst weiterverfolgt. Aus dessen Analyse der Genese des Selbstbewußtseins folgt, „daß der Mensch als selbstbewußtes Ich nicht unabhängig von andern in sich gegründet ist; das Selbstbewußtsein und das seiner selbst bewußte Ich ist vielmehr immer schon konstituiert durch die Beziehung zum andern" (181). Gegen Mead arbeitet nun Pannenberg heraus, daß nicht nur das Selbst, als das wir uns in der Selbstreflexion erfassen, sondern auch das Ich, das als Reaktion auf die soziale Einschätzung des Selbst zur Konstitution der individuellen Persönlichkeit hinzugehört, „immer schon durch Sozialbeziehungen mit sich vermittelt" ist (183), wie anschließend an der analytischen Ichpsychologie Freuds und Eriksons demonstriert wird (185–194). Die darauf aufbauende Untersuchung des Verhältnisses zwischen Ich und Selbst kommt in der Auseinandersetzung mit Fichte und Hegel, mit Nietzsche, Heidegger und Sartre sowie mit zeitgenössischen Interpretationen schließlich in Anlehnung an W. James zu dem Ergebnis:

> „Das momenthaft, in Gestalt der jeweiligen momentanen Bewußtseinseinheit auftretende ‚Ich' kann seine synthetische Funktion der Aneignung seiner Gegenstände für ‚sich' nur erfüllen auf dem Umweg über das ‚Selbst'. Das Ich als solches wird erst spät bewußt. Seine ursprüngliche Vertrautheit mit ‚sich' ist Vertrautheit mit einer wenn auch diffusen und rudimentären Gestalt des Selbst. ... Vertrautheit mit ‚sich' ist also immer schon vermittelt durch Vertrauen auf einen bergenden und fördernden Kontext, in dem ich allererst zu mir selbst erwache" (213f).

Das für unseren Zusammenhang interessante Resultat besagt, daß sich damit das geläufige Verhältnis von Ich und Selbst umkehrt (214): „Die gesellschaftliche Bestimmtheit des Individuums betrifft sowohl sein Selbst als auch sein Ich" (216).

Das bedeutet: Die Relationalität muß bezüglich des Personbegriffs konsequent zu Ende (bzw. von Anfang an) gedacht werden! „Doch es bleibt ein Rest: Die einem Individuum von anderen zugeschriebene ‚Rolle' kann ... von dem Individuum selber übernommen oder verweigert oder modifiziert werden" (217f). „Für die Identitätsbildung ist also unerläßlich das Moment des Sichidentifizierens durch eine momentane Ichinstanz, die ihrerseits erst durch das Sichidentifizieren Dauer gewinnt. Was aber befähigt das Individuum zu dieser Leistung, besonders in den Anfängen der Ichwerdung?" (218f) Damit sind das Phänomen des „Grundvertrauens" (Erikson) und schließlich die religiöse Dimension der Personalität angesprochen, insofern damit zwar „nicht schon die Wirklichkeit Gottes erwiesen, wohl aber der konstitutive Bezug des Menschseins auf die religiöse Thematik" (227) freigelegt ist, denn „der Schrankenlosigkeit des Grundvertrauens, die über die Mutter als primäre Gestalt seines Gegenstandes hinaus auf Gott verweist, entspricht sein Bezug auf die Ganzheit des Selbst. Das Grundvertrauen richtet sich in seinem eigentlichen Sinne auf diejenige Instanz, die das Selbst in seiner *Ganzheit* zu bergen und zu fördern vermag" (ebd.). Dieser Erkenntnisstand – und damit kommen wir

---

Kritik an den methodischen Grundlagen dieser Philosophie berücksichtigen, die Anzenbacher (1), bes. 94–109, vorgebracht hat.

zum Kern unseres Themas – zwingt jedoch zu einer *tiefgehenden Revision des Personbegriffs:*

„In der philosophischen Tradition gewann die Definition der Person durch Boethius als vernünftige Individualität bestimmenden Einfluß. Sie verdrängte den älteren Sinn des Wortes Person als Rolle, Maske, Antlitz und behauptete sich gegenüber im Mittelalter von der Trinitätslehre ausgehenden Ansätzen zu einem relationalen Personverständnis. Von der boethianischen Deutung der Person als vernünftige Individualität her ist es verständlich, daß die idealistische Philosophie der Neuzeit die Person durch das Selbstbewußtsein konstituiert sah. Da nun das Selbstbewußtsein vom Ich her verstanden wurde, konnten Ich, Subjekt und Person als Wechselbegriffe gelten. Von den im vorigen Abschnitt dieses Kapitels vorgetragenen Erwägungen zur Struktur des Selbstbewußtseins her ergibt sich jedoch ein anderes Bild. Wenn das Selbstbewußtsein nicht primär vom Ich her, als Ausdruck der Selbstsetzung des Ich, zu verstehen ist, sondern umgekehrt das Ich erst vom Selbst her seine Identität gewinnt, dann erscheint die Relevanz des Selbstbewußtseins für den Personbegriff in neuem Licht. Personalität ist dann zu bestimmen als Gegenwart des Selbst im Ich. Unter diesem Gesichtspunkt werden die Gegensätze zwischen ‚absolutem', auf das fürsichseiende Individuum beschränktem, und ‚relationalem', an der Bedingtheit des Ich durch das Du und durch die Gesellschaft orientiertem Personbegriff überwindbar" (229f).

Selbstand und Relation, Für-sich-Sein und Vom-anderen-her-Sein sind also nicht nur zwei parallele Momente im Begriff der Person, sondern mit eindeutigen Prioritäten aufeinander bezogen: Der Bezug zum anderen und letztlich zu Gott als dem Grund des Grundvertrauens konstituiert die Person in ihrer Individualität, in ihrem Ichsein und Selbstsein. Darüber hinaus deckt die „Anthropologie in theologischer Perspektive" die religiöse Dimension des Personseins auf, in der es letztlich begründet ist: „Diese Konstitutionsbedingungen der Subjektivität lassen sich nun in der Formel zusammenfassen, daß der Mensch als Person Geschöpf des Geistes ist" (514). Aber „die personale Selbständigkeit des Menschen stellt sich . . . nur allzuleicht als Selbstkonstitution dar": Das erweist sich aus theologischer Sicht nicht nur als „theoretische Illusion", sondern als „jenes verführerische Selbstmißverständnis der menschlichen Selbständigkeit" (ebd.). Zum Menschen als Geistgeschöpf gehört jedoch auch wesentlich die vom Geist gewirkte Gemeinschaft, insofern „die ekstatische Bewegung des Lebens das Individuum überschreitet" (ebd.). Der Mensch als Person und die personale Gemeinschaft sind also im letzten nur von Gott her zu begründen: „Die gottebenbildliche Entsprechung des Menschen zum trinitarischen Leben Gottes findet ihre Realisierung in der Gemeinschaft der Menschen, und zwar in der Gemeinschaft des Gottesreiches, dessen Messiaskönig der dienende Christus (Lk 22,28) ist und in welchem alle Herrschaft von Menschen über Menschen aufgehoben sein wird" (517).

Pannenbergs Anthropologie hat uns also zwei wertvolle, den Duktus unserer gesamten Argumentation unterstützende Ergebnisse geliefert: 1. Personalität ist in radikaler, d.h. an die Wurzeln gehender Weise von der Relationalität her zu bestimmen. 2. Das analoge Reden von Gott muß seinen Ausgangspunkt in der trinitarischen Selbstoffenbarung Gottes nehmen und von daher den Begriff der Person bestimmen.[63] Diesen Weg ist Richard von St. Victor, der lange Zeit vergessen bzw.

---

63 Dieser zweite Gesichtspunkt klingt in Pannenbergs Anthropologie nur indirekt an; die

ohne Wirkung blieb, gegangen, so daß wir uns nun nochmals seiner Trinitätsspekulation als theologiegeschichtlichem Paradigma zuwenden.

3. Die Trinitätsspekulation Richards von St. Victor als theologiegeschichtliches Paradigma

Es bedarf keiner weiteren Begründung mehr, daß der Gang unserer Untersuchung zu einem erneuten Hinblick auf Richards „De Trinitate" drängt. Die 1984 erschienene Studie von P. Hofmann[64] ermöglicht es uns, die Akzente noch einmal zu setzen, die sich inzwischen als notwendig erwiesen haben: in formal-methodischer Hinsicht auf das Verhältnis von Offenbarung und Vernunft, den Ansatz der Analogie, das Verhältnis von Analogie und negativer Theologie sowie hinsichtlich der inhaltlichen Konstruktion auf die Zurückweisung des Tritheismusverdachts bezüglich des kommunikativen Personbegriffs. Genau hier setzt nämlich die Analyse Hofmanns ein, die sich bewußt im gegenwärtigen Problemhorizont ansiedelt:

> „Sein Entwurf [Richards trinitarischer Personalismus] – der in jüngster Zeit wieder verstärkt Beachtung findet – konstruiert durchaus originell das Mysterium der Trinität nach den zwischenmenschlichen Verhältnissen mit Hilfe des caritas-Begriffes – aber erliegt er nicht eben damit der latenten Gefahr des Tritheismus? Begnügt er sich mit einer unkritisch-anthropomorphen Konstruktion, ohne das entscheidende Korrektiv der Analogie terminologisch bzw. sachlich überhaupt zu kennen? Richard bricht allerdings mit der von Boethius überkommenen Persondefinition – ein Indiz zumindest dafür, daß ihm die Problematik seines Ansatzes durchaus bewußt ist. Ob er diesen Ansatz mit der nötigen spekulativen Schärfe durchzuhalten vermag, mithin seine Trinitätsspekulation korrekt in das von den Schlüsselbegriffen ‚Analogie' und ‚Person' eröffnete [!] Koordinatenkreuz einträgt, soll in den folgenden Überlegungen geprüft werden" (191f).

Die Ergebnisse Hofmanns seien in drei für unsere Untersuchung relevante Punkte zusammengefaßt.

Richard will durch seinen Entwurf „die dialektischen Spekulationen seiner Zeitgenossen überwinden und eine rational verantwortbare Rezeption der Schrift- und Väterautorität ermöglichen" (194), wobei er sich – trotz gewisser Abhängigkeiten (von Ps.-Dionysius, Gregor d. Gr.) – als „eine tatsächlich einzigartige Theologengestalt" (199) erweist. Ihm geht es keinesfalls darum, den Glauben durch die Vernunft zu überbieten (201.217); in der Erkenntnis vollendet sich zwar nach Richard der Glaube, aber auch dieser Vollendung sind Grenzen gesetzt. Im Unterschied zu Anselm betont der Victoriner „die unaufgehbar inchoative Funktion des Glaubens", der „nicht bloße affektive Befindlichkeit bedeutet, die als solche aus einer rational verantworteten Theologie auszuscheiden wäre, sondern eben inchoative Erkenntnis" (200). Reflexion innerhalb des Offenbarungshorizontes, umfassender Ansatz bei der Erfahrung (womit sich Richard auch vom Ontologismus Anselms löst [202]) und „konzis geführter Kontingenzbeweis . . . , den er abermals

Trinitätslehre wurde aber bereits in einem früheren Beitrag – Pannenberg (3) – in diesem anthropologischen Kontext diskutiert.

64 Bei Hofmann 191[2] weitere Literatur. – Seitenzahlen im Haupttext!

durch eine schriftbezogene regula legitimiert" (202), charakterisieren die gehandhabte Methode.[65] Von daher beachtet Richard „die Notwendigkeit einer Unterscheidung zwischen immanenter und ökonomischer Trinität . . . , um in der Reflexion die Freiheit des dreieinen Gottes zum Schöpfungs- und Erlösungswerk zu wahren" (203). In seinem Traktat behandelt Richard nicht die Heilsökonomie, die mit „rationes necessariae" nicht zu erklären ist (205), sondern die immanente Trinität, nach der „im Rahmen einer spekulativen Gotteslehre" (203) gefragt werden darf und kann. Da geht es dann auch nicht nur um Konvenienzargumente, sondern um die „innere Notwendigkeit des Gegenstandes" selbst, um „die notwendigen, jeder Kontingenz überhobenen Zusammenhänge, die für die modi essendi ab eterno gelten" (205): „Das innergöttliche Leben vollzieht sich für Richard nach notwendigen Gründen, die er spekulativ und mystisch erfassen will" (206). Doch auch hier bleibt der Theologe bewußt auf dem Boden der geoffenbarten und überlieferten Glaubenswahrheit; „tatsächlich ist De Trinitate nichts anderes als ein großangelegtes Plädoyer für das Symbolum Athanasianum (‚Quicumque'), das Richard bis in die einzelnen Formulierungen hinein verteidigt. Nicht zuletzt dürfte es die Gewißheit sein, im Sinne dieses lehramtlichen und liturgischen Textes Theologie zu treiben, die ihn fest auf die Tragfähigkeit seiner Spekulation und ihrer Rationalität im Dienst des kirchlichen Glaubens vertrauen läßt" (207f).

Richard weiß sehr wohl um die Not der theologischen Sprache angesichts der Unbegreiflichkeit Gottes; nie vernachlässigt er „die prinzipielle Spannung zwischen negativer und positiver Theologie" (208), und er hat „das notwendige Korrektiv einer theologia negativa im Rahmen seines Ansatzes vollständig ausgebildet und bewußt gehandhabt" (209). Nach Hofmann bietet Richard zwar keinen „im scholastischen Sinne ausgefeilten Analogiebegriff" (208), dennoch habe er „der Sache und Form nach die definitive Reflexionshöhe des Lateranense [IV] erreicht" (209). Der verwendete Analogiebegriff läßt sich wie folgt rekonstruieren:

> „a) Sachlich wird noch einmal dem Ansatz des Victoriners zu folgen sein: er reflektiert auf die Erfahrung der Schöpfungswirklichkeit (aposteriorisch) anhand seines Modells der drei modi essendi, von denen hier die beiden modi essendi ab eterno (apriorisch) zur Frage stehen. b) Terminologisch operiert Richard mit dem Begriffsverhältnis similitudo-dissimilitudo, dessen Reflexion er regularmethodisch zur Grundlage seiner Spekulation nimmt und damit zu Formen einer attributiven Proportionalitätsanalogie vorstößt. c) Außerdem gebraucht er den Terminus ‚Äquivozität', mit dem er die Uneindeutigkeit des Analogons (im Unterschied zum später üblichen Wortgebrauch) kennzeichnet." (209)

Für unseren Zusammenhang sind folgende Details aufschlußreich:

Zu a): Nach Richard „vermittelt sich [das Sichtbare] in der Erfahrung als Analogie des Unsichtbaren"; die Beachtung des Unterschieds zwischen dem modus essendi „ex tempore" und dem modus essendi „ab aeterno" sowie der Spannung zwischen Ähnlichkeit und Unähnlichkeit „erzwingt . . . für seine Trinitätsspekulation einen eigenen, analogen Personbegriff, für den die klassische Definition des Boethius . . . untauglich ist. Sonst behielte der Vorwurf des ‚Anthropomorphis-

[65] Zu den bezüglich des Kontingenzarguments zu unterscheidenden drei modi essendi und dem Begriff der „speculatio" s. Hofmann 203–205.

mus' recht: der personalistische Ansatz Richards müßte unweigerlich am Widerspruch der Substanzenmehrheit in Gott scheitern, da er ja die Substanzkategorie bereits für die Definition der Person in Anspruch nähme" (210).

Zu b): Richard entwickelt die „proportio similitudinis vel dissimilitudinis" als eine „attributive Proportionalitätsanalogie: die similitudo betrachtet er als eine der menschlichen Natur durch das göttliche Sein mitgeteilte Eigenschaft als Analogon, wobei die Entsprechung zwischen den innergöttlichen und den zwischenmenschlichen Proportionen (‚Dreiheit' der Personen in der einen und gemeinsamen Liebe) waltet" (211f).

Zusammenfassend und auf die Problematik des Personbegriffs hin zugespitzt: „In sachlicher und terminologischer Hinsicht also handhabt Richard die Analogie als Denkmodell reflektiert und zielstrebig. Er zeigt ein ausgeprägtes Bewußtsein für deren grundlegende Bedeutung und Problematik im Bereich seiner eigenen Trinitätsspekulation, die mit der Analogie der Freundschaftsliebe arbeitet und damit in besonderem Maße einen Tritheismusverdacht nähren könnte. Unbeirrt hält er am Personbegriff fest und lehnt die Ausdrücke ‚Hypostase' oder ‚Subsistenz' ab; sie seien im allgemeinen nicht geläufig und verschöben das sachliche Problem durch einen terminologischen Kunstgriff. . . . Ohne jede Polemik verweist er auf das sachliche Problem und betont die Notwendigkeit, einen klaren und analogen Personbegriff zu entwickeln, der die Substanzeinheit in der Personenmehrheit wahrt und so auch im Sinne der lateinischen Kirche rezipiert werden kann . . . Es geht ihm um eine verstandene, kritische und kirchliche Rezeption des Begriffes, für die er den eigenen, im dritten Buch seines Traktates geführten Trinitätsbeweis voraussetzt." (212f)

Richard entwickelt den Personbegriff von dem Leben der immanenten Trinität her, indem er mit dem Begriff der Liebe einsetzt, die ja die Vollkommenheit der höchsten Vollkommenheit selber ausmacht. Dabei greift er den Gedanken Gregors d. Gr. auf (vgl. Hom. 17,1 in Evang. [PL 76,1139A]), daß zum Wesen der Liebe der geliebte Andere gehört, wendet dies aber nicht wie Abaelard auf das heilsökonomische Verhältnis Schöpfer–Geschöpf an, denn „der Victoriner [läßt] den Einwand nicht gelten, Gott könne, als einzelne Person gedacht (Identität von göttlicher Substanz und Person!), dem Geschöpf höchste Liebe (summa caritas) zuwenden, ohne bereits in sich selbst der interpersonale Prozeß dieser Liebe zu sein" (215). Diese höchste Liebe erfordert einen „summe diligendus", als caritas ordinata verlangt sie eine persona condigna. Vor allem aber gehört zur vollkommenen Liebe die Gleichheit der Personen sowie – darin erreicht nach Hofmann „Richards spekulative Originalität ihren Höhepunkt" (218) – die rest- und vorbehaltlose Offenheit der communicatio, „die sich numerisch in der dritten innergöttlichen Person des ‚condilectus' bestätigt" (ebd.). Mit der Präzisierung der Gleichheit der göttlichen Personen „als die in ihnen waltende Einheit der Substanz" will Richard „jeden Verdacht des Tritheismus" (219) ausräumen.[66] Die Entwicklung des Richardschen Personbe-

[66] Hofmann 219f weist die Einwände von Simonis (1) ab, der den neu entwickelten analogen Personbegriff übersehe (220[129]).

griffs braucht nicht noch einmal nachgezeichnet zu werden, doch soll hier ausdrücklich (auch in Erinnerung an Tertullians noch unausgereifte Konzeption) hervorgehoben werden, daß in diesem Konzept substantiale und personale Einheit keineswegs unverbunden nebeneinanderstehen[67]: „Richards definitorische Klärungen des Personbegriffs bzw. der Personalprozessionen sind konsequent in seinen Aufweis der Trinitas personarum aus dem Begriff der caritas eingezeichnet“ (225). Weiterhin ist bei der Würdigung dieser „personalistischen Trinitätslehre“ zu beachten, daß für den Gedanken einer Quaternität hier kein Ansatzpunkt vorliegt: „Die innergöttliche Gemeinschaft kennt nur den Bezug facie ad faciem; jede andere denkbare Möglichkeit des Bezugs stellte eine weitere, vierte göttliche Person außerhalb der göttlichen Gemeinschaft und damit außerhalb der Gottheit selbst“ (230).[68]

Hofmann deutet am Ende selbst die Relevanz der Konzeption der immanenten Trinität als Kommunikationsgemeinschaft an; seine Schlußthese enthält am Ende auch eine Absage an Rahners Behauptung, daß es innertrinitarisch kein gegenseitiges Du geben dürfe:

> „Mit der Öffnung des Zueinanders von erster und zweiter göttlicher Person zum ‚condilectus‘ als dritter Person und mit der substantialen Gleichheit der Personen, die sich in symmetrischen Kommunikationsstrukturen ausprägt, qualifiziert sich Richards Modell der immanenten Trinität als ein Modell der offenen Kommunikationsgemeinschaft, die zugleich Urbild und Ziel jeder menschlichen Kommunikationsgemeinschaft ist. Eben die Reflexion auf die transzendentale Ermöglichung menschlicher Kommunikationsgemeinschaft erlaubt es Richard, gemäß seinem Ansatz bei der Reflexion aus Erfahrung einen Begriff der ‚Freundschaftsliebe‘ und mit seiner Hilfe (als deren transzendentale Bedingung der Möglichkeit) den Begriff einer immanenten Trinität zu entwickeln, die mit den Grundbegriffen ‚Person‘ und ‚Kommunikation‘ operiert und zur Bestimmung eines analogen Personbegriffs (‚existentia ex communicatione‘) führt. Damit dürfte in etwa der Ertrag dieser vielleicht mühsamen Rekonstruktion seiner Trinitätsspekulation umrissen sein. Daher ist der Vorwurf einer anthropomorphen Konstruktion ebenso treffend wie unerheblich und überdies verräterisch: treffend – ‚aber weil Gott sich menschlich zeigt: in der Schöpfung und zuhöchst in seinem Sohn‘[69], unerheblich; verräterisch aber, sollte dergestalt die ‚communio amoris/dilectionis‘ als bloße menschliche Gestalt im Blick auf die Trinitätstheologie unterlaufen werden[70]. So führt der Ansatz des Victoriners jedoch direkt in die Mitte einer kirchlichen Theologie, denn im Mitsein der drei göttlichen Personen ist jegliche ‚communio‘ menschlich-christlich-kirchlicher Gemeinschaft vorgebildet und eine Totale christlich-theologischer Perspektiven eröffnet.“ (233f)

4. Die Bedeutung eines kommunikativen Personbegriffs für die Trinitätstheologie

Die Bedeutung eines kommunikativen Personbegriffs für die theologische Sprache ist im Verlauf der vorliegenden Untersuchung zunehmend herausgestellt worden. Der nächste systematisch-theologische Schritt bestünde in einer Ausarbeitung der –

67 Hofmann 225[155] kreidet Wipfler an, „dieses Proprium von Richards Ansatz zu überspringen, nämlich die personalistische Entfaltung des caritas-Begriffes“.

68 Vgl. Mühlen (2) 120f.

69 J. Splett, Über die Einheit von Gottes- und Nächstenliebe, in: Wagnis Theologie. Erfahrungen mit der Theologie Karl Rahners. Hg. H.Vorgrimler. Freiburg 1979, 308.

70 Hier die Anmerkung zu Rahner.

wie etwa bei Oeing-Hanhoff[71] oder Hofmann – am Ende vieler Einzelstudien angedeuteten Gesichtspunkte zu einzelnen Bausteinen[72] und letztlich auch zu einem Gesamtentwurf einer „kommunikativen Theologie"[73]. Was noch einmal hervorgehoben werden soll, ist dies: Ohne Geringschätzung der vor allem von Barth und Rahner vorgetragenen Argumente, teilen sehr viele zeitgenössische Theologen die Bedenken, die Kasper bereits in seiner Christologie angemeldet hatte: „Wird . . . der Personbegriff in der Trinitätslehre aufgegeben und spricht man statt dessen von Seins- bzw. Subsistenzweisen, dann wird diese um ihren ‚Ertrag' gebracht; statt der konkreten Freiheit der Liebe wird ein abstrakter Seinsbegriff zum Letzten und Höchsten erklärt, während es doch gerade der Sinn der Trinitätslehre ist zu sagen, daß die Wirklichkeit als ganze zutiefst personal bzw. interpersonal strukturiert ist."[74] Der kommunikative Personbegriff ermöglicht der Trinitätstheologie, das Urevangelium „Gott ist die Liebe", das im Zentrum der meisten neueren Entwürfe steht[75], schriftgemäß und zugleich im Horizont heutiger Erfahrung und Sprache[76] zu buchstabieren. Während Richard, der mit seinem Konzept des „condilectus" die Enge der Ich-Du-Philosophie bereits im Kern überwunden hat, wohl unter dem Einfluß der Zisterziensermystik „mit letzter Entschiedenheit seine Trinitätstheolo-

---

71 Vgl. die in trinitätstheologischem Kontext gewonnene Persondefinition bei Oeing-Hanhoff (5) 162: „persona est modus existendi rationalis essentiae ad alium et in alio", von der Oe.-H. sagt: „Genau dieser Personbegriff trifft nun aber auch, freilich analog, auf endliche Personen zu."

72 Als Beispiel sei der Versuch einer „kommunikativen Sakramententheologie" von Ganoczy genannt, der von der Trinität als dem „Urmodell aller Kommunikation" (134) spricht.

73 Dabei könnte ausgegangen werden von den grundlegenden Arbeiten Peukerts und Coprays.

74 Kasper (3) 219. Statt vieler Belege: Dumas 751–753, der als evangelischer Theologe auf K. Barth hin formuliert: „Faut-il garder le terme de ‚personnes'?"

75 S. bes. die genannten Arbeiten von Kasper; Jüngel; Moltmann; Breuning; Oeing-Hanhoff, bes. (5) 168–177 mit der abschließenden These von der trinitarischen Ontologie als „Ontologie der Liebe".

76 Vgl. die heutigen philosophischen Entwürfe: E. Levinas, Totalité et infini. La Hague 1965; Nédoncelle (5). Aufschlußreich könnte auch der Blick in andere Kulturkreise sein. J. Simon (Sprachphilosophie. Freiburg 1981, 213) weist hin auf Sch. Kishitani (Sprechsituation und Kommunikationsdreieck, in: Poetica 1, 1967, 434): „Grob gesagt wird im Japanischen das Menschsein nicht als ‚Person', sondern als ‚Beziehung' aufgefaßt." Vgl. auch Korvin–Krasinski 196: „Unsere ‚Person' in bezug auf Gott ist für den Asiaten eine Metapher, ebenso unzulänglich und anthropomorph wie jede andere als Aussage über das Wesen des Unaussagbaren. Für uns Abendländer ist mit dem Begriff der ‚Person' jener des ‚Individuums' oft leider allzu eng verknüpft, wenn nicht dilettantisch verwechselt, und eben diese individuelle Eingrenzung scheint dem östlichen Denken unzureichend als Wesensbestimmung des grenzenlosen Seins. Jeder, der mit der Entwicklungsgeschichte des erst in den trinitarischen Streitigkeiten zu einer subsistierenden Beziehungsrelation vervollkommneten abendländischen Persona-Begriffs vertraut ist, weiß, wie schwierig hier der Vergleich des antiken mit dem östlichen Denken ist, das – wie übrigens auch das biblische – diesen Begriff nicht entwickelt hat. Die moderne Theologie ist sich dieser Tatsache neu bewußt und hütet sich vor einer Überschätzung unseres Personbegriffs."

gie auf die Reflexion der Freundschaftsliebe abstellt"[77], wird man heute eher den Ehebund[78], die Familie[79] oder auch die Kirche (als „Familie Gottes")[80] zum Vergleich heranziehen. Dabei müßte nur immer deutlich werden, daß die angewandte Analogie eine Attributionsanalogie darstellt, insofern die (zwischen-)menschlichen Analogata als Abbilder des göttlichen trinitarischen Urbildes zu sehen sind. Darauf sollte ja der von uns ins Spiel gebrachte Begriff der „analogia trinitaria" aufmerksam machen. In diesem Sinn wäre christliche Anthropologie als „angewandte Trinitätstheologie" zu entwickeln[81]; dann könnte verdeutlicht werden, daß das In-sich-, Bei-sich-, Aus-sich-Sein der menschlichen Person konstituiert ist durch das Vom-anderen-her-, Im-anderen-Sein und letztlich durch das Von-Gott-her-Sein. Dieser anthropologische, d. h. auf den Menschen angewandte Personbegriff findet, richtiger: *hat* immer schon seine Erfüllung in Gott selbst, in dem Aus-sich-Sein, Vom-anderen-her-Sein, Im-anderen-Sein und Von(Aus)-Gott-Sein zusammenfallen, aber nicht in einer platten, leblosen Identität und ‚Aseität', sondern als Aus-sich-Sein in einem innertrinitarischen Relationsgefüge: Aus-sich ist bei Gott ein Über-sich-hinaus ohne Selbstverlust, Vom-anderen-her ist bei Gott ein Aus-sich-selbst ohne Kommunikationseinbuße. Der bei Tertullian rekonstruierte und in der zurückliegenden Schlußfolgerung ein wenig beleuchtete kommunikative Personbegriff vermag jedenfalls – das sei abschließend im Blick auf Rahners terminologische Alternative noch einmal betont – sowohl den Individualismus zu überwinden wie die Gefahr des Tritheismus abzuwehren, und er kann Einheit und Unterschiedenheit in einem (inter)personalen Konzept zusammendenken, ohne die Begriffe „aufs höchste formalisieren" zu müssen.

77 Hofmann 217.

78 Vgl. Mayr (1) und (2); Mühlen (2), bes. 74–82. Nach Mühlen sind Boethius' wie Richards Persondefinition unentbehrlich als gegenseitige Ergänzung (42–44); er selber erschließt dann aber in einem eigenen Ansatz die personalen Kategorien aus den „Person-Worten" Ich, Du und Wir, wobei er sich u. a. darauf beruft, „daß bei *allen* Völkern und in *allen* Sprachen das Person-Wort sich in einer dreifachen Modifikation findet" (49); hier ergibt sich ein Berührungspunkt mit der Entwicklung des Personbegriffs auf der Grundlage der Prosopologie der alten Grammatiker! Die Bedenken, die Banawiratma hinsichtlich eines möglichen Tritheismus (209–219: „Inhalt und Grenze der personologischen Trinitätsauffassung: Heißt ‚*ein* Gott' ‚*eine* Gemeinschaft'?") hegt, halte ich für beachtenswert, doch letztlich überwindbar; allerdings müßte das Problem viel intensiver diskutiert werden, als es der Kritiker selber tut!

79 Vgl. z. B. Schuler; Margerie 367–431 (daß bei Tertullian allerdings viel gewichtigere Ansätze zu finden sind als die „kosmologische Analogie" [367], dürfte unsere Arbeit erwiesen haben!); Pikaza (3).

80 Außer Pikaza (3): Silanes.

81 Greshake (2), bes. 410.426. Neben Dalferth – Jüngel: Rudloff; Grillmeier (2).

Ausblick

Da im Verlauf der Untersuchung immer wieder auf noch zu klärende Fragen aufmerksam gemacht wurde, seien diese noch einmal aufgezählt.

Die These von der Unvereinbarkeit des klassischen mit dem modernen Personbegriff wurde in der vorliegenden Arbeit von beiden Seiten her erschüttert: Eindeutig ist, daß Rahners Auffassung bezüglich des modernen Begriffs zu revidieren ist; von Tertullian her stellt sich jedenfalls die Frage auch bezüglich des altkirchlichen, sicherlich des vornizänischen Verständnisses. Die Beschränkung unserer Analyse auf Tertullians Personverständnis erlaubt es nicht, generell von einer sowohl dem klassischen wie dem modernen Begriff zugrundeliegenden gemeinsamen Struktur zu sprechen, die sich in der Geschichte nur an der Oberfläche konjekturell gewandelt habe.[1] Dafür scheinen die unterschiedlichen „Akzentsetzungen" doch zu einschneidend. Für Tertullian konnte allerdings nachgewiesen werden, daß sich Selbstand und Relation in der Doppelstruktur eines kommunikativen Personbegriffs verbinden. Die Frage, ob das für die nachnizänische Theologie auch noch gilt, hat Studer deutlich verneint: „Wenn man die persönliche Gemeinschaft und die persönliche Entfaltung der Menschen irgendwie mit göttlichem Leben von Vater, Sohn und Geist vergleichen will, tut man gut daran, dabei den Begriff Person, wie er dogmatisch im vierten Jahrhundert entwickelt und dann allgemein angenommen worden ist, nicht ins Spiel zu bringen."[2]

Die weitere theologische Forschung hätte sich etwa auf folgenden Arbeitsfeldern zu bewegen:

In *historischer* Hinsicht sind aufzuarbeiten

- Verwendung und Stellenwert der prosopologischen Exegese in der Trinitätstheologie und Christologie altkirchlicher Autoren[3]
- das Verhältnis von trinitätstheologischer und christologischer Terminologie
- die Bedeutung des Konzils von Nizäa für die theologische Begriffsbildung
- die Wechselwirkung zwischen östlicher und westlicher Trinitätstheologie
- die Berechtigung der Kritik am „Substanzdenken"
- das Verhältnis von „Substanzdenken", „Subjektsphilosophie" und „relationaler Ontologie"
- die Wirkungsgeschichte alternativer Modelle bzw. ihr Ausbleiben in der Geschichte der Trinitätstheologie (beginnend mit Tertullian).

In *systematisch-theologischer* Hinsicht ist zu leisten

- eine Klärung des Verhältnisses von Transzendentalität und Geschichtlichkeit bzw. transzendentaler und geschichtlicher sowie analytischer und hermeneuti-

1 Schillebeeckx 587–591.

2 Studer (5) 177.

3 Vgl. die bei Studer erstellten Dissertationen: Luis Viscaino und Drobner.

scher Methode im Hinblick auf die methodischen Grundlagen einer theologischen Fundamentaltheorie der Kommunikation
- eine Verhältnisbestimmung von Trinitätstheologie, Christologie *und* Pneumatologie und deren Bewährung in konkreten Entwürfen
- die Klärung der ,Personalität' des Heiligen Geistes, die sich immer wieder als neuralgischer Punkt der Trinitätslehre erwies
- auf diesen Grundlagen schließlich die weitere Ausarbeitung des kommunikativen Personbegriffs, für die in den Beiträgen von Werbick[4] und Auer[5] wertvolle Anregungen bereitliegen.

Zur Bewältigung der genannten Aufgaben ist nichts weniger verlangt als eine intensive Kommunikation zwischen den theologischen Disziplinen, zwischen Theologie, Philosophie und anthropologischer Forschung, aber auch eine ,ökumenische Kommunikation' zwischen den monotheistischen Religionen, zwischen westlichem und östlichem, asiatischem Denken.

Die Größe der Aufgabe mißt dem einzelnen Beitrag seine bescheidene Rolle zu; er darf sich damit trösten, in eine zwar nicht „ideale", aber reale „unbegrenzte Kommunikationsgemeinschaft" aufgenommen zu sein. Die vorliegende Untersuchung möchte mit dem Wunsch schließen, den Richard von St. Victor in seiner Erörterung des trinitätstheologischen Personbegriffs treffend ins Wort gebracht hat: „Ich bin jedem dankbar und fühle mich durch ihn sehr bereichert, wenn er meine ziemlich uneigentlichen, ungeeigneten Worte für das Wahre durch geeignete und zutreffendere ersetzt."[6]

---

4 Werbick (2), bes. 347–350.

5 Auer (2).

6 Richard von St. Victor, De trinitate IV 11 (SC 63,252): Illud autem gratanter accipio et pro magno munere habeo, si quid a me quod verum sit minus proprie vel idonee dicitur, a quovis alio verbis idoneis et magis propriis explicatur.

Quellenverzeichnis (mit Abkürzungen)

Abgekürzt wird nach: Theologische Realenzyklopädie (TRE). Abkürzungsverzeichnis. Zusammengestellt von S. Schwertner. Berlin 1976.

Weitere Abkürzungen:

CGG =	Christlicher Glaube in moderner Gesellschaft. Hg. F. Böckle u. a. 30 Bde. Freiburg 1980–1982.
EstTrin =	Estudios Trinitarios
HTTL =	Herders theologisches Taschenlexikon. Hg. K. Rahner. 8 Bde. (HerBü 451–458). Freiburg 1972/73.
NHThG =	Neues Handbuch theologischer Grundbegriffe. Hg. P. Eicher. 4 Bde. München 1984/85.
RdT =	Rassegna di Teologia
rhs =	Religionsunterricht an höheren Schulen

Abweichend von den neueren lateinischen Editionen werden „u" und „v" in der herkömmlichen Weise (also öfters „v" statt „u") geschrieben.
Hervorhebungen in den Quellen- und sonstigen Originaltexten wurden nicht durchweg übernommen, eigene Hervorhebungen nicht eigens als solche gekennzeichnet.

1. Tertullian

a) Adversus Praxean: CCL 2,1159–1205 (Kroymann–Evans).

Weitere Editionen:

CSEL 47,227–289 (Kroymann).

Q. S. F. Tertulliani Adversus Praxean Liber. The Text edited, with an Introduction, Translation and Commentary by E. Evans. London 1948.

Tertulliano: Adversus Praxean. Edizione critica con traduzione e note italiane di G. Scarpat (Biblioteca Loescheriana). Turin 1959.

b) Andere Schriften:

An. =	De anima: CCL 2,781–869 (Waszink).
Ap. =	Apologeticum: CCL 1,85–171 (Dekkers).
Carn. =	De carne Christi: CCL 2,873–917 (Kroymann).
Herm. =	Adversus Hermogenem: CCL 1,397–435 (Kroymann).
Marc. =	Adversus Marcionem: CCL 1,441–726 (Kroymann).
Nat. =	Ad nationes: CCL 1,11–75 (Borleffs).
Pal. =	De pallio: CCL 2,733–750 (Gerlo).
Praescript. =	De praescriptione haereticorum: CCL 1,187–224 (Refoulé).
Res. =	De resurrectione mortuorum: CCL 2,921–1012 (Borleffs).
Val. =	Adversus Valentinianos: CCL 2,753–778 (Kroymann).

2. *Weitere antike und mittelalterliche Autoren*

Ambrosius, De fide ad Gratianum Augustum: CSEL 78 (Faller).
De incarnationis dominicae sacramento: CSEL 79,223–281 (Faller).
De Spiritu Sancto ad Gratianum Augustum: CSEL 79,1–222 (Faller).
Anselm von Canterbury, Monologion: Schmitt. Bd. 1. Seckau (1938). Nachdruck Stuttgart – Bad Cannstatt 1968, 1–87.
Augustinus, De civitate Dei: CCL 47–48 (Dombart–Kalb).
De trinitate: CCL 50–50A (Mountain).
Boethius, In Aristotelem De Interpretatione: Meister, Leipzig 1877–80.
Consolatio Philosophiae: CCL 94,1 (Bieler).
Contra Eutychen et Nestorium: LCL 79,72–126 (Stewart–Rand).
De fide catholica: LCL 79,52–70 (Stewart–Rand).
In Isagogen Porphyrii commenta: CSEL 48 (Brandt).
Quomodo substantia: LCL 79,38–50 (Stewart–Rand).
De trinitate: LCL 79,2–30 (Stewart–Rand).
Utrum Pater et Filius: LCL 79,32–36 (Stewart–Rand).
Bonaventura, Commentaria in IV libros sententiarum: S. Bonaventurae opera omnia. Ed. Collegium a s. Bonaventura. Bd. 1–4. Quaracchi 1882–1889.
Charisius, Institutiones grammaticae (ars grammatica): Keil, Grammatici Latini. Bd. 1. Leipzig 1857, 1–296.
Diomedes, Ars grammatica: ebd. 297–529.
Dionysius Thrax, Grammatica: Becker, Anecdota Graeca. Bd. 2. Berlin 1816, 627–643.
Gilbert von Poitiers, Commentaria in Boethium: Häring. Toronto 1966 (= STPIMS 13).
Hieronymus, Epistulae: CSEL 54–55 (Hilberg).
De viris inlustribus: TU 14,1 (Richardson). Leipzig 1896, 1–56.
Hilarius, e trinitate: PL 10,9–472.
Hugo von St. Victor, De sacramentis christianae fidei: PL 176,183–613.
Marius Victorinus, Adversus Arium: SC 68–69 (Henry–Hadot).
Novatian, De trinitate: Test. 2 (Weyer). Düsseldorf 1962.
Priscian, Institutiones grammaticae: Hertz, in: Keil, Grammatici Latini. Bd. 2–3. Leipzig 1855.1859.
Quintilian, Institutio oratoria: Rademacher. Leipzig 1959.
Richard von St. Victor, De trinitate: SC 63 (Salet).
Rufin, Historia ecclesiastica: GCS 9/1–3 (Mommsen).
Rusticus Diaconus, Contra Acephalos disputatio: PL 67,1167–1254.
Thomas von Aquin

Comp. theol. =	Compendium theologiae: Opera omnia 27. Paris 1875 (Fretté).
De pot. =	Quaestiones disputatae de potentia: Editio IV Taurinensis. Turin 1924.
Sent. =	In IV libros sententiarum: Mandonnet. Paris 1929.
Scg =	Summa contra gentiles: Opera omnia 12. Paris 1874 (Fretté).
Sth =	Summa theologiae: Editio Piana, Ottawa ^{2}1953.

Varro, De lingua Latina: Goetz – Schoell. Leipzig 1909.

3. Karl Rahner

(1) Chalkedon – Ende oder Anfang? in: Das Konzil von Chalkedon. Hg. A. Grillmeier – H. Bacht. Bd. 3. Würzburg 1954, 3–49 (= Probleme der Christologie heute, in: Schriften zur Theologie. Bd. 1. Einsiedeln 1954, 169–222).
(2) Theos im Neuen Testament, in: Schriften zur Theologie. Bd. 1. Einsiedeln 1954, 91–167.
(3) Über den Versuch eines Aufrisses einer Dogmatik, in: ebd.
(4) Geist in Welt. Zur Metaphysik der endlichen Erkenntnis bei Thomas von Aquin. 2., von J. B. Metz bearbeitete Auflage. München 1957 ([1]1939).
(5) Bemerkungen zum dogmatischen Traktat „De trinitate", in: Schriften zur Theologie. Bd. 4. Einsiedeln 1960, 103–133.
(6) Art. Formale und fundamentale Theologie, in: LThK[2] 4,205f.
(7) Natur und Gnade, in: Schriften zur Theologie. Bd. 4. Einsiedeln 1960, 209–236.
(8) Zur Theologie des Symbols, in: ebd. 275–311.
(9) Hörer des Wortes. Zur Grundlegung einer Religionsphilosophie. 2. von J. B. Metz bearbeitete Auflage. München 1963 ([1]1941).
(10) Bemerkungen zur Gotteslehre in der katholischen Dogmatik, in: Schriften zur Theologie. Bd. 8. Einsiedeln 1967, 165–186.
(11) Der dreifaltige Gott als transzendenter Urgrund der Heilsgeschichte, in: Mysterium Salutis. Grundriß heilsgeschichtlicher Dogmatik. Hg. J. Feiner – M. Löhrer. Bd. 2. Einsiedeln 1967, 317–397 (Bibliographie: 398–401).
(12) Immanente und transzendente Vollendung der Welt, in: Schriften zur Theologie. Bd. 8. Einsiedeln 1967, 593–609.
(13) Theologie und Anthropologie, in: ebd. 43–65.
(14) Art. Selbstmitteilung Gottes, in: SM 4,521–526 (= HTTL 7,35–38).
(15) Art. Trinität, in: SM 4,1005–1021 (= HTTL 7,339–352).
(16) Art. Trinitätstheologie, in: SM 4,1022–1031 (= HTTL 7,352–360).
(17) Begleitwort, in: M. de França Miranda, O Mistério de Deus em nossa vida. A doutrina trinitaria de Karl Rahner. Sâo Paulo 1975, 7–13.
(18) Fragen zur Unbegreiflichkeit Gottes nach Thomas von Aquin, in: Schriften zur Theologie, Bd. 12. Einsiedeln 1975, 306–319.
(19) Um das Geheimnis der Dreifaltigkeit, in: ebd. 320–325.
(20) Grundkurs des Glaubens. Einführung in den Begriff des Christentums. Freiburg (1976) [12]1982.
(21) Einzigkeit und Dreifaltigkeit Gottes im Gespräch mit dem Islam, in: Schriften zur Theologie. Bd. 13. Einsiedeln 1978, 129–147.
(22) Rechtfertigung und Weltgestaltung in katholischer Sicht, in: ebd. 307–323.
(23) Theologie und Lehramt, in: StZ 105 (1980) 363–375.

Rahner, K. – Vorgrimler, H., Kleines Theologisches Wörterbuch. 13. unter Mitarbeit von K. Füssel völlig neu bearbeitete Aufl. (HerBü 557). Freiburg 1981.

Literaturverzeichnis

Abramowski, L., Trinitarische und christologische Hypostasenformeln, in: ThPh 54 (1979) 38–49.

Adam, L., Lehrbuch der Dogmengeschichte. Bd.1. Gütersloh 1965.

Aizcorbe, C., La teología trinitaria de Tertulliano, in: Strom. 24 (1968) 35–44.

Altaner, A., Augustinus und die griechische Patristik. Eine Einführung und Nachlese zu den quellenkritischen Untersuchungen, in: RBen 62 (1952) 201–215 (wieder abgedruckt in: ders., Kleine patristische Schriften [TU 83]. Hg. G. Glockmann. Berlin 1967, 316–331).

Altaner, B. – Stuiber, A., Patrologie. Leben, Schriften und Lehre der Kirchenväter. Freiburg [8]1978.

Altheim, A., Persona, in: ARW 27 (1929) 35–52.

Andresen, C. (1), Zur Dogmengeschichte der alten Kirche, in: ThLZ 84 (1959) 81–88.

— (2), Zur Entstehung und Geschichte des trinitarischen Personbegriffs, in: ZNW 52 (1961) 1–39.

Antweiler, A., Einleitung, in: Des heiligen Bischofs Hilarius von Poitiers zwölf Bücher über die Dreieinigkeit (BKV 2. Reihe, 5). München 1933, 7–61.

Anzenbacher, A. (1), Die Philosophie Martin Bubers. Wien 1965.

— (2), Analogie und Systemgeschichte (Überlieferung und Aufgabe). Wien 1978.

Arpe, C., Substantia, in: Ph. 94 = NS 48 (1940) 65–78.

Auer, J. (1), Gott der Eine und der Dreieine. Regensburg 1978.

— (2), Person. Ein Schlüssel zum christlichen Mysterium. Regensburg 1979.

Ayers, R. H. (1), Tertullian's „Paradox“ and „Contempt for Reason“ reconsidered, in: ET 87 (1975/76) 308–311.

— (2), Language, Logic, and Reason in the church fathers. A Study of Tertullian, Augustine, and Aquinas (Altertumswissenschaftl. Texte und Studien 6). Hildesheim 1979.

Backes, I., Das trinitarische Glaubensverständnis beim heiligen Athanasius dem Großen, in: TThZ 82 (1973) 129–140.

Bailleux, E. (1), Le personnalisme de saint Thomas en théologie trinitaire, in: RThom 69 (1961) 25–42.

— (2), Le personnalisme trinitaire des pères grecs, in: MSR 27 (1970) 3–25.

Balthasar, H. U. v. (1), Kosmische Liturgie, Maximus der Bekenner, Höhe und Krise des griechischen Weltbilds. Freiburg 1941.

— (2), Einleitung, in: Richard von Sankt-Victor, Die Dreieinigkeit. Hg. H. U. v. Balthasar. Einsiedeln 1980, 9–22.

Banawiratma. J. B., Der Heilige Geist in der Theologie von Heribert Mühlen. Versuch einer Darstellung und Würdigung (EHS.T 159). Frankfurt 1981.

Bantle, F. X., Person und Personbegriff in der Trinitätslehre Karl Rahners, in: MThZ 30 (1979) 11–24.

Barbel, J. (1), Zur „Engel-Trinitätslehre“ im Urchristentum, in: ThRv 54(1958) 50–58. 103–112.

— (2), Christos Angelos. Die Anschauung von Christus als Bote und Engel in der gelehrten und volkstümlichen Literatur des christlichen Altertums. Zugleich ein Beitrag zur Geschichte des Ursprungs und der Fortdauer des Arianismus (Theop. 3). Bonn 1964 (Nachdruck der 1. Aufl. von 1941 mit einem Anhang).

— (3), Der Gott Jesu im Glauben der Kirche. Die Trinitätslehre bis zum 5. Jahrhundert. Hg. A. Fries (CiW V 15e). Aschaffenburg 1976.

Bardenhewer, O., Geschichte der altkirchlichen Literatur. Bd. 2: Vom Ende des zweiten Jahrhunderts bis zum Beginn des vierten Jahrhunderts. Darmstadt 1962 (Nachdruck der 2. Aufl. von 1914).

Barnes, T. D. (1), Tertullian. A historical and literary study. Oxford 1971.
— (2), Tertullian the Antiquarian, in: StPatr 14,3 (TU 117). Berlin 1976, 3–20.
Barth, K., Die Kirchliche Dogmatik. Bd I/1. Zürich (1955) [6]1964.
Bauer, J. B., „Credo, quia absurdum“ (Tertullian, De carne Christi 5), in: ders., Scholia biblica et patristica. Graz 1972, 193–196.
Baur, F. Ch., Lehrbuch der christlichen Dogmengeschichte, Darmstadt 1979 (Nachdruck der 3. Aufl. von 1867).
Bavel, T. van, Die Bedeutung des Konzils von Chalkedon damals und heute, in: Conc(D) 18 (1982) 199–205.
Beck, A., Die Trinitätslehre des hl. Hilarius von Poitiers. Mainz 1903.
Beck, A., Römisches Recht bei Tertullian und Cyprian. Eine Studie zur frühen Kirchenrechtsgeschichte. Neudruck, vermehrt um rechtsgeschichtliche Bemerkungen des Verfassers. Aalen 1967 (Halle [1]1930).
Becker, C., Tertullians Apologeticum. Werden und Leistung. München 1954.
Beeck, F. G. van, Christ proclaimed. Christology as rhetoric. New York 1979.
Beierwaltes, W. (1), Identität und Differenz (PhA 49). Frankfurt 1980.
— (2), Trinität. Christliche Tranformation des Bezugs von Identität und Differenz bei Marius Victorinus, in: Beierwaltes (1) 57–74.
Bellini, E., Il dogma trinitario nei primi discorsi di Gregorio Nazianzeno, in: Aug. 13 (1973) 525–534.
Bender, W., Die Lehre über den heiligen Geist bei Tertullian (MThS.S 18). München 1961.
Berardino, A. di (Hg.), Patrologia. Bd. 3: Dal Concilio di Nicea (325) al Concilio di Calcedonia (451). I Padri latini, con presentazione di J. Quasten. Rom 1978.
Bergeron, M., La structure du concept latin de personne. Comment, chez les Latins, „persona“ en est venu á signifier „relatio“. Commentaire historique de I[a] Pars, q.29, a.4, in: Etudes d'histoire littéraire et doctrinale du XIIIe siécle, 2e serie. Paris 1932, 121–161.
Berner, U., Trinitarische Gottesvorstellungen im Kontext theistischer Systembildungen, in: Saec. 31 (1980) 93–111.
Beyschlag, K., Grundriß der Dogmengeschichte. Bd.1: Gott und Welt. Darmstadt 1982.
Biblioteca Trinitariorum. Internationale Bibliographie trinitarischer Literatur. Bd.1: Autorenverzeichnis. Hg. E. Schadel unter Mitarbeit von D. Brünn – P. Müller. München 1984.
Bilz, J., Die Trinitätslehre des hl. Johannes von Damaskus (FChLDG 9,3). Paderborn 1909.
Biser, E., Menschsein in Anfechtung und Widerspruch. Düsseldorf 1980.
Blaser, K., Les enjeux d'une doctrine trinitaire sociale. A propos du dernier livre de Jürgen Moltmann, in: RThPh 113 (1981) 155–166.
Blancy, A., Théologie trinitaire et éthique sociale chez J. Moltmann, in: ETR 57 (1982) 245–255.
Blazquez, N., El concepto de substancia según san Augustin, in: Augustinus 14 (1969) 43–93.305–350.
Bludau, A., Das „Comma Johanneum“ bei Tertullian und Cyprian, in: ThQ 101 (1920) 1–28.
Blumenthal, A. v. – Düll, R., Art. Persona, in: PRE 1:19/1,1036–1041.
Boer, W. den, Hermeneutic problems in early Christian Literature, in: VigChr 1 (1947) 150–167.
Böhlig, A., Zum Gottesbegriff des Tractatus tripartitus. Nag Hammadi C.I,5, in: Kerygma und Logos 49–67.
Boethius, His Life, thought an influence. Hg. M. Gibson. Oxford 1981.
Bof, G. (1), La Trinità in Hegel, in: Forum ATI (RdT 24 [1983]) 268–271.
— (2), Hegel e la Teologia, in: ebd. 273–275.
Boigelot, R., Le mot „personne“ dans les écrits trinitaires de saint Augustin, in: NRTh 57 (1930) 5–16.
Bollnow, O. F., Studien zur Hermeneutik. Bd.1. Freiburg 1982.
Bonnardière, A.–M. La, Notes critiques sur l'édition récente du „De Trinitate“ de saint Augustin, in: RBen 81 (1971) 95–101.

Bourassa, F. (1), Sur le traité de la Trinité, in: Gr. 47 (1966) 254–285.
— (2), Théologie trinitaire chez saint Augustin, in: Gr. 58 (1977) 675–725. II. L'intelligence de la foi, in: Gr. 59 (1978) 375–412.
Bracken, J. A. (1), The Holy Trinity as a community of divine persons I, in: HeyJ 15 (1974) 166–182. II. Person and nature in the doctrine of God, in: ebd. 257–270.
— (2), Process Philosophy and Trinitarian Theology, in: Process Studies 8 (1978) 217–230; 11 (1981) 83–96.
Braun, C., Der Begriff „Person" in seiner Anwendung auf die Lehre von der Trinität und Inkarnation auf dogmengeschichtlicher Grundlage dargestellt. Mainz 1876.
Braun, R. (1), Deus Christianorum. Recherches sur le vocabulaire doctrinale de Tertullien. Paris (1962) ^{2}1977.
— (2), Tertullien et la philosophie paienne. Essai de mise au point, in: BAGB 30 (1971) 231–251.
— (3), Un nouveau Tertullien: Problèmes de biographie et de chronologie, in: REL 50 (1972) 62–84.
— (4), Rez.: J. H. Waszink, Tertullian's principles, in: REAug 26 (1980) 316.
— (5), Rez.: J. L. S. Balfour, The relationship of man to God from conception to conversion, in the writings of Tertullian. Diss. Edinburg 1980, in: REAug 28 (1982) 297f.
Bray, G. L., The Patristic dogma, in: One God in Trinity. Hg. P. Toon – J. D. Spiceland. London 1980, 42–61.
Breuning, W. (1), Rez.: G. Kretschmar, Studien zur frühchristlichen Trinitätstheologie, in: TThZ 67 (1958) 118–121.
— (2), Trinitätslehre, in: Bilanz der Theologie im 20. Jahrhundert. Hg. H. Vorgrimler – R. van der Gucht. Bd.3. Freiburg 1970, 21–36.
— (3), Art. Gott/Trinität. B. Theologisch, in: NHThG 2,133–149.
Brox, N., Der einfache Glaube und die Theologie. Zur altkirchlichen Geschichte eines Dauerproblems, in: Kairos 14 (1972) 161–187.
Brunner, A. (1), Dreifaltigkeit. Personale Zugänge zum Mysterium. Einsiedeln 1976.
— (2), Person und Begegnung. Eine Grundlegung der Philosophie. München 1982.
Buda, C., Evolucion del concepto de persona. Oscilaciones del idioma trinitario, in: RF(M) 15 (1956) 243–259.
Bund, E., Art. Persona, in: KP 4 (1972 = dtv-Ausgabe 1979) 657.

Camelot, Th., Le dogme de la trinité. Origine et formation des formules dogmatiques, in: LV (B) nr. 30/nov.1956, 9–48.
Campos, J., El lenguaje filosofico de Tertuliano en el dogma trinitario, in: Salm. 15 (1968) 317–349.
Cantalamessa, R. (1), La cristologia di Tertulliano (Par. 11). Freiburg/Schw. 1962.
— (2), Prassea e l'eresia monarchiana, in: ScC 90 (1962) 28–50.
— (3), Tertullien et la formule christologique de Chalcédoine, in: StPatr 9,3 (TU 94). Berlin 1966, 139–150.
Carpenter, H. J., Popular christianity and the theologians in the early centuries, in: JThS 14 (1963) 294–310.
Cavadini, J. C., Alcuin and Augustine: De Trinitate, in: Augustinian Studies 12 (1981) 11–18.
Ceriotti, G., Rez.: Congresso Internazionale . . ., in: Renovatio 17 (1982) 298–307.
Chadwick, H., The authenticity of Boethius' fourth tractate „De fide catholica", in: JThS 31 (1980) 551–556.
Chenu, M.-D., Das Werk des hl. Thomas von Aquin (DThA.Erg.Bd.2). Heidelberg 1960
Chevalier, I. (1), S. Augustin et la pensée grecque. Les relations trinitaires. Freiburg/Schw. 1940.
— (2), La théorie augustinienne des relations trinitaires. Analyse explicative des textes, in: DT 18 (1940) 317–384.
Chronica Tertullianea. Hg. R. Braun - C. Fredouille – P. Petitmengin, in: REAug 22 (1976) ff.

Cohn, L. (1), Art. Apollonius, in: PRE 2/1,136–139.
— (2), Art. Dionysios Thrax, in: PRE 5/1,977–983.
Congar, Y. (1), Le moment „économique" et le moment „ontologique" dans la Sacra Doctrina (révélation, théologie, somme théologique), in: Mélanges M.-D. Chenu. Paris 1967, 135–187.
— (2), Gedanken zu einer Theologie der „Ökonomie" in der lateinischen Tradition, in: ThGl 65 (1976) 161–203.
— (3), Die Offenheit lieben gegenüber jeglicher Wahrheit. Brief des Thomas von Aquino an Karl Rahner, in: Mut zur Tugend. Von der Fähigkeit, menschlicher zu leben. Hg. K. Rahner – B. Welte. Freiburg 1979, 124–133.
— (4), Unité de foi, diversité de formulation théologique entre Grecs et Latins dans l'appréciation des doctrines occidentaux, in: RevSR 54 (1980) 21–31.
— (5), Le Monothéisme politique et le Dieu Trinité, in: NRTh 113 (1981) 3–17.
— (6), Der Heilige Geist. Freiburg 1982.
Congresso Internazionale Di Studi Boeziani (Pavia, 5–8 ottobre 1980). Atti. Hg. L. Obertello. Rom 1981.
Copray, N., Kommunikation und Offenbarung. Philosophische und theologische Auseinandersetzungen auf dem Weg zu einer Fundamentaltheorie der menschlichen Kommunikation. Düsseldorf 1983.
Coreth, E., Zur Philosophie der Trinität im Denken der Neuzeit bis Schelling, in: J. Möller (Hg.), Der Streit um den Gott der Philosophen. Düsseldorf 1985, 48–80.
Countryman, L. W. M., Tertullian and the Regula Fidei, in: The Second Century 2 (1982) 208–227.
Courtine, J.-F., Note complémentaire pour l'histoire du vocabulaire de l'être (Les traductions latines d'ΟΥΣΙΑ et la compréhension romano-stoicienne de l'être), in: Concepte et catégories dans la pensée antique. Hg. P. Aubenque. Paris 1980, 33–87.
Cuttat, J.-A., Zum Trinitätsdenken Augustins, in: MThZ 15 (1964) 143–146.

Dahl, A., Augustin und Plotin. Philosophische Untersuchungen zum Trinitätsproblem und zur Nuslehre. Lund 1945.
Dahlmann, H., Art. M. Terentius Varro (Reatinus), in: PRE, Supplementband 6, 1172–1277.
Dalferth, U. – Jüngel, E., Person und Gottebenbildlichkeit, in: CGG 24. Freiburg 1981, 58–99.
Daniélou, J. (1), Trinité et angélologie dans la théologie judéo-chrétienne, in: RSR 45 (1957) 5–41.
— (2), Histoire des doctrines chrétiennes avant Nicée. Bd. 1: Théologie du Judéo-Christianisme. Paris 1958; Bd. 2: Message évangélique et culture hellénistique aux IIe et IIIe siècles. Paris 1961; Bd. 3: Les origines du christianisme latin. Paris 1978.
— (3), Histoire des origines chrétiennes. III. Tertullian, in: RSR 49 (1961) 590–605.
— (4), La notion de personne chez les Pères grecs, in: Problèmes de la Personne 113–121 (Diskussion: 147–153).
Décarie, V., Le paradox de Tertullien, in: VigChr 15 (1961) 23–31.
Diskussion über „Der gekreuzigte Gott". Hg. M. Welker. München 1979.
Dölger, F. J., Sonne und Sonnenstrahl als Gleichnis in der Logostheologie des christlichen Altertums, in: AuC 1 (1929) 271–290.
Dörrie, H. (1), Ὑπόστασις. Wort- und Bedeutungsgeschichte, in: NAWG 3 (1955) 35–92.
— (2), Die Andere Theologie. Wie stellten die frühchristlichen Theologen des 2.–4. Jahrhunderts ihren Lesern die „Griechische Weisheit" (= den Platonismus) dar?, in: ThPh 56 (1981) 1–46.
Dörries, H., Basilius und das Dogma vom Heiligen Geist, in: ders., Wort und Stunde I. Göttingen 1966, 118–144.
Doignon, J., Y-a-t-il, pour Hilaire de Poitiers, une inintelligentia de Dieu?, in: VigChr 33 (1979) 226–233.

Doucet, M., Vue récente sur les „métamorphoses" de la pensée de Saint Maxime le Confesseur, in: ScEs 31 (1979) 269–302.
Dowdall, H. D., The Word „Person", in: CQR 106 (1928) 230–264.
Drobner, H. R., Grammatische Exegese und Christologie bei Augustinus. Zur Herkunft der Formel *una persona.* Theol. Diss. Rom 1984.
Duchatelez, K., La notion d'économie et ses richesses théologiques, in: NRTh 92 (1970) 267–292.
Dumas, A., Dieu unique et trine, in: Initiation à la pratique de la théologie. Bd. 3. Hg. B. Lauret – F. Refoulé. Paris 1983, 725–769.
Durrant, M., Theology and Intelligibility. The doctrine of the Holy Trinity. London 1973.

Eicher, P. (1), Die anthropologische Wende. Karl Rahners philosophischer Weg vom Wesen des Menschen zur personalen Existenz (Dokimion 1). Freiburg/Schw. 1970.
— (2), Theologie. Eine Einführung in das Studium. München 1980.
Einem, H. v., u. a. Der Strukturbegriff in den Geisteswissenschaften (Akad. der Wissenschaften und der Literatur. Abhandlungen der geistes- und sozialwissenschaftl. Klasse 1973, 2). Mainz 1973.
Eisenhut, W., Einführung in die antike Rhetorik und ihre Geschichte. Darmstadt ^{3}1982.
Eno, R. B., Ecclesia docens. Structures of doctrinal authority in Tertullian and Vicent, in: Thom. 40 (1976) 96–115.
Erdin, F., Das Wort Hypostasis. Seine bedeutungsgeschichtliche Entwicklung in der altkirchlichen Literatur bis zum Abschluß der trinitarischen Auseinandersetzungen (FrThSt 52). Freiburg 1939.
Esper, M. N., Allegorie und Analyse bei Gregor von Nyssa. Bonn 1979.
Elsässer, M., Das Personverständnis des Boethius. Phil. Diss., Münster 1973.
Evans, E. (1), Tertullian's Treatise against Praxeas, London 1948, 38–75.
— (2), Second Thoughts on Tertullian against Praxeas, in: StPatr 3,1 (TU 78). Berlin 1961, 161–199.

Ferrer, L. F. L., „Persona" y „Relación" en el „De Trinitate" de San Augustín, in: MCom 30 (1972) 245–291.
Finé, H., Die Terminologie der Jenseitsvorstellungen bei Tertullian. Ein semasiologischer Beitrag zur Dogmengeschichte des Zwischenzustandes (Theoph. 12). Bonn 1958.
Fischer, K. P., Der Mensch als Geheimnis. Die Anthropologie Karl Rahners (ÖF.S 5). Freiburg 1974.
Flasche, H. – Wawrzinek, U., Materialien zur Begriffsgeschichte. Eine Bibliographie deutscher Hochschulschriften von 1900–1955 = ABG 5 (1960): 402f (Person); 403–406 (Persönlichkeit).
Foreville, R., Lateran I–IV (Geschichte der ökumenischen Konzilien 6). Mainz 1970.
Fortman, E. J., The Triune God. A historical study of the doctrine of the Trinity. London 1972.
Forum ATI. A cura del Consiglio di Presidenza dell'Associazione Teologica Italiana, in: RdT 24 (1983) 268–279.
França Miranda, M. de, O Mistério de Deus em nossa vida. A doutrina trinitária de Karl Rahner. Sâo Paulo 1975.
Fredouille, J.-C. (1), Rez.: J. Moingt, Théologie trinitaire, in: REL 47 (1969) 736–738.
— (2), Tertullien et la conversion de la culture antique. Paris 1972.
— (3), Rez.: T. D. Barnes, Tertullian the Antiquarian, in: REAug 23 (1977) 335.
— (4), Rez.: J. Gaudemet, Le droit, in: REAug 24 (1978) 297f.
— (5), Rez.: F.-P. Hager, Zur Bedeutung der griechischen Philosophie, in: REAug 25 (1978) 298f.
— (6), Rez.: A. Quacquarelli, La cultura indigena di Tertulliano e i tertullianisti di Cartagine, in: ebd. 298.

— (7), Rez.: I. Opelt, Die Polemik, in: REAug 27 (1981) 318f.
— (8), Tertullien et la culture antique, in: Mélanges E. Gareau. Ottawa 1982, 197–206.
— (9), Rez.: L. W. M. Countryman, Tertullian and the Regula Fidei, in: REAug 29 (1983) 328.
Fuchs, G., Die Trinitätslehre als Inbegriff christlicher Glaubenserfahrung, in: rhs 24 (1981) 1–15.
Fuhrmann, M., Persona, ein römischer Rollenbegriff, in: Identität 83–106.

Galot, J. (1), Valeur de la notion de personne dans l'expression du mystère du Christ, in: Gr. 55 (1974) 69–97.
— (2), Le Dieu trinitaire et la Passion du Christ, in: NRTh 104 (1982) 70–87.
Ganoczy, A., Einführung in die katholische Sakramentenlehre. Darmstadt 1979.
Garcia-Murga, J. R., Rez.: P. Schoonenberg, Ein Gott der Menschen, in: EstTrin 11 (1977) 360.
Gaudemet, J., Le droit romain dans la littérature chrétienne occidentale du IIIe auf Ve siècle (Ius Romanum Medii Aevi I 3b). Mailand 1978.
Geest, J. E. L. van der, Le Christ et l'Ancien Testament chez Tertullien (LCP 22). Nijmegen 1972.
Gerken, A., Offenbarung und Transzendenzerfahrung. Kritische Thesen zu einer künftigen dialogischen Theologie. Düsseldorf 1969.
Gerlitz, P., Außerchristliche Einflüsse auf die Entwicklung des christlichen Trinitätsdogmas. Zugleich ein religions- und dogmengeschichtlicher Versuch zur Erklärung der Herkunft der homousie. Leiden 1963.
Gerner, B., Einige bibliographische Bemerkungen, in: Personale Erziehung 118–139.
Ghellinck, J. de (1), L'histoire de „persona" et d'„hypostasis" dans un écrit anonyme porrétain du XII siècle, in: RNSP 36 (1934) 111–127.
— (2), L'entrée d'essentia, substantia, et autres mots apparentés, dans le Latin médiéval, in: ALMA 15/1 (1940) 77–112.
Gilg, A., Weg und Bedeutung der altkirchlichen Christologie (TB 4). München 1955.
Gilson, E., La philosophie du moyen âge, des origines patristiques à la fin du XIVe siècle. Paris 1944.
Gloege, G., Art. Person, Personalismus, in: EKL 3,128–134.
Glorie, F., Augustinus De Trinitate. Fontes–Chronologia, in: SE 16 (1965) 203–255.
Gnilka, J., Der Kolosserbrief (HThK 10/1). Freiburg 1980.
Goldbrunner, J., Kleine Lebenslehre der Person. Regensburg 1980.
Gougenheim, G., La notion de personne dans la grammaire, in: Problèmes de la personne 241–249.
Greiner, F., Die Menschlichkeit der Offenbarung. Die transzendentale Grundlegung der Theologie bei Karl Rahner (Münchener Monographien zur hist. und syst. Theol. 2). München 1978.
Greshake, G. (1), Gnade als konkrete Freiheit. Eine Untersuchung zur Gnadenlehre des Pelagius. Mainz 1972.
— (2), Menschsein als Berufung zur Gemeinschaft mit Gott, in: GuL 50 (1977) 409–426.
— (3), Die theologische Herkunft des Personbegriffs, in: Personale Freiheit und pluralistische Gesellschaft. Hg. G. Pöltner. Wien 1981, 75–86.
Grillmeier, A. (1), Die theologische und sprachliche Vorbereitung der christologischen Formel von Chalkedon, in: Das Konzil von Chalkedon. Hg. A. Grillmeier – H. Bacht. Bd. 1. Würzburg 1951, 5–202.
— (2), Der dreifaltige Gott – das Urbild und Vorbild des personalen Lebens, in: GuL 28 (1955) 161–165.
— (3), Mit ihm und in ihm. Christologische Forschungen und Perspektiven. Freiburg 1975.
— (4), Jesus der Christus im Glauben der Kirche. Bd. 1: Von der apostolischen Zeit bis zum Konzil von Chalkedon (451). Freiburg 1979.

Guardini, R., Welt und Person. Versuch zur christlichen Lehre vom Menschen. Würzburg [4]1955.
Gudemann, A., Art. Grammatik, in: PRE 7/2,1780–1811.
Guérard des Lauriers, M. L., La doctrine théologique du R. P. Rahner, in: PenCath 117 (1968) 78–93.
Guggenberger, A., Art. Person, in: HThG (dtv) 3,309–321.
Guilloux, P, L'Évolution religieuse de Tertullien, in: RHE 19 (1923) 5–24.141–156.
Gutwenger, E. Zur Trinitätslehre von „Mysterium Salutis" II, in: ZKTh 90 (1968) 325–328.

Hadot, P. (1), De Tertullien à Boèce. Le développement de la notion de personne dans les controverses théologiques, in: Problèmes de la Personne 123–134 (Diskussion: 147–153).
— (2), Römische Philosophie (WdF 193). Hg. G. Maurach. Darmstadt 1976, 298–340.
— (3), La Présentation du Platonisme par Augustine, in: Kerygma und Logos, 272–279.
Haeffner, G., Philosophische Anthropologie (Grundkurs Philosophie 1 = Urban-Tb 345). Stuttgart 1982.
Hägglund, B. (1), Die Bedeutung der „regula fidei" als Grundlage theologischer Aussagen, in: StTh 12 (1958) 1–44.
— (2), Geschichte der Theologie. Ein Abriß. München 1983.
Hager, F.-P., Zur Bedeutung der griechischen Philosophie für die christliche Wahrheit und Bildung bei Tertullian und bei Augustin, in: AuA 24 (1978) 76–84.
Halder, A. – Grillmeier, A. – Erharter, H., Art. Person, in: $LThK^2$ 9,287–292.
Halleux, A. de, La définition christologique à Chalcedoine, in: RTL 7 (1976) 3–23.155–170.
Hallman, J. M., The mutability of God. Tertullian to Lactantius, in: TS 42 (1981) 373–393.
Hamman, A.-G. – Frot, Y., Note sur les mots praestructio et praedicatio chez Tertullien et Hilaire de Poitiers, in: Aug. 33 (1983) 531–533.
Hammerschmidt, E. (1), Die Begriffsentwicklung in der altkirchlichen Theologie zwischen dem ersten allgemeinen Konzil von Nizäa (325) und dem zweiten allgemeinen Konzil von Konstantinopel (381), in: ThRv 51 (1955) 145–154.
— (2), Einige philosophisch-theologische Grundbegriffe bei Leontios von Byzanz, Johannes von Damaskus und Theodor Abû Qurra, in: OstKSt 4 (1955) 147–154.
— (3), Hypostasis und verwandte Begriffe in den Bekenntnisschriften des Gennadios II. von Konstantinopel und des Metrophanes Kritopulos, in: OrChr 40 (1956) 78–93.
— (4), Eine Definition von „Hypostasis" und „Ousia" während des 7. allgemeinen Konzils: Nikaia II 787, in: OstKSt 5 (1956) 52–55.
— (5), Ousia, Hypostasis und verwandte Begriffe in den Bekenntnisschriften des Petros Mogilas und des Dositheos von Jerusalem, in: OrChr 42 (1958) 77–91.
— (6), Ursprung philosophisch-theologischer Termini und deren Übernahme in die altkirchliche Theologie, in: OstKSt 8 (1959) 202–220.
Hanson, R. P. C., Notes on Tertullian's Interpretation of scripture, in: JThS 12 (1961) 273–279.
Harkianakis, S., Die Trinitätslehre Gregors von Nazianz, in: Kl. 1 (1969) 83–102.
Harman, A. M., Speech about the Trinity: Novatian, Hilary and Calvin, in: SJTh 26 (1973) 385–400.
Harnack, A. v. (1), Geschichte der altchristlichen Literatur bis Eusebius. Bd. I/2. Leipzig 1958 (Nachdruck der Ausgabe [1]1893).
—(2), Lehrbuch der Dogmengeschichte. 3 Bde. Darmstadt 1980 (Nachdruck der 4. Auflage. Tübingen 1909/10).
Hasenhüttl, G., Einführung in die Gotteslehre. Darmstadt 1980.
Heijden, B. van der, Karl Rahner. Darstellung und Kritik seiner Grundpositionen (Sammlung Horizonte. Neue Reihe 6). Einsiedeln 1973.
Helm, R. (1), Art. Princeps (civitatis), in: PRE 22/2,1998–2296.
— (2), Art. Priscianus, in: ebd. 2328–2346.
Henrich, D., Die Trinität Gottes und der Begriff der Person, in: Identität, 612–620.

Herring, H., Art. Ich. I, in: HWP 4 (1976) 1–6.
Herrmann, L., Ambrosius von Mailand als Trinitätstheologe, in: ZKG 69 (1958) 197–218.
Hill, E. (1), Karl Rahner's „Remarks on the dogmatic treatise De Trinitate and St. Augustine", in: Augustinian Studies 2 (1971) 67–80.
— (2), The De Trinitate. Annotations on the text of the latest edition, in Corpus Christianorum, series latina L (Thournhout, 1968), in: Augustinian Studies 3 (1972) 1–14.
— (3), St. Augustine's „De Trinitate". The doctrinal significance of its structure, in: REAug 19 (1973) 277–286.
Hill, W. J., Rez.: K. Rahner, The Trinity (New York 1970), in: Thom 35 (1971) 175–179.
Hirzel, R., Die Person. Begriff und Name derselben im Altertum, in: SBAW.PPH 10 (1914).
Hochstaffl, J., Negative Theologie. Ein Versuch zur Vermittlung des patristischen Begriffs. München 1976.
Hofmann, P., Analogie und Person. Zur Trinitätsspekulation Richards von St.-Victor, in: ThPh 59 (1984) 191–234.
Hofmeier, J., Die Trinitätslehre des Hugo von St. Viktor, dargestellt im Zusammenhang mit den trinitarischen Strömungen seiner Zeit (MThS. S 25). München 1963.
Holl, K., Tertullian als Schriftsteller (1897), in: ders., Gesammelte Aufsätze zur Kirchengeschichte. Bd. 3. Tübingen 1928, 1–12.
Hübner, R. (1), Der Gott der Kirchenväter und der Gott der Bibel. Zur Frage der Hellenisierung des Christentums (Eichstätter Hochschulreden 16). München 1979.
— (2), Basilius der Große, Theologe der Ökumene, damals und heute, in: Der Dienst für den Menschen in Theologie und Verkündigung. Fs. A. Brems. Hg. R. Hübner – B. Mayer – E. Reiter. Regensburg 1981, 207–216.
Hufnagel, A. (1), Thomas von Aquino, Das Geheimnis der Person (Summa Theologica I, 29,1–3). Übersetzt und erläutert von A. Hufnagel. Stuttgart o. J. [1949].
— (2), Bonaventuras Person-Verständnis, in: Theologie in Geschichte und Gegenwart. Fs. M. Schmaus. Hg. J. Auer – H. Volk. München 1957, 843–860.

Identität (Poetik und Hermeneutik 8). Hg. O. Marquard – K. Stierle. München 1979.
Inciarte, F., Zur Rolle der Prädikation in der Theologie des Thomas von Aquin: Am Beispiel der Trinitätslehre, in: Sprache und Erkenntnis im Mittelalter (MM 13/1). Hg. A. Zimmermann. Berlin 1981, 256–269.
Index Tertullianeus. Hg. G. Claesson. 3 Bde. (EAug.) Paris 1974/75.

Jansen, J. F., Tertullian and the New Testament, in: The second Century 2 (1982) 191–207.
Japp, U., Hermeneutik. Der theoretische Diskurs, die Literatur und die Konstruktion ihres Zusammenhangs in den philologischen Wissenschaften (Theorie und Geschichte der Literatur und der schönen Künste. Texte und Abhandlungen 47). München 1977.
Jerphagnon, L., L'histoire de la notion de personne dans l'œuvre de Maurice Nédoncelle, in: RThPh 110 (1978) 99–109.
Jüngel, E. (1), Das Verhältnis von „ökonomischer" und „immanenter" Trinität. Erwägungen über eine biblische Begründung der Trinitätslehre – im Anschluß an und in Auseinandersetzung mit Karl Rahners Lehre vom dreifaltigen Gott als transzendentem Urgrund der Heilsgeschichte, in: ZThK 72 (1975) 353–364.
— (2), Gott als Geheimnis der Welt. Zur Begründung der Theologie des Gekreuzigten im Streit zwischen Theismus und Atheismus. Tübingen 1977.

Karpp, H., Schrift und Geist bei Tertullian (BFChTh 47). Gütersloh 1955.
Kasper, W. (1), Dogma unter dem Wort Gottes. Mainz 1965.
— (2), Die Methoden der Dogmatik. Einheit und Vielheit. München 1967.
— (3), Jesus der Christus. Mainz 1974.
— (4), Name und Wesen Gottes. Problem und Möglichkeit des theologischen Sprechens von Gott, in: Der Name Gottes. Hg. H. V. Stietencron. Düsseldorf 1975, 176–190.
— (5), Christologie von unten? Kritik und Neuansatz gegenwärtiger Christologie, in:

Grundfragen der Christologie heute (QD 72). Hg. L. Scheffczyk. Freiburg 1975, 141–170.
— (6), Der Gott Jesu Christi. Mainz 1982.
— (7), Christologie und Anthropologie, in: ThQ 162 (1982) 202–221.
Kehl, A., Gewand Person?, in: Vivarium. Fs. Th. Klauser (JAC.E 11). Münster 184, 213–219.
Kellner, K. A. H. (1), Allgemeine Einleitung, in: Tertullians private und katechetische Schriften. Hg. K. A. H. Kellner (BKV² 7). München 1912, VII–XLVI.
— (2), Einleitung zu den dogmatischen Schriften, in: Tertullians apologetische, dogmatische und montanistische Schriften. Hg. K. A. H. Kellner (BKV² 24). München 1915, 623–648.
Kelly, J. N. D. (1), Early Christian Doctrines. London ²1964.
— (2), Altchristliche Glaubensbekenntnisse. Geschichte und Theologie. Göttingen ³1972.
Kern, W., Dialektik und Trinität in der Religionsphilosophie Hegels. Ein Beitrag zur Diskussion mit L. Oeing-Hanhoff, in: ZKTh 102 (1980) 129–155.
Kerygma und Logos. Beiträge zu den geistesgeschichtlichen Beziehungen zwischen Antike und Christentum. Fs. C. Andresen. Hg. A. M. Ritter. Göttingen 1979.
Keseling, P., Aristoteles bei Tertullian?, in: PhJ 57 (1947) 256f.
Kessler, H. – Pesch, R., Rez.: H. Offermanns, Der christologische und trinitarische Personbegriff der frühen Kirche, in: ThQ 157 (1977) 71–75.
Kimmerle, H., Entwurf einer Philosophie des Wir. Schule des alternativen Denkens. Bochum 1983.
Klein, J., Tertullian. Christliches Bewußtsein und sittliche Forderungen. Düsseldorf 1940.
Klein, R., Tertullian und das römische Reich (Bibl. der klass. Altertumswissenschaften NF 2,22). Heidelberg 1968.
Koch, H. (1), Rez.: M. Kriebel, Studien zur älteren Entwicklung der abendländischen Trinitätslehre, in: ThLZ 58 (1933) 228–230.
— (2), Art. Tertullianus 1) Quintus Septimius Florens Tertullianus, in: PRE V A,1, 822–844.
Koch, W., Die altkirchliche Apologetik des Christentums, in: ThQ 90 (1908) 7–23.
Köster, H., Art. ὑπόστασις, in: ThWNT 8,571–588.
Kolping, A., Sacramentum Tertullianeum. Bd. 1: Untersuchungen über die Anfänge des christlichen Gebrauchs der Vokabel sacramentum. München 1948.
Kornemann, E., Doppelprinzipat und Reichsteilung im Imperium Romanum. Groningen 1968 (Nachdruck der Ausgabe Leipzig 1930).
Korvin-Krasinski, C. v., Die west-östliche Transzendenz- und Immanenzfrage und die religiöse Krise der Gegenwart, in: Der Religionswandel im Spiegel der Religionswissenschaft. Hg. G. Stephenson. Darmstadt 1976, 188–200.
Koslowski, P., Hegel – „der Philosoph der Trinität"? Zur Kontroverse um seine Trinitätslehre, in: ThQ 162 (1982) 105–131.
Kouri, E. I., Tertullian und die römische Antike (SLAG. A 21). Helsinki 1982.
Kretschmar, G. (1), Studien zur frühchristlichen Trinitätstheologie (BATh 21). Tübingen 1956.
— (2), Der Heilige Geist in der Geschichte. Grundzüge frühchristlicher Pneumatologie, in: Gegenwart des Geistes. Aspekte der Pneumatologie (QD 85). Hg. W. Kasper. Freiburg 1979, 92–130.
Kriebel, M., Studien zur älteren Entwicklung der abendländischen Trinitätslehre bei Tertullian und Novatian. Theol. Diss. Marburg 1932.
Kröger, A., Mensch und Person. Moderne Personbegriffe in der katholischen Theologie. Recklinghausen 1947.
Kudlien, F., Art. Apollonius, in: KP 1,453f.
Kuss, O., Zur Hermeneutik Tertullians, in: Neutestamentliche Aufsätze. Fs. G. Schmid. Hg. J. Blinzler – O. Kuss – F. Mußner. Regensburg 1963, 138–160.

Labhardt, A., Tertullien et la philosophie ou la recherche d'une „position pure", in: MH 7 (1950) 159–180.

Labriolle, P. de (1), Tertullien jurisconsulte, in: NRHDF 30 (1906) 5–27.

— (2), Tertullien et la crise montaniste. Paris 1913.

— (3), Histoire de la littérature latine chrétienne. 3. von G. Bardy bearbeitete Auflage. Paris 1947.

Lachenschmid, R., Rez.: Mysterium Salutis II, in: ThPh 43 (1968) 247–252.

Lacroix, J., Der Personalismus, in: Bilanz der Theologie im 20. Jahrhundert. Hg. H. Vorgrimler – R. van der Gucht. Bd. 1. Freiburg 1969, 322–328.

Lafont, G. Peut-on connaître Dieu en Jésus-Christ? I. Problématique (CFi 44), Paris 1969.

Laminski, A., Der Heilige Geist als Geist Christi und Geist der Gläubigen. Der Beitrag des Athanasios von Alexandrien zur Formulierung des trinitarischen Dogmas im vierten Jahrhundert (EThSt 23). Leipzig 1969.

Lausberg, H. (1), Handbuch der literarischen Rhetorik. 2 Bde. München 1960.

— (2), Elemente der literarischen Rhetorik. München 1963.

Lauter, H.-J. (1), Die doppelte Aporetik der Trinitätslehre und ihre Überschreitung, in: WiWei 36 (1973) 60–62.

— (2), Komplementarität – Aspekte der Theologie, in: ThG(B) 18 (1975) 236–240.

Lavalette, H. de – Rahner, H. – Felderer, J., Art. Dreifaltigkeit (I–V), in: LThK² 3,543–560.

Lebreton, J. (1), Le désaccord de la foi populaire et de la théologie savante dans l'Église chrétienne du IIIe siècle, in: RHE 19 (1923) 481–506; 20 (1924) 5–37.

— (2), Histoire du dogme de la Trinité des origines au concile de Nicée. Bd. 1–2. Paris ⁹1927.⁴1928.

Lefèvre, Ch. (1), La personne en patristique et dans la philosophie contemporaine. Colloque louvaniste, 29–30 septembre 1972, in: RTL 4 (1973) 39–45.

— (2), La pensée de Mgr M. Nédoncelle et son avenir. Le colloque de Strasbourg, 21 et 22 mars 1979, in: MSR 36 (1979) 98–100.

Lehmann, K. (1), Die dogmatische Denkform als hermeneutisches Problem. Prolegomena zu einer Kritik der dogmatischen Vernunft, in: ders., Gegenwart des Glaubens. Mainz 1974, 35–53.

— (2), Dogmengeschichtliche Hermeneutik am Beispiel der Christologie des Konzils von Nizäa, in: Jesus – Ort der Erfahrung Gottes. Mit Beiträgen von B. Casper u. a. Freiburg 1976, 190–209.

Lehmann, P., Tertullian im Mittelalter, in: Hermes 87 (1959) 231–246.

Lies, L., Trinitätsvergessenheit gegenwärtiger Sakramententheologie?, in: ZKTh 105 (1983) 290–314.

Lilla, S., Terminologia trinitaria nello Pseudo-Dionigi l'Areopagita. Suoi antecedenti e sua influenza sugli autori successivi, in: Aug. 13 (1973) 609–623.

Löffler, P., Die Trinitätslehre des Bischofs Hilarius von Poitiers zwischen Ost und West, in: ZKG 71 (1960) 26–36.

Logan, A. H. B., Tertullian and Valentinus. The origin and development of early Trinitarian analogies (Ms. des Vortrags beim Oxford Kongreß, 5.–10. 10. 1983).

Lohse, E., Art. πρόσωπον, in: ThWNT 6,769–779.

Lortz, J., Tertullian als Apologet. 2 Bde. (MBTh 9–10). Münster 1927/28.

Lotz, J. B. (1), Art. Person, in: Philosophisches Wörterbuch. Hg. W. Brugger. Freiburg ¹⁷1985, 285–287.

— (2), Person und Freiheit. Eine philosophische Untersuchung mit theologischen Ausblikken (QD 83). Freiburg 1979.

Luis Vizcaino, P. de, Los hechos de Jesús en la predicación de San Agustín. La retórica clásica al servício de la exégesis patrística. Theol. Diss. Rom 1983.

Lutz-Bachmann, M. „Natur" und „Person" in den „Opuscula Sacra" des A. M. S. Boethius, in: ThPh 58 (1983) 48–70.

Lynch, J. J. (1), ΠΡΟΣΩΠΟΝ and the dogma of the trinity. A study of the background of

conciliar use of the word in the writings of Cyril of Alexandria and Leontius of Byzantinum. Diss. Fordham University 1974.
— (2), *Prosōpon* in Gregory of Nyssa: A theological word in transition, in: TS 40 (1979) 728–738.

Madoz, J., La Teología de la Trinidad en los Símbolos Toledanos, in: RET 6 (1944) 457–477.
Marcus, W. (1), Analogia oikonomiae oder oikonomia als historiologischer Zentralbegriff der altchristlichen Philosophie. Ein Beitrag zur Tertullianinterpretation. Phil. Diss. München 1951.
— (2), Der Subordinatianismus als historiologisches Phänomen. Ein Beitrag zu unserer Kenntnis von der Entstehung der altchristlichen Theologie und Kultur unter besonderer Berücksichtigung der Begriffe OIKONOMIA und THEOLOGIA. München 1963.
Margerie, B. de, La Trinité chrétienne dans l'histoire (ThH 31). Paris 1975.
Margolis, J., On the ontology of Persons, in: NSchol 50 (1976) 73–84.
Marinelli, F., Dimensione trinitaria dell'Incarnazione, in: Div. 13 (1969) 271–343.
Markus, R. A., Trinitarian theology and the economy, in: JThS 9 (1958) 89–102.
Marshall, M., Boethius' definition of *persona* and medieval understanding of the Roman theatre, in: Spec. 25 (1950) 471–482.
Martensen, H. L., La foi de Luther en la Trinité, in: NRTh 115 (1983) 655–690.
Martin, J., Antike Rhetorik. Technik und Methode (HAW II 3). München 1974.
Martini, R., Tertulliano giurista e Tertulliano padre della Chiesa, in: SDHI 41 (1975) 79–124.
Martland, T. R., A study of Cappadocian and Augustinian trinitarian methodology, in: AThR 47 (1965) 252–263.
Maurach, G., Boethiusinterpretationen, in: Römische Philosophie (WdF 193). Hg. G. Maurach. Darmstadt 1976, 385–400.
Mayr, F. K. (1), Trinitätstheologie und theologische Anthropologie, in: ZThK 68 (1971) 427–477.
— (2), Trinität und Familie in De Trinitate XII, in: REAug 18 (1972) 51–86.
— (3), Patriarchalisches Gottesverständnis? Historische Erwägungen zur Trinitätslehre, in: ThQ 152 (1972) 224–255.
Meeks, M. D., Trinitarian Theology. A Review Article, in: ThTo 38 (1982) 472–477.
Meijering, E. P., The doctrine of the will and of the Trinity in the orations of Gregory of Nazianzus, in: NedThT 27 (1973) 224–234.
Meyerson, I., La Personne et son Histoire, in: Problèmes de la Personne 473–482.
Micaelli, C., „Natura" e „Persona" nel' Contra Eutychen et Nestorium di Boezio. Osservazioni su alcuni problemi filosofici e linguistici, in: Congresso Internazionale . . . 327–336.
Michel, A. (1), L'Evolution du concept de „personne" dans la philosophie chrétienne, in: Rev. Phil. 26 (1919) 351–383.487–515.
— (2), Art. Hypostase, in: DThC 7/1, 369–437.
Miroux, G., Novatien, théologien de la Trinité. Paris 1964.
Möller, J. (1), Person und Personalität, in: Universitas. Dienst an Wahrheit und Leben. Fs. A. Stohr. Hg. L. Lenhart. Bd. 1. Mainz 1960, 360–367.
— (2), Zum Thema Mensch sein. Mainz 1967.
— (3), Menschsein: ein Prozeß. Entwurf einer Anthropologie. Düsseldorf 1979.
Moffatt, J., Aristotle and Tertullian, in: JThS 17 (1915/16) 170f.
Moingt, J. (1), Une étude du vocabulaire doctrinal de Tertullien (Rez.: R. Braun, Deus christianorum), in: RSR 52 (1964) 248–260.
— (2), Théologie trinitaire de Tertullien. 4 Bde. (Theol.[P] 68–70.75). Paris 1966.1969. (Die Bände I–III sind durchpaginiert; Band IV besitzt eigene Seitenzählung.)
— (3), Théologie trinitaire de Tertullien, in: RSR 54 (1966) 337–369.
— (4), Le problème du Dieu unique chez Tertullien, in: RevSR 44 (1970) 337–362.
Moltmann, J., Der gekreuzigte Gott. Das Kreuz Christi als Grund und Kritik christlicher Theologie. München 1972.

— (2), Trinität und Reich Gottes. Zur Gotteslehre. München 1980.
Monceau, P., Histoire littéraire de l'Afrique chrétienne. Bd. 1. Neudruck. Brüssel 1963 (Paris ^{1}1913).
Mondin, B., Il problema del linguaggio teologico in Sant' Agostino, in: Aug. 11 (1971) 263–280.
Monotheismus als politisches Problem? Erik Peterson und die Kritik der politischen Theologie (SEE 14). Hg. A. Schindler u. a. Gütersloh 1978.
Morán, J., Las relaciones divinas, según San Agustín, in: Augustinus 4 (1959) 353–372.
Moreno de Vega, M. A., Terminología trinitaria Greco-Latina del „Adversus – Praxean" de Tertuliano, in: EstTrin 16 (1982) 105–122.
Moreschini, C. (1), Tertulliano tra Stoicismo e Platonismo, in: Kerygma und Logos 367–379.
— (2), Tradizione e innovazione nella pneumatologia di Tertulliano, in: Aug. 20 (1980) 633–644.
— (3), Monoteismo cristiano e monoteismo platonico nella cultura latina dell' età imperiale, in: Platonismus und Christentum. Fs. H. Dörrie. Hg. H. D. Blume – F. Mann (JAC Erg. Bd. 10). Münster 1983, 133–161.
Morris, Th. V., St. Thomas on the identity and unity of the person of Christ. A problem of reference in christological discourse, in: SJTh 35 (1982) 419–430.
Mpukes, Ch., Hē glōssa tu Gregoriu Nyssēs hypo to phōs tēs philosophikēs analyseōs. Thessalonike 1970.
Mühlen, H. (1), Sein und Person nach Johannes Duns Scotus. Beitrag zur Grundlegung einer Metaphysik der Person (FrFor 11). Werl 1954.
— (2), Der Heilige Geist als Person. Beitrag zur Frage nach der dem Heiligen Geist eigentümlichen Funktion in der Trinität, bei der Inkarnation und im Gnadenbund (MBTh 26). Münster 1963.
— (3), Person und Appropriation. Zum Verständnis des Axioms: In Deo omnia sunt unum, ubi non obviat relationis oppositio, in: MThZ 16 (1965) 37–57.
— (4), Das unbegrenzte Du. Auf dem Wege zu einer Personologie, in: Wahrheit und Verkündigung. Fs. M. Schmaus. Hg. L. Scheffczyk – W. Dettloff – R. Heinzmann. Bd. 2. Paderborn 1967, 1259–1285.
Müller, M., – Halder, A. (1), Art. Person, in: SM 3,1115–1127 (= HTTL 5 [1973] 381–390).
— (2), Art. Person, in: Kleines Philosophisches Wörterbuch (HerBü 398). Freiburg 1971, 203f.
Müller, M., u. a., Art. Person, in: StL^{6} 6,197–209.
Müller, M., – Vossenkuhl, W., Art. Person, in: HPhG 4,1059–1070.
Munier, Ch. (1), La tradition apostolique chez Tertullien, in: ACan 23 (1979) 175–192.
— (2), Les conceptions hérésiologiques de Tertullien, in: Aug. 20 (1980) 257–266.
Muñoz, A. B., El antifilosofismo de Tertulliano y la fe come reconocimiento, in: RET 36 (1976) 3–28.233–250.

Nautin, P., Ὁμοούσιος unius esse (Jérôme, ep. XCIII), in: VigChr 15 (1961) 40–45.
Nédoncelle, M. (1), Prosopon et Persona dans l'antiquité classique. Essai de bilan linguistique, in: RevSR 22 (1948) 277–299.
— (2), Les variations de Boèce sur la personne, in: RevSR 29 (1955) 201–238.
— (3), Remarques sur l'expression de la personne en grec et en latin, in: RevSR 40 (1965) 34–47.
— (4), Rez.: R. Braun, Deus Christianorum, in: RevSR 41 (1967) 77f.
— (5), Explorations personnalistes, Paris 1970.
— (6), Intersubjectivité et ontologie. Le défi personnaliste. Louvain 1974.
— (7), Masque et personne: du théâtre à la vie, in: Nédoncelle (6) 33–42.
Newlands, G. M., Hilary of Poitiers. A study in theological method (EHS. T 108). Bern 1978.
Nisters, B., Tertullian. Seine Persönlichkeit und sein Schicksal. Ein charakteriologischer Versuch (MBTh 25). Münster 1950.

Noronha Galvão, H. de, Concepcão economica e theologica do Deus Trinidade nas Confissôes de Santo Agostinho, in: Didaskalia 10 (1980) 189–205.

Nosbüsch, J., Das Personproblem in der gegenwärtigen Philosophie, in: Personale Erziehung 34–88.

O'Donnell, J. J., The doctrine of the trinity in recent German theology, in: HeyJ 23 (1982) 153–167.

Offermanns, H. (1), Der christologische und trinitarische Personbegriff der frühen Kirche. Ein Beitrag zum Verständnis von Dogmenentwicklung und Dogmengeschichte (EHS.T 58). Bern 1976.

— (2), Widerlegung der Rezension von Hans Kessler und Rudolf Pesch, in: ThQ 158 (1978) 153.

Oeing-Hanhoff, L. (1), Hegels Trinitätslehre. Zur Aufgabe ihrer Kritik und Rezeption, in: ThPh 52 (1977) 378–407.

— (2), Die Kritik des Gottesbegriffs, in: ThQ 159 (1979) 285–303.

— (3), Sein und Sprache in der Philosophie des Mittelalters, in: Sprache und Erkenntnis im Mittelalter. Hg. A. Zimmermann (MM 13/1). Berlin 1981, 165–178.

— (4), Freiheit und Solidarität. Zur Kritik des liberalistischen und sozialistischen Freiheitsverständnisses, in: Personale Freiheit und pluralistische Gesellschaft. Hg. G. Pöltner. Wien 1981, 9–21.

— (5), Trinitarische Ontologie und Metaphysik der Person, in: Trinität 143–182.

O'Malley, T. P., Tertullian and the Bible. Language – Imagery – Exegesis (LCP 21). Nijmegen 1967.

One God in the Trinity. Hg. P. Toon – J. D. Spiceland. London 1980.

Opelt, I., Die Polemik in der christlichen lateinischen Literatur von Tertullian bis Augustin (BKAW NF 2, 63). Heidelberg 1980.

Orlandis, J., – Ramos-Lissón, D., Die Synoden auf der Iberischen Halbinsel bis zum Einbruch des Islam (711). Paderborn 1981.

Orsy, L., In search of the meaning of oikonomia. Report on a convention, in: ThSt 43 (1982) 312–319.

Osthathios, M., Theologie einer klassenlosen Gesellschaft. Hamburg 1980.

Ott, H., Wirklichkeit und Glaube. Bd. 2: Der persönliche Gott. Göttingen 1969.

Otto, St. (1), „Natura" und „dispositio". Untersuchungen zum Naturbegriff und zur Denkform Tertullians (MThS. S 19). München 1960.

— (2) Augustinus und Boethius im 12. Jahrhundert. Anmerkungen zur Entstehung des Traktates „De Deo uno", in: WiWei 26 (1962) 15–26.

— (3), Rez.: R. Braun, Deus Christianorum, in: ThRv 59 (1963) 176–179.

— (4), Person und Subsistenz. Die philosophische Anthropologie des Leontios von Byzanz. Ein Beitrag zur spätantiken Geistesgeschichte. München 1968.

Pannenberg, W. (1), Art. Person, in: RGG^3 5,230–235.

— (2), Die Aufnahme des philosophischen Gottesbegriffs als dogmatisches Problem der frühchristlichen Theologie, in: ders., Grundfragen systematischer Theologie, Göttingen 1967, 296–346.

— (3), Person und Subjekt, in: ders., Grundfragen systematischer Theologie (Gesammelte Aufsätze 2). Göttingen 1980, 80–95.

— (4), Die Subjektivität Gottes und die Trinitätslehre. Ein Beitrag zur Beziehung zwischen Karl Barth und der Philosophie Hegels, in: ebd. 96–111.

— (5), Anthropologie in theologischer Perspektive. Gütersloh 1983.

Pape, W. R., The Origins of the trinitarian doctrine, in: Theol. 78 (1975) 429f.

Paradoxos politeia. Fs. G. Lazzati. Hg. R. Cantalamessa – L. Pizzolato. Mailand 1979.

Pelikan, J., The Christian Tradition. A History of the Development of Doctrine. Bd. 1: The Emergence of the Catholic Tradition (100–600). Chicago 1971.

Person, in: Eislers Handwörterbuch der Philosophie. Hg. R. Müller–Freienfels. Berlin [2]1922, 470–472.
Person, in: Wörterbuch der philosophischen Begriffe. Historisch-quellenmäßig bearbeitet von R. Eisler. 4., völlig neubearbeitete Auflage. Bd. 2. Berlin 1929, 393–401.
Persona, in K. E. Georges, Ausführliches lateinisch-deutsches Handwörterbuch. Bd. 2. Basel [9]1958, 1641f.
Personale Erziehung. Beiträge zur Pädagogik der Gegenwart (WdF 29). Hg. B. Gerner. Darmstadt 1965.
Personne, in: Vocabulaire technique et critique de la Philosophie. Hg. A. Lalande. Paris [8]1960, 759f.
Das Personverständnis in der Pädagogik und ihren Nachbarwissenschaften. 2 Bde. Hg. J. Speck. Münster 1966/1967.
Peterson, E. (1), Göttliche Monarchie, in: ThQ 112 (1931) 537–564.
— (2), Der Monotheismus als politisches Problem. Ein Beitrag zur Geschichte der politischen Theologie im Imperium Romanum. Leipzig 1935 (= ders., Theologische Traktate. München 1951, 45–147).
Petitmengin, P., Tertullianus redivivus (Rez.: T. D. Barnes, Tertullian), in: REAug 19 (1973) 177–185.
Peukert, H., Wissenschaftstheorie – Handlungstheorie – Fundamentale Theologie. Analysen zu Ansatz und Status theologischer Theoriebildung. Düsseldorf 1976.
Philipsborn, A., Der Begriff der Juristischen Person im römischen Recht, in: ZSRG.R 71 (1954) 41–70.
Philosophy and personal relations. An Anglo-French Study. Hg. A. Montefiore. London 1973.
Piault, B. (1), Der dreieine Gott (CiW V 2). Aschaffenburg o. J. [1957].
— (2), Tertullien a-t-il été subordinatien?, in: RSPhTh 47 (1963) 181–204.
Pietri, Ch., Personne, analogie de l'âme humaine et théologie de l'esprit. Brèves remarques sur Augustin, Mühlen et Rahner, in: Les Quatre Fleuves, Nr. 9 (1979) 111–124.
Pikaza, J. (1), Notas sobre la Trinidad en Ricardo de San Victor, in: EstTrin 6 (1972) 63–91.
— (2), Bibliografía trinitaria del Nuevo Testamento, in: EstTrin 11 (1977) 135–305.
—(3), Experiencia religiosa, historia de Jesús y revelación trinitaria, in: EstTrin 13 (1979), 19–93.
Pittenger, N., The Divine Trinity. Philadelphia 1977.
Pizzolato, L. F., Tertulliano e la dialettica, in: Paradoxos politeia 145–177.
Pohlenz, M., Die Stoa. Geschichte einer geistigen Bewegung. 2 Bde. Göttingen [2]1959.[2]1955.
Pollard, T. E., The exegesis of John X. 30 in the early trinitarian controversies, in: NTS 3 (1956/57) 334–349.
Porter, L. B., On keeping „persons" in the Trinity. A linguistic approach to trinitarian thought, in: TS 41 (1980) 530–548.
Poulat, E., Le catholicisme français contemporain et la notion de personne, in: Problèmes de la personne 155–165 (Diskussion: 167–169).
Prestige, G. L., God in Patristic Thought. 4. paperback reprint. London 1977 ([1]1936).
Principe, W., The dynamism of Augustin's terms for describing the highest trinitarian image in the human person, in: StPatr 17 (Oxford 1982) 1291–1299.
Problèmes de la Personne. Colloque du Centre de Recherches de Psychologie Comparative. Hg. I. Meyerson. Paris 1973.
Puntel, L. B., Analogie und Geschichtlichkeit. Bd. 1.: Philosophiegeschichtlich-kritischer Versuch über das Grundproblem der Metaphysik (PhE 4). Freiburg 1969.

Quacquarelli, A., L'antimonarchianesimo di Tertulliano e il suo presunto montanismo, in: VetChr 10 (1973) 5–45.
Quasten, J., Patrology. Bd. 2: The Ante-Nicene Literature after Irenaeus. Utrecht 1953.

Ratzinger, J. (1), Einführung in das Christentum. Vorlesungen über das Apostolische Glaubensbekenntnis. München 1968.
— (2), Zum Personverständnis in der Theologie, in: ders., Dogma und Verkündigung. Freiburg 1973, 205–223.
Rauch, G., Der Einfluß der stoischen Philosophie auf die Lehrbildung Tertullians. Halle (Saale) 1890.
Reding, M., Metaphysik der sittlichen Werte. Eine Grundlegung der Ethik. Düsseldorf 1949.
Refoulé, F., Tertullien et la philosophie, in: RevSR 30 (1956) 42–45.
Reinhardt, H., Raimund von Sabunde oder das Wagnis einer Trinitätslehre auf sprachtheoretischer Basis, in: WiWei 43 (1980) 32–46.
Restrepo-Jaramillo, J. M., Tertulliano y la doble fórmula en el simbolo apostólico, in: Gr. 15 (1934) 3–58.
Rheinfelder, H., Das Wort „Persona". Geschichte seiner Bedeutungen mit besonderer Berücksichtigung des französischen und italienischen Mittelalters (ZRP.B 77), Halle (Saale) 1928.
Richard, M., L'introduction du mot „hypostase" dans la théologie de l'incarnation, in: MSR 2 (1945) 5–32.243–270.
Richter, G., Die Dialektik des Johannes von Damaskus (SPB 10). Ettal 1964.
Rieks, R., Art. Person I. Klassischer Begriff, in: HWP. Bd. 7 (Ms.).
Riesenhuber, K., Hermeneutik und Sprachanalyse. Ansätze zu einem Gespräch, in: ZKTh 101 (1979) 374–385.
Ritschl, D., Die vier Reiche der „drei göttlichen Subjekte". Bemerkungen zu Jürgen Moltmanns Trinitätslehre, in: EvTh 41 (1981) 463–471.
Ritter, A. M. (1), Das Konzil von Konstantinopel und sein Symbol. Göttingen 1965.
— (2), Arianismus, in: TRE 2,692–719.
— (3), Das Konzil von Konstantinopel (381) in seiner und in unserer Zeit, in: ThPh 56 (1981) 321–334.
— (4), Dogma und Lehre in der Alten Kirche, in: Handbuch der Dogmen- und Theologiegeschichte. Bd. 1: Die Lehrentwicklung im Rahmen der Katholizität. Hg. C. Andresen. Göttingen 1982, 99–283.
— (5), Platonismus und Christentum in der Spätantike, in: ThR 49 (1984) 31–56.
Roberts, R. E., The Theology of Tertullian. London 1924.
Rohls, J., Person und Selbstbewußtsein, in: NZSTh 21 (1979) 54–70.
Rondeau, M.-J. (1), Les commentaires patristiques du psautier (IIIe-Ve siècles). 2 Bde. (OrChrA 219/220). Rom 1982. 1985.
— (2), L'Élucidation des interlocuteurs des Psaumes et le développement dogmatique (IIIe-Ve siècle), in: Liturgie und Dichtung. Ein interdisziplinäres Kolloquium. Hg. H. Becker – R. Kaszynski. Bd. 2 (Pietas liturgica 2). St. Ottilien 1983, 509–577.
Rosenthal, K., Bemerkungen zur gegenwärtigen Behandlung der Trinitätslehre, in: KuD 22 (1976) 132–148.
Rossi, S., La citazione dei testi sacri nell' „Adversus Praxean" di Tertulliano, in: GIF 13 (1960) 248–260.
Rougier, L., Le sens des termes οὐσία, ὑπόστασις et πρόσωπον dans les controverses trinitaires postnicéennes, in: RHR 73 (1916) 48–63; 74 (1917) 133–189.
Roy, O. du, L'intelligence de la foi en la Trinité selon saint Augustin. Genèse de sa théologie trinitaire jusqu'en 391 (EAug). Paris 1966.
Rudloff, L. v., Dreifaltigkeit und menschliche Existenz, in: BenM 18 (1936) 345–353.
Ruh, U., Das unterscheidend Christliche in der Gottesfrage. Zu neueren Entwicklungen in der Trinitätslehre, in: HerKorr 36 (1982) 187–192.

Sallmann, K., Art. M. Terentius Varro, in: KP 5,1131–1139.
Santidrian, P. P., Tertulliano y el latín cristiano. Revisión de las diversas posiciones, in: Durius 6 (1978) 93–115.

Scaglioni, C. „Sapientia mundi" e „Dei sapientia". L'exegesi di I Cor 1,18–2,5 in Tertulliano, in: Aevum 46 (1972) 183–215.

Scarpat, G., Tertulliano: Adversus Praxean. Edizione critica con traduzione e note italiane (Biblioteca Loescheriana). Turin 1959.

Schachten, W. (1), Das Verhältnis von „immanenter" und „ökonomischer" Trinität in der neueren Theologie, in: FS 61 (1979) 8–28.

— (2), Die Trinitätslehre Joachims von Fiore im Lichte der Frage nach der Subjektivität Gottes in der neueren Theologie, in: FS 62 (1980) 39–61.

Schaeffler, R., Glaubensreflexion und Wissenschaftslehre. Thesen zur Wissenschaftstheorie und Wissenschaftsgeschichte der Theologie (QD 82). Freiburg 1980.

Scheffcyzk, L. (1), Lehramtliche Formulierungen und Dogmengeschichte der Trinität, in: MySal 2,146–220.

— (2), Trinität: das specificum christianum, in: ders., Schwerpunkte des Glaubens. Gesammelte Aufsätze zur Theologie. Einsiedeln 1977, 156–174.

— (3), Die Frage nach der Hellenisierung des Christentums unter modernem Problemaspekt, in: MThZ 33 (1982) 195–205.

Schelowski, G., Der Apologet Tertullian in seinem Verhältnis zu der griechisch-römischen Philosophie. Leipzig 1901.

Schillebeeckx, E., Jesus. Die Geschichte von einem Lebenden. Freiburg 1975.

Schindler, A. (1), Augustin, in: TRE 4,645–698.

— (2), Überlegungen zum Philosophie-Anspruch des Christentums des 2. und 3. Jahrhunderts, in: Bewahren und Erneuern. Fs. Th. Schaller. Speyer 1980, 171–185.

Schlette, H. R., Das unterschiedliche Personverständnis im theologischen Denken Hugos und Richards von St. Viktor, in: Miscellanea Martin Grabmann (MGI). München 1959, 55–72.

Schlossmann, S. (1), Tertullian im Lichte der Jurisprudenz, in: ZKG 27 (1906) 251–275.407–430.

— (2), Persona und ΠΡΟΣΩΠΟΝ im Recht und im christlichen Dogma. Darmstadt 1968 (Nachdruck der 1. Aufl. Kiel 1906).

Schmaus, M. (1), Die psychologische Trinitätslehre des hl. Augustinus (MBTh 11). Münster 1927.

— (2), Der Liber Propugnatoris des Thomas Anglicus und die Lehrunterschiede zwischen Thomas von Aquin und Duns Scotus. II. Teil: Die trinitarischen Lehrdifferenzen. Bd. 1: Systematische Darstellung und historische Würdigung. Münster 1930.

— (3), Übersetzung und Einleitung: Des heiligen Kirchenvaters Aurelius Augustinus fünfzehn Bücher über die Dreieinigkeit (BKV, 2. Reihe 13–14). München 1935.

— (4), Die Denkform Augustins in seinem Werk De Trinitate. München 1962.

— (5), Trinitätstheologie in Patristik und Mittelalter. Die psychologischen Tenare Augustins und ihre Abwandlung bei Bonaventura, in: Begegnung. Beiträge zu einer Hermeneutik des theologischen Gesprächs. Hg. M. Seckler u. a. Graz 1972, 465–474.

Schmid, W., Boethius and the claims of philosophy, in: StPatr 2,2 (TU 64). Berlin 1957, 368–375.

Schmidt, E., Hegel und die kirchliche Trinitätslehre, in: NZSTh 24 (1982) 241–260.

Schmidt, P. L., Art. Priscian, in: KP 4,1141f.

Schneider, Th. (1), Die Einheit des Menschen. Die anthropologische Formel „anima forma corporis" im sogenannten Korrektorienstreit und bei Petrus Johannis Olivi. Ein Beitrag zur Vorgeschichte des Konzils von Vienne (BGPhMA NF 8). Münster 1973.

— (2), Vergegenwärtigende Verkündigung, in: ders., Deinen Tod verkünden wir. Gesammelte Studien zum erneuerten Eucharistieverständnis. Düsseldorf 1980, 15–91.

Schoedel, W. R., A neglected motive for second-century trinitarism, in: JThS 31 (1980) 356–367.

Schöllgen, G., Der Adressatenkreis der griechischen Schauspielschrift Tertullians, in: JAC 25 (1982) 22–27.

Schoonenberg, P. (1), Geschichtlichkeit und Interpretation des Dogmas, in: Die Interpretation des Dogmas. Hg. P. Schoonenberg. Düsseldorf 1969, 58–110.

— (2), Ein Gott der Menschen. Einsiedeln 1969.

— (3), Trinität – der vollendete Bund. Thesen zur Lehre vom dreipersönlichen Gott, in: Orien. 37 (1973) 115–117.

— (4), Zur Trinitätslehre Karl Rahners, in: Glaube im Prozeß. Christsein nach dem II. Vatikanum. Fs. K. Rahner. Hg. E. Klinger – K. Wittstadt. Freiburg 1984, 471–491.

Schrey, H.-H., Dialogisches Denken (EdF 1). Darmstadt 1970.

Schütz, Ch., Weiterführende Perspektiven zu den Bänden II, IV/2 und V, in: MySal. Erg. Bd. Einsiedeln 1982, 264–371.

Schuler, B., Grundsätzliches zur Analogie zwischen der menschlichen Familiengemeinschaft und der Dreipersönlichkeit Gottes, in: ThGl 55 (1965) 393–398.

Schurr, V., Die Trinitätstheologie des Boethius im Lichte der „Skythischen Kontroversen" (FChLDG 18,1). Paderborn 1935.

Schweizer, E. (1), Der Brief an die Kolosser. Einsiedeln 1976.

— (2), Zur Trinitätsfrage, in: IKZ 72 (1982) 69–71.

Schweizer, O., Person und hypostatische Union bei Thomas von Aquin (SF 16). Freiburg/Schw. 1957.

Segovia, A., Equivalencia de fórmulas en las sistematizaciones trinitarias griega y latina. Oberservaciones y sugerencias, in: EE 21 (1947) 435–478.

Sell, A., Jerusalem versus Athens?, in: IThQ 49 (1982) 75–90.

Serenthà, L., Verità e storia nella teologia trinitaria di K. Rahner, in: ScC 107 (1979) 118–131.

Sesboüe, B., Bulletin de Théologie dogmatique. Trinité et pneumatologie, in: RSR 66 (1978) 417–460.

Sider, R. D. (1), Ancient Rhetoric and the art of Tertullian. Oxford 1971.

— (2), On Symmetrical Composition in Tertullian, in: JThS 24 (1973) 405–423.

— (3), Approaches to Tertullian. A study of recent scholarship, in: The Second Century 2 (1982) 228–260.

Sieben, H. J., Voces. Eine Bibliographie zu Wörtern und Begriffen aus der Patristik (1918–1978) (BPatr Suppl. 1). Berlin 1980: 178 (πρόσωπον); 362f (persona).

Silanes, N., La Iglesia, familia de la Trinidad, in: EstTrin 14 (1980) 231–245.

Simon, J., Hegels Gottesbegriff, in: ThQ 162 (1982) 82–104.

Simone, R. J. de (1), Christ the true God and the true man by Novatian De Trinitate, in: Aug. 10 (1970) 42–117.

— (2), The Holy Spirit according to Novatian De Trinitate, in: ebd. 360–387.

— (3), The treatise of Novatian the Roman presbyter on the Trinity. A Study of the Text and the Doctrine (SEAug 4). Rom 1970.

Simonetti, M. (1), „Persona Christi". Tert. Adv. Prax. XXVII,11, in: RSLR 1 (1965) 97f.

— (2), Giovanni 14: 28 nella controversia ariana, in: Kyriakon. Fs. J. Quasten, Hg. P. Granfield – J. A. Jungmann. Bd. 1. Münster 1970, 151–161.

— (3), All'origine della formula teologica una essenza / tre ipostasi, in: Aug. 14 (1974) 173–175.

— (4), Il regresso della teologia dello Spirito Santo in Occidente dopo Tertulliano, in: Aug. 20 (1980) 655–669.

Simonis, W. (1), Trinität und Vernunft. Untersuchungen zur Möglichkeit einer rationalen Trinitätslehre bei Anselm, Abaelard, den Viktorinern, A. Günther und J. Frohschammer (FTS 12). Frankfurt 1972.

— (2), Philosophische Transzendentalienlehre und kirchliches Trinitätsdogma, in: MThZ 24 (1973) 326–351.

— (3), Über das „Werden" Gottes. Gedanken zum Begriff der ökonomischen Trinität, in: MThZ 33 (1982) 133–139.

Simons, E., Philosophie der Offenbarung. In Auseinandersetzung mit „Hörer des Wortes" von Karl Rahner. Stuttgart 1966.

Simons, E. – Hecker, K., Theologisches Verstehen. Philosophische Prolegomena zu einer theologischen Hermeneutik. Düsseldorf 1969.
Smits, L. A., Trinitätstheologie in der Zukunft. Die Frage der Grundworte, der Geschichte und der Zukunft, in: FS 58 (1976) 240–276.
Smulders, P., La doctrine trinitaire de S. Hilaire de Poitiers. Étude précédée d'une Esquisse du mouvement dogmatique depuis le Concile de Nicée jusqu'au règne de Julien (325–362) (AnGr 32, SFT B 14). Rom 1944.
Spanneut, M., Le stoicisme des pères de l'Église de Clément de Rome à Clément d'Alexandrie. Paris ^{2}1957.
Speigl, J. (1), Herkommen und Fortschritt im Christentum nach Tertullian, in: Pietas. Fs. B. Kötting. Hg. E. Dassmann – K. S. Frank. Münster 1980, 165–178.
— (2), Tertullian Adversus Marcionem. Historische Notizen über die Erfassung des Göttlichen unter dem ausschließlichen Aspekt der barmherzigen Liebe, in: Gottesherrschaft – Weltherrschaft. Fs. R. Graber. Hg. J. Auer – F. Mußner – G. Schwaiger. Regensburg 1980, 243–250.
Splett, J. (1), Die Trinitätslehre G. W. F. Hegels (Sym. 20). Freiburg (1965) ^{3}1984.
— (2), Zum Thema „Person" heute. Ein Literaturbericht, in: StZ 186 (1970) 125–132.
Stalder, R., Der neue Gottesgedanke Fichtes. Eine Studie zum „Atheismusstreit", in: ThPh 31 (1979) 481–541.
Stead, Ch. (1), Divine Substance in Tertullian, in: JThS 14 (1963) 46–66.
— (2), The Origins of the Doctrine of the Trinity: Theol. 7 (1974) 508–517.582–588.
— (3), The concept of divine substance, in: VigChr 29 (1975) 1–14.
— (4), Ontologie und Terminologie bei Gregor von Nyssa, in: Gregor von Nyssa und die Philosophie. Zweites Internationales Kolloquium über Gregor von Nyssa. Frakenhorst bei Münster, 18.–22. 9. 1972. Hg. H. Dörrie – M. Altenberger – U. Schramm. Leiden 1976, 107–119.120–127.
Stegman, C. A. B., The development of Tertullian's doctrine of „Spiritus Sanctus". Diss. Southern Methodist University 1979.
Steinwenter, A., Art. Tertullianus (2), in: PRE 2:5/1,844f.
Stickelberger, H., Ipsa assumptione creatur. Karl Barths Rückgriff auf die klassische Christologie und die Frage nach der Selbständigkeit des Menschen (BSHST 38). Bern 1979.
Stirnimann, J. K., Die Praescriptio Tertullians im Lichte des römischen Rechts und der Theologie. Freiburg/Schw. 1949.
Stockmeier, P., Die Entfaltung der Christologie und ihr Einfluß auf die Anthropologie der Spätantike, in: Im Gespräch – der Mensch. Ein interdisziplinärer Dialog. Düsseldorf 1981, 248–255.
Strawson, P. F., Individuals. An essay in descriptive metaphysics. London 1959.
Stritzky, M.-B. v., Aspekte geschichtlichen Denkens bei Tertullian, in: Platonismus und Christentum. Fs. H. Dörrie. Hg. H. D. Blume – F. Mann (JAC. Erg. Bd. 10). Münster 1983, 258–266.
Strohm, P M., Die Trinitätslehre des hl. Athanasius und ihr Mißverstehen im Abendland, in: Kyrios 14 (1974) 43–60.
Der moderne Strukturbegriff (WdF 155). Hg. H. Naumann. Darmstadt 1973.
Studer, B. (1), Die theologische Arbeitsweise des Johannes von Damaskus (SPB 2). Ettal 1956.
— (2), Rez.: R. Braun, Deus Christianorum, in: FZPhTh 13/14 (1966/67) 115–117.
— (3), Spätantike lateinische Übertragungen griechischer christlicher Texte und Themen, in: Hermeneutik als Wege heutiger Wissenschaft. Hg. V. Warnach. Salzburg 1971, 179–190.
— (4), Art. Hypostase, in: HWP 3 (1974) 1255–1259.
— (5), Der Personbegriff in der frühen kirchenamtlichen Trinitätslehre, in: ThPh 57 (1982) 161–177.
— (6), Zu einem neuen Handbuch der Dogmen- und Theologiegeschichte (C. Andresen, Handbuch der Dogmen- und Theologiegeschichte, I. Die Lehrentwicklung im Rahmen der Katholizität. Göttingen 1982), in: Aug. 23 (1983) 535–548.

— (7), L'influsso di cinque „fattori esterni“ nell' evoluzione della dottrina trinitaria nell' età patristica, in: Vanzan 172–181.
— (8), Zur Entwicklung der patristischen Trinitätslehre. Die äußeren Faktoren in der Geschichte der frühkirchlichen Lehre von der Dreifaltigkeit, in: ThGl 74 (1984) 81–93.
Szabó, T., La SS.Trinidad y el encuentro interpersonal en S. Bonaventura, in: EstTrin 14 (1980) 207–230.
Szemerényi, O., The origins of Roman drama and Greek tragedy, in: Hermes 103 (1975) 300–322.

Tavard, G. H., The vision of Trinity. Washington 1981.
Teeuwen, St. W. J., Sprachlicher Bedeutungswandel bei Tertullian. Ein Beitrag zum Studium der christlichen Sondersprache (SGKA 14/1). Paderborn 126.
Theis, R., Die Lehre von der Dreieinigkeit Gottes bei Karl Barth, in: FZPhTh 24 (1977) 251–290.
Theunissen, M. (1), Der Andere. Studien zur Sozialontologie der Gegenwart. Berlin 1965. ^{2}1981.
— (2), Skeptische Betrachtungen über den anthropologischen Personbegriff, in: Die Frage nach dem Menschen. Fs. M. Müller. Hg. H. Rombach. Freiburg 1966, 461–490.
Titzmann, M., Strukturale Textanalyse. Theorie und Praxis der Interpretation (UTB 482). München 1977.
Tixeront, J., Des concepts de „nature“ et de „personne“ dans les pères et les écrivains ecclésiastiques des Ve et VIe siècles, in: RHLR 8 (1903) 582–592.
Ton, G. del, Τὰ ἀπόρρητα nel linguaggio di S. Gregorio Nazianzeno, in: Aug. 13 (1973) 567–575.
Torrance, T.F., Toward an ecumenical consensus of the trinity, in: ThZ 31 (1975) 337–350.
Trapé, A. (1), I termini „natura“ e „persona“ nella teologia trinitaria di S. Agostino, in: Aug. 13 (1973) 577–587.
— (2), Boezio teologo e S. Agostino, in: Congresso Internazionale . . . 15–25.
Trendelenburg, A., Zur Geschichte des Wortes Person, in: KantSt 13 (1908) 1–17.
Trinität. Aktuelle Perspektiven der Theologie (QD 101). Hg. W. Breuning. Freiburg 1984.
Tugendhat, E., Selbstbewußtsein und Selbstbestimmung. Sprachanalytische Interpretationen (stw 221). Frankfurt 1979.

Ullmann, S., Le vocabulaire, moule et norme de la pensée, in: Problèmes de la personne 251–263 (Diskussion: 265–269).

Vanzan, P., „La strada tortuosa“ del dogma trinitario nei primi secoli della Chiesa e alcune sue provocazioni per l'oggi, in: RdT 24 (1983) 172–182.
Vatter, R., Das Verhältnis von Trinität und Vernunft nach Johannes Ev. von Kuhn mit Berücksichtigung der Lehre Matthias Joseph Scheebens. Speyer 1940.
Vecchiotti, I., La filosofia di Tertulliano. Un colpo di sonda nella storia del cristianesimo primitivo. Urbino 1970.
Venanzi, V., Dogma e linguaggio trinitario nei Padri della Chiesa. Un panorama bibliografico 1960–1972, in: Aug. 13 (1973) 425–453.
Verhees, J. (1), Augustins Trinitätsverständnis in den Schriften aus Cassiciacum, in: RechAug 10 (1975) 45–75.
— (2), Mitteilbarkeit Gottes in der Dynamik von Sein und Wirken nach der Trinitätslehre des Basilius des Großen, in: OstKSt 27 (1978) 3–24.
Verhoeven, Th. (1), Studien over Tertullianus' Adversus Praxean voornamelijk betrekking hebbend Monarchia, Oikonomia, probola in verband met de Triniteit. Amsterdam 1948.
— (2), Monarchia dans Tertullien, Adversus Praxean, in: VigChr 5 (1951) 43–48.
Vogel, J. C. de (1), The concept of personality in Greek and Christian thought, in: SPHP 2 (1963) 20–60.

— (2), The problem of philosophy and Christian faith in Boethius' Consolatio, in: Romanitas et Christianitas. Hg. W. den Boer. Amsterdam 1973, 357–370.
Vogt, H. J., Konzilsjubiläen im Jahre 1981, in: AHC 14 (1982) 257–270.
Vorgrimler, H., Der Begriff der Selbsttranszendenz in der Theologie Karl Rahners, in: Wagnis Theologie. Erfahrungen mit der Theologie Karl Rahners. Hg. H. Vorgrimler. Freiburg 1979, 242–258.
Vries, J. de, Rez.: A. Kröger, Mensch und Person, in: Schol. 43 (1968) 624f.

Wacker, P., Der dialektische Mythos. Fragmentarische Dokumentation zur Hermeneutik des trinitarischen Denkmodells (EHS. Philos. [=XX] 17). Frankfurt 1976.
Wagner, F., Der Gedanke der Persönlichkeit Gottes bei Fichte und Hegel. Gütersloh 1971.
Warfield, B. B., Tertullian and the beginnings of the doctrine of the trinity, in: ders., Studies in Tertullian and Augustine. Westport/Connecticut 1970, 3–109 (New York [1]1930).
Wassmer, T. A., The trinitarian theology of Augustin and his debt to Plotinus, in: SJTh 14 (1961) 248–255.
Waszink, J. H. (1), Rez.: E. Evans, Tertullians Treatise against Praxeas, in: VigChr 7 (1953) 246–253.
— (2), Osservazioni sul „De testimonio animae" di Tertulliano, in: Paradoxos politeia 178–184.
— (3), Tertullian's principles and methods of exegesis, in: Early Christian literature and the classical intellectual tradition. Fs. R. M. Grant (ThH 53). Paris 1979, 17–31.
Weger, K. H., Karl Rahner. Eine Einführung in sein theologisches Denken (HerBü 680). Freiburg 1980.
Weiß, B., Die „anima naturaliter christiana" im Verständnis Tertullians, in: Das Menschenbild des Nikolaus von Kues und der christliche Humanismus. Fs. R. Haubst. Hg. M. Bodewig – J. Schmitz – R. Weier. Mainz 1978, 292–304.
Welch, C., The Trinity in contemporary Theology. London 1953.
Welte, B., Zum Begriff Person, in: ders., Zeit und Geheimnis. Philosophische Abhandlungen zur Sache Gottes in der Zeit der Welt. Freiburg 1975, 41–52.
Werbick, J. (1), System und Subjekt, in: CGG 24. Freiburg 1981, 101–139.
— (2), Art. Person, in: NHThG. Bd. 3. München 1985, 339–350.
Weyer, H., Novatianus, De Trinitate. Über den dreifaltigen Gott. Text und Übersetzung mit Einleitung und Kommentar (Test. 2). Düsseldorf 1962.
Wickert, U., Glauben und Denken bei Tertullian und Origenes, in: ZThK 62 (1965) 153–177.
Wiederkehr, D., Weiterführende Perspektiven zu den Bänden I, III/1, III/2, IV/1, in: MySal. Erg. Bd. Einsiedeln 1981, 207–263.
Wiesner, J. (1), Das Wort *heit* im Umkreis althochdeutscher *persona*-Übersetzungen, in: BGDS 90 (1968) 3–68.
— (2), Der „Person"-Begriff als sprachwissenschaftliches Problem. Voraussetzungen, Methoden, Forschungsziele, in: Zs. für deutsche Sprache 25 (1969) 49–64.
— (3), Lateinisch *persona (= larva)* – althochdeutsch *skema*. Zum lateinisch-althochdeutschen Sprachausgleich im Sinnbezirk „Gesichtsbedeckung" – „Maske" – „Theaterperson", in: BGDS 92 (1970) 330–339.
— (4), Notkers Interpretation des *persona*-Begriffes. Ein Beitrag zur Entstehung des *Person*-Verständnisses in der deutschen Sprache, in: ZDP 90 (1971) 16–35.
— (5), Die personale Komponente des Menschenbildes als Wertprämisse der demokratischen Ordnung. Philosophie- und begriffsgeschichtliche Aspekte der Demokratie-Theorie am Beispiel des „Person"-Problems (Vortrags-Ms. 1975).
Wilder, A., Early Christian Rhetoric. New York 1964.
Williams, B. (1), Tertullian's Paradox, in: New Essays in Philosophical Theology. Hg. A. Flew – A. MacIntyre. New York [2]1966, 187–211.
— (2), Probleme des Selbst. Philosophische Aufsätze 1956–1972 (rub 9891). Stuttgart 1978 (Orig.: 1973).

Wipfler, H. (1), Die Trinitätsspekulation des Petrus von Poitiers und die Trinitätsspekulation des Richard von St. Victor (BGPhMA 41/1). Münster 1965.
— (2), Grundfragen der Trinitätsspekulation. Die Analogiefrage in der Trinitätstheologie. Regensburg 1977.
Wölfl, K., Das Heilswirken Gottes durch den Sohn nach Tertullian (AnGr 112). Rom 1960.
Wolfson, H. A., The Philosophy of the Church Fathers. Bd. 1: Faith, Trinity, Inkarnation. Cambridge/Mass. 1956.
Wolter, H.,–Holstein, H., Lyon I / Lyon II (Geschichte der ökumenischen Konzilien 7). Mainz 1971.

Zeltner, H., Kants Begriff der Person, in: Tradition und Kritik. Fs. R. Zocher. Hg. W. Arnold – H. Zeltner. Stuttgart – Bad Cannstatt 1967, 331–350.
Ziegenaus, A. (1), Die trinitarische Ausprägung der göttlichen Seinsfülle nach Marius Victorinus (MThS.S 41). München 1972.
— (2), Grundstrukturen neuzeitlicher Christologie, in: Wegmarken der Christologie. Hg. A. Ziegenaus (Theologie interdisziplinär 5). Donauwörth 1980, 127–185.
Zimmermann, G., Die hermeneutischen Prinzipien Tertullians. Diss. Leipzig. Würzburg 1937.

Tabellenverzeichnis

Personenregister

Sachregister

I. Gottes-, Trinitätslehre

II. Philosophische und theologische Reflexion

III. Traditionelle Begrifflichkeit (s. IV)

IV. persona (s. V)

V. Personbegriff